“无论对于管理者、会计师还是审计师而言，衍生工具和复杂合同的会计问题始终都是一个巨大的挑战。这些错综复杂的衍生品和套期会计规则亟待更好的解释和说明，阿卜杜拉-凯利克教授接受了这个光荣的挑战。这本杰出的著作将纷繁复杂的会计处理描述得简洁易懂。不仅如此，该书还深入地探讨了风险和不确定性的基本特性，并且阐述了很多种需要会计来描述和量化的衍生品。我强烈推荐学生阅读本书，这将有助于他们理解21世纪复杂风险交易的会计问题。”

——美国纽约大学斯特恩商学院教授 Joshua Ronen

“衍生品的出现导致会计师的工作变得极为复杂，因为对于衍生品而言，同样一件事可以有很多种不同的处理方法。有时候这些方法是清楚明了的，有时候则复杂混乱。会计师很容易陷入抵销头寸的困境中，无法分辨相关的风险。本书将衍生品会计放在一个更加宽泛的背景下讨论，首先解释了个人和企业所面对的风险的性质，然后展示如何使用衍生品来改变风险，最后解释了披露衍生项目的会计规则。阿卜杜拉-凯利克教授的写作风格简洁明了，他用很多有趣的例子来展示衍生品的应用以及滥用。本书有助于理解衍生品在风险管理中的应用，因此不仅对会计师重要，对所有感兴趣的读者都有很大的帮助。”

——美国范德堡大学欧文管理学院教授 Hans Stoll

“现有的书籍都只是关注如何报告风险，鲜有人关心现有的会计模式（风险会计），而这个“风险”模式是美国会计准则和国际财务报告准则所建立的。阿卜杜拉-凯利克教授的著作及时填补了这个缺口。本书的一大特色是，不仅可以增长我们对套期会计和金融工具会计的知识，而且为我们提供了理解金融工具、合约以及相关问题的基础框架，这对于更好地掌握会计准则的逻辑并恰当应用准则非常有帮助。”

——意大利帕多瓦大学会计学教授 Saverio Bozzolan

Routledge
Taylor & Francis Group

ACCOUNTING FOR RISK, HEDGING, AND COMPLEX CONTRACTS

A.Rashad Abdel-Khalik

三友会计名著译丛

"十二五"国家重点图书出版规划项目

风险、套期及复杂合约会计

（美）A. 拉萨德·阿卜杜拉－凯利克 ◉ 著

薛清梅 ◉ 主译

杜荣瑞 ◉ 审校

东北财经大学出版社 | 大连

Dongbei University of Finance & Economics Press

辽宁省版权局著作权合约登记号：图字 06-2015-36号
A. Rashad Abdel-Khalik: Accounting for Risk,Hedging,and Complex Contracts, ISBN: 978-0-415-80893-4

图书在版编目（CIP）数据

风险、套期及复杂合约会计 /（美）A. 拉萨德·阿卜杜拉-凯利克著；
薛清梅主译. —大连：东北财经大学出版社，2017.1
（三友会计名著译丛）
ISBN 978-7-5654-2357-4

Ⅰ.①风… Ⅱ.①A… ②薛… Ⅲ.①会计学 Ⅳ.①F230

中国版本图书馆CIP数据核字（2016）第138121号

东北财经大学出版社出版发行
大连市黑石礁尖山街217号 邮政编码 116025
教学支持：（0411）84710309
营 销 部：（0411）84710711
总 编 室：（0411）84710523
网 址：http：//www. dufep. cn
读者信箱：dufep @ dufe. edu. cn
大连永盛印业有限公司印刷

幅面尺寸：185mm×260mm 字数：677千字 印张：31.25
2017年1月第1版 2017年1月第1次印刷
责任编辑：刘东威 杨紫旋 责任校对：贺 蕊
封面设计：冀贵收 版式设计：钟福建
定价：79.00元

译者前言

世界金融市场在过去几十年里发生了翻天覆地的变化。金融工程师不断地发明出各种各样的金融产品，这些产品在全球的交易量惊人。许多银行和公司卷入这些金融衍生品的交易，它们的目的不仅仅是套期和管理风险，很多时候也是为了从中牟利。但正如本书作者所言，利率掉期只是把一种风险换成另外一种风险而已，所以大量的金融衍生品在本质上就是一个对赌协议。从这个意义上来看，整个金融市场已经变成了一个合法的赌场。所以有人认为，2008年的金融危机并非偶然，下一次的危机会更可怕。这种预言是不是耸人听闻呢？遗憾的是，我们无法判断，最重要的原因是我们没有足够的信息做出这样的判断，所以只能听任经济学家们做出各种乐观或悲观的估计。

为什么我们没有足够的信息？会计是提供信息的最核心系统，为什么失灵了？会计师们试图提供关于这些复杂交易的信息，但是传统的历史成本会计在这里无法发挥作用，因为大部分衍生工具只是一个没有历史成本的合约。在合约开始之后因为合约内所规定的某项市场价值的变化或事件的发生，合约才开始产生价值，这些价值的交易总量已经达到了几十万亿美元，绝非可以忽略不计的不重要事项。历史成本会计采用事件发生时的成本记录账面金额，因而无法反映这些随后出现的价值，以历史成本为基础的财务报告中便遗漏了这至关重要的信息。随着会计准则和会计观念的发展，公允价值逐渐被人们所接受，中国财政部2014年也颁布了与国际趋同的公允价值准则，指导企业对公允价值的计量。然而，公允价值准则中包含三个层次：第一层次是最为客观的可观察市场价格，第二层次和第三层次都需要做出假设，特别是第三层次，几乎完全依赖管理层对现金流的时间、金额和不确定性的预期。可是并非所有金融衍生工具都能够使用第一层次或第二层次，因为衍生品中占主要地位的掉期合约不在场内交易，本书作者称之为“黑市交易”，这个黑市指的是这个市场不公开披露信息。因为没有公开的报价，会计师便遇到了不得不用第三层次估计公允价值的尴尬，这个价值不可靠也很难被验证。作者多次发出疑问，没有透明度的市场如何能有效运行呢？从短期来看这似乎是现代金融市场的一个异象，然而从长期来看，这是否孕育着可怕的金融危机呢？

目前对金融工具的会计处理有三种基本方法：摊余成本（也就是历史成本）；用公允价值计量，并且将公允价值的变动计入当期损益；或者用公允价值计量，并且将公允价值的变动计入所有者权益（其他综合收益）。摊余成本方法显然不适合金融衍生工具，所以后面两种方法就成了关注的重点。显然第二种方法毫无疑问地会引起损益的波动，波动就意味着风险，风险就意味着估值的降低，所以没有哪个公司的管理层愿意看到这个波动。许多实证文献的证据表明，综合收益的信息含量是不如损益的。换句话来说，将公允价值变动计入其他综合收益不会如同计入损益那样引起市场价值的波动。所以一般情况下公司会避免使用第二种方法，大量针对会计准则的游说也试图限制对第二种方法的要求。甚至在2008年金融危机之后有人借机评论说就是这种会计方法导致了金融危机的出现，试图以此来阻止第二种方法的广泛应用。但是哪种方法更能够体现经济实质呢？本书中所描述的诸多复杂测试都是为了限定对第三种方法的选择，并且还提出了“公允价值选择权”，就是无论如何主体都可以选择采用第二种方法，并且一旦采用就不可以再变更成其他方法。这些复杂的测试，就是准则制定机构设立的明线规则，无论美国会计准则还是国际会计准则都采用了类似的方法，所以本书作者认为即便是国际财务报告准则也不能算是“原则导向”。但是这些复杂测试的本质是什么呢？

国际会计准则理事会2015年发布了概念框架的征求意见稿，其中专门讨论了“其他综合收益”的定义。究竟什么是其他综合收益，为什么应该或不应该将公允价值变动计入其他综合收益？损益和其他综合收益合计称为“综合收益总额”，理论上综合收益总额代表了资本的财务保全以及价值的创造，因此综合收益本应是体现企业经营业绩的指标。但采用市场变动而导致的未实现利润和亏损来评价管理层受托责任似乎颇为不妥，故而在财务报告的双目标（决策有用和受托责任）指导下，传统会计仍然以历史成本为主导。即便在2010年概念框架修订之后，这个双目标依然没有完全改变，这个导向带来的结果很可能是，用公允价值对有关资产、负债、权益进行估值，但却用历史成本对经营状况进行计量，二者的差异就成了所谓的“其他综合收益”。这是2015年征求意见稿中对其他综合收益的定义之一。另外一个定义就和金融衍生工具有关了。例如，现金流套期的目的是抵销相关交易的风险，在相关交易还没有发生的时候，套期工具本身的价值就暂时计入其他综合收益，等相关交易真实发生时再计入损益，理由是既然该工具的产生纯粹是为了套期风险，那么按照两者的抵销价值报告才能代表这个工具是否真正实现了其功能，也就是说这个抵销的结果才代表了经营业绩。这种对其他综合收益的解释尚未得到广泛认可（2015年初翻译本书时）。对概念的辨析尚未清楚，又怎么可能得到稳定一致的处理标准呢？

然而不管怎样，正如本书作者所说，时代已经发生了变化，会计必须对这个变化的环境做出反应。但这个反应需要时间，而且因为常常遇到既得利益集团的阻挠，还会有反复。会计的发展历史一直都是这样。几十年来会计准则制定者一再努力试图将所有的资产和负债都纳入表内，按照其经济实质来报告，并以可靠和相关的方式度量，养老金会计以及最近修订的收入和租赁准则都是这样，准则制定者的根本目的就是提高透明度，降低信息不对称和提高资本市场运行效率。就本书所讨论的复杂合约而言，会计努力的根本目标就是披露其经济实质，以及这些合约对主体财务状况、经营成果和现金流的影响。然而本书中所讨论的套期会计能否实现这个目标呢？这就需要读者在学习的过程中独立思考了。

虽然在现实世界中会计已经发生了重大变革，目前却没有一本合适的基础教材可以让学生和从业人员了解和学习金融工具会计，70多岁高龄的A.拉萨德·阿卜杜拉-凯利克教授因而撰写了本书。在他写作期间，我恰好在伊利诺伊大学访问，受他委托将该书引进中国，希望中国的学生和金融、会计从业人员也可以得益于此书，跟上时代的潮流，为正在进行的大变革做好准备。

因为本书讨论的核心是套期会计，套期的目的是对冲特定风险。因此在本书的第一部分主要考察了风险的基础知识。本书的第二部分主要介绍了金融工具，特别是金融衍生工具，这一章如同一个工具箱，对于不熟悉金融工具的读者建立基础知识非常有帮助。本书的第三部分从一般意义上、单一货币和多种货币的角度考察了套期会计。作者列举了很多例子来说明在不同情况下如何应用套期会计，并且也介绍了许多相关的金融基础知识，如混合金融工具和外币折算等。在本书的最后一章作者介绍了与风险和套期相关的信息披露问题。

本书在翻译过程中得到了很多学生的帮助，他们有的参与了初稿的翻译，有的帮助我进行了校对，在此我要一一致谢。因本人的知识储备尚有很多欠缺，在翻译过程中难免有所疏漏，相关责任完全由我承担。参与初稿翻译的有：周嘉、陈保安、褚楚东菁、纪国辉、陈煜、李靖一、蒋爽；参与校对的有：李泽文、陈婕雅、房天仪、徐爰韡、董茜、高亚男、孙旋、杨蕾及何慧华。

薛清梅

2016年9月30日

南京大学

前言

你若说已经读过并理解了金融工具准则，那你一定读得还不够。

大卫·特迪，国际会计准则理事会前主席

我觉得，如果你在开辟一个新领域，你就是在提出一些可供讨论的想法。

匿名

衍生工具和套期代表着美国公认会计原则和国际财务报告准则中越来越复杂和微妙的领域之一。

《国际财务报告准则》和《美国公认会计原则》：相似与不同。

普华永道

2011年10月

人们从20世纪90年代初开始关注信息经济学以及财务报告中的风险和不确定性的相关问题，财务报告和准则制定的几乎全部努力都以此为方向。然而这些问题并非第一次被注意到。高级会计师和感兴趣的财务分析师一向都知道资产负债表上的每个数字是对价值分布的估计，没有一个数字能够恰当地描述资产或负债。自2000年开始，复杂金融工具、金融衍生品和复杂合约得到了史无前例的发展，使得人们更加关注这些问题。关注的结果就是制定出同样复杂的会计规则，从此再没有人会认为会计是枯燥无味的了。

纵观会计的发展历史，可以不夸张地说会计准则和会计思想已经面临一个新的时代。对合约以及风险敞口的分析最终建立了一个全新的会计模型。经历了几十年的研究和争论，会计准则制定者和学术界终于认同：（1）报告现行价值是有信息含量的；（2）应当分辨出复杂合约中的要素并根据其经济实质进行会计处理。

对关注核心和分析的转变并非是按照某个宏伟计划进行的。实际上首先是那些驾驭我们社会经济引擎的领域发生了重大的改变，然后会计准则制定者积极进行应对才产生了这样的结果。这一切都是因为金融领域的变化，与金融衍生工具相关的交易出现了天文数字似的增长。通常这些衍生工具的历史成本都是可以忽略不计的，但随着合约中所赖以存在的基础条件发生变化，就产生了权利和义务。在这种情况下，只有现行价值能够描述合约签约方的权利和义务。在1999年废除了1933年的《格拉斯-斯蒂格尔法案》（Glass-Steagall Act）之后，国会和克林顿政府于2000年12月21日提出制定反对股票赌场法（anti-bucket shop laws）[1]的动议，允许商业银行经营投资银行业务，上述金融工具至此开始爆炸性增长。[2]两项法律的废除等于是给了银行和金融机构一大片无人监管的游戏场。根据国际掉期交易商协会（International Swap Dealers Association，ISDA）的调查，2011年柜台交易的金融衍生品数量（名义金额）已经超过了540万亿美元，根据国际清算银行（Bank of International Settlements）的数据，柜台交易的金融衍生品名义（面值）金额从2000年的20万亿美元左右，增长到了2012年6月底的638.9万亿美元左右。[3]对公众而言非常不幸的是，所有这些交易都在“黑”市进行——不公开披露任何信息。难以理解的是，市场如何在没有信息的情况下有效运行！对会计师而言这意味着什么？为了编制和审计财务报告就要估计这些衍生品的公允价值，然而没有可以观察到的价格，于是就不得不去寻找估值的方法和技术。[4]此外，这些衍生合约的结构复杂并且用途广泛，导致我们不得不建立一套特殊的会计规则，这些规则不同于传统的会计——这是全新的会计。

在同一时期，有人宣称资本从美国金融市场逃离流向伦敦股票交易所，据称是因为伦敦的交易和披露要求都比美国的交易所更加宽松。由于这些问题的出现以及全球贸易的高速增长，美国财务会计准则理事会（FASB）和国际会计准则理事会（IASB）认识到了合作的必要性，联合开发并趋同双方的会计准则。在两个组织的努力下，与金融工具和套期有关的美国公认会计原则（GAAP）和国际财务报告准则（IFRS）无论从结构还是内容上都非常相似。此外，和民间传说的完全相反，两套准则都非常详细和复杂，有关的会计要求与相应的合约和交易一样难以理解。所谓一种制度是规则导向，另外一种是原则导向的说法，在现实中并不存在，因为在我看来，两个制度基本上都是规则导向。

还需要提出的是，准则制定者和监管机构经历了几十年才确立了现在的会计准则思想基础。例如，在20世纪70年代早期，美国注册会计师协会（AICPA）曾反对毛里斯·穆尼斯（Maurice Moonitz）和罗伯特·斯普洛斯（Robert Sprouse）所提出的两份研究报告（由AICPA的研究部门发表）。这两份研究报告赞成当时新出现的观点——将长期应收款折现，按照现值报告。30年后情况发生了翻天覆地的变化，会计准则和指南为了体现复杂合约的经济实质而使用必要的经济工具，如期权估值模型、麦考雷久期（Macaulay's Duration）风险转移和风险分担，并且为了确定估计公允价值的路径而要判断是什么因素决定了市场流动性的强弱。

上述这些发展的结果是带来了一个新的会计模型，然而许多财务会计课程和教科书中都没有提及。例如，典型的财务报告呈报中从来不会包含这样的观念，就是企业可以通过对其尚未售出的存货交易来获得盈亏。我们确实需要教给学生存货成本流转假设，但是当存货相关的现金流或存货价值被套期时，倘若套期满足了特定的标准，存货的账面价值就可能会随着市场价值的变化而变化。此外，新会计模型还要考虑管理层在仍然持有存货时采取的行动：管理层可以对将来出售存货预计可以收回的资金套期，也可以将存货作为资产套期存货的公允价值，还可以应对套期重置存货时面对的现金流风险。还要强调的是，管理层的这些行动都需要使用金融工具，如期权、期货、远期和掉期合约等，并且经常会因为这些工具的使用带来未实现的利得和损失。不幸的是，这些金额并没有在利润表中单独披露。所有这些行动对企业报告的利润、现金流和财务状况都产生了重大影响。而且因为存在利益冲突和各种动机，会计师和审计师不能依赖管理层的声明而不去了解或理解相关的复杂合约，否则风险就太大了。为了对这些工具和交易进行会计处理，会计师必须了解这些合约的内容、如何对其进行估值以及这些工具是否成功地套期了风险。目前会计准则要求会计师评估套期关系的成功程度（有效性）以及这些套期关系是否符合企业风险管理系统和管理哲学（enterprise risk management system and philosophy），然后才能决定恰当的会计方法。[5]这些发展清楚地说明，传统会计模型已经不再适应这个被复杂合约所主宰的世界。

不断变化的会计准则

会计一直都反映着经济环境和企业环境的变化和发展。随着西方国家的经济从制造业转向金融服务业，会计的重心也从制造成本会计转向了与合约相关的会计。和以前一样，会计对环境的适应是滞后的，滞后的程度取决于多种因素，其中一项就是相关问题的复杂程度。欧盟的成立强化了对高质量和协调的会计准则的需求，为此欧盟接受和采纳了国际财务报告准则。[6]大多数欧洲国家采用一套会计准则，而美国则继续使用自己的公认会计原则，因为跨国公司的业务跨越大西洋和太平洋，这些国家不得不遵守两套不同的会计准则，所以就产生了各种问题和摩擦。随着全球贸易和服务的迅速增长，合规成本越来越高。国际会计准则理事会和美国财务会计准则理事会决定适应环境的需求，相互协调和统一，至少减少两套会计准则之间的差异。2006年2月27日，美国财务会计准则理事会和国际会计准则理事会签订了一份谅解备忘录，规划了美国公认会计原则和国际财务报告准则趋同的路线图。自此两个组织协同工作来调节两套准则之间的差异，由此而导致两套准则都出现了大量的变动。然而两个理事会协定先协调四个领域的差异，2012年美国财务会计准则理事会决定不急于全面转换为国际财务报告准则。由于2007年经济危机导致的艰难经济环境，趋同的迫切性似乎停顿了。

就本书所讨论的主题而言，美国公认会计原则和国际财务报告准则之间存在一些差异。然而读者可能会对一些状况感兴趣。首先，最近一些年那些差异已经被显著地缩小了。事实上美国财务会计准则理事会已经发布了一个征求意见稿，对有价证券和投资的分类建议虽然和国际财务报告准则并不完全相同，但已经非常接近。[7]其次，美国财务会计准则理事会已经发布了（2012年7月）一个征求意见稿，建议会计准则中增强对流动性风险和利率风险的信息披露，这些要求与第7号国际财务报告准则极为相似。再次，两个会计准则体系下的套期会计框架基本上是相同的，两个理事会经常共享想法和政策。事实上，普华永道（PwC）在比较了美国公认会计准则和国际财务报告准则之后指出，两套准则在套期会计和金融工具方面的差异最小。最后，2012年9月国际会计准则理事会发布了征求意见稿，建议修改第9号国际财务报告准则，同时美国财务会计准则理事会也发布了征求意见稿，减少与第9号国际财务报告准则会计处理方法上的差异。

然而不能说正常的会计准则就应该是一成不变的，因为随着企业和经济条件的变化，会计准则总是要进行修订和更新的，更不要说准则本身还需要修正和改进。没有理由会认为这个变化状况会突然停止，在未来的一些年，会计准则将会继续改变，甚至以令人惊讶的速度变化。为此，本书所提供的只是一个概念基础，帮助读者理解金融工具、合约和相关问题，从而在会计准则发生变化的时候能够跟得上这些变化。此外，本书还提供了许多相关资料和计算例题（根据2013年6月的会计准则），帮助读者理解套期会计和单一货币下以及多种货币环境下衍生工具的会计。

为了满足大学课堂教育和注册会计师后续教育的需要，本书涵盖了如下的领域：

- 概念：风险的定义、类型、计量和管理。

• 工具：基础类的金融衍生工具及其估值——期权、掉期、远期、期货和信用违约掉期。

• 嵌入衍生品：与独立衍生工具有相同属性的衍生品，其条款和条件都包含（嵌入）在一个合约中。

• 套期会计（单一货币）：举例说明现金流套期和公允价值套期。

• 套期会计（多种货币）：与货币和货币风险敞口类型有关的基础知识：交易、经营和折算。对外国经营净资产的货币风险敞口进行套期形成了第三种套期会计，另外两种分别是现金流套期和公允价值套期。

• 风险和套期的披露。

本书适用于那些希望从基础开始了解风险、金融衍生工具以及套期合约和交易会计处理的读者。这些读者可能包括：（1）会计、金融或企业管理专业的高年级学生或研究生；（2）在本书所含内容被纳入大学课程之前就已经毕业的会计师；（3）银行、金融分析师以及其他在金融和会计领域的从业人员。然而读者需要注意的是，本书中所涵盖的技术性材料不是通过快速阅读或浅读便能掌握的。

学习资源

除了本书内涵盖的内容之外，还有大量的资料可以帮助有兴趣的读者学习。其中对我来说受益最大的莫过于四大会计公司出版的作品，包括一些定期发布的系列出版物：德勤的会计通报（Heads up by Deloitte）；安永的财务报告发展（Financial Reporting Development）；毕马威的定义周刊（Defining Issues）以及普华永道的数据在线（Data Line）和简报（In Brief）。此外还有一些监管机构的相关出版物，特别是美国证券交易委员会（SEC）、财务会计准则理事会（FASB）和国际会计准则理事会（IASB）的出版物。此外，还有罗伯特·詹森（Robert E. Jensen）建立和维护的一个网站。该网站内容非常丰富，包含了大量与金融工具和套期会计有关的资源。

致谢

我在伊利诺伊大学开设了风险报告课程，我要感谢坚持参加该课程的学生。我还要特别感谢我以前的学生 Salvadore Carmona，Po - Chang Chen，Raluca Chiorean，Jana D.Lin，Charles Martin 以及 Jundong Wang，也要感谢我的同事 Michael Donohoe 和 Paul W. Polinski，Jr.，他们对其中一些章节给了我反馈意见。

Rachel Hutching 和 Tania Lown-Hecht 对本书进行了精心的编辑，在此我向他们表示谢意。

A.拉萨德·阿卜杜拉·凯利克

伊利诺伊香槟镇

2012年12月

给教师的建议

1.要讲授全书的内容可能需要不止一个学期的时间。

2. 教师若要在一个学期内讲授该课程，可能需要自行判断如何重组章节。

3. 第5章中列在框内的部分特别适用于不熟悉期权、掉期和远期合约估值模型的同学。

注释

1 股票赌场(bucket shops)指的是一种形式的赌博,这种安排可以使人们对股票和其他证券下注。具体案例可以参考 Frank Partnoy(2003)和 Robert E. Jensen 所著的《美国欺诈史》(History of Fraud in America)。http://www.trinity.edu/rjensen/FaudAmericanHistory.htm。

2 这里的《格拉斯-斯蒂格尔法案》指的是1933年的《银行法》(48stat. 162),该法禁止商业银行从事投行业务。

3 http://ww.bis.org/stastistic/otcder/dt1920a.pdf。这些数字指的是名义金额,不是结算价值。结算价值根据这些衍生工具的公允价值估算,大约是名义金额的3.5%~4.5%。这些金融衍生品的公允价值(实际上会到期的金额)估计为25万亿美元左右。可参考www.isda.org。

4 拿会计业内语言来说,这个估计是公允价值第二层级或第三层级,都需要了解估值模型、现金流模式以及不确定性。甚至银行业巨头摩根大通也披露说其金融资产中的13%是用第三层级来估计的,这种估计基本上要完全依赖管理层假设、判断和对模型的选择。

5 美国财务会计准则理事会和国际会计准则理事会正在讨论放弃目前所使用的套期有效性数量化计量方法,转而使用更加容易的质量化方法,让管理层自己申明套期是否"合理"、有效。到2012年11月本书截稿为止,尚没有对改变套期有效性的数量化计量方法做出最后决定。不管怎样,我一直不理解,既然我们都知道管理层的利益与股东利益可能是不一致的,为什么还要给管理层如此之大的选择权。

6 采纳过程没那么容易。欧盟成员必须采纳的是欧盟通过指令发布的会计准则。在某些机构和监管者的压力之下,欧盟委员会决定采纳修改版本的国际财务报告准则,这个版本挤出了一些重要的会计准则要求。然而总体上还是应该说,欧盟各国的合并(集团)财务报表采用的是国际财务报告准则。

7 第7章的附录(经许可)翻印了德勤公司会计通报所做的总结,作者是Magnus Orrell和Jason Nye。

8 一旦该建议被接受,证券交易委员会将改变其对流动性风险和利率风险长期以来的披露要求。

9 2011年,普华永道:《国际财务报告准则》和《美国公认会计原则:相似与不同》,第7页。

10 http://www/cs.trinity.edu.rjensen/000overview/mp3/133intro.htm。

目录

释例目录

第一部分

基础知识

第1章 风险和风险偏好的定义

1.1 风险和开放系统

不久以前，生物学家卡尔·芦丁格·万·波塔兰飞（Karl Ludwig von Bertalanffy）介绍了“开放系统”的概念。[1]那个时候，没人能料想到这个概念会衍生到所有活动中，包括企业行为。开放系统概念指出，没有一个系统、个人、组织或物体是完全自我封闭的，每个系统都对“其所处环境”开放；它能够影响环境，同时环境也能影响它。因此任何一个组织或系统都会受到一些因素的影响，而组织或系统本身并不能控制这些因素。进一步而言，环境对组织的影响是无法预测的，因此波塔兰飞认为，不确定性是所有组织或系统中存在的一个事实。这个结论与弗兰克·奈特（Frank Knight）不谋而合：

我们生活在一个变化的世界，一个不确定的世界。我们之所以活着是因为我们对未来有所了解，然而生活中出现的各种问题或者至少出现的各种行为，却是因为我们所知甚少。

（奈特，1921，199页）

奈特的著作已经出版了将近一个世纪，直至今日这些话语仍然与我们密切相关。然而只是最近，风险的概念和影响才被会计界所普遍认知。和财务报告相比，审计准则和审计实务其实早就在特定行为中考虑了风险因素。近年来，对风险的关注反而成了财务报告领域的头等大事。从学科角度来看，目前会计学基础知识之一就是更多地了解风险、风险工具以及风险的来源，并且计量和报告企业的风险敞口以及企业在多大程度上运用管理方法成功地降低了风险。

本章讨论风险的定义以及不确定性的两个特点——波动性和潜在损失，总结了决策制定者对风险的态度，并向读者介绍两种主流的不确定条件下的决策制定理论。

然而，我们总是会混淆不确定性和风险。本章澄清了与两个概念相关的一些问题，但似乎我们的结论不过是重复弗兰科·奈特一个世纪之前已经告诉我们的：风险是结果和概率已经可以客观或主观判断的不确定性，风险是可计量的不确定性。[2]

1.2 风险和不确定性

一般语境中，风险被定义为暴露在受伤、损失的机会之下或者是冒险或危险的机会。我们总能听到别人这样说：“不值得冒这个风险。”[3]在著名的《聪明的投资者》（1973，1986）一书中，作者本杰明·格兰汉姆（Benjamin Graham）就从这个角度来理解财务分析。他指出风险是：

价值损失，要么是通过实际出售实现的，要么是因为公司财务状况的严重恶化引起的——可能更常见的是，支付了高于证券内在价值的价格。

也有其他一些人从预期损失的角度来定义风险：不幸事件发生的概率乘以如果该不幸事件确实发生之后将带来的经济后果（价值）。[4]

为了总结前人对风险概念的不同看法，我们将事件发生的结果和概率结合在一起来定义风险。从释例1-1中可以看到，将概率、结果、已知或未知组合在一起可以得到四种情境。

1. 在情境A中，可能的结果及其发生的概率都是已知的。这种情况就是弗兰科·奈特对风险的定义。

2. 情境B所指的组合就是弗兰科·奈特对“不确定性”的定义。在这种情境下，可以列举出结果，但这些结果发生的概率是未知的。

3. 在情境C中，无法辨认会出现的结果，因此也就不可能针对结果定义其概率分布。

4. 情境D指的是贝叶斯（Bayes）所定义的无差异或完全无知（indifference or complete ignorance）（Jaynes，2003）。在这种情境下，发生的结果或概率都是未知的。

释例 1-1

概率、结果和已知未知的各种组合

		结果	
		已知	未知
概率	已知	(A)：风险	(C)：不可行
	未知	(B)：不确定性	(D)：无知

许多人通过比较情境A和情境B来解读奈特的风险和不确定性概念：(A)“风险”描述的是各种可能结果已知，并且每种结果发生的概率也已知或可估计；(B)“不确定性”描述的是各种可能结果仍然是已知的，但每种结果发生的概率无法确知（无论客观判断还是主观判断）。但是奈特还指出：“如果不确定性是可计量的，对企业来说就不是不确定的了”（1921，232页），这使得对**风险**和**不确定性**的理解更加混乱。[5]90多年过去了，现在人们仍然在争论风险和不确定性的区别。

豪顿（Holton，2004）指出，风险存在的前提是，可能发生的结果具有不确定性。他以一个从高空飞行的飞机上跳下来的人为例。如果那个人装备了降落伞，他（她）仍然不确定跳下去之后是否可以安全着陆。这种不确定性之所以出现，是因为降落伞可能会出现故障，尽管出现故障的机会非常小。相反，如果一个人没有降落伞就从在一定高度飞行的飞机上跳下来，着陆的结果是不存在不确定性的。从概率结果来看，在这种情况下就不存在风险，但确定的是这个人会丧命。

豪顿将风险描述为重要的不确定性。与奈特明确区分风险和不确定性相比，有些作者认为这个定义包含的内容更广泛。例如，食物、水、空气以及衣服中所含有的化学成分，导致人类总是要面对患癌的风险。在这种环境中，得癌症的概率——也就是重要的结果——是未知的，但绝对不是零。[6]

风险转移和风险分担是降低风险的方法。最常见的风险分担形式就是保险。虽然其形式各异，但保险早在好几个世纪以前就出现了。[7]然而在投资决策中明确地考虑风险的做法却是1950年以后才开始形成的。肯尼斯·阿罗（Kenneth Arrow，1951）和哈里·马科维茨（Harry Markowitz，1952）所发表的研究（Arrow，1951；Markowitz，1952）讨论了风险在决策中的作用，这引发了学术界和金融实务界的浓厚兴趣。随着风险的概念再次得到关注，有些人追溯引用弗兰科·奈特对风险特征的描述，另外一些人则通过计量方式来定义风险——价格或回报的波动性（volatility）。人们一直搞不清楚风险究竟是一种概念还是一个实证的指标，可以说马科维茨提出的4个条件让我们更加糊涂：

1.投资者试图避免波动性投资。

2.投资者只有在能得到相应报酬的时候才会接受更多的波动性（风险）。

3.波动性要么产生于整体的市场条件（系统风险），要么产生于特定企业的个别特征（特质风险）。

4.由于波动性会带来利得和损失，随着投资企业数量的增加，与某个特定企业相关的个别风险将随机化。

根据上述推理，如果某人投资于波动性相对较大的投资项目，正常情况下她（他）会预期自己能够获得足够高的回报，以补偿她（他）所承担的高波动性的风险。通常而言，人们投资于高风险项目时会希望获得相应的风险溢酬。按照相同的逻辑，如果有人可以带走这些风险，人们会愿意支付相应的金额，这就是保险的由来。[8]

问题是，能否将波动性和风险混为一谈？我们以健康科学中的波动性和风险为例，来说明这个问题的重要性。在健康科学中，最重要的风险是生病的可能性或无法治愈的可能性。这种类型的风险却不一定能用波动性或差异性（variability）来描述，即使每个人暴露在污染物下的反应差异非常大，也不意味着风险特别大，因为这种情况有可能发生在毒性水平很低的时候，此时对健康没有影响——也就是说，存在高度波动性，但风险很低。从另外一个方面来看，不同的人对危险化学品的反应可能存在很小的差异，但这个时候毒性水平可能很高——也就是说，波动性低，但风险很高。在这种情况下，在评估、评价和计量重要风险的时候，需要考虑的因素包括差异性和不确定性两个方面。上述对企业环境和健康环境的简单比较，可以说明人们在如何理解风险与波动性的关系上有着两种观点。

总结起来，前述讨论可以让我们得到下面四个推论：

1.风险是指暴露在损失或伤害中，且该暴露与具体环境相关。

2.在企业交易中，风险指的是发生损失的可能性（类似于健康科学中发生疾病的概率，但并不完全一样）。

3.财务回报的高波动性（销售收入、回报率、权益指数等）指的是在给定的概率水平上有更大的损失，或给定的损失水平上存在更大的损失概率。

4.企业环境中的波动性是风险敞口的一个指标，可以将差异性作为风险的替代变量，但同时要避免将这种替代一般化到其他环境中。

1.3 决策制定者的风险偏好类型：三个思想流派

1967年科根（Kogan）和沃拉迟（Wallach）提出，风险倾向性是个性（内在的）或环境（外在的）因素的函数。此后，研究人员逐渐形成了三个阵营：

1.**内生性流派阵营**：支持这个方法的是人格心理学家和古典经济学者。

2.**外生性流派阵营**：这个阵营的人认为，个人特征是第二位的，个体的风险偏好主要是由外部环境刺激决定的。这个阵营中的人主要是环境心理学者和行为经济学者。

3.**实用性流派阵营**：这一流派的思想是将风险偏好看作同时受到内在和外在因素

的影响，并且这些因素间以动态的方式相互作用，从而形成了个体的风险倾向。

1.3.1 内生性流派

很多人从不同维度研究了决策制定者的个人特质和风险态度的关系。扎克曼（Zuckerman）和库勒曼（Kuhlman）（2000）总结了他们自己和其他同事的研究发现，说明风险倾向是决策者心理结构的函数，例如寻求冲动感觉、攻击性和社会存在感。其他研究则考察了决策者的生理和行为结构，例如冲动性、认知能力、遗传或一般情况下的风险行为（Barsky，Juster，Kimball，Shapiro，1997；Zuckerman和Kuhlman 2000；Dohmen，Falk，Huffman和Sunde，2007；Zyphur，Narayannan，Arvery和Alexander，2009)。

传统上，经济学家支持这个阵营。他们假设决策者是完全理性的，同时，他们赞同效用最大化理论，即人们会采取使自己预期效用最大的行为。[9] 预期效用理论假设，决策取决于决策结果带来的最终效用，而该结果不受决策情境或环境的影响。此外，该理论假设个体决策制定者就其本身而言的风险偏好是稳定的，不会受情况差异、决策问题表述方式以及决策制定环境的影响。

决策制定的古典理论流行了几十年之后，开始有学者质疑完全理性和效用最大化目标的合理性。此外，经济学家还假定对于不同个体来说不能建立一个标准化的效用最大化模型，因为决策制定者是内生地有不同的风险偏好。具体而言，决策者（按风险偏好）可以分为以下三类：

第一种：**风险追逐型（热爱风险）**——这种类型的决策制定者指的是这样一类人，他们因为喜欢冒险带来的刺激从而追寻风险，即使决策的预期（经济）结果不及所发生的成本也在所不惜。

第二种：**风险中立型**——指的是这样一些人，在给定成本或努力水平下，对于预期回报相同的各种情形，哪些是有风险的，哪些是安全的，在他们看来是无关紧要的。

第三种：**风险厌恶型**——指的是这样一些人，对于给定成本且具有相同预期回报的情境，他们更喜欢安全的而不是有风险的。

释例1-2举了一个简单的例子来说明这三种类别的基本差异。

释例 1-2

决策制定者对风险态度分类的一个例子

所谓公平硬币指的是完美对称的硬币，不存在任何物理瑕疵，如果重复投掷该硬币，一半的几率正面朝上，一半的几率反面朝上。现在假设有一个人正在玩这种投掷硬币的游戏，他的回报如下：

假如参加投掷硬币游戏需要支付39美元。根据游戏的结果有两种选择

结果	概率	决策选择	
		选择①	选择②
正面	0.5	利得=80美元	利得=40美元
反面	0.5	利得=0	利得=40美元
期望值		40美元	40美元

每种选择的期望值按照不同结果的（概率）加权平均来计算。也就是：

选择①的期望值=(0.50×80)+(0.50×0)=40.00(美元)

选择②的期望值=(0.50×40)+(0.50×40)=40.00（美元）

1. 风险追逐型的决策者会选择①而不是②。

2. 风险中立型的决策者在两个选择之间没有偏好。

3. 风险厌恶型的决策者会选择②而不是①。

1.3.2 外生性（环境）流派

第一次对期望效用理论提出挑战的是著名的阿莱斯悖论，由法国经济学家和物理学家毛莱斯·阿莱斯（Maurice Allais，1953）提出。他指出，人们并不总是按照期望效用理论所预测的那样简单地进行概率选择。然而在1979年之前一直没有其他可以解释的理论，直到1979年克赫曼和特沃斯基（Kahneman和Tverskey）提出了预期理论，该理论认为人们承担风险的性质根据情况而有不同；利得情况下的风险承担态度和损失情况下的风险承担态度不同。因此每个决策有两种可能结果，而这两种结果相对于同一参考点而言有不同的域：

1. 利得域：决策制定者变得厌恶风险，因为他们想保护他们获得的利得，因而不愿意选择风险过多的行动，(在他们看来）这些风险意味着他们会面临损失。

2. 损失域：决策者选择高风险的项目而成为风险追逐者，因为他们希望能够获得超常利得，从而弥补他们已经发生的损失。

用克赫曼和特沃斯基（1991）的话来说："损失和不利条件对选择的影响超过利得和有利条件。"这一影响反映在决策者给利得和损失所赋予的权重，这一行为使得他们在利得域厌恶风险，在损失域追逐风险。尽管听上去和直觉并不相符，但这一行为在实验和现实中一再重现，并最终形成了一个新的概念——"损失厌恶"，意思是相较于对利润的渴望，风险承担者更害怕蒙受损失。

这一行为可以用图1-1来描述，其中横轴是利得（+）和损失（-），纵轴是价值(效用)。

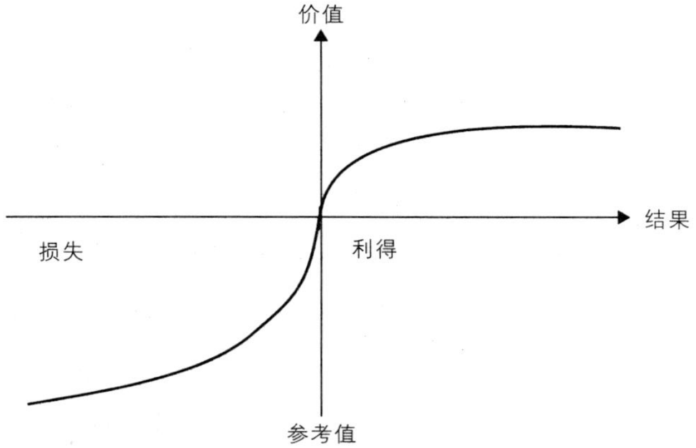

图1-1 期望理论支付方程

1.3.3 两种理论的比较

内生学派的预期效用理论和环境学派的期望理论都应用了效用理论，但应用的方式完全不同。预期效用理论假设决策过程只关注决策的结果，与决策制定的环境或情形无关。预期效用理论是一个规范理论，假设决策制定者的目标函数是效用最大化。

期望理论则相反，它是一个描述性理论（实证理论），尽管多数证据是通过实验得出的，但它描述的是现实世界中的行为。该理论假设不确定条件下的决策制定是和环境相关的，利得的情况和损失的情况并不是线性的。因此，这一流派认为，人类行为和对风险的态度是不稳定的，取决于决策者所面对的是利得域还是损失域。某个决策者可能同时是风险厌恶的（当拥有获利前景时）和风险追逐的（当拥有损失前景时）。因此，期望理论不是内生的，而是取决于环境和条件。

一些人格特质会影响人们在不确定情形下的决策，而这些特质是决策制定者已有的，并被用于简化其决策过程。这些人格特质被（行为心理学）总结为几个启发式的法则，比如锚定和调整法则、代表性法则以及优先法则。这些人格特质并不反映决策者的内在特征，仅仅是被用作简化复杂决策环境的一种方式。

尽管期望理论是通过在实验室和田野研究中观察个体决策者行为产生的，但后续研究（例如Bowman，1982）发现，企业在损失域也遵守类似的行为模式。鲍曼（Bowman）考察了美国企业的权益回报率的均值和方差，结果发现“存在问题的企业追逐风险”。用期望理论似乎可以解释这种行为：存在问题的企业会承担更多风险，并采用赌博式的战略，希望以此获得更多的报酬，以弥补已经发生的损失。

1.3.4 实用性流派

该流派的主要假设是内生人格特质或决策环境都不能恰当地解释决策制定过程；然而两种流派都是理解不确定条件下的决策制定的基础。最早提出这一流派思想的是乔治·卡托那（George Katona，1951）和赫伯特·西蒙（Herbert Simon，1959），他们通过融合决策制定的心理学概念与决策制定的环境或外生因素，提出了修订的期望效用理论。最有名的是西蒙的**有限理性**（bounded rationality）和**满意**（satisficing）**理论**。他认为，由于存在的可能性过多，而且结果也并不可知，因此个体决策者并不总是会最大化预期效用。即使我们能够理解各种选择和结果，也会因为信息超载以及信息疲劳而无法迅速处理这些可能的选择及结果。正因为人类决策制定能力存在这样的局限性，西蒙认为决策制定者不是最大化效用，而仅仅是让自己在最大程度上满意。在这里，“**满意**”指的是决策者的目标是努力实现效用最大化，但同时这个努力受到其认知能力和心理追求（level of aspiration）的限制。他指出：

> 如果将理性的定义扩展为包括目标冲突和不确定性的概念范畴，我们就不能忽略以下二者之间的区别：即经济行为主体“真正”生活的客观环境及其主观上所认知和应对的环境。一旦认清这一区别，我们就不再能够根据客观环境特征来预测其行为——即使他是理性的。我们还需要知道他观察和认知的过程。
>
> （西蒙，1959，256页）

直到20世纪70年代中期，理论研究才开始讨论决定风险态度的因素。这些研究来自至少七个国家，由不同的作者完成，他们考察了家庭如何在风险投资和安全投资之间分配其投资组合（例如 Cohn et al.，1975；Friend and Blume，1975；Donkers and van Soest，1999；Donkers，Bas，Melenberg，and van Soest，2001；Guiso and Paiella，2005；Dohmen et al.，2007）。这些研究普遍发现，风险偏好随着年龄增长而降低，随着收入提高和教育水平的增长而提高，女性比男性更加厌恶风险。

在另外一个相关的研究领域里，斯特金（Sitkin）和帕波罗（Pablo）（1992）指出，个体风险特征与决策环境相互作用，并且共同形成了个体对承担风险的态度。

在有些情况下，企业经理的风险偏好就是企业的风险偏好。例如，巴克莱银行（Barclays PLC）将风险偏好定义为：

巴克莱在实践其企业战略时准备保持的风险水平，是对于实施企业计划时所得到结果的可能性范围的确认。巴克莱的框架结合了来自上层的对企业承担风险能力的看法，以及来自下层的对每个商业领域中期计划相关的商业风险观念。风险偏好框架包括两个要素："财务波动性"和"规定与规模"。风险偏好框架将二者结合在一起，成为巴克莱集团风险能力分配的基础。

（Barclays PLC，2010年年度报告，69页）

1.4 内部控制和风险追逐行为

尽管期望理论是通过实验观察以及简化的决策制定环境下的人类行为而得出的，但一些著名案例为该理论提供了支持。这些案例如下所示：

1. 纽约市的大和银行（Daiwa Bank）（1989—1995）

井口俊英（Toshihide Iguchi）是大和银行美国分支的一个交易员，他本来一直是盈利的，但后来运气不佳出现了亏损，当亏损达到5.75亿美元的时候，他采取了追逐风险的行为，结果损失累计达到了11亿美元。当时井口俊英相信他能弥补这些损失，于是决定出售银行保管账户的债券来暂时掩盖这些损失。然而井口俊英不仅没有赚取利润，反而增加了损失。他累积的损失越多，采取的交易策略就越激进。他的总亏损合计超过11亿美元。然后他给管理层写了一封30页纸的坦白信，但后来银行管理层的应对措施不利，导致联邦储备银行禁止大和银行在美国继续经营。

2. 新加坡的巴林银行（Baring Bank）（1992—1995）

1992年，英国最古老的巴林银行在新加坡的分支机构雇用了一个年轻的交易员，名叫尼克·里森（Nick Leeson）（Bank of England，2005）。起初银行的管理层给里森的授权是非常谨慎的，但自从里森第一次为银行带来了超预期的利润之后，管理层的态度就发生了转变。里森的业务与外汇有关，主要是日经指数套利期权，但由于外汇价格的走势与他的预期相反，他的交易开始亏空。更糟糕的是，1995年神户大地震恶化了这一状况。他想办法利用银行的内部控制和会计制度的缺陷，隐藏了大笔的交易损失，银行其他人、外部审计师以及监管机构都未能发现。他不但没有向管理层报告他遇到的问题并寻求解决办法，反而继续外汇交易，进一步加大了其赌注，期望能够赚取足够多的利润来抵销累计的损失，从而扭转局势。他追逐风险的行为导致银行出现了超过10亿美元的损失，比巴林银行的资本还要多。[10]最终该银行宣告破产，以1英镑的价格卖给了荷兰的ING集团。

3. 美国巴尔的摩的爱尔兰联合银行（Allied Irish Banks）（1993—2002）

1993年，几乎是在巴林银行风险追逐行为发生的同时，爱尔兰联合银行在巴尔的摩的分支机构——第一银行（Allfirst）雇用了一个名为约翰·鲁斯纳克（John Rusnak）的年轻交易员（Fuerbringer（与Kilborn），2002）。1997年，鲁斯纳克对日元升值进行赌博，但日元走向发生逆转，导致鲁斯纳克有了巨额损失。和尼克·里森一样，鲁斯纳克继续增加其交易量，期望赚取足够多的利润来弥补损失，而且他也想办法利用第一银行的内部控制和会计系统漏洞来逃避管理层和审计师的监管。到1997年，鲁斯纳克的交易策略导致了大量损失，2002年发现这些损失的时候，鲁斯纳克所赌博的外汇（名义金额）已经增至75亿美元。尘埃落定之后，爱尔兰联合银行的交易净损失超过了7.5亿美元，该银行关闭了美国的分部。和里森一样，鲁斯纳克个人并未从交易中获利，得到的唯一好处是将其工作一直保留到东窗事发之日。

4. 纽约市的基德·皮博迪有限公司（Kidder，Peabody & Co. Inc.）（1991—1994）

约瑟夫·杰特（Joseph Jett）受雇于1991年，他不断升职，并最终成为基德公司的政府债券交易主管。他管理的是一种名为STRIPS和RECONS[11]的金融工具以及政府债券，起初出现了超过1亿美元的损失。为了掩盖这些亏损，他伪造了3.5亿美元的利润，并声称这些利润来自其STRIPS和RECONS衍生证券的交易。其实当时并没有相应的购买或销售行为，但基德公司的内部记账员伪造了与联邦储备银行交易STRIPS和RECONS的业务，既做买方，又做卖方，从而制造出不存在的利润。不同于里森和鲁斯纳克的是，杰特从他伪造的成功中捞到了好处：美国证券交易委员会的诉讼记录显示，他的收入从1991年的75 000美元增至1993年的930万美元。[12]

杰特受到了审讯，但并没有被判证券欺诈罪或违反证券法，这是因为证券交易委员会的行政法官裁定STRIPS和RECONS并非证券法所认定的“证券”。然而杰特被命令返还820万美元不当津贴，并支付20万美元的罚金。

5. 法国巴黎的法国兴业银行（Société Générale）（2008）

法国兴业银行是一家总部在巴黎的法国货币中心银行。SocGén成立于1864年，并于1971年注册成为有限责任公司。2008年该银行在法国有2 300多家分支机构，在全世界有3 800多家分支机构。2000年货币中心银行雇用了雅和米·科威尔（Jerome Kerviel），让他负责使用普通期货进行套期交易。科威尔购买和销售不同到期日的股指期货合约，因为交易量庞大，点位非常小的变动就能够让科威尔获得巨大利润。因为进行的是未授权的交易，科威尔故意进行亏损交易，以便抵销他赚取的巨大利润，这样他的上级就不会发现他的未授权行为。此外，他还实施单边套期交易，并通过虚构交易来掩盖他的行为，虚构的交易不披露对方身份，但该交易出现了亏损。为了掩盖损失，他不断地增加交易量和交易频率，结果却陷入了更深的亏损。而在2007年东窗事发之前发生了下面几起事件：

- 他的上级就可能出现的问题向他警告了74次。
- 他的交易净损失总额超过30亿美元。
- 他的交易总量达到730亿美元。

• 为填补他的空仓，银行损失了50亿欧元（合72亿美元）。

科威尔被判服刑7年，并判罚金总额等于银行为填补空仓而发生的总额，即49亿欧元。[13]

以上这些案例的共同特征将在本书中全面地讨论。其中最典型的要素就是会计和内部控制的缺陷。然而，最突出的问题则还是这些案例中主角的行为和决策制定理论之间的关联。显然在每个案例中，交易员都表现出了克赫曼和特沃斯基在实验室所发现的那种风险追逐行为。在面对损失的时候，每个交易员都进一步扩大了他们的行为，试图通过更大的赌注来掩盖其损失，结果却是越陷越深。

1.5 要点总结

本章讨论了下列基础问题：

1. 学者们对于风险和不确定性区别的争论。

2. 风险的定义要在两类概念中选择：(1) 面对损失（财务上的）或伤害（心理或生理上），以及 (2) 结果的变动性。

3. 决策制定者风险态度的作用以及风险偏好的概念。

4. 简要介绍两种决策制定理论以及三个思想流派。

5. 给出现实生活中风险追逐行为的例子。

6. 无论接受哪种风险的定义，采纳风险的程度取决于：(1) 人格特征；(2) 结果带来的预期收益或预期效用；(3) 决策制定者给予损失和利得的权重。这些特征决定了个体决策制定者的风险态度是中立的、厌恶的还是偏好的。

注释

1 英语版本出现在1950年(Von Bertalanffy,1950a,1950b)。

2 为了说明这种混乱情况,我们可以举个例子。国家研究委员会(National Research Council,NRC,1994)指出:“不确定性迫使决策制定者进行判断,对于风险敞口总体中的每个个体而言,风险有多大可能被高估或低估,然而变动性又迫使他们不得不面对一种确定性,即不同个体面对的风险既高于也低于其所选定的参考值(Ref,24,p.237)。

3 某在线词典讨论了“风险”一词的起源。它指出“风险”来源于哪里是不清楚的,可能来自法语中的“risque”一词,这个词于1655年第一次出现在法语中。在阿拉伯语中“Rizq”这个词可以追溯到7世纪伊斯兰教的兴起,当时这个词的意思是“获得生存的机会”。至于这个词是从阿拉伯语流传到法语中还是反过来或者压根没关联,我们就不得而知了。

4 http://www/rmartin.com/risk_defined.html。

5 有些作者指出,奈特增加了这个概念的模糊性,因为他说:“如果不确定性是可计量的,对企业来说就不是不确定的了”(Knight,1921,232页)。

6 环境保护机构发现了189种空气污染风险(空气污染风险评估委员会,1994年,14页)。

7 历史记录显示,世界上第一份保险出现在4500年前古巴比伦的《汉谟拉比法典》中,汉谟拉比国王在该法典中规定,在商业贸易中如果因个人灾难而无法偿还债务,则债权人应免除债务,例如死亡、伤残、丢失财产或在商贸运输中未能安全抵达目的地。有关风险历史的讨论可参考Peter Bernstein (1996)。

8 Braddock (2010)对风险的演化进行了有趣的总结。

9 在现代商业环境下,效用的概念超出了内在满意度的范围,它和预期的有形利得或财富有关。

10 一般来说银行的资本低于总资产的8%。

11 “STRIPS”指的是从贴息证券的利息支付额和本金部分创造出来的零利率证券,这些证券在美国的国债二级市场交易。当证券组成部分的价值超过或低于债券整体价值的时候,交易商就可以创造出套利机会。RECONS是STRIPS的重新组合。

12 美国证券交易委员会(SEC)提供了伪造利润的数据表格。

日期	事件
1991年7月	以75 000美元受聘为副总裁
1991年报告的利润总额(1991年7月—12月)	787 000美元
1991年12月	5 000美元奖金
1992年6月	升至150 000美元
1992年10月	升职为高级副总裁
1992年报告的利润总额	32 481 000美元
1992年12月	210万美元奖金
1993年2月	升职为政府顾问领导
1993年报告的利润总额	150 654 000美元
1993年12月	930万美元奖金
1993年12月	被命名为年度Kidder人物
1994年报告的利润总额(1994年1月—3月)	80 100 000美元
1994年4月	开除

13 金融媒体估计科威尔需要177 000年才能全部偿还法庭裁定其应当支付的金额。2012年科威尔上诉声称,损失部分是由于内部秘密策划而导致的。《金融时报》,2012年6月19日,22页。

第2章　风险的类型

2.1　开放系统和不同的风险敞口

商业企业是独立运营的法律主体，旨在创造价值并增加所有者的财富。一个商业主体首先使用所有者提供的经费来购买投入要素，然后以特定的方式对它们进行加工或组合，最后获得可以对外出售的产品（一个与各具体投入要素不同的产品）。这几个阶段——融资、购买投入要素、加工和处置产品，都需要主体与主体边界以外的人员组织沟通交流。一般而言，我们可以将这些边界定义为概念性的空间，组织对资源的控制程度、需要履行的义务和能够行使的权利范围决定了这个概念空间。

在组织行为学文献中，存在于主体边界以外的所有要素的集合被称为"组织环境"，主体则被称为一个"开放系统"。生物学家卡尔·路德维希·冯·伯塔朗菲(Karl Ludwig von Bertalanffy)普及了用以描述所有生物体的开放系统的概念，因而享有盛名(von Bertalanffy，1950b)。之后不久，开放系统的概念已不再局限于生物体层面，而是可以用于描述任何集团、主体或架构；无论是像汽车或温控器这样有形的主体，还是像组织这样的概念化主体(Katz and Kahn，1966)。

开放系统的概念有它专门的术语：获取的所有投入要素（比如劳动力、资金、原材料）被称为来自环境的能量投入要素；组织将投入要素组合转变为新产品和服务的生产过程被称为**传输**（throughput）；最终产品和服务的销售配送则被称为**产出或能量产出**（Katz和Kahn，1966）。在这三个阶段中的每一个阶段，组织都面临着不同事件所引发的各式各样的风险，这些事件的影响频率和影响程度各不相同。

如果管理层无法根据影响程度来区分这些事件，则可以依据风险敞口发生的频率而非影响程度来分配降低风险的资源。这就是"黑天鹅"（Taleb，2010）的主题，其在旧金山联邦储备银行（The Federal Reserve Bank of San Francisco）的报告（Lopez，2002）和德勤（Deloitte）发布的《解除价值杀手的武装》(Disarming the Value Killers)（德勤实业发展有限责任公司，2005）等其他许多报告中也被提及。

由于开放系统的含义适用于所有主体，我们可以从开放系统属性的层面给战略风险下一个独特的定义，**即组织在与环境进行交易的过程中遭遇的不利状况的集合**。在下列情形中战略风险更加重要：

1. 在主体可获得的人力资源中缺乏熟练工。
2. 充满竞争且费用高昂的融资选择。
3. 制订了无效的生产计划和决策。
4. 低效的资本分配。
5. 原材料和供应链市场的竞争压力。
6. 产品市场的竞争压力。
7. 在计划和评估公司风险承受能力上的失误。
8. 监控体系未能察觉会带来重大影响的问题。
9. 管理层未能区分高频发生的低成本小影响事件（如小的会计差错）和偶然发生的高成本事件（如安然、世通和泰科的欺诈事件，1987年和2008年的股市崩盘，或者飓风卡特里娜引发的灾难性破坏等）。

研究人员和现实中的政策制定者主要关注的是前七种情形，而很少留意那些有重大影响的低频率事件。图2-1试图解释风险驱动因子不同子系统间的相互关系，本书将在接下来的部分讨论这些子系统。发现、诊断这些风险驱动因子并为它们排列优先级，在设计和执行有效的风险应对政策和流程中起着至关重要的作用。在图2-1的流程图中，各要素并不全都是假设性的；释例2-1的美国银行就是与该定义相符的现实案例，该例阐释了银行管理层是如何考虑战略风险的。

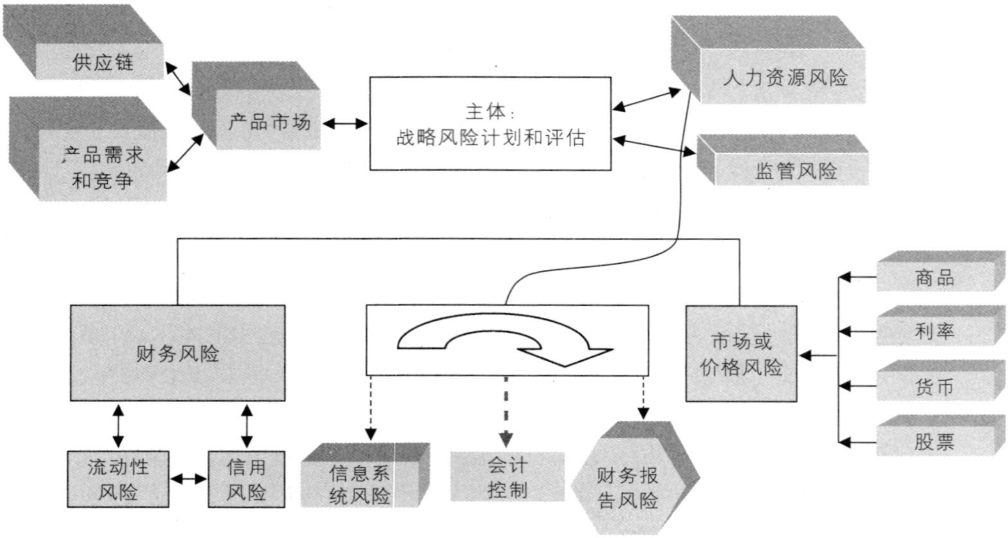

图2-1　不同风险敞口之间的关联

释例2-1

美国银行的战略风险管理

不利的商业决策，无效或不当的商业计划，未能对竞争环境、商业循环、顾客偏好、产品过时、执行力的变化做出快速回应，以及其他企业的内在风险，都会影响我们达成企业目标的能力，这样的风险就称为战略风险。我们用规划过程来帮助管理战略风险。规划过程的一个关键要素就是要协同贯穿整个企业的战略、目标、策略和资源。过程的第一步是，在公司层面上生成一份包含战略风险评估的商业计划书，以确立公司的战略方向。接下来，计划过程沿业务线延伸，制订出与公司战略方向一致的业务线计划。每一层面上的策略和量度都以对公司目标达成的贡献度来计量，并确保遵循总体计划。业务线作为计划过程的一部分，持续地评估了变化的市场和商业状况所带来的影响以及达成目标的总体风险……企业审计师独立监控、查阅和评估这些计划和计量过程。

经济资本配置是我们管理战略风险的核心工具之一。通过经济资本配置，我们有效地管理每条业务线的商业风险承受能力。企业通过复核和批准商业计划书来批准经济资本的配置。计划书通过财务报告和风险报告来监督经济资本的使用，并将业务线的经济资本配置计划与公司运营计划相结合，每年由董事会批准。

（来源：2009年10-K表，49页。http://www.sec.gov/Archives/edgar/data/70858/000119312509041126/d10k/htm.）

2.2 风险的定性分类

风险可以从两个定性的维度上分类：（1）保险性；（2）多样性。

2.2.1 保险性

从（传统）保险的观点来看，风险可以分为两类：

1. 纯粹风险。

2. 投机风险。

纯粹风险是由于下列危害而带来的损失风险：（1）被保险者无法控制；（2）损失是唯一的结果。这包括交通事故、火灾、健康问题、死亡和财产损失等。其他所有类型的风险，其结果可能是损失，也可能是利得，因此被认为是投机性的。因为有潜在的利得结果，投机风险是无法通过保险来规避的。

遭受意外损失本就是随机和未知的，一个特定建筑物遭受火灾的损害有可能发生，但并不确定。没有保险，每个个体就要承担纯粹风险的全部代价。例如，某个街道的每座房屋都有0.1%的概率（意外）起火，而居民并不知道究竟哪一座房屋会遭遇不幸并由房主负担修理或重置的全部成本。如果损害足够严重，损失可能就是整个房子的花费。问题是，正常情况下没有人能预知哪一座房屋会遭受火灾、洪水或者龙卷风带来的损失和危害。根据贝叶斯的最大忽略原理（maximum ignorance），我们可以假定，街道上的每一座房子遭受上述损失的可能性相同。减轻这一负担的一个可行方法就是风险分担。比如说，每个住户出一小笔钱，建立一个社区盒子（账户），来应对火灾或洪水，并补偿受灾房主的财产损失，这符合房主们的利益诉求。社区盒子或者履行类似职能的邻里联合会等，确实在一些乡村地区存在，在那里，由消防员志愿者来运营消防站，且由社区成员来共同承担风险。这一做法就是我们现在所熟知的保险的前身，只不过如今的保险公司能够使用历史模式和相关分析生成统计表格，来描述不同情况下遭受损失的概率。为了确保没有人可以从保险中获利，则需要采用一些原则来监管这些活动，其中的一个主要原则叫作损失赔偿原则（principle of indemnity）。[1]

保险是一种风险分担或风险转移的机制，简单而言就是投保人向承保人支付一定价格（溢价），承保人来承担投保人不愿承担的风险。承保人（保险公司）对保险合约进行的会计处理有其独有的特征和复杂性。

2.2.2 多样性

在金融学家提出证券投资组合理论之后，金融学文献才将风险的概念聚焦在投资行为上。在马科维茨（Markowitz）的第一篇论文发表之前，人们都是基于财务比率和价格的图表趋势做出投资选择的（Markowitz，1952）。这是格兰汉姆（Graham）和多德（Dodd）在1949年开创的传统，许多分析师和投资咨询师仍然在继续使用，即便他们仅将其看作对于现代投资理论的补充。[2]但这种图表分析策略即便是成功的，也无法帮助我们理解市场回报率差异背后的深层原因。如果不阐明风险因素，就很难理解为什么某个投资会比看似相同的另一个投资具有更高或更低的回报率。盈利能力过去一直是且未来也会是市场价值和预期回报的一个关键性决定因子。但是，只考虑盈利水平并不足以了解估值过程，因为正如马科维茨证实的那样，风险（或波动性）是另一个主要的决定因子。

在马科维茨之后出现了大量文献，他的成果为信息和金融经济学指出了一条极具挑战性的崭新道路。他的理论包含两个主要内容：第一，如果投资者能够获得相应的风险溢价作为承担风险的回报，投资者就会投资于更有风险的资产，从而使得总的预期回报率与承担的风险水平相称。如果一个投资具有一般的风险程度，与市场一般水平持平，那么这个投资就应得到市场平均风险溢价。类似地，如果一个投资的风险程度高于一般（市场）风险，它就应该得到高于一般水平的风险溢价，反之亦然。[3]

另外，马科维茨（Markowitz，1952）和夏普（Sharpe，1964）等人已经明确了风险的来源包括：（1）一般的宏观经济因素；（2）特有的、与主体相关的因素。可以归因于宏观市场因素的风险要素被称为"系统风险"，而与主体特有的活动和特征相关的则被称为与公司相关的、非系统性或者特殊性风险。

第二，马科维茨揭示了将不同风险等级的投资进行组合的影响。当不同投资被分组（构成一个投资组合）时，非系统性或是特殊性风险要素就被打乱，像是被水流冲散了一样，投资者只需要承担系统风险。另外，投资组合的系统风险是投资组合内所有投资的系统风险量度的加权平均数，权数由每个投资的相对资本规模决定。

大量的文献都围绕着这一话题展开。尽管许多研究已经表明，多样化投资分散了特殊性风险，因而投资组合只需要关注系统性风险，但是最近的金融学研究又重提这一话题，重新评价非系统性（与公司相关的）或特殊性风险在定价中的作用，也就是说这些风险并未因多样化投资被完全分散。

对系统风险概念的进一步修正，增加了可以被看作系统风险经济决定因子的数量。通过大量的数据研究，法马和弗兰奇（Fama和French，1993）建立了三因素模型，包括（平均）市盈率和两个额外因素：公司规模和账面市值比。法马和弗兰奇把这三个因素用作衡量每个企业面对的宏观/一般性风险来源的指标。三因素模型在实证工作中被广泛使用，法马和弗兰奇在一个网站上持续更新这些指标，方便对三因素模型感兴趣的人获取。[4]

2.3 风险的功能性分类

出于学习的目的，我们考虑三种分类：

1. 运营风险和会计控制。
2. 会计风险敞口。
3. 市场价格风险。

2.3.1 运营风险和会计控制[5]

巴塞尔银行监管委员会（国际清算银行）在2001年的咨询文件中，将运营风险定义为"由于不充分或失败的内部流程、人事和系统，或是外部事件而遭受损失的风险。其包括法律风险，但不包括战略和声誉风险"。直到现在，这个定义仍在被使用。《巴塞尔协议》的定义有以下几个要素：

1. 员工行为。

2.内部流程，如会计和内部控制。

3.信息系统技术和安全。

4.其他因素。

在企业遭受运营风险的潜在起因中，员工行为名列榜首，因为商业主体的首要威胁往往来自它的员工。这些威胁的形式多种多样，不只有员工偷懒这一种；代价最高的威胁则是挪用公款和盗窃。《华尔街日报》的一篇文章（2008年12月11日）指出，员工因靠近工作场所而在挪用公款和进行欺诈时占据了一定的优势。它提出："雇主是盗窃的热门目标，因为工人了解他们的体系、控制和弱点，所以可以耐心等待合适的时机。"

据估计，2011年，在美国成立的商业企业因员工盗窃和挪用而造成的损失超过1 190亿美元（Hayes，2011）。这一事实即可表明，员工的挑选和培训是应对运营风险的重要组成部分。这些估计还未包括对知识产权（如新技术和产品研发）的盗窃。如果考虑知识产权的盗窃，员工盗窃造成的损失将会增加6倍多。[6]

安然事件是最近一起大型的、复杂的、涉及各管理层的欺诈案。从1996年到2000年，安然公司的收入从133亿美元增长到1 008亿美元，分摊到19 000名员工身上，就是每人530万美元。在这些收入中，有部分来源于衍生品的不当会计处理，把损失计入资产，把负债计入利润，并把它的债务分配给未合并的特殊目的实体。联邦调查局（FBI）（2012）对这一事件总结如下：

信息日志（FBI对安然事件的报告）

白领犯罪案例：安然

由于它的欺诈性会计处理，包括虚增利润、制造现金流和隐藏债务，安然公司的管理人员在报告其财务状况时误导了投资大众。除此之外，投资银行和其他商业伙伴通过搭建财务架构和创造其他助长欺诈性会计处理的工具，对安然的欺诈行为推波助澜。[7]

有几种机制可以应对对主体资源的挪用。第一道防线就是建立一个强有力的内部会计和审计控制体系。20世纪70年代早期，国会发现超过400家美国公司向外国官员行贿，从而获得海外的商业合约，这在美国以及美国的法律下都是违法的。于是，在1977年，反海外腐败法（FCPA）要求美国商业企业建立有效的内部控制体系，为管理层行为的合法性提供合理保证。但是，随着时间的推移，FCPA的这一条款并未得到强制实施，企业也没有投入足够的资金来强化它们的内部控制体系。

2000年初，安然公司和世通公司的瓦解激发了人们对公司管理的广泛讨论，其中特别提到内部会计控制。2002年，美国国会颁布了我们现在所熟知的《萨班斯-奥克斯利法案》，要求改进机制来保证公司内部控制的有效性。根据法案第404条款，所有公开上市的企业，管理层向证券交易委员会提交年报时，必须陈述其建立和维护有效的内部控制结构的责任，以及保证财务报告可靠性的具体措施。除此之外，还要求有两份认证报告（证明）：在第一份报告中，公司高管须证明所在企业内控系统的有效性；第二份报告则由这些企业的外部审计师提供，证明管理层所做保证的准确性。

国际清算银行下的巴塞尔银行监管委员会在2007年发布了《巴塞尔协议2》，把运营风险定义为三大风险类型之一[8]，再次强调了内部会计和控制的重要作用。《巴塞尔协议》的亮点之一就在于它对内部控制的强调（巴塞尔银行监管委员会，2011）。在《巴塞尔协议》建立的过程中，国际清算银行发布了一份名为《银行监管的内部控制体系框架》的文件（1998）。框架的第4条将内部控制的范围限定如下：

一个有效的内部控制系统，应该能够确认和持续性评估会对银行达成其目标产生不利影响的重要风险。这份评估应该涵盖银行及其合并的银行组织所面临的所有风险（也就是信用风险、国家和转移风险、市场风险、利率风险、流动性风险、运营风险、法律风险和声誉风险）。为了更好地处理新的或是先前未能控制的风险，可能需要对内部控制进行适当修正。

（巴塞尔银行监管委员会，2011）

原先，内部控制只有一个简单的定义，即"职责分离"，但现在，关于内部控制功能的界限的描述则包含了更多的内容。尽管《巴塞尔协议》旨在规范银行业，并且为众多国家的大型银行所使用，但它的概念和原则也同样适用于其他行业。事实上，内控系统失效几乎是所有公司失败的案例中最常见的特征。

当内部控制失效时，外部审计应当帮助公司发现欺诈行为。这一方法通常是有效的，除非管理层创造方法来规避审计过程，这就是南方保健公司（HealthSouth）案例中的情况。

会计日志：南方保健公司内部控制体系的崩溃

虽然南方保健公司的灾难性欺诈在复杂程度或规模上都远不如安然公司或世通公司，但是在2000年时，南方保健公司已经拥有60 000名员工，而安然公司只有19 000名。南方保健公司的案例表明，只要会计控制上一个简单的违规，就能够迷惑外部审计，大型欺诈就得以发生。[9]公司的联合创始人理查德·斯克鲁希（Richard Scrushy），自1984年公司成立以来，直至2003年3月一直担任公司的CEO。斯克鲁希的目标就是看到公司的股票持续性上升，因为他相信，如果南方保健公司能达到或打破分析师的盈利预测，他就可以达成自己的目标。公司在26个州提供门诊保健服务，并开始在海外开设分公司。在2003年，公司收入迅速增长到约45亿美元。随着正常商业运营创造利润的速度开始放缓，斯克鲁希和首席财务官的继任者开始通过一种外部审计师无法察觉的方式来操纵会计，从而报告出好看的利润数字。在这一案例中，欺诈发生在组织的最高层，内控系统只能妥协让步。高级管理人员了解到，公司的外部审计师认为，低于5 000美元的分录不具有重要性，因而不予审计。于是，高管们费尽心思地创造了数千条数额低于5 000美元这一神奇数字的分录，直至这些虚假分录累计达到27亿美元的虚假利润。安然事件后不久，FBI开始调查南方保健公司，证券交易委员会紧随其后，南方保健公司的股票价格应声下跌，从每股30美元的高点跌落至2012年每股14美分。南方保健公司甚至以−7 200万美元的股东权益还在运营。[10]

2.3.2　会计报告风险敞口

在本书中，会计报告风险的定义是：由于报告不当及财务报告信息呈现不当而遭

受损失的风险。报告不当有众多原因，其中许多都与经理层在以下领域里拥有很大的裁量权有关：

- 估计和判断。
- 在没有指南的情况下做出会计选择。
- 会计准则运用不当。
- 进行欺诈。
- 在缺乏可观测价格时，运用假设估计公允价值。
- 确认资产减值。

2.3.2.1 会计报告风险：估计和判断

有观点认为，资产负债表上的每一项资产都是出自估计，只是每个估计的主观程度不同而已。例如，应收账款和应收票根据预期的“可变现净值”的价值来报告，就是管理层对预期收回价款的预测。它是名义上的原始价值经以下两个项目调整得到的：

1.被认为减值的很可能无法收回的余额。

2.收回的可能性存疑的余额。

这两个项目没有一个是基于客观的可验证信息，特别是后者，还需要设立坏账准备。企业的管理层会基于一系列假设做出判断。这一过程的最终结果就是，应收账款和票据的报告金额就是管理层预测的主体应当能够收回的金额。这和银行估计贷款或信用卡余额、预计损失以及建立贷款损失准备的过程是一样的。很多时候，估计是基于对账龄的主观评估和账户未付款历史的银行记录做出的。也有一些银行和大型商业企业则使用违约预测的数据分析模型。一些模型还整合了个体的购买习惯和支付历史等具体信息。尽管这些模型很精确，但最终的结果仍是对可回收金额的估计或预测。管理层假设和估计可能会带来偏差，释例2-2中引用了美国联邦存款保险公司（FDIC）对这个问题的强调。

释例2-2

美国联邦存款保险公司关于财务报告中会计估计使用的声明

会计估计的使用

管理层做出的估计和假设，会影响财务报告和附注中的金额。实际结果可能和这些估计并不一致。有些会计估计变更可能很快就会导致财务报表发生重大变更，我们已经披露了这类会计估计变更的性质和程度。比较重要的估计包括：应收账款和相关收入的评估；源自决议（resolutions）（包括亏损共担协定）的应收账款的坏账准备；预期的失败（anticipated failures）、诉讼、投诉和担保带来的损失的估计；短期流动性担保项目（Temporary Liquidity Guarantee Program）和有限责任公司债务的担保义务；信托优先证券的估值；退休后的福利义务。

（美国联邦存款保险公司，2009；强调部分是作者加的）

类似的风险报告也出现在存货估值方面。企业的管理层确定估值方法，除非存货被套期并且套期是有效的，否则一般都是采用成本与市价孰低法进行估值。[11]但是，成本和市价都不能进行客观的确认：市价是可变现净值，而成本则可能包括按组织内部规则分配的摊销费用。下面，通过欧洲航空防务航天公司（EADS N.V.）的案例

（EADS，2010）来说明这个问题，该公司在报告中强调了需要进行专业判断的部分。[12]

存货——存货以采购成本（通常是平均成本）或制造成本和可变现净值孰低来计量。制造成本包括可以直接归属于制造过程的所有成本（比如直接材料和人工），以及基于正常运营能力和正常的材料、人工和生产成本消耗而发生的摊销费用（包括折旧费）。可变现净值就是正常交易过程的预期售价减去发生的各类销售费用。

欧洲航空防务航天公司的情况并不特殊，它和许多其他制造企业的情况类似。这个例子指出了管理层在报告价值时的自由裁量权。例如，在成本与市价孰低的估值方法下，对估值的每个成本基础所做出的不同假设都会影响报告出来的价值：

- **平均采购成本**——计算平均成本时要选择产品池以及计算周期，这些都取决于管理层的判断和假设。如果管理层在估值的时候仅选择较少的产品作为资产池，就可以更加灵活地操纵最终报告出来的数字。管理层选择的数据收集的时间长度不同，报告数字一样会有不同。这些选择都取决于管理层的目标，该目标可能与股东利益一致，也可能与之相悖。
- **制造成本**——因为制造成本中包含分配的制造费用和间接成本，而分配方法和分配基础都是由管理层来决定的，所以在这种成本基础中，对存货的计量需要大量的判断和估计。同样，决定什么是"正常运营"和"正常能力"，从而确定间接成本的分配，也取决于管理层的选择。
- **可变现净值**——这一数值来自对售价和相关交易成本的双重估计。这两个估计取决于存货中特定商品的市场流动性、供应商的选择以及竞争信息的获得。所有这些假设综合在一起，就会导致报告给外部使用者的存货估值信息中出现误差。这一信息十分关键，因为判断失误会导致某段时间内已售商品的成本和收益都转移到下一期。

会计日志：国际财务报告准则下的存货估值

根据美国公认会计原则（GAAP），将存货减记至可变现净值（公允价值）后不可转回；而在国际财务报告准则（IFRS）下，管理层可以在市价没有持续下跌的情况下转回存货减值。在后一种情形下，转回最多只允许达到原始成本的水平。此外，国际财务报告准则禁止使用后进先出法（LIFO）进行存货估值。[13]

在计提折旧的问题上，情况并没有什么不同。一般而言，折旧费用并非基于使用带来的损耗和技术过时。折旧常被称作"成本的系统性分配"，但是它的系统性只体现在它是有特定模式的"算术"计算上。通常，管理层要确定以下几项：

- 资产的折旧期间。
- 残值的估计。
- 折旧计提的模式。

这些都是根据管理层的目标来确定的，而大多数情况下，他们的目标就是平滑利润。

例子不胜枚举，我们不妨考虑一下航空公司为寻求提高利润（或降低损失）的方法而采取的做法。一架喷气式飞机的使用寿命，在很大程度上取决于其维护保养和起飞着陆的频率。1998年以前，大部分大型航空公司在计算折旧时，都以20年作为平均寿命，以飞机成本的5%为残值估计值。1998年，美国大陆航空股份有限公司（Continental Airlines）的折旧计提改变了这一政策惯例。它将特定的新生代飞机的折旧年限延长至30年，将残值的估计值从成本的10%增加到15%。这类估计的变更往往是为了影响盈余，而非对资产损耗进行更精确的描述。2005年10月21日，美国航空公司报告了折旧政策的变更，当年报告的盈余（税前）增加了1.08亿美元。美国航空公司2005年年报的附注中这样写道：[14]

自2005年1月1日起，为了更正确地反映飞机的预期使用寿命，公司将它的波音737-800、波音757-200和麦道公司（McDonnell Douglas）MD-80飞机的预估折旧年限从25年调整到30年。由于这一变更，截止到2005年12月31日，该年的折旧和摊销费用减少了大约1.08亿美元。[15]

2.3.2.2 会计报告风险：在没有指南的情况下做出会计选择

会计准则允许管理层选择与“**管理层意图**”相一致的会计处理，这同样会引发财务报告风险。在美国公认会计原则（ASC topic 320）和国际财务报告准则下，管理层意图是选择有价证券会计和套期会计的基础。在美国公认会计原则下，FAS115条例的第7段讲解了有价证券的分类标准，陈述如下：

只有当报告企业有明确意图和能力将证券持有至到期时，债券投资才可以被分类为持有至到期投资，在财务报表中以摊余成本计价。

按照现行美国公认会计原则（2012年8月）的要求，有价证券可以被分为三类：

1.**持有至到期**（摊余成本）：这一类只限于企业有**明确意图和能力**持有至到期的债券投资。市场作用和提前偿还风险对这一分类没有影响，因为这些证券并非用于近期获利或资产/负债管理。

持有至到期（HTM）证券以摊余历史成本计量和估值。持有至到期证券只有在发生“非暂时性”减值时，才会被调减至公允价值，减值计入当期损益。

2.**交易性**（FV-NI，以公允价值计量且其变动计入当期损益）：这一类是以市场获利为主要目的而购买和短期持有的债务和权益性证券。交易性证券以现行市价计量，公允价值变动计入利润表。也就是说，预期的、尚未实现的利得和损失，视作已实现的利得和损失进行会计处理。[16]

3.**可供出售**（FVOCI，以公允价值计量且其变动计入其他综合收益）：这一类证券用排除法定义；它们既不是持有至到期证券，也不是交易性证券。和交易性证券一样的是，可供出售证券（AFS）以现行市价计量。但不同的是，市价变化被递延（暂放）在其他综合收益（OCI）中，只在以下三种情况下会被重分类计入当期损益：（1）公允价值无法可靠估计；（2）公允价值发生“非暂时性”减值；（3）这些证券被出售。

“管理层意图”是准则要求的证券归类的基本标准，要知道“意图”是不可确认的。“意图”的概念在法律上比在会计上更具重要性，特别是在处理个人行为问题时。在这一方面，意图的法律定义是：“某人采取某一行为时的心理状态。”[17]会计准则并没有对可以界定管理层选择的“意图”进行定义。美国公认会计原则（ASC 320）要求的三个限制条件是：

1.在购买日声明其意图。

2. 除非满足准则中的具体条件，否则不出售持有至到期证券[18]。

3. 不同类型间的转换限制。

会计日志：变更会计准则的提案

国际会计准则理事会（IASB）和财务会计准则委员会（FASB）最近（2012年1月）就会计准则的变更计划达成协议，并可能于2015年实施该计划。协议与金融工具的分类有关，包括以下内容：

金融工具将分为以下三类：

1. 摊余成本。

2. FV-NI：以公允价值计量且其变动计入当期损益（利润表）。

3. FVOCI：以公允价值计量且其变动计入其他综合收益（权益账户）。

金融工具的分类取决于三个因素：

①**工具的现金流特性**：现金流是否只包含本金和利息，是否有偶发事项会导致现金流的修正和改变。

● 如果现金流包含本金和利息以外的数额或修正（货币时间价值的补偿），这一金融工具就会被分类为FV-NI。

● 如果现金流只包括本金和利息，这一金融工具就可能被划分为FV-NI以外的类型，具体类别取决于其业务模式（business model）。

②**用"业务模式"或"业务战略"取代"管理层意图"。**

分类为摊余成本的条件：如果某一工具符合本金+利息的现金流特性，起初并非为出售而购买，并且业务模式要求持有该工具直到以取得合约约定的现金流方式结算。

如果业务模式是出于以下目的而持有该资产，则该金融工具可以被分类为FVOCI：（a）持有该金融资产以取得合约约定的现金流；（b）出售该金融资产（比如AFS和HTM）。

③**这一金融工具是负债还是权益。权益类工具分类为FV-NI。**

上面提到的分类在美国还没有成为一项公认会计原则，但在国际财务报告准则中已经形成了一项准则，即IFRS 9，预定于2015年生效。预计财务会计准则委员会（FASB）未来将采用上述分类方法，与IFRS 9趋同。

（来源：FASB（2012）。）

因为"管理层意图"这一概念的使用和对有价证券从某一类别进行变更的限制，房利美和房地美等公司就有了扭曲报告收益的机会。这两家公司因为它们准国有的地位，受到了公众的审查。联邦住房企业监督办公室发布了两份深度报告（OFHEO，2003；2006）。

OFHEO 2003年的报告中提到了房地美公司的一些具体（违规）交易：

管理层编造了与某证券公司的虚假交易，将约300亿美元的抵押资产，从交易性账户移到了可供出售账户。除了降低或有收益的波动性之外，这一交易没有其他实质性目的。

……

对于投资组合中有以市场计价损失的持有至到期的参与权益证明，房地美公司可以将它们移至交易性账户，这样，损失就可以被立刻确认为损益。管理层打算采取的策略就是，在2000年的11月和12月落实先前抵押债券的销售，将附带的损失锁定在参与权益证明的市值中。到2001年1月1日，管理层将参与权益证明移至交易性账户，并确认损失，抵销衍生工具投资组合的利得。

……

考虑到这一交易给经营带来的危害，这次交易的经济后果是非常消极的。

通过操纵有价证券的分类而给盈余带来的影响并非微不足道，表2-1揭示了在不同期间调整盈余所带来的影响。由于缺少会计指南，事实上，房地美公司利用会计选择少报了45亿美元的收入。管理层的主要指导原则就是随着时间的推移平滑利润，从而使管理层基于公司收入发放的奖金最大化。

房利美公司除了对有价证券分类不当之外，在2000—2005年间，还被发现其他类型的操纵，这使得标准普尔调低了它的信用评级，联邦住房企业监督办公室也加大监管力度，要求公司治理做出相应改变，力求减少不当会计处理。最后，证券交易委员会要求房利美公司支付4亿美元的民事罚款并更换高层管理人员。

表2-1　　房地美公司收益重述

年份	报告利润（10亿美元）	重述利润（10亿美元）	重述利润减报告利润（10亿美元）
2000	2.55	3.67	1.12
2001	4.15	3.15	(0.99)
2002	5.76	10.09	4.33

2.3.2.3　会计报告风险：会计准则使用不当

会计准则使用不当同样会引发会计信息风险。这些事件一经发现，公众企业就会被要求进行会计更正并“重述”财务报表。向证券交易委员会重述和重新填写财务报表的行为是对报告失误的确认，不论报告失误是否有意，这么做的目的在于承认财务报表包含重大差错。重大差错可能导致极为严重的后果。在世通公司的案例里，其将建设电话服务相关的费用资本化而未当作费用处理。这一行为看似简单，但高估收益和误导投资者带来的影响，却使公司螺旋式倒退，最终破产。这一失误的代价十分高昂：员工失去了他们的工作和投资在公司股票中的退休保障金；股东失去了他们的投资成本；部分经理人进了监狱。

重述财务报告以更正差错并不只在一个国家或某个地区发生，但有一段时间，美国发生的重述事件的数量和频率激增，创下历史记录。在国会要求下，美国政府问责局（GAO）在2002年和2006年准备了两份报告（GAO-06-678财务重述），其中提到，在2002年7月到2005年9月期间的重述数量增加到1 390次，给投资者带来重大损失：

我们选出那些在2002年7月到2005年9月期间宣布重述先前报告信息的上市公

司，并对它们加以分析，发现在最初的重述宣告日前后，根据整个市场活动予以调整后，这些公司的市值减少了大约360亿美元（有近180亿美元未被调整）。

（美国政府问责局，2006）

37%的重述都是关于费用的会计处理不当。奎斯特国际通信（Qwest Communications International）就是上述重述公司之一，美国政府问责局在对它的报告（美国政府问责局，2006）中这样写道：

①在1999年、2000年和2001年的一些光能资产（optical capacity asset）销售交易中，会计政策使用不当；②先前确认价值时记录有误的设备，于2000年和2001年进行销售的会计处理需要进一步调整；③在2000年和2001年的几个交易中，电信提供商的服务费的会计处理不当。

结果，重述和报告的收入数字如下：

	2001	2000
重述收入（10亿美元）	(5.6)	(1.04)
报告收入（10亿美元）	(4.0)	(0.8)

在宣布其需要重述财务报告后不久，奎斯特的股价就从每股35美元的高点下跌至每股11美元。

在其他情况下，报告有误往往是由于资产或负债确认不当。极光公司（Aurora Corporation）的例子就是负债被低估了。这一案例在美国政府问责局关于财务重述的第一份报告（2002）中有详细介绍，该报告首先就指出了报告差错的原因：

在调查过程中，独立审计师发现，一些促销和市场活动导致的负债以及其他费用（主要是销售退回及折让、分销和消费者营销）并未被正确确认为负债，还有一些资产被高估（主要是应收账款、存货和固定资产）。

（美国政府问责局，2002）

图2-2中的折线是根据2002年美国政府问责局的报告制成的。从中可以看到，在短短几个月内，极光公司的股价从每股15美元的高点下降到每股约3美元；2000年2月的一个陡降，是因为投资大众知晓了该公司的财务报表存在差错。

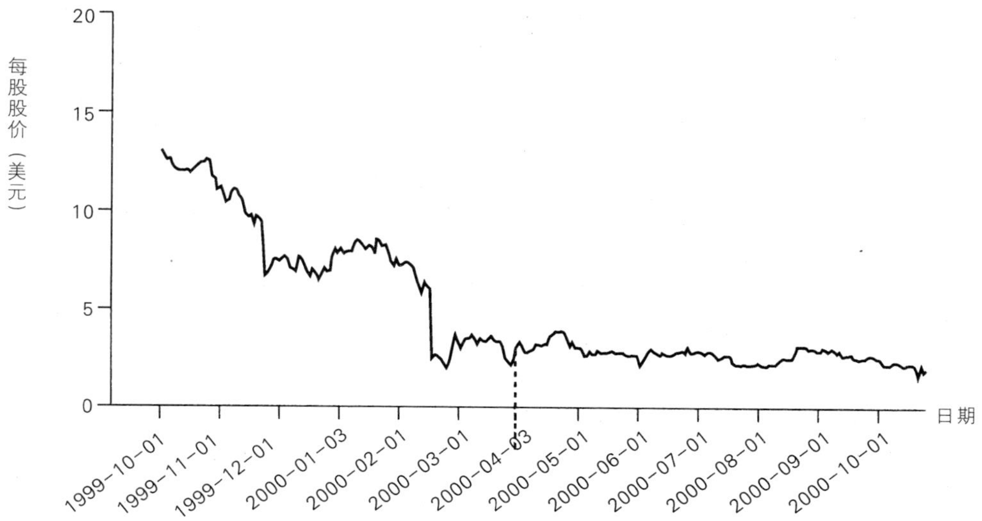

宣告日为2000年3月4日

图2-2　财务报告重述对极光公司股价的影响

2.3.2.4　会计报告风险：公允价值估计下的假设

在佩顿和利特尔顿（1940）所建立的传统的相对较老的会计理论中，会计实务已经将成本和估值加以区分。许多年来，会计专家和准则制定者都遵循着佩顿和利特尔顿的这一圣论，即资产是递延的成本且会计并不报告价值。直到《特鲁布拉德报告》（Trueblood Report）出版，先前的这一说法才渐渐淡化。《特鲁布拉德报告》为后来的概念框架[19]奠定了基础，将资产定义为未来经济利益的储备，将负债定义为未来经济损失的储备。这一"储备"的金额等于资产将会产生的现金流的现值或主体结算义务将要转移的现金流的现值。这些定义与概念框架所述的财务报告目标相符，即帮助投资者和债权人了解未来现金流的时间、金额和不确定性这三个估值要素，从而预测资产或资产求偿权的未来现金流。金融资产和金融负债具有可分性和流动性相对更强的市场，因此对这些要素的估值就比非金融资产更加容易。

2011年5月25日，关于公允价值的会计准则发生了变化，美国财务会计准则理事会和国际会计准则理事会消除了先前的差异，达成了统一的标准（从这天起，新的ASC 820和新的IFRS 13完全相同）。公允价值的定义为：

市场参与者在计量日发生的有序交易中，出售一项资产所能收到或者转移一项负债所需支付的价格。

这一定义的实施取决于流动性以及活跃市场是否存在，从而区分为三个层级：

- **第一层级**——在计量日能够取得的相同资产或负债在活跃市场的未调整公开报价。
- **第二层级**——使用几种间接市场输入值。相同的资产和负债在不活跃市场中的报价，类似的资产和负债在活跃市场中的报价，或直接或间接可观察显著输入值的金融工具。
- **第三层级**——对公允价值计量有重大不可观测输入值的定价或估值。

美国财务会计准则理事会和国际会计准则理事会（2011年5月）最终达成的联合

准则有6个要点：

1.公允价值等于退出价格：主体出售资产获得的金额或是偿还债务支付的金额。

2.公允价值的计量单元是单个的资产或负债，不是组合，也不考虑规模带来的溢价或折价（比如大量权益持股的因子不纳入考量）。这是**第一层级**的情况，但是准则允许在**第二或第三层级**的公允价值估价时包含控制折价或溢价，因为这样的调整本就是“被计量资产的特征”。比如说，对私有企业（private ventures）的投资可能需要**第三层级**的估值。这时，如果投资者由于持有大量股份进而对该私有企业拥有控制权，那么这一事实就改变了剩余股份的特性。因此，大量持股调整是适用于**第二或第三层级**的特征，而非**第一层级**。

3.估值是基于市场参与者的假设，而非针对会计主体。

4.金融和非金融资产的公允价值不同。前者是一个独立的评估，而后者则是基于市场参与者最佳使用价值。尽管对资产使用者而言，非金融资产的价值很可能是基于待评估资产与其他资产的协同效应，但与主体相关的因素在估计公允价值时并不相关，因为“最佳用途”应基于主体外部的假设——市场上的买卖双方做出的假设。

5.无论非金融资产是持有待售还是自用，公允价值的概念都是基于以下的一种假设的销售交易，以外部市场而非会计主体为参考：

（1）**主要市场**：交易量最大和交易活跃程度最高的市场。在没有其他证据的情况下，认为其是主体进行交易的市场。

（2）**最佳用途**：其使用可以使销售资产时收到的金额最大，或者处理负债时移转的金额最小。

6.如果价格是以一个“范围”如买卖价差来表示，那么公允价值就是这一范围中的某个价格。管理层需要判断哪一个价格“最具代表性”。（我们将在第3章中看到买卖价差是风险的一个量度。）

尽管新的公允价值准则已经将重心从“特定主体的使用价值”转向采用“市场参与者”的概念，但是在**第三层级**和部分**第二层级**的估值上，大量使用假设和判断还是会继续引发问题。在这种情况下，管理层需要对估值的每个方面做出假设——未来现金流的模式、金额、时点、不确定性，以及应用的模型。**第一层级**被称作“按市价”，**第二和第三层级**则常被称作“按模型调整”，也就是允许可能的偏差。[20]

举个例子，摩根大通有13%的公允价值计价资产，是以第三层级估价，管理层也清楚地揭示了与这些假设和判断相关的一些问题和隐患：[21]

对划分在第三层级的工具而言，用以估计公允价值的判断可能极为重要。为了估计一个第三层级工具的公允价值，管理层必须先决定恰当的可用模型。接着，由于缺乏可观测的重要输入值，管理层必须评估所有相关的实证数据来导出定价的输入值，包括收益率曲线、利率、波动性、股票或债券价格、外汇汇率、债务曲线等。除了市场信息以外，模型还应包括如到期时间这样的交易细节。最后，管理层要在任何相关之处判断和评估定价调整的水平，从而恰当地反映交易对方的信用质量、公司可信度、流动性限制和不可观测参数。所做判断常常会受到产品类型及其具体的合约条款、产品或整个市场流动性水平的影响。

（2010年年报，第152页）

类似地，IBM也强调了所做的假设（2010年年报，第77页）：

公司在“基础估值”之上考虑特定的市场定价调整：

• 金融工具要进行交易对方信用风险调整，考虑在信用违约互换市场（credit default swap market）上观察到的、交易对方的实际信用风险，从而确定这一工具真正的公允价值。

• 在对所有以公允价值计量的负债进行估值时，要进行信用风险调整以反映公司自身的信用风险。方法与进行交易对方信用风险调整是一致的，只不过换成了考虑在信用违约市场上观测到的、公司本身的信用风险。

尽管准则的重心已经从特定主体的估值转变为以市场为基础的估值，但管理层到底是如何发掘和整合“市场参与者做出的假设”来进行定价，就不得而知了。时间会告诉我们答案，但是这一切的假设也完全有可能是报告主体的管理层们按自己的愿望想象出来的。

2.3.2.5　会计报告风险：资产减值的判断

买房时，你可能会打算预付价格的20%，剩下的80%则以15或30年的按揭贷款偿还。你刚买下的房子就作为按揭的抵押品（担保）。但是2007年金融危机后，房地产市场崩盘，你借了30万美元（房价的80%）抵押贷款买来的房子，价值可能跌至18万美元以下。突然之间，你欠的债比房子的价值都多。由这种情况衍生出的短语就是“抵押贷款逆转（upside-down）”。即便你没有抵押贷款，你的房子的价值从40万美元降至25万美元，这样你的财产也发生了逆转，因为它的成本已经多于你出售的所得。

在会计上，“资产减值”这一术语就和常用的口语表达“逆转”相类似，这也就是ASC 360的主题。在会计处理上进行资产减值的主要目的源自“谨慎性”假设。即确认或有损失但不确认或有利润；减值准则要求将资产减记至它现有的较低价格，但不能转回（要指出的是国际财务报告准则允许将资产减值转回，但以原先确认的减值数目为上限）。

总体来说，准则用以下两个定义（ASC 360-10-20）来定义一个资产或资产组的减值：

1. 减值发生在一个长期资产（资产组）的账面价值超过其公允价值时。

2. 资产组是持有以备使用的一个或多个长期资产构成的会计单元，是独立于其他资产和负债群现金流的最小资产组合。

准则适用于包括以备使用或出售而持有的长期资产（ASC 360-10-35）。减值的概念并不复杂。它就是成本与市价孰低原则的一个扩展应用，应用于账面价值超过市场（公允）价值的部分被认为不可转回时。

是否进行减值

在开始估计减值金额的复杂程序之前，美国公认会计原则要求进行“先期判断”来决定是否有必要继续这个程序。这个先期判断是针对单个资产或资产组而进行的。这个先期判断如下：

1. 如果未折现净现金流>账面价值，不进行减值测试。

2. 如果未折现净现金流<账面价值，进行减值测试。

减值测试

如果决定继续，则下一步就是进行转回性测试（recoverability test），它有四个要素：

1. 何时进行转回性测试？

2. 如何计量减值？

3. 何时确认减值？

4. 如何报告减值，以及报告在哪里？

我们将依次考虑这几个要素。

1. 计量减值的时点：管理层必须做出判断，确认价值的下跌不会转回。美国会计准则ASC 360-10-35-21举出了会导致管理层做出这一决定的事件。它们是：

（1）市场价格严重下跌。

（2）资产的法律或功能性用途发生重大不利转变。

（3）发生高于资产预计现金流入的开销。

（4）一个长期资产很有可能（有大于50%的概率）会在显著早于其预计使用寿命结束之前被使用，或者通过销售或处置而转移出企业。

2. 减值的计量：将公允市价和基准进行比较，从而计量减值的规模。这两个指标的确定（公允价值和基准）都需要做出许多假设和判断，给管理层留下了犯错的空间。

很可能减值测试只对每个资产组进行，因为对每一个资产进行测试成本太高。资产组包括了可以独立确认一系列未来现金流的最少或最小组合的资产。一般这些资产组的活跃市场并不存在，因为它们对使用或持有它们以备出售（金融资产可能不是如此）的企业而言独一无二，因此管理层会转而使用其他方法来决定其公允价值。对未来现金流折现就是估计公允价值的方法之一。

因此，管理层需要做的是，选定资产组、确认资产组剩余使用寿命、确认未来净现金流的金额和模式、确定折现率（尽管一般使用无风险折现率）。美国公认会计原则用资产组中主要资产的使用寿命来代表资产组的使用寿命。管理层只需要找出资产组中的主要资产即可。另外，管理层必须做到以下事项。

（1）“整合主体自身关于资产（资产组）使用的所有假设并考虑所有可取得的证据”（ASC 360-10-35-30）。

（2）预计的现金流必须“基于资产（资产组）在测试当日现有的使用潜力……包括剩余使用寿命、现金流生成能力和固定资产的实物产出能力”（ASC 360-10-35-33）。

（3）开发过程中的资产，“可看作基本完成时资产（资产组）的预期使用潜力”（ASC 360-10-35-34）。

减值测试的另一部分是基准，即账面价值。比较长期资产公允价值的基准是账面价值。要指出的是，这一基准就是获取成本减去累计折旧（或是无形资产的摊销）。前些年份高估折旧会降低收益和账面价值，相反，早前年份低估折旧或摊销会导致报告收益和账面价值更高。因此，用于估计公允价值和基准间偏差程度的基准（账面价值），会受先前折旧政策和费用的影响。所以，为了确认基准参考值的可信度，管理层必须审阅早前的折旧费，并调整高估或低估了的累计折旧费的账面价值。

3.减值的确认：减值是一种损失。一个持有以备出售或使用的长期资产的减值估计应该确认为净损益（来自持续经营的税前收益）。

4.披露：以下两条重要信息必须披露：

（1）资产：在资产负债表中单独一类报告持有待售或是可能处置的长期资产。

（2）损失：对价值变化引起减值损失的减值资产的描述；减值的数额；企业将现金流折现来估计现值的方法。

2.3.3 市场（价格）风险

作为一个“开放系统”，主体会面临投入要素和产出市价意外变化的风险。这一风险是这本书中定义的战略风险的一个子集。一般而言，市场风险就是由以下原因引发的损失敞口：

1.商品价格风险：用于生产的原材料或产成品的价格变动。

2.货币风险：货币汇率的变动。

3.利率风险：金钱价值的变动。

4.股权风险：股票指数的变动。

任一价格的变化，要么是可预测的，要么是不可预测的。每一种所引发的风险敞口都需要用不同的方法来管理。对于可预测的变化，管理层可以制订合适的计划并决定采取纠正性措施；管理层可以购买保险，或者建立预防和保证金账户。与之相反，**不可预测的变化就是管理层无法计划、管理或是保证结果的意外状况。**在这种情况下，用金融衍生品进行套期保值的交易成本比其他方法的交易成本更低。在过去的30年里，它已是降低不可预测价格变动风险的主要方法。[22]这些降低风险方法间的差异给会计人员带来了困扰，因为他们必须设计出合适的会计方法，来反映管理层在管理企业面临风险上的成功或失败。

2.3.3.1 商品价格风险

企业管理层担忧的一个主要问题是，主体从外部采购原材料的价格或是对外销售产品的价格发生不可预测的逆转（就是图2-1中提到的市场风险）会带来潜在损失。不曾预计的原材料价格上涨会导致生产成本增加，利润减少。类似地，意料之外的产品价格下降会减少现在及未来的收入。无论哪一种情况都会导致利润缩减，报告收益降低。由于商品价格的逆转（不利变化）——投入要素价格上升或是产出价格降低——引发的损失敞口就被称为商品价格风险。第7、第8、第10和第11章将介绍**商品价格风险**的套期会计，其中第7和第8章讨论单一货币下的情况，第10和第11章则是关于多种货币的情况。

2.3.3.2 货币汇率风险

货币是一种交换媒介，每个国家或地区（如欧元区）都有它们自己的货币。根据中央情报局世界概况白皮书（CIA World Fact Book），即便17个欧洲国家统一了货币、成立了欧元区之后，世界上还有178种货币。[23]

货币可以以一定价格转换为其他货币，这一价格就是我们所知的货币汇率。货币汇率就是以另一种货币为单位表示这一种货币的价格。例如，表2-2就展示了2006年8月、2010年6月和2012年6月这三个月中国人民币（CNY或￥）和其他五种主要货币间的汇率。

表2-2　　中国人民币和五种其他货币间的汇率

	人民币/美元	人民币/欧元	人民币/百日元	人民币/港币	人民币/英镑
2006年8月	7.9585	10.2137	6.7894	1.02334	15.1619
2010年6月	6.7909	8.2710	7.6686	0.87239	10.2135
2012年6月	6.36489	8.0643	7.94826	0.82026	9.99356

货币交易风险

随着与外界进行交易的范围和深度的扩大，企业由于货币汇率变动而面临的损失敞口也越大。我们根据下述两个主体所面对的不同情形来理解汇率变动的影响。

2006年8月10日，法国的一家企业从中国购买了价值10 000元人民币的纺织品。鉴于交易当时，人民币兑欧元的汇率是10.2137元人民币等于1欧元，这家法国主体应支付979.08欧元。因为不想面对人民币和欧元间汇率逆转的风险，这家法国企业的管理层在购买时便支付了价款。

另一家意大利企业也在2006年8月10日从中国赊购了价值10 000元人民币的设备（这对意大利公司而言是应付票据，对中国公司而言是应收票据）。为简化起见，假设这一票据没有明确的利率。主体就会因结算前汇率的可能变动而面对汇率风险。在2010年6月结算时，汇率已然上涨，这家意大利企业以1209.04欧元付清了应付票据。

在这个例子中，法国企业和意大利企业在同一时间、以同一交易价格从中国购买了产品，而意大利企业却多支付了229.96欧元。这一差异的原因是，在此期间，人民币兑欧元的汇率从10.2137人民币兑1欧元变为8.2710人民币兑1欧元。

2006年8月到2010年6月间的汇率变化意味着每一欧元能换得的人民币变少了，也就是人民币对欧元升值了。或者换个说法就是，欧元对人民币贬值了。从意大利主体的角度看，这一汇率变动是一个不可预计的逆转。由于这家意大利公司在购买后等待并延迟了应付票据的结算，所以它便可能要支付更多的欧元来处置债务；但是，如果汇率反向变化，这样做反而会省钱。这个例子中的风险敞口就称作“交易货币风险”，因为它是由一个具体的交易引发了潜在的货币损失。**交易货币敞口可以理解为，由于交易日和支付日之间货币汇率的不利变动招致损失的可能。**

货币折算风险

货币风险敞口并不只有交易敞口。许多跨国公司在外国建立工厂进行运作，那些地区的货币和母公司所在地的货币并不相同。在这种情况下，一旦母公司货币和外国地区货币间的汇率发生波动，这家跨国公司拥有的外国驻地资产的价值就会改变。由于遭受汇率波动而导致外国驻地资产价值降低，是不同于上述交易风险的另一类货币风险。

母公司应当报告合并财务报表，以母公司的报告（通常是本国）货币陈述。如果母公司在英国，报告货币就很可能是英镑。如果母公司在加拿大，报告货币则很可能是加元。如果这家英国或是加拿大跨国企业在德国有一家子公司，子公司的主要活动都以欧元计价，那么准备合并财务报表时，就需要将德国子公司的财务报表从欧元转变为英国的英镑或是加拿大的加元。由于会计准则并没有指定使用某一特定的汇率，所以通常会有以下几种方法可供选择：

- 获得资产或产生负债时点的汇率，也就是历史汇率。
- 结账并准备财务报告日的货币汇率，也就是现行汇率。
- 一些平均汇率。
- 对每种资产采用一种汇率，而负债则使用另一种汇率。

选择某种汇率必须要有合理的理由。美国的ASC 830（FAS 52）和国际财务报告准则的IAS 21陈述了关于汇率选用的合理性问题。货币折算是第11章的主题之一。要注意的是，货币折算风险常被称作会计风险，因为它是会计折算而非真实交易的结果。

运营风险

对于企业的经济活动来说，汇率变动不仅影响报告当期，也影响未来运营。货币运营风险就是，因为货币汇率的当期变动而导致以外币计价的未来运营收入降低或成本上升的可能性。金融经济学家将交易风险和运营风险合称为“货币经济风险”。

释例2-3呈现了货币风险的三种类型。

释例2-3

货币风险敞口

货币风险类型	情形	合并
交易风险	在交易日和处置日期间货币汇率可能变动	经济风险
运营风险	当未来期间的利润表换算为母公司货币时，本期货币汇率的意外变动在一定程度上对未来运营所造成的不利影响——降低收入或增加成本	
折算风险（会计风险）	投资在与母公司使用不同货币的外国的净资产，在折算为母公司货币时面临价值损失的可能	

2.3.3.3 利率风险

一个商业企业（如银行）的流动性资产和负债由以下组合构成：

- 一年内到期的短期金融工具。
- 在一年以上到期的长期金融工具。
- 固定利率工具，以预先设定的票面利率支付。
- 浮动利率金融工具，利率根据某些市场指数确定。例如，对于某些带息工具而言，利率可能根据伦敦银行同业拆借利率或欧元区同业拆借利率确定；对于权益工具而言，利率可能根据股票指数确定。
- 零息工具，市价已经折现计入应计利息的现值。

释例2-4呈现了这五个特点的组合。

释例 2-4

固定利率和浮动利率工具的2×2组合

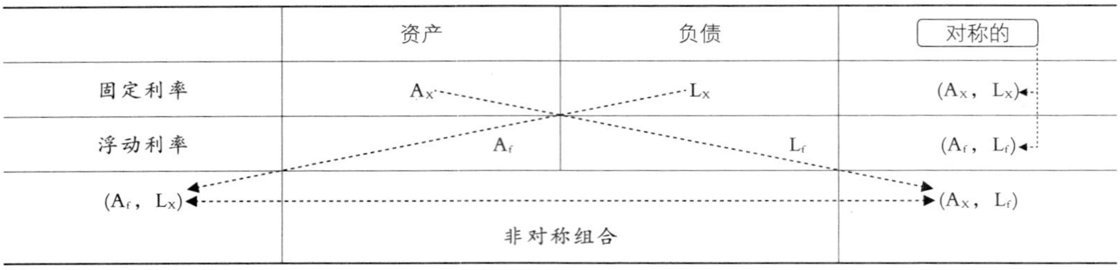

L_x：固定利率负债　　L_f：浮动利率负债

A_x：固定利率资产　　A_f：浮动利率资产

可以用释例2-4中的信息检验利率变动对财务报表的影响。这四个单元可以分成四种组合：两种组合有对称的利率结构，两种组合有非对称的利率结构。对每一种组合的讨论如下。

对称情况A：浮动利率资产和浮动利率负债（L_f，A_f）

如果资产和负债都是浮动（可变）利率，它们就会产生相似的现金流模式，利率变动对现金流的影响也就不难得出。在这种组合中，如果利率增加，赚取利息的浮动利率资产带来更多的现金流流入，同时支付利息的浮动利率负债有更多的现金流流出。利率降低的影响刚好相反——赚取利息的浮动利率资产带来的现金流流入和支付利息的浮动利率负债带来的现金流流出都会减少。如果浮动利率的金融资产和金融负债的金额和久期（duration）相同，那么现金流入和流出会正好抵销。[24]

为了解释现金流（和收益）的影响，考虑在以下三种情况下，利率变动如何影响与利息收入/费用有关的现金流：

情况1：浮动利率资产=浮动利率负债

情况2：浮动利率资产<浮动利率负债

情况3：浮动利率资产>浮动利率负债

表2-3呈现了每种情形下利率上行或下行变动的结果。在情况1中，同等的浮动利率资产和浮动利率负债，利率的任何增减变动都不影响现金流或利息收入/费用。在情况2下，浮动利率负债大于浮动利率资产。当利率增加时，主体的净现金流出就会增加；当利率降低时，净现金流入就会减少。在情况3下，浮动利率资产大于浮动利率负债，其影响刚好相反。[25]

总而言之，如果浮动利率的金融资产和金融负债有相同的到期日和账面价值，市场利率的变动就不会影响商业主体的财务状况。只有当资产和负债的账面价值或久期不同时才会产生影响。表2-3考虑了资产和负债金额不同时的情形，第3章才讨论久期不同带来的差异。释例2-5是对表2-3的一个定性描述。

表2-3　　利率变动对浮动利率资产和浮动利率负债现金流的影响　　单位：美元

		情况B		情况C		情况D	
		资产	负债	资产	负债	资产	负债
行	数额	20 000	20 000	12 000	20 000	15 000	10 000
A	利率等于伦敦银行同业拆借利率	+1%	+2%	+1%	+2%	+1%	+2%
B	基础伦敦银行同业拆借利率=3%	800	1 000	480	1 000	600	500
C	伦敦银行同业拆借利率上升0.5%	900	1 000	540	1 100	675	550
D	利率变动（C行减B行）	100	100	60	100	75	50
E	净影响（总资产-总负债）	=0		=(40)		=25	
F	伦敦银行同业拆借利率下降0.5%	700	900	420	900	525	450
G	利率变动（F行减B行）	(100)	(100)	(60)	(100)	(75)	(50)
H	净影响（资产-负债）	=0		=40		=（25）	

释例2-5

市场利率变动对浮动利率资产和浮动利率负债现金流的影响

公司资产负债表上浮动利率的金融工具	由于利率变动带来的现金流影响	
	利率增加	利率降低
资产>负债	**有利影响**	不利影响
资产=负债	无影响	无影响
资产<负债	不利影响	**有利影响**

对称情况B：固定利率资产和固定利率负债（L_x，A_x）[26]

在这种情况下，利率变动并不会引起现金流的变化，因为应付利息的现金流出和投资收益的现金流入由合约固定。例如，一个票面利率10%的金融工具，主体应付的利息数额只是该工具票面价值的一个函数，与市场收益率、市场利率无关。也就是说，市场利率的增减，并不改变企业为固定利率负债支付利息的现金流出额，抑或从固定利率投资获得的现金流入额。

但不能就此忽略票面利率和市场利率的变动关系，因为这一变化会带来其他影响。具体来讲，就是投资者在任何时候都没有动机投资于一个收益低于市场利率的资产。类似地，债券发行商（借款人）没有动机支付高于市场利率（考虑过信用风险的调整）的票面利率。因此，在上面那个假设的例子中，债券发行商支付的10%的利率，必定等于当时**在市场上发行和出售债券**的市场利率。[27]当市场利率改变时，与这一金融工具相关的现金流不变，但是票面利率和市场利率的关系已经随之改变。

要想更深入地了解公允价值套期会计（见第7章和第8章），就需要回顾一下固定收益工具（如债券）是如何定价的，以及这一定价怎样受市场利率变动的影响。以下面的合约为例进行说明：

- 债券到期时限是T。
- 债券的账面价值是F。
- 债券每年的票面利率固定为cr。
- 市场收益率（与发行商同一风险等级）是y。

在公平交易中出售该债券，发行商预期可以收到多少价款？

我们要重申的是，一次性偿还债券（不可赎回、不可卖回、不可转换的债券）的价值是与该债券相关的所有未来现金流的折现值。用上面提到的条件，某（普通）债券的市场价值应该等于：

$$MV=\sum_{n=1}^{T} F\times\frac{cr}{(1+y)^{n}}+\frac{F}{(1+y)^{T}}$$

右边第一项是票面利息的现值，第二项是结算金额——到期日支付金额的现值。由于存在这样的估值关系，上面那个问题的答案就取决于票面利率 *cr* 和市场收益率 *y* 之间的关系。释例2-6和图2-3展示了这个关系对债券市价的影响：

释例2-6

市场利率变动对固定利率工具估值的影响

	启示	市场价值与账面价值
市场收益率=票面利率（y=cr）	市场收益率不变，估值就不变	市场价值=账面价值（MV=F）
市场收益率<票面利率（y<cr）	市场收益率下降，市价就增加	市场价值>账面价值（MV>F）
市场收益率>票面利率（y>cr）	市场收益率上升，市价就降低	市场价值<账面价值（MV<F）

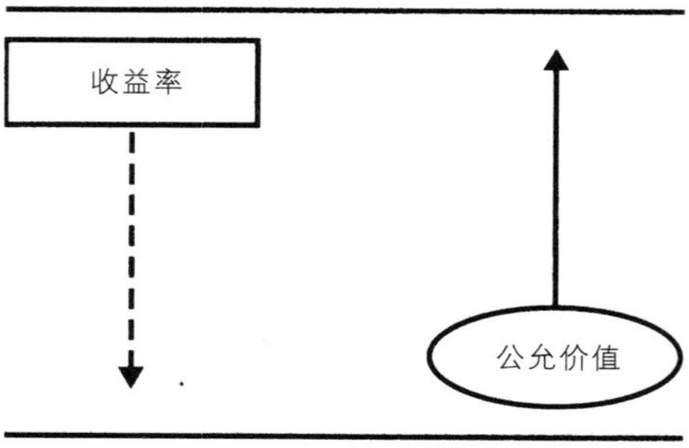

图2-3　市场利率变动对固定利率工具（债券）市场价值的影响

例子：

例A1：假设有下列条件：

- 债券的期限T=5年。
- 债券的账面价值F=10 000美元。
- 债券每年的固定票面利率cr=10%。
- 市场收益率（同一风险等级）y=10%。
- 每年年末支付一次利息。

根据以上信息，这一债券的市价应该是：

$$MV=\sum_{n=1}^{T}F\times\frac{cr}{(1+y)^n}+\frac{F}{(1+y)^T}$$

$$MV=\sum_{n=1}^{5}10\,000\times\frac{0.10}{(1+0.10)^n}+\frac{10\,000}{(1+0.10)^5}$$

$$=10\,000.00\text{（美元）}$$

在这些条件下，一个新债券将以面值出售而无溢折价，有同样条款的季度债券也是以面值交易（假设信用风险不变）。

例A2：假设有下列条件：

- 债券的期限T=5年。
- 债券的账面价值F=10 000美元。
- 债券每年的固定票面利率cr=10%。
- 市场收益率（同一风险等级）y=9%。
- 每年年末支付一次利息。

在这些条件下，一个新债券将溢价出售，因为它支付的利率高于市场收益率。

$$MV=\sum_{n=1}^{T}F\times\frac{cr}{(1+y)^n}+\frac{F}{(1+y)^T}$$

$$MV=\sum_{n=1}^{5}10\,000\times\frac{0.10}{(1+0.09)^n}+\frac{10\,000}{(1+0.09)^5}$$

$$=10\,389.00\text{（美元）}$$

这个债券将以388.90美元的溢价出售。

例A3：假设有下列条件：

- 债券的期限T=5年。
- 债券的账面价值F=10 000美元。
- 债券每年的固定票面利率cr=10%。
- 市场收益率（同一风险等级）y=11%。
- 每年年末支付一次利息。

在这些条件下，一个新债券将折价出售。

$$MV=\sum_{n=1}^{T}F\times\frac{cr}{(1+y)^n}+\frac{F}{(1+y)^T}$$

$$MV=\sum_{n=1}^{5}10\,000\times\frac{0.10}{(1+0.11)^n}+\frac{10\,000}{(1+0.11)^5}$$

$$=9\,630.30\text{（美元）}$$

这个债券将以369.70美元的（账面价值）折价出售。

为了便于比较，表2-4展示了这三个不同市场收益率和票面利率的例子（因为四舍五入的关系，上面的计算数字和表中的略有不同）。在这些例子中可以很清楚地看到，**固定收益工具（债券）的市场价值和市场利率的变化方向相反**。固定收益工具的市场价值增加（由市场利率降低导致）对投资者而言是利得，对借款人（债券发行商）而言则是损失。相反，由于市场收益率（市场利率）增加导致这一工具（债券）的市价降低，对投资者是损失，对借款人则是利得。

表2-4 不同市场收益率情况下固定利率工具的市值（现值）

时间段	现金流入（美元）	现金流出（美元）	10%市场收益率下的现值（美元）	9%市场收益率下的现值（美元）	11%市场收益率下的现值（美元）
0	10 000	0	—	—	—
1		1 000	909.1	917.4	900.9
2		1 000	826.5	841.7	811.6
3		1 000	751.3	772.2	731.2
4		1 000	683.0	708.4	658.7
5（a）		1 000	620.9	649.9	593.4
5（b）		10 000	6 209.2	6 499.3	5 934.5
合计		—	10 000	10 388.9	9 630.3

附注：5（a）是利息，5（b）是本金。当市场收益率增加，固定利率工具的市值降低，而当市场收益率降低，固定利率工具的市值增加。

释例2-7对该现象进行了一般性描述。

释例2-7

市场收益率变动对固定利率金融工具公允价值的影响

公司资产负债表上固定利率的金融工具	利率变动引发的净公允价值变动的影响	
	利率增加	利率降低
资产（A_x）>负债（L_x）	不利影响	有利影响
资产（A_x）=负债（L_x）	无影响	无影响
资产（A_x）<负债（L_x）	有利影响	不利影响

会计日志

给资产或负债的公允价值带来不利影响的利率变动，在会计中被分类为“公允价值风险”。如果主体是用套期来管理这一风险，它就被分类为“公允价值套期”，它的特殊会计处理将在第7和第8章中讨论。

不对称的情况：混合利率案例

这两个混合利率案例分别是（L_x，A_f）固定利率负债和浮动利率资产；以及（L_f，A_x）浮动利率负债和固定利率资产。在每种组合中都存在资产/负债现金流的不匹配，从而引发不同类型的利率风险敞口。免疫风险控制（自然套期）无法管理这类风险，大多数情形下只能采用套期来管理。拥有上述任一组合的主体会面临不同类型的混合利率风险。[28]

持有（A_f，L_x）的主体会同时有两个风险敞口：

- 资产上的现金流风险敞口。
- 负债上的公允价值风险敞口。

持有（A_x，L_f）的主体会同时有两个风险敞口：

- 资产上的公允价值风险敞口。
- 负债上的现金流风险敞口。

> **会计日志**
>
> 后面将要讨论的套期会计，将L_x和A_x的利率风险敞口都归类为公允价值风险和公允价值套期。类似地，套期会计将L_f和A_f的利率风险敞口都归类为现金流风险和现金流套期。在以后的章节将会详述这些概念和会计处理。

2.3.3.4 股票风险

最近的会计准则以资产转移和剩余索取权为基础来区分权益和负债：

- 负债就是将现金或其他资产转移给外部主体的义务。
- 权益是投资者享有剩余索取权的投资或工具。

从某个企业的立场看，一个金融工具可能是负债、权益，或是二者的结合。前两种都是典型的基础工具如股票和债券，最后一种则存在于混合证券如可转换债券和某些优先股中。在第9章我们将了解到，如果优先股股利分配是由管理层自由裁量，则可赎回优先股就是权益和债务的混合体，但强制可赎回优先股属于债务。类似地，如果需要发行固定数量的普通股满足认购才能完成转换，则这一可转换债券就是债务（基础合约或母合约）和权益的混合体。第9章将介绍更多关于混合证券的细节。

一项权益投资可以被视作单个类型的资产或工具，也可以被看作像净资产（资产–负债）那么大的投资组合，囊括混合工具中所有权益要素。如何看待取决于分析的目的。

股权投资会由于市场动态或是个别（具体资产或具体公司）因素，面临价值损失的风险。个别风险敞口通常可以通过分散化投资削弱，但投资者总会因为不可控的市场状况遭受价值损失。这一定义下的股权风险敞口只限于系统（市场）风险要素，而不包含其他类型的风险。例说，如果A国的一家企业通过购买一定比例的股份，投资位于B国的外国公司，当该投资不能对B国的公司施加控制或重大影响时，则投资方可能就将该投资作为可供出售金融资产处理，以公允价值计量且其变动计入其他综合收益（权益账户）。这一可供出售投资面临（至少）三种类型的风险：

1. **货币风险**：由于A国和B国之间汇率变动而产生损失的风险。
2. **国家风险**：由于政治性、区域性、政府行为和调控而产生损失的风险。
3. **股权风险**：由于市场波动性而可能引发的价值损失，也称作波动性风险。在其他情况下，股权风险被视作“尾部风险”，就是价值下跌超过了某一具体界限的损失风险，如价值分布中三个标准差以外的可能损失。[29]

股权风险溢价是对股权风险的一个细微修正，因为股权风险溢价面临的风险等级与高于无风险利率的回报率相关。在下面的章节中，我们将了解到，要降低不同类型的风险，就要采取不同的风险管理策略，其中就包括套期。

2.3.4 信用风险

当一个企业通过贷款进行融资时，放贷方可能是银行这样的机构（民间借贷），也可能是市场上的大众投资者（如公开发行交易债券）。无论哪种情形，贷款人都要考虑借款人偿还债务的能力：定期支付和到期偿还本金的能力。因此，信用风险就是借款人不能（或不愿）根据合约条款偿还债务而产生损失的风险。

在日常生活中，在我们申请信用卡或是赊购商品时，都会遇到信用风险评估。放贷人或是赊销方企业会在交易完成前搜集关于借款人（购买人）的信息。这一信息用于评估借款人还贷的能力和意愿。信用等级和历史记录表明了借款人的可信度，这是决定贷款条款中金额、久期、利率、支付频率的主要因素。可信度高往往意味着信用风险低，比如未能按照合约条款的约定进行支付的可能性极小。借款人的可信度越低，发生违约的可能性越大。

要指出的是，借款人贷款违约，可能是因为没有能力支付，也可能是不愿支付。[30]如果以支付能力作为标准，我们将信用风险定义为：**债务人（借款人）无法按照贷款合约的条款，定期支付利息或本金的可能性**。要特别指出，违约的可能性和流动性风险密切相关，因为如果放贷人无法收回别人欠的资金，他们可能就缺乏足够的流动性来支撑自身运营。

有一种方法可以使放贷人在最初时削弱信用风险。他们可以设置条件来约束借款人（债券或债务工具的发行方），限制他们承担过多的风险、剥离资产、签署可能改变预期现金流和盈利能力的约束性协议（比如合并），以及其他合理的具体条件。这些条件被称为债务契约，是为深化和维持信用贷款而设立的条款。具体的契约可能是银行或是银团贷款中的谈判条款，也可能是公开发行的条约规定。不同公司为迎合不同投资者的需要，会强调不同的契约。债务契约作为一种管理信用风险的方法，在第4章中将有更多的讨论。

发行债券或签完债务合约之后，投资者（放贷人）就等着收钱了。如果借款人的信用风险提高，投资者的风险敞口如何改变，取决于这一工具取浮动利率还是固定利率。拥有浮动利率债务工具的投资者可能会遭受现金流损失（现金流风险），持有固定利率债务工具则可能遭受价值损失（公允价值风险）。要想减轻这两种风险，就需要不同的资产/负债管理和套期策略。

许多工具可以指导信用风险的度量。许多分析模型可以估计违约或破产的可能性。另外，像穆迪、标普、惠誉、晨星等信用评估机构，会提供不同的金融工具和借款人的信用评级。对这些量度的讨论是第3章的主题之一。

信息日志：交易对方信用风险

信用风险常被看作“放贷方”风险，即合约的一方——借款人未能履行合约义务。这在比如常规赊销的情况下确实如此。一旦产品送达且卖方没有赋予买方退货权或其他任何形式的保修，卖方的交易角色就已履行完毕，只等不久后买方同样履约。在这种情况下，卖方会面临一旦买方违约就一无所得的风险敞口。在（普通）债券和贷款发行，以及无权退还或更换已售物品的赊销时，情况同样如此。在银行贷款的例子中，银行会先履行义务将资金转给借款人，然后借款人需按时偿还本金和利息，来完成它的合约义务。因此，在这种情况下，借款人并不承担任何风险，但是银行要承担借款人无法履约引发的信用风险。

交易对方信用风险则超出了上面所说的单侧信用风险敞口；它是双方都可能在履责中违约的风险（Gregory，2012）。做个简单说明，试想两个不同的买家从某个供应商处分别购买汽车：

第一种情况：供应商向买家ABC赊销一辆汽车，但不提供任何保修。将车交给ABC，供应商的义务就已经履行完毕，而ABC应当按合约规定履行义务，每期向供应商支付利息和摊余本金。因此，在这个合约关系中，只有供应商面临买方不按约支付造成的违约风险。

第二种情况：供应商向买家LMN赊销一辆汽车，同时提供七年保修。在这一情况下，在销售合约完成前，卖方和买方都没有完成他们的义务。买方可能在还款上违约，供应商也可能不提供保修服务。这就是交易对方风险的一个例子，此例中供应商的可能损失是买方违约带来的损失减去供应商不提供保修服务累积的利得。

这个简单的例子从直观上解释了交易对方风险的概念。其实这一风险在衍生品市场上更加普遍，因为大部分衍生工具合约的双方义务在最终结算前都未完成。例如，一个农民和一个小麦批发商签订了一份远期合约。农民有义务在未来的某个日期以预先设定的价格提供一定数量的小麦，批发商的义务则是以给定价格收购小麦。在这个合约安排中，供应商和农民对彼此都有义务，双方都面临交易对方违约的风险。

第12章有关于披露交易对方风险的简短讨论。

2.3.5 流动性风险

流动性风险**就是主体缺乏足够的流动性，在遭受了不可接受的损失的情况下，无法维持运营和履行义务的风险。流动性风险的另一个定义就是，主体在遭受重大损失或高昂交易成本的情况下无法将资产转换为现金的可能性。**

（Lopez，2008）

在这一定义下，商品价格风险、利率风险、货币风险、企业资源保障和上面提到的几乎所有风险都承担着流动性风险。金融中介都强调流动性风险，因为如果一家大银行面临流动性问题，经济的许多其他领域也会受到影响。流动性风险在其他行业也是头等大事，因为如果一家企业面临流动性问题，向这样的公司进行赊销的成本就会很高，这种高信用风险又加剧了流动性问题。2004年5月5日，大众汽车和福特汽车的信用等级遭到下调，主要就是因为这两家公司面临着流动性风险。在信用降级不到两个月内，这两家公司的债券利差上升了约400个基点（Acharya，Schaefer，Zhang，2007）。

为了向会计读者简单明了地介绍流动性风险，只需考虑收益（或利润）和运营净现金流在会计处理上的差异。收益是以收入减相关成本来衡量的。如果收入完全通过赊销产生，则卖方的流动性就取决于产生的应收账款是否可以收回。在任何程度上不可收回的应收账款，都意味着卖方无法将所有的应收账款转换为现金。无法回收的应收账款比例越高，卖方可收回的金额就越小。因此，卖方就可能缺乏继续运营和偿还债务所需的流动资金，也就是流动性风险更强。

在下面章节中将会清楚说明，流动性风险可以进行管理，但无法套期。企业可以通过搭建恰当的资产负债架构及平衡授信质量，来管理自身的信用风险。流动性风险在如银行这样的金融机构中有着更显著的重要性；无法满足储户提款要求的银行很容易走上破产之路。

2.4 要点总结

这一章概述了风险的类型，其与理解管理层套期行为密切相关，应该在学习套期会计前掌握。

1.战略风险是一个总体的概念，包括主体面临的市场风险、信用风险、流动性风险、运营风险（由《巴塞尔协议》定义），以及主体所在环境中的其他要素。

2.本章强调了内部信息管理的作用，以及对财务和风险报告（不仅仅是前文描述的经理人的冒险行为）造成的影响。同时，介绍了经理层如何利用会计准则和流程给投资者带来报告风险，如房地美和房利美公司的案例等。

3.对利率风险敞口的介绍，强调了金融合约条款对企业面临的风险敞口类型的影响。固定利率合约引发价值损失敞口，而浮动利率工具则造成现金流波动性敞口。可以通过统筹资产和负债，使二者具备相似的合约安排和金额，从而管理这些风险敞口。但是，一旦资产和负债由不相似的固定利率和浮动利率工具组合，又会有额外的风险敞口出现。第3章有更多利率风险度量的介绍。

4.本章简单介绍了流动性风险和信用风险敞口，第3章中有更多关于它们的本质和计量的介绍。

5.货币风险敞口是由三种不同类型的风险定义的：（1）在结算前发生的、以外币计价的交易合约，由于汇率改变而带来损失的风险；（2）由于汇率逆转，未来收入减少或未来运营成本增加之类的运营风险；（3）报告海外运营中投资净损失的换算风险。这一部分只是辨别和简单解释不同类型的货币风险敞口，在第10和第11章中会有更深入细致的讨论。

6.熟知这些风险对理解本书主要介绍的套期和套期会计活动至关重要。

注释

1 在第4章中有更多关于保险的讨论。

2 第一本书出版于1949年。之后有几次再版，最新的一版由Warren Buffet撰写前言(Graham & Dodd, 2008)。

3 在保险时，人们支付溢价将风险转移给他人；但在投资中，人们因为承担风险而获得溢价。

4 http://mba.tuck.dartmouth.edu/pages/faculty/ken.french/data_library.html.

5 《巴塞尔协议》(BIS)中战略风险的概念与这份文献中陈述的并不相同。这本书理解的战略风险可以包罗万象，而《巴塞尔协议》只关注银行。关于运营风险，参见巴塞尔银行监管委员会在银行监管上的建议(2011年6月)。

6 字典上对于"欺诈"的定义是"为谋求非法利得或不正当优势而采取欺骗行为"。美国政府问责局将财务报告欺诈定义为"公司有意谎报其财务报告或有意误用会计声明的情形"(2006年，第1页)。

7 这份报告继续说道："到2009年年底，调查中已有34人被提起诉讼，其中22人已经认罪或被判有罪，包括安然的前任首席执行官(CEO)Jeffrey Skilling，前任主席和CEO Kenneth Lay(后由于死亡停止了定罪)和前任首席财务官(CFO)Andrew Fastow. Skilling被判处24年零4个月有期徒刑，是此案涉及的最大处罚。Fastow由于他在这起会计丑闻中的行为被判处6年有期徒刑。这些案例由司法部、联邦调查局和国税局成员组成的安然专案组负责处理。证券交易委员会为调查提供了极大帮助。"

8 风险的三种类型是市场风险、信用风险和运营风险。

9 从南方保健公司可以得到的一个教训就是，外部审计师绝对不要让管理层了解其审计模式，并且应该常常更换审计模式。

10 南方保健公司季报，2011年3月31日。http://investor.healthsouth.com/secfiling.cfm7filingID:785161-1-32.

11 在第7和第8章公允价值套期会计中将会提到，会计准则要求如果存货被套期保值并且行之有效，那么自套期有效起，存货的账面价值就应该依据市价调整，管理层也应当选用套期会计处理。

12 欧洲航空防务航天公司，2010年财务报表。http://applications.eads.com/eads/investor-relations/int/annual-report2010/data/FS_EV_0505 II_PDFi.pdf.

13 在任何情况下，如果存货被套期保值且套期有效，就只能用市价估值。

14 这一变化是"会计估计变更"，采用未来适用法。

15 http://sec.edgar-online.com/american-airlines-inc/10-k-annual-report/2006/02/24/sectionl3.aspx.

16 准则制定者认为可以不加区分地汇总已实现和未实现的利得和损失。本作者对这一论证并不赞同，认为应将已实现与未实现的各自比例告知财务报表的外部使用者。在衍生品会计中，这一问题更为严重，因为金融衍生工具总是以公允价值计价，变动计入当期损益，除非该衍生工具被指定用于有效的现金流套期关系中。

17 http://www.thefreedictionary.com/intent.

18 这些可接受的情况是：

"第八段下列情形中的变化，可能导致企业改变其持有某证券到期的意图，但不妨碍它未来持有其他债券到期的意图。因此，由以下情形发生的持有至到期证券的出售或转让，仍认为与先前分类保持一致：

(1)有证据表明发行商信用状况严重恶化。

(2)相关税收法规取消了持有至到期投资的利息税前可抵扣政策，或显著减少了税前可抵扣金额(但不包括税法修改了利息收入适用的边际税率)。

(3)发生重大企业合并或重大处置(比如出售一个部门)，企业为保持现行利率风险头寸或维持现行信用风险政策，必须出售或转让持有至到期证券。

(4)因法律、行政法规对允许投资的范围或特定投资品种的投资限额做出重大调整，企业将持有至到期证券出售。

(5)因监管部门要求大幅度提高行业的资产流动性，企业将持有至到期证券出售。

(6)因监管部门要求大幅度提高持有至到期证券在计算资本充足率时的风险权重。"

19 《特鲁布拉德报告》由美国注册会计师协会在1973年发布，是由罗伯特·马丁·特鲁布拉德主导的财务会计目标研究小组(即特鲁布拉德委员会)提交的研究报告。特鲁布拉德曾担任德勤董事会主席，以及编写专著《财务会计目标》委员会的主席。在FASB诞生之前，《特鲁布拉德报告》就指出，财务报表的基本目标应当是为制定经济决策提供有用信息。

20 现实中，第三层级往往是"按管理层意愿调整"。

21 http://www.sec.gov/Archives/edgar/data/19617/000095012311019773/y86143el0vk.htm.

22 这一话题会在以后章节介绍。如果你对此一无所知，可以把套期保值简单理解为采取的一系列诸如签订合约的行动，这些行动可以带来与管理层不希望主体面临的价格变化方向相反的回报。

23 也可以参阅http://fx.sauder.ubc.ca/currency_table.html.

24 在现在的讨论中，认为久期和期限是一样的。但在第3章讨论中，术语"久期"使用的是Macaulay的定义：与一个固定利率工具(如固定利率债券)的现值相关的利息和本金偿还所需的加权平均时间。例如，一个5年到期5年票面利率(five years and coupon rate of five years)的债券的久期是4.25年。而一个浮动利率债券的久期是0，或者是到下一次利率调整所需的时间。

25 利率敏感型资产和利率敏感型负债之间的差额被称作缺口，在第3章利率风险的度量中会有详细说明。

26 这一部分和前一部分很相似，其中的信息可能对许多读者而言并不陌生。但是，温习这一部分对理解将要讨论的套期会计至关重要。

27 只有在债券发行没有可赎回或可转换之类的可选项，也没有不可分离或可分离的认股权证的假设下，这一说法成立。

28 自然套期就是指主体同时拥有以下两者：(1)给定了金额、模式和货币标价的现金流的资产；(2)具有类似金额、模式和标价现金流的负债。

29 但也有学者支持肥尾分布而非正态分布，认为发生三个标准差以外的损失的可能性更大。

30 可信度既反映按时支付的能力，也反映支付意愿。但在财务分析时，我们只考虑支付能力。支付意愿属于法律范围内的品质问题，不是本书要讨论的话题。

第3章　风险的度量

3.1　风险和模糊性

我们可以建立模型解释"应该"如何来度量风险，但如果没有量化分析和经验学习，规范化模型就只能为政策制定提供定性建议。即使可以辨认出所有风险，这些风险也并不全都可以度量。例如，人力资源风险或者声誉风险敞口就没有很好的度量方法。但是，许多已知的定性指标能够为管理这些风险提供指导。

影响商业活动的几个重大风险都已经有了定量化的度量基础。随着技术进步，研究者们不断研发出更为精确、更为完善的度量方式。如果是利用实证分析的话，要开发有助于决策的高质描述性量度，就需要纵向的历史观察值，缺乏这些历史信息则会限制决策制定者可用的信息范围。某个出现了一次的现象只可能得出一个单一的结果。如果信息的缺乏是由于无法观察到相关事件的发生，决策者也许应当采用数学家雷维兰德·贝叶斯（Reverend Bayes）发现的**无差别原则**。这一原则指出，在缺乏信息的情况下，所有行为发生的概率相同。无差别原理又被称为**最大忽略原理**（case of maximum ignorance），也就是说，如果要更正确地度量风险，就需要更多信息，仅仅一个观察值是远远不够的。

3.2　使用有限的观察值进行风险度量

3.2.1　使用两个观察值

3.2.1.1　边界值：最大值和最小值

如果一个数据点不足以开发出一个可行的风险量度，那两个观察值够不够？尽管答案取决于这两个观察值的内容和实质，但在许多情况下，两个观察值已经能够告知决策者风险敞口的等级了。举个例子，假设一个人正在找会计相关的工作，看到招财务总监助理的不同广告。释例3-1展示了就业市场区中"分类广告"的四种广告样本。

释例3-1

岗位招聘广告

发布方	开始日期	提供的薪酬	薪酬的不确定性
主体A	20××年7月	取决于资历和经验	非常高
主体B	20××年6月10日	100 000美元	无
主体C	20××年8月15日	100 000美元到140 000美元之间，取决于资历和经验	??
主体D	20××年9月1日	80 000美元到160 000美元之间，取决于资历和经验	??

这四种情况的共性就是，都有一个财务总监助理的空缺，但是它们所提供的相关信息量各不相同。第一种情况（主体A发布的广告）在薪酬问题上最过含糊，因为求职者对雇主会提供的薪酬水平一无所知，从而会认为该情形风险很高。第二种情况

（主体B发布的广告）解决了含糊性问题，因为它指出了主体提供的工资水平的具体数额。第三和第四种情况，即主体C和主体D发布的广告，提供了薪酬的界限，指出主体愿意提供的最低和最高薪酬。它们都提供了薪酬范围，因而比主体A和主体B的广告信息更多，但却又都带来了不确定性。

在这两种情况（C和D）下，最大值和最小值的中点，即平均值都是120 000美元。如果两则广告都只说出两个极端值的中点值，就会掩盖它们各自的特征，广告的信息量也就没有那么丰富了。例说，如果广告写“平均薪酬是120 000美元”，求职者就不知道提供薪酬的下限或上限。尽管从平均意义上讲，主体C和主体D比主体B支付得更多，但主体C和主体D的薪酬也可能是范围内的任一数额。因此，主体C或主体D的薪酬水平比主体B有更多的不确定性。但是，范围不同又会带来另一个问题。主体C的变动范围是40 000美元，主体D的范围则是主体C的两倍。在下尾处，主体D提供的最低收入要比主体C的还低，因此主体D的不确定性更高。范围越大，实际薪金的不确定性越高。尽管信息有限，但这一范围还是提供了一个不确定性的基本量度。下面将会讨论这一方面最常见的情况。

3.2.1.2　界限：买卖价差

> **会计日志：会计相关处理**
>
> 会计准则认可在估计资产的公允价值时，可能只观察到买卖价差而非最终交易价格。在这种情况下，准则允许管理层做出判断，确定价差范围中代表公允价值的那个点。

上面的例子只是一个假设，但说明了范围可以用作风险的量度，在金融市场上使用买卖价差也是一样的道理。买卖价差，也称为报价价差，是买价（未来的买方愿意为产品支付的最高价格）和卖价（产品的卖方能够接受的最低出手价格）之间的差额。在缺乏交易商这样的中介时，由于买卖双方在交易的资产或证券的价值上存在分歧，因此会出现买卖价差。这个分歧可能是由于，关于这项资产或证券，各方得到的信息不同，对其未来产生现金流能力的预期也不同。但是如果有中介商参与进来，那么买卖价差就代表两方面：市场供需状况和交易商的佣金。

买卖价差常见于货币市场（在第10章讨论）、市场分析和决策制定、买卖双方信息不对称的评估以及流动性风险度量。前面已经提过，流动性风险就是主体能否及时、低成本地将资产变现，使它能够产生足够的流动性来履行义务和维持运营的风险。买卖价差过大的产品往往交易量甚小，因为买卖双方不易在价格上达成一致。**因此，买卖价差越大，卖方的流动性风险越高。**

尽管卖方的流动性可能是买卖价差幅度导致的，市场流动性却可能是这一价差的驱动因子。比较交易活跃和交易清淡市场的差异，可以说明这个关系。在清淡市场中，交易者数量和交易额都很低，报价较少，买家间的竞争也不如活跃市场激烈。因此，买方就没有动机去搜寻和获取关于交易物品的信息。买方或卖方获得的信息越少，他们对交易的产品或证券的估价差别就越大，买卖价差也就越大。

与清淡市场不同，活跃市场的特征就是有大量交易者和交易额，交易频率也更高。在交易量大、交易者众多的活跃市场上，买卖双方都有动机搜寻交易物品的信息，该物品可能是产品（一种已知品级的小麦）、债券、股票或者其他资产。买方和卖方拥有的信息越多，买卖价差越小。因此，活跃市场的特征就是信息不对称程度较低，相比于清淡市场，卖方的流动性风险敞口也更小。

总的来说，使用买卖价差作为风险的量度，其实是对“范围”的一种特殊应用。作为风险的一个量度，价差因为它的简洁明了、无须估计而广受欢迎。估计需要用到假设，假设则常常受到其他因素的影响。考虑到这些特征，法学教授布斯（R.A. Booth，1999）指出：“风险最可靠的度量方式就是价差。”

3.2.1.3 界限：收益率差和基础差值

在借入房屋抵押贷款时，房主可能需要选择固定利率贷款或变动（浮动）利率贷款。变动利率通常由一个特定的基点加价组成，该基点是一个参考利率或指数，可以是基本利率、伦敦银行同业拆借利率、国债收益率或是AAA级债券（低风险证券）的收益率。价差的大小取决于借款人的信誉（信用评分）——信用评分越低，价差越大，向顾客收取的贷款利率越高。类似地，高信用评分（低风险）的顾客就能够得到较低的价差和贷款利率。因此，价差的量级，也是银行对借款人风险程度评估的一个量度。对于一个低风险客户来说，加价可能就很低，如100个基点或1%，而基准之上300个基点（如3%）的价差，就表明客户的还款风险相对较高（信誉低）。

一般来说，价差就是两个比率或两个价格间的差值，其中之一可能是参考基准。但是，收益率差至少有30种不同的定义，其中一个简单的定义就是“收益率差即两个债券到期收益率的差值”，[1]或者是“不同证券，特别是信用质量不同的证券收益率的差值”。[2]在定义收益率差时，常将违约风险（质量）和到期日混为一谈。

虽然以价差表示两个比率的差值适用于许多情形，但每种情形下的价差都各有含义。普通公司债券（没有如召回或转换等期权性风险的债券）有一个“到期”利差，是一定期限内到期的债券的收益率超出较短期的债券的收益率的部分。例如，在2011年9月2日，AAA级公司债券的5年到期收益率为1.19%，10年到期收益率为2.55%，20年到期收益率则是4.42%。债券的到期时间越长，债券持有者面临的借款人违约的风险越大，投资者为承担这一额外风险所要求的补偿或溢价就越多。[3]

价差可以代表放贷方可能面临的不同风险类型，举例如下：

- **违约风险**——债券发行方不支付约定的利息和本金而引发的风险。
- **流动性风险**——在清淡市场上交易资产或是没有唾手可得的交易方法的可能性。
- **通货膨胀风险**——通货膨胀导致的名义利率增加。
- **掉期价差**——与掉期条款具有相同期限的固定利率与国债收益率间的差值。

3.2.2 使用三个观察值的风险量度

在财务会计和报告中并未直接应用三角分布。偶尔会看到使用三角分布的例子（Abdel-khalik和Keller，1979）或者用了而未这样称呼它的情况。例如，在讨论公允价值减值时，ASC 360-10-55-26描述了风险下的预期现金流估计，并使用了三个信息来估计分布的均值。[4]为了估计预测现金流的现值，进而度量金融工具（如第三层级金融工具）的减值，就必须先对每个层级现金流的实现概率做出假设，并用得到的分布估计预期值。下面就用美国财务会计准则理事会提供的**会计日志**来阐释。

会计日志：公允价值会计估计中三角分布的使用

三角分布是一个只有三个观察值的概率分布。此处要指出的是，美国财务会计准则理事会使用了这一分布的要素来估计ASC 360在减值中要求的现值信息，尽管并未像本例中那样明确标记出来。

在ASC 360-10-55-26中，理事会举了两个例子，解释如何用三个概率点，即20%、50%和70%（准则中将最后一个概率数字写成30%以上）来估计预期未来现金流的公允（预期）价值。这三个概率点可以换一种方式描述：

b（最乐观）→30%

m（最有可能）→50%

w（最差或最小值）→20%

ASC 360-10-55-27的例A中有两种可能情况（我们称作自然状态）：资产可能在2年后出售（可能性为60%）或者在10年后出售（可能性为40%）。表3-1呈现了例A中的数据。

表3-1　　三角分布中不同状态下的概率（ASC 360-10-55-27）

	预计现金流	概率	预期值	发生的可能性
自然状态1	38美元	20%	w=7.60（美元）	
2年后出售	41美元	50%	m=20.50（美元）	
	43美元	30%	b=12.90（美元）	60%
	预期值=7.60+20.50+12.90 =41.00（美元）			
自然状态2	37美元	20%	w=7.40（美元）	
10年后出售	49美元	50%	m=24.50（美元）	
	56美元	30%	b=16.80（美元）	40%
	预期值=7.40+24.50+16.80 =48.70（美元）			
资产的预期公允价值	0.60×41.00+0.40×48.70=44.1（美元）			

美国财务会计准则理事会提供的这个例子，解释了如果一个资产在不同情况下和不同年份会产生不同的现金流时，该如何估计它的公允价值。在本例中，如果该资产的账面价值显著低于预期值44.1美元，并且这一差异“多半（more likely than not）”是永久性的，就应该判断该资产发生了减值。账面价值和估计的公允价值间的差值，应当作为损失计入当期损益。

必须指出的是，这一分析所需的所有输入信息，都来自管理层做出的假设和判断。

企业在实际应用和管理会计中的情况则有所不同。在使用PERT（计划评审技术）和CPM（关键路径法）的项目管理中，这一应用特别流行。PERT和CPM是美国海军在1956年管理北极星潜艇建造项目的过程中开发出来的（van Drop和Kotz，2002；Punmia和Khandelwal，2006）。PERT和CPM在各式各样的商业应用中被广泛使用，甚至包括地质研究这样的领域（参见Klett、Charpentier和Schmoker（2000）的美国地质调查研究)。这两个技术都是基于三角分布的特性。

在一个典型的PERT技术中，项目管理队要估计的*b*、*m*和w需具备以下特性:

- b是最佳情形，或者说最乐观的估计。这是对完成项目所需的最短时间的估计。
- m是最可能估计。这是对完成项目所需的最可能的时间的估计。
- w是最差情形或是对完成项目所需时间的最悲观的估计。

在对未开发油田的地质调查（上面提过）中，使用的三点位于0到100的区间范围内，并被称作分位——它们是F100、F50和F0。美国地质调查报告指出，这三个分位代表:

未开发油田的数量和余积比率。三个分位确定一个独一无二的三角分布，并且没有必要指定分布模型。未开发油田的数量和平均余积比率有其分布，可以代表单个数值的不确定性；三角分布也能表明评估者对该价值的不确定性。

（来源：http://energy.cr.usgs.gov/WEcont/chaps/OP.pdf，2000，第8页。）

在估计三角分布的最初两个矩（如平均值和标准差）时，需要两个假设:（1）b、m和w的估计相互独立;（2）最好与最坏估计的间距超过六个标准差。

基于以上假设和三角分布的特性，[5]最初两个矩的估计如下:

平均值: $\mu=(b+4m+w)/6$

标准差: $\sigma=(w-b)/6$

标准差是可变性或风险的量度，可以用来代表正态分布假设下计算出的标准差。[6]相关的波动性量度是变异系数，以σ/μ计算。

在商业或信息系统应用中，三角分布常用于估计完成一个PERT中的项目所需时间的关键路径。但在风险衡量上，标准差σ才是相关的统计矩，因为它度量了分布的不确定性。

一个例子

图3-1是三个竞争性项目的现金流预期分布。y轴是发生的可能性，x轴是现金流的金额。这些分布的特征差异可以总结为以下几点:

- 每个分布曲线下方的区域面积等于1。
- 分布A和B有相近的均值，但是标准差不同导致变异系数不同。
- 分布B和C有相同的标准差，但是平均值和变异系数不同。

这些特性也有助于理解如何在项目管理和成本计算的PERT中使用三角分布。对于一个典型的PERT过程，首先要画一个流程图，将完成项目所需的所有阶段关联起来。有些阶段是连续的，有些则是并行的。

每个阶段的完成时间都要做3个估计：b（最短的可能）、m（最有可能）和w（最差的可能)，用这三点估计来计算每个阶段的平均值和标准差，从而估计每个阶段完成所需时间的平均值和标准差。然后将这些阶段联系起来，就有了完成项目的不同可行路径。关键路径的平均完成时间最长，而且如果没有得到特别重视和额外的资源分配，可能会耽误整个项目的完工。但是，考虑到上面（图3-1）三个三角分布的例子，因为风险（由标准差近似）不同，只使用这些分布的均值可能会有误导性。在制定政策建议时，我们应该同时考虑分布的可变性（风险）和平均值。

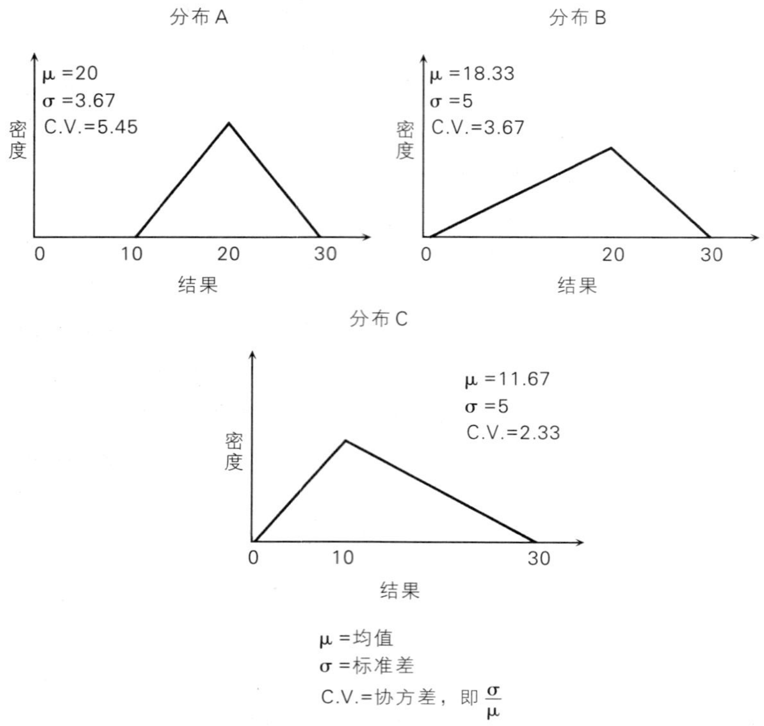

图 3-1　三个不同的三角分布

3.2.3　使用多个观察值的风险度量

3.2.2节讨论的三角分布，是从三点观察值来估计两个参数。当观察值的数量增加，分布的三角形形状就会变成更平滑和对称的图案，很好地近似于贝塔分布。[7]但是，根据中心极限定理，任何形状的平均值分布都会趋近于正态（高斯）分布。

正态（高斯）分布的特征有：

- 其是一个对称的铃铛状曲线，均值、众数和中位数都相等。
- 曲线下方的区域面积等于1（同所有概率分布一样）。
- 均值将曲线下的区域等分为两部分。
- 分布由两个参数——均值和标准差决定。对所有总体，包括对变量x（其可以是研究中任何相关的变量，如价格、数量、汇率变化、利率，或是出口计算机的数量等）的N个观察值，

μ =总体均值= $\sum_{i=1}^{i=N}\frac{x_i}{N}$

σ^2 =总体关于均值的方差= $\sum_{i=1}^{i=N}\frac{(x_i-\mu)^2}{N}$

$\sigma=\sqrt{\sigma^2}$ =度量关于均值分散程度的总体的标准差

但是，总体的这两个参数几乎无法被同时观察到，往往需要采样估计。假设样本

是随机选取的，那么一个由x_1，x_2，…，x_n组成的n个观察值（注意，N代表总体，而*n*代表样本）的样本就可用于估计总体的均值和方差，方法如下：

$\bar{x}$ =样本的均值= $\sum_{i=1}^{i=n}\frac{x_i}{n}$

$s^2=\sum_{i=1}^{i=n}x_i\frac{(x_i-\bar{x})^2}{n-1}$，即样本的方差

$s=\sqrt{s^2}$，即样本的标准差，描述观察值关于均值的分散程度

$\bar{x}$和s是对总体均值和标准差的无偏估计。这意味着，如果我们从同一总体中随机取出几个样本（r_1，r_2，r_3，…，r_K）并对K个样本中的每一个样本都计算均值$\bar{x}_1$，$\bar{x}_2$，$\bar{x}_3$，…，$\bar{x}_K$和标准差s_1，s_2，s_3，…，s_K，那么：

a.样本分布就近似正态分布。

b.对总体均值的最佳估计就等于所有样本均值的平均数。

$$\mu=E(\bar{x})=\frac{\bar{x}_1+\bar{x}_2+\bar{x}_3+\cdots\bar{x}_K}{K}$$

c.对总体方差[8]的最佳估计就是所有样本方差的平均值。

$$\sigma^2=E(S^2)=\frac{s_1^2+s_2^2+s_3^2+\cdots s_K^2}{K}$$

这些结果就是所谓的中心极限定理，是许多应用统计分析的基础。总体的每一个观察值x都可以用估计的标准差为标准化单位进行正态化。Z的分布就是“标准正态分布”。标准正态曲线的均值为0，标准差为1。

但是无论是μ还是σ都是无法观察的，所以Z可以用样本观测值近似得出。

$t=(x-\bar{x})/s$

与*Z*分布不同的是，t分布与自由度有关，在极限情况下，当自由度接近无限（如变得无穷大）时，t分布近似于Z分布。

标准正态分布有一些有用的特征。x轴是以样本的标准差为单位进行度量的。由于这一分布的对称性，曲线下方的区域被平均值等分——50%在均值以上，50%在均值以下。在均值的每一侧，曲线下34%的区域落在一个标准差范围内；47.6%的区域落在两个标准差范围内；49.8%的区域落在三个标准差范围内。

图3-2展示了**标准**正态分布（Z）的形状，也称作概率密度函数，所有观察值都用估计的标准差进行标准化，并换算为Z单位的标准差。我们将在本书的许多主题中使用标准正态分布，包括下面要讨论的风险价值。

在引入**风险价值**（value-at-risk）量度前，有必要指出，（统计分析中的）假设检验取决于三个要素：（1）指定的置信水平；（2）误差容忍度；（3）单侧检验还是双侧检验。假设我们想要在90%的置信度下检验假设A=B，也就是说，我们只允许有10%的误差。因为A可能比B大，也可能比B小，所以这是一个双侧检验，90%的置信水平位于分布的中间，每侧只有5%。我们可以算出，从均值向两侧各移动1.645个标准差，可以得到分布下90%的置信水平和两侧各5%的误差度（常被称作概率）。图3-2展示了曲线下方不同单位的标准差对应的不同概率区域。

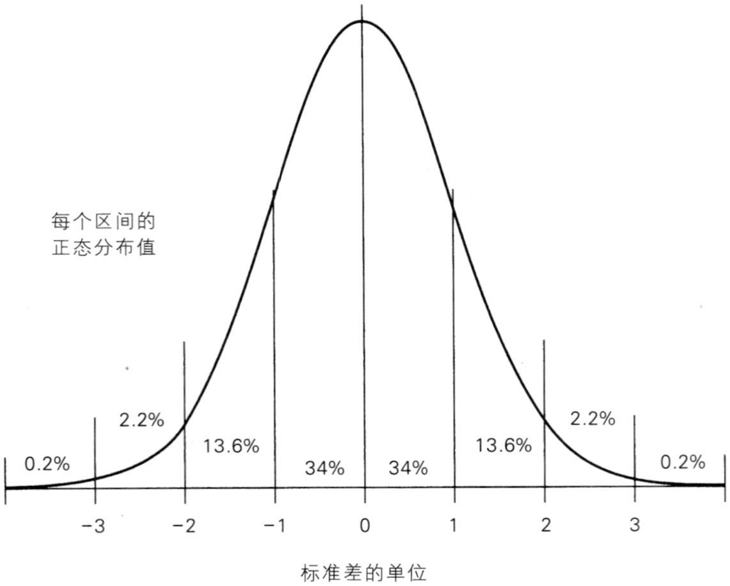

图3-2 标准正态Z（标准差的单位）概率分布

3.2.3.1 举例说明

双侧检验的置信区间

假设有以下信息：

2010年，美国农业部国家农业统计报告了佛罗里达州桔子产量和价格的具体信息。[10]瓦伦西亚桔子的平均价格是每盒9.832372美元。假设在100天的收获季中，每盒价格的标准差是0.851。2010年，果农想要预测他们2011年的收入。在90%的置信度下，果农应该用什么样的单价范围（对整个收获季而言）来进行计算？

- 90%的置信区间=平均值±1.645×标准差=9.832372 ± 1.645 × 0.851
- 8.43277美元<预测价格范围<11.232267美元
- 这一置信区间可以用以下两种方式描述：

·在100天的收获季中，在90%的置信度下，价格不会低于8.43277美元，也不会高于11.232267美元。

·在接下来3天里，价格不低于8.43277美元也不高于11.232267美元的概率是90%。①

单侧检验的置信区间

假设现在果农想要估计在95%的置信度下可能的最低价格。为进行这一估计，我们忽略上侧的误差率，将上侧的整个50%纳入置信区间。在下侧，离均值1.645个标

① 译者注：原文为10%，译者认为其是笔误。

准差有45%的置信区域，尾部则代表5%的误差率。上侧的50%加下侧的45%就是95%的置信水平。因此，置信水平的下侧是：

$$8.43277 = 9.832372 - 1.645 \times 0.851$$

我们可以发现，8.43277美元既是90%置信水平下双侧检验的下界，也是95%置信水平下单侧检验的下界。

3.3 风险价值

作为极其关注风险报告的一分子，美国证券交易委员会在1997年发布了财务报告第48号条例（FRR 48），要求有公开交易证券的注册公司披露其重大的风险价值（value-at-risk，VaR）（证券交易委员会，1997）。尽管这一披露通常是在年报的管理层讨论与分析部分，但审计师也必须审阅这一信息（参见第12章；管理层讨论与分析被视作战略风险的披露）。如果主体选择将这一信息放在财务报告的附注中，审计师就必须审计其估计过程，包括做出估计的计量基础。要想进行可靠的复核，会计师就必须了解VaR的基础知识，以及如何度量的基本知识。IFRS 7也要求将披露重大的VaR作为市场风险的一个量度。

3.3.1 VaR的含义和估计

关于VaR早期历史的故事有很多。格林·霍尔顿（Glyn Holton，2002）将其追溯到利文斯（Leavens）在1945年的一个研究和风险矩阵（Risk Metrics）的出现。[11]

估计VaR需要四个关键要素：

1.预计损失的最大金额。

2.对一段给定时间做的预期。

3.与这一预期有关的具体置信水平。

4.持续经营假设。

因此，基础VaR的度量要素包括：

1.货币金额（或者回报率）：经理会担心下行的风险敞口和不同投资组合的预计损失。*VaR*就是用来估计在一定置信水平下，某一资产或其证券投资组合预计会发生的最大损失额。通常以分布的平均值或者预期值作为基准。

2.概率：决策者必须估计所预估的特定价值下跌发生的可能性。这就是经理对估计的置信度。我们可以用一些基于正态分布特性的一般假设将估计进行定量，这会在下面展开介绍。一般来说，选择置信区间必须与管理层的目标、战略相一致，并且必须基于有力证据。

3.时间范围：决策者需要了解的价值变化所处的时间范围也是相关因素，因为不同时段会引出不同的分布矩和不同的敞口。[12]

4.商业状况：上面三个因素——损失敞口的估计金额、置信度和时间范围——是在正常商业状况的假设下考虑的。它们可不是在金融危机或应急措施的假设下估计得到的。

有几种估计VaR的方法。方差/协方差法首先基于历史数据或“如果……就……”的情境模拟，生成一个价值（或是回报率，取决于使用的变量）的分布。通常假设未知分布就是正态分布。中心极限定理（上面提过的）支撑了这一假设，因为在极限中，所有样本和子样本的均值都是正态分布的。VaR度量的关注点是下侧。例如，什么时候价值或回报率会急剧下降到可接受水平以下。因此，在度量VaR时，均值上方价值的增加就完全可以被接受，如上侧风险概率刚好就是50%，因为管理层欢迎任何资产价值或盈利水平的增加。

与假设检验类似，VaR分析中的相关问题可以以两种不同方式提出：

1.一个特定资产的价值降到某一特定水平下的概率是多少？

2.给定发生的概率，特定资产或投资组合的价值为何？

VaR估计时，假设价格和回报率都呈正态分布，并且前两个矩提供了所有所需信息。与三个最常用的概率水平对应的Z值（一个标准正态分布中标准差的标准化单位）如下：

置信水平的概率	价值落在可接受水平以下的概率	对应的Z值 （意指与均值相距的标准差个数）
0.99	0.01	2.33
0.975	0.025	1.965
0.95	0.05	1.645

3.3.1.1 VaR的基本量度

VaR回答了这样一个问题："在指定的几天里，某一资产或组合、回报率、货币汇率，或是待度量物品的任何'价值'会跌至预期值（平均值）以下多少？"在面对这么多不确定的事物时，我们可以寻求一个置信水平，而非确定性。因此，一天的VaR是：

组合或资产的预期价值减去在给定置信水平以内的正常状态下，组合或资产一天内可能下跌的价值。

假设待估资产是一个"组合"，其价格或回报率呈正态分布，标准差的标准化单位Z可以用来度量离均值的距离。那么在95%的置信水平上，组合可能预计跌至的最低价值是：

$L_{VaR}=\overline{X}-Z_{0.95}\times$ 当期标准差

换句话说，组合的价值有5%的概率低于L_{VaR}。

3.3.1.2 为*VaR*作图

图3-3是一个虚拟股票的模拟价格变动历史的直方图。直方图上方的平滑曲线就是常见的正态分布。95%置信度下的VaR，在图中以均值和最小预期值的距离表示出来。为了方便说明，假设这一虚拟股票的股价均值为28.00美元，标准差为3.22美元。图3-3是两年期的价格分布图。95%置信度下的VaR计算和展示如下。

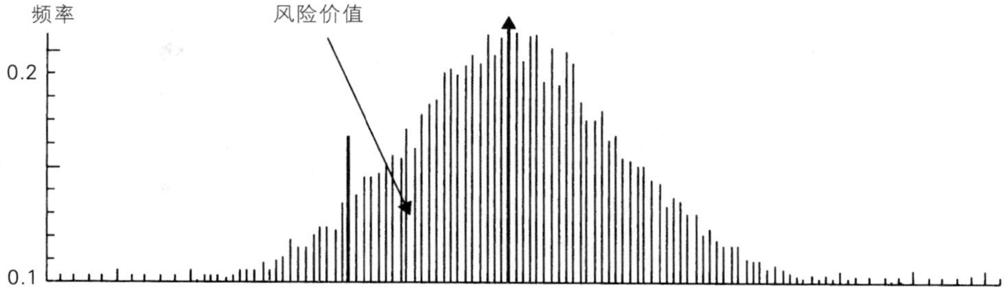

图3-3　虚拟股票股价的 *VaR* 度量

假设：均值=28，标准差=3.22，
那么 $VaR_{0.95}$=1.645×3.22=5.297（95%置信度下，正常运营一周的最大损失）
L_{VaR}=均值− $VaR_{0.95}$=28−5.297=22.703

例子

假设你的公司有一个股票投资组合，你收集到了以下信息：投资总价值是100万美元；平均回报率为6%；回报率的标准差为1.2%。你需要计算和解释不同置信水平下的VaR。表3-2展示了这一信息。

表3-2　　投资组合ZK7的VaR计算

	95%置信度	99%置信度
VaR（回报率）	1.645×0.012=0.01974	2.33×0.012=0.02796
VaR（美元金额）	0.01974×1 000 000=19 740这一投资组合的价值，有95%的概率下跌19 740美元	0.02796×1 000 000=27 960这一投资组合的价值，有99%的概率下跌27 960美元
最低值	1 000 000−19 740=980 260（美元）	1 000 000−27 960=972 040（美元）
解释	（a）这一组合的价值有95%的可能降至980 260美元 （b）这一组合的价值有5%的可能降至980 260美元以下	（a）这一组合的价值有99%的可能降至972 040美元 （b）这一组合的价值有1%的可能降至972 040美元以下

再举一个例子，考虑上一节讨论过的瓦伦西亚橘子生产者的情况。假设果农预期收获100 000盒橘子，每盒价格9.832372美元（佛罗里达州农业和消费者服务部，2011），那么他的预期销售收入就是983 237.20美元。他想要把这些产品卖给冷冻橘汁制造商。但是这时，巴西种植户开始在美国市场倾销（以低于成本的价格出售）他们的橘子，这一倾销可能导致每盒价格低于9.832372美元。这个橘子果农想要知道在正常情况和合理保证下，他在未来9天内可能损失的最大金额。他会用这一金额作为基准：如果未来损失没有超过这一估计，他就可以得出巴西橘子倾销没有对他的生意产生不利影响的结论。

用金融经济学的术语，橘子果农就是想要知道9天的VaR。他还知道，没有人可以给出肯定结果，所以只寻求一个合理估计，翻译为风险语言就是95%的置信水平。为了估计VaR，我们首先需要估计一天的标准差。从价格变动的历史中可以知道，100天收获季的标准差是0.851美元。每天的标准差可以估计为：

$\frac{0.851}{\sqrt{100}}=0.0851$（每盒）

9天的标准差就是 $\sqrt{9}\times0.0851=0.2553$。

这一生产者在9天内的橘子最低售价可能是：

$9.832372-(1.645\times0.2553)=9.4124$（美元/盒）

VaR=0.41997（美元/盒）

因此，VaR就是果农以95%置信度，预计未来9天内的可能损失，对100 000盒收成来讲就是41 997.20美元。

3.3.2 多样化对VaR的影响

VaR的潜在假设就是，一个资产的价值（或回报率），比如说资产A，呈均值为 μ_A、标准差为 σ_A 的正态（高斯）分布，这样距离均值的（标准化）标准差就是：

$$Z_A=\frac{XiA-\mu A}{\sigma A}$$

式中：X_{iA}——A的价值的第i个观察值；

Z_A——距离均值的标准化正态偏差；

μ_A——总体均值；

σ_A——总体的标准差。

通常情况下，真实的参数往往是未知的，必须用抽样估计。从总体A取出一个样本，估计的均值是 $\bar{A}$，估计的标准差是 ${}_A\hat{\sigma}$。另外，假设有另一个资产B的样本，价值估计值为 $\bar{B}$，标准差估计值为 ${}_B\hat{\sigma}$。

每个资产的95%置信度VaR如下：

对于资产 A，$VaR_{0.95,A}=1.645\times{}_A\hat{\sigma}$

对于资产 B，$VaR_{0.95,B}=1.645\times{}_B\hat{\sigma}$

如果在一个投资组合中将资产A和资产B相加，那么这一组合的价值仍服从正态分布，因为两个正态分布之和还是正态分布。组合的均值或预期值是 $\bar{P}=\bar{A}+\bar{B}$，但组合的标准差并不是这两个资产的标准差之和，原因有二点：**（1）标准差不可累加；（2）这两个资产可能有相关性。**再假设企业将比例为 ${}_Aw$ 的资本投资于A，${}_Bw({}_Bw=1-{}_Aw)$ 的比例投资于B。因为方差是可加的，资产 A 和 B 的组合方差就是：

$${}_{A+B}\hat{\sigma}^2={}_Aw^2\,{}_A\hat{\sigma}^2+{}_Bw^2\,{}_B\hat{\sigma}^2+{}_Aw\times{}_Bw\times2\text{cov}\,(A,B)$$

标准差就是方差的平方根：

$${}_{A+B}\hat{\sigma}=\sqrt{{}_{A+B}\hat{\sigma}^2}$$

式中：${}_Aw$——组合中投资于资产A的比例；

${}_Bw$——组合中投资于资产B的比例；

${}_A\hat{\sigma}^2$——资产A的方差；

${}_B\hat{\sigma}^2$——资产B的方差；

cov（A，B）——资产A和资产B价值的协方差。

协方差是用来度量价值共同变化程度的（同向变动时协方差为正，反向变动时协方差为负，不同时变动时协方差为0）。

A和B投资组合在95%置信度下的VaR计算如下：

$VaR_{0.95,A+B}=1.645\times_{A+B}\hat{\sigma}$

上面的量度可用于估计美元价值、整体美元回报，或是回报率。如果是计算回报率，一般是以1年为期报告和展示波动率。在这种情况下，如果VaR的期限不是1年，比如说5个月，对VaR的恰当估计就应包括对12个月中5个月的时间调整。

$VaR_{0.95,A+B}=1.645\times_{A+B}\hat{\sigma}\times\sqrt{\frac{5}{12}}$

多样化对VaR的影响就是单个资产VaR值之和超过组合VaR值的部分，即：

多样化影响 $=VaR_{0.95,A}+VaR_{0.95,B}-VaR_{0.95,A+B}$

释例3-2是两只股票投资组合的VaR实例。

释例3-2

多样化对VaR度量影响的实例

一位投资者购买了以下股票：

10 000份的GE，每股20美元；10 000份的Pfizer，每股18美元。

过去1年，GE的每股价格最低是15美元，最高为30美元。Pfizer的股价则在14美元到29美元之间变动。这两只股票的回报的波动性量度分别是30%和20%（通常波动性都以年计算）。

下一年的预期价格是：GE为24美元；Pfizer为19美元。

为计算每只股票的VaR，我们需要进行以下步骤：

- 确定VaR期限：10天。
- 假设一年中交易日有250天，则日标准差计算如下：

  $GE=\frac{0.30}{\sqrt{250}}=0.01897$

  $Pfizer=\frac{0.20}{\sqrt{250}}=0.01265$
- 计算每只股票的10日标准差：

  $\hat{\sigma}_{GE}=0.01897\times\sqrt{10}=0.06$

  $\hat{\sigma}_{Pf}=0.01265\times\sqrt{10}=0.04$
- 算出10日95%置信度下的VaR（以%表示）：

  $GE=1.645\times0.06=0.0987$

  $Pfizer=1.645\times0.04=0.0658$
- 算出10日95%置信度下的VaR（以美元表示）：

  $GE=200\,000\times0.0987=19\,740$（美元）

  $Pfizer=180\,000\times0.0658=11\,844$（美元）
- 算出10日99%置信度下的VaR（以美元表示）：

  $GE=200\,000\times2.33\times0.06=27\,960$（美元）

  $Pfizer=180\,000\times2.33\times0.04=16\,776$（美元）
- 估计每只股票在投资组合中的相对权重：

  $w_{GE}=200\,000\div380\,000=0.526$

  $w_{Pf}=180\,000\div380\,000=0.474$

假设股票GE和Pfizer的相关系数是0.60，计算协方差。

因为相关系数等于协方差除以两个标准差的乘积，并且，

$$相关系数(GE，Pf)=\frac{cov(GE,Pf)}{\hat{\sigma}(GE)\times\hat{\sigma}(GE)}=0.60$$

所以协方差为：

Cov（GE，Pf）$=0.6\times0.3\times0.2=0.036$

• 计算 GE 加 Pfizer 组合的方差：

$$=w_{GE}^2\times\hat{\sigma}_{GE}^2+w_{Pf}^2\times\hat{\sigma}_{Pf}^2+2\times w_{GE}\times w_{Pf}\times cov(GE,Pf)$$
$$=0.526^2\times0.30^2+0.474^2\times0.20^2+2\times0.526\times0.474\times0.036$$
$$=0.05184$$

并且，组合的年标准差是：

$$\hat{\sigma}_p=\sqrt{0.05184}=0.22768$$

• 组合的 10 日标准差是：

$$\sqrt{\frac{0.05184}{250}\times10}$$
$$=0.0143944\times3.162$$
$$=0.04554$$

• 估计组合的 10 日 VaR 为：

95%置信度下，GE $=1.645\times0.04554=0.07491$

99%置信度下，Pfizer $=2.33\times0.04554=0.10611$

• 计算 10 日 VaR（以美元表示）：

95%置信度下，GE $=0.07491\times380\,000=28\,466$（美元）

99%置信度下，Pfizer $=0.10611\times380\,000=40\,321$（美元）

• 度量多样化的影响：

95%置信度下，GE $=19\,740+11\,844-28\,466=3\,118$（美元）

99%置信度下，Pfizer $=27\,960+16\,776-40\,321=4\,415$（美元）

信息日志

分散化的影响可以扩展至更多资产。例说，估计三只股票投资组合的 VaR。

考虑一个有三只股票 A、B、C 的投资组合，计算这一新组合的 VaR。假设有以下条件：

- ${}_{A}w$ 是投资于 A 的资金比例。
- ${}_{A}\hat{\sigma}$ 是 A 的标准差。
- ${}_{B}w$ 是投资于 B 的资金比例。
- ${}_{B}\hat{\sigma}$ 是 B 的标准差。
- ${}_{C}w$ 是投资于 C 的资金比例。
- ${}_{C}\hat{\sigma}$ 是 C 的标准差。
- cov(A, B)是 A 和 B 的协方差。
- cov(A, C)是 A 和 C 的协方差。
- cov(B, C)是 B 和 C 的协方差。

那么组合的方差就是：

$$_{A+B+C}\hat{\sigma}^2 = {}_{A}w^2 \times {}_{A}\hat{\sigma}^2 + {}_{B}w^2 \times {}_{B}\hat{\sigma}^2 + {}_{C}w^2 \times {}_{C}\hat{\sigma}^2 + {}_{A}w \times {}_{B}w \times 2\mathrm{cov}(A, B) + {}_{A}w \times {}_{C}w \times 2\mathrm{cov}(A, C) + {}_{B}w \times {}_{C}w \times 2\mathrm{cov}(B, C)$$

标准差是：

$$_{A+B+C}\hat{\sigma} = ({}_{A+B+C}\hat{\sigma}^2)^{1/2}$$

因此，

$$\mathrm{VaR}_{0.95,\ A+B+C} = 1.645 \times {}_{A+B+C}\hat{\sigma}$$

分散化的效果为：

$$[\mathrm{VaR}_{0.95,\ A} + \mathrm{VaR}_{0.95,\ B} + \mathrm{VaR}_{0.95,\ C}] - \mathrm{VaR}_{0.95,\ A+B+C}$$

3.3.3 VaR的局限性

VaR的主要优点在于它易于解释，而且估计过程也相对简单。但是，VaR有以下几个缺陷：

1.它是一个静态量度，不包含任何变化的动态特征。

2.它假设了正态分布，而正常情况下现实分布可能无法用正态分布近似。

3.它假设过去的数据可以很好地预测未来。

4.估计出的VaR量度对所做假设十分敏感。

尽管存在许多局限，VaR还是被广泛用于金融市场的分析和规划。例说，摩根大通在2010年年报中报告了资产多样性对降低VaR的效果：

公司的平均IB（投资银行业务）和其他VaR多样性收益共计5 900万美元，或者说是2010年总值的37%。相比于2009年的8 200万美元（占总值的28%），2010年公司定位改变和相关性降低后，该公司的多样性收益实现了增长。（编者注：作者应该是从比例的角度，而非金额的角度来论断的。）

3.3.4 年报中对VaR的阐释

释例3-3是可口可乐公司和戴尔公司的年报节选。释例3-4是欧洲航空防务航天公司（EADS，N.V.，空中客车的制造商）在国际财务报告准则下报告的一个VaR多样性案例。第12章还有摩根大通的报告。

释例3-3

VaR报告案例：可口可乐公司和戴尔公司

可口可乐公司

年报（证券交易委员会文件No.1-2217，2010年4月21日），第65页

风险价值

我们使用几种客观度量系统来监控我们金融市场风险的敞口，其中之一就是风险价值（VaR）模型。我们的风险价值计算是使用历史模拟模型，来估计衍生品和其他金融工具的公允价值因为外汇和利率逆转而可能发生的损失。我们在计算时没有考虑外汇和利率的有利变动带来的可能影响。我们通过检验前10年周回报率的历史数据，来计算我们的风险价值。平均风险价值就是过去1年4个季度数额的简单平均。

我们的外汇风险价值计算结果显示，如果分别用2009年、2008年或2007年的平均公允价值估计，我们外汇衍生品的公允价值有95%的置信度，在一周内下跌分别不会超过3 400万美元、4 400万美元和2 000万美元；如果分别用2009年12月31日或2008年12月31日的公允价值估计，下跌分别不会超过3 400万美元和3 000万美元。根据我们利率风险价值的计算结果，我们在95%的置信度下估计由于公允价值逆转而导致的净利息费用的增加，并发现，无论是2009年的平均公允价值还是2009年12月31日的公允价值，利率在一周内的变化不会对我们的合并财务报表产生重大影响。2008年12月31日和2007年12月31日的估计同样对合并财务报表没有重大影响。

（来源：http://investing.businessweek.com/research/stocks/financials/drawFiling.asp?docKey=136-000104746910001476-1PFCKABMTRA5RALS1 H202MV009&docFormat=HTM&formType=10-K，第65页。）

戴尔公司

年报（证券交易委员会文件编号：0-17017），第37页

基于2010年1月29日、2009年1月30日流通在外的外币现金流套期工具，我们用风险价值（VaR）模型估计出，公允价值一天内可能发生的最大损失分别是8 600万美元和3.93亿美元。通过使用市场利率，并考虑组合货币的波动性和相关性，VaR模型模拟出3 000个随机生成的市场价格，以第5个百分位数和平均值的差值计算出风险价值。在2009财政年度，波动性和相关性同时升高，导致VaR显著增加。本模型不考虑预期交易、公司承诺、公允价值套期工具和外币计价的应收应付账款。VaR模型是一个风险估计工具，因此并不代表公允价值将会发生的实际损失。另外，因为我们利用外币工具套期预期和确定承诺交易，这些工具的公允价值损失通常由潜在敞口的价值增加抵销。

（来源：http://i.dell.com/sites/content/corporate/financials/en/Documents/fyl0-year-in-review/FY10_Form10K_Final.pdf，第37页。）

释例3-4

公司报告的VaR多样性影响

欧洲航空防务航天公司，2010年年报，第71–72页

http://www.eads.com/eads/int/en/investor-relations/key-financial-information/annual-report/2010.html

依照国际财务报告准则的合并财务报表附注2.5/34

市场风险的敏感性——使用的方法是……风险价值。一个投资组合的VaR是，在一定的置信水平下，某一资产组合在一段特定时间（持有期间）内，由于不利的市场状况估计出的最大可能损失。欧洲航空防务航天公司使用的VaR，基于95%的置信水平和5天持有期假设。

……

尽管VaR是度量市场风险的一个重要工具，但这一模型采用的假设导致了一些局限性，包括以下几点：

5天的持有期……在一个更长的时间段内市场流动性会更强，情况可能就不一样了。

95%的置信度……就是说有5%的统计概率使损失会超过计算出的VaR。

……

欧洲航空防务航天公司2010年12月31日和2009年12月31日的金融工具投资组合的VaR总结如下（单位为百万欧元）：

	总VaR	股价VaR	货币VaR	利率VaR
2010年12月31日				
预期交易或公司承诺的外汇对冲	1 203	0	1230	160
金融负债、现金、现金等价物、证券和相关套期工具	102	85	53	25
融资租赁应收款和负债、外币交易应付和应收账款	49	0	9	48
多样性影响	（186）	0	（106）	（41）
所有金融工具	**1 168**	**85**	**1 186**	**192**

3.3.5 VaR报告的比较

不同公司报告VaR的详细程度不一。释例3-5展示了4家公司的报告，即可口可乐、戴尔、欧洲航空防务航天公司和摩根大通。它们估计VaR的时间期限不同，披露多样性对收益的影响也有不同。例如，欧洲航空防务航天公司和摩根大通报告了多样性影响，可口可乐和戴尔则没有。

释例3-5

4家公司VaR报告的比较（2009年和2010年）

公司	可口可乐	戴尔	欧洲航空防务航天公司	摩根大通
VaR期限	1周	1天	5天	1天
VaR置信度	95%	95%	95%	95%
VaR金额	外汇：3 400万美元	外汇：8 600万美元	外汇：12.03亿美元	投资银行业务1.14亿美元
多样性影响比重	未报告	未报告	15%	38%

3.3.6 会计上的准风险价值

商业公司有许多信贷形式，但最常见的就是赊销产品、服务，以及提供商业贷款。赊销时，商业公司将产品运送给买方，同时转移产品的所有权和控制权风险。然后就等着在按之前约定的未来某日收回销售款项。这类交易会产生应收账款和应收票据，也是贷款或金融工具的一种形式，就好像卖方向买方提供了一笔贷款，买方回转过来，用这笔钱从卖方购买商品。从这个意义上看，应收账款和应收票据与银行贷款十分类似。因此，这两种资产面临着类似的问题：借款人必须在某个未来日期偿还这些贷款，放贷人（银行或是卖方）就不得不担心借款人的偿还能力和意愿。

放贷方出于自身利益，会事先评估不支付的风险，并持续监控和评估这一风险直至借款人偿还。已经向某个借款人提供信贷的行为，首先表明债权人（放贷方）已经评估了债务人（买方，借款人）的信用等级，并对评估得到的信用风险水平比较满意。但是信用等级会随着时间而变化，因此债权人必须重新评估债务人的还债能力。如果发现债务人应正常提供的现金流（以利息支付或分期付款的形式）中断，债权人就很有必要重新进行评估。

为了保障资产和预案偶发事项，近年来实务中已经产生了一些预测债务可回收性的流程。经验和历史表明，现金流入的中断模式和放贷人最终无法收回的应收金额之间存在一定的联系。例如，错过第一次支付的借款人中有20%的人会错过第二次支付。错过两次支付的借款人中，只有10%的人最终能完成支付。金融机构和卖方会根据拖欠付款的久期（账龄）与全部或部分贷款或应收账款余额损失的相关关系，来评估账户余额中其预期无法收回的金额。这一过程就叫作“账龄分析”。

在历史上，**应收账款或贷款的账龄分析是一种主观估计违约可能的方法。**根据偶发事项的会计准则，按照损失的概率，这些贷款和应收款项被分为三类：**（1）有极小可能**或是没有可能发生损失的资产；**（2）有较小可能**发生损失的资产；**（3）有很大可能**发生损失的资产。这些一般原则现已演化为资产减值测试。因为资产的价值就是未来经济利益的现值，利益以可回收现金流表示，第一类的资产始终满足定义，于是就被记录在资产负债表中。另一个极端是第三类——有很大可能发生损失的资产，比如这些账款可能没有任何或有的现金流入。因此，这些账款不满足资产的定义，它们的现值接近于0。所以，没有任何理由将它们继续留在资产负债表上，会计准则要求删除这些账款。

第二类资产即可能产生损失的资产与VaR的估计有关。历史上，公认会计原则要求债权人，不论是对外提供信贷的银行还是赊销产品和服务的商家，一旦发现违约的可能性变大，就要确认这些余额中发生部分损失的可能性，并设立“准备金”、“储备金”或是备抵。这些准备通常被称作“坏账准备”或“贷款损失准备金”。

根据以上描述，**贷款损失准备金和坏账准备都是在公认会计原则下，以一定置信度在正常运营中可能损失的最大金额，尽管这一估计是主观的且不可定量化度量。**值得注意的是，这一定义和上面介绍的VaR的正式定义十分类似。坏账准备和贷款损失准备金其实是VaR的原始量度，在此处被称作准VaR。

准VaR和VaR估计的差异在于其潜在假设和度量步骤。与估计VaR的新步骤不同，估计坏账准备或贷款损失准备金时，要有更多对损失可能性的主观估计，并不对潜在分布作明确假设。这一主观估计主要出于判断而非对历史模式的定量模拟、应收款项和贷款的账龄，以及借款人的信用风险变化和付款违约记录的分析。

3.3.7 在险收益

在险收益（EaR）就是度量在一定置信水平下，在某一段时间内，由于价格、利率或货币汇率的不利变化而导致收益变化的多少。与VaR量度相比，EaR仅仅衡量了会影响收益的VaR的变化，并且常常是每日度量（DEaR）。DEaR也常被组织用来管理内部风险。[13]这就是摩根大通在它的投资银行业务组合中披露的EaR的内容（见第12章的报告）。[14]

3.4 利率风险量度：利率缺口和久期量度

会计日志：会计的相关事项

因为**利率缺口**和**久期**是流动性风险敞口的总体量度，IFRS 7要求企业提供有助于使用者计算出利率缺口和久期的信息。在此（2012年7月）之前，美国公认会计原则（ASC 825-10-50-23）鼓励但不要求企业提供利率缺口和久期的信息。但是，这一状态将会改变。2012年6月27日，美国财务会计准则理事会发布了一份提议准则变更的征求意见稿，如果被采用，则将会要求企业披露利率缺口的相关信息和久期量度。这一份提议准则变更的征求意见稿还要求披露企业可用资源的相关信息，以便于从中了解企业在未来不同时期的流动性和现金义务程度。

第12章将更深入地讨论这一提议的准则变更。

3.4.1 利率缺口量度[15]

就像先前定义过的，利率风险就是由于市场（或基准）利率发生不利变化而导致损失的风险。这一损失可以是债务（固定利率工具）的价值，也可以是变动、浮动利率工具的净现金流入，如现金流出的增加或现金流入的减少。要指出的是，对一个公司而言，它是能产生现金流入的金融工具；对其他公司而言，它就是现金流出的债务。因此，在金融工具合约中，一方的利得必然意味着交易对方的损失。

利率的变动可能带来不同的结果，这取决于金融工具的利率是固定的还是浮动的：

• 如果是固定利率金融工具，则相关的现金流不受市场利率变动的影响。但是，当市场利率变动时，这些工具的市场（公允）价值必定会改变，这样，支付的利息（以给定的固定票面利率支付）和市场价格的关系才符合现行市场收益。因此，市场利率上升，应该导致固定利率工具市场价值降低，反之亦然。

• 如果是浮动利率金融工具，则市场利率的变动会改变与工具相关的现金流。当市场利率增加时，对浮动利率金融工具的投资会产生利息收入，导致现金流入增加；相应地，债务人因支付利息而引起的现金流出增加。类似地，利率降低则会减少投资者的现金流入和债务人的现金流出。无论在哪一种情况下，市场利率的变动都不会改变浮动利率工具的公允价值。[16]

变动的市场利率对现金流的影响，自然会影响一个公司的流动性水平，可能还会影响信用风险。如果随之而来的现金流出的增加额超过了现金流入的增加，则这一商业公司的流动性就会受到不利影响。如果现金流入的减少额多于现金流出的减少额，则也会产生同样的影响。当浮动利率债务不等于浮动利率资产时，就会产生差值；平衡这些差值，就是“资产-负债”管理项目的关注点之一，特别是在金融机构之中。

由于金融资产和金融负债的错配而引发的潜在问题，会导致流动性风险，即由于缺乏足够的流动性而无法在不承受额外成本的情况下完成预定责任和支撑正常运营的可能。利率缺口就是有助于发现和管理这一风险的量度之一。

为了解释利率的利率缺口的定义和度量，假设：

- \$RSA 为利率敏感型资产的金额（以美元表示）。
- \$RSL 为利率敏感型负债的金额（以美元表示）。

那么，利率缺口就以它们的差值衡量：

利率缺口=\$RSA − \$RSL

但并非所有\$RSA或\$RSL的到期时间（或久期[17]）都是一样的。因此，有必要根据到期时间（或久期）将其分类。因此，对利率缺口的恰当定义需要使用相关的时间段，用T表示：

利率缺口$_T$=\$$RSA_T$ − \$$RSL_T$

下标“T”是指一组到期时间相同的利率敏感型资产和利率敏感型负债。对整个企业来说，利率缺口就是一段时间（一个月、一个季度或一年）内以下三者的总\$RSA减去总\$RSL：（1）这段时间内将要到期的工具；（2）浮动利率工具；（3）这段时间内将要到期的部分或全部本金。

利率缺口用于计算100个基点（0.1%）的利率变化对利息收入的潜在影响。如果一个企业想要避开利率风险敞口，则其利率缺口应该为0。

利率缺口率（IRGR）的计算公式为：

IRGR=利率敏感型资产/利率敏感型负债

对于一个好的利率缺口率是多少，理论上并没有明确的标准，但在实务中，利率缺口率通常倾向大于1。释例3-6中的A部分展示了在\$RSA和\$RSL的不同关系下，利率变动产生的不同方向的影响。

另外，释例3-6中的B部分展示了在估计市场利率变动对收入（以及税前现金流）的影响下，利率缺口的作用。为了评估利率变动对资本净值或公司价值的影响，我们需要估计金融工具久期中的累计收入效应。释例3-7举例说明了利率缺口及其使用。

释例3-6

利率缺口的变化对现金流的方向性影响

A部分

市场利率（如伦敦银行同业拆借利率）的变化 / 利率敏感型资产和利率敏感型负债的关系	上升	下降
利率敏感型资产>利率敏感型负债	有利	不利
利率敏感型资产=利率敏感型负债	不变	不变
利率敏感型资产<利率敏感型负债	不利	有利

B部分：举例

正利率缺口	负利率缺口
• 3 000万美元的利率敏感型资产（如浮动利率投资） • 2 000万美元的利率敏感型负债（浮动利率工具） 那么，利率缺口为1 000万美元 利率变化： • 如果利率增加1%， • 则净利息收入增加100 000美元（10 000 000×1%）； • 如果利率降低1%， • 则净利息收入减少−100 000美元（10 000 000×（−1%））	• 3 000万美元的利率敏感型资产（如浮动利率投资） • 5 000万美元的利率敏感型负债（浮动利率工具） 那么，利率缺口为−2 000万美元 利率变化： • 如果利率增加1%， • 则净利息收入减少−200 000美元（−20 000 000×1%）； • 如果利率降低1%， • 则净利息收入增加200 000美元（−20 000 000×（−1%））

释例3-7

举例说明如何使用利率缺口

利率缺口情形

资产负债表

20×4年12月31日　　　　单位：百万美元

资产		负债&所有者权益	
利率敏感型（收益率=8%）	1 000	利率敏感型（成本=4%）	1 500
固定利率10%的债券（收益率=11%）	800	固定利率（成本=9%）	400
其他	300	其他（所有者权益）	200
合计	2 100		2 100

在没有变化的情况下，净利息收入（NII）计算如下：

$NII = (1\,000 \times 0.08 + 800 \times 0.10) - (1\,500 \times 0.04 + 400 \times 0.09)$

$= 160 - 96$

$= 64$（百万美元）

市场收益率（y）增加1%之后：

1.NII的变化=利率缺口×y=−500×1% = −5（百万美元）

2.固定利率资产公允价值损失的变化

● 假设收益率从10%增加到11%，到期时间3年，那么每年80百万美元加上3年到期时800百万美元的现值是：

$80 \div 1.11 + 80 \div 1.11^2 + 80 \div 1.11^3 + 800 \div 1.11^3$

$= 72.07 + 64.93 + 58.50 + 584.95$

$= 780.46$（百万美元）

●.由于市场收益率增加导致的固定利率资产公允价值损失=780.46−800=−19.54（百万美元）。

3.市场收益率增加导致的固定利率负债公允价值的变化

如果收益率从9%增加到11%，到期时间3年，那么每年36百万美元加上3年到期时400百万美元的现值是：

$36\div1.11+36\div1.11^2+36\div1.11^3+400\div1.11^3=380.45$（百万美元）

因此，固定利率负债的公允价值利得 $=400-380.45=19.55$（百万美元）

4.收益率上升对固定利率工具公允价值的净影响

$=19.55-19.54$

$=0.01$（百万美元）

收益率增加1%对已实现和未实现损益的总影响是：

NII + NFV利得（损失）

$=5\ +\ 0.01=5.01$（百万美元）

↓ ↓

已实现 未实现

对未实现利得的会计处理取决于这些资产和负债是否被套期保值（第7章）。

假设：

- 利率敏感型资产不会被分类为持有至到期证券，因为（在现行会计准则下）持有至到期证券是以初始成本而非公允价值计量。
- 被分类为可供出售证券（AFS）的那部分RSA的公允价值变动，将计入其他综合收益，而非损益。
- 我们已经假设RSA和RSL有几乎相近的久期（在下面讨论）。
- 我们已经假设收益率的改变对应收益率曲线的平移。

总的来说：

- Δ净利息收入（ΔNII）=利率缺口×Δy。
- RSL的减少或RSA的增加会导致利率缺口变大，对NII的影响更强。
- 没有所谓最优利率缺口的标准，但当利率缺口为0时，企业的利率风险敞口最小。

3.4.2 久期量度

值得注意的是，一个金融工具的久期可能与它的到期时间相同，也可能不同。我们现在所知的久期的第一个量度，是由弗莱德里克·麦考利（Fredrick Macaulay）在1938年提出的。麦考利将久期定义为：金融工具（如一个债券）现金流入的时间加权现值等于市价所需要的时间。他的定义是使用债券的内在回报率对现金流进行折现，而“确切的久期”是使用零息利率对现金流折现。久期是以两数之商来度量：分子是现金流的时间加权现值，分母是到期取得现金流的现值（市场价格）。使用的折现率是一个零息债券的市场利率。为了说明麦考利的模型，我们假设：

- F是工具（债券）的面值。
- C是固定的票面利率。
- T是到期时间。
- y是（到期时间相同的零息债券）收益率。
- t是用来表示时期1，2，3，…，T的指标。

计算现金流的时间加权现值：

$$TWCF_{t=0}=\left[\sum_{t=1}^{T}t\times\{F\times C/(1+y)^t\}+\{T\times F/(1+y)^T\}\right]$$

然后计算工具的现值（如果市价可以准确获得，也可使用市价）：

$$PV_{t=0}=\left\{\sum_{t=1}^{T}F\times C/(1+y)^{t}\right\}+\left\{F/(1+y)^{T}\right\}$$

（注意如果没有市场摩擦，$PV_{t=0}$就等于市价。）

使用这两个量度，久期就可以计量为：

$$D_{t=0}=TWCF_{t=0}/PV_{t=0}$$

3.4.2.1 一个例子

假设有一个3年期的债券，面值为10 000美元，票面利率为5%且利息每年支付；零息债券利率为10%。为度量久期（简写为D），需要做以下计算：

单位：美元

年份	支付	市场收益率下的现值	t = 现金流时间	t × 现金价值
1	500	455	1	455
2	500	413	2	826
3	500	376	3	1 128
4	10 000	7 513	3	22 539
总计		8 757（约等于市价）		24 948

根据这一信息，麦考利久期为2.85年（D = 24 948÷8 757）。

接下来，**假设市场利率增加1%**，这一债券的价值变化会是：

$-D\times 1\%\times PV=-2.85\times 0.01\times 8\,757\approx -249.6$（美元）

或者**市场利率降低1%**，这一债券的价值将会增加：

$-D\times(-0.01)\times(8\,757)=-2.85\times(-0.01)\times 8\,757\approx 249.6$（美元）

可以用同样的方法评估利率变动对资本净值的影响。计算如下：

（资产的久期－负债的久期）×利率变化

应用麦考雷久期的结果是：

- 一个零息债券的久期等于它的到期时间。
- 一个附息债券的久期少于它的到期时间。

3.4.2.2 修正久期

1966年拉里·费希尔（Larry Fisher）引入**修正久期（ModD）**这一量度作为对麦考利久期的拓展，度量方法如下：

$$ModD=\frac{D}{1+\frac{y}{k}}$$

式中：D——上面度量的麦考雷久期；

y——有相同到期时间的零息债券的收益率；

k——付息的频率（如k=2代表半年付息一次）。

ModD度量了固定利率工具的价格对收益率变动的敏感程度。

根据上例的信息，$D=2.85$，$y=10\%$，$k=1$。因此，

ModD = 2.85 ÷ 1.1 = 2.59

这一 ModD 表明，收益率每变动 1 单位，固定利率工具的价格将变动 2.59%。久期越高，债券或固定利率工具的价值对收益率变动就越敏感。

3.4.3 久期不同的资产拥有同样的现值

如果两个工具拥有相同的现值，我们常常会觉得它们在其他方面如风险程度上也是等价的。但真正考虑过了风险之后就会改变这一观点。了解不同工具的久期量度，有助于形成对现值和风险的总体认知。在释例 3-8 中，美国财务会计准则理事会提供的这一案例[18]深入说明，现值相同的债券可能对收益率变动的反应截然不同，因为它们的久期和风险敞口不同。这一释例比较了三种债券：附息债券、零息债券和摊销债券。它们的相同点和不同点如下：

三个债券的相同点：

- 相同的到期时间——5 年。
- 相同的“票面”利率的利息收入——每年 9%。
- 可比的市场价格。

三个债券的不同点：

- 现金流：零息债券在到期前不支付任何现金，累计的本金和利息一次付清。附息债券是每年支付利息，到期偿还本金。摊销债券在 5 年内每年支付等额的本金加利息。
- 固定与浮动：浮动利率债券的久期是到重设日期的时段，每季重设就是 1 个季度，半年重设就是 6 个月。这样短的时段对于比如 30 年的到期时间而言并不显著，因此浮动利率债券的久期常常简化为 0。

释例 3-8

不同现金流模式的 9% 固定利率债券的久期和修正久期的比较

（零息票）收益率	时期	9%附息债券		零息债券		摊销债券	
		现金流	时期×现值	现金流	时期×现值	现值	时期×现值
—	0	（100 000）		（100 000）			
0.06	1	9 000	8 490	0	0	24 254	24 254
0.07	2	9 000	15 722	0	0	22 455	44 508
0.075	3	9 000	21 735	0	0	20 695	62 085
0.08	4	9 000	26 460	0	0	18 897	75 582
0.09	5	109 000	354 210	153 862	500 000	16 709	83 543
	合计	45 000	426 617		500 000	103 010	289 972
		久期	$\frac{426\,617}{101\,051}=4.22$		$\frac{500\,000}{100\,000}=5$		$\frac{289\,972}{103\,010}=2.815$
		到期收益率	=8.73%		=9%		=7.87%

来源：参见美国财务会计准则理事会在它的衍生工具类型总结中关于久期和修正久期的讨论（美国财务会计准则理事会，1999）。

假设：

- 这三个债券面对的零息率曲线相同。
- 信用风险没有差别或改变。

释例3-8中的数据表明以下信息：

- 使用相同的收益率曲线，这三个债券的现值（如市价）如下：附息债券101 051美元、零息债券100 000美元、摊销债券103 010美元。
- 麦考雷久期量度：附息债券4.22年、零息债券5年、摊销债券2.815年。
- 到期收益率：附息债券8.73%、零息债券9%、摊销债券7.87%。
- 这三个债券对利率变动的反应各不相同。使用零息债券的市场收益率来计算，修正久期量度分别是：附息债券3.87%、零息债券4.58%、摊销债券2.61%。

3.4.3.1 相关问题

尽管这三个债券有几乎相同的现值，但它们的风险、对利率变动的反应，或是其他现金流特征并不相同。（第12章讨论了关于流动性风险报告的会计准则变更提案。）

如果我们采用套期会计，那么套期关系必须是高度有效的。[19]这就意味着，对三个债券中的每一个，我们都要用一个不同的衍生工具来提供有效套期，因为每个衍生工具对利率变动的反应，都必须抵销利率对被套期对象的影响。它必须与特定的债券久期和利率震荡敏感度相匹配。在套期组合中，需要的是**（事前和事后）**能够表明被套期风险和套期工具风险相匹配的工具。如果这些风险不能匹配，企业就没有资格使用套期会计。

信息日志：局限性

- 上面讨论的久期是普通公司债券的一个合适量度；这些是不提供转换、召回、处置或是其他类型嵌入衍生品等期权性风险的债券，因为任何期权性特征都会改变债券的现金流模式。
- 久期和修正久期量度假设收益率的变化是收益率曲线平移的结果。这意味着这些久期量度忽略了债券凸性，即收益率变化对债券市价影响的第二个衍生物。即便是这样假设，久期和修正久期还是很好地近似了短期内收益率变动对固定利率工具公允价值的影响。
- 久期量度忽视了信用风险的变动。

3.5 其他流动性风险的量度

流动性的最早量度之一就是**酸性测试比率，或者说速动比率**。它度量的是商业主体能够获得足够数量的流动资产来履行短期内现金流出义务的程度。酸性测试比率的公式是：

$$\frac{\text{流动资产}-\text{存货}}{\text{流动负责}}$$

尽管没有标准的基准，一般的经验则是，一家企业的速动比率不能低于1。同时，比率越高，意味着流动性越强，商业主体偿付短期义务的能力越强。不同行业的酸性测试比率的基准不同，但公式通常没有行业差别（除了金融机构）。对某个具体行业应用酸性测试比率，并不会改变它作为短期支付能力的指标属性。例如，在银行业，**《巴塞尔协议2》**（2003年12月）用流动性来区分高品质和低品质的资产。不论是用于担保借款还是出售的债券，一个高品质的资产就是在设定的严重财务危机的情景下，能够保持变现能力不变的资产。协议要求银行维持一定水平的高品质流动资产储备，以在流动性压力下填平现金流入和现金流出之间的利率缺口。

另一个在银行业常用的风险量度就是流动性覆盖率。这一量度的公式是：

$$\frac{\text{高质量流动性资产}}{\text{30天内的净现金流出}}$$

与通用的酸性测试比率一样，流动性覆盖率应当不低于100%。

《巴塞尔协议》还提供了其他不那么结构化但是考虑了流动性警示来源的流动性风险指标，包括：

- 现金流入和流出的合约期限错配。
- 资金的集中度，度量资金集中于具体的交易对方、金融工具或货币的程度。
- 充足的、无变现障碍的资产，这些资产“自由”且必要时可作为担保借款的抵押品。
- 其他与市场有关的监控工具。

固定费用率

借款人必须按时多次支付租赁费用和债务利息，以避免违约。因此，企业必须评估承担这些固定责任之后，现金流入能提供多大程度的安全保障。这就由固定费用率度量，传统的计算公式为：

$$\frac{\text{息税前净利润}+\text{租赁付款额}}{\text{利息}+\text{租赁付款额}}$$

主体应当将现金流入量与短期的固定费用联系考虑。但是，“净利润”除了作为现金流的先导以外，可能并不是运营产生的现金流的良好指标。权责发生制、信贷条款、销售额周转率和许多行业的具体因素，都会改变现金流和盈余间的关系。如果分子上采用经营性现金流而非利润，固定费用率可能成为更好的指标。

固定费用率为1时并不提供任何安全保障；只有大于1时，安全边界才会提高。例如，惠誉评级宣布将上调格伦尼房地产信托公司（Colonial Properties Trust）的评级，因为该公司固定费用率在2010年从1.5增加到1.6，而在2011年第一季度又继续增加到2.0等利好信号。[20]

3.6 信用风险的度量

我们在第2章定义过，信用风险就是违约风险，或者说，因交易对方（债务人）可能无法支付或即将破产而对债权人的流动性产生溢出影响的风险。[21]信用风险和流动性风险在传统金融量度上存在一些共性，因为一个存在严重流动性束缚的商业企业，往往在债务责任到期还债时有更大的违约可能。但是，上面讨论的流动性量度主要可以度量短期信用风险，我们还需要其他一些可以评估长期信用风险的量度。

一个主体信用风险的总体量度可以从两个来源考虑：

1. 与运营相关的因素，度量商业主体产生净现金流的能力。

2. 与财务状况有关的因素，表明商业主体与债务相关的流动性。

每一类使用不同的评估工具。这些工具包括财务会计比率和不同的违约风险模型。

3.6.1 使用财务分析比率

长久以来，商业企业都使用会计信息来评估信用风险。一些财务比率被用作风险指标，并保持高度的相关性，其中就包括杠杆量度。在传统的财务分析中，一家商业公司通过借款进行融资的程度反映了它违约的概率。我们常常用一家商业公司权益和总资产的关系——**杠杆率**，来度量它的还债能力。杠杆率有以下几种不同的度量方式：

1. 总负债÷所有者权益

2. 长期负债÷所有者权益

3. 长期负债÷（长期负债+所有者权益）

4. 总负债÷总资产

低杠杆率（不论以哪种方式度量）为债权人提供了更多的保障，因为资产池和现金流入的大部分是自有和自由的，可用以偿还数额相对较小的债务。如果债务被认定为公司所有者权益的一份期权，行权价格等于账面价格，那么在杠杆率很低的情况下，期权将会大赚，因为在这种情况下，自有资产（等于所有者权益）的价值将高于行权价格。相反地，高杠杆率意味着自有资产池很小，因而缩小了安全界限。因此，当面临财务困难时，低杠杆率的公司更可能如约偿债，同时维持正常运营。

一般来说，杠杆率越高，意味着对借款人的现金流要求越高。因此，在周期性商业活动中，运营产生的现金没有稳定流入，偿债要求的现金却稳定流出，借款人因为债务负担而面临更高的信用风险。在这种现金流错配的情况下，高杠杆率意味着更高的信用风险。

一些分析师为杠杆率的可接受水平设定了推算过程和规则。但是，直接把某个杠杆率水平看作“最佳”或“正常”往往具有误导性，因为对这些比率的违约诊断取决于其他许多因素，如公司所处的行业类型。例如，一家重型机械行业的公司，由于它自身的运营特点，肯定比一家银行的负债权益比要低。银行在所有行业中杠杆率最高，因为一家银行的大部分资产都是由债务融资得到的，以短期和长期储蓄的形式存在。银行业的监管者，如联邦存款保险公司（FDIC）和联邦储备银行，确定了监管机构认定一家银行为“有偿付能力”的最大可接受杠杆率。这一最大可接受杠杆率指明了一家银行要保持偿付能力而应维持的最小资本要求。因此，资本最少要保持在总资产的8%，也就是说，总体负债权益比为12.5。在这一水平上，银行被认为是有偿付能力的。但是，对于任何其他行业来说，这个杠杆率水平都是不可接受的。类似地，保险行业也有它自身的可偿付能力量度。

为了说明行业类型的影响，释例3-9展示了5家不同行业的公司各自的两个杠杆量度。在这五家公司中，杠杆率最高的是美国银行，其次是IBM。因为银行的大部分融资都是来自储户资金，所以为它计算了几个杠杆率。资产与权益比是总负债加存款比上权益。为了将银行业与其他行业进行比较，还计算了资产负债率。这些是债务的基本量度，只包括银行用传统信贷融资方式的举债，而不包括本来的储户资金。如表所示，美国银行的杠杆率（借款负债/权益）是1.84，但资产负债率是10.2。

释例 3-9

5家公司财务杠杆的两个量度

公司	AT&T	IBM	微软	麦当劳	美国银行
$\frac{总负债}{权益}$	0.66	1.55	0.17	0.95	1.84 资产负债率 10.20 $\frac{资产}{权益}$
$\frac{长期负债}{权益}$	0.56	1.24	0.17	0.80	1.66

会计日志

从第2章讨论的信息风险隐患的角度出发，这篇日志考虑几个与这些比率有关的问题。信息风险隐患与计量方式的选择和定价基础有关。例如，在计量资产时，使用什么计量基础（摊余成本、公允价值，还是别的什么）？存货估值的不同方法或管理层对有价证券的分类又会如何影响一个基于历史成本或公允价值的混合定价？有没有资产被忽略，如研发项目、商誉，或是待履行合约的经济价值？厂房和设备的报告价值是对它们公允价值的公允呈现或近似吗？所有的负债都被确认在资产负债表上了吗？或有事项又该如何处理呢？

换句话讲，千万不要以为报告的数字就是对企业潜在经济价值完整和精确的描述。

3.6.2 用财务比率进行违约风险的多变量分析

威廉·比弗（William H. Beaver，1966）是我们所知的用财务比率来预测破产（违约的后一个阶段）的第一人。但是，他是用单指数分析来观察一个比率在一段时间内的变化。后来，爱德华·奥特曼（Edward Altman，1968）将那些财务比率组合在多因素判别分析模型中，并发现一个比率受其他比率的影响。[22]

在判别分析中，因变量（DepV）是破产（DepV=0）和非破产（DepV=1）状态的二进制指标。奥特曼分析得到了以下关系：

$$\text{DepV}=1.2\times\frac{营运资本}{总资产}+1.4\times\frac{盈余收益}{总资产}+3.3\times\frac{息税前利润}{总资产}+0.60\times\frac{股票市值}{负债的账面价值}+1.00\times\frac{销售额}{总资产}$$

奥特曼用字母Z（与正态分布的Z值没有关系）来表示因变量的预测值，并确定了3个区域：[23]

- $Z>2.99$ => 安全区，违约风险极小。
- $1.8<Z<2.99$ => 灰色区，违约风险一般。
- $Z<1.80$ => 遇险区，很可能违约。

3.6.2.1 穆迪估计违约风险的“财务报表模型”

穆迪是几大信用评级机构之一（其他几家是惠誉、晨星和标普）。穆迪使用了几种方法和模型来估计信用风险。[24]该公司在其财务报表比率的使用中指出，“财务报表唯一（FSO）模型最适合那些出于特定用途，需要一家公司违约风险的稳定估计的使用者”。这一模型包含了描述一家公司长期表现的财务报表变量。穆迪评级在FSO模型中使用了7个大类（Dwyer和Zhao，2009）：[25]

1.**盈利性比率**：ROA以及ROA的变动——**高盈利性降低了违约的概率。**

2.**杠杆率**：长期负债÷（长期负债+权益）；盈余收益÷流动负债——**高杠杆率增加了违约的概率。**

3.**债务覆盖率**：现金流÷利息费用——**低债务覆盖率增加了违约的概率。**

4.**增长性变量**：销售额的增长——**快速变动，无论是增长还是下跌，都会增加一家公司的违约概率。**

5.**流动性**：现金加有价证券÷总资产——**高流动性降低了违约的概率。**

6.**周转率**：存货÷销售额；应收账款周转率的变动；流动负债÷销售额——**低存货周转率容易导致违约概率的增加。**

7.**规模**：总资产——**大型公司的违约事件没有小公司那么频发。**

这一预测违约的估计模型尚未广为人知，但似乎是上述变量的一个线性组合。这些比率所赋予的权重是由使用的统计分析模型——概率（probit）、逻辑（logistic）或考克斯比例风险（cox-proportional hazard）所估计出的系数。[26]

3.6.3 默顿模型和KMV模型

穆迪评级估计违约概率使用的主要模型似乎是KMV™模型；这一模型是Kealhofer、McQuown和Vasicek（Kealhofer，2003a，2003b）基于估计“违约距离”（distance to default）的默顿模型（Merton，1974）发展而来的（可参见Dwyer和Zhao，2009）。似乎在所有违约预测模型的文献中，默顿模型对预测违约的各类方法影响最大。这一模型将计算出的资产调整后的公允价值与负债的账面价值之间的标准化距离的函数，作为违约距离。在考虑了资产增长之后，企业负债加权益就作为调整后资产的估计。模型中使用的是负债的账面价值，利用了账面价值等于清算价值的假设。[27]默顿模型是建立在期权定价的基础上的，因为总负债的清算（账面）价值就如同对公司总资产的看涨期权（由债权人持有）的行权价格。资产调整后的公允（市场）价值超过负债清算价值越多（亦即在价内的程度）（the degree of being in money），就认为企业违约的可能性越小。当负债的账面价值（行权价格）等于资产的公允（市场）价值时（亦即期权是平价时）（at the money），企业就到达了违约点。关键指标是违约距离，其度量期权的货币价值。这一模型假设资产和负债的价值遵循对数正态分布。默顿模型可以简化如下：

$$DD = (\ln A + \text{增长率}(\text{growth drift}) - \ln L) \div A\text{的波动性}$$

式中：DD——违约距离；

ln——自然对数；

A——资产的市值；

L——负债的账面价值；

波动性——资产的标准差。

波动性通常以一年的标准差来度量。所以，如果我们要估计一年以内的DD，度量时分子和分母都要根据时段与一年的比值进行调整。

从更直观的角度来看，违约距离DD其实是在资产调整后的公允价值（以一个增长系数调整）等于债务账面价值的那一点上，偏离均值的标准差的数目。从这个意义上讲，DD符合图3-2所示的那种标准正态分布。

举个简单的例子，假设：

- MVA（资产的市场价值）为40 000美元；
- μ（资产每年的增长漂移率）为0.02；
- BL（负债的账面价值）为25 000美元；
- σ_{mva}（资产的波动性）为30%；
- M（*DD*的时间范围）为3个月；
- T（时间范围与一年的比值，3/12）为0.25。

$$
\begin{aligned}
DD &= \frac{\ln MVA + \mu - 0.25 \times 0.5(\sigma_{mva})^2 - \ln BL}{\sigma_{mva} \times \sqrt{0.25}} \\
&= \frac{\ln 40\,000 + 0.02 - 0.5 \times 0.09 \times 0.25 - \ln 25\,000}{0.30 \times \sqrt{0.25}} \\
&= \frac{10.5966 + 0.000225 - 10.127}{0.15} \\
&\approx 3.19
\end{aligned}
$$

这意味着违约距离是离均值3.19个标准差的地方。分布在三个标准差以外的尾部区域就是违约的概率。在这个例子中，其应该是0.07%。如果负债额增加到30 000美元，违约概率就会增加到3%左右。

因为 $\mathrm{Ln}\frac{MVA}{BL} = \ln MBA - \ln BL$，Merton模型的违约距离也可以写成：

$$
DD = \frac{\ln\frac{MVA}{BL} + \frac{\mu - 0.5^2_{mva}}{T}}{\sigma_{mva}} \times \sqrt{T}
$$

式中所有变量的定义同上。

这个模型的细节就交给该领域的专业书去阐述，我们只需对默顿模型形成直观感受，即它使用了企业财务文献中的三个重要因子：[28]

1. 杠杆率：权益的市值比上债务的账面价值。实际上，它是杠杆率的倒数。

2. 公司盈利性：由公司的资产回报率来度量。

3. 公司资产的波动性。

Kealhofer、McQuown和Vasicek将默顿模型拓展并进行商业化，开发出了我们所熟知的KMV™违约预测模型，从2003年起被穆迪用于估计并预测违约概率以及信用评级打分。这一模型把违约概率称为估计违约频率或EDF。EDF每天都被用来度量全球范围内超过35 000家公众公司，并且事后公众可获得公开交易的优质公司的数据。就如上文所说，EDF的起源就是默顿模型中的违约距离。

3.6.4 晨星对各模型的比较

所有的违约预测模型都把杠杆率作为主要决定因子。事实上，默顿模型及其变体如*KMV™*模型中的主要变量，就是传统杠杆量度的倒数。这些模型的发展经过了三个阶段：

1. 使用财务比率、均值和趋势的单因素分析，将公司分为破产和持续经营（Beaver，1966）。

2. 假设所有变量遵循多变量正态分布，使用线性分析模型（如判别分析）的多变量形式（如Altman，1968）。

3. 使用默顿模型，其是KMV™模型和许多其他变量模型的基础。

有几个研究比较过不同违约预测模型的预测精度。其中，特别相关的是Martin Bemmann（2005）和Warren Miller（2009）所做的比较。在此，本书使用了晨星公司的Warren Miller（2009）提供的三个模型的预测精度。这些模型是:

1. 使用杠杆率（总负债÷总资产）这一单变量的简单预测模型。

2. 奥特曼的Z值判别分析模型。

3. 默顿的违约距离模型。

结果如图3-4所示，其是从Miller（2009）复制过来的。Miller发现默顿模型预测效果最好，而简单模型最差。但他指出："奇怪的是，Z值的排序作用（比如说预测精度）在评判相对安全的公司时，和其他两个模型的结果几乎相同；但在面对破产率很高的公司时，预测效果就很差"（Miller，2009）。

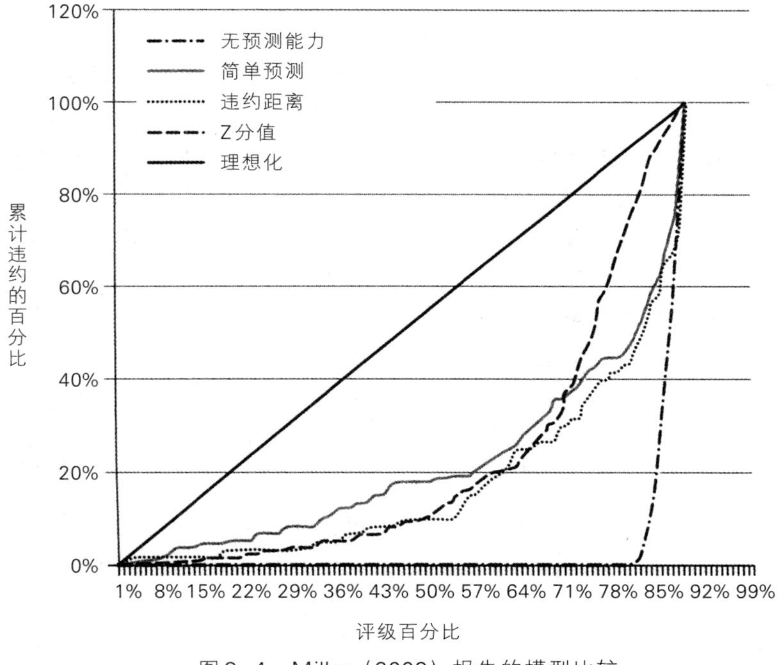

图3-4 Miller（2009）报告的模型比较

（来源：Reproduced with the permission of Warren Miller, the author of "Comparing Models of Corporate Bankruptcy Prediction: Distance to Default vs. Z-Score", Warren Miller of Morningstar (July 1, 2009). Available at SSRN: http://ssrn.eom/abstract:1461704.)

3.6.5 信用评分

预测违约的概率是评估信用风险的重要步骤，但不是最终步骤。信用风险评估被浓缩在一个信用等级评分中，反映违约的概率、市场流动性和债务条约的限制性等。任何存在借款的企业都有一个整体的信用等级评分，每一个债务工具也有各自的评分。企业中不同的债务工具，会因为债务合约条款的不同而有不同的评级。有些是有抵押担保的，有些是有优先级的，其他则是排在后面的。

信用等级评分很关键，因为它们表明了企业在资本市场上融资的能力。较低的信用等级几乎就等于更高的融资成本，因为放贷方（如债权人和银行）会因为信用等级表示出的风险敞口要求相应的风险溢价。类似地，高评级会显著降低融资成本，这样风险溢价和违约价差都会很低。例如，2011年9月2日，一个10年期AAA级公司债券的收益率是2.55%，AA级公司债券是3.22%，A级公司债券是3.3%。

美国有五家大型公司以发布这些评级著称，尽管它们的评级方法在细节上不同，但主要特征和决定因子无甚差别。事实上，约翰·穆迪（John Moody）在1909年为铁路公司评级而引进的要素，仍然是一般性的指导基础。当时，他建议采**用财务实力、违约频率、损失严重性和转换风险**这些要素。从那开始，信用评级产业开始蓬勃发展，评级过程开始包括违约概率估计以外的内容；所有的信用评级方法都考虑盈利性、杠杆、管理质量、多元化、增长和流动性等方面。例如，在2011年9月，晨星对麦当劳公司的信用评级是AA，在评级讨论中，晨星对杠杆和盈利性的会计量度给出以下意见：[29]

我们对麦当劳进行信用评级时有一个重要假设，即晨星信用评级方法，将经营租赁视作类似债务的负债，以计算我们的前瞻性现金流缓冲（cash flow cushion）和常见的债务比率，如负债÷税息折旧及摊销前利润。据此，我们将租赁义务中的114亿美元资本化。我们估计在未来5年内，租赁现金支出将达到91亿美元，这一数额远高于公司文件说明的经营租赁负债的最小值，但和我们计算出的租金费用结果一致。对未来5年合约性负债的估计，占到我们对经营租赁预测的54%。

但是，违约风险太过重要，所以几乎所有的方法都是以违约概率估计为起点。尽管每个公司都力荐其模型是“更好的模型”，但公开的文献表明它们有两个共同的特征：

1. 高度依赖财务报表比率，以预测可偿付能力、盈利能力和支付能力。

2. 使用默顿模型（1974）中的变量来估计违约距离。[30]

例如，晨星公司就是使用默顿模型和26个财务比率，再加上一个叫作“现金缓冲”的比率。这些财务报表比率涉及盈利能力、流动性、杠杆率和增长率。与穆迪、晨星类似，标普评级标准也大量使用财务比率，并考虑公司多元化、债务发行优先级和债务是否有担保（如抵押）等大量因素。

2007年金融危机爆发后，公众对信用评级方法有了更多的了解。公众发现，投行会夸大次级抵押证券和信用违约掉期的信用评级，这样，高风险公司就能在资本市场以低成本融资，然后将筹集的资金用于更高风险的贷款和投资。[31]

世界银行的国际金融公司最近出版了一本书，在书中，作者Roggi、Garvey和Damodaran（2012）提供了一张表格，披露违约价差和穆迪、标普评级的关系。作者提供的部分资料复制在释例3-10中，描述违约风险如何从0.45%的低点上升到7.75%的高点。

释例3-10

违约价差和信用等级评分的对应关系

穆迪/标普评级	10年期债券的违约价差
Aaa/AAA	0.45%
Aa1/AA+	0.50%
…	
Aa3/AA-	0.60%
…	
A3/A-	1.05%
…	
Baa2/BBB	1.75%
…	
Bal/BB+	3.50%
…	
B1/B+	5.00%
…	
B3/B-	6.25%
Caa/CCC+	7.75%

（来源：Roggi等，2012。）

3.7 要点总结

风险的度量以第1章对风险的定义为基础——风险是波动性或可度量的不确定性。基于这一观点，本章考虑两种度量方法：（1）通用法，基于现有的数据分布；（2）功能法，基于第2章讨论的不同功能的风险。

3.7.1 风险的通用量度

- **极端情形**：没有观察值时，每个结果都是等可能的（贝叶斯）；而当有一个观察值时，它就可以作为矩心，所有的结果都以其为中心。当存在一个最大值和一个最小值，存在买卖价差或收益率差时，这个范围或是两个观察值间的距离就是风险的最好（最简单的）量度。即便就是这种情形且缺乏其他信息，两个端点间的不同结果也被认为有相同的发生概率。
- **有3个观察值**：3个发生概率不同的结果，提供了更多关于风险的信息。数理统计表明，这种类型的分布（三角分布）可以近似一类被称作**贝塔分布**的概率分布。在简化形式中，从三角分布中得到的风险量度，就是范围除以6。这一分布（始于1950年海军研发北极星潜艇）在计划评审技术（PERT）和关键路径法（CPM）中广泛使用。

- **有多个观察值**：随着观察值数量增多，大部分事件的发生（在极限上）趋近于正态分布。正态分布的特性：它是一个对称的铃铛状曲线，99.9%的观察值都落在6个标准差以内。标准差（方差的平方根）是许多风险量度函数背后的风险量度。在中心极限定理下，从任何形式的分布得到的均值分布，都趋近于遵循正态分布。
- **风险价值（VaR）**：在正常运营条件下的一段特定时间内，以一定的置信概率预计发生的最大损失值的量度。通常，假设VaR估计的数据是满足正态分布的。多元化可以降低VaR。会计师每年估计的坏账准备或贷款损失准备金，也被认为是*VaR*的一个准量度。

3.7.2 风险的功能性量度

- **利率风险**：我们强调了利率缺口和久期这两个量度。利率缺口就是利率敏感型资产和利率敏感型负债间的差值。对收入和现金流的影响将取决于利率缺口的大小。在以下两种情况下企业将承担下行风险：（1）缺口为正且市场利率降低；（2）缺口为负且市场利率增加。麦考利久期就是债券的现金流入的时间加权现值等于市价所需的时间。修正久期则度量一个固定利率工具的价格对利率变动的敏感性。
- **其他流动性风险量度**：比如流动资产率和固定费用率这样的财务比率。
- **信用风险**：有时也被称作“违约”风险，因为它度量了债务人（交易对方）的支付能力和意愿。基本要素是财务比率，且总包含杠杆量度。更定量化的方法则有，将财务比率和基于默顿违约距离模型的违约预测模型组合起来进行数据分析。

注释

1 Shaughnessy财经:名词解释。参见http://www.shaughnessyfinancial.com/glossary. php?show=y。
2 Alder财经:名词解释。参见http://alderfinancial.com/Financial%20Glossary.htm。
3 收益率曲线或利率期限结构是一个图形,展现不同到期时间和风险等级的工具的收益率(或零息利率)。
4 三角分布是贝塔分布的一个推广形式,被称作仅次于正态分布的第二大分布,使用广泛。
5 统计分布表明,三角分布的矩是对贝塔概率分布的一个合理近似(参见Punmia和Khandelwal,2006;van Drop和Kotz,2002)。
6 有必要指出,三角分布的风险量度仅仅是范围除以一个常数。
7 Brighton Webs有限公司:能源和环境统计,贝塔分布。参加http://www.brighton-webs.co.uk/distributions/beta.htm。
8 注意,方差是可加的,但标准差是不可以的。
9 如果你记得之前见过的数据,这里只是一个简单重复,但也是为风险价值度量开个头。
10 橘子价格实际上以6位小数引述。参见佛罗里达州农业和消费者服务部(2011年3月)。
11 RiskMetrics产品见于http://www.msci.com/products/riskmetrics.html。
12 这里有关利息的两个矩是均值和标准差。
13 还可以在杜邦体系中看到风险收益的使用:Montante(2000)。
14 一般来说,VaR=公允价值×DEaR。
15 这一节忽略了下面要讨论的麦考利久期。
16 不考虑应计利息,并假设没有会改变这些一般性特征的期权行为。
17 在许多情况下,久期和到期时间这两个术语并不相同,在下面会有讨论。
18 在美国财务会计准则理事会1999年教育文献中的一篇题为"Types of Derivative Instruments"里。
19 有效性将在第6章详细讨论。有效性等同于抵销套期风险的成功度。
20 惠誉评级将固定费用率定义为"经常性运营的税息、折旧及摊销前利润,包括惠誉对来自持股主体经常性现金分布的估计,减去经常性资本支出,减去直线法租金调整,除以利息费用、资本化利息和优先股股利"。参见:惠誉评级(2011年8月)。
21 参见第12章,对流动性和信用风险相关的会计准则新提议的总结。
22 判别分析是一个统计方法,可以找出使两组数据均值(矩心)的差值最大的系数。对于一个大样本来说,基于判别分析得到的结论,往往和估计逻辑回归或概率回归得到的十分接近。
23 不要混淆奥特曼用来预测破产的Z值和标准化正态分布的Z值。打个比方,奥特曼也可以称他的预测变量为X值。
24 穆迪报告了他们使用的一些统计模型,包括概率模型、逻辑模型和考克斯比例风险模型。感兴趣的读者应该查阅关于有限因变量和生存模型的书籍。
25 也可参见http://www.inoodyskmv.com/products/files/RiskCalc_v3_I_Model.pdf。
26 这些模型和回归分析很像,但也有以下几点不同:(1)因变量是一个二分的二进制变量;(2)使用的估计方法是最大似然估计,而非普通最小二乘回归中的最小二乘法;(3)考克斯比例风险假设的是非线性关系。
27 因为有些负债的价值会是公允价值而非清算价值,引进公允价值期权和套期会计改变了这一状况。
28 如果资产的市价和波动性未知,也可以用布莱克-斯科尔斯(Black-Scholes)的欧式期权定价模型估计。
29 参加http://www.morningstar.ca/globalhome/industry/news.asp?articleid=325610。
30 上一节讨论的穆迪的KMV™模型,是建立在默顿模型的基础之上的。晨星的方法似乎也是以类似的方式使用了这一模型(Morningstar®,2009;Standard & Poor's,2012)。
31 美国的信用评级公司竞争激烈,因此公众能了解它们使用的评级方法的大体框架。最近,阿根廷的国家证券委员会(CNV)发布一项决议,要求评级机构公开其评估方法的报告(M24 digital.com,2011)。美国的证券交易委员会和国会正在商讨评级机构的独立性和评级方法,不过还没有采取具体措施(参见McDermott和Emry,2009)。

第4章　风险管理基础

4.1　企业风险管理（ERM）

财务经理研究基金会（Financial Executive Research Foundation）2011年的年度风险调查结果表明："风险管理将成为金融职业人士和公司未来关注的领域。"[1]此外，该调查也显示，66%的被访者指出，他们的公司设有风险管理项目。

4.2　企业风险管理的定义

前述章节所介绍的决策制定理论和案例说明，决策制定者的风险态度存在着巨大的差异。因此，企业需要一个风险管理结构来降低产生损失的可能性，这样的结构被称为"企业风险管理"（简称ERM）[2]。最著名的风险管理结构是由全国反虚假财务报告委员会下属的发起人委员会（The Committee of Sponsoring Organizations of the Treadway Commission，COSO）首次提出的，该委员会成立于1985年[3]。1993年，COSO发布了内部控制报告。在该报告中，风险管理框架首次形成。2004年，COSO发布了一份专门针对风险管理的报告——**《企业风险管理——整合框架》**。这就是后来著名的COSO报告。2010年，COSO对该报告进行了修订，很多人认为新报告（COSO2）比首次报告有了改进。此后，风险管理成了美国和其他国家大型企业组织结构中不可或缺的一部分，并成为企业信息技术领域（部门）等一些子系统中必不可少的一部分。在日常操作中，内部审计功能承担了确保企业风险管理质量的责任。

COSO报告将企业风险管理定义为：

企业风险管理是一个过程，由一个主体的董事会、管理当局和其他人员实施，应用于战略制定并贯穿于整个企业之中，旨在识别可能会影响主体的潜在事项，管理风险以使其在该主体的风险容量之内，并为主体目标的实现提供合理保证。

联合国报告提出了一个更加精准的定义：**"为了达到组织目标而在组织层面建立的一个结构化、完整化和系统化的过程，用以辨认、分析、评估、处理以及监督风险。"**（Terzi和Posta，2010）

COSO报告是因1977年《反国外贿赂法》（FCPA）而诞生的，该法律针对公司和公司高管为在国外获得商业合约而进行的贿赂制定了惩罚措施[4]。《反国外贿赂法》强调企业必须存在有效的内部控制。然而，公司欺诈和腐败不仅继续存在而且有愈演愈烈之势，最终在2002年颁布了《萨班斯-奥克斯利法案》（简称《SOX法案》）。该法案强调，企业必须建立系列程序以保证管理层能够有效地管理风险，并且要向公众披露控制风险的方法和有效性。按照《SOX法案》的要求，公众公司会计监督委员会（PCAOB）应运而生。

4.3　COSO立方体（cube）

风险管理框架的定义包含3个组成部分，而这3个组成部分被体现在著名的COSO立方体中，其包括下面的要素：

结构	要素
（1）组织的	主体、部门、企业单元和子公司的层级
（2）功能的	战略、经营、报告、合规
（3）结构的	内部环境、目标设定、事项辨认、风险评估、风险应对、控制活动、信息和沟通、监控

其他国家和地区也出现了类似的报告。例如，在英国，最有影响力的两份报告分别是内部控制指引（即著名的卡德伯利报告，1992）[5]和特恩布尔报告（1999；参见Page和Spira，2004）。特恩布尔报告是为了英格兰及威尔士特许会计师协会制定的，该报告明确了公司董事在建立健全内部控制制度、复核内部控制有效性以及向股东报告方面的责任。在卡德伯利报告发布后不久，英国政府成立了金融服务管理局（FSA）来监管所有金融服务业，并建立了一套以风险为基础的监控体系。伦敦股票交易所采纳了该项要求，实施这些要求的时间至少比2002年美国发布《SOX法案》提早了两年。

在1994年，加拿大多伦多股票交易所制定并发布了德报告（Dey Report）（Stymiest和Mackinlay，1999）。该报告要求公司报告内部控制制度的恰当性。随后，加拿大注册会计师协会在1995年发布了COCO报告（CoCo Report，也被称为“控制指引”）。该报告要求在评估内部控制时要包括风险评估和风险管理。

澳大利亚和新西兰在1995年发布了风险管理准则。该准则倡议建立我们现在所谓的企业风险管理制度。1998年，德国将KonTraG作为法律颁布，该法包含一个条款，要求管理层建立风险管理和内部控制系统。

这些首创行为都是民间组织发起的。政府监管当局在改进内部控制制度和评估控制风险方面也做出了许多努力。美国公众公司会计监督委员会（PCAOB）承担了制定审计准则和监管会计专业的责任。2004年，公众公司会计监督委员会发布了第二号准则，要求公众公司立即在组织内部建立所有控制点，并有效修补其内部控制体系的漏洞。第二号准则极具争议性，因为该准则的要求很高，实施起来需要付出很大的代价。2007年，该准则被第五号准则所代替，第五号准则的最终目标和第二号准则是一样的，但是实施起来没有那么复杂。美国公众公司会计监督委员会和证券交易委员会持续不断地更新和改进法规来完善公司对风险的管理和报告[6]。

2005年，欧盟委员会成立了“欧洲审计监管机构组织”（EGAOB）。该组织的目的是确保欧盟内部新成立的外部（法定）审计师的公众监督系统与审计公司之间的有效合作。同时，该组织也提供技术支持，帮助各国实施欧盟委员会的指令，如采纳审计国际准则，或者评估发展中国家公众监督系统质量等。

4.3.1 实施类似COSO制度的一个案例

洲际酒店集团（Intercontinental Hotel Group）所报告的风险管理框架被展示在释例4-1中。其包含六个步骤，分别是：

1. 确认风险并按照按优先级排序。

2. 将风险数量化并进行度量。
3. 建立应对计划和解决方案。
4. 对建议的解决方案进行实施和测试。
5. 公司治理和企业文化报告。
6. 复核风险流程。

释例 4-1

洲际酒店集团的风险管理

公司风险管理

洲际酒店风险管理部门最近复核了其管理公司风险和洲际酒店所面临的主要风险的功能。它尝试建立一个进一步提高风险管理能力的框架。图示如下：

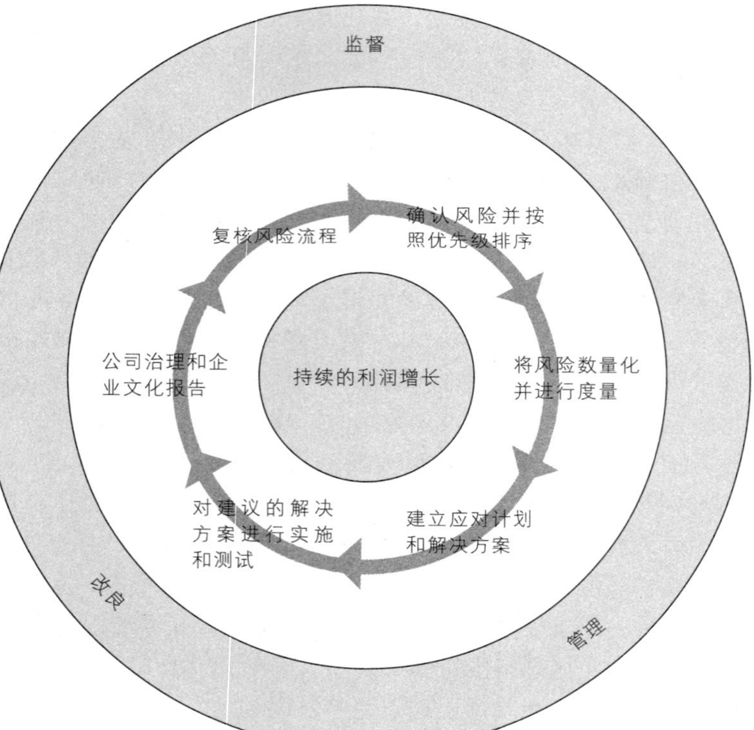

洲际酒店高级经理每年都召开风险确认研讨会。研讨会的结果被称为“小组风险集”，然后将该风险集折分成几个受托责任领域，分别划归给管理委员会的相应负责人。

管理委员会根据这些发现来辨认洲际酒店面对的主要风险领域，并在委员会内部将受托责任的任务在负责不同功能的领导之间进行分派。委员会将洲际酒店主要风险管理作为最重要的任务，协同努力使之最优化。

（来源：http://www.ihgplc.com/files/reports/ar2008/index.asp?pageid=32.）

4.4 事件的重要性和可能性

通用电气在其2011年的10-k表中指出："通过我们风险流程所辨认出来的风险，是按照发生概率和风险严重性排序的"（第36页）。

通用电气的这份声明是从微观角度提出的。纳西姆·尼古拉斯·塔勒布（Nassim Nicholas Taleb）在他的著作《**黑天鹅**》（2007）中提出，财务部门遇到的问题是其无法预测影响的严重性但不经常发生的事件。这也是德勤（2005）在调查风险评估和管理时发现的重要问题。下面介绍的概率-影响矩阵是一个简单的决策支持工具。由于发生频率和影响的严重性之间需要进行权衡，这个矩阵强调了对此进行评估的价值。

从两个现实生活中的释例可以看出对发生频率和严重程度的关注：

- 通用电器的前述声明。
- 与通用电气类似，**巴克莱银行**在讨论风险时指出，"管理层对各个业务在不同情境下所产生的盈余波动可能性进行了估计，并按照严重性水平列示：
  - 预期损失：以多年计量水平为基础的平均损失。
  - 7年1件（中等程度）损失：某个随机的7年的样本中最糟糕的损失水平。
  - 25年1件（严重）损失：某个随机的25年的样本中最糟糕的损失水平"。

表4-1按照3×3的方法将发生的概率和影响的严重程度分成3组：高、中和低。在这个3×3表格中，沿着对角线的要素通常是值得注意的，也就是高-高、中-中和低-低。管理者关注经常出现并且会产生重大影响的事件。对于出现频率较高并且影响中等的事件，他们的关注程度会稍微降低。他们可能不会关注严重性低且出现频率低的事件，甚至会将这些事件委托给组织层级中较低层次的人负责。相应地，对角线上的要素，无论在行动上还是授权上都会受到更多的管理层关注，以使风险管理的类型能够与其发生的频率和影响相称。

表4-1　概率-影响矩阵

		发生的概率		
		高	中	低
影响的严重程度	高	3	2	1
	中	4	3	2
	低	5	4	3

在表4-1的对角线上方的要素存在不同的情况。根据表格中的数字，格1可能包含影响很重大的事件，但因为发生频率很低，所以预期损失就降低了。尽管这一格的事件要求管理层付出适当的努力进行预测和评估，但因为发生概率比较低而往往被忽视（如2007年的金融危机）。进一步看格2，其发生概率中等但影响严重，或者影响中等但发生频率低，这两种情况都很重要。一般来说，概率-影响矩阵对角线上方的要素要求企业管理者根据不同情境建立应急准备措施。

4.5 风险管理的方法

没有无风险的情况。风险和不确定性是所有情境中普遍存在的要素。然而，不同类型的风险（如我们在第2章中所讨论的）要求用不同的管理方法来降低和控制。一个良好的管理控制系统的目标是管理风险并降低风险对组织活动的负面影响，从而达到其组织目标。本章将介绍几种管理风险和降低风险的方法，但还有很多其他方法超出了本书所讨论的范围。对某种特定方法的选择取决于管理者的风险偏好以及特定事件或任务。无论在哪种情境下，风险都可以被避免、管理、保险或套期。

下面的部分将讨论以下一些入门方法：

1. 风险规避。
2. 自我保险。
3. 他方保险（仅针对可规避的风险）。
4. 分散化。
5. 套期。
6. 资产/负债管理。
7. 保理（流动性风险）。
8. 资产证券化。
9. 撰写限制性条款。

其中，有些方法与联邦储备银行的何塞·洛佩兹（Jose Lopez）以及通用电气公司所描述的一致，参见释例4-2。

释例4-2

案例：同时考虑事件影响的严重性和发生的可能性

A组：金融经济学家对风险管理方法的看法

从广义来看，风险管理指的是降低银行所面对的风险的过程，如金融交易套期、购买保险，甚至避免特定交易。就经营风险而言，可以采取一些步骤来降低这些损失。例如，因为自然灾害而导致的损失可以通过购买保险来降低。拥有充分的备用设备也可以减轻因为电力或者远程通信失败造成的损失。虽然内部原因（如雇员欺骗或者产品瑕疵）造成的损失很难被识别，也很难通过购买保险来降低风险，但是可以通过内部严格的监控措施来降低风险。

——何塞·洛佩兹，旧金山联邦储备银行

（来源：http://www.frbsf.org/publications/economics/letter/2002/el2002-02.html.）

B组：通用电气的风险管理方法

通过我们风险管理流程所辨认出来的风险，是按照发生概率和风险严重性进行排序的，并提交给首席风险执行官（CRO）。与公司风险委员会（Corporate Risk Committee, CRC）相协调，首席风险执行官将承担风险的责任指派给最适合管理风险的业务部门或职能部门的领导者。被指派的管理者被要求持续监控、评估和报告他们负责管理的风险。每个业务部门或职能部门的风险领导者都需要确保至少每年向CRO和CRC呈报一次风险评估和主要风险报告。我们拥有应对风险的总体战略，这些战略将根据公司是否可以避免、转移、降低或者接受风险来将风险分类。这些应对措施要确保风险控制在GE公司董事会一般指南中所能接受的范围内。

根据相关风险的特征和受影响的特定的业务或职能，我们使用种类多样的降低风险战略，包括授权、标准化过程和战略计划复核、经营复核、购买保险和套期。在政策方面，我们通常用套期来对冲由于外币汇率、利率以及商品价格带来的波动。我们的服务部门采用一种全面的门卡程序，以确保降低签订和执行合约服务条款时出现的法律、财务和经营风险。此外，我们还通过购买一定数额的保险来管理一些风险，购买金额取决于保留风险的水平或假设将风险转移给他人所需付出的代价。我们通过监控行业状况来管理由经济活动和客户需求波动所带来的风险，并相应地采取调整生产量、降低成本、并购和处置等方式。

（来源：参见通用电气2010年年报第35页，http://ir.10kwizard.com/filing.php?ipage=8092464&rid=23&attach=ON&doc=1&source=329&welc_next=1&fg=24.）

4.5.1 风险规避

管理风险的一种方法就是避免从事决策者想要避免的能够带来风险的活动。例如，有些人避免坐飞机旅游，他们通过开车或者乘坐公共交通来避免飞行带来的风险。同样地，企业的管理层如果不想要承担外币兑换风险，其可以不签订用外币标价的合约。在一些情况下，规避风险是管理特殊风险的唯一方法。例如，联邦和当地机场规定不允许机场地面工作人员在警示灯亮的时候在航站楼以外的地方为飞机起飞或者降落工作。

总体上来说，风险规避不是一个管理风险的可行方案，公司必须要接受风险，从而获取收益和创造利润。

4.5.2 自我保险

如果一个主体有一个适当的计划来承受由于某些不确定的事件（如火灾）造成的所有损失，该企业就被认为是进行了自我保险。为了弥补这种损失，公司可以储备一部分资金，用作修补损坏财产的费用。例如，一所大型州立大学如果拥有很多分布较分散的教学楼，这个时候，它可能会发现采用自我保险的方法来对抗火灾风险比从保险公司购买高额保险花费更少。在这种情况下，可能有必要保留一定数额的或有准备基金。这部分基金的金额要进行恰当估算，以弥补将来可能发生的损失。例如，上述大学往往要进行严谨的成本效益分析，甚至寻求精算师的帮助，才能做出自我保险还是购买外部保险的决策。

但是，一般来说，对于可能要付出巨大代价的事件而言，自我保险不是一个好决策，但对于其他事件来说，自我保险或许是一个理性选择。例如，当某些特定事件的外部保险价格不菲时，或者在不存在类似的保险项目，以及潜在损失非常少且能够采取有效的风险管理措施的情况下，自我保险可能是一个有效的选择。

4.5.3 他方保险

购买保险是一种风险转移的方法；投保人通过购买保险，将合约上明确标明的事件发生后造成的风险损失转移。但是，并不是所有的风险都可以投保。

4.5.3.1 可以保险的风险

正如在第2章阐述的风险类型，保险业将风险划分为两类：

1.纯粹风险。

2.投机风险。

投机风险指的是不确定结果是盈利还是损失的风险。相反，纯粹风险指的是结果肯定是损失的风险，比如因为洪水、火灾、台风、地震、飓风、健康、失业或者工伤而造成的风险损失（在保险预期中不把利得作为可能结果）。在保险的合约里，投保人寻求由可保风险带来的损失的弥补[9]。投保人只能按照合约中所规定的弥补损失，而不能从中获利[10]。要满足以下几个条件才可以被定义为可保风险：

● 保险公司可以收取足够高的保险费用以覆盖以下几项：（1）预想的理赔支付；（2）自己操作的损失；（3）正常的盈利。

● 可保险事件的结果必须是以下两种情况之一：（1）会给被保险人带来损失；（2）不会给被保险人带来损失。它不可能是被保险人用来产生盈利的事件。

● 保险损失是因为不确定的或自然而然发生的事件造成的。这些事件不能为被保险人或与其有紧密联系的人或机构控制，也不是由于保险行为产生的结果。例如，因为火灾造成的损失可以投保，但是因为自己原因引起火灾的不可以投保。

● 很大数量的投保人或者实体需要这种特定的保险。通过将风险分散给一大群个体，风险转移也变成了风险分担，这样才能使从保险费中所获得的资金足够用于弥补投保事件所造成的损失，因为这些事件的发生数量相对而言比较少。如果只有很少数量的公司选择拥有一些特定种类的保险，保险公司要面临逆向选择的问题，因为很有可能只有那些预期投保事件会造成损失的公司投保，且有效的风险分散措施不太可能实现。

● 损失必须是可以估量的。由于事件会频繁复发，这通常是可行的。但是，有一些事件，尤其是很少出现的事件，没有有关损失和毁坏的记录。例如，2005年的卡特里娜飓风和2007年的金融危机，都没有固定的发生频率，因此，不能帮助保险人员评估损坏或损失的代价。像这种情况，损失的数额很大并且难以估量，以至于保险人员很难评估保险费用，因此也就难以弥补这些损失。

4.5.3.2 保险的原则

每一个实际保险的操作都必须服从以下准则。下面将讨论四个主要的原则。

1.损失补偿原则

保险人不能从保险中获利，也不会获得比投保事件造成的损失更多的补偿。实际损失等于被保事项在损失发生之前的市场价值或为保持其水平所需支付的等值现金。总体来说，估算公允价值对于决定补偿的金钱数量很重要，但是又会有很多特例，例如：

● 定值保险单，如给珍贵的绘画保险。除非等到拍卖时，否则无法决定独一无二的绘画的公允价值。在这个例子中，主人希望可以以自己设定的价格来购买保险。

• 重置成本保险，如为它重置一个额外的复制品购买保险。这个花费将由随时间不断变化的原料和劳动力市场情况决定。

• 人寿保险合约，人寿保险保单的利益由保险人和保险公司基于收入或者期望支出所共同决定。

2.保险利益原则

因为保险合约具有法律效应，投保人必须对投保事件享有经济利益才有权利获得损失补偿。对于一些人来说，为了没有经济利益的事件投保是不能够被接受的。例如，一个人可以为亲戚购买人寿保险，但不能为陌生人购买。另外一个例子就是借款人的人寿保险。贷款方要求借款人购买人寿保险，受益人写贷款方，金额恰好等于贷款余额。因此，贷款方拥有法定保险利益，并且在借款人无力偿还贷款时，有权从保险中获得补偿。

投保人必须在保险事故发生时表明保险利益的存在。在寿险合约里，保险收益必须在最初阐明。

3.权利代位原则（principle of subrogation）

保险公司赔偿了投保人因投保事件造成的损失，则它有权从对损失有责任的第三方那里获取相关费用。例如，如果A和B发生冲突，B是责任方，A的保险公司将补偿A的损失，然后将向B或B的保险公司索取补偿费用。在这种情况下，这家保险公司扮演投保人A的角色，向第三方B收款。根据保险损失赔偿原则，投保人不能为同一次损失索取两次赔偿（一般而言，债权转移不能发生在人寿保险或者健康保险中）。

4.最大诚信原则

保险合约对诚信度和透明度都提出了高标准。无论是投保人还是承保人，都必须对所有可能影响合约的有关事实进行披露。歪曲事实或者隐蔽事实都不能成为企图保障自己利益的可取之法。

4.5.3.3 四项保险原则的结果

上述原则所带来的一些结果如下（有一些在此没有列出）：

1.保险合约中含糊不清和不确定的事项需要由保险公司给出详尽的解释（附和观）。

2.只能由合约一方向另一方做出承诺和担保（单边观）。

3.投保人必须采取行动使损失最小化，并帮助保险公司弥补损失（条件观）。例如，假设公司给工厂购买了火灾保险，如果工厂的储气槽爆炸，投保公司的管理层必须立即行动灭火、疏散工人、拨打火警电话。如果不做这些弥补措施，则将违反条件观，因为投保人没有采取必要措施来减少实际损失。

4.双方的价值交换不对等（偶然观）；保险赔偿比预期利得要少。

4.5.4 多样化

4.5.4.1 系统的和非系统的组成部分

俗话说，不要把所有的鸡蛋都放在一个篮子里。换成投资语言，也就是“不要把你所有的资源放在一项投资中”。这句话说的就是**多样化投资概念**。在过去的半个世纪里（从马科维茨的1952年开始计算），金融经济学方面的研究不断发展，为这个概念提出了更加详尽的解释。将一组投资或项目放在一起形成投资组合可以分散企业的风险，这种好处源于下面两个原则：

1.波动的产生可以归结为两个因素：一是具有能够应用于组合中每个组成部分的共同的普遍的特征；二是具有独特性且仅适用于特定项目的因素。

2.正因为有普遍适用的因素，组合中每个组成部分的行为之间总是存在相关性（假设其他因素不变）。

由于共同因素的作用，投资组合中各个组成部分之间的相关性总是存在的。这个相关性是导致投资组合波动的一个原因，它是系统性的、无法被分散掉的。

将系统波动性从总波动性中移除掉之后，剩余的部分就来自投资组合中每个项目的独特因素。由于这些独特因素和每个项目有关，而且每个项目都不同，因此，这些因素是非系统性的，或者是异质性的。这些独特因素所具有的随机性意味着投资组合中每个组成部分的行为都不同，而且是无法预测的。不同部分的各种独特或异质的变动“可以”相互抵销。随着投资组合中包含的成员越来越多，这种抵销的效果也越来越好。因此，投资组合中的项目越多，各种异质效果就越有可能相互抵销。

因此：

- 对于单个资产、投资或项目而言，诸如销售收入、利润或回报率等指标的变动不仅来自影响所有其他项目的共同因素，也来自那些只影响特定项目或组合的异质因素。
- 对于一组资产、投资或项目而言，影响波动性的共同因素仍然存在，但异质因素的影响被分散掉了。
- 投资组合中的项目数量越多，分散的效果就越好。

马科维茨（1954）和夏普（1964）等人引入这些概念来分析单一投资和投资组合的回报率。两个简单的模型分别是资本资产定价（CAMP）模型和市场模型。CAMP模型由以下两个部分组成：

1.预期的回报率：$E(R_j)=R_f+\beta_j E(R_m-R_f)$

2.实际的回报率：$r_j=R_f+\beta_j(r_m-R_f)+e_j$

式中：$E(R_j)$——股票j的预期回报率；

R_f——无风险投资的收益率；

R_m——市场组合的预期收益率；

$E(R_m-R_f)$——市场风险溢价；

β_j——股票j收益率的系统性风险参数；

r_j——股票j的实际回报率；

r_m——市场组合的实际回报率；

e_j——预期之外的股票j回报率。

在CAMP模型里，因为受到相同因素的影响，股票j的预期回报的波动性与市场证券组合的预期波动性相同。然而，如果我们使用β来度量股票j对市场的敏感性，并用该敏感性调整预期市场回报，结果就等于股票j的预期回报。

- 如果 $\beta=1$，股票j的预期回报率与市场相同。
- 如果 $\beta>1$，股票j的预期回报率比市场高。
- 如果 $\beta<1$，股票j的预期回报率比市场低。

在这个公式中，股票j的预期回报率充分反映了市场证券组合的波动性。

但是，实际总是脱离预期的，在实际回报率的公式中，股票j已实现的回报率等于按照市场敏感度β调整的已实现市场回报率，以及一个未预期的误差，用 e_j 来度量。

在这个模型中，股票j的预期回报率由两个部分组成：一是由共同市场因素产生的系统部分；二是由公司j特殊因素造成的特殊部分。分割股票j的波动性方法如下所示：

1）回报率	$\underbrace{r_j}$ = R_f +	$\underbrace{\beta_j(r_m - R_f)}$ +	$\underbrace{e_j}$
2）变化	总变化	可解释的变化	不可解释的变化
		↓	↓
3）风险种类		系统性风险	非系统性风险
		↓	↓
4）可分散性		不可分散的风险	可分散的风险

因此，资本资产定价模型（和市场模型）成功地根据主要因素将整个风险分为两部分，并且展示出哪一部分的风险是可分散的。

4.5.4.2 资产对于降低风险的影响

系统性和非系统性成分的分解程度部分取决于资产回报率与市场回报率的关系。在接下来的部分，我们用直接方法来检验相关性，并分别测量两个资产的波动性，以及作为一个市场证券组合，其随着两个资产之间关系的变化而变化的程度。

1. 投资单一资产

投资者希望投资单一资产，假设为资产i，如购买美国波音公司的股票。投资者在不同的情况下自然会对回报率有不同的期待（这些情况通常被认为是自然状态）。c代表自然条件或状态，$c=1, 2, \cdots, C$。每种情况或状态发生的可能性称为 p_c，$0 \leq p_c \leq 1$。

投资者期望从单一投资中得到的回报的最佳估值是概率加权的平均值，可以用下述公式表示：

$$E(r_i)=\sum_{c=1}^{c} P_c \times r_{ic}$$

这项投资回报率的方差和标准差为：

$$s_i^2=\sum_{c=1}^{c}[p_c(r_{ic}-E(r_i))]^2$$

$$s_i=\sqrt{s_i^2}$$

式中：$E(r_i)$——投资i的预期回报率；

c——自然条件或状态；

p_c——条件或状态c发生的概率；

r_{ic} ——条件 c 下的投资回报率；

s_i ——投资 i 回报的标准差。

三种不同经济增长情况下的单一投资的数值例子见表4-2。

表4-2　　在三种情况下股票 *i* 的投资回报率

经济增长率	概率	股票 *i* 的回报率	概率乘以回报率
低	0.30	0.05	0.015
中	0.40	0.10	0.04
高	0.30	0.20	0.06
求和	1		0.115

在这个例子中，

$E(r) = 0.30 \times 0.05 + 0.40 \times 0.10 + 0.30 \times 0.20 = 0.115$

$s_i^2(r) = 0.30^2 \times (0.05 - 0.115)^2 + 0.4^2 \times (0.10 - 0.115)^2 + 0.30^2 \times (0.20 - 0.115)^2 = 0.00107$

$s_i(r) = \sqrt{0.00107} = 0.0327$

2. 两种投资组合

假设投资者决定将投资资金中的一部分 w 投资资产 i，其余的 1-w 投资资产 j。由这两种投资构成的证券投资组合的预期回报率是：

$E(r_p) = wE(r_i) + (1 - w)E(r_j)$

为了计算这个投资组合的方差，我们需要知道股票 i 的回报与股票 j 的回报之间的关系。一共有两种关系：（1）i 的回报和 j 的回报彼此互相独立；（2）它们彼此不独立，要么正相关，要么负相关。

（1）当两者相互独立时，方差和标准差根据以下公式来估量：

$s_p^2 = w^2 \times s_i^2 + (1 - w)^2 \times s_j^2$

$s_p = \sqrt{s_p^2}$

（2）当两者有关联时，需要估计 i 和 j 的回报呈相同变化趋势还是相反变化趋势。也就是说，我们需要测量协方差 cov（r_i，r_j）。协方差的结果可以让我们知道这两种投资的回报是呈相同变化趋势还是相反变化趋势。在这两种情况下，投资组合的方差和标准差是：

$s_p^2(r) = w^2 \times s_i^2 + (1 - w)^2 \times s_i^2 + 2 \times w \times (1 - w) \times cov(r_i, r_j)$

$s_p = \sqrt{s_p^2}$

这里需要提醒的是，方差是可以加总的，但是标准差不可以。此外，了解协方差和相关系数的关系也是有用的。

相关系数 $= \rho_{ij} = cov(i，j)/s_i \times s_j$

协方差 $= cov(r_i，r_j) = \rho_{ij} \times s_i \times s_j$

也就是说，两种资产 i 和 j 的回报的协方差是两个回报的比率的相关系数乘以它们的标准差。

在这个例子中，假设第二种资产j与第一种资产i有着相同的状况（见表4-2），但是其回报比例与投资i不同。给定每种情况c下j的回报比率，并计算预期回报、方差和标准差，就像表4-2中所做的那样，可以得到投资j的以下数据（并和股票i进行比较）：

$E(r_j)=\sum_{c=1}^{c}p_c\times r_{jc}=0.16$（股票i=0.115）

$s_j^2=\sum_{c=1}^{c}[p_c\times(r_{jc}-E(r_j))]^2=0.0018$（股票i=0.00107）

$s_j=\sqrt{s_j^2}=0.0424$（股票i=0.0327）

除此之外，假设投资者决定将他资产的40%用来投资股票i，60%用来投资股票j。假设两者投资的回报比率之间没有关系（如协方差为0），那么i和j组合的预期回报、方差、标准差如下：

$E(r_p)=0.40\times0.115+0.60\times0.16=0.142$

$s^2(r_p)=0.4^2\times0.00107+0.6^2\times0.0018=0.0008192$

$s(r_p)=\sqrt{0.0008192}=0.0286$

假设两者投资的回报比率之间有关系，而且变化趋势相同，但是变化量不同。i和j的回报率的相关系数是0.50，所以预期回报、方差、标准差如下所示：

$E(r_p)=0.40\times0.115+0.60\times0.16=0.142$

$s^2(r_p)=0.4^2\times0.00107+0.6^2\times0.0018+2\times0.40\times0.0327\times0.60\times0.0424\times0.5=0.001152$

$s(r_p)=0.0339$

反之，假设两者的投资回报比率变化趋势相反，即相关系数是-0.50，用相同的方法得出投资组合的方差是0.000486，标准差是0.02205。单一投资的方差超过投资组合的方差就是投资多样化的结果。

表4-3展示了两只股票在相关性不同的情况下单一投资和投资组合的数据。

表4-3　　　　在相关性不同的情况下单一投资和投资组合的比较

资产	平均值	方差	标准差
股票i	0.115	0.00107	0.0327
股票j	0.16	0.00180	0.0424
投资组合（投资比例分别为i=40%、j=60%）			
相关系数=0	0.142	0.000812	0.0286
相关系数=0.50	0.142	0.001152	0.0339
相关系数=-0.50	0.142	0.000486	0.02205

4.5.4.3 不同活动下的多样化

理论上，我们在第2章中讨论的大多数风险可以通过多元投资来得到控制。例如，一个企业若在产品市场上存在风险，可以通过与竞争者合作如并购或购买竞争者的权益、多元化其分销渠道、扩大产品市场的领域和地区或者产品多元化，来减少损失。监管机构和会计准则制定者意识到，如果公司的顾客群体不够多元化，就需要提醒公司投资者。因此，会计准则要求公司披露消费额占公司销售总额10%以上的顾客信息。同样地，根据要求，公司还需要辨认销售额超过10%的地区分布。

我们也可以对原料市场进行相同的操作。完善供应链是管理风险的关键步骤，只依靠很少的供应商是一种很危险的做法。例如，当供应商的雇员闹罢工停止工作时，情况就会比较糟糕。

我们以印度的汽车公司EICHER为例进行解释。EICHER是印度第三大汽车生产商。CEO在该公司最近的一次信息披露中指出，原料市场的供应不足导致生产受限。他对路透社说："我们在供应方那边受到了很多限制，现在我们正在跟供应商协商解决方案。因为供应商的生产力对我们的生产起到了一定的抑制作用。"（Basu，2010）

公司可以通过设计并规划原料产品的替代物来达到多样化。例如，使用合金材料替代钢铁来解决短缺或者物价上升问题；使用天然气或乙醇来代替汽油运行发动机。

依靠一个供应商的做法也会导致管理层采取不明智的行动，如2001年思科（Cisco）系统公司的案例。该公司产品的一个部件由唯一的一个供应商提供，因为担心供应量不足，思科管理层订购了超过所需要数量的部件，以便公司在生产所需时可以随时得到供应。像这样的行为（包括错误的需求预测）总共造成公司近20亿美元的损失（Berinato，2001）。

资金来源的多样性也使流动风险多样化，并降低了对单一市场的依赖程度。索尼就是一个典型的例子。日本企业直到1961年才开始开拓国外资金市场，对国内资金市场的单一依赖使一些企业很容易受到日本金融机构的政策影响。这些政策不利于索尼在筹集资金时使用比国内更少的费用来获得更多的资金。当时，索尼的董事长和共同创始人盛田绍夫做出了令所有人大吃一惊的举动——让索尼以美国存托凭证的方式在纽交所上市，同时，这一举动也打破了日本企业只依赖于本国资金市场的传统。

产品的多元化也是一种减少多样化风险敞口的方法。通用电气公司就是一个多元化的典型案例。通用电气公司对多项产品感兴趣，包括健康器材，航空器材（喷气式飞机引擎），客户设备，电力分配和动力系统，用于医学影像诊断的医疗保健产品，照明产品，涉及石油、汽油产业和铁轨、火车机车的技术，软硬件的电子服务，广播传媒娱乐（它与法国维旺迪集团联合拥有环球影城80%的股份，并且直到2010年，才将自己NBC51%的股份卖给康卡斯特），顾客和财务保险，水处理系统，以及在金融和保险领域的其他产品线。[11]除此之外，通用电气公司在全球100多个国家开展了业务，这使其风险分散在不同国家。通用电气公司的产品和市场涉及的需求、季节、地区、技术和汇率都是多样化的，这种多样化使公司在有些地区或者部分产业生产受阻的情况下仍能够保持稳定性。通用电气公司通过分散化经营所形成的自然套期降低了风险，但是通用电气公司的管理层却被指责采用了激进的会计方法和估计来平滑盈余（Henry，2009）。

4.6 联盟和连锁的所有权(Keiretsu & Chaebol)

合并和收购，甚至添加新的生产线，都需要支付昂贵的代价。为了以较少的花费达到相同的目的，公司设计更经济合理的企业结构和部门配置，从而使运营操作和产品市场更多样化，借此保持企业运营的灵活性。企业联盟就是这些可供选择的企业结构中的一种。联盟使公司可以更加灵活地与其他公司进行协商并维持关系，也使资金来源、进口供应商和出口市场更加多样化。就像航空联盟（如寰宇一家和星空联盟）

一样，联盟在共享市场和服务上有所限制[12]。例如，美国航空（美国）和澳洲航空（澳大利亚）是寰宇一家的成员。根据合约，美国航空可以给其飞澳大利亚航班或者日本航班的乘客优惠。同样地，这些航空公司也会给它们飞美国航班或是其他联盟成员的航班的乘客优惠。至少有一项好处就是联盟成员之间可以相互为对方积累和使用里程积分。这样可以减少美国航空在澳大利亚市场与澳洲航班的竞争，以及澳洲航空在美国市场与美国航班的竞争（虽然根据规定，进入这些市场会有所限制）。结成联盟是很有用的，尤其是在面对本国对外来公司拓展世界范围市场做出限制的情况下。联盟成员同意共享一些服务和建立一些价格机制来确保互惠和公平。

构建企业联盟比航空联盟更加规范化。例如，在日本，最流行的企业联盟的方式叫作“经连会”。三菱汽车公司、三井、住友集团、富友集团、富士集团都是经连会较大的机构成员。这些集团旗下都拥有银行、保险公司、贸易公司和一些工业公司。一个典型的经连会有董事联结、相互的所有权（一般会受限于每个成员公司所拥有的最大资金比例）、联合任命的执行官，以及投资和活动的合作。银行成员主要给其他成员提供短期和中期的贷款及备用信用额度等流动资产。这种安排使银行的CEO成为在联盟中权力和影响力最大的角色。经连会确保成员有稳定的进口供给、技术的协调和可靠的配送渠道。

在韩国，类似经连会的联盟叫作“财阀”，其是由家族控制的企业集团。在这三种联盟（航空联盟、日本的经连会、韩国的财阀）中，成员可以以低成本在不同的市场获得多样化的进口、技术、合作和出口的支持。

4.7 套期

4.7.1 套期的定义

通常（《不列颠百科全书》）将套期定义为：

一种用来降低因价格波动而造成损失的风险的方法。它包含在两个不同市场上几乎同时购买或出售等量的相同或极为相似的商品，并且期望未来一个市场上的价格变化正好能够被另外一个市场上的相反方向的价格变化所抵销。

包含在这个定义里的要素有：

- 目的是降低风险。
- 与价格波动有关。
- 基于预期的行为。
- 需要具有负相关性（价格波动相反）。

从根本上说，套期和投机完全不同。套期的目标是降低风险，投机的目的是从风险中获得利润。

套期可以通过自然的方法实现，如互补产品的纵向合并、同种外币借款投资或金融战略性投资等方法。

4.7.2 自然套期

成功的套期意味着业务的风险（take a position）与被套期的风险具有高度负相

关关系。有时，这些风险在正常业务中产生，如一家公司投资两种现金流负相关的资产或者业务。公司希望可以从交易活动中得到一定的现金流量，但是预期量是否可以实现并不确定，公司管理层也会考虑这种波动性是否会造成公司的损失。管理层为了套期这种风险，他们会进行能带来与之前相反的现金流向的交易活动。例如，冰淇淋店的生意随着各季节客户购买量的不同而变化，投资滑雪设备可以弥补冬季冰淇淋的需求锐减而造成的交易量下降带来的损失。这种投资就可以被看成自然套期保值的多样化选择。

同样地，一个从事出口生意的美国商人将其产品赊销给欧洲的买家，3个月到期，使用欧元进行交易。3个月之后，欧元与美元的汇率不再是交易时候的汇率。欧元的增值（例如，从1欧元可以兑换1.30美元增长到1.35美元）意味着出口商可以有更多的盈利。反过来说，欧元贬值意味着美国出口商盈利空间变小。为了弥补可能因为欧元贬值而造成的损失（如用美元兑换欧元），出口商会向欧洲赊购设备，3个月到期。这些应付账款和应收账款以欧元计价。如果美元增值，出口商在收取应收账款时会收到更少的美元，但在付款时也会支付更少的美元。同样地，如果美元贬值，出口商会收到更多的美元，以及支付更多的美元。同时拥有等量的应收账款与应付账款和相同的到期货币面值，汇率变化的净影响就变为0。

另一个更加典型的自然套期的例子：两家有着不同产品和不同商业模式的公司——航空公司和石油公司。航空公司在燃料上的花费与石油的价格成正比。当石油价格上涨时，燃料的费用也上涨；反之也成立。市场对飞机服务的需求不是完全无弹性的，因此航空公司不能轻易将燃料费用上升的部分转嫁到机票的价格上。比较这两家公司，我们可以很清楚地看到，航空公司购买燃料支出的费用就是石油公司的收入。燃料费用的增加使航空公司的利润减少，但是增加了石油公司的利润；反过来，在石油价格下跌时，航空公司利润增加，但石油公司利润下降。

如果我们绘制每个公司的盈利分析图（*X*轴表示石油价格的变化，*Y*轴表示盈利的变化），这些分析情况将在图4-1中反映。这两个分析情况的组合反映了一个零和结果——一家公司的盈利即为另一家公司的损失。所以，两家公司合并成一家公司是很正常的。通过合并，两家公司都相当于选择了一个自然套期，因为石油公司可以在因石油价格降低而造成的损失中得到保护，航空公司可以在石油价格上涨的情况下得到保护。这种一家公司是另一家公司的供应商的合并被称为垂直集合。值得注意的是，上述讨论的合并情况是自然套期的一种形式，我们按照企业合并而不是套期进行会计处理。[13]

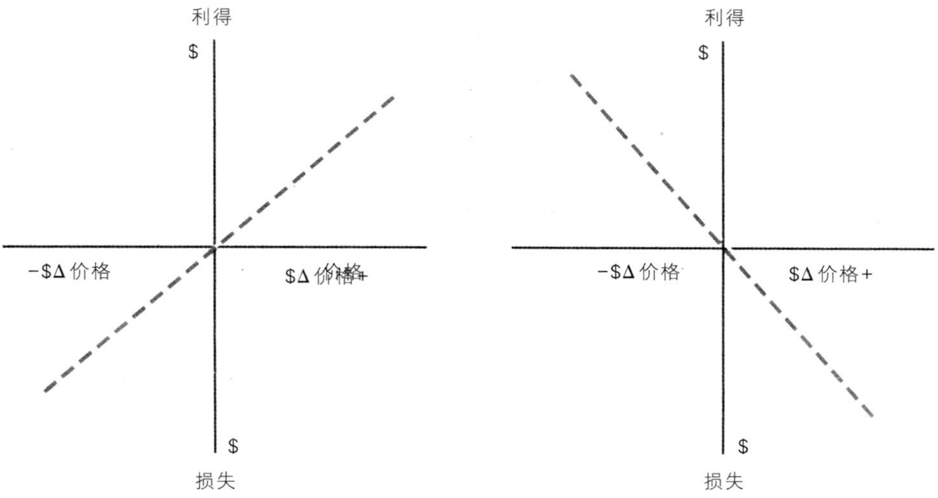

（a）石油公司在面对石油价格变化时的盈利情况　（b）航空公司在面对石油价格变化时的盈利情况

图 4-1　两个公司的盈利分析

自然套期不局限于任何特定的产业或者活动。例如，麦当劳报告称："除了金融套期外，公司用当地货币购买材料或者服务就是在进行自然套期。"Cox 和 Lin（2007）提供了一个购买年金和寿险的组合的自然套期的例子。随着潜在死亡发生的可能性的变动，这些保险组合中的各项价值会朝相反的方向变动。自然套期利用这一特征使现金流稳定。

自然套期与其他套期方式的不同主要体现在以下几个方面：

1. 自然套期不涉及金融工具或金融衍生品。

2. 自然套期注重现金流量的反向变化性：如果一个上升，则另一个下降；反之亦然。

3. 没有专门的自然套期会计确认方式。事实上，在会计处理中，自然套期并不按照套期来确认。自然套期要根据美国公认会计原则所认定的交易性质进行会计处理。无论这类活动的目的是不是为了套期，其会计处理的方法都是一样的。

4.7.3　金融套期

如果试图通过与有着互补现金流和经济效益的公司进行合并从而实现自然套期，则不仅成本高，而且市场情况一旦发生变化，公司很难灵活地进入或退出已有的组合关系。衍生金融工具提供了另一种可以让企业以相对较低的成本来规避风险的方法，但其前提是企业能够从战略角度开展。这种方法意味着企业在面对特定的风险时，可以签订一份在风险发生时存在反向潜在收益的衍生交易合约。这种合约可以终止、清算、延期以适应企业的需要。

但是，企业必须保留某些类型的风险以赚取利润。如果企业不冒某些类型的业务风险，它将不会得到任何高于无风险利率水平的补偿。因此，套期保值的目的不是消除面临的所有风险。即使企业的管理者期望做到这一点，对所面临的一切风险进行套期也不是一个可行的办法。正如我们将在后面看到（第8章）的，套期只是把一个风险替换为另一个风险。

在一般情况下，可套期的风险具有以下特点：

1.它们不是核心业务的一部分。

2.它们是由外部的、企业不可控的条件引起的。

3.它们可以对企业产生大的负面影响。

4.它们有足够大的市场，使风险能够在不同的参与者之间转移。

理想的套期包括以下特性：（1）对下行风险进行套期；（2）提供抵销收益；（3）提供灵活性；（4）无论套期还是不套期，成本都很低。这些特性反映在图4-2中的第一组中，该组以石油公司的下行风险为例。随着石油价格下跌，石油公司的利润也有所下降。为了规避这一风险，公司可以投资一个因石油价格下降而价值增加的金融工具。在图4-2的第二组中，我们观察到石油产品消费者的风险特征，如航空公司。因为石油价格上涨（交叉虚线），该公司将面临下行风险。它可以投资金融工具，该工具在石油价格上升时可以获得利润。用于这些类型的套期的基本工具将在第5章中进行描述。

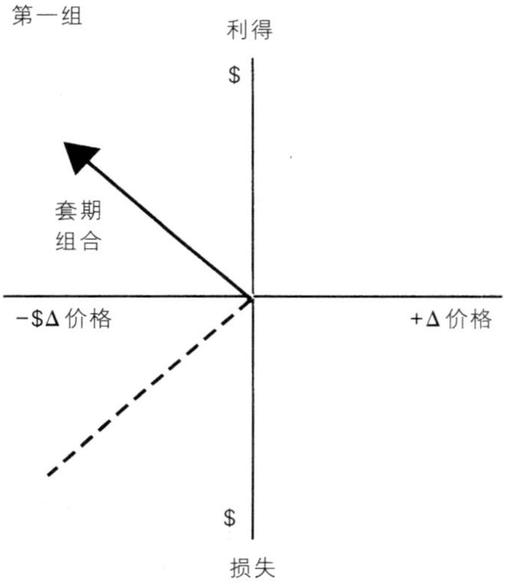

石油公司价格下行风险的套期图

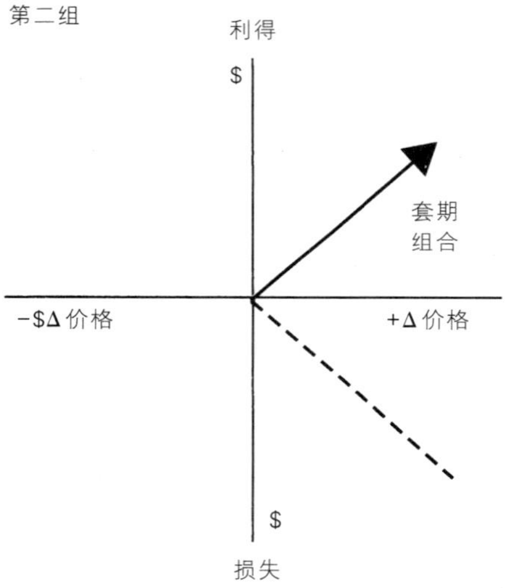

航空公司价格下行风险的套期图

图4-2　不同下行风险的套期图

4.7.4　套期中需要考虑的因素

1.套期并非没有成本

尽管许多金融衍生工具不需要大量的投资，但是进行套期需要资金。而且，对金融衍生工具规模相对较小的初始投资能迅速获得大量资金，但也是不可收回的。例如，墨西哥政府常年对石油价格进行套期。在2010年，政府套期非常成功，通过套期得到的已确认的收入大约12亿美元，而管理费用只有1.2亿美元。如果价格朝反方向移动，那么可能不能够收回管理费用（行政管理成本）。

2.套期带来替代风险

套期将企业面临的一种风险转换为另外一种风险。例如，如果对一项资产的利率风险进行公允价值套期，则需要签订一份针对支付的固定利率和收到的浮动利率的掉期合约；签订该合约的结果是对冲了公允价值，却使企业承担了现金流风险。类似地，企业拥有一项资产，该资产的利息回报绑定国库券利率，此时公司面对的就是现金流风险。为了对冲该项风险，企业签订一份利率掉期协议，支付浮动利率并收到固定利率。该企业对冲了现金流风险，但却承担了另外一项风险，也就是公允价值风险和对方的信用风险。

3.评估成本和收益

在进行一个套期之前，必须进行成本收益分析。管理层必须分析套期的成本和风险，并与不套期的成本和风险进行对比。例如，美国航空公司在发现石油价格套期对公司而言成本过高时，就放弃了这种套期交易。

4.套期不是保险

如前所述，保险是一个投保人（个人或企业）和一个承保人（通常是金融机构）之间的合约。投保人从承保人处获得承诺，表明投保人在满足了预期确定的条件时承保人补偿特定的损失，而投保人为该承诺支付费用。保险合约的特征与套期的特征不同：

- 保险是一个风险分担过程，需要有大量投保人或投保案例集合在一起，而套期是两个合约主体之间的风险转换。
- 保险仅仅提供损失补偿，而在套期的情况下，并不保证损失可以被补偿，但套期存在盈利的机会。
- 此外，保险必须遵守全面披露原则（最大诚信），但套期是通过信息不对称带来的信息优势实现经营策略的，所以信息是不共享的。
- 最后，权利代位概念也不适用于套期。套期关系中的任何一方都不可以从引发损失的第三方获得损失补偿。

释例 4-3

航空公司燃料费用套期

由于航空公司的营运成本随着燃料价格的增加而增加，一些航空公司一直实行大规模的套期项目。因为缺少专业化的市场，所以没有专门针对喷气燃料的套期工具，但喷气燃料的成本随着油价波动，航空公司可以通过对油价进行套期以达到同样的目标。

西南航空公司是对油价进行套期最成功的航空公司，《福布斯》的一篇文章写道："仅套利就为西南航空节省了35亿美元，并占公司1998—2008年总利润的83%。"尽管西南航空公司在2008年第一季度报告说其由于套期活动遭受了损失，但不影响上述事实。（Hinton，2008）

阿拉斯加航空一年盈利38亿美元。但是，首席财务官布兰登·佩德森（Brandon Pederson）注意到，套期中"额外费用并不便宜……使公司总成本达到约20亿美元"。（Bergman，2011）

这种现象似乎在蔓延：

- 新加坡航空公司将在一定范围内对油价的变动实施套期。
- 据报导，新西兰航空在2009财政年度的第一季度（7—9月）将燃油套期减少至65%。
- 相似地，日本航空公司将2008年3月到2009年4月的套期力度调整至原来的75%。
- 作为印度顶级私人运输企业的喷气航空股份有限公司，因为高原油价格而搁置了套期保值计划。印度航空……最近没有套期（**《商业时报》**，2012）。

释例 4-4

公用事业单位资金的套期保值

公用事业单位利用套期保值来规避商品价格风险。例如：

- 堪萨斯燃气公司（Kansas Gas Service）对天然气价格进行套期保值。该公司在夏天开始该计划，以便在接下来的冬天对价格波动进行套期保值。有趣的是，作为该公司收费中的一个项目，套期保值的成本是向消费者征收。为了使这项收费得到批准，该公司征求了公用事业单位委员会的同意。

在每年早春，堪萨斯燃气公司都开始进行接下来冬天的套期保值计划。在夏天，它获得套期工具。从4月开始一直到10月，堪萨斯燃气公司的消费者支付一笔天然气套期保值费用来维持下一年冬天的天然气价格。天然气账单将这一项费用作为单独的项目罗列。从本年度11月到次年3月，回报套期保值收益的套期保值费用，将会成为天然气价格的组成部分（并且没有分开公示）。

- 另一家利用套期保值工具的公用事业单位是道明尼资源（Dominion Resource）公司。这是一家美国东海岸的大电力供应商以及输送商。在其2010年的10-K表中，这家公司做了以下注释：

道明尼资源公司利用衍生工具对近期预计销售量的大部分进行套期保值，同时签订长期电力销售协议。该公司通过这些做法来管理电价和容量价格的波动。不过，由于商品价格持续下跌，收入受到影响而减少。另外，波动性也来源于燃料消耗成本的变动，劳动力价格、时间和效益的关系变化，持续性，以及计划内外的运输损耗变化。

道明尼资源公司有一个相当大的套期计划，除了上面提及的商品价格，其还对利率风险、投资风险以及信用风险进行套期。

释例 4-5

墨西哥政府对石油收入的套期

墨西哥将获得一笔80亿美元的意外之财，该收益来自它在去年夏天购买的针对今年出现的低油价的保险合约。

墨西哥，全球第六大石油出口国，在其成功地将2009年的所有石油出口价格锁定在平均70美元一桶后，开始将它的一小部分收入用于为来年的价格套期保值。

4.8 资产/负债管理

管理流动性风险的一个直接办法是管理资产和负债，使现金需求与现金流入量匹配。例如，在一家银行中，平衡利率敏感型资产和利率敏感型负债从而使整体的缺口（gap）保持在一个水平上的做法可以实现这一目标。不过，银行必须同时平衡现金流的期限。此外，使用不同类型的资产和不同久期的资产应该可以分散银行现金流波动带来的风险，而且还可以分散由借款人和投资人的信用而带来的风险。类似地，银行面临的流动性风险会受到存款构成的影响。如果所有的存款都是活期存款（如支票），银行就可能面临突然的大数量的提款需求，那么银行不得不保留较大部分的存款来保持平衡。由于存款期限被分为活期、中期以及长期，所以银行面临的流动性需求也不同。其他的零售及商业账户应该使银行面临的流动性需求多样化，如此才能使现金的流出不会集中从而形成瓶颈。

其原理也适用于其他行业的企业。好的风险管理应当管理好资产与负债的比例，从而使现金流入与流出在数量、时间及不确定性方面达到平衡。以下三段摘录显示了商业企业对于管理流动性风险的担忧。释例4-6讲述的德意志银行和摩根大通公司，以及释例4-7讲述的冰岛国家电力公司（Landsvirkjun），都表示了这种担忧。

释例 4-6

管理流动性风险

在德意志银行：

至少每周一次，该行通过一个流动性计分卡对流动性风险状况进行鉴别、评估和管理……流动性风险管理方法在每日水平上开始实施（体现操作流动性）：

- 管理每日支付列表。
- 预测资金流动。
- 评估有担保和无担保的筹资渠道。
- 分析所有资产、债务及发行策略的期限组合。
- 为全球和地方管理提供每日流动性风险信息。

（来源：https://annualreport.deutsche-bank.com/2011/ar/servicepages/downloads/files/dbfy2011_entire.pdf.）

在摩根大通[20]：

资产-债务委员会审阅并批准公司的流动资金政策和应急开支准备金计划。公司财税部门规范相关的政策和计划，并负责执行公司的流动资金政策和应急开支准备金计划，同时承担衡量、监督、汇报、管理公司流动资产风险预测的责任。

……

公司采用多种度量方式来监督和管理流动资产，其中的一种分析方式是关于流动资金来源和使用时机的分析（例如，我们之后要讨论资金缺口分析和母公司控股），另一种分析方式关注资金和流动抵押品的比例（例如，对公司对短期无担保资金占总负债的百分比的信心的度量，还有对短期无担保资金和高流动性资产的关系的度量，以及对存贷比率和其他资产负债表的度量）。

释例 4-7

国家电力公司（冰岛）的流动性风险管理

流动性风险战略

- 流动性风险包含公司在债务到期日无法履行义务而造成损失的风险。
- 通过分析公司收入和费用的现金流动，以及到期日金融资产和负债的情况，来监控公司的清偿差额。
- 时时刻刻确保有足够多的获取现金的途径。
- 通过与冰岛财政部和央行签署备用信贷来为意外费用做准备。
- 根据协议，中央银行有义务为公司提供外币。

（来源：国家电力公司2009年年度报告。http://www.landsvirkjun.com/media/enska/finances/Annual_report_2009.pdf.）

4.8.1 保理业务

为了产生更多的流动资产，商业企业可以把它们的应收账款和应收票据以一定的折扣卖给金融机构。这样的出售称为保理。依据这些机构在应收账款客户违约时是否对出售给其应收账款的企业有追索的权利，保理业务可以包含或不包含追索权。无追索权的保理意味着应收账款的出售是无条件的，并且企业无须承担坏账风险；相对地，有追索权的保理意味着企业仍有遭受损失的风险。设定折扣值的大小取决于谁承担风险。在无追索权的情况下，金融机构需要承担所有因信用风险而产生的补偿金，因而设定的折扣与有追索权的情况相比要大一些。更进一步说，无追索权时，这样的交易是一种保理应收账款在资产负债表上被现金替代的出售方式；而有追索权时，这种交易被认为有着与从银行贷款类似的性质。无论有无追索权，保理都增加了企业的流动资产。这一过程的流程图在图4-3中显示。

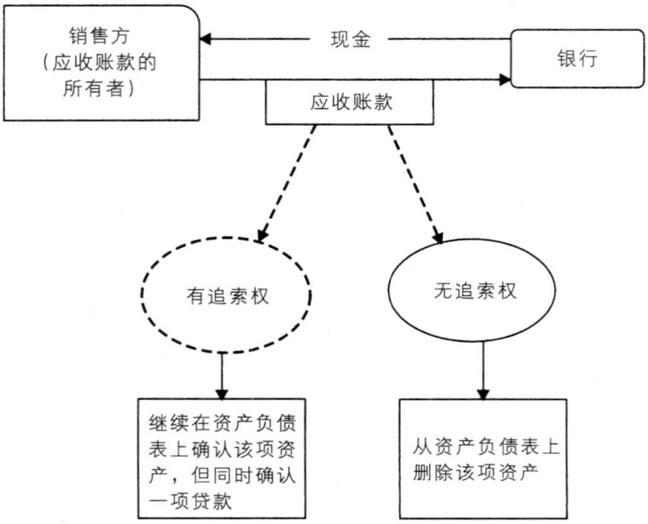

图4-3　在两种不同选择下进行应收账款保理的程序

4.8.2 资产证券化

考虑一家持有10 000份抵押合约的银行（发起人），这些借款人是来自不同收入和信贷风险阶层的个人或家庭。由于借款人信用评分的差异，客户所要支付的利率与他们的信用评分是负相关的。

对于所有的这些抵押贷款，银行面临着如下的风险：

- 拖欠偿还利息的风险。
- 拖欠偿还本金的风险。
- 由于市场利率变动而对银行造成不利影响的风险。
- 由于更多的现金被套在相对不流通的金融资产中而产生的流动性风险。
- 银行如果面对流动性问题，则它们会发现自己更难以付清债务和运转资金，因此，受到流动性风险提高的影响，其自身的信用风险也提高了。

银行的营运需求可能要求把这些抵押贷款转换成现金，即将抵押贷款货币化。这些抵押贷款不是短期应收账款，因而发起银行不能够通过把它们卖给另一家金融机构而简单地将它们保理。相反，银行基于风险类别如借款人的信用评分，创建了四个分组。

假设所有的借款人分为四个风险级别：

分组	信用得分	信用等级	贷款数量
A	评分≥750	高	1 000
B	680<评分<750	好	4 000
C	620≤评分≤680	一般	2 500
D	评分≤620	低	2 500

上述每一组资产都是由该银行最初的抵押贷款所组成的，但现在它们成为独立的个体，每个都是以月支付利息及分期偿还本金超过30年的个体，每组都由一系列的现金流所组成，银行管理者可以将这些现金流作为一个组合来出售。其他银行因为担心每个贷款人的信用风险，所以不会购买30年期的抵押贷款，但是发起银行可以建立一个专门负责将这些抵押贷款打包成证券的主体，通过证券化的方法将抵押贷款转移给其他投资者。为了达到这一目标的法律实体被称为特殊目的实体或特殊目的载体（SPE或SPV）。这类实体的主要目的就是将已转移给SPE的资产与资产的卖方及债权人隔离。但是新建立的SPE（SPV）没有其他财务活动，并且不得不将这些抵押贷款以直接或者通过其他实体（售卖）的方式转售给其他人。根据美国公认会计原则，如果一份证券化协议想要被认为是一起交易（如无追索权），则资产转让者必须交出对已转让资产的控制权。只有在满足以下所有条件的情况下，控制权才被认为是已收回（交出）：

1. 资产已经被合法隔离。
2. 抵押贷款的接受者（购买已转移资产的人或法律实体）具有质押或交换资产的能力。
3. 资产转让者对资产不再具有有效控制。

通常而言，特殊目的实体被资产转让者（即发起人）所拥有。它从资产转让者那里收到金融资产（这指的是抵押贷款），并将金融资产转移给代表着目标投资者利益的信托或投资公司。该信托实体包装抵押贷款（或其他金融资产），并发行凭证，以便将重新包装好的已转移的资产卖给其他外部投资者（如金融机构、养老基金、对冲基金等），以及将保留的权益卖给发起人。实际上，信托或投资公司（在这一系列活动中）充当了一个买家角色，即将需要转移的金融资产从贷款发起人手中买来；同时，也充当了一个卖家角色，即将所有权凭证出售给投资者并将通过出售证券所获得的资金收集起来。由于向发起人购买了已转移的资产，信托公司要付款给发起人，并且负责管理双向的现金流，具体包括：（1）从抵押权人那里收回每月支付的抵押贷款；（2）支付给新投资者（凭证或债券持有者）本金与利息。

投资者所购买的凭证以及未来可获得的利息是用原抵押贷款各个组成部分的未来现金流作担保的，这就是为什么这些债券被称为抵押贷款证券(MBS)或者资产抵押证券(ABS)。信托基金从抵押贷款证券获得的资金用于偿还给发起人(最初的那家银行)。因此，特殊目的实体(SPE)只充当了一个渠道的角色，即保证资产转让人已经转移对资产的控制权并且资产已转移给信托。银行可以随后用出售抵押贷款证券获得的资金来下发新的贷款。

以上描述的结构性融资过程只是众多管理安排资产的方式之一，这样的方式被称为“证券化”。以下是证券化的定义，其示意图如图4-4所示。

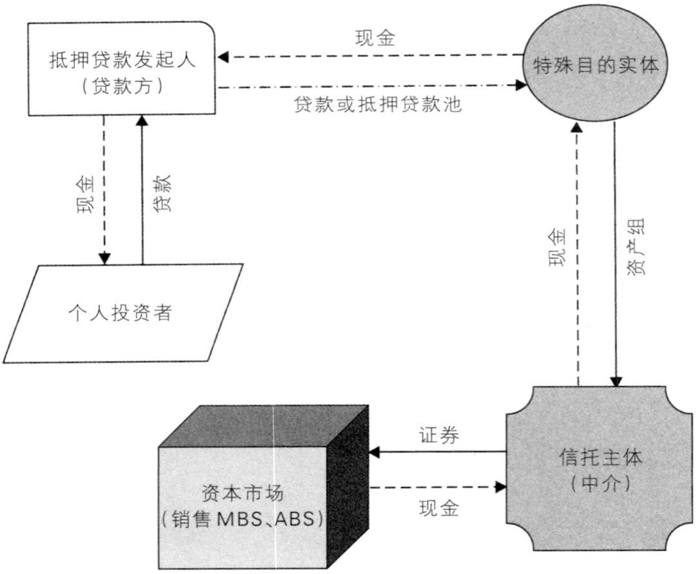

图4-4　证券化的基本过程（转移金融资产）

证券化是一个金融资产（现金除外）和非流动资产赚钱盈利的过程。这一过程包括：

（1）从发起人那里把对资产的控制转移给一种特殊的渠道（如SPE、SPV）。

（2）特殊目的实体随后将这些资产转移给信托实体，这些信托实体可将抵押贷款重新包装，投入具有类似风险等级的债券中，并为每种特定的风险等级进行标价。

（3）资产被转变为债务或者股本证券（即债券），从而可在市场上卖给投资者。

（4）再将所募集到的资金用于支付基础资产或贷款的发起人。

（5）发起人可以利用这些资金进行新的抵押贷款或者其他贷款。

特殊目的实体或特殊目的载体通过4个步骤承担过滤的角色：

1.根据现金流的风险性将转让了的金融资产按照从最高质量（最低风险）到最低质量（高风险）进行分类。

2.将证券组合转让给其他主体以待销售，从事这种工作的主体被称为信托机构。

3.分割发起银行从被打包成为抵押贷款证券的持有人处所获得的现金流收益。

4.设立这样的平台旨在处理专门设计的有价证券，并把它们卖给那些与发起人无关的投资者。信托机构对那些有资产担保证券的投资者负责，但是只对被用于担保物的资产而产生的现金流负责。

贷款发起银行保留抵押贷款的剩余部分，这部分不作为支持发行债务工具的资产。此外，贷款发起银行还保留贷款服务权利，这对主体而言是一项无形资产，应当按照现值在财务报表中确认。

信息日志

上述讨论抵押贷款是为了便于理解证券化过程。然而，证券化已经在很多其他资产中使用了，如商业和家庭住宅权益、汽车贷款和租赁、高回报证券、保险，以及应收医疗费等。

4.8.1.1 保理业务与资产证券化之间的异同

资产证券化与应收账款保理业务之间有着相同的目标，即通过将金融资产转换成现金降低流动性风险。这就是它们之间的相似性。保理业务与资产证券化的主要差异概述如下：

1.应收账款保理业务是一种典型的金融资产（应收账款）持有者与银行之间的协议，是双边合约。这和资产证券化不同，它更像是一种从大量自利的投资者处募集资金的公开销售证券行为。

2.应收账款保理业务是一种典型的向金融机构出售短期应收账款的行为，然而资产证券化是将长期的非流动资产转换成现金。

3.资产证券化是没有追索权的资产的转化和出售，而应收账款保理业务可以有追索权，也可以没有追索权。

4.通过将长期资产转换成短期资产，可以将非流动资产转换成流动资产。

4.9 管理信贷风险

为了确保借款人按时偿付债务，贷款方通过监控借款人的行为活动来限制他们承担过度风险的能力，以免他们拖欠债务。贷款方使用的一种机制是与借款人就可接受的金融行为和经济活动的界限签订合约，这些限制条款也就是通常所说的债务契约，它们是作为发放信贷的条件而制定的，如果借款人改变，贷款方在必要时有权修改合约的条款。

同时，债券持有者（投资者）同样关心借款人（债券发行者）的信贷风险。投资者不仅关注拖欠的问题，还关注其所投资的市场价值的波动——一旦借款人的信贷风险提高，其市场价值就会减少。然而，与和银行签订合约的双边贷款不同的是，债券持有者不能与发行者（借款人）重新签订合约。投资者通过市场来应对信贷危机。他们可以减持债券，或者投资信用衍生品。信用衍生品是从债券或债务的信贷风险中获得价值的金融工具。

我们会在接下来的章节中讨论衍生品，但是本部分会简要讨论债务契约。

4.9.1 债务契约

债务契约是一种在借方和贷方之间达成调解协议的合约性关系，协议限制了借方的行为并且对预期的经营表现做出限制。通过明确阐明债务契约条款，贷方希望达成以下三个目标：

1.降低借方投资于过度风险的倾向。

2.限制借方对于现金流的竞争需求。

3.确定借方保有偿债能力。

为了确保借方遵守契约，贷方施加了限制条款使得违约行为代价高昂。这种代价可能是单一的罚款，也可能是提高借款利率或是要求加速偿还债务。

因此，债务契约建立了一种贷方可以监督和影响借方信誉风险的机制。监督可能是被动的，因为其是站在一个观察者的角度对于特定的指标进行观察，并且只有在当这些指标没有被遵循的时候才会采取措施。通常这种契约被称为维持性或确认性契约（Nini、Smith和Sufi，2011）。例如，要求借方保持一定的权益负债率（负债/权益）或是流动比率（流动资产/流动负债），该类契约就叫作维持型契约。按照约定，违反维持性契约条款会给予贷方要求加速偿还贷款和提高贷款费用的权利。然而在现实中，违反契约通常并不会威胁到借款企业的生存，贷方会用这些权利来与借方就借贷条款再协商。一些契约会包含一项条款，标明如何重置借款利率以作为违反契约的惩罚。总而言之，违反契约会导致贷方控制和监管权力的增强。

另外，契约触发的监管会引起贷方积极参与借方的商业活动。例如，对资本支出水平和股利分发水平做出限制的契约需要贷方进行持续的监督。与此类似，要求借方避免某些风险的契约也需要贷方积极和直接的介入，而这些契约通常被称为保障性契约。对于违反保障性契约的惩罚通常比违反维持性契约的惩罚来得更为严厉，因为它涉及借方管理层做出的可能无法逆转的行为。

这些契约可以被分为与经营行为相关的契约或与财务行为相关的契约。

4.9.1.1 与经营行为相关的契约

- 限制资产出售。
- 限制资产转移。
- 购买担保。
- 要求提供遵守契约的证明。
- 要求及时纳税并遵守相关规定。
- 仅在特定条件下允许股利的分配。
- 限制资本支出的水平。
- 提供符合法律规范的证明。

4.9.1.2 与财务行为相关的契约

- 杠杆程度：
  - 设定杠杆的上限，杠杆用总负债/权益或是长期负债/权益衡量。

· 设定举债的上限，举债程度用负债/有形资产净值衡量。
· 限制债务/有形资产净值。
· 设定负债和EBTDA（息税折旧及摊销前利润）的比例上限。

● 保持一定的盈利水平：
· 对下述项目设定最低门槛：
  · EBTDA。
  · EBTDA/总负债。
  · 固定支出覆盖比率。
  · EBTDA/固定支出。
  · 现金流/固定支出。

● 保持流动性：
· 对下述项目设定最低门槛：
  · 营运资本。
  · 流动比率（流动资产/流动负债）。
  · 速动比率（速动资产/流动负债）。
  · 限制现金股利的分发。

释例 4-8

通过10-Q报告揭示希捷技术控股公司
债务契约（2009年）

通过债务契约施加的限制——信贷机构和高级债务担保条约会限制我们对于未来经营的投资或资本需求，或者限制我们参与其他符合我们商业利益经营活动的机会。

信贷机构和掌控了我们10%高级担保债务的条约以及今后任何的债务条约，都会对我们的经营或是其他事项加以限制。它们也会限制我们以下的能力：

· 举借额外债务和发行优先股。
· 新设抵押权。
· 分配股利或就股票进行分配。
· 赎回或重购股票或债券。
· 做某项投资或其他限制性支出。
· 销售资产。
· 发行或销售子公司的股本。
· 同关联方交易。
· 大幅参与涉及流动负债之外的业务。
· 进行企业合并或吸收。

然而，这些限制也受制于许多重要的原则和例外情况，包括信贷机构允许的从2009年4月4日到2010年1月1日间分发总价值高达4.5亿美元的股利和以后任意连续4个季度发放的总价值高达30亿美元的股利。

信贷机构同样要求我们遵循特定的金融契约。具体来说，它们规定了以下三项契约：

1.维持最低限度的现金、现金等价物或交易性金融资产。

2.固定的偿债能力系数。

3.净杠杆比率。

我们遵循这些契约的能力可能会受到超出我们控制能力的事件的影响。影响我们信贷能力的信用协议最近被修改了，使2010年1月1日之前那个季度中的某些债务契约条款被解除了。根据我们的预期，我们希望遵循这些契约。然而，在2010年1月1日以后，我们在契约下需要保持的财务指标将恢复到它们之前的水平，如果我们的经营恶化或是经营环境变糟，则我们需要对这些契约进行再协商，获得豁免或是募集额外的资金，以便保证继续遵守合约。

以上描述的任何一种违背契约的行为或是我们无能力满足财务指标的要求都会造成我们对于信贷机构的失信。如果失信发生，并且我们无法获得契约主要权利的贷方的豁免，信贷机构的主管在贷方的要求下会宣告我们对于贷方负有现时义务，包括应付利息和其他费用，这些金额需立即偿还，也可能会终结契约停止今后的借款，没收我们用于抵押的资产。如果我们的债务需要加速偿还，我们无法保证我们的资产足够抵偿债务和潜在负债，这会让我们的股价严重下跌。我们甚至会被迫破产或陷入债务清偿困境。

（来源：10-Q，2009年5月，Seagate technology holdings，pp. 96–97. http://files.shareholder.com/downloads/SEA/2068719678x0xS1193125-09-100353/1137789/filing.pdf.）

释例4-9

违反债务契约的案例

关于Gap公司

在2001年12月8日提出的一项声明中，Gap指出Grant Investor错误地估计了在第四季度末维持契约所需要的息税折旧及摊销前利润（EBITDA）的水平，因为它夸大了年末的预期债务水平。Grant Investor的报告称该公司13亿美元的信贷协定需要公司维持不低于3.0的债务/EBITDA比例。该报告指出，“债务违约很可能会发生”。然而，Gap不同意Grant Investor的评定，它提出债务契约要求的EBITDA水平在7.3亿美元到7.7亿美元之间，而不是Grant Investor报告的10.84亿美元[22]。

关于McClatchy公司

在2009年2月6日，路透社指出，报纸出版商McClatchy由于收入下滑，可能会发生债务违约。“我们预期2009年其收入和EBITDA将会下降，因此，McClatchy在2009年第四季度将违反7倍杠杆的契约，我们不确定这一次债权人是否会再次给予暂时性谅解。”[23]

关于自由媒体（Liberty Media）公司

自由媒体公司计划将其自由互动（NASDAQ:LINTA）分部重组为一个新公司。去年7月，一群持有超过2.5亿美元的自由媒体债券的投资人将自由媒体告上法庭，他们声称这项业务剥离会导致自由媒体违反债券契约。违反契约会导致自由媒体立即支付47亿美元的应付债务。但是，法庭判决该项剥离计划并未违反公司债务契约。[24]

关于ClearChannel公司

2009年2月20日，博客零点对冲（Zero Hedge）宣布，标准普尔将Clear Channel的信用评级下降，因为该公司在面临着销售收入和EBITDA会有明显下降的可能性的情况下，使用了最后16亿美元的信贷限额。零点对冲博客引用了标准普尔的报告[25]，如下：

在信用观察中列出的信用等级的持续下降，反映了我们对于公司相关能力的担忧正在与日俱增，尤其是近期点对点广播和户外公司一直报告极其糟糕的结果，我们不确定公司在愈加恶劣的经济衰退的环境中能否依旧遵守财政契约。在我们的基础方案中，包括了我们对于Clear Channel的信用契约中可能发生的债务返还的假设。我们估计公司可能在2009年的第二季度违反债务契约，并且不久之后EBITDA将会以超出我们预期的速度大幅下滑。这个方案预期EBITDA在接下来的几个季度中会下滑40%左右，并且在半年后下滑速度才会放缓。我们的方案预期EBITDA的下滑范围在40%～50%，利率可能下滑到不足1%。因此，我们相信，公司为了从银行债权人那里获得谅解，就不得不动用现金余额来满足可能会发生的一些费用，并且要面对利率上涨的困境。

4.10 要点总结

1.企业风险管理涉及有关识别、计量、监督、控制和降低风险的所有理论体系。

2.企业风险管理的最终目的是减少事项的不利影响，并且改善控制进口、处理、出口的过程。

3.企业风险管理应该监控发生频率低但影响力巨大或危害性强的事件，并及时做出反应。有关文献提出，虽然企业风险管理的趋势是关注更为频繁重复发生的事件，但有着重要影响力的低频率事件也会产生严重的后果。

4.通过收购、合并、结成联盟等进行多样化和各种群组活动的结合，可以有效降低风险。不同形式的多样化会受企业战略目标的影响，如确保进口供应量和出口市场（纵向合并）的企业目标，或使信用风险多样化以减少专注于少数经营活动者所带来的不利影响。在日本和韩国，多样化是通过特殊组织之间的联系实现的。

5.特定类型的风险需要用特定的方法去管理。套期保值能有效降低（外部）市场价格的变动带来的不利影响。套期保值有多种方法，可以通过对资产和负债的战略化管理使现金流入量超过现金流出量，也可以通过使用金融衍生工具达到套期保值的目的。这是本书剩余部分的主题。套期保值的典型例子包括航空公司对石油的套期保值。

6.通过设立并管理一个可以估计合约方信用价值的体系能够管理信用风险，并且通过规定合适的信贷限额和债务契约可以限制合约对方的经营活动，采用任何形式的企业风险管理必须吸收包含信贷审批、征收、顾客基础以及合约方的多样化指南。

7.由于贷款和应收账款的回收能力影响到资产的流动性和现金的可获得性，所以信用风险也会波及流动性风险。在一些情况下，企业会通过保理业务或部分资产证券化来确保资金的流入。这一部分简要概括了保理业务和证券化之间的异同。

8.由于利率风险和货币风险会对公司的经营活动和流动性风险产生影响，它们是企业风险管理的重要组成部分。

9.发展并保持高质量的企业风险管理的重大意义在于，构成企业风险的重要部分（如价格风险、利率风险、货币风险）是可保的。

注释

1 国际财务主管(2012年6月26日):"FEI审计费用调查:2011年公司审计费用和审计时间略有增长。"参见http://www/financialexecutives.org/KenticoCMS/News– Publications/Press - Room/2012 - press - releases/FEI-Audit-Fee-Survey-Companies-Audit-Fees-and-H.aspx。

2 这里必须澄清ERM这个缩写所使用的环境。因为,在欧洲,ERM也可以被解读为汇兑机制(exchange rate mechanism)和环境资源管理(environmental resources management);在医学领域内,ERM还代表紧急风险管理(emergency risk management)。

3 美国反虚假财务报告委员会成立于1985年,是一个由学术界和职业界自发组成的组织,目的是研究控制公司欺诈的各种途径。发起组织是美国会计学会、美国注册会计师学会、财务经理研究会、IMA、企业会计和财务职业委员会、内部审计委员会。参加http://www.coso.org/documents/COSO_ERM_ExecutiveSummary.pdf。

4 这种类型的活动并不局限于某个国家或地区。参见Schubert和Miller于2008年12月在《纽约时报》上发表的一段话:"对西门子而言,贿赂不过是报表上的一行数字。"他们指出:"世界上最大的公司之一——西门子公司,上周支付了16亿美元的罚款,这是现代公司历史上最大的一起贿赂处罚案件。"参加http://www.nytimes.com/2008/12/21/business/worldbusiness/21siemens.html?_r=2&th=&emc=th&pagewanted=print。

5 公司治理财务角度委员会.公司治理的财务角度[M].伦敦:伦敦职业出版社,1992.也可参见http://www.ecgi.org/codes/documents/cadbury.pdf。

6 审计准则第2号——与财务报表审计相结合的财务报告内部控制审计(2004年)和审计准则第5号——PCAOB(2007年)。参加http://pcaobus.org/standards/auditing/pages/auditing_standard_5.aspx。

7 欧洲委员会——欧洲统一市场(2005),欧洲审计监管机构组织(EGAOB)。参加http:/ec.europa.eu/internal_market/auditing/egaob/index_en.htm。

8 参加http://www.sec.ogv/Arcives.edgar.data/40545/000119312511047479/d10k.htm。

9 人寿保险属于"价值保险"类。

10 这个概念很难严格表述为人寿保险;尽管保险政策受益人从死亡中获益,但因为没有人可以对生命的价值进行定义,因此不能被看作获利。

11 参见http:www.sec.gov/Archives/edgar/data/40545/000119312511047479/d10k.htm。

12 例如,寰宇一家(Oneworld Alliance)包括:美国航空(美国)、日本航空(日本)、英国航空(英国和欧洲)、澳洲航空(澳大利亚)、Lan航空(智利)、墨西哥航空(墨西哥)、国泰航空(中国香港)、芬兰航空(芬兰和欧洲)、西班牙国家航空(西班牙)、皇家约旦航空(约旦)、匈牙利航空(匈牙利),以及S7航空(俄罗斯)。

13 在达美航空以1300万美元收购一家纽约的石油精炼厂之前,航空公司收购石油生产主体一直是一个假设性的例子。Jad.达美航空通过收购炼油厂来控制燃油成本[N].纽约时报,2012–04–30.参见http://www.nytimes.com/2012/05/01/business/dlta-air-lines-to-buy-refinery.html?_r=1。

14 麦当劳公司10-K表。

15 1898年,黄油开始在芝加哥黄油和鸡蛋交易所交易,这是芝加哥商品交易所的前身。这一交易所开始只有48个成员,他们用"时间合约"的方式交易鸡蛋和黄油,该合约允许在未来某个协定日期运送黄油。这些事件合约并不正式。交易商在对价格、质量和其他事项讨价还价之后确定交易协议的细节。参见http://library.thinkquest.org/26495/stocki/A%20Short%20History%20of%20Butter%20at%20the%20Chicago%20Mercantile%20Exchang.htm。

后来该交易所持续扩张和成长,在2000年重新以芝加哥商品交易所(CME)的名义挂牌。芝加哥商品交易所针对大量农业产品和牲畜进行远期和期权交易。在并购了芝加哥贸易交易所、纽约商品交易所(NYMEX)和COMEX之后,芝加哥商品交易所成长为芝加哥商品交易集团,该集团成为农产品、牲畜及金属等金融衍生工具交易的权威场所,年交易额达到25亿美元。参见http://en.wikipedia.org/wiki/Chicago–mercantile_Exchange。

16 在后续章节中我们还会谈到(第7章和第8章),当企业对公允价值套期时,承担的是现金流风险;当企业对现金流套期时,承担的是公允价值风险。这个重要特征经常被人忽略,也被会计准则所忽略。

17 Trefis Team.西南航空每股利润达到14美元,除非套期出现损失[R].福布斯,2011–06–30.参见http"/www.forbes.com/sites/greatspeculations/2011/06/30/southwest-airlines-files-to-14-unless-hedging-losses-eat-profits/。

18 来源：堪萨斯天然气服务（无日期）“天然气套期项目”https://www.kansasgas-service.com/en/Customer-Care/RateInformationTariffs/NaturalGasHedge.aspx。

19 来源：2010年10-k表，第9页，参加https://www.dom.com/investors/pdf/2010_10k.pdf。

20 2010 年摩根大通 10-k 表，第 110 页。参见 http://www.sec.gov/Archives.edgar/data/19617/000095012311019773/y86143e10vk.htm。

21 针对债务契约的一个有用分类。参见Paglia. 大型商业银行贷款债务契约综述[J]. RMA Journal，2007(9)：74-78.

22 http://money.cnn.com/2001/12/18/companies/gap/

23 http://www.reuters.com/article/2009/02/06/mcclatchy-rating-Sandp-idUSN0646639220090206。

24 http://www.bizjournals.com/denver/news/2011/04/29/court-liberty-media-spinoff-doesnt.html。

25 http://www.zerohedge.com/artide/clear-channel-downgraded-covenant-compliance-concerns-o。

第二部分

工　具

第5章　衍生金融工具简介（独立衍生工具）[1]

5.1　基础金融工具和衍生金融工具

5.1.1　基础证券

长期以来，融资活动一直依赖三种基本类型的证券：

1. 以普通股为主的**权益性证券：**

（1）普通股是代表所有者权益的证券，它象征着从企业获得现金流（分红）的权利以及按照股东投资比例对企业实施控制（投票权）的权利。在企业面临财务危机时，普通股股东所拥有的这两种权利对企业资产有最后的求偿权，所以普通股股东又被称为剩余索取者。

（2）优先股是代表有特权的所有者权益的证券，分红时优先股股东比普通股股东优先享有分配的股利。第9章将讨论优先股特权的种类。但由于拥有优先的特权，优先股股东通常没有投票权。

2. **债务性证券**（债券）

企业可以通过发行债券、从公众中集资的手段来融资。债券给持有人在未来某个时间（到期日）对已借出资金的求偿权以及获得利息报酬的权利。利息报酬，作为借款企业在这段期间内使用资金的补偿，可以是定期偿还（通常一年支付两次利息）的形式、到期一次偿还本金和利息的形式（零息债券）或分期偿还本金和利息的形式（摊销债券）。

在一个典型的债券契约中，借款人为使用资金而支付的利率（报酬）水平取决于几个因素：经济体中货币的供给和需求、发行企业的信誉，以及债券的期限，因为期限越长，违约风险越大。债券合约中所标明的利率，要么是固定利率，要么与某个基准利率挂钩（如伦敦银行同业拆借利率、LIBOR或美国国债利率）[2]。在企业清算中，债券的求偿权优先于优先股和普通股，该优先顺序则取决于债券的到期日和优先级别。因为债券持有人（没有附加期权的债券）已经获得了有保证的收益、本金的偿还，以及比股东优先的清算求偿权，所以只能获得有限的现金流。他们不参与企业的经营管理，也就是说，他们没有投票权。[3]

债券既是债券持有人的权利（资产），同时也是发行人（借款人）的义务（负债）。

3. **混合型证券**

混合型证券同时拥有负债和权益的特性。在多数混合证券中，债务是主要的部分或作为母合约，如可转换债券、可赎回债券及可赎回优先股。也有一些混合证券是以权益作为主要部分的，如可转换优先股。

由于混合证券在衍生工具和套期会计中占有重要地位，本书将在第9章重点阐述。

估值综述

对权益性证券或债务性证券的估值取决于该证券未来可能产生的现金流。对于权益性证券的持有人而言，预期现金流是不确定的；但对于债务性证券而言，预期现金流通常都已在合约中明确。混合证券的价值是两种现金流组合的现值：一种是具有债务特征的部分带来的预先确定的现金流；另一种是具有权益特征的部分带来的不确定的现金流。

5.1.2 金融衍生工具

金融衍生工具是一个合约，其价值来自另一个证券或合约中特定价格的变化，或者来自一个特定事件的发生。举例来说，某个农民的收入来自种植、收获和销售玉米。为了减少收入的不确定性，农民可以签订两种类型的保护合约：

1. 签订保险合约（合约1）以补偿农民因为农场的农作物损失而引起的收入损失，从而使收入保持在期望值。该合约是传统的保险单，即如果没有农作物损失就不支付任何赔偿。

2. 签订一份合约（合约2），条约中规定，如果气温连续6天超过98华氏度，农民就可以获得指定金额的赔偿。但如果气温连续6天维持在45华氏度～50华氏度，农民需要支付一项指定的金额给交易对方。

合约1本身的价值来自农作物实际发生的损失，但合约2的价值来自温度的变化，而不受农民是否遭受农作物损失的影响。相比之下，合约2与农作物损失无关。即使农作物发生了损失，只要温度仍然在合约条款的边界之内（50华氏度～98华氏度），农民就得不到（也不支付）任何赔偿。

我们将两个合约称为“保护合约”只是为了简化说明。其实，合约1是一个传统意义上的保险合约，合约2则不是。一份合约有资格作为一份保险单的前提是，它提供的赔偿应该只是为了补偿被保险的特定风险损失（见第4章）。只有合约1符合这个特征，而合约2不符合。对于合约2来说，无论投保人是否遭受损失，其均可能收到赔偿。因此，合约1的价值取决于被保险项目的基本面，而合约2的价值取决于一个指数（index），这个指数与基本面可能有关也可能无关。合约2是一种被称为天气衍生品的金融工具类型。

本章介绍了以下5种基本类型的独立金融衍生品的基本特征：（1）期权和认股权证；（2）掉期；（3）远期合约；（4）期货；（5）信用违约掉期。

5.2 期权

5.2.1 期权的种类

期权是一种合约，赋予持有者权利而非义务，根据协议条款进行一项特定的交易。卖方（发行方）有义务执行（交付或购买）所签发期权中约定的资产。有两种常见的期权（看涨和看跌），其区别取决于合约持有人的权利是购买还是出售。

1. **看涨期权**合约给予持有人在某个特定期间内（美式期权）或某个特定日期（欧式期权）以指定价格购买一项资产的权利。如果期权持有人决定行使协议规定的合约权利时，期权发行方（也称为卖方）为了换取期权溢价（premium，后文统称为期权费），有义务执行期权（交付资产）。

2. **看跌期权**合约赋予持有人在某个特定期间内（美式期权）或某个特定日期（欧式期权）以指定价格售出资产的权利。和看涨期权一样，如果期权持有人决定行使期权所赋予的权利，期权发行方（也称为卖方）有义务执行期权（购买资产）。

3. **美式期权和欧式期权**：无论是看涨期权还是看跌期权，如果期权持有人可以在到期日之前的任何一天行使权利，这种期权就称为美式期权；如果合约不允许持有人在到期日之前行权，这种合约就称为欧式期权。

5.2.2 基本特征

一个普通的期权，无论是美式期权或欧式期权，都只具有期权合约最基本的特征。这些特征是：

1. 两个缔约方：持有者（期权合约的买方）和卖方（期权合约的发行方）。
2. 期权持有者为了获得合约所赋予的权利而支付一定的期权费。
3. 期权的卖方提供期权合约并收取期权费。
4. 该合约有一个预定的失效日期。
5. 合约条款（通常）不会在到期之前改变。

信息日志：一些其他类型的期权

利率上限期权（caps）和利率下限期权（floors）：

利率上限是一个**看涨**期权，如果给定的基准利率增长超过合约中规定的协议利率，买家也就是债务人便有权得到补偿。例如，某个主体拥有浮动利率债务，利率上限便可以降低由于基准利率上涨而给该主体带来的风险。该公司可以购买一份上限期权并预先支付期权费，期权的发行方有义务向主体支付市场利率超过协议基准利率的部分。假设主体的债务利率为伦敦同业拆借利率再加上50个基点。如果伦敦同业拆借利率上涨，债务成本也会增加。在购买上限期权时，主体可能与交易商协定将合约当日的伦敦同业拆借利率作为基准利率或成交利率，假设其为3%。如果伦敦同业拆借利率上涨超过3%，期权发行方就向主体支付市场利率超过3%的部分乘以债务的票面金额。上限期权随着时间顺序结算；每个结算周期被称为一个**上限契约**（caplet）。因此，上限期权就是一系列上限契约的集合，每个上限期权都类似于一个欧式看涨期权。每个上限期权都作为欧式期权采用一个恰当的模型来估值，如布莱克–斯科尔斯模型、二项式模型（将在本章后面详细介绍）或其他随机模型。上限期权的价值就是所有上限契约价值的总和。

利率下限类似于利率上限，只不过是为了对利率的下降进行套期。利率上限期权类似于有边界的看涨期权，利率下限期权则类似于有边界的看跌期权。主体可以通过购买下限期权来保护盈余不受浮动利率投资的影响。如果利率下降到协议的成交利率，交易对方就有义务向期权持有人支付差额。下限期权包含**下限契约**（floorlets），这些下限契约按顺序结算，每个下限期权合约都可以看作一系列顺序欧式看跌期权的集合。第8章将解释用下限期权套期利率的会计处理。下限期权的价值是所有下限契约价值的总和。

主体若同时拥有上限期权和下限期权，则称其为利率上下限（collar）。

一些奇异期权：

百慕大期权（Bermudan）：一种可以在到期日前所规定的一系列时间或日期行权的期权合约，通常行权时间是间隔开的，如“每个月的第一天”。

汇率联动期权（Quanto）：这种合约的标的物（underlying）以一种货币计价却以另外一种货币结算。

亚式期权（Asian）：这种合约的执行价格由标的物历史价格所决定，如过去某个阶段的平均价格。

回望期权（Lookback）：看涨期权（看跌期权）的持有人有权利在期权有效期内以标的资产最低（最高）价格购买（出售）标的资产。

俄式期权（Russian）：在回望期权的条件下，所有者的回望没有时间限制。

障碍期权（Barrier）：这种合约规定标的证券的价格必须达到一定水平或“障碍”之后才可以行权。如果通过障碍便可以激活持有者的权利，该期权被称为启动期权。如果达到该障碍就要暂停持有人的权利，该合约被称为取消期权。

期权合约可以指定合约是否为现金结算或者通过实物交割来结算。如果签约双方就当前的市场价格和协议价格之差进行结算，则称该合约为现金结算，也被称为“净额结算”。实物交割要求通过实际交付合约中约定的资产来结算。

会计日志

采用净额结算还是标的资产实物交割结算对会计处理而言非常重要。第6章将会指出净额结算（或类似的方式）是应用套期会计的基本前提。

期权可能在有组织的交易所交易，也可能在场外交易，或可能不会被交易。例如，与权益相关的期权是在有组织的交易所交易的，如芝加哥期权交易所（www.cboe.com）；与大宗商品或矿产相关的期权在芝加哥商品交易所（CME集团）交易。通常，在交易所交易的期权都有标准的特征和条款[7]，并且通过所谓期权清算公司这样的中央组织来结算。利率期权和交叉货币期权采用柜台的方式交易。最后，员工的股票期权是不交易的，因为这些期权是不可以转让的。

5.2.3 市场价格和协议价格

在任意一个时点，标的资产的现行市场价格（现货价格）可能不同于期权行权价格（协议价格）。[8]市场价格和协议价格（或行权价格）之差被称为**内在价值**。对于看涨期权而言，内在价值是max（0，S−X），其中S是现行市场价格（现货价格），X是给定的协议价格。而看跌期权的内在价值是max（0，X−S）。

如果**看涨期权**的内在价值为正（S−X>0），则该期权被称为“**价内期权**”，因为持有人行权便可以获利。如果看涨期权和看跌期权按照“**平价**”发行（也就是协议价等于市场价），当看涨期权是“**价内**”时，该资产的看跌期权就是“**价外**”，看跌期权的持有人没有动机按低于协议价的价格出售标的资产。[9]

反之亦然。当标的资产的市场现货价格低于协议价（X−S>0）时，看涨期权的持有者就没有意愿行使期权，但是看跌期权的持有者有动机行使期权，并因此而获得的利润等于协议价格与市场价格之差。在这种情况下，看涨期权就是“**价外**”，而看跌期权则是“**价内**”。

从理论上讲，在面对平价期权时，期权持有人将有三个选择:

1.无所行动，让期权过期。

2.行使期权。

3.让期权过期，以市场价格购买（对看涨期权持有者来说）或出售（对看跌期权持有者来说）资产。

一般来说，如果在市场上买进或卖出资产需要更高的交易成本，即使是平价期权，期权持有人也可能以实物交割的方式行使该期权。

释例5-1列示了股票期权市场价格和协议价格在不同关系下的看涨和看跌期权。

释例5-1

期权的市场价格和协议价格比较

市场价格和协议价格的比较	看涨期权		看跌期权	
	符号	含义	符号	含义
市场价格>协议价格	正	价内	0	价外
市场价格=协议价格	0	平价	0	平价
市场价格<协议价格	0	价外	正	价内

5.2.4 看涨和看跌期权的报偿函数

期权通常是**平价**发行的（即**内在价值为**0），同时可能以金额不大的期权费出售（等于期权的时间价值）。该期权费就是期权发行方（卖方）的收入，对于持有者（买方）而言，其则是沉没成本。随着标的资产价格的上涨，看涨期权的期权费也上涨，涨幅等于内在价值减去期权时间价值下降的金额，该期权将是价内期权——对持有者来说更有价值[10]。随着标的资产价格的下降，看跌期权的期权费则上涨，涨幅等于**内在价值减去期权时间价值下降的金额**，该期权将是**价内**期权——对持有者来说更有价值。无论哪种情况，期权价值的变化都会导致财富从期权发行方转移到期权购买方。但是从宏观经济的角度来看，这是一个零和博弈，因为持有者的利得就是卖方的损失，并没有生产或消耗任何商品。

图5-1描绘了看涨期权的这些关系，图5-2则描绘了看跌期权的情况。在两个图中，横轴（x轴）都是标的资产价格的变化，纵轴（y轴）则代表利得（正区域）或损失（负区域）。

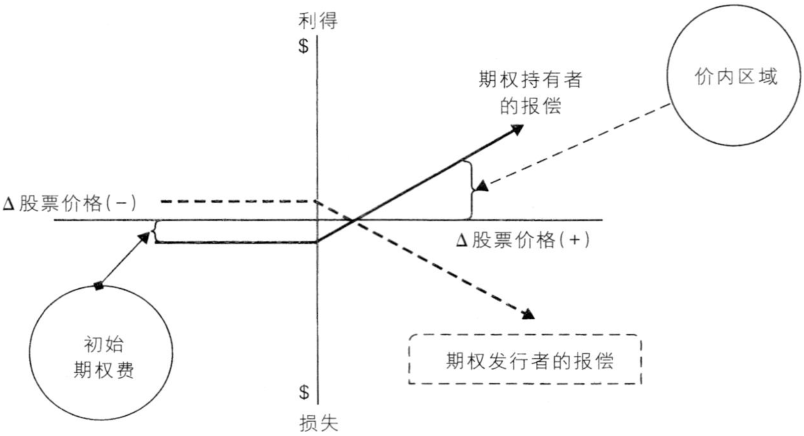

图5-1　某股票看涨期权的报偿图

对于图5-1中的看涨期权，实线表明向期权持有方的报偿，虚线表明向期权发行方的报偿。发行方的期权费收入就是持有方的成本（负数）。随着标的资产价格的上涨，看涨期权的内在价值也在增加。这是期权持有者在行使期权时从发行方获得的价值。持有方的现金流入是发行方的现金流出。看跌期权的报偿情形显示在图5-2中，期权持有者的报偿是协议价格超过市场价格的部分，也恰好等于期权发行方的成本。

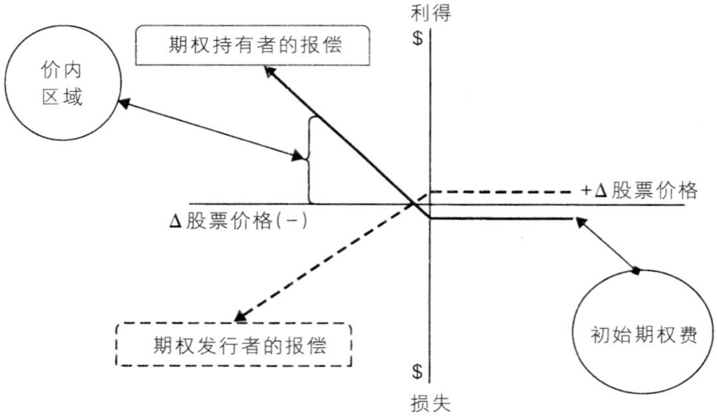

图5-2　某股票看跌期权的报偿图

5.2.5　期权费和其他价值

在金融工具中，期权的**内在价值**是持有者累积净现金流的现值。因为标的物（对于股票期权来说，其就是股价）是变动的，计算净现金流的现值需要使用更加复杂的贴现模型。最常用的两个模型是布莱克-斯科尔斯期权定价模型（Black-Scholes model）和库克斯-罗斯-鲁本斯坦二项式模型（Cox-Ross-Rubenstein binomial model）。

因为期权具有**时间价值**——投资者愿意为在期权到期之前是价内期权的可能性而支付的价值，所以期权费（市场价格）可能等于或高于其内在价值。为重申基本概念，下面的定义显示了这两个价值之间的关系。

- **内在价值**：对于看涨期权来说，期权标的资产的市场价格超出期权协议价格的部分就是该资产的内在价值。对于看跌期权来说，内在价值是协议价格超出市场价格的部分。内在价值永远不会是负数。
- **期权的时间价值**：期权的时间价值是其期权费或市场价值超出其内在价值的部分。期权的时间价值由两大因素决定：（1）距离到期的时间；（2）标的资产价值的波动性（不确定性）。正是因为存在波动性，标的资产价格的变化才有希望使期权变成价内，从而增加内在价值。随着到期日的临近，这个期望逐渐落空（下面的例子展示了这个过程）。和内在价值一样，期权的时间价值永远不会是负数。
- **期权费**：期权费=内在价值+期权时间价值。

会计日志

一般来说，会计准则对期权时间价值和内在价值的处理要求不同。具体而言，主体可以决定是否将期权的时间价值包含在套期有效性中，或者将其排除在外，将期权时间价值的变化作为融资项目计入损益。ASC 815-20-25-82展示了管理者可以选择包含在套期有效性或排除在外的期权时间价值要素（同样适用于远期和期货的时间价值）。

然而，在本书写作的同时，美国财务会计准则理事会和国际会计准则理事会正在就应当将期权（以及远期合约）时间价值计入损益，暂计其他综合收益，还是用套期会计进行特殊处理而进行辩论。

5.2.6 期权的估值

估值的一般方法是估计预期未来净现金流的现值。期权的估值也是对这一基本方法的应用，只不过更加复杂而已。期权的价值是合约持有方（买方）预计未来收到的净现金流入的期望现值。但是，计算期权的现值需要估计标的资产价格上下变动的概率。具体的期权估值模型考虑了标的物（价格）的变动。最常用的两个模型是布莱克–斯科尔斯的基础模型和库克斯–罗斯–鲁本斯坦二项式模型。

5.2.6.1 布莱克–斯科尔斯模型

布莱克–斯科尔斯模型假定价值变化符合对数正态分布，并使用了五个具体的变量：

1.资产的现行市场价格。

2.期权的协议或行权价格。

3.标的物——资产价格的波动率[1]。

4.折现率——无风险利率。

5.到期时间。

在这个模型中，看涨期权的期权费（价格）是用行权时将收到的资产的期望现值

[1] 译者注：为了避免读者混淆，特别说明，本书作者有时使用“subject asset”，有时使用“underlying asset”，但它们所指的都是衍生合同中买或卖的资产，因此都译作“标的资产”。但衍生工具合约的“标的物”（underlying）都不是指标的资产本身，而是指该资产的价格或指数的变化，或者某个事件。

减去以行权价格支付的现金的现值。同样，看跌期权的期权费（价格）或价值是行权时通过将资产出售给交易对方时将收到的现金的期望现值，减去为协议价格支付出去的现金的现值。在这里，“期望”一词的意思是“概率加权”，“现值”的意思是折现的未来现金流。释例5-2展示了布莱克-斯科尔斯模型的基本形式并举例说明。

释例5-2

根据布莱克-斯科尔斯模型计算期权费

布莱克-斯科尔斯模型：

为了描述布莱克-斯科尔斯模型和举例，需要先作如下定义：

t＝到期时间；

σ＝标的资产价格的波动率；

C＝看涨期权费；

P＝看跌期权费；

S＝标的资产的现行市场价格；

d_1＝股票价格实现的标准差值

$=[\ln(S/X)+[r+(\sigma^2/2)\times t]/\sigma(t)^{1/2}]$；

$N(d_1)$＝资产价值的累积正态分布；

$S[N(d_1)]$＝预期收到的资产的期望价值；

$d_2=d_1-\sigma(t)^{1/2}$；

$N(d_2)$＝行使期权的累积正态概率；

X＝行权价格或协议价格；

r＝无风险利率；

$Xe^{-rt}[N(d_2)]$＝支付现金的期望现值。

布莱克-斯科尔斯期权定价模型解释了应收现金的期望现值与应付现金的期望现值之间的差异，如下图所示。

看涨期权的期权费，$C=S[N(d_1)]-Xe^{-rt}[N(d_2)]$。

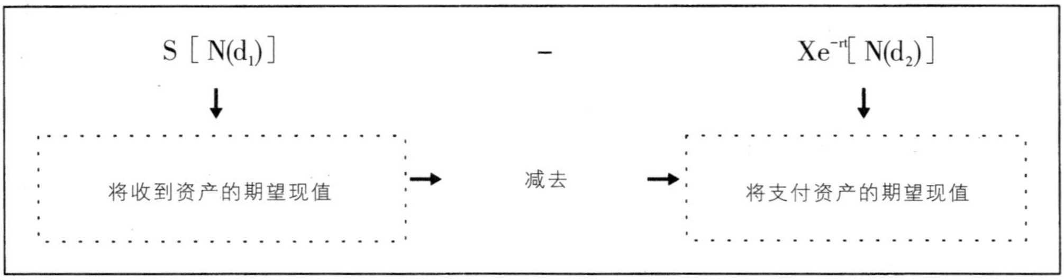

看跌期权的期权费，$P=Xe^{-rt}[N(d_2)]-S[N(d_1)]$。

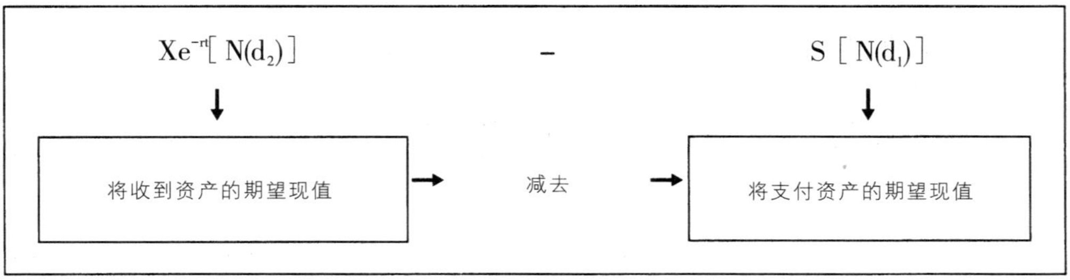

5.2.6.2 举例说明

假设有一个名为AZIZA公司的主体，与该主体有关的股票期权信息列示在表5-1中。在该表中，期权的时间价值是期权费减去其内在价值的差额。随着到期时间的日益临近，期权时间价值最终降至0。

表5-1　　AZIZA公司股票的看涨期权价值变化情况

日期	到期时间（日）	股价（美元）	期权内在价值（美元）	股票期权费（美元）	股票期权的时间价值（美元）
20×0年10月	810	14.00	0.00	2.74	2.74
20×1年6月	720	16.00	2.00	3.39	1.39
20×1年10月	630	16.50	2.50	4.10	1.60
20×1年12月	540	17.20	3.20	4.48	1.28
20×2年3月	450	17.90	3.90	4.85	0.95
20×2年6月	360	18.20	4.20	4.91	0.71
20×2年10月	270	18.50	4.50	4.97	0.47
20×2年12月	180	19.00	5.00	5.23	0.23
20×2年3月	90	19.00	5.00	5.09	0.09
20×2年7月	0	19.00	5.00	5.00	0.00

假定：
波动率为30%；
协议价格（20×0年10月）为14.00美元；
810天到期；
无风险利率为每年2%。

需要注意的是，**期权费**是**内在价值和时间价值**之和。在极限情况下，期权的时间价值在到期日将为0，同时期权费将等于内在价值。图5-3描述了这个变化过程。如图所示，期权费是内在价值和期权时间价值之和。

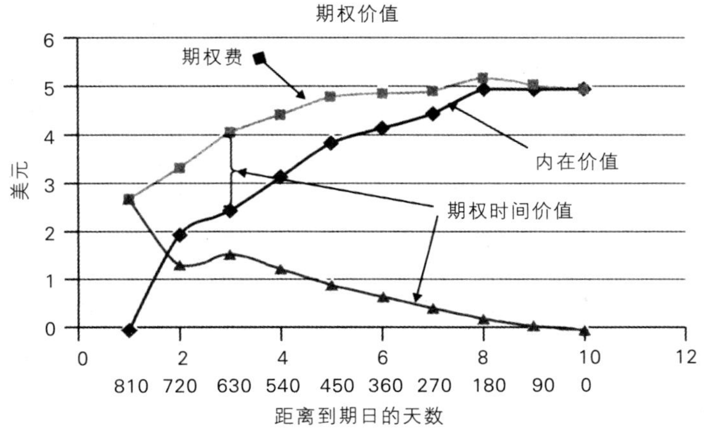

图5-3　AZIZA公司股票期权的价值变化情况

欧式期权不允许在期权到期之前行使期权，而美式期权则允许。然而，在到期之前，交易期权比行使期权能带来更多价值，因为期权的时间价值无法通过行使期权实现。

为展示如何使用布莱克-斯科尔斯期权定价模型计算得出期权费，我们举两个例子：案例1还剩360天到期，案例2还剩180天到期。

表A：360天后到期的看涨期权费

变量	例1：360天后到期（t=1年）	例1：360天后到期
d_1	$[\ln(S/X)+(r+\sigma^2/2)\times t]/\sigma\times\sqrt{t}$ （给定增长率、波动率和时间，股价与协议价的标准差）	$\ln(18.20/14)+(0.02+0.30^2/2)$ $\times 1/0.30\times\sqrt{1}$ $=1.091$
$N(d_1)$	CDF（d_1）来自标准正态分布表	$=0.8622$
d_2	$=d_1-\sigma\times\sqrt{t}$	$=1.091-0.30\times\sqrt{1}=0.791$
$N(d_2)$	CDF（d_2）来自标准正态分布表	$=0.786$
PV(X)	$=Xe^{-rt}$ （协议价格的现值）	$=14e^{-0.02\times 1}$ $=13.723$（美元）
E(PV(X))	$Xe^{-rt}[N(d_2)]$ （协议价格的期望现值）	$=13.723\times 0.786$ $=10.7863$（美元）
E(S)	$S[N(d_1)]$ （股价的期望值）	$=18.20\times 0.8622$ $=15.692$（美元）
C	$=S[N(d_1)]-Xe^{-rt}[N(d_2)]$ 期权费=股价的期望值-协议价格的期望值）	$=15.692-10.7863$ $=4.9057$（美元） （和表5-1中的数据相同）

表B：180天后到期的看涨期权费

变量	例2：180天后到期（t=0.5年）	例2：180天后到期
d_1	$[\ln(S/X)+(r+(\sigma^2)/2\times t]/\sigma\times\sqrt{t}$ （给定增长率、波动率和时间，股价与协议价的标准差）	$\ln(19/14)+(0.02+0.30^2/2)$ $\times(0.50)/0.30\times(0.5)^{1/2}$ $=1.59$
$N(d_1)$	CDF（d_1）来自标准正态分布表	$=0.9441$
d_2	$=d_1-\sigma\times\sqrt{t}$	$=1.59-0.3\times 0.5^{1/2}=1.37786$
$N(d_2)$	CDF（d_2）来自标准正态分布表	$=0.915765$
PV(X)	$=Xe^{-rt}$ （协议价格的现值）	$=14\times e^{-0.02\times 0.5}$ $=13.861$
E(*PV*(X))	$Xe^{-rt}[N(d_2)]$ （协议价格的期望现值）	$=13.861\times 0.915765$ $=12.6925$（美元）

续表

表B：180天后到期的看涨期权费		
变量	例2：180天后到期（t=0.5年）	例2：180天后到期
E(S)	S［N(d_1)］ （股价的期望值）	=19×0.9441 =17.9397（美元）
C	=S［N(d_1)］－Xe^{-rt}［N(d_2)］ 期权费=股价的期望值－协议价格的期望值）	=17.9397－12.6925 =5.2454（美元） （和表5－1中的数据相同，有舍入的误差存在）

5.2.6.3 库克斯–罗斯–鲁本斯坦二项式模型

二项式模型由库克斯、罗斯和鲁本斯坦（1976）建立。他们假设标的物资产（如股票）的价格在每个时点都可能向上或向下移动。（三项式模型将没有变化（平）作为第三状态,但我们在这里不考虑包含这个状态的模型。）例如，在时间$t=t_0$时，XYZ公司的股票价格是S_0。在时期1，它可能增加至S_{1u}或下降到S_{1d}。如果增至S_{1u}，价格可能在时期2内增加至S_{2uu}或下降到S_{2ud}。类似地，如果下降到S_{1d}，价格可能会增加至S_{2du}或下降到S_{2dd}。这个过程将在每个时期持续，并且每个节点都将会分裂成两个分支。当所有过程完成时，流程图看起来像一个晶格或树的样子，所以该模型也被称为点阵模型或二叉树模型。图5–4就是这个二期变化图，其中的定义如下：

S_0：t=0期的股票价格。

S_{1u}：t=1期股票价格上移时的预期价格。

S_{1d}：t=1期股票价格下移时的预期价格。

S_{2uu}：t=1期价格上移的股票在t=2期价格继续上移时的预期价格。

S_{2ud}：t=1期价格上移的股票在t=2期价格反而下移时的预期价格。

S_{2du}：t=1期下移的股票在t=2期价格反而上移时的预期价格。

S_{2dd}：t=1期下移的股票在t=2期价格继续下移时的预期价格。

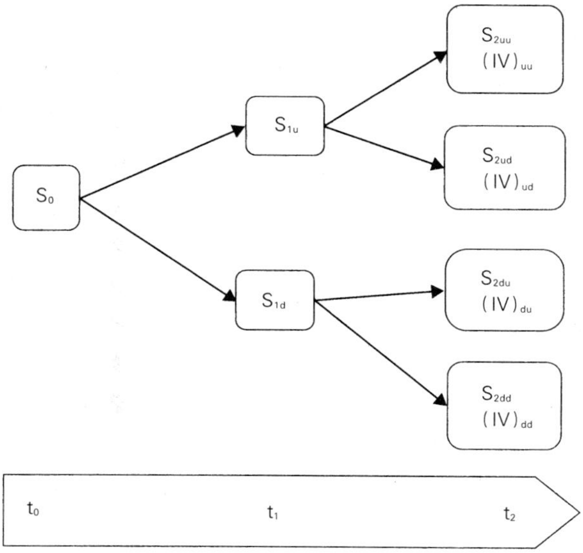

图5–4　两期的二项式模型

价格的上移和下移取决于资产（在股票期权中就是股票）价格的波动率。假定使用连续复利，这些价值可以按照下面的方法估计：[13]

价格上移时，$u=e^{\sigma\sqrt{t}}$

价格下移时，$d=e^{-\sigma\sqrt{t}}=1/u$

式中：e——欧拉指数（Euler's exponential）；

σ——资产价格的年波动率（通常是百分比的形式）；

t——所使用的时间段，如第1期就是$t_0\rightarrow t_1$，第2期就是$t_1\rightarrow t_2$。

给定u和d的这些估计值，第1期结束时资产价格可以按照下式估计：

价格上移时，$S_{1u}=S_0\times u$；

价格下移时，$S_{1d}=S_0\times d$。

每期都用这个方法计算，直到期权到期日。在最后一期，期权内在价值按照每个条件计算。例如，在上面的两期案例中，预期股价和协议价格（X）之间有四种可能的内在价值，分别是：

（1）如果价格上移两次，内在价值为$IV_{uu}=S_{uu}-X$。

（2）如果价格在第1期上移并在第2期下移，内在价值为$IV_{ud}=S_{ud}-X$。

（3）如果价格在第1期下移并在第2期上移，内在价值为$IV_{du}=S_{du}-X$。

（4）如果价格两次下移，内在价值为$IV_{dd}=S_{dd}-X$。

这些内在价值是预测值，取决于资产价值变化的路径（在这个案例中假设波动率不变）。我们可以用概率的形式表达该路径，也就是下移和下移的可能性。概率参考资产价格的"正常"增长来计算。所谓"正常"增长，代表的是当资产的初始价值以无风险利率投资时，资产在某一给定期间的期末价值。1美元初始投资在无风险利率r和一段时期t内的复利终值Fv的计算如下：

$$Fv_1=Fv_{t_0}\rightarrow_{t_1}=e^{r\times t_1}$$

我们可以根据这个公式计算价格移动的概率：

1.资产价格上移的概率：

$$p_u=\frac{Fv_1-d}{u-d}$$

2.资产价格下移的概率：

$$p_d=\frac{d-Fv_1}{u-d}=1-p_u$$

在我们的例子中，

（1）在第2期IV_{uu}发生的概率为p_{uu}。

（2）在第2期IV_{ud}发生的概率为p_{ud}。

并且这一分支内在价值的期望为：

$$E(IV_u)=p_{uu}\times IV_{uu}+p_{ud}\times IV_{ud}$$

类似地，

（3）在第2期IV_{du}发生的概率为p_{du}。

（4）在第2期IV_{dd}发生的概率为p_{dd}。

且这一分支内在价值的期望为：

$$E(IV_d)=p_{du}\times IV_{du}+p_{dd}\times IV_{dd}$$

上述的期望价值都用无风险折现率从t=2期折现到第1期。随后再将期望内在价值折现到t=0期。为了说明这个过程，释例5-3和图5-5列举了一个两期二项式模型的计算例题。

释例5-3

运用两期二项式模型对看涨期权估值

假设某个看涨期权具有下述特征：

- $t=t_0$时的市场价格为16.00美元。
- 行权价格为14.00美元。
- 到期时间为1年。
- 年波动率为30%。
- 年无风险利率为4%。
- 每半年付息一次。

根据上述假设运用二项式模型计算的详细结果如下，并总结在图5-5中（期权费或期权价值在括号里）。

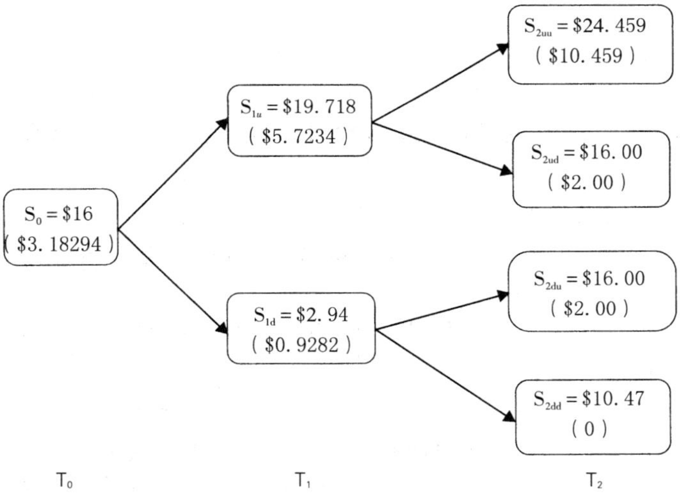

图5-5　一个两期的二叉树图

图5-5中的数据计算步骤如下：

为了简化，假定：t_0为1月1日；t_1为7月1日；t_2为12月31日。

步骤1：计算上下移动的价格。价格的上移按照标的资产在6个月内（t=0.5）的波动率σ计算连续复利，结果为：

从1月到6月价格上移时，

$S_0 \times u = 16.00 \times e^{-0.30\times\sqrt{0.50}}$

$= 16.00 \times 1.236$

$= 19.781$（美元）

并且，从1月到6月价格下移时，

$d = 16.00 \times e^{-0.30\times\sqrt{0.50}}$

$= 16.00 \times 0.808865$

$=12.94184$（美元）

步骤2：计算16美元的价格以无风险利率（每年2%）投资6个月（1月到7月）后的价值。

$FV(1)=16\times e^{0.02\times0.50}=16\times1.01005=16.1608$（美元）

步骤3：计算每种价格移动的概率。

- 价格上升时的概率为：

$$P_u=\frac{16.1608-12.94184}{19.781-12.94184}=0.4707$$

- 价格下降时的概率为：

$P_d=1-0.4707=0.5293$

注意：

如果假设波动率和利率都没有变化，那么每6个月就有：

- 每1美元上移1.2363。
- 每1美元下移0.808865。
- 上移的概率是0.4707。
- 下移的概率是0.5293。

步骤4：在第2期，即7月到12月，价格在第一次上移之后，将有可能继续上移或是下移：

- 上移时的价格=19.781×1.2363=24.459（美元）
- 下移时的价格=19.781×0.808865=16.00（美元）

步骤5：在第2期，即7月到12月，价格在第一次下移之后，将有可能继续上移或是下移：

- 上移时的价格=12.9418×1.2363=16.00（美元）
- 下移时的价格=12.9418×0.808865=10.4682（美元）

注意：期权的时间价值在到期日为0。因此，到那个时候，每个结点的期望价格和协议价格之差就只剩下内在价值。此外，在每个结点其都是期权的期望价值。

步骤6：计算内在价值。

- 上移–上移的概率为0.4707，12月31日到期时的内在价值是：
  $24.459-14.00=10.459$（美元）
- 上移–下移的概率为0.529045，12月31日到期时的内在价值是：
  $16.00-14.00=2.00$（美元）

→因此，在这个条件下，第2期末时期权的期望价值为：

$10.459\times0.4707+2.00\times0.5293=5.9816$（美元）

→在第2期开始的时候，也就是7月1日，期权的期望价值就是5.9816美元按照无风险利率和6个月折现的现值。该现值为：

$5.9816\times e^{-0.02\times0.50}=5.7234$（美元）

→因此，当期望价格是19.781美元时，期望内在价值为5.7234美元，并且期权的时间价值为：

$(19.781-14.00)-5.7234=0.0576$（美元）

步骤7：计算内在价值和时间价值。

- 下移–上移的概率为0.4707，到期日（期权）的内在价值为2美元。
- 下移–下移的概率为0.5293，到期日的内在价值为0。

→因此，第2期结束时（12月31日），期望内在价值是：

$2\times0.4707+0=0.9414$（美元）

→在第2期开始时（7月1日），期望值就是0.9414美元按照无风险利率和6个月折现的现值。该现值为：

$0.9414\times e^{-0.02\times0.50}=0.9282$（美元）

→但是因为那时期权的内在价值为0，0.9282就是期权在第2期开始时（7月1日）的时间价值。

步骤8：计算开始时（1月1日）的内在价值和时间价值。

- 若价格上移，第1期结束时期权的内在价值加上时间价值为：
  发生概率为0.4707，$19.781-14.00=5.781$（美元）
- 若价格下移，期权的期望时间价值是0.93254美元，发生概率为0.5293。
  →因此，第1期结束时（7月1日）期权的期望内在价值加上时间价值为：
  $5.781\times0.4707+0.932\times0.5293=3.2144$（美元）
  →合约开始时（1月1日）期权的现值为：
  $3.2213\times e^{-0.02\times0.50}=3.18242$（美元）

结论：根据预期的价格变化和无风险投资，看涨期权的期权费应当为3.18242美元。

5.2.7 期权敏感性指标（或译作期权希腊文（Options Greeks））

期权费随着相关因素而发生的变化，要根据期权费对标的资产（对股票期权而言就是权益性股票）市场价格、波动率、利率及到期时间的一阶或二阶导数来计算。因为这些因素都用希腊字母来表示，因此被称为“期权希腊文”（Options Greeks），也被称为“希腊套”（The Greek Suite），见释例5–4。随后介绍与会计有关的内容。

释例5–4

期权敏感性指标

应用布莱克–斯科尔斯模型对一个普通的期权进行估值需要5个变量：

1.S：发行期权所针对的标的资产的价格。例如，对于股票期权而言，其就是某个特定股票的价格。

2.σ：上述1中价格的（未来期望）波动率。

3.r：无风险利率。

4.T：到期时间，也就是期权的期限。

5.X：协议价格。

这5个因素决定了期权的期权费（价格），看涨期权用C来表示，看跌期权用P来表示。该期权的内容是买或卖一项资产（如股票）。每个变量对期权费的影响方式不同，对于看涨期权而言，敏感性指标如下：

- Delta $=\Delta C/\Delta S=\delta$，反映的是看涨期权费对资产价格变化的敏感性。
- Lambda $=\%\Delta C/\%\Delta S=\lambda$，期权费变动百分比相对资产价格变动的百分比。
- Gamma $=\Delta\delta/\Delta S^2=\Delta^2 C/\Delta S^2=\Gamma$，是Delta对价格变动的敏感性。
- Vega $=\Delta C/\Delta\sigma=\nu$，期权费随着资产价格波动率变动而变动的程度。[14]
- Theta $=\Delta C/\Delta T=\Theta$，期权费价值中的时间消耗。
- Rho $=\Delta C/\Delta r=\rho$，期权费随着无风险利率变化而发生的变化。

这些指标在套期战略的制定中都非常重要。然而，Delta在套期会计中有着特别重要的作用，这一点在第6章讨论套期有效性时就会明白。

5.2.7.1 期权敏感性指标与会计的相关性

对套期的会计处理方法取决于套期指定风险是否成功。成功也被称为“有效”，用套期工具价值变动与被套期项目价值变动之间的关系来计量。第6章会进一步阐述这些标准。然而，在计量套期有效性之前，需要先确定如何计量衍生工具价值的变动。

1.**期权**：计量套期有效性时，所使用的价值变动是否包含期权的时间价值？

2.**远期合约**：计量套期有效性时，所使用的远期价值变动是否包含“远期点数”？

期权敏感性指标是为期权而设计的，会计准则确认了在测试套期有效性时这些指标的作用；美国会计准则ASC 815-20-25-82指出：

在定义如何评价套期有效性时……

3.主体在评估套期有效性时，可以将期权时间价值变动中的下列组成部分排除在外：

（1）由于时间流逝而带来的时间价值变动部分（Theta）。

（2）由于波动率变动而带来的时间价值变动部分（Vega）。

（3）由于利率变动而带来的时间价值变动部分（Rho）。

释例5-5

私下发行的期权合约

为消费者发行的棉花期权

你需要

你是棉花的消费者（买方），希望不受到棉花价格上涨的影响，但若棉花价格下降，你希望能够从中受益。

解决方案

棉花期权可以让你仍依浮动的商品参考价格购买棉花，但若商品参考价格上涨超过了议定的最高价格（称为协议价格），你因支付期权费签订期权合约，使你不受该上涨的影响。

如何运行

在信用评估被批准之后，你就和银行签订一份棉花期权合约。你可以决定买入的协议价格、交易金额以及行权日期，银行确定期权费。

定价日期可能出现的结果

- 如果商品参考价格高于买入协议价格，银行必须向你支付协议价格和商品参考价格之差。
- 如果商品参考价格等于或低于买入协议价格，你和银行之间在棉花期权合约上彼此互不相欠。你可以按照等于或低于协议买价的价格实际购买棉花。

益处

- 你得到了价格保护，不必支付商品参考价格高于协议买价的部分，并且在价格下降时可以得到潜在的好处。
- 你可以决定协议买价、交易金额和定价日期。
- 交易用现金结算，因此无须向银行实物交割棉花。
- 没有复杂的与交易相关的佣金和保证金。

需要考虑的问题

- 一开始，你需要向银行支付期权费。
- 你不能规避基础风险，当签订的掉期交易与被涵盖的风险并不完全相同时，就会出现这种风险。
- 棉花期权可能会因过期而变得一文不值，结果期权费对你而言就是纯粹增加的额外成本。

（来源：http://www.commbank.com.au/business/agribusiness/commodities - risk - management/cotton/comsumer-options.aspx.）

5.3 认股权证

5.3.1 认股权证的性质

认股权证是一种金融工具，赋予持有人按照事前约定的条件购买（**认购权证**）或出售（**认沽权证**）某个公司权益股份的权利。发行认股权证的目的是鼓励投资者为发行企业提供资金，从而使企业可以按照相对较低的成本筹资。

谁发行认股权证？

1.本公司：认股权证可以是某个企业发行的，给予持有人购买该企业或其下属子公司普通股的权利。在发行方提出“认购”时，可以行使这些认股权证。认股权证作为债券或股票公开发行中的一部分来发行，目的为给投资者一点甜头。除此之外，开放认股权证行权时的认购也是筹集资金的一种方式。

这些认股权证可能采取以下形式：

- **可分割认股权：**这些认股权通常与其他金融工具（母工具）一起发行，如债券或股票，但是可以与母工具分割开来独立交易。
- **不可分割认股权：**这种类型的认股权证嵌入（合并到）某个证券、债券或优先股的母工具中。不可分割认股权证不能被分割和独立交易。我们将在第9章嵌入衍生工具中讨论不可分割认股权证。

在释例5-8中列举了通用汽车所出售的认股权证以及托散斯科技公司（Transense Technologies, Plc.）发出的认购邀请。

2.金融机构：银行和其他金融机构可以发行认股权证，购买或出售（自营而非代理）另外一家公司的普通股。这些认股权证可以是以下其中一种类型：

- **备兑权证**：这是金融机构发行的一种认股权证类型，当金融机构拥有别家公司股权时，发行此种权证，权证持有人在行使权证时可以从发行人那里取得股权。
- **纯权证**：这种认股权证的发行人并不拥有权证持有人在行使认购权证时要购买的股权。

3.第三方：股东可以发行认股权证来出售他们自己的股票。

信息日志

无害认购证：流通在外的债券（或优先股）被赎回的时候，同时持有认股权证的投资者可以交还该债券（或优先股），并同时行使认股权证来购买拥有类似条款的其他债券（或优先股）。

可分割的认股权证与期权合约具有类似条款，都赋予持有者购买证券（**认购权证**）或出售证券（**认沽权证**）的权利。但是这两者都是衍生工具，因为它们的价值来源于有权购买的标的证券的价格变动。在认股权证的发行方或签发方提出认购邀请时，如果持有方决定行使认股权证并申购，发行方就有义务来执行该权证。如果认股权证合约给予持有者购买一项资产（股票、债券或商品）的权利，则类似于看涨期权；如果认股权证合约给予持有者出售一项资产的权利，则类似于看跌期权。与期权类似，认股权证给予持有者从标的资产价格波动风险中获利，同时避免损失风险的机会。也就是说，和期权一样，认股权证的持有者只需要承担有利风险，最多的损失就是初始支付的期权费。

尽管认股权证类似于期权，但二者也存在一些关键的区别。释例5-6概括了二者的相似之处和不同之处。

释例5-6

期权和认股权证：相似点和区别

相似点	区别
• 都有行权价格； • 事前确定的到期日； • 可能在价内、平价或价外； • 二者的价值都源自标的资产的价格波动； • 都可以用期权定价模型来估值，如布莱克-斯科尔斯模型或二项式模型	• 期权的形式、交易和结算都是标准化的；* • 认股权证可以由发行者自行确定合约条款； • 认股权证的发行期比期权更长； • 认股权证是证券，但期权是（待执行）合约； • 行使认股权证意味着要发行新的股票（或债券，取决于认股权证的类型），但行使期权不需要； • 认股权证的估值会因为新股的发行而遭到稀释； • 认股权证在股票交易所交易，而期权在专门的交易所交易

*也有非标准化的期权形式，见释例5-7。

释例5-7

灵活（非标准化的）期权

虽然大多数的金融和会计书籍都把在交易所交易的期权称为“标准化”衍生合约，但严格来说并非总是如此。并非所有期权都是标准化的，我们这里至少可以列举两种类型的灵活期权：

1.利率上限、利率下限和利率上下限：在奇异期权信息日志中，我们讨论过这些类型的利率期权，可以将其看作一系列的欧式期权。期权条款、期限以及结算频率通常都根据合约签约方需求来确定。上限期权和下限期权的到期日可以长达10年。利率上限、利率下限和利率上下限期权都在场外交易。

2.FLEX期权（FLEX®）：尽管多数金融和会计书籍都把期权看作“标准化”的衍生合约，但严格来说，这是错的。芝加哥期权交易所（The Chicago Board of Options Exchange)在1993年引进了FLEX期权。这种期权是协议（定制）合约，标价金额不限，并且到期日可以延长到15年。

FLEX期权是唯一的一种允许使用者选择期权合约条款的上市期权。使用者可以自行确定下面的条款：

（1）标的指数（如标准普尔100指数、标准普尔500指数、纳斯达克100指数、罗素2000指数或道琼斯工业指数）。

（2）期权类型——看涨或看跌。

（3）到期日——从开始到结束可以达到15年。指定的到期日必须是工作日。

（4）协议价格——可以指定为一个指数、比例、偏离收盘指数的方差数值、交易日内的价值水平或用任何其他可以理解的方法计算出来的指数水平，四舍五入到小数点后两位（如1 440.27）。

（5）行权风格——美式或欧式，上午或下午，除非下列情况：如果到期日被指定为1个月的第3个星期五（或者当第3个星期五是节日时顺延到下1个工作日），就只允许欧式行权。

（6）结算价值——可以按照开盘结算价值或收盘结算价值来结算（具体参考“建立1个FLEX期权”的部分）。行权的结果是在到期日之后的工作日交付现金。

（来源：http://www.cboe.com/institutional/indexflex.aspx.）

从这个意义上来看，FLEX期权所具有的灵活性和定制特征，更加类似远期合约，但是与远期合约也存在以下一些不同：

（1）范围：FLEX®合约通过权益指数形式签发，如标准普尔100、标准普尔500、纳斯达克100、罗素2000或道琼斯工业平均指数。

（2）交易：期权目前在网上交易（始于2007年，2006年与斯德哥尔摩的斯诺博（Cinnober)金融科技公司达成协议使用斯诺博的电子交易技术），但也同时在使用场外平台。

（3）保证金：指数FLEX®期权通常适用于与传统上市指数期权相同的客户保证金规则，并适用于投资组合的保障金账户。

（4）信用风险敞口：交易对方的信用风险敞口非常小，因为FLEX®合约是与芝加哥期权交易所（CBOE）签订的期权合约，得到了期权清算公司的担保。

（5）价格形成：采用的是拍卖形式——客户向交易所提出报价要求（RFQ），交易所向系统中的所有交易商传播该报价，并将回复信息反馈给客户。

（来源：http://www.cboe.com/institutional/IndexFlex.aspx.）

与会计相关的问题

在会计上有两个重要的启示：

1.FLEX期权的价格比远期价值更透明。因此，估计在FLEX期权中的投资组合或头寸的公允价值就更加可靠(可以使用公允价值计量层级中的第一层级和第二层级，而非第三层级)。

2.对使用FLEX期权的套期关系使用权益指数和净额结算时，需要额外小心。

释例5-8

出售认股权证的两个案例

1.通用汽车

就在通用汽车申请破产之后不久……通用汽车公司改名为汽车清算公司(Motors Liquidation Company)，并且新科（NewCo)的名字改为通用汽车公司。在拍卖和名字变更之后，前通用汽车的债券持有人称为汽车清算公司的债券持有人，该公司主要的资产是拍卖所得的通用汽车公司的股权和认股权证。

在通用汽车发行该认股权证之前填报的8-K表中，提议的结算方案为：

美国国债363销售提案

……

认股权证

原通用汽车认股权证1

原通用汽车公司将收到认股权证，可购买新通用汽车新发行的普通股，占新通用汽车收盘时流通在外普通股权益的7.5%，可在发行后第7年之前的任意时间行权，行权价格等同于按照收盘时流通在外普通股权益价值计算的合计150亿美元时的股价，是在这些认股权证发行后被完全稀释的价格。

原通用汽车认股权证2

原通用汽车公司将收到认股权证，可购买新通用汽车新发行的普通股，占新通用汽车收盘时流通在外普通股权益的7.5%，可在发行后第10年之前的任意时间行权，行权价格等同于按照收盘时流通在外普通股权益价值计算的合计300亿美元时的股价，是在这些认股权证发行后被完全稀释的价格。

新的美国自愿员工受益协会认股权证

新的美国自愿员工受益协会（Voluntary Employees Beneficiary Association，VEBA）认股权证，可购买新通用汽车新发行的普通股，占新通用汽车2009年12月31日流通在外普通股权益的2.5%，可在2015年12月31日之前的任意时间行权，行权价格等同于按照发行认股权证时流通在外普通股权益价值计算的合计750亿美元时的股价，是在这些认股权证发行后被完全稀释的价格。

（来源：2009年5月28日，SEC 8-K表。参见www.sec.gov/Archives/edgar/dta/40730/000119312509119940/d8k.htm.）

2.伦敦股票交易所认股权证认购案例

公司名称	托散斯科技公司（Transense Technologies，Plc.）
TIDM代码	TRT
标题	筹资议案
发布时间	2011年11月21日7：00
编号	4175S07

RNS编号：4175S

托散斯科技公司

2011年11月21日

托散斯科技公司（下面简称本公司）

本公司很高兴地宣布一项筹资议案，打算向有资格的认股权证持有者筹集大约254万英镑（扣除费用之前）的资金。

关键要点：

- 可以按照4.5便士行使认股权，但在申购期内行权者，每两份认股权证可获得一份奖励股。奖励股是免费的。
- 按照该申购邀请，本公司已经收到某些权证持有者的不可撤消认购承诺，认购股份为15 243 769股，本公司因此将获得的总金额为685 970英镑。
- 所筹集来的资金净额将被用于进一步开发本公司的战略，特别是加速实现在IntelliSAW分部的投资机会，并用于一般的营运资本。
- 该申购邀请完全取决于股东在股东大会上通过的股东决议以及认股权证持有人在认股权证持有人大会上通过的认股权证决议。
- 明天会发给股东和认股权证持有人一份筹资议案宣传材料，该材料将会在股东大会上提交给股东，并在认股权证持有人大会上提交给认股权证持有人，两个会议的预定召开日期都是2011年12月15日。
- 如果申购邀请没有被完全认购或者邀请没有被批准，在股东大会和认股权证持有人大会上获得执行申购邀请的权利转交给董事会，董事会可以决定是否向现有股东和新股东发行新普通股，总金额最多达到254万英镑，总体不优于在申购邀请中给予认股权证持有者的条件。是否要发行新股由董事会决定，并且新股不会采用包销方式发行。

（来源：http://www.londonstockexchange.com/exchange/news/market-news/market-news-detail.html?annoucementld=11039365.）

5.3.2 认股权证的估值

认股权证可以用期权估值模型来估值。然而，认股权证和期权有一个重要区别：行使股票期权无须公司发行新股，但通过公司自己的认购计划来行使认股权证往往要求发行新股。股权认股权证的持有者只有在价内时才会行使认股权，这意味着认股权证持有者支付的行权价格低于标的股票的市场价值，但是新股东与其他权益持有者（相同类别的股票）拥有同样的投票权和现金流权，因此会稀释其他股东的股权。

SEC的首席会计师明确指出，在认股权证的估值中，二项式模型比布莱克-斯科尔斯模型更好，因为前者更能适应认股权证中灵活多变的条款。释例5-9就是对该首席会计师演讲的新闻报道。

释例5-9

SEC偏好二项式期权定价模型的新闻报道

SEC不喜欢布莱克-斯科尔斯

作者：苏珊·凯里（Susan Kelly），2011年4月1日

美国证券交易委员会给使用布莱克-斯科尔斯模型对复杂认股权证估值的公司施加压力，试图让它们换成更加复杂的估值方法。

BDO估值咨询师托尼·阿方索（Tony Alfonso)提出，如果认股权证可以提前行权或者包含下行特征条款，使得一旦公司额外筹集资金时，可以保护投资者，此时公司用布莱克-斯科尔斯模型对这种认股权证估值就出现了问题。

……

"SEC站出来是为了警告人们不能用布莱克-斯科尔斯模型。"他说，"你得用开放式模型，要么晶体模型，要么二项式模型或蒙特卡罗模拟。"

托尼提出，用布莱克-斯克尔斯模型对认股权证估值的公司会发现美国证券交易委员会（SEC）工作人员的意见书是针对它们的。

维尼·卡纳鲁（Wayne Carnall)去年12月演讲时的幻灯片里有一段……"有些多重嵌入工具或者分割衍生工具太复杂了，使用布莱克-斯科尔斯模型不能全面考察这些工具的条款。因此，用这种简单模型无法恰当估计其公允价值。"

这个幻灯片随后解释，"SEC工作人员经常发现这个方面的错误，都是公司在谈判协议条款或完成交易时，没有对交易条款的会计后果做谨慎评估所致。"

……

阿方索提出，用晶体模型或其他更加复杂的模型对认股权证或其他工具估值，与用布莱克-斯科尔斯模型估值，两种方法的结果很难说有什么样的差异。"我见过100%的价值变化，我也见过一些例子，价值没什么大的变化。"他说，"我们没法给出绝对的回答，是因为所有的认股权证条款都不一样，并没有完全统一的结论。"

（来源：http://www/treasuryandrisk.com/2011/04/01/sec-frowns-on-blackscholes.)

5.3.3 在年度报告中披露认股权证信息的例子

释例5-10介绍了中南银行（MidSouth Bank）与优先股一同发行的可分割认股权证的估值情况。

释例 5-10

对可分割认股权证的估值——中南银行

与优先股一同发行的可分割认股权证

在2009A系列优先股初始发行条款中，股东每购买5份2009A系列优先股，便可获得1份可分割认股权证，每份权证给予股东购买1股普通股的权利，购买价格等于银行前一季度末普通股在权证全部转换后账面价值的75%。收到权证的人必须在2016年3月31日之前行权，权证从那天开始失效。2011年有965份权证被行权。2010年发行了121 901份认股权证，其中1 380份被行权。2009年发行了83 038份认股权证。2011年、2010年和2009年的12月31日流通在外的权证数量分别为202 594份、203 559份和83 038份。在2011年、2010年和2009年的12月31日，每份2009A系列可分割认股权证的公允价值分别为每股0.03美元、0.06美元和0.07美元。在2011年、2010年和2009年的12月31日，与2009A系列优先股同时发行的可分割认股权证公允价值分别大约为30 000美元、61 000美元和29 000美元。

此外，在2011-A系列优先股的发行条款中，股东每购买5份2011-A优先股，便可获得1份可分割认股权证，每份权证给予股东购买1股普通股的权利，购买价格等于银行前一季度末普通股在权证全部转换后账面价值（未经审计的）的85%。然而，行权价格不能超过每股11美元或低于每股2.75美元。2011年12月31日，这些认股权证的行权价格是每股3.55美元，依据的是2011年12月31日完全转换后的账面价值每股4.18美元（85%）。收到权证的人必须在2017年3月31日之前行权，权证从那天开始失效。发行2011-A优先股时一起发行的认股权证总份额为48 469份，到2011年12月31日为止，尚无权证被行权。2011年12月31日和2010年12月31日，每份2011-A可分割认股权证的公允价值都是每股0.04美元。与2011-A系列优先股同时发行的可分割认股权证的公允价值在2011年12月31日大约为9 000美元。

2011年12月31日，两个系列的可分割认股权证都使用布莱克–斯科尔斯定价模型估值，估值的前提假设如下：

	2009A系列认股权证	2011-A系列认股权证
无风险利率	1.09%	1.09%
认股权证的预期寿命	4.25年	5.42年
预期的股利支付率	0.00%	0.00%
预期的波动率	15%	15%

在2011年12月31日，每份2009A系列可分割认股权证公允价值为每股0.03美元。2009A系列优先股和可分割认股权证的公允价值是合在一起的，2009A系列优先股和可分割认股权证的账面价值根据二者公允价值的比例进行分摊计算。流通在外的2009A系列优先股和相关的可分割认股权证公允价值合计为5 114 000美元，其中0.6%分配给可分割认股权证，99.4%分配给2009A系列优先股。分配完之后，2011年12月31日，可分割认股权证的公允价值为31 000美元，2009A系列优先股的公允价值为5 083 000美元。

2011年12月31日，每份2011-A系列可分割认股权证公允价值为每股0.04美元。2011-A系列优先股和可分割认股权证的公允价值是合在一起的，2011-A系列优先股和可分割认股权证的账面价值根据二者公允价值的比例进行分摊计算。2011−A系列优先股和相关的可分割认股权证公允价值合计为1 333 000美元，其中0.7%分配给可分割个人权证，99.7%分配给2011-A系列优先股。分配完之后，2011年12月31日，可分割认股权证的公允价值为9 000美元，2011-A系列优先股的公允价值为1 324 000美元。

（来源：2011年10-k表，F50～F51项。http://www/midsouthbanking.com/wp−content.uploads/2012/11/MSB2011-10k.pdf.）

5.4 掉期合约

掉期合约促使两个签约方交换各自不同的现金流。这是一种特殊类型的票据，合约的双方都承诺向另外一方交付商品或现金流，以换取对方的商品或现金流。一方面，掉期协议并不是新发明的，不过是已经存在了上百年并且在世界上许多地方仍然存在的以物易物的高级形式而已；但另一方面，无论在合约的复杂性、特征、风险、可转移性方面，还是对社会的影响方面，现代社会的掉期与传统的以物易物又有所不同，

在现代经济社会中，掉期合约被广泛用于套期和投机，特别是在货币市场和利率市场。金融和金融经济学从业者不断开发出越来越复杂的掉期合约，会计师就得想办法对这些掉期合约进行会计处理以便反映出企业降低风险的活动。因为掉期合约是在场外交易的，而且金融机构具有超强的游说能力，导致目前对这些交易的信息透明度非常低，无论是交易的内容、数量还是价格[15]。会计师面临着一个困境，虽然很难理解市场在没有信息的情况下如何还能有效运转，但会计师得想办法找到掉期合约的公允价值。显然公允价值层级中的第一层级是没法使用的，最好的情况是可以使用第二层级，若要沦落到第三层级，就非得依赖管理层假设才能估计出公允价值了。这些公允价值的差异很难被理解，因为场外交易的衍生品规模（大多数是掉期合约）有上千万亿美元[16]。

为了展示金融机构参与利率掉期的情况，表5−2列举了摩根大通（JPMorgan，美国）、巴克莱（Barclays，英国）以及通用电气（GE，美国）的例子。[17]

表5−2　　三家公司所披露的衍生活动统计数字

	摩根大通[(1)] （亿美元）	巴克莱[(2)] （亿英镑）	通用电气[(3)] （亿美元）
金融衍生工具的名义总金额	780 000 （其中630 000是利率合约）	11 000	1 140
互抵之前的衍生应收款	15 200	—	75
互抵之后的衍生应收款	800	10 060	67
互抵之前的衍生应付款	14 810	—	28
互抵之后的衍生应付款	690	8080	
衍生品对净利润的影响	10 690		

续表

来源：
（1） 2011 年 10-k 表 （190 页）， http://sec.gov/Archives/edgar/data/19617/000001961712000163/corp10k2011.htm。
（2） 2011年报，http://www/annualreports.com/HostedData/AnnualReports/PDF/barc2011.pdf。
（3） 2010年10-k表。

如此不可思议的市场规模是最近几十年才形成的。[1]

[1]掉期合约的发展是在世界银行和IBM的推动下开始的。1981年世界银行和IBM为了降低融资成本，用瑞士法郎和美元进行掉期。从那以后，掉期合约的思想就开始演化。2000年12月21日废除股票赌场法（Bucket Shop law)可谓其发展史上的一个重要里程碑，从那以后，公司可以基本上不受监管约束地进行任何投机活动。

5.4.1 利率掉期

5.4.1.1 固定换浮动掉期

掉期合约最简单的一种类型是一方承诺：（1）支付给交易对方一定金额的现金，等于固定利率乘以票面金额（本金）；（2）收到交易对方一定金额的现金，等于某个指定的基准利率乘以相同票面金额（本金）。这种说法把现金流描述成双向的，但实际上一般来说，都只按照现金流差异的净额定期结算。基准利率是由市场决定的，因此其按照时间不同而不同，或者是浮动的。这种类型的合约就是所谓的普通掉期(plain vanilla swap)或者“固定换浮动”利率掉期。掉期或所交换的两个利率分别被称为“固定端”(fixed-rate leg)和“浮动端”(floating-rate leg)。图5−6展示了一个简单的例子。

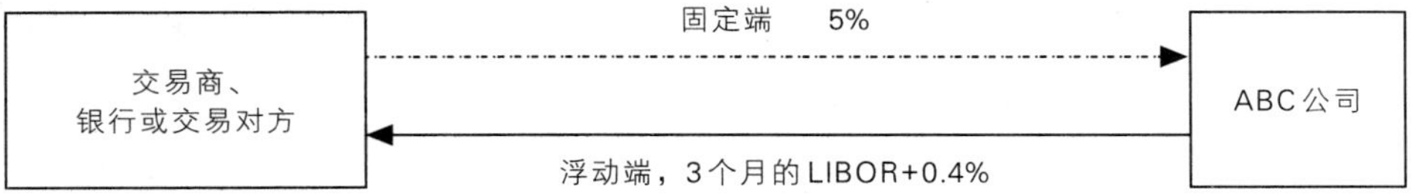

图5−6 普通利率掉期

在这个例子中，ABC公司与交易商（交易对方）签订了一个掉期利率支付协议：ABC公司以5%的固定利率收取利息，并按照LIBOR+0.4%的变动利率支付利息。在这个例子中，基准利率是伦敦同业拆借利率（LIBOR），名义金额是1亿美元[19]。掉期合约条款如下：（1）3年期限；（2）每3个月按净额结算；（3）每个结算日重置浮动利率。双方不交换名义金额（除了某些货币掉期之外），名义金额只是用来计算所支付利息的基础。名义金额可能是美元金额、蒲式耳、吨或其他相关指标，与给定利率结合在一起决定了各端的利息金额。

这种类型的合约有几个关键要素：

• ABC公司可能是出于交易和获利的目的才签订该合约的。因此，对该公司而言，这个投资就如同“交易性证券”，并采用相同方法进行会计处理。也就是说，用公允价值计量且其变动计入损益。

● ABC公司签订这项合约的目的也可能是为了套期。

· 该项套期可能不符合套期会计的要求（第6章详细阐述了这些要求）。在这种情况下，该套期被称为“经济套期”，仍然采用和交易性证券相同的会计处理方法。

· 该项套期可能符合套期会计的要求（也就是满足第6章所阐述的标准）。在这种情况下，需要确定套期的“种类”，即是对价值变动风险进行套期，还是对现金流波动风险进行套期。不同种类的套期使用不同的会计处理方法（见第7章～第11章）。

下面的部分将详细介绍套期合约的估值。在设定套期利率时，通常会保证套期开始时该套期合约的现值为0。也就是说，在合约开始时，固定端支付金额的现值等于浮动端支付金额的现值。

5.4.1.2 利率套期的益处

除了可以通过交易衍生品获利之外，签订这种类型的合约还有多种原因，如提高流动性和降低融资成本。[20]这些原因的经济实质不同，得到的结果也不同。为此，下面一节将讨论两个相关因素。

5.4.1.3 降低不利风险的影响

正如第2章所讨论的，利率风险敞口涉及下面的内容：

1. 对于变动利率的金融工具，未来收到或支付的现金流是不确定的。因为，与该工具相关的现金流很可能会发生波动——对于债务人来说，现金流出是变化的；对投资者而言，现金流入也是变化的。

2. 对于固定利率债务而言，如果市场利率下降，债务人就要承担失去支付更低利率可能性的机会成本。反过来，对于固定利率债务工具进行投资的投资者而言，如果市场利率上升就会发生无法赚取更高利息收入的机会成本。因为固定利率金融工具上发生的现金流并不随着市场利率变化而变化，该机会成本将改变债务的公允价值。正如第3章讨论过的，公允价值随着市场利率的下降而上升，随着市场利率的上升而下降。

现金流的波动并不仅限于支付利息的金融工具。预期购买或销售的大宗商品价格（如玉米、石油、黄金、铜、咖啡豆等），根据外部价格“指数”而变化，不受主体的控制。同样地，如果租赁合约的支付金额与某个指数相挂钩，租赁付款额随着该指数变动而变动，则承租人和出租人都将面临未来现金流波动的风险。

同样的道理适用于确定下来的固定价格承诺。例如，某个供应商和批发商签订了一份按固定价格采购的合约，约定无论市场价格发生怎样的变化，签约双方都要遵守合约中的承诺。如果在签订协议之后市价上涨，则供应商出现机会损失，而采购商出现机会利得；反之亦然。这种类型的合约被称为待执行合约，会计准则不允许确认这种合约的价值。然而，签约双方或某一方可能会选择套期由于价格变化带来的预期损失。在这种情况下，套期和待执行合约就可能要使用套期会计的特殊处理方法，我们将在第7章中详细讨论。

会计日志

在第6章中将会提到，为了确定恰当的会计处理方法，必须先辨认被管理的具体风险是什么。套期会计要求记录展示以套期为目的而签订的衍生工具合约必须是和被套期风险明确相关的。按照现行会计准则（到2012年12月为止），不仅要做前瞻性记录（事前），而且要做追溯性记录（事后），至少每个季度（每个报告期）都要记录一次。在使用所谓简便法或关键匹配条款法的时候可以有一些例外。

5.4.1.4 降低融资成本：满足条件的价差差异

当签约双方有不同借款成本的时候，固定利率和浮动利率之间的价差就很重要了。这种差异被称为满足条件的价差差异（qualified spread differential，QSD）。如果双方同意共享这个QSD，就可以降低各自的融资成本。

假设两家公司有不同的信用评级，虽然都在同一个资本市场经营，却面临着不同的借款成本。公司XYZ比公司ABC的信誉更好（信贷风险更低），因此XYZ可以用比ABC更低的借款成本筹集资金。进一步假设两家公司能够从外部筹集资金的成本，见表5-3。

表5-3　　XYZ公司和ABC公司的借款利率

	变动利率	固定利率
XYZ公司	LIBOR+0.2%	9%
ABC公司	LIBOR+0.9%	10.7%
满足条件的价差	(0.7%)	(1.7%)

如果两家公司都用浮动利率工具借款，ABC公司支付的成本比XYZ公司高出0.7%或70个基点。如果两家公司都用固定利率借款，ABC公司比XYZ公司支付的成本高1.7%或170个基点。因此，对ABC公司而言，选择用固定利率借款的成本更高。浮动利率和固定利率之间的净差异被称为满足条件的价差差异（QSD），在该例中，

$$QSD = 1.7\% - 0.7\% = 1.0\%$$

两家公司的管理层可能都知道这个信息，并愿意讨论共享QSD。这意味着一家企业按照固定利率从资本市场借款，另外一家企业按照浮动利率从市场上借款，然后两家企业达成协议互换（掉期）支付的利息。要想知道哪家企业应该从资本市场按什么利率借款，我们要比较一家用固定利率和另外一家用浮动利率的所有组合下的总成本。

给定上述信息，两家公司的管理层可以选择两种可能的路径。路径1：XYZ公司按照固定利率从资本市场借款，而ABC公司则按照浮动利率借款。路径2：XYZ公司按照浮动利率借款，而ABC公司按照固定利率借款。两种路径的信息都列示在释例5-11中。

释例 5-11

一家企业按照固定利率借款而另外一家按照浮动利率借款的两种可能路径

	变动（浮动）利率	固定利率	
XYZ公司	LIBOR+0.2%	9%	路径1
ABC公司	LIBOR+0.9%	10.7%	
符合条件的价差	(0.7%)	(1.7%)	路径2

选择路径1：两家主体的成本合计为LIBOR+9.9%

选择路径2：两家主体的成本合计为LIBOR+10.9%

如果两家企业联合行动，就如同它们是一个共同体，则选择路径1比选择路径2每年可以节省1.0%的成本，也就是QSD。路径2虽然更贵，但是符合双方管理层的预期。具体而言，XYZ公司的管理层预期收益率曲线会下降，也就是说其认为将来市场利率会下降（也就是LIBOR更低）。因为有此预期，XYZ公司的管理层倾向于使用与LIBOR相挂钩的浮动利率来借款。ABC公司管理层估计利率所依赖的收益率曲线建立在不同的假设基础上，从而对市场利率有相反的预期，其预测出了正常的（向上倾斜的）收益率曲线，也就意味着LIBOR将来会上升。为了避免在预期实现时支付更高的利息费用，ABC公司倾向于使用固定利率来借款。

为了以更低的成本融资，并且使所支付的现金流与期望一致，两个主体的管理层同意采取下面的步骤：

1.XYZ公司按照9%的固定利率从资本市场借入资金，而ABC公司按照LIBOR+0.9%的浮动利率从资本市场借入资金。

2.XYZ公司和ABC公司签订了一份双边协议，同意按照下面的条件互换利息支付：XYZ公司向ABC公司支付LIBOR，并且从ABC公司收到9.3%的利息，同时ABC公司向XYZ公司支付9.3%的利息，并且从XYZ公司收到LIBOR的利息。

这两个步骤列示在图5-7中，XYZ公司成功地将固定利率承诺转换为LIBOR−0.3%的浮动利率。

［（9.00%−9.30%）+LIBOR］=LIBOR−0.30%

与XYZ公司在市场上能够借到的浮动利率相比，这项资金的成本比公开市场利率低0.5%。

（LIBOR+0.2%）−（LIBOR−0.3%）=0.50%

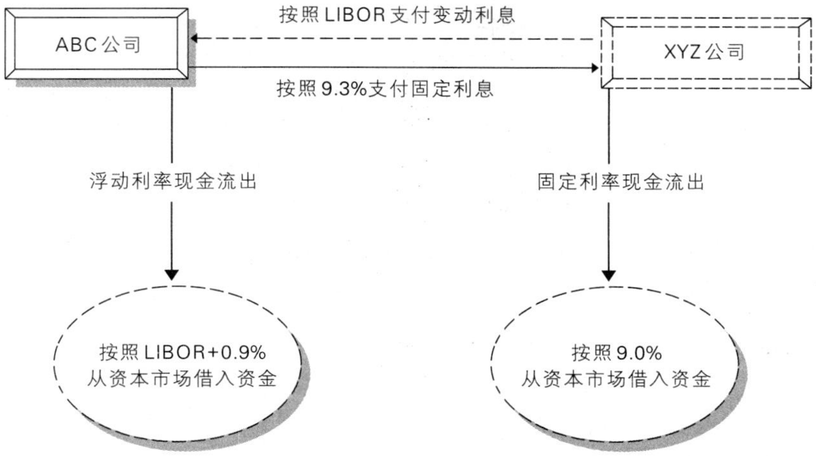

图5-7　用于套期两种不同类型债务的利率掉期

对债务和掉期合约的小结：计算净借款费用。

公司名称		XYZ公司	ABC公司
从资本市场上借款的成本（为支付债务利息而流出的现金）		9.0%	LIBOR+0.9%
掉期合约	收到（现金流入）	9.3%	LIBOR
	支付（现金流出）	LIBOR	9.3%
为支付利息而流出的现金净额		LIBOR−0.3%	10.2%

后续注释：用上述方法共享QSD使签约双方同时受益。然而，利率掉期并非总能得到这样的结果，因为在现实中不是这两方签约，而是双方都与交易商签约。

XYZ公司通过签订掉期合约获得了比市场上低0.5%的浮动利率。

ABC公司的管理层将浮动利率转换为固定利率，这符合其预期和战略。公司也因此降低了债务成本，因为对于ABC而言，净成本是：

- 根据掉期合约收到XYZ公司的利息+LIBOR。
- 按照掉期合约支付XYZ公司的利息−9.3%。
- 支付(LIBOR+0.9%)，这是ABC公司从市场上以浮动利率借来的债务成本。
- 融资的净成本为10.2%。

需要注意的是，10.2%的利率比ABC公司从资本市场上可以借到的固定利率低0.5%。

此外，还有三个因素决定了按照掉期合约换手的利息支付金额：

1. 计算利息所依赖的**名义金额**，可能等于也可能不等于XYZ公司或ABC公司从资本市场上借入资金的贷款额。

2. **基准利率**的水平（LIBOR）随着宏观经济条件以及资金供给的变化而变化。

3. **结算方式**可能是实物交割或净额结算。在现实中，这种普通类型的掉期合约通常只结算净额，也就是支付掉期合约中的利率之差。

> **会计日志**
>
> 尽管利率掉期合约是双方之间签订的单一合约，但后面我们就会发现，掉期合约赋予签约双方的权利和义务是不同的。因此，合约的双方要采用不同的会计处理方式。在国际财务报告准则和美国公认会计原则中，如果满足了其他特定条件，ABC公司要将掉期合约作为“现金流套期”进行会计处理，而XYZ公司则要将该掉期合约作为“公允价值套期”进行会计处理（见第6章～第8章）。

5.4.1.5 确定普通掉期合约的初始价值

总的来说，利率掉期估值要遵守估值的基本原则：掉期合约的价值是预期现金流的现值。在单一货币利率掉期中，双方交换的现金流只有利息部分，原则上并不交换**名义金额或票面金额**[21]。然而，为了便于理解，也可以将定期进行净结算的掉期合约看作一个零息债券[22]。

零息债券指的是在到期日之前不做定期或其他类型支付的债券或金融工具，在到期日一次性偿还本金和复利利息。零息债券可以按照面值的一定折扣来报价，到期日支付面值全额。美国的国库券就是这样的。零息债券也可以按照面值加上到报价日的复利利息折现之后的金额来报价。零息债券收益率曲线（zero-coupon curve）指的是零息债券在市场上的平均收益率。对于不同水平的风险，都存在零息债券收益率曲线，如国库券、评级为AAA的债券、评级为A的债券等。

因为零息债券代表着将利息再投资于该债券，零息债券的到期收益率随着到期日不同而不同。国库券的零息债券收益率曲线被当作无风险利率。在这个条件结构基础上增加风险调整，从而得到不同风险等级的零息债券收益率曲线。

利率掉期的变动利率定期重置，如每个季度重置一次。然而，在介绍这个概念的时候，我们假定每年重置一次掉期浮动利率。掉期的定期付款额就可以被视为系列零息债券的付款额。例如，对于一个3年期利率掉期，用来折现未来现金付款额的折现率为：

- 第一年的现金流（掉期端的利息金额）如同1年到期的零息债券。其价值就是年末预期现金流以一年期零息债券收益率折现后的现值。
- 第二年的现金流（掉期端的利息金额）如同2年到期的零息债券。其价值就是第二年年末预期现金流按照第二年的复利利率折现后的现值。
- 第三年的现金流（掉期端的利息金额）如同3年到期的零息债券。其价值就是第三年年末预期现金流按照第三年的复利利率折现后的现值。

不同风险等级的零息债券收益率曲线数据可以从很多渠道获得。例如，图5-8展示了2011年4月之前10年的美国零息债券季度收益率。该数据由路透社编制，并由**欧洲中央银行**出版。图5-9是类似的2011年11月之前1年的数据，由彭博公司提供。应该注意的是，2011年的零息债券收益率曲线似乎为反转的收益率曲线。

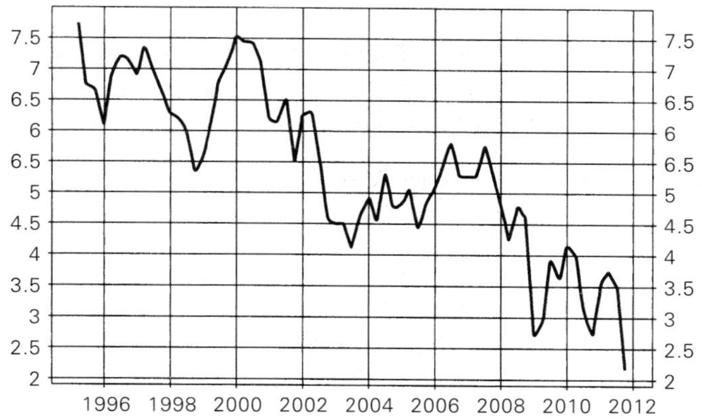

图5-8　美国10年期零息债券收益率曲线（欧洲中央银行）

（来源：http://sdw.ecb.europa.eu/quickview.do?SERIES_KEY=143.FM.Q.US.USD.RT.BZ.USD10-YZ_R.YLDE.）

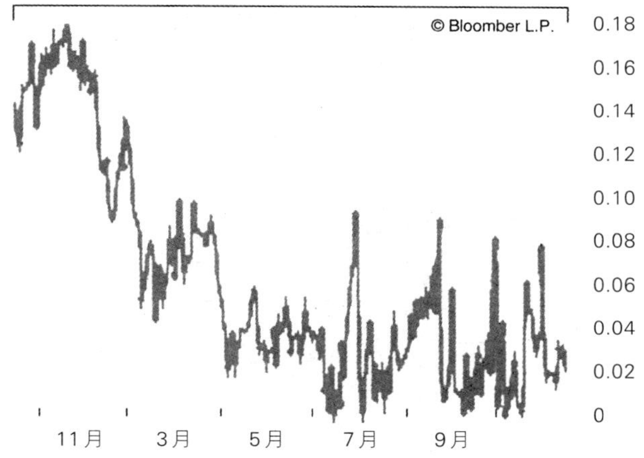

图5-9　美国国库券2011年每个月的零息债券收益率

（来源：http://www/bloomberg.com/apps/quote?ticket-F08203M:IND.）

5.4.1.6　举例说明

举一个例子来说明掉期合约浮动利率和固定利率的计算过程。这是一个名为BB公司的案例，具体内容如图5-10所示。在20×1年1月1日，BB公司资产负债表上显示有一项负债为流通在外的债券，账面价值是1 000美元。假设该账面价值正是这些债券的面值，也是当日的公允价值。债券按照7.9%的固定利率支付年度利息（为了简化，每年支付1次），5年后到期。

1月1日，管理层得到结论认为市场利率（LIBOR）很可能会下降。如果公司当时融资采用的是浮动利率，就可以更低的成本获得相同的资金。对于这项预期，如果管理层不采取任何行动，公司债务的公允价值会因为机会成本的增加而提高。对于公司来说，债务公允价值的上升意味着损失，管理层决定找个办法来避免这项潜在损失。

由于存在交易成本，所以再融资是成本较高的方法，而且一旦再融资，公司就得被锁定在一个特定合约上很多年。一个较低成本的重组公司的融资方案是和交易对方（如掉期交易商）签订一份利率掉期协议，公司收到固定利息且支付浮动利息。从交易商那里收到的固定利息金额可支付给债券持有人。对于BB公司而言，净成本就是支付给交易商的浮动利息。用这种方法，BB公司可以将固定利率的融资成本转换为变动利率的成本。

BB公司和掉期交易商签订的掉期合约条款如下：

- 名义金额为1 000美元（双方都知道不交换本金）。
- 掉期合约的期限为5年。
- 浮动端利率为LIBOR。
- 固定端利率为7.8%。[23]
- 浮动利率每年重置一次。
- 双方年末按净额结算，结算金额就是议定的固定利率现金流和以LIBOR为基础的现金流之差。

BB公司现在就有了两份金融合约：债务性证券合约和在不同利率下互换利息合约。这个过程在图5-10中阐释。

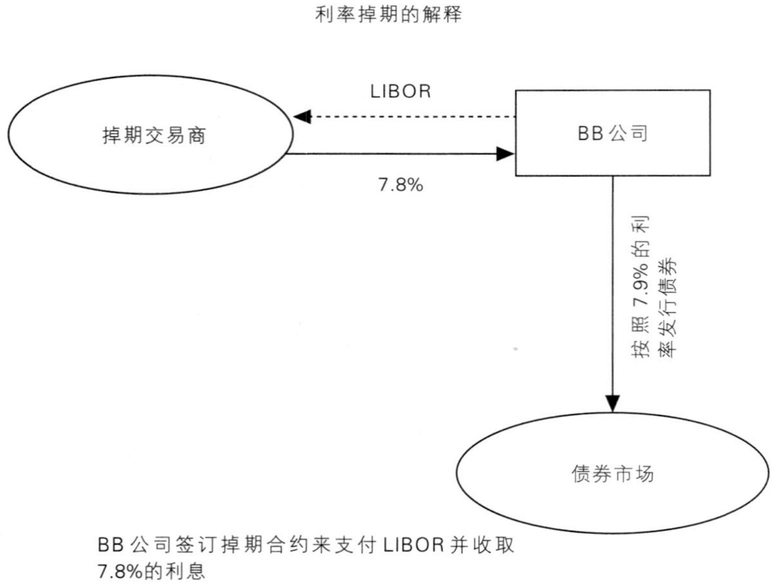

图5-10　BB公司掉期合约来对固定利率债务套期

计算必要的利率

在这个部分，我们将会看到上述案例中的签约双方——BB公司和交易商是如何设计它们的合约条款的。首先，双方必须议定掉期中浮动端的利率。[24]每期（t→t+1）的浮动利率根据零息债券收益率曲线来确定，方法如下：

$$fR_{t\rightarrow t+1}=[(1+zR_{t+1})^{t+1}/(1+zR_t)^t]-1 \qquad (5-1)$$

式中：t——期间，t=1，2，…，T；

zR_t——相同风险等级的零息债券在时间 t 的利率；

fR_t——t时的远期利率；

fR_{t+1}——t+1时的远期利率。

释例5-12的表A列示了5年期间的详细计算过程。

第二步是估计每期浮动端产生的现金流。t→t+1期的现金流等于：

$$fR_{t\rightarrow t+1}=fR_{t\rightarrow t+1}\times NP \qquad (5-2)$$

式中：NP代表工具的名义金额或票面价值。

第三步根据公式5-2确定的浮动端现金流计算现值。现金流的折现率是每个期间的零息债券利率。释例5-12的表B列示了这个计算过程。

释例5-12

用BB公司数据计算套期条款中的浮动端利率

表A：计算远期利率

			每期零息债券收益率[1]				
			t=1	t=2	t=3	t=4	t=5
零息债券收益率[1]			0.05	0.06	0.07	0.075	0.08
远期利率	$fR_{t\rightarrow t+1}$	远期利率的计算					
	5%	$fR_{(0,1)}=0.05$					
	7%	$fR_{(1,2)}=[(1+0.06)^2\div(1+0.05)]-1$					
	9%	$fR_{(2,3)}=[(1+0.07)^3\div(1+0.06)^2]-1$					
	9%	$fR_{(3,4)}=[(1+0.075)^4\div(1+0.07)^3]-1$					
	10%	$fR_{(4,5)}=[(1+0.08)^5\div(1+0.075)^4]-1$					

(1) 零息债券收益率来自市场上不同久期和风险等级的零息债券收益率曲线。

$fR_{t\rightarrow t+1}$：t+1期的远期利率，计算方法为 $fR_{t\rightarrow t+1}=[(1+zR_{t+1})^{t+1}\div(1+zR_t)^t]-1$。

zR：零息债券收益率。

t：累积计算利息的期间（例如，可以是一年）。

T：到期时间。

表B：验证隐含的远期利率

面值（名义本金）乘以远期利率应该等于债券的市场价值（公允价值或现值）。

$$PV_{fR}=\frac{50}{1.05}+\frac{70}{1.06^2}+\frac{90}{1.07^3}+\frac{90}{1.075^4}+\frac{100}{1.08^5}+\frac{1\,000}{1.08^5}=1\,000$$

式中：PV_{fR}——浮动端产生的现金流现值。

第四步，我们需要找到产生定期现金流的固定端利率，该定期现金流的现值必须等于浮动端现金流现值。计算方法是找到下式中的 xR:

$$PV_{fR}=\sum_{t=1}^{T}[xR\times/(1+zR)^{t}]+NP/(1+zR)^{T} \tag{5-3}$$

式中：NP 代表名义本金。

这个计算过程展示在释例 5-3 中。产生与浮动端现值相等现金流的固定利率为 7.807%。

在释例 5-13 中，在计算固定利率的公式中已知项如下：

- 现值系数，根据每期所使用的折现率来确定，该折现率就是零息债券收益率的倒数。
- 最后一期的结算金额。
- 现金流现值，也就是公允市价。

唯一的未知项就是每期现金流的金额。既然固定利率债券的每期现金流就是固定利率乘以债券的面值，那么唯一需要知道的就是固定利率 xR。

xR 是推算出来的固定回报率，能够带来固定的现金流来支付掉期固定端的利息。到目前为止，计算的目的是使固定端现值等于掉期浮动端现值，从而使掉期合约在开始时的公允价值为 0。[25]

固定端现值（PV固定）－浮动端现值（PV浮动）＝掉期合约的现值（PV掉期） (5-4)

释例 5-13

计算固定端的固定利率

$$PV=\frac{xR\times NP}{(1+zR_1)}+\frac{xR\times NP}{(1+zR_2)^2}+\frac{xR\times NP}{(1+zR_3)^3}+\frac{xR\times NP}{(1+zR_4)^4}+\frac{xR\times NP}{(1+zR_5)^5}+\frac{Notional}{(1+zR_5)^5}$$

$$1\,000=(xR\times1\,000)\times\left(\frac{1}{1.05}+\frac{1}{1.06^2}+\frac{1}{1.07^3}+\frac{1}{1.075^4}+\frac{1}{1.08^5}\right)+\frac{1\,000}{1.085^5}$$

- 名义本金的现值 $=\frac{1\,000}{1.08^5}\approx681$（美元）

（注意：该名义本金并不会提前支付，也不会在末期支付。使用它的目的是把每个掉期端假设为一个债券。）

- 1 000−681=319（美元）
- 把现值系数相加并整理上述现值公式，可以得到：
  319=xR×1 000×4.086
- 固定利息的金额 $=\frac{319}{4.086}\approx78.07$（美元）
- 固定利率 $xR=\frac{78.07}{1\,000}=0.07807$（有因四舍五入带来的尾差，即含入误差）

注意：xR——固定债券利率；

zR——零息债券利率；

NP——名义本金（面值）。

信息日志：基础掉期合约（浮动换浮动）

普通掉期的传统形式是固定换浮动合约。此外，还有很多其他类型的利率合约，其中一种合约是为了套期“基本风险”。这种风险的损失来自两个参考利率的不利变动。例如，3 个月的 LIBOR 和 6 个月的 LIBOR，美国国债利率和 LIBOR，或者LIBOR和EURIBOR（欧洲银行间同业拆借利率）。见下面的定义。

基础掉期工具可以被用于锁定变动利率资产和变动利率负债之间的价差，如果同时满足其他套期会计的条件，这种基础掉期就可以当作现金流套期进行会计处理。相关标准在第6章详述。

单一货币的基础利率掉期：（1）有名义金额或本金；（2）不交换名义金额；（3）事先确定重置时间；（4）事先确定结算期；（5）事先明确合约到期日。不同货币的基础利率掉期将在第11章中讨论。

信息日志：LIBOR和EURIBOR的定义

LIBOR（伦敦银行间同业拆借利率）是一个日参考利率，确立的基础是银行为其他银行提供无担保资金所收取的平均利率。伦敦时间每天上午11点30分，由英国银行业协会发布前24个小时银行向其他银行提供资金的平均利率。该利率与**美国联邦基金利率**（Federal Funds Rate)类似。[26]

EURIBOR（欧洲银行间同业拆借利率）指的是在欧洲货币联盟（European-Monetary Union）区域内欧洲银行向对方提供无担保贷款收取的利率。

例如，某个基础掉期的一端可能与LIBOR挂钩，而另一端则与EURIBOR挂钩。

EURIBOR四种基准的定义可以参见http://www.euribor-ebf.eu/。

5.4.2 商品掉期

尽管利率掉期占据了大部分衍生品场外交易市场，但交易商和投资银行也签发商品掉期合约。这些合约与利率掉期有着相同的概念和经营方式，但也有一些显著的不同之处。在商品价格中没有与零息债券收益率曲线类似的结构。商品也不像货币资产那样容易替代，商品掉期合约必须非常明确地指定产品质量等级。这些掉期的估值存在特殊的困难，并且商品掉期市场的流动性也不如利率掉期那样高。

例如，澳大利亚联邦银行（commonwealth bank of Australia）签发了与9种不同农产品相关的掉期合约。释例5-14描述了该银行签发的羊毛商品掉期合约：一种形式是为了消费者；另外一种则是为了生产商。

释例5-14

商品掉期——澳大利亚联邦银行签发的羊毛掉期

➢ **给生产商的羊毛掉期**

“我想要保证价格固定。”

你需要

你是羊毛生产商（销售商）。你必须要有确定的计划和预算。因此，你希望现在能够议定将来销售你的羊毛时的销售价格。

解决方案

羊毛掉期可以让你收到固定的羊毛商品参考价格（commodity reference price)。

如何运行

在信用评估被批准之后，你就和银行签订了一份羊毛掉期合约。银行会根据特定因素来计算固定价格，如当前的商品参考价格、定价日期，以及交易金额和交易期间。

定价日期可能出现的结果

- 如果商品参考价格低于固定价格，银行必须向你支付固定价格和商品参考价格之差。
- 如果商品参考价格高于固定价格，你必须向银行支付固定价格和商品参考价格之差。
- 如果商品参考价格等于固定价格，你和银行之间在羊毛掉期合约上彼此互不相欠。

益处

- 通过固定商品参考价格，你得到了价格保护。
- 你可以决定交易金额和定价日期。
- 交易用现金结算，因此无须向银行实物交割羊毛。
- 没有复杂的与交易相关的佣金和保证金。

需要考虑的问题

- 如果商品参考价格上涨，你不能从中获益。
- 你不能规避基础风险，当签订的套期交易与被涵盖的风险并不完全相同时，就会出现这种风险。
- 如果羊毛掉期在预定日期前终止的话，你可能必须支付一定金额，这个取决于该掉期的市价。

➢给消费者的羊毛掉期

“我希望能保证价格固定。”

你需要

你是羊毛的消费者（买方）。对你而言，有确定的计划和预算非常重要。因此，你希望现在能够议定将来购买羊毛时的固定买价。

解决方案

羊毛掉期可以让你支付固定的羊毛商品参考价格。

如何运行

在信用评估被批准之后，你就和银行签订一份羊毛掉期合约。银行会根据特定因素来计算固定价格，如当前的商品参考价格、定价日期，以及交易金额和交易期间。

定价日期可能出现的结果

- 如果商品参考价格高于固定价格，银行必须向你支付固定价格和商品参考价格之差。
- 如果商品参考价格低于固定价格，你必须向银行支付固定价格和商品参考价格之差。

● 如果商品参考价格等于固定价格，你和银行之间在羊毛掉期合约上彼此互不相欠。

益处

● 通过固定商品参考价格，你得到了价格保护。

● 你可以决定交易金额和定价日期。

● 交易用现金结算，因此无须向银行实物交割羊毛。

● 没有复杂的与交易相关的佣金和保证金。

需要考虑的问题

● 如果商品参考价格下跌，你不能从中获益。

● 你不能规避基础风险，当签订的套期交易与被涵盖的风险并不完全相同时，就会出现这种风险。

● 如果羊毛掉期在预定日期前终止的话，你可能必须支付一定金额，这个取决于该掉期的市价。

（来源：http://www.commbank.com.au/business/agribusiness/commodities-risk-management/wool/consumer-swaps.aspx.）

会计日志：会计师是否应该知道如何估计掉期合约的价值？

美国利率掉期的数量如同天文数字。例如，摩根大通在2010年12月31日有800亿美元的衍生应收款（在总互抵之后），其中超过80%的部分都是利率合约。尽管有如此庞大的数量，大部分利率掉期都是按照公允价值估值的第二层级（用相同资产报价之外的其他市场信息）或第三层级（用估值模型）来估值的，因为利率掉期在场外交易（交易商对交易商），所以没有公开的报价。例如，通用电气在2010年的年度报告中说明，它们大部分的第二层级估值资产都是利率合约。

甚至国际掉期交易商协会（International Swap Dealers Association）也不能直接获得交易数据（或者不愿意披露这些数据），也不对交易商进行调查来获取掉期交易和掉期价值的信息。场外交易的衍生品缺少透明度是一件非常棘手的事情。从经济学的观点来看，一个缺乏信息的市场如何能够有效运行呢？从会计和审计的观点来看，缺少透明度要求会计师能够学会如何对这些掉期合约进行估值。

5.5 远期合约

5.5.1 定义和概念

远期合约是双方签订的一份协议，其中买方同意未来在某个特定的时间、地点以预先确定的价格购买预先确定数量的商品（如天然气、咖啡）或金融工具（如股票、期权、货币）。对于商品而言，交割地点（即使并不打算进行实物交割）也是远期合约中的一个重要因素，会影响相关的会计处理。一般来说，合约双方议定：

1.商品、工具或货币的数量，被称为“名义”金额。

2.结算的性质，即采用实物交割还是净额结算。净额结算意味着签约双方只交换合约远期价格和到期日现货价格（现金）之差。

3.交割的地点和时间。这是商品远期合约中的重要因素，即使签约方打算采用净额结算而非实物交割，因为不同的交割地点意味着不同的交易成本。[27]

4.到期日支付的合约远期价格（也被称为交割价格）。

5.不提前交换现金（或其他资产）。

6.一般来说，远期合约不要求提供担保或支付保证金，但合约双方也可以选择这样做。

7.双方都有履约义务——卖方有义务交割商品、工具、货币或合约中约定的其他标的物，买方有义务接受该交割。此销售和交割可能意味着：

（1）真实的实物交割；

（2）按照净额结算价格差。

由于做出了上述承诺，远期合约有双面报偿/风险特征。与掉期的报偿特征类似，合约双方都承担了价格上行和下行的风险。图5-11列示了远期合约不同结果的两个特征图。

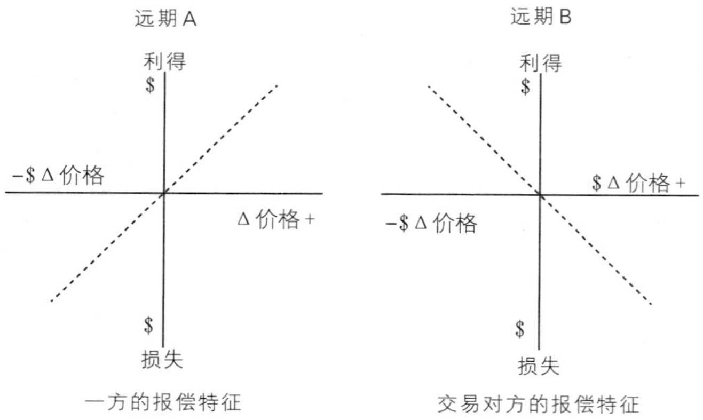

图5-11　两个远期合约的报偿特征图

远期合约不是标准化的，而是根据合约双方的需要来制定具体的条款。一般而言，远期合约都是独立的金融工具，但它们属于衍生工具，因为这些工具的价值来自于参考价格或参考指数的变化。[28]

通常而言，远期合约开始时的远期价格是一个无套利空间的合约，也就是说，合约中的远期价格等于资产的期望或预计未来价值，即合约开始日的现货价格加上融资成本和持有成本（如果有的话，例如，在商品合约中就存在)。既然如此，远期合约就不需要在开始时支付期权费，其价值为0。

5.5.2　远期合约的估值

一般概念：任何时候的远期合约溢价都是未来利益的现值。[29]

对于一个企业而言，假设主体A签订了一份远期合约约定在未来某个时间向交易对方销售一种商品（不易腐坏的），签约双方在确定远期价格时要做出系列假设：

1.在合约中签订未来销售一项产品的企业或主体不一定拥有该项产品。

2.合约双方议定要么实物交割，要么净额结算。

3.市场是有效率的，因此不存在套利机会。

4.为了确定远期价格，交易商必须考虑现金价格、持有成本（融资成本和仓储成本），以及股利支付工具的股利(dividends for a dividends-paying instrument)。

给定这些假设，如果主体（假定）将购买该产品并持有至交付日，该主体必须为了这项购买而融资，从而发生融资成本（假设该成本为无风险利率）。[30]

此外，如果商品是不易腐坏的，主体还得支付储存成本，并一直持有至交割日。因此，原则上来讲，商品远期合约的价格（一般而言)不应该超过下列三项之和：

- 产品的现货价格。
- 为融资而发生的利息成本。
- 持有成本。

3.对一项金融工具或没有实物形态且不能产生收益的产品而言，假设合约期为一年，商品远期合约的远期价格在合约开始日为：

如果是单利，则为 $f_{0\to Td}=S_0(1+r)$；

如果是复利，则为 $f_{0\to Td}=S_0e^r$。

式中：S_0——t=0 期的现货价格；

r ——一年期无风险利率；

$F_{0\to Td}$——t=0 期的远期价格（在合约开始日）；

T_d——交割日。

远期价格 f_0 可以被看作交割日 T_d 的预计现货价格。[31]

如果远期价格大于现货价格的复利终值，也就是 $f_{0\to Td}>S_0e^r$，那么套利商就可以通过卖出远期合约并买入资产而获利。同样，如果 $f_{0\to Td}<S_0e^r$，套利商可以通过卖出资产并买入远期合约而获利。套利行为会一直持续下去直到价格达到均衡，即 $f_{0\to Td}=S_0e^r$。释例5-15对比了这三种状况。

释例 5-15

远期价格偏离有效定价的影响

条件：如果……	套利商的行为		特征
	卖	买	
$F_{0,T}=S_0e^{rt}$	套利商离开市场	套利商离开市场	均衡
$F_{0,T}>S_0e^{rt}$	与资产有关的远期合约	资产	促使远期价格下跌 促使资产价格上涨
$F_{0,T}<S_0e^{rt}$	资产	与资产有关的远期合约	促使远期价格上涨 促使资产价格下跌

式中：$F_{0,T}$——0 点时对 T 时所交割资产的远期价格；

S_0——0 点时的现货（现金）价格；

e——欧拉指数 e； r——无风险利率； t——从开始时（t=0)到交割日或终点T时的时间段。

5.5.3 商品远期合约的例子

ADM公司需要使用农产品来生产牛饲料、植物油、酱油和其他产品，公司担心会遇到罕见的旱季，这时候大豆将减产并且价格会上涨。20×1年10月1日，ADM与农民签订合约采购500万蒲式耳（bushel）大豆，交割日为20×2年8月1日。20×1年10月1日大豆的现货价格为每蒲式耳12美元。无风险利率为每年3%，储存大豆的成本为每年1%。

在20×1年10月1日（t=0），估计20×2年8月（t=T）的大豆远期价格为：

$$F_{10/20X1\rightarrow 8/20X2}=12.00\times e^{(r+c)\times\frac{10}{12}}$$

$$f_{10/20X1\rightarrow 8/20X2}=12.00\times e^{(0.03+0.01)\times\frac{10}{12}}$$

$$=12.4067$$

12.4067美元是20×1年10月1日对20×2年8月1日交割大豆的无套利价格。在这个价格下，远期合约本身在20×1年10月1日溢价为0。

持有价格和成本不会保持不变，就如释例5-16中表A的案例所示。表B列示了市场条件的变动。表C用前两部分的内容计算在市场条件变化时远期合约的溢价、ADM公司的利得和损失，以及结算情况。需要注意的是，“F”指的是远期商品价格（价值），而“f”代表的是远期溢价。

释例5-16

远期合约的例子

表A：远期合约

- 合约日期：20×1年10月1日。
- 商品：2级黄豆。
- 名义数量：5 000万蒲式耳。
- 交割日期：20×2年8月1日。
- 交割地点：伊利诺伊西德尼。
- 远期价格：每蒲式耳12.4067美元。
- 结算：实物交割或净额结算。
- 现货（现金）价格：每蒲式耳12美元。
- 利率：每年3%。
- 储存成本：每年1%。

表B：事件

- 20×1年12月1日：现货（现金）价格从每蒲式耳12美元增长至12.10美元。
- 20×2年4月30日出现了两个变化：
  - 现货（现金）价格从12.10美元增长至12.50美元。
  - 利率从每年3%增长至4%。

- 20×2年8月1日，现货价格为12.71美元。

表C：对合约的估值和结算

定义术语：

S_t——t时的现货（现金）价格；

e——自然对数的基础（也被称为欧拉e=2.718281……）；

r——无风险利率；

c——每年的储存成本，以名义金额的一定比例来表示；

r+c——持有成本；

$F_{t\to T}$——t时的远期（交割）价格，交割时间为T，其中t=0,1,2,…,T，$F_{t\to T}=S_te^{(r+C)\cdot((T-t)/12)}$=无套利价格；

CF_T——在T时点交割的合约远期价格；

CF_T-S_t——远期点数（有时候也被称为远期的时间价值）；

f_t——远期合约溢价；

t——目前的时期；

T——合约结束期。

当t=0时，

$$CF=F_{0\to T}=S_0\times e^{(r+c)\times(T/12)}$$
$$=F_0$$
$$\to f_0=F_0-CF_T$$
$$=0$$

当t=1时（20×1年12月1日），剩余合约期为T−1，

$$F_1=F_{1\to T}=S_1\times e^{(r+c)\times\frac{T-1}{12}}$$
$$f_1=F_1-CF_T$$
$$\to 利得或损失=\Delta f_1=F_1-F_0$$

如果对一方来说$\Delta f_1>0$，则这方取得利得，交易对方发生损失；反之亦然。

名义利得或损失取决于新出现的远期利率与合约价格关系的方向，以及这一方是多头（买进）还是空头（卖出）该商品。

会计利得或损失是f_1按照远期合约内涵收益率折现后的现值，该折现率就是持有成本。然而，如果储存成本是0，则持有成本就是无风险利率。

当t=2时（20×2年4月30日），剩余的合约期为T−2，

$$F_2=F_{2\to T}=S_2\times e^{(r+c)\times\frac{T-2}{12}}$$
$$f_2=CF_T-F_2$$
$$\to\Delta f_2=F_2-F_1$$

对Δf_2的处理和Δf_1一样。

对于ADM的例子，运用上述信息就可以估计出远期合约在不同时间的溢价，如下所示：

20×1年10月1日：

$$F_{20\times1年10月1日}=F_{10/20\times1\to8/20\times2}=12.0\times e^{(0.03+0.01)\times\frac{10}{12}}=12.4067(美元)$$

该日销售的远期合约价值=12.4067×50 000 000=620 335 000（美元）

$f_{20X1年10月1日}$ = 远期合约溢价 = 0

20×1 年 12 月 1 日：

$F_{20X1年12月1日} = F_{12/20X1 \to 8/20X2} = 12.10 \times e^{(0.03+0.01)\times\frac{8}{12}} = 12.427007$（美元）

该日销售的远期合约价值 = 12.427007 × 50 000 000 = 621 350 350（美元）

$f_{20X1年12月1日}$ = 当日的远期合约溢价

= 621 350 350 − 620 335 000 = 1 015 350（美元）

= (12.427007 − 12.4067) × 50 000 000

ADM 公司的名义利得=1 015 350（美元）（20×2 年 8 月 1 日交割时实现）

然而在 20×1 年 12 月 1 日，ADM 公司将会确认现值。

名义金额的现值=1 015 350× $e^{-0.04\times\frac{8}{12}}$ =988 631.83（美元）

这就是会计上确认为当期利得的金额。

20×2 年 4 月 30 日：

$F_{20X2年4月30日} = F_{4/20X2 \to 8/20X2}$

$= 12.50 \times e^{(0.04+0.01)\times\frac{3}{12}}$

= 12.6572306

该日销售的远期合约价值 = 12.6572306 × 50 000 000 = 632 861 530（美元）

$f_{20X2年4月30日}$ = 当日的远期合约溢价 = 632 861 530 − 620 335 000 = 12 526 530（美元）

名义利得现值 = 12 526 530 × $e^{-0.045\times\frac{3}{12}}$ = 12 370 922.95（美元）

（注意远期合约内含收益率是 0.04 + 0.01 = 0.05，这个利率用于折现未来价值。）

当期利得 = 12 370 922.95 − 988 631.83 = 11 382 291.12（美元）

20×2 年 8 月 1 日——结算：

$F_{20X2年8月1日} = S_{20X2年8月1日} = 12.71$（美元）

该日销售的远期合约价值 = 12.71 × 50 000 000 = 635 500 000（美元）

结算金额 = 635 500 000 − 620 335 000 = 15 165 000（美元）

当期利得 = 15 165 000 − 11 382 291.12 = 3 782 708.88（美元）

5.6 期货

期货合约是双方之间的一个协议，在未来事先确定的日期交割事先明确数量的特定资产。[33]不同于远期合约，期货是标准化合约并且在期货交易所交易。期货交易所决定用于交易的合约，而且期货交易所是每份期货合约的交易对方。因此期货交易所会保证合约的履约，无论是实物交割资产还是净额结算。为了降低交易商（dealer)和交易员（trader)的信用风险，期货交易所有两个机制：

1. 要求交保证金，金额根据合约规模和交易员信用风险而确定。

2. 要求每日结算价差。

因为合约的标准化、日结算、交易所交易以及透明度要求，期货市场比远期市场的流动性更高。

期货合约的终结（close)可以通过采用与初始合约具有相同特征的抵销（相反）

头寸，反过来也一样。因为初始合约和抵销合约都是期货交易所签发的，两种合约的交易对方是相同的，所以终结期货合约可以消除交易商和交易员的经济风险和法律风险。[34]根据交易所的规则，期货合约每日重估（按照市价），因此每天的利得（或损失）都要换手——也就是合约双方贷记利得，借记损失。释例5-17比较了期货合约和远期合约。

释例5-18举的例子是纽约商业交易所（NYMEX）提供的美国中西部热轧卷板钢材指数期货（midwest domestic hot rolled coil steel index）。

释例 5-17

期货合约和远期合约的区别

特征	远期合约	期货合约
结构	为满足合约双方的需要而定制	标准化
交易对方	交易商、银行或另外一个主体	交易所（清算所）
现金流	交割前不交换现金或其他资产	（1）根据期交所规则要求交保证金； （2）每日结算价差
交易制度	在场外交易	在有组织的交易所交易
合约规模	定制的	由期交所确定的标准单位
因交易对方而产生的风险	相对较高的信用风险，因为： （1）交易对方是一个交易商、个人交易员或银行； （2）到期前不进行净额结算或交换资产	相对比较低的信用风险敞口 （1）交易对方是期交所或清算所； （2）随着期交所风险敞口的变化，保证金也定期变化； （3）交易双方每天都通过清算所交换价差
合约期限	定制的	标准化的
合约类型	谈判和定制	标准化的，由期交所制定并提出报价
流动性	因为在无序和非结构化的场外交易，所以相对较低	由于标准化交易、日结算和交易透明度而相对较高
估值	如果管理层打算将其作为衍生品，则可以用市价。但若被当作“正常的企业交易”，则不记录任何估值（即作为待执行合约）	每日按市价估值，并且交换估值差额（根据清算所规则）

释例 5-18

纽约商品交易所（NYMEX）“净结算”期货合约案例[35]

美国中西部热轧卷板钢材指数期货（midwest domestic hot rolled coil steel Index）

交易代码	HRC，清算代码：HR
地点	芝加哥商业交易所电子交易平台（CME Globex）、清算及大宗商品期货结算行（CME ClearPort）
时间（都按照纽约时间（东部时间））	CME Globex：周日—周五上午6:00—下午5:15（芝加哥时间（中部时间）的上午5:00—下午4:15），每天有45分钟的休市，从下午5:15开始（中部时间的下午4:15） CME ClearPort：周日—周五上午6:00—下午5:15（芝加哥时间（中部时间）的上午5:00—下午4:15），每天有45分钟的休市，从下午5:15开始（中部时间的下午4:15）
合约规模	20短吨（short tons）
报价	美元/短吨
最小变动价位	1美元/短吨
浮动价格	每个合约月份的浮动价格等于CRU（译者注：英国商品研究机构，全球主要金属信息提供商）当月公布的美国中西部热轧卷板钢材指数平均价格
最后交易日	最后交易日为合约月份最后一个星期三的前一个工作日
交易合约	24个连续月合约
交割方式	现金交割
持仓限制	遵守纽约商品交易所持仓限制
遵守的规则章节	920
交易规则	这些合约在纽约商品交易所上市，并遵守该交易所的所有规则

注意：最后的结算价格是每个合约月份计算的浮动价格，四舍五入到1美元/吨。

（来源：http://www/cmegroup.com/trading/metals/ferrous/hrc-steel_contract_specifications.html.）

5.7 信用违约掉期

信用违约掉期（CDS）是双方之间的一个协议，将风险从一方转移给另外一方并支付费用。在这个交易中有三个相关主体。

1.信用连接机构（reference entity）：信用违约掉期合约的双方所关心的就是这个信用连接机构的信用风险。信用连接机构可能是借款人，也可能是其他合约或衍生工具的交易对方，甚至是一个完全无关的第三方。

2.保护买方：信用违约掉期合约的一方，寻求不受到第三方“信用连接机构”违约影响的信用保护（准保险）。

3.保护卖方：信用违约掉期合约的交易对方，通过承担违约风险而提供信用保护（准保险）。

5.7.1 两个重要的条件

1.**保护买方**可能是提供信贷给“信用连接机构”的债权人，也可能是其他合约如远期或利率掉期，而信用连接机构则是这些合约的交易对方。有时候，保护买方和信用连接机构没有任何关系（在这种情况下，该合约被称为裸CDS）。

例如，主体A和主体Z距离很远，没有产生过任何交易或签订过任何合约。但是主体A的管理层看到一些分析，说主体Z可能会出现债券条款的技术性**违约**。主体A可以通过向主体B寻求信用保护而从这些信息中获利。主体Z根本不必参与到这个合约中，甚至主体A和主体B不用取得主体Z的许可就可以将其作为信用连接机构。

2.并不是信用连接机构一定要违约，保护买方才能与保护卖方进行结算并从合约中获益。通常，合约中会规定一系列的信用事件，每个事件的发生都可能会激活信用保护卖方的义务，使其必须按照协议金额支付给保护买方。典型的激活事件可能是外部评级机构降低其信用评级、违约、重组、违反债券条款，或者债务盈余比例达到一定程度等。

5.7.2 启示

有以下三个重要启示：

1.信用违约掉期是一种金融衍生工具，因为这些合约的价值来自信用事件的发生。

2.信用违约掉期不是一般意义上的保险单，因为保护买方可能有也可能没有保险权益，而这是保险的一个基本原则（见第4章）。此外，保护买方并不需要遭受损失之后才能从保护卖方处收取补偿，只要任何协议的激活事件发生就可以。

3.信用违约掉期不一定符合套期会计的要求，因为其中一个要求就是套期必须是针对指定风险的。在信用违约掉期中，实际上是不可能定义被套期的风险的。因此，信用违约掉期被作为交易性投资（作为衍生工具，其不能被划分为持有至到期投资或可供出售投资）。

信息日志

美国国际保险集团（AIG Saga）

美国国际保险集团在2007年金融危机之前发行了极大规模的信用违约掉期。在2007年之前，该公司按季度收取溢价，盈利状况良好。然而，大部分信用违约掉期的激活事件都在几个小时之内发生了，美国国际保险集团不得不向信用违约掉期的保护买方支付大笔资金。在其即将面临彻底垮台的时候，联邦政府介入了，用纳税人的钱给美国国际保险集团注入了大笔资金。新闻媒体和网络上到处都是美国国际保险集团的报道。

债券保险公司（MBIA）的信用违约掉期危机

MBIA是一家保险公司，最初是由其他几家保险公司的辛迪加协议形成的，只是为了专门针对市政债券提供保险。穆迪和标准普尔都给MBIA以AAA的信用评级，但这家公司也上了信用违约掉期的贼船。

2012年，MBIA的信用评级开始恶化，多次降级之后到了BBB级。在几个月内，信用降级引发了信用违约掉期的多项激活事件，MBIA是这些信用违约掉期的一方。据称，MBIA要想满足信用违约掉期持有者的要求，就需要78亿美元的现金。

5.8 要点总结

- 本章指出了基础性证券和金融衍生工具的区别。两种金融工具合约都会产生金融权利和义务。这些权利和义务的价值是预期未来现金流的现值。
- 金融衍生工具合约的价值来自标的资产的价格或指数或信用事件。主要的衍生工具包括期权（以及认股权证）、掉期、远期、期货和信用违约掉期。
- 期权为持有人（买方）带来了权利，同时给期权的发行方带来了义务。这些权利可能是购买（看涨期权）或出售（看跌期权）的权利。基本的估值规则是估计看涨或看跌期权的现值，并根据风险（波动性）进行调整。决定这些价值的因素包括标的资产的市价、合约中约定的协议价格、标的资产的波动率、合约到期时间（票据期限）及无风险利率。在期权估值中，最常用的两个模型是布莱克-斯科尔斯模型和二项式模型。随着期权临近到期日，期权的时间价值逐渐消失。市场价格和协议价格之差是内在价值和期权时间价值之和。在到期日，期权时间价值消失，市场价格和协议价格之差就是期权的内在价值。期权可能在价外（对于看涨期权来说，就是协议价格>市场价格；对于看跌期权来说，就是协议价格<市场价格），也可能在价内（条件与上述相反）。当协议价格等于市场价格时，期权为平价。内在价值大于0时，就在价内。本章的信息日志简单讨论了其他类型的期权，如认股权证、利率上限和利率下限。
- 本章还介绍了布莱克-斯科尔斯模型和二项式模型的基本内容。这两个模型都不是简单的折现模型，在计量期权合约现值时，都更加全面地考虑了期权价值的决定因素：波动率、标的资产的当前市价、协议价格、无风险利率以及到期时间。利率上限和利率下限比较特殊，因为它们主要是利率期权，协议价格被设定为上限的最高利率（实质上就是欧式看涨期权），并作为下限的最低界限（实质上是看跌期权）。利率上限和利率下限结合在一起形成利率上下限。在期权敏感性指标（期权希腊文）中，简要介绍了期权价格（期权费）对相关变量或参数变动的敏感性。
- 利率掉期是按照本金金额（名义金额）交换利息的协议。普通的利率掉期通过参考名义金额的利率基准，在一段时期内用固定利率交换浮动利率。这些掉期中的浮动利率通过零息债券曲线计算得出，并且是需要最先计算出来的利率。然后，以零息债券曲线所获得的利率为折现率将浮动端产生的现金流折现。固定端的利率是通过使固定端现值等于浮动端现值计算出来的。上述计算两端利率的过程意味着掉期合约在开始日的现值为0。之后，基准利率的变化会改变上述计算结果，从而给掉期合约带来价值。由于固定端现值和新计算出来的浮动端现值不再相同，二者之差就是掉期合约的价格或现值。

注释

1 第9章讨论了嵌入衍生工具。

2 LIBOR代表伦敦同业拆借利率。伦敦时间每天上午11点，由英国银行业协会发布前24个小时银行向其他银行提供资金的平均利率，从而确定LIBOR。LIBOR可按照一个晚上来计算，也可以按照一年来计算。LIBOR的时间固定为24小时。

此外，还有EURIBOR，代表的是欧洲银行间同业拆借利率。这是50家欧洲大银行彼此提供无担保贷款收取的利率。

3 有一种形式的债券给债券持有人参与分配股利的权利。这叫作“参与式债券”，主要在欧洲发行。

4 这种合约被称为“天气衍生品”。我们后面将会看到，对这种合约有特殊的会计处理。该合约作为衍生工具进行会计处理，除非在主要的交易所交易，否则不满足套期会计的适用条件。

5 对于“看涨期权”，需要注意的是，持有人有权利提出购买。也就是说，持有人有购买选择权。

6 通常，期权都按照平价发行，期权费的金额很小，往往等于期权的时间价值。

7 这些是芝加哥期权交易所（The Chicago Board of Options Exchange）设计的FLEX期权，这些期权是定制类型的合约。

8 文献中经常用“标的”（underlying）资产这个术语来代表行使期权时所指向的资产。然而，会计准则使用“标的”一词仅代表风险驱动因子（价格或信用风险），并且明确指出标的资产（subject asset）不是“标的物”（underlying）。

9 正如后面将要讨论的，如果期权的时间价值不是0的话，价外期权的价格就有可能不为0。

10 此时不考虑期权的时间价值。

11 用Theta来计量期权时间价值的流逝，见5.2.7期权敏感性指标。

12 随着期间数接近无穷大（也就是增长到极大的数字），用二项式模型计算出来的期权价值等于用布莱克-斯科尔斯模型计算出来的期权价值。

13 如果不熟悉连续复利，也可以用简单复利来描述：

假设连续复利，这些价值可以估计如下：

对于向上移动，$u=e^{\sigma\sqrt{t}}\approx 1\times(1+\sigma)^{\sqrt{t}}$

对于向下移动，$d=e^{-\sigma\sqrt{t}}=\frac{1}{u}\approx\frac{1}{(1+\sigma)^{\sqrt{t}}}$

其中的符号定义如前所述。

14 “Vega”不是希腊字母，但也被包括在期权敏感性指标内。

15 以短期LIBOR为基础的利率掉期，目前在银行间市场上交易的期限达到50年。在掉期市场上，“5年期LIBOR”指的是3年掉期利率，掉期浮动端参考6个月的LIBOR（“3年利率与6个月LIBOR”）。对利率掉期的LIBOR利率计日惯例是实际/360，但除了英镑之外，英镑的则是实际/365。

16 参见国际掉期和衍生品协会网站www.isda.org。

17 通用电气有一家非常大的金融主体。

18 现代掉期合约起源于世界银行和IBM的一次无意的行动。1981年，世界银行和IBM为了在低成本下融资，用瑞士法郎和美元进行掉期。从那以后，掉期合约的思想就开始演化。2000年12月21日废除股票赌场法（Bucket Shop Law）可谓其发展史上的一个重要里程碑，从那以后，公司可以基本上不受监管约束地进行任何投机活动。

19 在货币掉期中有不同的特征。在货币掉期中，名义金额在掉期合约开始时和结束时交换。

20 据报道，掉期合约始于1982年，所罗门兄弟的一家投资银行建议用瑞士法郎和美元进行掉期，以满足世界银行和IMB双方对货币的需求，并且实现了比直接在公开市场上清理头寸更低的成本（Apte，2009）。

21 这个条件不适合某些类型的利率掉期合约。在这些合约中，一方支付一种货币并收取另外一种货币，具体见第10章。

22 需要注意的是，在利率掉期合约中，并不交换名义（本金）金额。然而，用不同的零息债券在每一期处理掉期的固定端和浮动端并不一定会违反该条件，因为对于两端（固定或浮动）而言，向（假设的）债券支付的最终金额的现值是相等的。

23 根据掉期两端的现值相等来计算这些利率。

24 在第7章中将会指出，到2013年7月17日之前，对利率掉期采用套期会计需要有一个前提条件，就是掉期合约必须按照两个基准利率之一签发：LIBOR或国库券利率。2013年7月17日，美国财务会计准则理事会增加了一个隔夜指数掉期利率（overnight index swap rate，OIS）作为第三个可接受的基准利率。所有在2013年

7月17日当天之后签发的金融交易都可以使用这个基准利率。国际财务报告准则没有在这个方面提出任何限制。

25 如果合约在开始日的公允价值不是0，则从本质上来看，该合约就是一项贷款。

26 这个比较仅在某种程度上是正确的。例如，联邦基金利率(federal funds rate)更加不易受到操纵，而LIBOR反而会被操纵。巴克莱银行、UBS、苏格兰皇家银行以及摩根大通都因此被处罚过。

27 随着我们对套期会计的日益了解，我们就会明白为什么同一种商品价格的不同地点如此重要。例如，天然气的远期合约可能按照在路易斯安那州的亨利港(Henry Hub)交割来定价(该港口被纽约商品交易所用作远期交易的场所)，但是交割地点却在美国其他30个主要的天然气港口。这些地点之间的价差是一个"基础"差异，在计量被套期风险或套期有效性时不将其考虑在内。这个问题之所以重要，是因为天然气衍生品的交易量大约是实物市场交易量的12倍，可参见www.naturalgas.org。

28 我们将会看到会计准则给予合约公司管理层选择权，可以将远期合约看作"确定承诺"，因而可以被套期；也可以将其看作一个衍生品，从而可以被用作套期工具。此外，商品远期合约也可能会符合美国会计准则ASC815中所述的例外条款，前提是该合约是"正常采购或销售合约"。

29 有必要区分两个价格：(1)远期价格，即资产的未来交割价格；(2)远期溢价，这是为了得到在将来日期出售(或购买)该资产的承诺，一方所支付(或收取)的价格。

30 我并不清楚为什么要选择无风险利率。

31 一般的概念并不完全适用于易腐坏产品，这种产品的远期价格取决于对短期供需的预期。例如，6月份交割的西红柿远期价格可能比12月份的现货价格低，原因不过是6月份西红柿的供给量更大。

32 后续两章会介绍这些资产和义务的会计处理，有两种可能性：(1)如果套期无效，则用公允价值计量且其变动计入损益；(2)如果套期是高度有效的，则按照公允价值计量且其变动计入累计其他综合收益。

33 期货合约交易的资产范围很广。芝加哥商品交易所集团(CME Group)(芝加哥商品交易所的母公司)通过其芝加哥期货交易所(Chicago board of trade)、芝加哥商品交易所(Chicago Mercantile Exchange)以及纽约商品交易所(New Yor Mercantile Exchange)交易各种各样的合约，包括货币、利率衍生品、农产品、道琼斯工业指数、金属和能源产品。

34 这个特别的特征对套期会计而言非常重要，我们将在随后章节讨论。

35 NYMEX是纽约商品交易所，目前也是芝加哥商品交易所集团的成员。

第三部分

会　计

第6章　套期会计的适用条件

6.1　简要回顾金融衍生工具

前面一章已经提到，金融衍生工具是具有下述五个主要特征的双边合约：

1. 它们的价值由其他标的物（underlying）衍生而来，或通过参考其他因素获得。这些因素可能是价格的变化，也可能是一个事件。

2. 它们为合约的一方带来了权利，为合约的另外一方带来了义务。

3. 主体拥有的权利（资产）和对方拥有的义务（负债）不是一成不变的，根据基础价格的变化情况，在结算之前二者的地位可能会发生互换。

4. 它们有确定的寿命周期。

5. 支付它们不是为了弥补亏损或其他损失。

6.2　公认会计原则下的普通金融衍生工具会计

在一般公认会计原则下，金融衍生工具会计有两个需要考虑的问题：（1）估值基础；（2）价值变动计入所有者权益的方式。

6.2.1　公允价值是强制使用的

美国会计准则ASC 815（修订以前是133号）以及第39号国际会计准则（正被修改为第9号国际财务报告准则）要求所有金融衍生合约都按照公允价值估值，并采用可靠的估值方法。公允价值按照下面三个层次中的任何一个层次进行计量，都是可以接受的[1]：

第一层次：公允价值可以用在活跃市场上同一资产的报价来计量，计量的时点必须是明确的。对于在具有高流动性的市场上交易的资产而言，公允价值是很容易计量的，如在交易所交易的金融衍生品。（这就是美国会计准则第157号现在是ASC 820号，以及国际会计准则第39号中所提到的公允价值计量层级中的第一层次。）

第二层次：根据可观测的输入值来估计公允价值，观测值不包括第一层次中的报价。这些输入值必须可以直接或间接的观测，如在活跃市场上类似资产的报价、在不活跃市场上相同或者类似资产的报价，以及根据价格之间的相关性或其他方式形成的可观察市场数据的输入值（公允价值层级的第二层次）。

第三层次：在相关资产不存在市场活动或者市场活动很少时，估计预计未来现金流的现值。这种估值方法运用估价模型，所以非常依赖管理层的假设和预期（第三层次）。

在有些情况下，会计准则会借鉴某种特定模型（但并不排除其他模型）。例如，在对期权估值时，采用了布莱克–斯科尔斯模型和库克斯–罗斯–鲁本斯坦二项式期权定价模型。而在有些情况下，会计准则通过案例的方式推荐可接受的估值模型。例如，利率掉期的估值就是如此。

用公允价值对金融衍生品估值的要求是**强制性的**，一般来说只有极少的例外[2]。

6.2.2 公允价值变动计入损益

会计准则要求将金融衍生品公允价值的变化定期计入损益（利润表）。该要求并不取决于价值的变化是否已经实现或者合约是否已经被结算。因此，在一般的公认会计原则中，金融衍生工具的价格波动将在盈余中得到体现[3]。

套期会计是对这一规则的修改。通过一系列复杂的程序，套期会计使盈余不再受到金融衍生品价值波动的影响。但是要想利用这种修改带来的好处，必须满足会计准则所确立的一系列前提标准。

因此，金融衍生工具价值的波动在下列两种情况下会体现在盈余中：

1. 企业对风险进行了套期，但并没有满足使用套期会计的必备条件。

2. 企业并没有套期风险，但购入了金融衍生品来投资或者投机。在这种条件下，这些合约公允价值的变化将会计入损益，从而可能会引发盈余的波动。

6.3 金融衍生品的使用

6.3.1 将金融衍生品用于投资

银行和其他金融机构，如摩根大通、高盛公司和摩根士丹利，创建了金融衍生品的市场，它们通过签订各种合约来满足顾客消除不同类型风险的需要，如利率风险、汇率风险、商品价格风险以及信用风险。金融机构自营交易或为客户进行衍生品投资组合的目的有两个：（1）帮助客户管理他们的风险敞口；（2）通过这些衍生品随后的交易来创造收益。

除金融机构之外的其他企业也会为了交易目的或盈利目的而购买金融衍生品。在这种情况下，这些衍生品也是企业的证券投资组合，其会计计量方式与交易性有价证券一样：企业会频繁地对衍生品公允价值（根据市价或模型）进行重估，时间间隔一般短于90天，并且将公允价值的变化计入损益。[4]

金融机构发行的交易性衍生品制造了一个事件和结果的循环，概述如下：

1. 金融机构以赚取净利润为目的为客户发行衍生品。

2. 发行了这些交易性衍生品之后，造市者（金融机构）还需要面对客户信用风险。

3. 为了管理这个额外的风险，金融机构也许会同时或者是在这之后再创造出其他衍生品去套期它给客户已经创造的衍生品的风险敞口。**套期**衍生品的风险和现金流预计会抵销该项自营**交易性**衍生品的风险和现金流。

4. 为了强化收益预期，金融机构在设计这些套期衍生品的条款时，确保不会像它为客户发行的衍生品那样昂贵。

5. 进入这些套期关系去套期交易衍生品，意味着金融机构用衍生工具去套期在其他衍生工具上的投资。

用衍生品去套期其他衍生品的风险敞口带来了一个独特的会计问题。在这个过程中有两种衍生品介入：一种是“交易性衍生品”；另一种是“套期衍生品”。套期衍生品的介入是为了套期由交易性衍生品带来的风险敞口。在这种情况下，会计处理如下

(在现行会计准则下)：

1. 由金融机构发行的帮助客户管理他们自己风险的交易性衍生品，将会采用与“交易性有价证券”相同的会计处理：以公允价值计量且其变动计入损益。这是普通公认会计原则的要求。

2. 为了套期已发行的交易性衍生品的风险，需要和第三方签订套期衍生品（也许是另一家金融机构，但不会是该客户）。这种为套期其他衍生品而发行的金融衍生品，不满足采用特殊会计处理的要求。[5]因此，这个第三方套期衍生品的会计处理也遵循一般的公认会计原则下规定的正常流程，也就是以公允价值计量且其变动计入损益。然而，其实也没有必要采用套期会计，因为如果套期是有效的，**套期**衍生品公允价值的变动会与**被套期**衍生品公允价值的变动相抵销，故而不需要进行任何特殊的会计处理。

交易性衍生品的例子很多，可以查询银行或其他机构公开披露的信息。释例6-1展示了摩根大通（JPMorgan Chase）、巴克莱银行（Barclays PLC）和道明尼资源公司(Dominion Resources, Inc.）的案例。

释例6-1

关于交易性衍生品的信息披露

摩根大通，2010年10-K表第191页

交易性衍生品

为了满足客户（包括交易商和普通顾客）的需求，同时通过这样的交易活动(“顾客衍生品”）产生利润，本公司开辟了自己在交易投资组合中的广阔市场，其中包含许多衍生品。客户利用衍生品可以减轻或者消除利率风险、信用风险、汇率风险、权益价格和资产价格风险。本公司通过进行其他衍生品交易，或者购买或售卖其他金融工具，来积极管理金融衍生品的风险敞口，从而部分或完全抵销顾客衍生品的风险敞口。本公司也努力在客户衍生品和对冲头寸之间，以及从剩余未对冲风险中赚取价差。

（来源：http://www.sec.gov/Archives/edgar/data/19617/000095012311019773/y86143e10vk.htm.）

巴克莱银行，2010年年报第119页

交易市场风险（已审计）

交易市场风险的主要原因是批发市场上的客户便利（client facilitation)，这其中牵涉做市、提供套期解决方案、预先套期（Pre-hedging)，以及帮助客户完成大额的交易。由于并非所有的客户交易都被完全套期，所以产生了市场风险。在巴克莱银行，按照监管机构和银行某些内部制度的定义，交易风险被计量和记录在交易账户中。

（来源：http://group.barclays.com/about-barclays/investor-relations/financial-results-and-publications/annual-reports.）

道明尼资源公司，2010年10-K表第73页

道明尼管理着一个交易性的、以商品为基础的金融衍生工具投资组合，这是

公司推销能源以及管理相关风险的战略之一。道明尼公司制定政策和程序以管理和这些能源商品价格涨跌有关的风险，同时还使用多种衍生工具，通过对冲市场头寸来减少风险。

（来源：http://www.dom.com/investors/pdf/2010_10k.pdf.）

6.3.2 利用衍生品去对风险进行套期

原则上，企业可以用金融衍生品去套期任何管理层想要降低的风险。然而，并非所有的套期都有资格应用套期会计的特殊处理方法。会计准则为那些有资格应用套期会计的套期产品提出了一些适用标准。这些标准将在下文中简要列出，并且会在以后的部分详细解释。

1. 套期会计只限用于套期市场风险（如商品价格风险、利率风险、汇率风险，还有与物价指数挂钩的资产价格风险以及信用风险）。

2. 管理层需要将每个套期关系指定为对某种**特定**风险的套期，它必须使被套期项目的现金流和风险与套期工具的现金流和风险之间存在匹配关系。因此，可将套期衍生品分类为“已被指定的”和“未被指定的”。

3. 套期衍生品必须满足会计上对衍生品的定义，该定义列出了具体的标准。无论这种衍生品是否被指定为套期，公认会计原则都要求按照公允价值计量，并且重估时间间隔不得超过90天，公允价值变动计入损益。在现实中，企业将这种未套期衍生品或者不满足套期会计要求的套期关系统称为“经济套期”，与满足套期会计要求的其他套期在披露时区分开来。[6]

4. 指定的套期关系必须满足额外的标准，才可以应用特殊的套期会计。这些标准与对套期关系成功与否（或者套期有效性）的计量和相关记录有关。如果它满足了这些标准，套期会计便可适用于以下三个种类的任何一种。

6.3.2.1 公允价值套期

对可能由某种特定风险引发的未预期价值损失敞口（如市场价格突然变动，或者交易对方的信用评级降低）进行套期，这些损失敞口来自：

1. 一项已确认的资产（如固定利率资产）。

2. 一项已确认的负债（如固定利率负债）。

3. 一项未确认的确定（具有约束力的）承诺（例如，一项未确认的待执行合约，如未来销售或购买存货的合约）。准则规定，企业必须（明确的承诺）没有不履行合约的动机（无论是明示或暗示），则该承诺才能作为被套期项目。

被套期项目指的是**资产、负债或者确定承诺**，被套期的是这些项目的价值变动。

在这种套期中，风险（如价格变动或者信用风险波动）应是由外界力量引发并对企业主体造成影响的，而不是由企业本身引发的。另外，与关联方（如子公司）签订的金融合约不在我们关注的范围内。

6.3.2.2 现金流套期

现金流套期是针对无法预料的现金流变动进行套期，这些现金流变动存在下列特征：

1. 它属于一种特定的风险，在套期之前就已确定。

2. 它和一项已确认的资产、一项已确认的负债，或者一项很可能发生的预期交易有关。

3. 它能够影响损益。

4. 它源自与非关联方的合约关系（外币计价合约除外）。[7]

某些已确认的资产负债表项目未来可能会出现现金流的变化，如被归类为可供出售金融资产的浮动利率投资，以及支付浮动利率的负债。

一个很可能发生的预期交易的例子就是即将发行的债券，因为该债券会受到市场利率变动的影响。释例6-2便是来自IBM 10-K报告中的一个例子。

释例6-2

IBM对预期发行负债进行的现金流套期

预期的债务发行

公司因未来将发行的债务而面临利率波动的风险。为了管理这一风险，公司可以应用生效日在将来的（forward starting)利率掉期合约来锁定与预期负债发行有关的利率。这些掉期作为现金流套期进行会计处理。在2009年12月31日和2010年12月31日，公司并没有和这个项目有关的流通在外的衍生品。

在2009年12月31日和2010年12月31日，公司分别将大约1800万美元和1500万美元的税前净损失计入累计其他综合收益（损失）中，这些都与公司借款的现金流套期有关。其中，有1000万美元和900万美元的损失预计将会在未来12月中重分类至净损益，抵销了一定的潜在交易的经济影响。

（来源：IBM年度报告，第97页。参见：ftp://public.dhe.ibm.com/annualreport/2010/2010_ibm_annual.pdf.）

如果未来现金流因为信用风险或者价格变化（如利率变化）而波动，我们可以通过使用有抵销现金流行为的金融衍生品来缓和未预计到的货币价格或者商品价格。

在这三个案例中，未预料的损失可能体现为现金流出的增加或现金流入的减少。例如，浮动（可变）利率债券是与基准利率挂钩的，而当基准利率变化时，和债券的浮动利率有关的现金流也会改变，但债券的现值将会保持不变。[8]

6.3.2.3 在国外经营净投资的套期

跨国企业也许会在境外有子公司或者经营业务，而境外流通的货币和本国货币不同。例如，一家美国公司的境外经营业务也许并不使用美元，一家瑞士公司的境外经营业务也可能不使用瑞士法郎。[9]

由于汇率波动，在国外经营净投资（资产减去负债）的价值（用现行汇率折算后的资产减去负债）可能会出现损失。企业可以通过签订货币套期合约来保护这些净投资的价值。这种套期保值是比较特殊的，不适用于公允价值套期或者现金流套期的分类标准。因此，这是一个单独的类别，所使用的会计方法和国外经营财务报表的折算有关。

当套期的记录或者有效性测试都无法满足要求时，对特殊套期的指定就将终结，同时对套期关系的会计处理转而使用一般公认会计原则。在这种情况下，衍生产品被当作交易性金融资产进行会计处理。

以上讨论到的金融衍生品的分类在图6-1中予以描述：

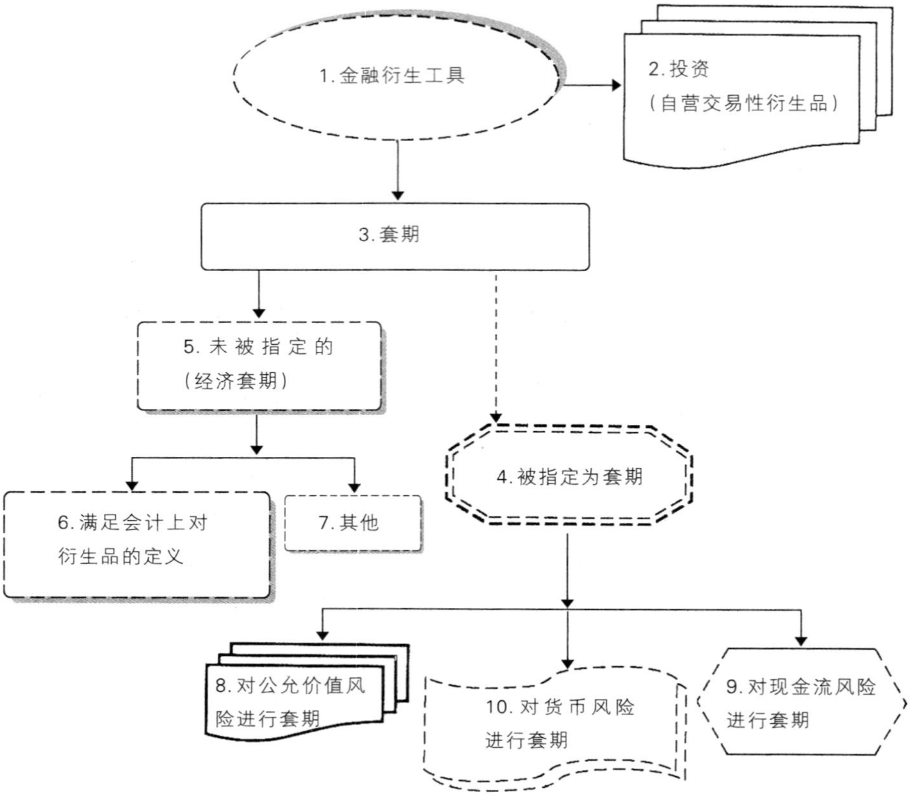

图6-1　金融衍生工具的会计分类

1.这里的金融衍生工具包含了所有类型的衍生工具，与会计准则对衍生工具的范围界定和例外要求没有关系。例如，一个要求实物交割的远期合约在经济层面上来说便是一个衍生品，但根据会计的定义，则不能作为衍生品进行处理。按照会计的要求，这种类型的合约作为待执行合约处理。待执行合约也就是等待执行的公司合约。相反，一个要求按照净值结算的远期合约则满足会计上对衍生品的定义。

2.金融衍生品可以出于交易或者投资的目的签发（如由银行）或者取得（如由企业），这些衍生品构成了交易性投资组合的一部分，并且必须以公允价值计量且其变动计入损益。

3.金融衍生品可以是作为参与者签订的合约或者是出于套期风险目的在市场中购买的商品。

4.套期衍生品可能有资格应用套期会计，管理层可以将这些衍生品自由地进行“指定”，但仅指定衍生品为套期工具并不足以应用套期会计，还得满足其他先决条件，本章的剩余部分将详细说明这些先决标准。

5.衍生品的某个部分可能并没有“被指定”，因此就需要按照一般公认会计原则进行会计处理。未指定的衍生品并没有资格应用对套期关系的特殊会计处理。然而，在未来某一天，管理层也许会指定该衍生品作为特定风险的套期，从而可能改变会计处理方法。但是能否变为套期会计，还取决于新指定的套期关系是否满足应用套期会计的先决标准。

6.有时候某些“未指定”衍生品满足了会计上对衍生品的定义，却因为某些原因没有作为套期进行会计处理。发生这种状况可能是因为套期无效、记录不完整，或者管理层选择使用公允价值而不是套期会计进行会计处理，这样做是为了避免复杂的估值和昂贵的管理成本；也有可能是因为计量套期有效性需要花费过多代价，例如，信用违约掉期就是这种情况。衍生工具必须按照公允价值计量且其变动计入损益。

7.某些金融工具从经济意义上可以看作衍生工具，但从会计的角度不被接受为衍生品。按照公认会计原则的要求，这些衍生品将和其他金融工具一样进行会计处理。

其他：一旦一项金融工具满足了会计上对“衍生品”的定义，并且套期关系满足了记录和有效性的要求，该金融工具就可以归于下面的一个类别：

8.**公允价值套期：**对资产公允价值的潜在损失、负债公允价值的增长以及未确认的确定承诺价值变动进行套期。

9.**现金流套期：**对与某项已确认资产、某项已确认负债或某个预期交易有关的现金流出的增加或现金流入的减少进行套期。

10.**在国外经营净投资的套期：**对交易风险或经营风险之外的汇率变动带来的潜在损失进行套期。

6.4 什么是套期会计?

6.4.1 基本特征

正如在第4章中所提到的，套期是一项管理活动，旨在产生与预期的特定类型风险负相关的结果。尽管前述章节讨论了一些种类的风险及其定义，但管理层关注所有类型的风险，因为每种风险都可能给企业带来损失，同时也可能带来利益。与会计最相关的是由于**价格反向变动而产生的风险**（例如商品价格、货币的价格——利率、外汇的价格——汇率、权益的价格——权益指数），或者由外部因素和非关联方导致的**信用风险事件**。

特殊的套期会计处理适用于各种合约和活动，其目的是：

- 披露企业所面对的风险，特别是因与环境中其他系统相互关联而产生的风险。
- 披露管理层应对这些风险的方法和成效。
- 确认套期交易。
- 根据具体会计准则计量那些对资产、负债和所有者权益进行套期交易而产生的影响。

6.4.2 套期会计的最终目标

套期是一项有目的的活动，旨在降低特定类型风险导致的未预期损失的可能性。这些类型的风险不是由企业自身引起的。**套期会计**的目的是展示管理层为达到该目标进行努力的成效。为了报告管理层在这个领域的成功程度，存在两个关键的指标：

1. 在计量和报告套期对盈余的影响时，会计处理所关注的方式与**管理层意图**相一致。[10]会计必须报告被套期项目和套期衍生工具的风险和现金流彼此抵销的情况。

2. 成功的套期保护盈余既不受衍生工具公允价值波动的影响，也不受被套期风险带来的波动的影响。在完美的套期关系中，收益也应该被保护不受套期工具的利得和损失的影响。虽然管理层可以自行采用任何套期策略，但只有在特定类型风险的成功套期中才允许使用套期会计。套期的成功程度就是套期有效性。

为了达到这个目标，准则具有下列特征：

- 提供了一个全面的观点，来考察企业所使用的所有金融衍生工具，无论是为了投资目的还是套期目的。
- 通过将每个套期与战略和企业风险管理哲学相关联，明确指出了风险管理的关键作用。
- 提出了与外部使用人交流企业管理市场和信用风险敞口的目标。就这个方面，会计准则关注的是管理决策的成功与否，这些管理决策意图就是要对那些类型的风险进行套期。
- 不再采用随意在不同期间递延或分摊成本和损失的做法。归属于套期的利得和损失按照期间进行会计处理，采用个案方法单独分析。
- 与以前分散化的方法相比，采用了一个详细的准则（已经演化成一套复杂的会计准则）处理复杂的活动。
- 使用“管理者意图”作为套期会计的基本出发点，这与一直以独立验证和公平交易为基础的会计完全不同。[11]

6.5 基本前提

从概念上来看，套期会计包含两个前提，每个都有必要的条件：

1. 第一个前提：套期会计是一项特权（privilege），而不是一项权利（right）

必要条件：这个前提就是会计准则所规定的必要条件：

- **意图：**管理层在进入特定套期合约之前，必须宣告其对特定风险进行套期的意图。
- **具体指定：**套期合约必须与一个可辨认的风险相关。管理层需要记录衍生合约预期将如何降低可辨认的特定风险。
- **相关性：**套期必须与企业风险管理和哲学有关，该管理哲学是董事会所采用的，即企业风险管理制度。这是其哲学不可分割的组成部分。
- **证据：**上述所有内容都要在每个套期交易或合约签订之前及之后被恰当记录。完整的记录必须包括事前（未来的，或在事件和时间之前）和事后（追溯的，在事件和时间之后）。
- **持续性：**为了维持套期会计的特权，上述所有内容必须在套期合约的整个生命周期内的每个报告日（90天间隔期）或更加频繁地被持续保留。
- **终止确认：**如果对于某个特定合约，主体无法保持上述五个要素中的任何一个，则需要终止对相关的合约和被套期项目使用特殊的套期会计处理。在套期被终止时，以前套期会计对利得和损失的会计处理不被转回，套期终止的影响采用未来适用法。

2.第二个前提：负相关

为了满足套期会计的处理条件，每个套期活动都必须成功：套期工具的结果必须**与被套期风险敞口的结果显著负相关**。“高度有效”指的是成功率达到80%以上。[12]

举例：某企业管理层因为担心存货价值下跌，签订了一份金融衍生合约（如掉期、远期等），其价值变化预期与存货未来价格变化高度负相关。如果该预期真正实现了，套期就被认为是成功的，也就是高度有效的。这里所关心的问题是，什么情况被看作成功的套期或高度有效的套期。

有效性的前提为采纳套期会计提出了一些要求：

• 套期项目和被套期项目的关联性：套期工具的会计不能独立于初始导致主体面对风险并促使主体进入套期关系的那些项目或事件。

举例：某企业对未预期价格变化带来的存货价值损失进行套期。如果该套期关系是高度有效的，则管理层将使用套期会计进行处理，管理层必须放弃使用“成本与市价孰低”的方法对存货进行估价，因为套期会计要求在套期关系满足了所有标准时，要按照市价对存货进行估值（仅从套期开始以后）。[13]

• **计量**：除了少数例外[14]，必须明确地、定期计量套期有效性。

• **方法**：套期有效性的计量必须以可接受的方法为基础，该方法要反映套期工具和被套期项目价格波动性之间的显著负相关关系。[15]

• **频率**：套期关系必须在套期开始之前以及之后持续高度有效，之后至少每90天就应当测量一次。

• **证据**：套期有效性的计量必须在开始日和后续不断地被记录。

• **结果**：无法满足“高度有效”测试则需终止使用套期会计，采用未来适用法，转而使用一般公认会计原则。

6.6 套期会计的适用标准

对于外部使用者来说，套期会计的目的是计量和报告企业管理层是如何管理企业所面对的风险的，以及管理层达到该目标的成功程度。

因为应用套期会计可以平滑利润、降低盈余波动程度，美国财务会计准则理事会和国际会计准则理事会都认为套期会计推翻了（override）一般公认会计原则。因此，采用套期会计是一项特权，而非一项权利或者一个要求。为了获得这项特权，美国公认会计原则和国际财务报告准则都对符合套期会计的套期关系设定了严格的标准。[16]这些标准包括四个基本要求，概述如下：

6.6.1 适用标准概要

1.定义：允许采用套期会计的金融衍生工具合约必须有非常特殊的定义特征。因此，并非所有金融经济文献或现实金融世界中的所有金融衍生工具都满足套期会计的适用条件。

2.范围：用两种方法来描述符合套期会计条件的金融合约的范围。

（1）排除法：指出不符合套期会计的合约和交易（ASC 815将这些排除在外的项目称为“例外”）。

（2）包含法：这个特征指的是辨认、计量和包含嵌入衍生品。[7]

3.记录：对套期关系进行详细记录是基本要求，记录需要包括两个特征。

（1）时间性：套期开始之前和之后都要记录，在套期开始之后的持续记录间隔期不能超过90天。

（2）风险的适用性：必须记录三种不同类型风险的适用性：

A.被套期风险；

B.套期工具的风险；

C.企业风险哲学和风险管理。

4.成功：为了持续地使用套期会计，套期必须从一开始并持续地保持高度有效。对套期有效性的检验必须在间隔期不超过90天的时间里定期进行。

6.6.2 必要性要求

6.6.2.1 第一个要素：衍生工具的定义

美国公认会计原则和国际财务报告准则（第39号国际会计准则）将衍生品定义为具有下列全部特征的金融合约：

- 一个或一个以上的标的物。
- 一个或一个以上的名义金额（面值）或结算条款。
- 要求按照净值结算或有相同效果的其他安排。
- 没有初始投资或者投资不重要。[18]

这些特征内容复杂，其基本含义如下：

1.一个或一个以上的标的物（产生风险和价值的根源）

美国财务会计准则理事会将标的物定义为（ASC 815 术语表）：

特定利率、证券价格、商品价格、汇率、物价指数或利率指数以及其他变量（包括某个特定事件的发生或不发生，如根据合约进行的支付安排）。标的物可以是资产或负债的价格或利率，但不是**资产或负债本身**。标的物指的是一个变量，要么有名义金额，要么有支付条款，这些共同决定了一个衍生工具的结算状况。

正如在第1章和第3章中所指出的，风险敞口有两面：利得和损失。管理层通常关注的是风险不利的那一面，以及可能对企业有不利影响的外部因素。套期会计所对冲的因素是价格（市场）风险和信用风险，这些就是所谓的标的物。随着价格（商品价格、资金价格（即利率或物价指数）、汇率）或信用风险发生变化，合约的风险敞口和现金流状况也发生变化。**从这个意义上来讲，标的物既是价值的来源，也是产生风险的根源。**

例如，商品价格的变化是企业存货的**价值和风险的根源**。基准利率（市场利率）（如伦敦银行同业拆借利率或美国国库券利率）的变化是固定利率金融工具的价值和风险的根源。美元与某个外国货币如港币之间兑换比例的变化，是以港币计价的应收账款（或应付账款）价值和风险的根源。

从会计的角度来看，另外一个重要的风险和价值来源是债务人以及合约交易对方的信用状况。资本市场上的投资者为了投资目标而购买债券和可赎回优先股。他们这样做的前提，一方面是预期有稳定的经济利益，另一方面是确定金融工具发行人将在预先确定的未来某个日期按照面值偿还。债券和强制可赎回优先股的发行企业（债务人）有责任向投资者支付上述款项，这是发行主体的义务。但是，如果债务人没有能力或意愿按照合约条款进行支付，这些金融工具的投资者就要面对部分或全部预期现金流的损失。[19]因此，**债务人的信用风险或信誉度也是价值和风险的根源**。

2.一个或一个以上的名义本金（面值）或支付条款

名义金额或面值是“衍生工具所确定的单位数、股份、蒲式耳、英镑或其他单位”（ASC 815术语总表）。名义金额代表被套期的总单位数，该金额与价格变化一起用于决定结算所需资金总额。例如，原油的远期合约不仅有标的物（石油价格），而且还明确了交付数量（桶）。石油价格（标的物）的变化和合约中确定的石油数量（桶）（名义金额或面值）一起决定了合约一方欠另外一方的总金额。

会计日志：名义本金的两个替代说法

A.支付条款：会计准则允许在某些条件下，合约中不必明确写清楚名义金额，但合约要允许一个特定的支付条款作为替代。例如，对中西部卷板钢材的一份远期合约可能明确指出了支付总额，假设是50 000美元，如果国家钢材的价格下一年度上涨了一定比例（如10%），在这种情况下，标的物价格仍然不变。但这里没有一个明确的本金或名义金额，因为明确指出的支付条款确定了结算金额，所以就可以被当作名义金额的替代。

B.要求合约：要求合约是一份协议，合约一方（假设为主体D）同意为交易对方（假设为主体E）按照交易对方（主体E）生产经营计划提供一定数量的商品。在这种类型的合约中，合约的其他变量或条款可能被用于估计一个数量，该数量是对名义金额的替代；合约双方的交易历史也可以用于此估计。[20]

3.无（重大的）初始投资

第三个定义要素要求衍生合约在套期开始日没有初始净投资的需求，或者要求初始净投资的金额远**小于类似基于市场因素变化的合约所要求的投资**。

通过参考第5章所介绍的基础金融工具，就可以很容易地理解该条件。普通利率掉期的现值在合约开始日即为0。掉期协议的条款设计使固定端的现值在合约开始日恰好等于浮动端的现值。因此，签订这种类型的掉期协议无须双方进行任何投资（除了交易费用之外）。此后，掉期合约之所以会产生价值，完全是因为利率发生了未预期的变动。[21]由基准利率或信用风险变化（假设其他不变）导致的价值变化，给合约一方带来了现金流权利，同时给另外一方带来了现金流义务；前者拥有了利得（以及一项资产），后者则产生了损失（以及一项负债）。资产和负债定期结算（期货合约是每天结算的），交易金额等于价值变化之差。

会计日志

有些利率掉期的合约条款使合约的现值大于0。例如，如果合约条款要求固定端利率为8%，而掉期零息曲线（zero-swap curve）说明固定利率应该是5.5%（该利率使固定端现值恰好等于浮动端现值），则合约的价值就等于现金流（利率乘以名义金额）差额的现值。在这份合约中，支付固定利率的一方在掉期合约开始日收到等于该现值的金额。[22]《衍生工具解释指南》（修订后已经成为现行ASC815的一部分）介绍了如何对这类工具进行会计处理：

• 如果在开始日，合约的现值相当于名义金额的现值，则该掉期合约不符合套期会计特殊处理对衍生工具“无投资”的要求，因此从会计的角度来看，它就不是一项衍生品。该掉期合约被看作一个混合债务工具，合约开始日支付（收到）的金额将是一项投资（义务）。

• 如果掉期的价值和开始日交换的金额“显著”地低于名义金额的现值，则合约满足“无初始投资”的要求，并且符合会计中对衍生品的定义。但是，这里并没有明确指出什么是“显著地”，美国财务会计准则理事会将其作为一个职业判断问题。

同样的，远期合约在开始日的内在价值也是0[23]，因为在有效市场中，远期合约的价格在计算时会使得没有哪一方可以在合约开始日套利。因此，远期合约也不需要规定在合约开始日的初始投资。

在这个方面，期货和远期合约是类似的，但它们还存在以下三个方面的差异：

（1）期货交易指的是每个期货合约都有交易对方。

（2）在签订期货交易合约时，企业和交易商必须提前存入保证金。

（3）期货必须日结算，因此信用风险就被降低了。

期权合约可能按照平价发行，甚至可能按价外发行，但其价值总是等于期权的时间价值。对于期权时间价值的支付，并非套期会计对衍生品定义的净投资。

4.按照净值结算（以及等效的机制）

一般概念

衍生品的第四个定义条件是关于衍生合约结算的性质和机制。一般而言，结算衍生合约有两种主要的方法[24]：

（1）实物交割：例如，交付股票期权合约中约定数量的普通股，交付石油期货合约中实际要求数量的石油，以及交付棉花远期合约中规定数量的棉花。[25]

（2）金融结算或净值结算：合约中可能包含一份明确的或不明确的协议，根据结算日价值之差交付现金进行结算。该价差就是期权的内在价值，也是利率掉期中固定端现金流和浮动端现金流之差，以及期货合约中远期价格和结算日价格之差，或者远期合约在最终日期的结算金额。[26]

信息日志：与净值结算等效的机制

ASC 815还提出了一些替代机制，这些机制也满足净值结算的标准。下面将讨论其中一些机制：

• **变动处罚**：合约可能会根据标的物变化而对不履约提出惩罚，标的物就是合约所规定项目的价格。变动处罚可能采用一个列表的形式，在表中列出标的物变化情况的具体处罚金额。要满足对净值结算的替代，“变动”一词的意思是处罚的固定部分不能高到会引发不履约。

• **对称的违约支付额**：衍生合约中可能还包括在任意一方在实物交付方面违约的情况下，合约双方的具体行为。例如，卖方没有交付或买方拒绝接受资产，无论违约的是哪一方，都会有：

（1）处于有利地位的一方；

（2）处于不利地位的另一方。

例如，如果**买方是违约方**，辨认处于有利地位的一方则需要考虑市场条件：

条件A：如果现货价格低于合约价格，违约方（买方）将处于有利地位，而非违约方（在这个例子中就是卖方）将处于不利地位。根据**对称的违约支付条款**，卖方（非违约方）将支付违约罚金。

条件B：如果现货价格高于合约价格，违约方（买方）将处于不利地位，而非违约方（在这个例子中就是卖方）将处于有利地位。根据**对称的违约支付条款**，买方（违约方）支付违约罚金（参考下面信息日志中关于非对称违约的例子）。

有必要强调的是，在对称违约条款中，无论是哪一方引发的违约，支付罚金的一方就是损失方。规定对损失进行赔偿的合约条款是一种保险形式，也被称为非对称违约条款。这些合约与对称违约条款的合约有区别。

• **市场机制**：如果存在允许卖方和买方在合约之外交易的市场机制，也就满足了按照净值结算的要求。需要同时满足下面五个条件：

（1）解除所有合约各方执行合约的法定义务。[27]

（2）不必承担显著的交易成本。

（3）不必承担显著的谈判成本。

（4）在行业中，在该时间框架内结算这种类型的合约是正常的。

（5）在合约开始日以及后续阶段会持续地评价市场机制的存在性。

市场机制的最佳案例就是期货交易所的运行机制。交易所是期货合约的交易对方，要求与交易商按照交易价格之差进行每日结算。因此，解除合约的交易对方是相同的，无论是经销商还是交易商都不再为第一个合约负有经济上和法律上的责任。在这种情况下，交易所就是满足按照净值结算的市场机制。

• **转移可变现的资产**：第四个可能的按照净值结算的等效方式是转移一项具有现成市场的资产，在这个市场上，买方会立刻将其变换为现金，这种情况与假设有直接净值结算的情况是等效的。对于资产的接收方（买方）而言，净值结算与收到可立即变现的资产是无差异的，但资产的转移不能有显著的交易成本，该资产的市场要足够大和足够活跃，这样就不至于在出售资产时改变供需关系，从而影响市场价格。

例如，假设一个远期合约规定按照美元进行净结算，但在结算时，交易对方交付的是日元。如果交付的日元金额等于即期汇率折算的美元金额，那么就和净值结算等效，因为日元有一个高度流动的市场，很容易转换成美元。如果相反，交易对方交付的是埃及镑，这就不能与净值结算等效，因为埃及镑没有像日元那样的大型流动市场。

信息日志：非对称违约条款举例

有些合约包含对非违约方补偿因违约方造成的任何损失的特征。该条款就是所谓的“非对称违约条款”，该条款不满足会计准则中所要求的净值结算标准。它的目的是弥补任何的损失，因此是保险的一种形式。

在美国会计准则815-30-55-11A（实施指南和解释）中，美国财务会计准则理事会列举了下面的例子：

买方同意从卖方那里按照每单位1美元购买100个单位的商品：

- 案例A：假设买方没有接收交付的商品，因此买方违约了，卖方必须在市场上按照每单位0.75美元卖出这100个单位的商品。为了弥补因买方违约而给卖方带来的损失，买方必须支付给卖方25美元（100×（1−0.75））。
- 案例B：同样地，假设卖方违约了，买方只能从市场上按照当时的市价每单位1.3美元购买100个单位的商品。为了弥补由于卖方违约而给买方带来的损失，卖方必须支付给买方30美元（100×（1.3−1.0））。

注意，非对称违约条款设计的目的是对没有违约的一方发生的损失进行补偿。如果当初选择履约反而对违约方有利，违约方则不能要求从非违约方获得支付以补偿市价的变动带来的损失。在这个例子的远期合约中，如果买方在市价为1.1美元时违约，卖方就可以按照1.1美元将商品在市场上销售，获得的利得比遵守合约多10美元。在这种情况下，违约的买方不被要求为其违约支付罚款，卖方也不被要求将10美元的利得交付给违约的买方。同样地，如果卖方在市价为0.8美元时违约，买方就可以在市场上购买，所支付的金额比按照合约支付的金额少20美元。在这种情况下，违约的卖方就不被要求为其违约支付罚款，买方也不被要求将节约的20美元支付给违约的卖方。

和其他指南一样，这个指南也有一些例外。例如，美国会计准则815-3-55-17指出，发行非对称条款的合约双方可能往往已经达成“总会存在按照净值结算”这样的协议。在这种情况下，这种商品合约就满足了美国会计准则815-10-15-100条款所描述的净值结算特征。

6.6.2.2 第二个要素：范围边界

适用于套期会计的合约和活动的范围可以从两个方面来定义：（1）通过**排除**特定类型的合约和工具；（2）通过**包含**系列嵌入衍生工具。[28]

通过排除法：不具备资格和例外

有两种类型的例外：[29]（1）**宏观排除**，也就是一般适用性原则的排除；（2）**微观排除**，即特定类型合约的排除。

- **宏观排除**：如果被套期项目与下列任意一项相关，就不适用于套期会计：

1.资产或负债按照公允价值计量或再计量，且变动计入损益（如交易性金融工具以及可选择使用公允价值计量方式的金融资产)。

2.使用权益法进行会计处理的投资。[30]

3.在一个或多个被合并子公司中的权益或少数权益。

4.企业合并。

5.被划分为股东权益的权益工具。

6.气候或地质衍生品,除非这些衍生品在交易所交易。

7.**特定保险合约**,仅为持有人赔偿特定可保险事项带来的损失。**这些并不以价格或价格指数的变化为基础**。这种排除在外的例子包括传统的财产和意外事故保险合约,以及传统的人寿保险。

- **微观或特定排除**:这些是明确被排除在套期会计范围之外的合约或工具(ASC 815),通常适用于合约双方。

1.**"普通交易"的证券**:按照习惯的交易做法进行交易和结算的证券不是衍生品,除非:

(1)净值结算受到资产交付的影响,该资产有立即可变现的市场,或者通过市场机制进行结算,如票据交换所或交易商。

(2)净值结算不是以交易日为基础进行的结算,或者结算延期超过实务中的习惯做法。[31]

2.**正常采购或销售的大宗商品合约**也不是衍生品,如果:

(1)按照行业内正常的企业交易惯例购买和销售。

(2)有可能以实物交割来结算。

例如,并非所有远期合约都满足套期会计对衍生品的界定范围。正常企业活动(根据交货时间、地点和过去使用的方式)中所签订的远期合约,约定在未来交付商品很可能会以实物交割作为结算方式。因此,按照现行会计准则,这些合约不是衍生品,必须按照"正常采购或销售合约"进行会计处理。

3.**阻碍确认销售的衍生品**:假设某个合约转移了金融资产,但同时还存在回购选择权。回购选择权是一个长期的赎回期权,允许根据特定的条款和日期转移或回购已经转移的资产。表面上这是一项销售,实质上该合约却是一项贷款,其意图是阻碍一项真实的销售交易。

4.**非交易性合约,标的物以下面的任意一项为基础确定:**

(1)**气候、地质或其他实物变量**(如温度、降雪量、地震探测)。[32]

(2)其中一方的**非金融资产或负债的**价格或价值,不能立刻变现或不要求通过转移立刻可变现的资产来结算(如购买或销售由某方所拥有的特定房地产,或者购买或销售某种特殊设备的确定承诺)。

(3)**与其中一方销售数量或服务数量相关的合约**(如版权合约通常是以销售量为基础签订的)。

(4)**某些金融担保合约**。在某些情况下,贷款人(如银行)得到担保,以弥补债务人(如商业贷款的借款人)无法按照合约条款履行必要支付义务时受到的损失。保护贷款人在借款人违约时不受损失的金融担保合约,从本质上来看是一个弥补亏损的保险合约,因此不满足套期会计的条件。金融担保合约在下列条件下不满足套期会计的要求：

a.按照违约金额对贷款人进行补偿。

b.补偿金额仅针对逾期贷款。

c.贷款人的违约风险是与被担保资产有关的。

有些信用违约掉期是这种类型的担保合约，因为提供的是保险保护，所以不按照套期会计处理，应该遵守一般的公认会计原则。

（5）持有至到期债券的利率风险和提前偿付风险不满足被套期项目的要求（但是信用风险满足）。

（6）对附属企业（子公司或合营企业）采用全部合并或比例合并法进行会计处理的投资，以及采用权益法进行会计处理的投资，都不满足套期会计的定义（除非这些投资是用外币而非功能货币计价）。

（7）对于企业自己发行的期权，期权的发行人（卖方）不能将其指定为套期。

通过包含符合资格的嵌入衍生工具

嵌入衍生工具是混合的金融或非金融合约的一个组成部分。该嵌入会使母工具的现金流模式发生改变。

混合金融工具是一种既包含债务特征又包含权益特征的合约。这些特征中的其中一个是基础特征（母合约），其他则属于嵌入衍生品的特征。嵌入衍生品给予合约一方特定的权利。这些权利与类似的独立金融衍生品相比，从性质上来看是类似的，但现金流数量却不同。例如，一个可赎回债券（callable bond）包括一个纯债券作为母工具，以及一个看涨期权——给予发行人在到期日之前赎回债券的权利。赎回权利是债券发行人购买的一个看涨期权（call option）。债券利率比相同风险等级的市场利率更高，通过这种方式，发行人偿付了该期权的价格（如折价发行债券）。

可以从以下两个方面区分嵌入衍生品和独立衍生品（freestanding derivatives）：

1.**可分割性**：嵌入衍生品不能从母合约中分离出来。

2.**变现性**：嵌入衍生品不能独立于母合约而交易。

会计准则的最新进展是要求（不是允许）企业在满足特定条件的情况下，必须辨认所有嵌入衍生品，且与非衍生合约独立开来进行会计处理。这就是我们将在第9章所讨论的分割（bifurcation）条件。[33]

6.6.2.3 第三个要素：记录作为适用性的标准

为了满足套期会计的适用条件，主体必须从套期开始一直到结束持续地保持清晰具体的记录。因为公允价值套期和现金流套期具有不同的性质，所要求记录的某些方面也不相同。

相同的要求是关于：

1.**风险**：辨认被套期的风险、套期工具的风险，以及预期的抵销程度和与企业风险管理哲学的符合程度。

2.**被套期项目和套期工具**：辨认和描述被套期项目、交易或预期交易的具体特征。对套期工具进行详细描述。

3.**关系**：描述测试套期有效性的方法，包括**事前**（未来适用的）、**事后**（追溯的）及测定套期无效的方法。

4.其他： 有些记录要求是特别针对货币套期的，如套期和计量有效性基础之间的一致性（如税后或税前），以及对预期交易进行套期时货币数量或金额的信息（参见美国会计准则815-20-25-3）。

此外，记录必须评价分割（理论上的分离）嵌入衍生工具的需要，必须验证下面的条件是否都得到了满足：

1.被套期项目（资产、负债、确定承诺或预期现金流波动性的来源）**不是**一个衍生工具。[34]

2.被套期项目不是按照一般公认会计原则的要求，以公允价值计量且其变动计入损益（利润表）的资产或负债。

如果企业采用了企业风险管理项目（enterprise risk management program），记录要求就可以大为简化，如前述章节所讨论的COSO企业风险管理（第4章）。当无法为特定套期关系保持和更新必要记录时，该特定套期就不能满足套期会计的要求。

6.6.2.4 第四个要素：评价和测试套期有效性

有效性的概念

如前所述，以管理企业风险为目的的套期项目所签订的合约，其风险和现金流支付模式预期将与风险敞口出现负相关关系。企业必须向其投资者和利益相关者报告它们在抵销被套期风险的套期项目上取得了多大的成功。我们用“套期有效性”来描述这个过程。

一个完美有效的套期是指套期工具的价值变化恰好完全抵销了被套期的风险。100%的抵销是可行的，并且是可实现的，尤其是在某些外币套期合约中。但在现实中，因为各种原因，套期有效性会出现随机和不可预知的误差。会计准则没有说清楚在多大程度上偏离完美抵销是可以接受的，但是美国证券交易委员会认为最佳实践应该是20%的误差容忍度。如果套期关系达到至少80%的有效性，就被认为是高度有效的。只要达到了这个程度的成功率，企业就可以继续对一个给定的套期关系使用套期会计。[35]

评估套期有效性：定性方法

> **信息日志**
>
> 套期会计的最终优势是允许管理层不报告收益的波动，即使企业有大量的衍生工具投资组合。但是除非套期是高度有效的，否则企业不可以应用套期会计。因此，管理层可能会管理企业在衍生工具上的交易，来获得能够通过有效性会计测试的衍生品。所以，对于管理层的政策和决策来说，测试套期有效性的会计方法比仅仅判断有效或无效更加关键。由于同样的原因，管理层在选择测试套期有效性的方法时会非常谨慎。

1.简便法： 为了简化套期会计，美国财务会计准则理事会采用了一种反向测试套期有效性的方法：证明没有无效。如果套期满足使用该方法的条件，则可以假设现在且直到终止日套期没有无效（完全有效），并在套期持续期间都不做任何数量评估。因为不需要管理层做任何事，因此就称为简便法。

准则规定使用简便法必须满足严格的约束条件。该方法仅限于满足下列特征的利率掉期：

（1）合约是对已确认金融资产或金融负债的利率风险敞口进行套期的。

（2）无论是被套期项目还是套期工具都不能提前偿付。

（3）套期和被套期项目有相同的名义金额。

（4）在利率掉期中计算结算净值的计算公式对每个净值结算都一样。也就是说，要满足下面两个条件：

a. 在套期的整个期间固定利率保持不变。

b. 变动利率以**相同**指数为基础，并且包括进行的调整是稳定一致的，或者不进行调整。

（5）利率掉期的浮动端所依赖的指数与该套期关系中被指定为被套期的基准利率相匹配。

（6）在三个套期无效计算方法下对衍生品和被套期项目都使用相同的收益率曲线。

（7）利率掉期过期日与含利息资产或负债的到期日相匹配。

（8）交易对方不会违约。

除了上述要求之外，套期关系必须满足一系列详细要求。这些要求使得只有特定类型的利率掉期才可以使用简便法。国际会计准则理事会和美国证券交易委员会都不看好简便法。该法仅存在于一般公认会计原则中，如果国际会计准则理事会实现了对金融工具准则的趋同，则简便法很可能会消失。

2. 关键匹配条款：这里的关键条款指的是所有决定价值和风险敞口的合约要素，如标的物、名义金额、套期和被套期项目的时间和久期。如果套期工具的关键条款和被套期项目匹配，那么企业就不需要对未来套期的有效性（**事前**）进行数量测试。然而，无论关键条款是否匹配，主体都必须在每个季节评估持续性。关键条款匹配状况的变化意味着套期有效性应当用统计方法（数量性）进行测试。

会计日志：ASC 815-20-25-84 关键条款匹配标准

有时候判断套期关系是否满足高度有效性是很容易的，在套期的持续期间内无须在盈余中确认无效性。如果套期工具和全部被套期资产或负债（相对于选定现金流）或套期预期交易的关键条款是相同的，则主体可以得出结论，即与被套期风险相关的公允价值或现金流变化可以从一开始且持续地被完全抵销。例如，如果满足了下面的标准，主体就可以假设用远期合约对一个预期商品采购的套期是高度有效的，从而无须在盈余中确认无效性：

1. 该远期合约是为了购买与被套期预期采购具有相同时间、地点以及数量的相同商品。

2. 在合约开始日，远期合约的公允价值为0。

3. 满足下列标准中的一个：

（1）远期合约的折价或溢价变化被排除在有效性评估之外，并按照ASC 815-20-25-81第25～83段的方式直接计入盈余。

（2）预期交易中的预计现金流的变化以商品远期价格为基础。

评价套期有效性：定量方法

对套期有效性的定量评估允许使用统计学方法，但并没有对这些方法的采纳或不采纳提出范围界定。[36]然而，使用定量分析的基本方法有三种：美元抵销法（也称作比例法）、回归分析法，以及方差缩减法。

1. 美元抵销法（比例法）：**美元抵销法以两者的关系为基础——衍生工具价值的累积变动**和被套期项目价值的累积变动。因为套期工具和被套期项目的价值变动预计应该是负相关的，美元抵销比例（DOR）通过下面的Delta比例绝对值来计量：

$$\delta=\frac{c\Delta D}{c\Delta H}$$

式中：$c\Delta D$——套期衍生工具公允价值的累积变动；

$c\Delta H$——被套期项目公允价值的累积变动。

在完美套期中，Delta比例应该是100%。然而，由于随机和误差可能使该比例不是100%，按照SEC建议的最佳实践，20%的容忍水平是可接受的标准。[37]如果Delta比例在下面的范围内，则套期关系就是高度有效的：

$$0.80\leqslant\frac{c\Delta D}{c\Delta H}\leqslant 1.25$$

因为衍生和套期项目的现金流变化应该能够相互抵销，衍生项目和被套期项目的现金流就应该向相反方向变动。随着一个现金流增加，其他现金流则减少。因此，δ的符号应该是负的。然而，这个简单的转换可以帮助我们理解有效性的范围。

为了计量套期关系的有效性，必须观察以下两个变量：

（1）在追溯测试中，相关的计量通常是衍生套期工具价值的累积变动和被套期项目价值的累积变动。

（2）套期有效性的测试应该仅仅使用归属于被套期的特定风险的价值变动部分。因为其他原因导致的价值变动是无关的，而且不应该被用来计量套期有效性。

举例

（1）某企业对一个固定利率债券进行利率风险套期。债券价值可能会因为下列因素而发生变化：①市场利率的变化；②发行人信用风险的变化。同样地，套期价值可能会因为利率变化或者交易对方信用风险变化而变化。[38]无论在哪种情况下，只有被套期的风险才应该被用于套期有效性的计算，在本例中也就是因为利率变化而导致的公允价值变化。对信用风险的套期也是同样的，只有因信用风险而导致的价值变化才应该被用来测试套期有效性。

（2）在测试套期有效性时，管理层必须提前决定是否包含因期权时间价值带来的期权价格变化。期权的时间价值取决于风险被套期的那个资产的波动性以及还有多长时间到期。

（3）在远期合约中，管理层可以选择当期利率（也就是排除了远期点数）或者远期利率（也就是包括远期点数）来计量给定套期的套期有效性。

（4）用于对外国经营净投资进行套期的衍生工具，其公允价值变化归属于货币即期汇率和远期汇率之差（如果满足特定条件）。

使用美元抵销法来评估套期有效性时存在以下三个实际问题：

（1）衍生项目和被套期项目价值的变化可能有非常高的负相关性，但如果$c\Delta D$

相对于 cΔH 而言过小，则 DOR 可能会给出错误的结论。在这种情况下，应用指南（现在已经成为 ASC 815-20-35-2 的一部分）建议使用回归分析法。

（2）cΔD 与 cΔH 之间的相关性可能很低，但 D 和 H 之间的相关性（变化之后）很高。

（3）计量有效性时所使用的期权内在价值忽视了期权的时间价值，因此会得出比包含期权时间价值更高的有效套期计量结果。

2. 回归分析法：回归分析经常用于测试套期有效性，因为**即使其中一个持续地比另外一个更小**，该方法也能对 ΔD 和 ΔH 之间的关系进行描述性计量。回归关系的形式如下：

$$\Delta D = \alpha + \delta \Delta H + e$$

式中：ΔD——套期工具公允价值的变化；

ΔH——被套期项目公允价值的变化；

α——计量 ΔD 与 ΔH 之间的稳定性和关系的截距项；

δ——表明 ΔD 对 ΔH 斜率或敏感性的系数**（该系数的符号必须是负的）**；

e——误差项，期望值（平均值）为 0。

除了估计的截距项 α 和斜率 δ 之外，回归模型还产生了三个有用的统计数据：相关系数、确定系数或 R^2，以及均方误差。

根据目前对最佳会计实践的解释，如果确定系数（R^2）至少是 0.8，该套期就被认为是高度有效的。这可以有以下两种解释：

（1）R^2 等于 80% 意味着解释变量，也就是被套期项目价值的变动（ΔH），解释了 80% 的被解释变量的变动，也就是套期衍生品价值的变动（ΔD）。然而这种关系仅仅是统计上的，不代表因果关系。

（2）R^2 等于 80% 意味着套期项目与被套期项目价值变化存在 80% 的相关性。

需要考虑的一个重要因素是，回归分析应该采用哪个时间段进行。显然，我们会希望采用一个足够长的期间，这样才能反映出两个价格变动的真正关系。期间越长，极端变化的影响就越可能被消除。

价格变化可能有各种不同的模式。套期衍生项目和被套期项目的价格可能按照预期呈反向变化，但是价格的变化却未必是高度相关的。

释例 6-3

用回归分析测试有效性

第一组：用回归分析测试有效性的基本问题

在回归方程中：

$$\Delta D_i = \alpha + \delta \Delta H_i + e_i$$

式中：ΔD——套期工具公允价值的变化；

ΔH——被套期项目公允价值的变化；

α——计量 ΔD 与 ΔH 之间的稳定性和关系的截距项；

δ——表明 ΔD 对 ΔH 斜率或敏感性的系数（该系数的符号必须是负的）；

e——误差项，期望值（平均值）为 0；

i——观测值所分布的区间。

斜率δ表明衍生工具公允价值变化对被套期项目公允价值变化的敏感度，平均而言：

$\Delta D/\Delta H=\delta$

因此，系数δ实际上是美元抵销法当中所使用的比例。

如果套期有效，则δ的值应该在下列范围内：

$-1\leqslant\delta\leqslant0$

然而，无论δ有多大，契合度或确定系数（R^2）是度量被解释变量ΔD的总方差中被解释变量ΔH解释的比例。被解释方差的比例可以计算如下：

$$R^2=\frac{1-RSS_D}{TSS_D}$$

式中：TSS_D——总方差（$=\sum_{i=1}^{n}(\Delta D_i-\overline{\Delta D})^2$）；

ΔD_i——在i期间衍生工具价值的变化；

$\overline{\Delta D_i}$——在i期间衍生工具价值的平均变化；

$\sum_i^n e_{iD}^2$——残值或未解释方差（=RSS）；

ESS_D——被解释的方差（$=TSS_D-RSS_D$）；

下标“D”——套期衍生工具；

下标“i”——观测值所分布的区间。

举例如下：假设有两个金融衍生工具（D）被指定为一项资产或一项负债（H）进行套期。用过去200天的历史价格变化数据进行回归分析，可以得到图6-2中所示的关系。

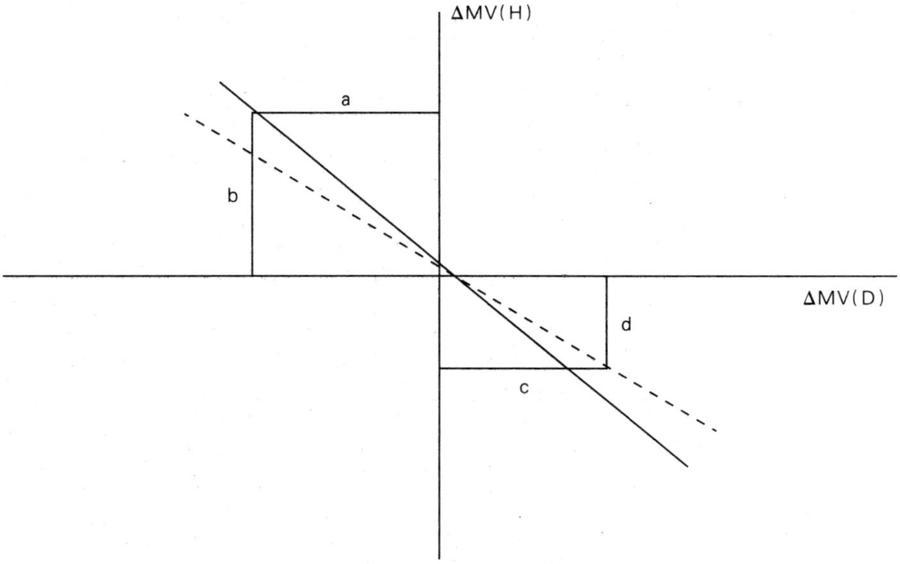

图6-2 两个衍生工具和两个被套期项目价格变化的回归关系

说明：ΔMV（D）——套期衍生工具（a和c）的市场价值变化；

ΔMV（H）——被套期项目（b和d）的市场价值变化；

$|\delta|=|a/b|=1.16$→说明套期是有效的；

$|\delta|=|c/d|=1.67$→说明套期是无效的。

两条回归曲线的斜率分别是$\delta_{(a,b)}$和$\delta_{(c,d)}$。这两个斜率说明，一个衍生工具（a, b）与被套期项目同时运动的状况好于另外一个。此外，该关系是负相关的，而且可能会在绝对值0.8和1.25之间产生抵销作用。

比较美元抵销比率和回归

将美元抵销法与回归法进行比较，美元抵销法的价值变化比例也就是系数δ可能比较小，但匹配性以及方差被解释的程度是高的。这也就是美元抵销法不如回归法之处：价值变动比例比允许的边界|0.8|低，但R^2高。因此，回归法搭配R^2值至少为80%的标准比美元抵销法更受欢迎。

第二组：分析

只有一个解释变量的相同回归方程，R^2也是相关系数的平方值。

相关系数按照下式计算：

$$\rho = \text{cov}(\Delta D, \Delta H)/\sigma_{\Delta D}\sigma_{\Delta H}$$

式中：$\text{cov}(\Delta D, \Delta H)$——衍生工具的价值变化与被套期项目的价值变化的协方差；

$\sigma_{\Delta D}$——衍生工具价值变化的标准离差，并且等于$\frac{TTS_D}{n-1}$的平方根；

$\sigma_{\Delta H}$——被套期项目价值的标准离差，并且等于$\frac{TTS_H}{n-1}$的平方根；

n——计算期的数目，N=−1,2,…,n；

t统计量——统计显著性的计量方式，用斜率除以标准差计算（$=\frac{\delta}{\sqrt{\sigma_e^2/n}}$）。

尽管回归诊断可能会减少使用美元抵销法带来的问题，但用回归来测试套期有效性会产生其他问题：

- 在计算ΔD和ΔH时所使用的日期需要有对称性，也就是说用3个月的伦敦同业拆借利率（LIBOR）意味着计算ΔD和ΔH时都要以3个月LIBOR为基础。
- 为了获得足够数量的观测值，可能需要收集很久之前的数据，而那个时候的经济状况与目前有重大差异。
- 以时间序列观测值为基础来估计回归，可能会存在严重的序列相关问题，在使用回归进行正确性诊断之前，可能需要先解决序列相关问题。

3.方差缩减比例（volatility reduction ratio，VRR）。这个方法比较被套期项目的波动性与包含被套期项目和套期衍生品投资组合的波动性。定义如下：

σ_H^2——被套期项目价值变化的方差；

σ_D^2——套期工具价值变化的方差。

因此，被套期项目（H）和套期衍生工具（D）之和为：

$$\sigma_P^2 = \sigma_H^2 + \sigma_D^2 + 2\,\text{cov}(D, H)$$

标准差为：

$$\sigma_P = \sqrt{\sigma_P^2}$$

式中：下标“D”——衍生工具；

下标“H”——被套期项目；

下标“P”——投资组合。

则方差缩减比例计算如下：

$$\mathrm{VRR}=\frac{\sigma_{\mathrm{H}}^{2}-\sigma_{\mathrm{P}}^{2}}{\sigma_{\mathrm{H}}^{2}}$$

$$=1-\frac{\sigma_{\mathrm{P}}^{2}}{\sigma_{\mathrm{H}}^{2}}$$

6.6.2.5 现金流套期的计量问题

套期有效性是评估套期在减轻特定风险方面的成功程度。在现金流套期中，被套期项目是预期未来现金流的波动性，该波动性只是一个特征，本身并没有数值来代表价值的变化。因此，如果这个被套期的“特征”发生变化，套期工具的价值变化也并不总能够有一个相对应的被套期特征的价值变化。为了填补无法应对的空缺，美国财务会计准则理事会和国际会计准则理事会采用了“假设衍生品”的概念来代表被套期项目。正如这个名字所表示的，假设衍生品是一份想象的合约，该合约创造出假定的现金流，该现金流的变化方向恰好与套期工具现金流变化的方向相反。通过这种方式所构造出来的现金流套期就比现实中真正发生的经济事件更加有效。此外，如果被套期特征的现金流可以估计，则衍生品公允价值变动比被套期特征现金流变动的公允价值变动更大，此时就会出现过度套期。套期不足的情况也可能会出现。我们将在第7章中讨论过度套期和套期不足的会计处理。

图6-3对套期会计采用前提进行了总结。

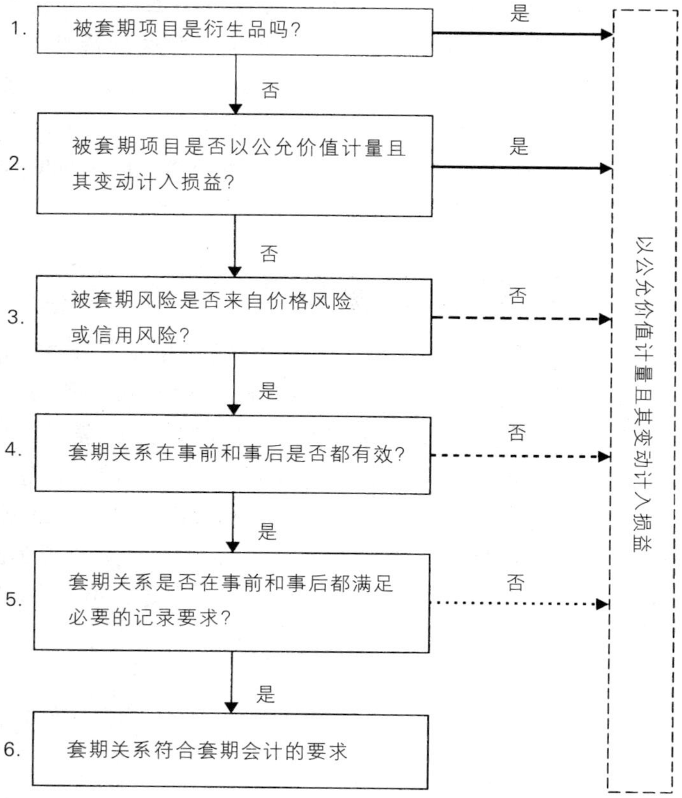

图6-3　套期会计采用前提的流程图

释例6-4

IBM采用的套期会计

衍生金融工具

所有的衍生品都确认在合并的财务状况表中且以公允价值计量，并且报告为预付费用、其他流动资产、投资及各种资产、其他应付费用和应付债务或其他负债。根据每个衍生工具的到期日是在12个月内还是超过12个月，将衍生品分为流动或非流动。为了满足套期会计的要求，衍生工具必须能够有效地降低被指定套期的风险敞口。对现金流量进行套期的工具，套期有效性标准还要求标的物交易很可能会发生。满足会计标准的工具都被正式地指定为套期。这些标准证明，在套期关系开始日和后续期间，预期衍生品在抵销标的物风险敞口的公允价值或现金流变化方面高度有效。评价套期有效性和计量套期无效的方法在套期开始日就做了正式记录。在整个指定的套期期间，公司至少每个季度评估一次套期有效性，并计量套期无效性。

公司在应用套期会计时，将每个衍生品指定为下列的套期：(1) 已确认金融资产或负债的公允价值，或者未确认的确定承诺的公允价值；(2) 预期交易的预计现金流变化或与一个已确认金融资产或负债相关的即将收到或支付的现金流变化（现金流套期）；(3) 外国经营长期投资的套期（净投资套期）。此外，公司还可能签订其他衍生工具合约，这些合约在经济上对特定风险进行套期，但并不适用于套期会计或公司选择不应用套期会计。在这种情况下，存在自然套期关系，该衍生品公允价值的变化确认在当期损益中，从经济上抵销被套期项目公允价值变动。

（来源：IBM10-k表，2010年年度报告，第75页。ftp://public.dhe.ibm.com/annualreport/2010/2010_ibm_annual.pdf.）

6.7 衍生工具有多么重要？

在过去20年的时间中，金融衍生工具的数量增长了3500%以上。根据美国货币监理署审计师办公室（OCC's Report）在2012年第一季度发布的报告，美国25家最大的商业银行所拥有的衍生品名义金额为243万亿美元。根据该报告所制作的图6-4代表了2012年第一季度之前的10年衍生品发展趋势，这一趋势恐怕超过了任何人为的现象。这还是在2012年已经有所下降的情况下，根据报告，“与第三季度相比，被保险的美国商业银行所持有的衍生品合约名义金额第四季度下降了17.2万亿美元（6.9%），下降后的金额为230.8万亿美元。第三季度名义金额也下降了0.6%。”[40]

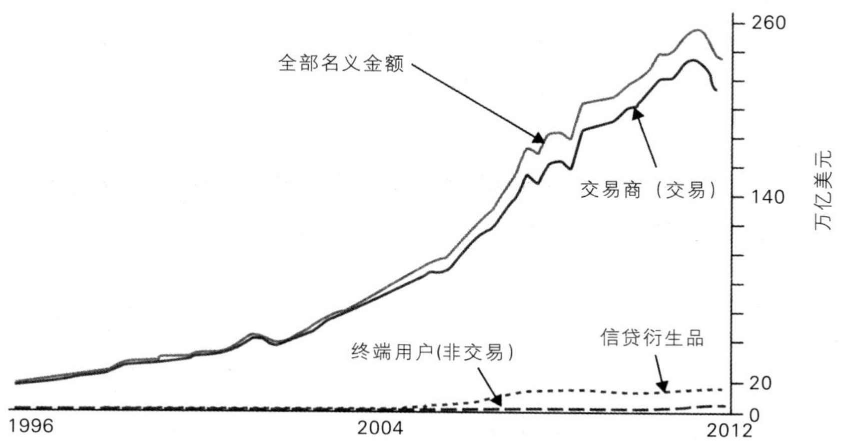

图6-4 按照用户种类区分的场外交易衍生品名义账户（被保险的美国商业银行和储蓄机构（Insured US Commercial Banks and Savings Associations））

（来源：http://www.occ.gov/topics/capital-markets/financial-markets/trading/derivatives/dq112.pdf.）

图6-5展示的是国际掉期交易商协会（ISDA）衍生工具的面值。市场规模从1996年的20万亿美元增长到2000年上半年的500万亿美元。实际的数量可能比报告出来的更多，因为该数量是根据对交易商的调查估计出来的，而并非所有交易商都给出回复。在这个总量中，全球最大的14家衍生品交易商的交易规模是355万亿美元，美国最大的5家交易商的数量是172万亿美元。[41]

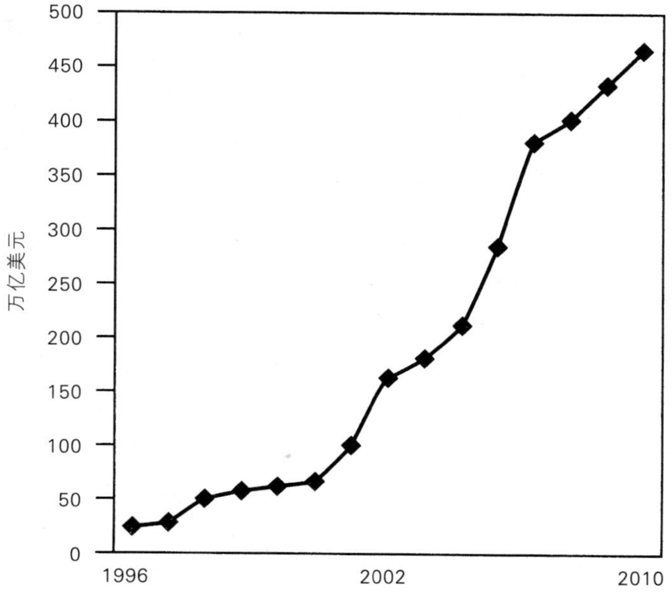

图6-5 ISDA报告的场外衍生品名义金额的数量

（来源：根据ISDA（International Swap Dealers Association）的报告制作，http://www.isda.org/statistics/recent.html.）

名义金额是计量衍生工具支付金额的基础，并不代表风险的金额。估计的公允价值金额大约为名义金额的4%，假定就算只有2%代表风险金额，那就是10万亿美元，这大约是美国国内生产总值（GDP）的80%。

释例6-5

案例：描述金融机构和非金融机构衍生品的数量

1.摩根大通的衍生工具

名义金额的余额：

2010年，衍生工具名义金额总值为78.9万亿美元，其中63.6万亿美元是利率合约，7.7万亿美元是外汇合约。

2010年12月31日的账面资产和负债如下：

已确认的流通在外的交易性衍生品总额	应收	应付
未指定为套期（10亿美元）	1 520	1 480
指定为套期（10亿美元）	9.5	4
净值调整（netting adjustment）（10亿美元）[a]	（1 529）	（1 485）
资产负债表上的公允价值（10亿美元）	80.5	69

套期衍生工具对利润表的影响如下：

公允价值套期	衍生工具利得（百万美元）	1 069
	被套期项目损失（百万美元）	（384）
	对盈余的影响净值（百万美元）	686
现金流套期	记录在其他综合收益中（百万美元）	247
	从其他综合收益中重分类至盈余（百万美元）	384

[a] 按照ISDA条款，与相同交易对方对所有场外金融衍生工具签订的资产和负债合约抵销后的净额。美国公认会计原则允许在交易对方主协议（counterparty Master Agreement）的情况下采用净值，该协议在破产的情况下可以强制执行。

（来源：摩根大通公司，2010年10-k表，第192-195页。http://www.sec.gov/archives/edgar/data/19617/000095012311019773/y86143e10vk.htm.）

2.巴克莱银行的衍生资产和负债（2010年）

	总资产（百万英镑）	交易对方净值[a]（百万英镑）	净敞口（百万英镑）
利率	272 386	224 124	48 262
外汇	60 494	49 405	11 089
信用衍生品	47 017	39 786	7 231
权益和股票指数	14 586	10 523	4 063
商品衍生工具	25 836	16 629	9 207
总衍生资产	420 319	340 467	79 852
持有的总担保	—	—	37 289
净敞口减去担保	—	—	42 563
衍生负债	40 516	—	—

[a] 根据国际财务报告准则，只在下列情况下允许采用净值：（1）企业有法定权利抵销已确认的金额；（2）企业准备以净值为基础进行结算，或者同时处置资

产和结算负债。

（来源：Barclays Plc，2010年年度报告，第111页。http://group.barclays.com/about-barclays/investor-relations/financial-results-and-publications/annual-reports.）

3.IBM的衍生工具（2010）

	衍生资产的公允价值（百万美元）	衍生负债的公允价值（百万美元）
利率合约	548	—
外汇合约	530	1 003
权益合约	12	3
合计	1 100	1 006

三个合约的金额都按照公允价值计量。

（来源：IBM，2010年年度报告，10-k表格，第99页。ftp://public.dhe.ibm.com/annualreport/2010/2010_ibm_annual.pdf.）

确认在损益中的利得（损失）（百万美元）：

	已确认		归属于风险	
结束于12月31日的年度	2010	2009	2010	2009
公允价值套期的衍生工具：				
融资利息费用的利率合约成本	241	(172)	(70)	344
没有指定为套期工具的衍生工具	160	(97)	(46)	193
外汇合约				
其他（收入）和费用	299	(128)	无	无
权益合约SG &A 费用	105	177	无	无
合计	805	(219)	(116)	537
确认在累积其他综合收益中的利得（损失）				
确认在累积其他综合收益中的有效部分	549			
从累积其他综合收益中转出的部分	(203)			
从有效部分中排除的无效部分和金额	(7)			

（来源：IBM，2010年10-k表，第101页。ftp://public.dhe.ibm.com/annuire-port/2010/2010_ibm_annual.pdf.）

6.8 套期会计如此复杂的原因

金融衍生工具和其他大部分资产有几个方面的不同：

1.这些是由于合约所产生的权利和义务。

2.这些工具的价值并不是由于基础产品如普通股（盈余和股利）所产生的。

3.这些合约的结构和条款可以随意组合。

4.每天都会产生新组合类型的合约。

5.这些合约所表达的权利和义务完全依赖于合约条款以及其与所带来的价值和风险之间的关系。

6.因此，衍生工具和套期会计所遇到的第一个难题就是要辨认出每个合约的基本要素，这样才能够辨认出相关的权利和义务。

7.对这些合约进行会计处理的第二个难题是对资产和负债进行估值。因为大多数衍生品的历史成本是0或者为负，所以对其进行估值是非常重要的。而估值的计量基础又取决于对合约以及有关的不确定性的解释。

一旦决定了这些要素，要对资产、负债、盈余和权益进行记录就非常简单了。因为这个过程对资产、负债、盈余和权益会产生不同的影响，所以如何进行计算是非常重要的。为了说明这个过程的复杂性，释例6-6列举了两个计算案例，这两个例子都是美国财务会计准则理事会衍生工具执行小组（DIG）强调过的。

释例6-6

美国财务会计准则理事会衍生工具执行小组列举的两个看似简单的合约

1. 衍生工具执行小组（2006）“执行公告133号问题A1”

问题

如果某个主体签订了一份远期合约，要求在第1年年末按照110美元（市场的远期价格）购买一家非关联公司的普通股1股。在开始日，企业选择为这个合约项目预先支付105美元（普通股的现行价格）。该合约是否满足第6段（b）中与期初净投资有关的标准，从而使该主体满足衍生品的定义？如果不满足，是否存在嵌入衍生品，使其可以进行单独的会计处理？

回答

执行公告133号的第6段（b）具体指出，要满足衍生品的定义，要么没有初始净投资，要么初始净投资的金额小于其他类型的合约所要求的金额。这些其他类型的合约应该是预期会对市场因素产生类似反应的合约。如果在开始日没有预先支付金额，合约就满足第6段（b）的标准，因为合约不要求初始净投资，只不过是包括了一个未执行的选择权，即可以选择在初始预先支付合约的金额。第8段进一步澄清了第6段（b）的内容，说明衍生工具在合约中不要求初始净投资等于名义金额，或者等于根据标的物名义净额来确定的金额。如果合约给主体选择权，可以在后来的1年持续期之内预先支付合约金额（支付105美元或其他确定的金额）。若执行了该选择权，就按照贷款进行会计处理，也就是有10美元的应付款项在远期合约的1年期期末支付。

如果主体选择在开始日支付105美元，合约不满足独立衍生工具的定义。修订后的第8段指出，如果合约的初始净投资（在按照时间价值调整以后）超过名义金额，但小于为了获得与标的物相关的资产所支付的金额相称的初始净投资，就满足了第6段（b）所描述的特征。105美元的初始净投资等于合约所购买1美元股票的初始价格，并且等于获得其他类型合约所需要的投资额。其他类型合约指的是那些预期会对市场因素产生类似反应的合约。也就是说，初始净投资等于获得与标的物相关资产所需要的金额。

然而，主体必须评估非衍生工具是否包含嵌入衍生工具。该衍生工具符合第12段的要求，即除非采用155号公告中所允许的公允价值计量方式，否则就作为衍生工具进行单独的会计处理。(注意，155号公告发布于2006年12月，允许对混合金融工具采用公允价值计量，不采用公允价值计量的就必须进行分割。当选择按照公允价值对混合金融工具整体进行会计处理时，该工具就不能被用作133号公告套期关系中的套期工具。) **在这个例子中，预先支付的合约是一个混合工具，包含一份母合约——债务工具（也就是在远期合约1年期期末将要支付的110美元的贷款）以及一个以权益价格为基础的嵌入衍生工具。母合约是债务工具，因为持有人没有股东所具有的任何权利，如股票的选举权或作为股东收取股利的权利**（参考133号公告第60段）。除非混合工具按照公允价值再计量且其变动计入损益，嵌入衍生工具必须从母工具中分离出来，因为以权益价格为基础的衍生工具的经济特征和风险与债务母合约并不具有明确的、紧密的关联性，并且与嵌入衍生工具有相同条款的独立工具就是一项衍生工具，要按照133号公告中的要求进行处理。

（来源：http://www.fasb.org/derivatives/issuea1.shtml.）

2.衍生工具执行小组（2003）“执行公告133号问题C10”

问题

第10段（b）(修订后)中所描述的正常采购和正常销售例外在什么情况下可以适用于：(1) 采购期权合约（包括净采购期权）和签出期权合约（written option contracts)（包括净签出期权），只有在行权时才要求按照确定价格交付相关资产；(2) 有选择权特征的远期合约。

背景

233号公告第10段（b）(149号公告已经对其进行了修订）中有一部分指出：

正常采购和正常销售指的是采购合约或销售合约是针对金融工具或衍生工具之外的东西，交付的数量预期会在一个合理的期间内，由报告主体在正常经营过程中使用或销售。正常采购合约和正常销售合约是一种例外，为了确定某个特定类型的合约是否满足该例外，可以遵守下面的指南：

(1) 远期合约（不以期权为基础的合约)：远期合约满足正常采购和正常销售的定义。然而，远期合约可能包含第9段（a）或（b）中所描述的净值结算条款，而这就不满足正常采购和正常销售的例外，除非在合约开始日以及单个合约条款的整个期间，合约很可能不会按照净值结算，而是会实现实物交割。*如果对一组合约中的一个合约进行净值结算（第9段（a）和（b）有相关描述），而这一组都被指定为正常采购和正常销售，就会引发一个疑问，即是否所有的这类合约都应该被归类为正常采购或正常销售。要求现金结算利得或损失的合约或者定期按照净值结算的合约都不满足这个例外，包括序列合约中以完成最终采购或销售一项商品为目的的单个合约。

(2) 独立的期权合约。根据期权合约条款，只有在行权时才要求按照确定价格进行相关资产的实物交割，这种期权合约就不满足正常采购和正常销售的例外条件，以下第10段（b）(4) 所描述的情况除外。

(3) 包含期权特征的远期合约。包含期权特征的远期合约如果按照合约条款不修改交付资产的数量，就满足正常采购和正常销售的例外条件。除了第10段（b）（4）中所描述的能源（power）采购或销售协议，如果一项期权组成部分允许对交割资产的数量进行修改，整份合约就不满足正常采购和正常销售的例外条件，除非期权组成部分允许持有者仅在交割日按照市价采购或销售额外数量的产品。要想让包含期权特征的远期合约满足正常采购和正常销售例外，就必须满足第10段（b）（1）中所讨论的标准。

（4）能源采购或销售协议。尽管第10段（b）（1）和第10段（b）（3）中提出了一些标准，但对于容量合约（capacity contract）的能源采购或销售协议（无论是远期合约、期权合约或者两者混合的合约）而言，只要满足了第58段（b）的标准，就符合正常采购和正常销售的例外条件。

除了第58段（b）中所描述的例外，计划外净值结算的合约不满足这个例外条件。

这个问题中所强调的合约没有以标的物为基础的价格，该标的物并不与将要购买的资产之间具有明确的、密切的相关性，它们也不要求按照第10段（b）所规定的以现金结算利得或损失。

在某些情况下，期权合约可能与远期合约结合在一起。有时候，远期合约中的期权特征可以修改合约中所要求交付资产的数量。还有的时候，远期合约中的期权特征可以修改支付价格或交付时间。

回答

133号公告的第10段（b）被149号公告修改之后指出，采购期权合约（包括净采购期权）若只有在行权时才要求按照合约条款以确定价格交付相关资产，就不满足正常采购和正常销售的例外条件，除非按照下面的条款执行：第10段（b）(4)的要求和第58段（b），以及133号执行公告问题C15“电力期权类合约和远期合约的正常采购和正常销售例外”。正常采购和正常销售例外仅适用于采购或销售金融工具或衍生工具之外的合约，并且合约中将被交付的数量预期会被报告主体在一个合理的期间在正常经营过程中使用或出售。期权合约要作为这种采购或销售是有条件的，因为期权合约是否会被行权是无法预知的。因此，根据修订后的133号公告的第10段（b）(2)，独立的期权合约（包括价内期权合约）不符合正常采购和正常销售例外。此外，因为期权合约的或有特征（contingent nature）（行权与否通常取决于标的物未来发生的变化），主体无法在期权合约开始日确定在合约的整个期间里是否会实现实物交割。因此，期权合约不符合第10段（b）的要求，即“在单个合约的开始日和后续期间合约很可能会实现实物交割”。正常采购和正常销售例外仅适用于远期合约。然而，正如第10段（b）(3)所指出的，包含期权特征的远期合约只有在期权特征无法修改合约交割的资产数量时，才能够满足正常采购和正常销售的例外条件。

下面是具有期权特征的远期合约案例：

1.A公司签订了一份远期合约，在特定时间购买特定数量的原材料，该原材料很容易变现。采购价格是采购日的现行市价，既不超过给定的最高价格（上限），也不低于给定的最低价格（下限）。

2.B公司签订了一份远期合约，在特定时间购买特定数量的原材料，该原材料很容易变现。合约的采购价格是每单位的固定金额，低于现行远期价格。然而，如果购买日的市场价格降低到一个给定的水平，B公司的采购价格就将被调整到更高的固定金额，其显著高于合约开始日的现行远期价格。（B公司签订的合约是一个复合衍生工具，包含一份按照原始固定价格购买原材料的远期合约，以及一个签发的期权，使得B公司有义务在原材料市价降低到给定水平时，以更高的调整价格购买原材料。B公司收到一个溢价，即合约中的采购价格与合约开始日原材料远期市价之差。）

3.C公司签订了一份远期合约，在给定时间购买给定数量的原材料，该原材料很容易变现。合约的采购价格是每单位的固定金额，低于现行远期价格。然而，如果购买日的市场价格降低到一个给定的水平，比合约固定采购价格还要低，C公司就必须以合约固定采购价格（超过采购日现行市价）购买额外的给定数量的原材料。（C公司签订的合约是一个复合衍生工具，包含一份按照原始固定价格购买原材料的远期合约，以及一个签发的期权，使得C公司有义务在原材料市价降低到给定水平时，以超过市价的水平购买额外数量的原材料。）

在上述案例中，必须分析期权特征来决定它是否会修改按照合约交割的资产数量。通过这种方法来确定合约是否符合正常采购和销售的例外条件，而这一结论适用于交易双方——期权（指的是在远期合约中的期权）的买方和签发方。

如果远期合约中的期权特征能够修改按照合约交割的资产数量，假设该期权特征过期了，或者已经被完全行权了（虽然尚未交割），那么按照该远期合约交割资产的数量就不再有任何不确定性了。因此，随着期权的过期或行权，只要满足第10段（b）的其他条件，远期合约就符合正常采购或正常销售的要求。

在案例1中，期权特征不能修改交割的数量，因此合约符合正常采购和正常销售的例外条件。

类似地，案例2中的合约也满足正常采购和正常销售的例外条件，因为合约中的期权特征不能修改交付数量。

案例3中的合约则不满足正常采购和正常销售的例外条件，因为合约中的期权特征能够修改按照合约交付的资产数量。

（来源：http://www.fasb/org/derivatives/issuec10.shtml.）

6.9 要点总结

6.9.1 前述章节

前一章介绍了主要的金融衍生工具以及这些工具如何产生权利和义务。很自然地，我们就会问下一个问题：现在我们知道有很多类型的风险，难道波动性是度量风险的唯一方法吗？或者我们有没有其他方法来计量每种类型的风险？金融工具可以用来投资或作为风险套期工具。对于这两种用途的金融工具的会计处理是截然不同的。尽管金融工具会计不是新生事物，但套期会计相对来说是新的，在2000年美国会计准则FAS133号（现在是ASC815号）发布后才开始实施，但已经波及所有其他会计准则。

套期会计允许管理者平滑盈余波动性，所以能够采用套期会计是一种特权，企业为了获得使用的权利，必须先满足一系列的标准。

6.9.2 关键问题

本章讨论了两个不同的主题。

6.9.2.1 套期会计的适用条件

● 金融工具可以用作投资、套期风险敞口或投机。

● 若作为交易性投资组合中的一种投资，则衍生金融工具不满足套期会计的要求。

● 用作投机的衍生工具不满足套期会计的条件，并且可以作为“未指定”衍生工具的一个组成部分——经常被称为“经济套期”。

● 并非所有金融衍生工具都可以使用套期会计，只有满足下列特定条件的衍生工具才可以：

·满足会计上对衍生品的定义（一个或多个标的物、名义金额或支付条款、没有初始投资，以及净值结算）；

·该工具没有明确地被排除在准则应用范围之外；

·并不仅限于独立发行的工具，可以是嵌入衍生工具；

·该套期做了完整的套期记录；

·套期关系在降低被套期风险方面高度成功（有效）。

● 所有金融衍生品都要按照公允价值估值。

● 允许使用套期会计的风险敞口仅限于来自未预期价格变动或信用风险变动导致的风险，这些风险将导致现金流价值损失或现金流价值出现波动，并且会影响损益。

● 套期的成功以套期风险被衍生工具价格性态（price behavior）抵销的程度来计量。成功（高度有效）的套期和不成功（无效）的套期在会计处理上存在差异，套期会计仅在高度有效套期中才允许使用。

·有效性可以通过“说明”来定性：简便法和关键条款匹配；

·有效性可以通过量化方法来计量，通过采用下面其中一种方法：

——美元抵销比率；

——回归分析；

——方差递减法。

● 对货币风险敞口的套期可以当作公允价值损失套期（就特定资产、负债或确定承诺而言）、现金流波动性（指的是资产、负债或预期交易的现金流）的套期或者外国经营净资产价值损失套期。对外国经营净资产的套期是唯一的例外，允许其使用套期会计处理可以被套期的资产和负债净值。

● 如果金融衍生品合约是高度有效的套期，则对它的会计处理应该反映管理层利用这些衍生工具套期实际的风险敞口的意图。

● 假设套期是高度有效的，并且满足了其他标准，会计还必须区分套期的是价值损失的风险敞口（当前的或同期的）还是现金流波动的风险敞口。前者被分类为**公允价值套期**，后者被分类为**现金流套期**。不同分类将带来不同的会计处理，我们将在下一章中讨论这个问题。

6.9.2.2　金融衍生工具的重要性

目前，金融衍生工具的数量之多已经达到了难以想象的程度。公开的数据显示，场外衍生工具的名义金额从2000年的20万亿美元增长到2012年的将近650万亿美元，其中美国被保险的商业银行持有的部分达到了243万亿美元。这一部分显示了一些大型企业所拥有的衍生工具数量。

注释

1 当报价、活跃市场或输入值的存在性发生变化时，可以接受公允价值在不同层级之间的转换。

2 通过ASC815，可以确定一项衍生合约是否代表“正常采购或正常销售”的一个例外，只有在合约满足了某些标准的情况下才适用，如很可能会对标的物商品进行实物交付。例如，有一份在未来特定日期采购给定数量的某种商品的远期合约，如果很可能进行实物交付，就满足该例外的条件。符合该例外条件，也就意味着远期合约不会被作为衍生工具进行会计处理。相反，则将按照待执行合约进行会计处理，也就是只有在履约的时候才会被确认。

3 这个最终结果成为管理者和准则制定机构之间争论的焦点，并且影响了准则发展的方式。

4 因为管理层在采用第三层次确定公允价值的时候有很大的判断空间，所以有些分析师把第三层次称作“以管理层为标杆”。

5 明确地将其排除在套期会计范围之外。

6 从原则上来看，获得衍生工具是为了交易（投机）或套期。因此，无论套期关系是否满足会计上为使用特殊套期会计而给出的条件，所有的套期关系背后都有经济动机。

7 公司之间的合约若采用外币计价，汇率波动就会给主体带来现金流风险。该风险可以被套期，该套期被作为现金流套期。

8 除了应计利息金额。

9 假设美元对美国公司来说是功能货币，瑞士法郎对瑞士公司来说是功能货币。

10 在整本书中将会提到，将管理层意图作为建立会计准则的指导，最终将不会带来最理想的行为。

11 这可能是整个体系和会计准则中最薄弱的链条。

12 后面将详细讨论套期有效性的计量。

13 后面的章节将讨论影响这种处理的全部必要条件。

14 利率套期的简便法不要求对有效性进行持续的计量。

15 准则指南中提供了这三种方法，本章后续部分将对其进行详细介绍。

16 在这个方面，美国公认会计原则和国际财务报告准则在很大程度上是非常相似的。

17 我们将在第9章详细讨论嵌入衍生工具。

18 在这里，“重要”指的是价格低于为具有相同现金流和风险特征的独立衍生品支付的价格。

19 支付意愿是我们不考虑的法律问题。

20 然而，在决定采用哪种恰当的会计方法之前，必须先评估交易是否满足ASC815中正常采购和正常销售的例外条件。

21 价值变化也有可能会由于使用的公开收益曲线的不准确所导致，或者由于交易对方信用风险评估的不准确所导致。

22 该现值是针对以高于零息掉期利率的固定利率合约特殊安排的“有效说法”。该金额本质上来看是一个贷款，而且应当作为债务进行会计处理，并且应当在掉期合约期间进行摊销。它将名义利率8%调整为有效利率5.5%。安然公司与花旗银行之间就有一份这样的掉期合约，为此安然公司被支付了大约20亿美元。按照安然公司管理层的意愿，这20亿美元被当作掉期合约期间产生的“利得”。这是不恰当的，因为其应该按照负债进行会计处理，而非记入权益账户。

23 远期预付点不作为违反该要求的价格或投资，我们暂时忽略与这些远期时点有关的讨论。

24 在NYMEX交易的金属期货被指定为现金结算或实物交付结算。现金结算合约：亚洲黄金、亚洲钯、迷你黄金、亚洲铂、迷你铜、迷你银。实物结算合约：金、铜、银、铝、铂金、钯。参加www.nymex.com。

25 NYMEX，位于纽约的主要棉花期货市场。交易单位是50 000磅或100个统计包。

26 在有些情况下，如果期权持有人希望实际持有股票，并希望避免发生额外的交易成本，则看涨期权的持有人可能更倾向于按协议价支付期权并收到合约中确定数量的股票。例如，某个投资者希望增加他（她）自己的投票权就是这种情况。然而，在大多数情况下，由期权发行人在到期日支付给持有人等于期权内在价值的现金（行权日市场现货价格减去协议价）更能节省成本。按照净值结算之后，期权持有人将有足够数量的现金（要么将作为行权价格加上结算时收到的内在价值），如果他（她）需要的话，就可以在公开市场上购买股票了。

27 通过签订相似条款的采购（销售）合约来解除一项销售（采购）合约并不能解除合约方的法律义务，除非两个合约都与相同交易对方签订。例如，解除一项期货合约总是能够满足该条件，因为期货交易所就是两个合约的交易对方，但对于解除远期合约而言就不见得是这样了。

28 嵌入衍生工具是第9章讨论的主题。

29 ASC815使用“例外”一词是为了说明不满足套期会计的要求。

30 除了以外币计价的投资，这种投资具有汇率风险，可以被套期，如对外国经营净投资的套期（第11章）。

31 这种类型的证券在发行时就被看作普通方式的交易，如抵押贷款证券，所以不适用于套期会计。

32 应当注意的是，将气候衍生品从套期会计中排除出去并非绝对禁止；在交易所交易的气候衍生品是可被接受的。

33 因为嵌入衍生品是不可分离的，美国财务会计准则理事会没有使用“分离”（separation）这个术语，而是用了一个专门术语“分割”（bifurcation），第9章有详细介绍。

34 严格来说，这段话有歧义，因为某些情况下被套期项目是可能被称为“衍生品”的。可赎回债券中嵌入的赎回期权若不从母合约中分割（独立出去），就可能被指定为被套期项目。同样地，参与利率掉期的选择权合约给持有人签订掉期合约的选择权。在这种情况下，该期权被裁定为一项套期衍生品，被套期项目是签发的掉期合约，标的物是掉期的价值，并且期权的结算方式是按照净值。

35 美国财务会计准则理事会发布过一项修改的征求意见稿，建议将“高度有效”修改为“中度有效”。国际会计准则理事会和美国财务会计准则理事会在这个历史发展上又有了一些差异。国际会计准则理事会的方法是要求未来100%有效，但可以接受80%～100%的追溯测试范围。未来套期有效性测试与追溯套期有效性测试之间的区别发生了变化，其允许对两种测试采用相同范围。

36 在本书撰写时，国际会计准则理事会和美国财务会计准则理事会在考虑降低套期有效性量化计量的可能性。

37 不清楚为什么最高限制为1.25。有人说这个数值是一个美国证券交易委员会官员在发表演讲中提到过的。或者，我们也可以将完全有效的比例看作最低值，即1.00/0.80=1.25。然而，这个范围很可能将成为历史，因为说客正在给美国财务会计准则理事会和国际会计准则理事会施加越来越大的压力，要求它们接受由管理层对“合理有效”的基准进行判断。无论是否存在一个量化标准，有效的套期和无效的套期仍然会有不同的会计处理。

38 对期货而言，信用风险对衍生品价值的影响是很小的，因为存在证券边际和日结算。

39 确定承诺是一项待执行合约（等待履约的合约），会计准则对此并没有做出特别的规定。因此，这些合约的价值并不做任何报告。但是，如果这些合约被套期且套期有效，则这些合约价值的变化将作为公允价值套期进行确认。

40 资料来源：货币监理署办公室，OCC对2012年第一季度银行交易和衍生品活动的季度报告，第10页，http://www.occ.treas.ogv/news-issurances/news-releases/2012/2012-96a.pdf。

41 参见www.isda.org/stastics/。

第7章 套期会计之一（单一货币）

7.1 两类会计准则

作者按（A Caveat）：

这个世界上只存在一套一般公认会计原则（GAAP）和一套国际会计准则，即国际财务报告准则（IFRS）。然而在现实生活中，公司所采用的套期会计与上述两种会计准则都有抵触。套期会计的特殊要求使公司可以平滑盈余，这是给公司的一项特权，而不是权利或义务。一个主体只有在满足了一系列特定条件的前提下才可以使用套期会计，但管理层也可以选择不用这种特殊的会计处理方法。这种选择权在其他会计准则中是不存在的。

因此，为了更好地展开后文的讨论，让我们先粗略地把所有会计准则划分成两种：（1）套期会计；（2）所有非套期会计的准则，称为“一般公认会计原则”。

7.2 一般公认会计原则和套期会计

如第6章所述，一项金融工具在满足了以下四种条件的情况下可被认定为“衍生工具”：[1]

1. 它的价值（以及风险）从一个或多个“标的物”（underlying）的性态派生而来，如价格的变化、指数的变化或信用风险的变化。

2. 它有一个或多个名义金额或一个支付条款。

3. 它不要求或只要求极低的初始投资额。

4. 可以采用净额结算。

此外，价值变动的估值（valuation）和确认方式取决于这项金融工具是否是资产、负债或所有者权益。

7.2.1 金融资产

7.2.1.1 一般概念

金融资产是指现金或收取现金的权利。例如，应收账款和应收票据是金融资产，因为它们满足了收取现金权利的定义；有价证券也是金融资产，因为所有的证券投资（无论是持有至到期（摊余成本计价）、交易性投资（公允价值变动计入损益）或是持有待售（公允价值变动计入其他综合收益））都有权通过出售或在到期时收回现金。即使是对强制可转换债券的投资也是金融资产，这种债券给予发行人将债券转换成普通股的权利，因为普通股是一项金融资产，股东有权以股利的形式获得现金。相比之下，实物资产如不动产、厂房和设备由于其持有的目的是使用而非换取现金，所以这些不是金融资产。

7.2.1.2 金融资产的类型

- 除了现金，应收款项和贷款是最早和最简单的金融工具形式，两者都拥有收取现金的权利。如果这些权利在短期内（一年）可以实现的话，这些金融工具将以可收回金额来估值。长期应收款项和贷款则以其未来现金流的现值来估值（value），所使用的折现率需要根据市场上相似的应收款项和贷款的信用风险来做适当的调整。

• 第二种金融资产是交易性证券，包含两种：（1）交易性金融资产；（2）所有未被指定为套期工具的金融衍生工具。

• 第三种包括管理层在初始获得时或在后续重新计量时，选择执行公允价值选择权（译者按：即选择使用按公允价值计量且其变动计入损益来进行会计处理）计量的证券。

• 对于公允价值的计量必须遵守美国会计准则ASC 820、第39号国际会计准则以及第7号国际财务报告准则提出的三层级计量标准。这要求在可获得相关信息的前提下使用已知的市场价值（第一层次）或利用其他市场信息来估计资产的销售价格（第二层次）。只有在这些外部的信息无法获取时，管理层才可以使用合理的估值模型（第三层次）。第一层次的计量标准适用于在交易所买卖的衍生品，如期权和期货。而大多数在场外交易的衍生品如利率互换适用第二层次的计量标准，其他衍生品如远期合约，则适用第三层次。对于所有金融工具，管理层一旦决定对其执行公允价值选择权，就不能再改变为其他计量方法了。

• 意图（并有能力）持有至到期的金融工具根据摊余成本估值，这些证券必须拥有到期日（金融衍生工具不在这个分类里面）。

• 不适用交易性和持有至到期分类的金融工具都被认定为可供出售金融资产，这类工具都应以公允价值计价且其变动计入其他综合收益（OCI）。当这些证券的交易影响盈余的时候，相关的重估金额会从OCI账户中转移到盈余账户中（金融衍生工具不在这个分类里面）。

7.2.2 金融负债

作为金融负债的衍生工具以公允价值计量且其变动计入损益。除非管理层选择执行公允价值选择权来计量其他金融工具（或对存货进行套期），否则都以摊余成本估值。债务金融工具的价值变动也要计入损益。

7.2.2.1 局限性与实务指引

• 如果金融资产或金融负债以公允价值估值，那么这种估值结果就需要频繁修正，两次修正的时间间隔不能超过90天。

• 金融衍生品不可以成为被套期项目（尽管互换合约被允许作为被套期项目使用）。

• 只有在满足下述两个条件的前提下，金融衍生工具（如前定义）可以不按照一般会计准则进行会计处理：

（1）该金融衍生品能够对任一可套期风险（价格风险、利率风险、汇率风险以及信用风险）的风险敞口进行套期。

（2）套期行为高度有效且被正确地予以记录。

• 因为套期会计通过保护盈余免受价格变动带来的影响减少了盈余的波动性，所以对于那些满足了严格标准的企业而言，允许其使用套期会计是一种优待措施。

● 为了更便于理解套期会计与一般公认会计原则的关系，可以将套期会计看作对公认会计原则的例外[2]。

7.3 风险和套期会计

7.3.1 两种主要类型的风险敞口

正如本书中所讨论的那样，套期并不是用来应付可预测的风险敞口的，因为我们可以从战略上来管理这类风险，而无法预测的风险敞口才是导致管理者斥资购买金融工具以减少风险敞口的原因。会计准则识别那些符合使用特殊套期会计要求的可套期风险，并以其经济影响为基础来对它们进行分类，而经济影响通过两个维度来评判：价值和现金流。

为进一步阐述套期价值和套期现金流的区别，我们可以比较当市场利率、标的物或其他产生风险和价值的因素变动时，固定利率和浮动利率工具的反应情况。

当市场基准利率变化时（第2章）：

● 固定利率金融工具，如固定利息率的债券，其公允价值会和市场利率呈反方向变动，但其现金流不变。

● 浮动利率金融工具，如某债券，其票面利率与基准利率、伦敦同业拆借利率（LIBOR）或国债利率相关联，该债券的未来现金流会发生变动，但其公允价值不变。

释例7-1中的表A展现了投资者（债权人）和债务工具发行人从两个不同视角观察固定利率工具对利率变动的反应。当基准利率上升时，固定利率工具的公允价值会下跌。此时，价格的变动额表现为发行人的利益增加，而投资者的利益减少。相反，下降的基准利率会造成固定利率工具价值的上升，表现为投资者的利益增加和发行人的利益减少。

释例7-1中的表B展示了浮动利率工具对基准利率变动的反应。基准利率上升会带动浮动利率工具的利率提高，从而增加发行人向投资人支付的利息。因此，利率的上升是投资者的利益增加和发行人的利益减少。相比之下，基准利率的下降减少了发行人向投资者支付的现金，使发行人的利益增加以及投资者的利益减少。

释例 7-1

利率变动情况下风险、价值和现金流之间的关系

表A：固定利率工具对市场利率变化的反应（假设信用风险没有发生改变）

	投资（对债权人而言）	负债（对债务发行人而言）
市场利率上升	价值减少=亏损（现金流不变）	价值减少=获利（现金流不变）
市场利率下降	价值增加=获利（现金流不变）	价值增加=亏损（现金流不变）

表B：浮动利率工具对市场利率变化的反应（假设信用风险没有发生改变）

	投资（对债权人而言）	负债（对债务发行人而言）
市场利率上升	现金流增加=获利（价值不变）	现金流增加=亏损（价值不变）
市场利率下降	现金流减少=亏损（价值不变）	现金流减少=获利（价值不变）

7.3.2 套期的目的

金融学和经济学方面的文献已经探讨了关于套期动机的各种观点，如降低风险、避税、现金流管理以及降低财务成本等因素都被看作套期的动机。但是，会计准则将这些动机归结成两种主要的因素：

1.减少预计的价值损失；

2.降低现金流的波动性。

7.3.2.1 对潜在的价值损失进行套期

上文所述固定利率和浮动利率工具之间的比较有助于我们后续比较两类套期，同时还有助于强调一个共同的目标：抵销由于市场价格（利率）变动造成的反向影响。例如，既然固定利率工具的价格变化能够反映市场利率向另一个方向的变化，那么对这一损失的风险敞口进行套期就必须签订一份合约，这份合约的价值变化与市场利率变化呈相反方向（相互抵销）。

> **一般原则**
>
> 套期的成功取决于能够准确估计套期工具价格与被套期项目之间的高度负相关关系（协方差）。

例如，如果一家企业对其资产负债表上的一项固定利率债务进行套期，基准利率的下降会提高该债务的市场价值。所以，为了对其风险敞口进行套期，该企业需要签订一份合约，确保由基准利率下降而引起的该合约公允价值的变动与前述债务的价值变动呈相反方向（如持有一项固定利率投资或购买一个利率上限）。会计将这种类型的套期活动划分为公允价值套期，定义如下：

公允价值套期是指对以下项目公允价值的反向变化进行套期：

1.一项已确认的资产。

2.一项已确认的债务。

3.一项未被确认的固定价格资产互换承诺义务（待执行合约）。

定义中的反向变化必须：

- 能被归属到某项特定风险。
- 能够准确预估套期工具的价值变动和被套期项目的价值变动间的负相关关系（即该套期高度有效）。

7.3.2.2 减少现金流的波动

第二种是将企业暴露在现金流的波动性或风险之下的浮动利率工具。因此，对利率的变动进行套期必须签订一份合约，在该合约中现金流对市场利率的变动方向与浮动利率工具相反。例如，当我们投资一个浮动利率工具时，一次意外的利率下跌会减少现金流和盈余。为了对这种风险进行套期，企业可以购买一个看跌期权（利率下限期权），该期权在市场利率跌破某一特定水平时执行。对于利率而言，这个看跌期权被称为“利率下限期权”。

我们对现金流量套期的定义如下：

现金流量套期是对现金流的波动风险进行套期，而这种波动：

- 能被归集到某一已确认的资产或负债的特定风险。
- 来源于很可能发生的预期交易。
- 对盈余产生影响。

7.3.3 套期的风险

信息日志

一些学生不清楚会计在套期中所扮演的角色，因为决定购买或出售金融工具，以及决定是否建立一个工具用来套期是管理层的权力，而不是会计人员。每一个企业都面临着大量严重程度不一的风险。例如，国家风险有可能与麦当劳或通用电气公司有关，与其他那些没有广泛海外分支机构的公司无关。同样地，合规风险对银行、其他金融机构以及如波音公司这种经营业务涉及公共安全的公司来说很重要，但对一家零售商店来说就没那么重要了，如梅西百货公司。

企业所面对的一些风险可以套期，但另一些则不行。商品的价格风险可以套期，而信誉风险可以管理却无法套期。在那些可套期的风险中，有一些适用于套期会计，而其他则不行。会计师的角色体现在管理层对套期行为做出决定之后。通常，会计人员需要先识别出那些被套期的风险中适用于套期会计特殊处理的部分，这个部分是企业面临的所有风险的一个子集。

我们需要认识到：（1）企业面临的风险边界不好界定，而且不确定性模糊了这种界定；（2）对于一些类别的风险，我们可以通过管理、投保、套期或直接忽视的方式来处理；（3）可套期的那些风险都是可识别的；（4）适用于套期会计的可套期风险组成了整个风险的子集，但对这个子集的识别取决于管理层的选择以及会计实务指引的灵活性。

上文描述的过程是理论上的，但由于事实上会计的相关性在决策过程中可较早体现，因此，管理者通过设计他们的套期合约来达到特定的会计结果。

上述讨论将对价值损失的套期和对现金流波动性的套期进行了区分。我们只讨论了固定利率和浮动利率金融工具，但一家企业的风险敞口与所有资产、负债和事件有关。原则上，企业可以以非常“经济”的方式套期它所面临的大部分风险的敞口，但不是所有影响公允价值或现金流的风险都满足套期会计的条件。为了进一步阐释这一点，让我们在下述话题中继续讨论不同类别的资产、负债以及合约的可套期风险：

1. 金融资产：

（1）交易性证券和金融工具（以公允价值计量且其变动计入损益，简称FVNI）。

（2）可供出售证券（以公允价值计量且其变动计入其他综合收益，简称FVOCI）。

（3）持有至到期证券（按摊余成本计量）。

2. 金融负债。

3. 待执行合约。

4. 存货与商品价格风险。

5. 货币风险。

6. 部分套期。

7. 套期合并。

7.3.3.1 金融资产

> **会计日志：改变对金融证券的分类**
>
> 最近财务会计准则委员会（FASB）发布了一份征求意见稿，德勤会计师事务所提供了对该征求意见稿的概要版本，我们获准把它收录在第7章的附录里。
>
> 下文所示的分类方法反映了2012年11月一般公认会计原则。

交易性证券和金融工具

持有这些金融工具的目的是获利，并且通过快速转手来实现，包括贷款、应收账款以及以交易为目的而持有的证券。

● 会计角度：交易性金融工具以公允价值计量且其变动计入损益。

● 套期角度：在公认会计原则的规定下，企业不能（出于会计目的）对交易性证券套期，这个原则排除了对金融资产或金融负债作套期会计处理的可能，而这些金融资产和负债都以公允价值计量且其变动计入损益（根据一般公认会计原则的要求）。

可供出售证券

● 风险：被指定为可供出售的证券和金融工具（公允价值计入其他综合收益）具有下述风险：

- 利率风险：利率向不利方向发生变动。
- 提前偿付风险：如果一家企业投资了“可供出售”债务工具，交易对方将其作为债务工具，如果市场利率下跌至某一点，交易对方可能会在到期日之前提前回购这项债务，然后以更低的利率再融资。交易对方提前偿还的债务将导致债务工具的投资者（即债权人）将资金投资于低利率的证券。因为市场利率的下跌是债务提前偿付的主要动因，所以投资者面临的提前偿付风险与利率风险紧密联系。
- 信用风险：交易对方信誉度恶化以及违约可能性增加的风险。

● 会计角度：对可供出售的证券和金融工具的投资以公允价值计量，而公允价值变动则递延到其他综合收益账户中。这些变动可以从其他综合收益账户中重分类到损益账户中，重分类的金额根据可供出售投资组合的交易（销售额）对盈余的影响而确定。

● 套期角度：如果这些证券和金融工具满足了所需标准，那就允许使用套期会计，但企业的管理者在实施时必须谨慎地指定被套期的具体风险。

- 套期的指定：公认会计原则和国际财务报告准则都要求套期关系必须指定被套期的特定风险。
- 利率风险套期：当我们套期利率风险时，只有那些由利率变动导致的可供出售工具的公允价值变动或现金流量变动符合套期会计处理的要求，由其他风险导致的价值变动仍然遵循一般公认会计原则的规定。
- 信用风险套期：当成功套期信用风险（即套期高度有效）时，由信用风险导致的价格变动满足套期会计的要求，由其他风险导致的价格变动依旧遵循一般公认会计原则的规定。

持有至到期（HTM）

HTM是指拥有确定期限的、企业及其管理层有能力并有意图持有至到期日的金融工具。

• 会计角度：HTM工具根据摊余成本估值，除非资产减值，不然不允许确认价值的变动。

• 套期角度：在这种情况下持有的工具依然面临利率风险、提前偿付风险和信用风险。有能力且有意图持有至到期，说明其面对的利率风险（包括相关的提前偿付风险）不会影响利润表。因此，套期会计不可以用来对HTM的利率风险进行套期。

但是，由于信用风险的存在，HTM有可能减值。既然减值会影响盈余，那么套期和套期会计就可以用来减小HTM证券的信用风险敞口。

7.3.3.2 金融负债

金融负债是指那些由企业发行的证券和工具，这些工具所产生的义务在结算时需要将现金转移到企业之外。作为金融义务，这些工具同样暴露在利率风险及发行者自身流动性风险和信用风险之下。是否允许使用套期会计取决于负债的属性以及对各种证券或工具估值的方法。

• 摊余成本法：在一般公认会计原则下，以摊余成本计量的非交易性、非衍生品的债务可以使用套期会计。

• 公允价值法：以公允价值计量且其变动计入损益的负债不能使用套期会计，即金融衍生工具、交易性债务工具和管理层选择以公允价值计量的债务工具。

7.3.3.3 待执行合约

一份待执行合约是企业和交易对方的一纸协议，在该协议规定的具体情况下，双方必须履行某种特定服务，或者接收、交割某个商品。协议规定内容完成后，合约执行完毕。因此，待执行合约创建了许多尚未履行的权利和义务，合约所涉及的（经济意义上的）资产和负债实际已经存在，但在会计上并不被确认。例如，（在一般公认会计原则下）一份石油生产商承诺将天然气交付给终端使用者的合约不会在任何一方的账簿上确认，尽管它产生了权利（终端使用者获得天然气的权利和生产商收取现金的权利）和义务（生产商交付商品的义务以及买家付款的义务）。

• 会计角度：除极少数情况以外，在合约内容执行之前，一般公认会计原则不会确认待执行合约中涉及的权利和义务[3]。

• 套期角度：待执行合约涉及诸多风险，如价格风险、交付风险和信用风险。企业有能力套期其中的部分风险。套期会计被允许用来对冲由待执行合约的价格风险和信用风险导致的价值变动（尽管最初未确认），这些合约都规定了一个固定价格、所涉企业和不可撤销的承诺义务。于是在这种前提下，套期会计只能确认与有效套期相关的公允价值变动。

7.3.3.4 存货与商品价格风险

原材料及完工产品的库存面临不同种类的风险。企业可以管理其中的一些风险，包括火灾、过时、跌价或被盗的风险。但是，企业无法控制商品价格变动带来的存货价值变动，它们是无法预料的。这种变动包括因为商品价格意外下跌而必须以较低的价格出售存货造成的损失，或者因为商品价格意外上涨而不得不以更高价格进货的风险。这种风险敞口是不受管理层掌控的商品价格风险，且无法投保。管理者可以通过公允价值套期来管理库存商品的价格风险，或者通过现金流套期来管理未来存货购买或销售的风险。对于两者的选择，本质上是一个管理决策。

• 会计角度：在一般公认会计原则下，存货根据成本与市价孰低法估值。这里所说的成本基于以下任一成本流转假设：先进先出（FIFO）、后进先出（只适用于美国）、加权平均、个别计价或已分摊制造成本。而这里的市价则为可变现净值。

• 套期角度：基本原则是，如果资产以公允价值计量且其变动计入损益，那么该资产的风险就无法套期。需要特别注意的是，成本与市价孰低法估值不同于以公允价值估值。[4]

7.3.3.5 货币风险

如本书前文所述，这个世界上共有178种货币。由于货币的多样性，涉及全球化商业、旅游业和其他国际业务活动的企业在跨国资金转移时，处理过程和结果会更加复杂。这些资金转移要求在一种货币的基础上对另一种货币定价。正如在第10章中详细阐述的那样，货币的价格通过每种货币与基础货币之比来表示，币种用三位字母来命名。例如，在加元体系中，美元的价格就被表示为USD/CAD这个比率，其中USD和CAD都是国际公认的双方货币交易性标志。世界上178种货币中的每一种都有一个独特的用三位字母表示的标识。外汇比率中的第一货币被称为基础货币，第二货币被称为“报价”货币。外汇比率表示为获得一单位的基础货币所需的报价货币单位数量。美元是大多数报价货币的基础货币，随后分别是欧元和英镑。

从1944年到1973年，所有货币的汇率（货币价格）都钉住美元，而美元则钉住金价。这一阶段被称为“黄金标准”阶段，是1944年《布雷顿森林协议》的产物。1973年，美国单方面地废除了这个协议，大部分国家紧随其后，于是，汇率制度从固定制转变成了浮动制。尽管一些货币的汇率仍然钉住美元（如港币），但多数货币被允许根据决定各币种供需的外汇市场变动情况来调整汇率。

在浮动汇率体系下运作降低了货币在转移时兑换成外币数额的可预测性。例如，某国家的一个出口商在销售产品时可能会用外币标价。在销售时，销售合约也可能根据交易发生时的汇率将外币折算（转换）成本国货币标价。无论汇率发生怎样的变动，出口商取得的销售收入就是收取的外币数量。从销售发生到实际收到货款，将外币折算成本国货币的汇率会发生变化。尽管出口商所收到的外币数量与销售合约中标明的相同，但外币数量有可能会被折算成更多或更少的本国货币数量，这取决于销售时点和取得收入时点之间汇率的变动方向。折算后本国货币数量减少意味着出口商的损失，而数量增加则意味着出口商的利得。对于进口商来说，情况则相反。这类贸易的损失风险敞口称作“交易风险”。在本书中，它被称为“交易结算风险”，因为这种损失的风险是由于销售和结算时间不同而造成汇率反向变动所引起的。

汇率的反向变动还有可能延长到未来，从而影响用本币单位表示的收益和成本。汇率反向变动造成的未来收益损失或成本增长被称为“货币操作风险”。

第三种货币风险源于，当本国企业有对外业务时，本国货币和当地货币的汇率反向变动造成的影响。例如，在境外设立子公司意味着母公司的每个境外运营机构都将拥有以外币计量的资产和负债。一个拥有境外运营机构的跨国企业所面临的货币风险敞口，取决于当境外运营机构的净资产折算（转换）成本币时，汇率的反向变动在多大程度上对其产生负面影响。本币的折算对报告合并财务报表以及管理境外运营机构是必要的。这种类型的风险敞口被称为“货币折算损失”或“会计损失”，因为它源于汇率的反向变动和折算或转换外币时使用的会计方法。第10章和第11章将讲述对境外运作的货币风险的不同会计处理方法。

7.3.3.6 部分套期

会计准则在套期部分资产或负债时对金融项目和非金融项目进行了区分。

• 套期会计被允许用来全部或部分套期金融资产和金融负债的风险敞口。例如，对被指定为可供出售的固定利率工具投资面临着利率风险、提前偿付风险和信用风险。一家企业有可能只套期投资组合中拥有同样利率风险敞口的证券的利率风险，或者有可能只套期这些证券中的一部分。除利率风险以外，其他风险也适用于这一操作方法。

• 在一些基本限制下，非金融项目适用其他不同的操作方法。无论是套期全部资产或部分资产，只有在套期“全部价格”风险敞口的条件下才允许对非金融资产的价格风险套期。被套期的部分资产必须拥有与全部资产相同的风险敞口。尽管会计允许套期资产全部风险敞口的一部分或某一比例，但它禁止套期非金融性资产的某个组成部分的风险敞口。最常引用的例子就是一家汽车公司轮胎存货的商品价格风险，在该例中仅对橡胶部分的价格风险套期是不被允许的。[5]

7.3.3.7 套期合并（宏套期）

只有当给定组合里的那些资产或负债拥有相同的风险敞口时，该资产和负债组合（一个投资组合）才会在合并之后进行套期。会计标准不允许对由不同风险敞口项目合并成的投资组合套期[6]。

概述

释例7-2展示了可套期风险的概要和分类，假设这些风险同时满足了其他套期标准，因而被允许使用套期会计。

释例 7-2

允许使用套期会计的可套期公允价值风险（ASC 815-20-25-12（f））

被套期项目	风险类型	被套期风险的特征
金融项目： 1. 资产 2. 负债 3. 确定承诺（可强制执行的）	价格风险	整个被套期项目总体公允价值的变动风险
	利率风险	被套期项目公允价值变动风险属于由指定基准利率（LIBOR或美国国债利率）变动引起的
	汇率风险	被套期项目公允价值变动风险属于由相关汇率变动引起的
	信用风险	被套期项目公允价值变动风险属于由下述两个因素引起的： （1）债务人信誉度的变化； （2）基准利率价差发生变化，其与被套期项目在套期初期的信用状况有关
	混合风险	• 在利率风险、汇率风险和信用风险中，两种或两种以上的风险同时被指定为被套期的风险； • 允许对风险或现金流的一部分进行套期

续表

被套期项目	风险类型	被套期风险的特征
非金融性资产和负债（不包括已确认的贷款业务权利或非金融性质的企业承诺义务中具有金融性质的部分）	全部价格风险	被套期项目的全部价格
	被套期项目的一个组成部分	不允许，除非它是串联套期，并且： ● 衍生工具的全部公允价值变动预期能高度有效地抵销被套期项目公允价值的变动； ● 能满足所有剩余的套期标准
	全部价格风险的一个比例	允许
	资产和负债的组合	不允许
	资产组合或负债组合	若它们拥有相似的风险且对市场变化有着相似的现金流量反应，则允许

7.4 为什么使用套期会计?

为了解释为什么需要套期会计，我们必须检验会计中传统的配比原则，即收入（收益）与成本（花费）发生的期间配比。我们需要期间配比原则是由于持续的企业经营期间被划分成有限的会计期间，而在每个会计期间内，企业活动产生的流入和流出没有恰当匹配。费用发生在某一期间，但收入和利润却有可能在另一期间实现。因此，应计制和配比的概念在传统会计中是非常有必要的。

近些年来，会计对风险的关注导致人们开始扩展对配比概念的解读。观点的扩展源于对基本原理的质疑，即质疑对本质上拥有相同风险敞口的交易或资产负债表项目，却采用不同的会计处理手段的做法。接下来，我们将讨论这个问题，这是摒弃一般公认会计原则做法而创造套期会计方法的主要原因之一。以下三个重要概念揭示了套期会计发展的原因：

1.相似的风险敞口却使用不同的会计处理。

2.错配的现金流和价值变化。

3.错配的现金流和损益确认时间点。

7.4.1 相似的风险敞口却使用不同的会计处理

背景知识

商品价格、汇率或利率的变化都是市场现象，我们认为这些现象对金融资产和金融负债有着相似的影响。也就是说，价格变动对资产和负债的经济影响是同步的，但一般公认会计原则忽视了这种同步性，对金融资产和金融负债采用不同的会计处理方法。释例7-3分别在以下两种情况下阐述了这个问题：

1.假如金融资产被包含在可供出售的投资组合中，那么它就会以公允价值计量且其变动计入其他综合收益（一个权益账户）。但是，在金融负债中，相似的“经济上”的变动却会被忽视，除非管理层执行了公允价值选择权。但就算管理层执行了公允价值选择权，金融负债的价格变动还是会计入损益，而不是其他综合收益，这又是另外一种错配。

2.如果金融资产或金融负债中包含衍生工具，它们会以公允价值计量。其公允价值的变动计入损益，即使是对长期衍生工具（如15年期限的利率掉期）来说，并且通过留存收益计入所有者权益。

在两种情况下，金融资产的公允价值变动都无法与相应的金融负债的价值变动相匹配。当金融负债以摊余成本计量时，其公允价值变动反而被忽略了，结果就是会计上的错配带来了更大的收益波动以及企业财务状况的不准确列报。

释例7-3

金融资产和金融负债估值错配的影响

	金融资产		金融负债
估值方法	公允价值		摊余成本
	如果是可供出售的投资	如果是金融衍生工具	
价值变动的影响	• Δ其他综合收益 Δ所有者权益（其他综合收益）	• Δ净利润 • Δ留存收益 Δ所有者权益	被忽略*
	拥有相似风险敞口的资产和负债的错配		

*排除自身信用风险恶化的情况。

会计对策

在释例7-3中展示的错配是会计方法造成的，因而可以通过调整会计准则，以公允价值对金融负债进行计量来解决这一问题：（1）对那些与可供出售的投资具有相同风险敞口的负债，其公允价值变动计入其他综合收益；（2）其他负债的公允价值变动计入损益。

FASB和IASB均表示会朝这一方向改进，目前，它们已经采取了下述两种补救性措施[7]：

• 公允价值选择权：一家企业的管理层有权决定是否以公允价值对金融负债（或资产）计量，且其变动计入损益。

• 套期指定：这一处理方法要求管理层指定（作为套期工具取得的）金融衍生工具作为对金融负债的某个特定风险敞口的套期，并要求管理层将这一风险敞口对被套期负债价格的影响计入损益。

这两种措施都是将减轻会计错配影响的决定权交给管理者进行自主裁决。[8]但是，这两种方法并不是相同的。执行公允价值选择权是不可更改的，一旦管理层决定对某个负债（或资产）以公允价值计量，那就不可以再改变。但第二种方法是可以更改的，管理层可以自愿取消套期指定。[9]此外，第二种方法实施起来成本颇高，因为它要求文档记录，并要求周期性地对套期有效性进行测试。

7.4.2 错配的现金流和价值变化

这种错配是结构性的，而非会计方法造成的。为了阐明这一点，我们考虑以下四种可能的情况：

1. $A_x \neq L_x$：不等金额的固定利率资产和固定利率负债。

2. $A_f \neq L_f$：不等金额的浮动利率资产和浮动利率负债。

3. A_x & L_f：获得固定利率资产的盈余却支付浮动利率负债的利息。

4. A_f & L_x：获得浮动利率资产的盈余却支付固定利率负债的利息。

每一种情况下都在给定会计期间带来了不同种类的风险敞口（错配）。

7.4.2.1 $A_x \neq L_x$：不等金额的固定利率资产和固定利率负债

固定利率资产和固定利率负债的公允价值对利率变动的反应是相似的，但它们对企业价值却有着相反的影响结果。如果这些资产和负债的公允价值是相等的（假设期限也相等），那么两者的公允价值变动会互相抵销，否则企业将会暴露在公允价值损失的风险中。当固定利率资产和固定利率负债的金额不等时，企业受到的影响将为释例7-4中展示的四种可能的结果之一。

释例7-4

在固定利率资产和固定利率负债组合下利率变动的不同影响

利率	A_x	L_x	$A_x=L_x$	$A_x>L_x$	$A_x<L_x$
↑	公允价值损失	公允价值利得	影响为0	净损失	净利得
↓	公允价值利得	公允价值损失	影响为0	净利得	净损失

A_x——固定利率资产

L_x——固定利率负债

因此，除非固定利率金融资产和固定利率金融负债的总额相等，不然无论利率升降，企业都暴露在潜在的公允价值损失的风险中，而是否真的会发生损失，则取决于资产和负债之间的规模水平对比。为了对这一风险敞口进行套期，管理层可以签订一份预期能够抵销利率变动对公允价值影响的衍生工具合约。这样，企业的管理人员就可以通过这份合约实现有效的公允价值套期。衍生工具合约的类型将取决于管理层对市场利率变动方向的预期，该预期是根据目前企业的净金融资产状况（net financial asset position）所做出的。

这就是关于公允价值套期的情况：对以公允价值计量的已确认金融资产或负债的利率变动风险套期。

7.4.2.2 $A_f \neq L_f$：不等金额的浮动利率金融资产和浮动利率金融负债

在这种情况下，资产和负债的利率将参照一个或多个市场利率发生变化。企业将获得金融资产所带来的不固定利息，并为金融负债支付不固定的利息费用。相关市场利率的变动同时影响赚取利息的现金流入和支付利息的现金流出，而公允价值则不会变化。由于存在资产和负债不等价的情况，所以，最终对企业现金流的影响结果会是释例7-5中所示的四种结果之一。

释例 7-5

在浮动利率资产和浮动利率负债组合下利率变动的不同影响

利率	A_f	L_f	$A_f=L_f$	$A_f>L_f$	$A_f<L_f$
↑	现金流入↑	现金流出↑	影响为0	净利得	净损失
↓	现金流入↓	现金流出↓	影响为0	净损失	净利得

A_f——浮动利率资产

L_f——浮动利率负债

结果

除非浮动利率金融资产与浮动利率金融负债等额，否则企业将暴露在因现金流入（收益）变动和现金流出（费用）变动不等而带来的潜在损失的风险之下。要对这一风险敞口套期，企业可以签订一份预期能够产生具有抵销作用的现金流的衍生工具合约。企业可以通过这份合约实现对现金流波动性的有效套期，而衍生工具合约的类型则取决于管理层根据目前企业的净金融资产状况所做出的对市场利率变动方向的预期。

这就是关于公允价值套期的情况：对企业净现金流所面临的利率变动风险套期。

7.4.2.3　A_x & L_f：获得固定利率资产的盈余却支付浮动利率负债的利息

在这一情况下，企业从金融资产上赚取固定（预定的）利息，但却为其负债支付变动（参考市场利率的变动而变动）的利息。这一组合引发了利率变动的混合影响，利率的变动会带来金融资产公允价值的变动（现金流入不变）以及金融负债现金流出的变动（公允价值不变）。其影响结果如释例7-6中展示的那样。

释例 7-6

在固定利率资产和浮动利率负债组合下利率变动的不同影响

利率	A_x	L_f	所有组合的情况 $A_x=L_f$；$A_x>L_f$；$A_x<L_f$
↑	↓公允价值	现金流出↑	公允价值损失、净现金流损失
↓	↑公允价值	现金流出↓	公允价值利得、净现金流利得

A_x——固定利率资产

L_f——浮动利率负债

结果

要对这一风险敞口套期，企业需要（为金融资产）签订能够提供公允价值套期的合约，同时（为金融负债）签订能够提供现金流套期的合约。

7.4.2.4　A_f & L_x：获得浮动利率资产的盈余却支付固定利率负债的利息

在这一情况下，企业从金融资产上赚取变动（参考市场利率的变动而变动）的利息，但却为其负债支付固定（预定的）利息。正如前一种情况那样，这一组合引发了利率变动的混合影响，利率的变动会带来金融资产现金流入的变动（公允价值不变）以及金融负债公允价值的变动（现金流出不变）。其影响结果如释例7-7中展示的那样。

释例 7-7

在浮动利率资产和固定利率负债组合下利率变动的不同影响

利率	A_f	L_x	所有组合的情况 $A_f=L_x$; $A_f>L_x$; $A_f<L_x$
↑	↑现金流入	↓公允价值	公允价值利得、净现金流利得
↓	↓现金流入	↑公允价值	公允价值损失、净现金流损失

A_f——固定利率负债

L_x——浮动利率资产

结果

正如前一种情况那样，若要对此风险敞口套期，企业需要签订两份合约：（1）（针对金融负债）提供公允价值套期；（2）（针对金融资产）提供现金流套期。

会计问题

在上述四种情形下，利率变动都会影响公允价值或现金流量，或者同时影响两者。要减小损失敞口，每一种情形都要求不同的套期工具和策略。在一般公认会计原则下（缺乏特殊的套期会计），报告公允价值或现金流套期的成败会碰上以下两个问题：

1.在一般公认会计原则下，企业以摊余成本法记录那些公允价值风险被套期的金融资产或金融负债，因此，公允价值的变动不会在盈余中确认[10]。如果保留这一会计处理方法，会计报告就无法反映管理层对价值损失进行套期的行为，因为只有套期工具（衍生品）的公允价值变动会计入损益。

因此，针对公允价值套期的特殊套期会计要求调整一般公认会计原则，从以摊余成本法确认被套期项目（资产或负债）的价值转向公允价值方法，并且其公允价值的变动要计入损益。这一调整在美国公认会计原则ASC 815中以及国际财务报告准则IAS 39、IFRS 9中被称为“公允价值套期的会计”。

但是，由于公认会计原则出现了如此特殊的变动，所以如果想要运用公允价值套期，必须满足下述五个条件：

（1）在正常情况下，被套期项目并不以公允价值计量，其变动也不计入损益，或人们认为不应该计入损益。交易性证券就是这类项目的典型范例，因此交易性证券不适用于套期会计。

（2）一旦采用公允价值套期会计，被套期项目应计入损益的公允价值变动就应该马上确认。

（3）被套期项目公允价值的变动从有效的套期伊始就应确认。

（4）实施这一会计处理要求套期关系必须高度有效（即套期成功）。

（5）在每一个报告期，企业都必须重新对用来套期的衍生工具和被套期项目进行估值，并通过定期记录将其变动反映在盈余中。

结论：公允价值套期会计：

- 负责对潜在价值损失套期。

- 是对一般公认会计原则的调整。
- 对被套期项目使用不同于一般公认会计原则的处理方法。
- 保留了一般公认会计原则对衍生工具的会计处理方法。

图7-1中的流程图解释了对一般公认会计原则的背离以及对公允价值套期的特殊会计处理。

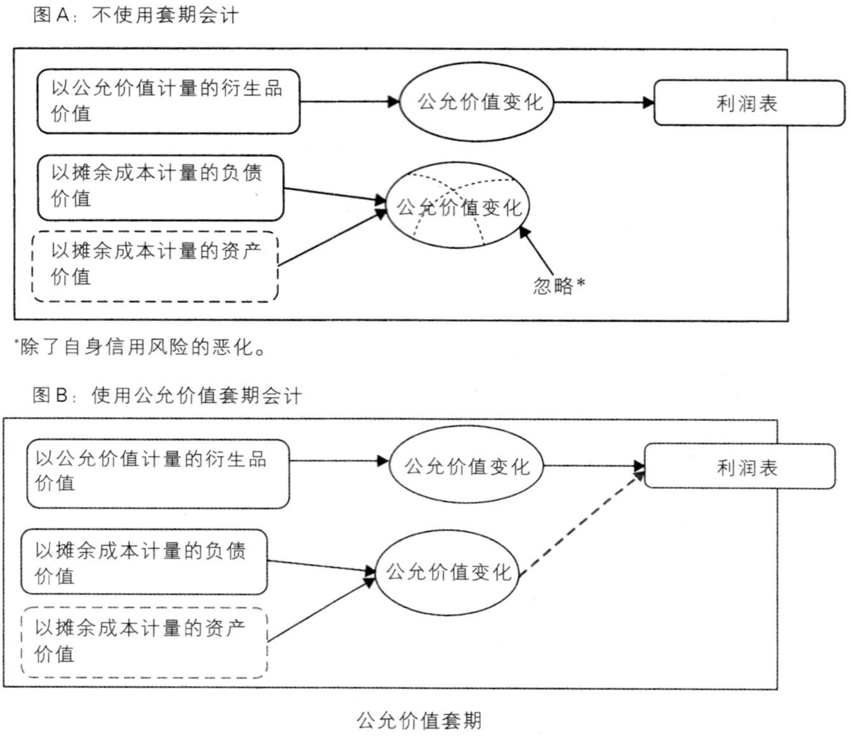

图7-1　由于会计模型的混合属性导致的公允价值变动错配

2.利率的变动影响现金流。对现金流的套期需要签订一份预期能够产生与被套期项目（资产或负债）现金流负相关的现金流的衍生合约。如果会计系统将套期合约现金流与被套期项目（资产或负债）现金流各自带来的盈余结合起来确认，二者在会计报告中就互相抵销了。如果被套期项目和套期衍生品的现金流变化不同步（错配），为了让二者的盈余确认相结合，就要求调整一般的公认会计原则。在下面关于错配的现金流和盈余确认时间点的案例中，我们将详细解释这一调整。

7.4.3　错配的现金流和盈余确认时间点

在利率缺口为0，也就是假设期间相同的情况下，浮动利率金融资产（利率敏感型资产）等于浮动利率负债（利率敏感型负债），企业可以通过自然套期来降低盈余错配的影响。无论是从流动性管理还是应计利息收入和支出的角度看，最好都能达到零利率缺口。它能提供一个自然套期，来解决因利率对现金流和盈余的影响而产生的盈余波动。对于非零利率缺口，现金流和盈余的波动性会随着利率的变动而加剧，且与前述利率缺口的规模和正负符号成一定比例。

如果利率缺口非0且自然套期代价较高，企业可以签订衍生品合约来套期利率变动引起的现金流潜在波动。但是，如果现金流的实现和盈余的确认不同步（即不在同一会计期间发生），那么一般公认会计原则下（当没有套期会计的特殊处理时）的会计报告就不会把已经实现的对波动性的降低反映出来。下文的说明会有助于理解这一问题。

说明

假设恩雅公司利率缺口为0，管理层担心LIBOR会上升或者拥有一个负的利率缺口，上述任意一种情况都会使现金流出增加。在1期，管理层预测这些变动会引起2期−400 000美元的利率缺口，即利率敏感型资产比利率敏感型负债少400 000美元。但是，恩雅公司管理层并未预期LIBOR的变动。恩雅公司的浮动利率债务的平均利息率比LIBOR高0.5%。当LIBOR=2%时，恩雅公司1期的利率将达到2.5%。假设管理层获得了可靠的信息从而预测到了这个水平的LIBOR，负利率缺口（利率敏感型负债利率上升部分）会使恩雅公司在2期多花费10 000美元，这反映了现金流出的增加和应计利息支出的增加。如果恩雅公司不采取措施套期这种可能的经济利益流出的增加，则（税前）盈余和现金流都会下降10 000美元。

为了降低这一风险敞口，恩雅公司在1期购买了（多头）看涨期权，管理层希望它提供的正现金流能够抵销负利率缺口对现金流的影响。见表7−1，现金流的时点与现状相对应有三种可能的情况。

表7−1　现金流和应计项目确认时点的不同（没有使用套期会计的恩雅公司）　单位：美元

情形	会计期间1			会计期间2		
	期权衍生品产生的现金流入	利率缺口下降引起的现金流出	对盈余的影响	期权衍生品产生的现金流入	利率缺口下降引起的现金流出	对盈余的影响
A：现状	N/A	0	0	N/A	(10 000)	(10 000)
B：套期	9 500	0	9 500	0	(10 000)	(10 000)
C：套期	6 000	0	6 000	3 500	(10 000)	(6 500)*
D：套期	0	0	0	9 500	(10 000)	(500)

*这是在2期10 000美元的利息费用减去衍生品3 500美元利得之后的净额。

在现状下，恩雅公司没有签订套期合约，这导致因利息成本增加而产生的现金流出增加（一个负的利率缺口和参考利率提高1%）。这会造成2期10 000美元的净现金流出，同时增加10 000美元的应计费用。因此，税前净利润会下降10 000美元。

在B、C和D情形下，恩雅公司购买了看涨期权，预期当LIBOR提高1%时，能够产生9 500美元正的现金流量，这个正的现金流量能够抵销掉利率提高时大部分的现金流出[11]。在一般公认会计原则的规定下，没有套期会计的特殊处理，它对盈余的影响要看现金流的生成模式。这种模式在不同情形下是不同的（如果对套期没有特殊的会计处理）。

- 在B情形下，所有期权带来的现金流入都在1期实现。其结果是，1期盈余增长9 500美元，而2期盈余下降9 500美元。此时，现金流与盈余确认是不同步的，从而造成会计上的错配加剧了盈余的波动性。
- 在C情形下，期权合约产生的现金流横跨两期：1期的6 000美元和2期的3 500美元。这种模式的现金流的影响是，在1期报告6 000美元的盈余增长，而在2期报告3 500美元的盈余减少。再一次地，这种时点上的错配导致盈余的波动性，尽管这一波动没有B情形那么剧烈。
- 在D情形下，所有期权合约产生的现金流入都在2期实现。因此，在1期不存在现金流或盈余的增长，但在2期却对现金流和盈余各有95%的抵销。1期的净盈余效应为0，而2期盈余也仅有500美元的下降。

会计问题

在一般公认会计原则下，没有套期的特殊处理，这种套期工具的现金流和其对被套期项目盈余的影响（应计项目）的不同步性（时点的错配）会造成以下两个结果：

1. 更加剧烈的盈余波动。
2. 无法向财务报表的使用者传递企业管理层套期风险的成功程度。

会计解决方案

准则制定者提出的解决方案是，放弃一般的公认会计原则做法，转而对现金流套期采取特殊会计处理。尽管套期会计无法扭转现金流的模式，但它扭转了损益确认的模式。在上述B和C的情形下，套期带来的现金流入总是或全部或部分地发生在第1期，而需要被套期的现金流出则发生在第2期。解决办法是在现金流入的时候就予以记录，但递延到被套期项目影响利润表的第2期才将该项利得确认在盈余中。必须强调的是，实际情况没有发生任何变化，改变的只是会计确认而已。

我们在表7-2和图7-2中描述了上述B情形下的解决办法，该表比较了使用和不使用套期会计两种情况下的现金流和盈余结果。

表7-2　使用现金流套期会计对现金流和盈余的影响（恩雅公司的B情形）　单位：美元

表A：没有使用套期会计时对盈余的影响

	1期	2期
期权带来的现金流入（盈余增加）	9 500	0
债务上的预计现金流出（盈余减少）	0	(10 000)
利率缺口变化对现金流的影响	9 500	(10 000)
利率缺口变化对盈余的影响	9 500	(10 000)

续表

表B：使用套期会计时的影响		
对现金流的影响	1期	2期
期权产生的现金流的增加	9 500	0
盈余确认的递延（计入其他综合收益，而不是损益）	9 500	0
基准利率上升对现金流的影响	0	(10 000)
现金流净变动	9 500	(10 000)
对盈余的影响		
1期利得从其他综合收益重分类到盈余	0	9 500
来自被套期盈余的减少（负的利率缺口）	0	(10 000)
基准利率上升对收益的影响	0	(500)

图A：不使用套期会计

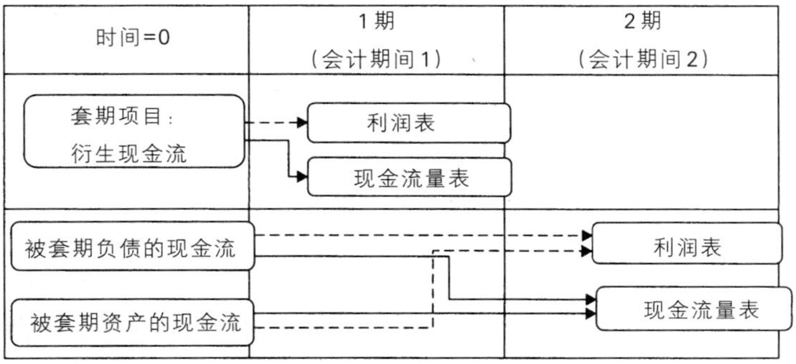

图B：使用套期会计

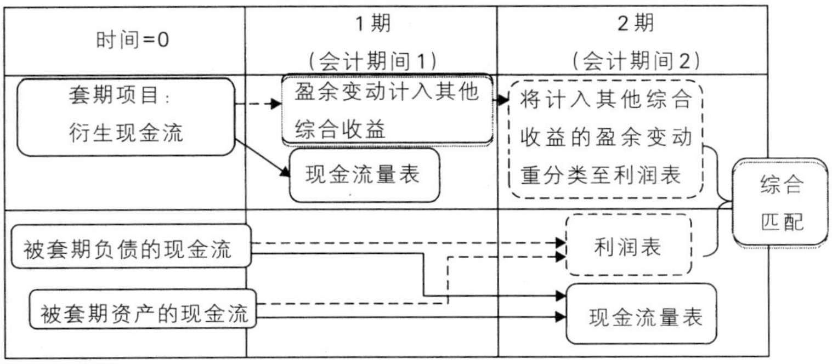

现金流量套期

图7-2 有套期却不能使用套期会计的混合会计模型导致的错配

释例 7-8

套期会计对一般公认会计原则的影响

	公允价值套期	现金流套期
衍生工具	未改变一般公认会计原则 (2) √ 资产/负债 ■ 计入损益	改变了一般公认会计原则 (1) √ 资产/负债 ◆ 计入其他综合收益
被套期项目	改变了一般公认会计原则 ◆ 以公允价值计量的资产和负债 ■ 计入损益	未改变一般公认会计原则 遵循一般公认会计原则

◆已改变的状况

(1) 我们对衍生工具仍然以公允价值计量，但其变化计入其他综合收益而不再是损益。

(2) 被套期项目以公允价值重估，且其变动计入损益。

(1) 和 (2) 都要求套期通过有效性测试。

7.4.4 以管理者意图为中心

将套期关系划分成现金流量套期和公允价值套期，对资产、负债、盈余以及所有者权益都具有重要意义，因此我们有必要知道管理层是如何对套期关系进行分类的。对于一些合约来说，区分一项套期关系是现金流量套期还是公允价值套期，取决于下面两个因素：

1. 交易本质。

2. 管理层意图声明。

例如，对一项准备发行的有息债务工具（如第6章6.2.2节IBM的案例）的套期只能被视作一项现金流量套期，因为不确定性是和将要发生的交易有关的。在其他情况下，交易本质并不是区分套期关系的决定性因素。例如，在对完工产品的存货套期时，套期关系的分类实质上是由管理层来选择的，因为会计准则建议对套期关系的会计处理要和管理层意图相结合。管理层有可能宣称其对完工存货进行套期，目的是保持资产负债表上报告的价值不变，那么此时管理层就会对该资产的价值进行套期，从而符合公允价值套期会计处理的要求。或者管理层可能希望锁定销售价格并对该价格水平下的存货销售额进行套期，以保证一定的收入水平。在这种情况下，套期关系符合现金流量套期的标准，因为如果没有确定的承诺，存货的销售（对于这个销售额没有任何书面合约）仅仅是一个预测的交易。

结论

将某些合约划分为现金流量套期还是公允价值套期从而进行相应的会计处理，取决于交易的本质。但在其他情况下，两种套期关系的选择是基于管理层的意图的（而这是难以进行验证的）。

上文关于套期存货的例子是针对完工产品的。在该例中，套期关系的选择介于保持资产价值不变和锁定预测销售价格之间。但如果存货是由原材料组成的，那么两者的区别就没那么大了。在这种情况下，套期关系的选择还取决于管理层的意图。管理层有可能会想套期存货资产的价值，从而按照公允价值套期进行会计处理，或者管理层想要对补充存货库存的预期成本进行套期，从而将该交易视为现金流量套期。

管理层进行这种选择的能力受到几个条件的限制，特别是预测的交易必须是很可能发生的。在这样的设定下，“很可能”（probable）要求具有比“多半有可能”（more likely than not，ASC 815-20-25-16采用了这一说法）更大的可能性。尽管准则没有要求提供对预测的支持证据，但一家企业的管理者可以通过以下几个支持性的因素来佐证自己对交易可能性的判断：

- 以往相似交易发生的频率。
- 企业完成该交易的财务能力。
- 预测交易发生前的预期时长。

不难说明，在持续生产中，这些作为证据的事项能够佐证管理层出售完工产品或购买原材料的意图。但在其他一些预测交易的例子中，比如预期发行一种固定利率债券或从另外一个国家进口商品，这些支持性事项并不能在判断交易发生的可能性上派上多大用场。在这些情况下，管理层声明的意图将是决定合适的会计方法的主导因素。比如说这样一个例子，管理层计划为资本预算项目筹款，对此筹款有多种方式，而其意图是唯一所知的。

7.4.5 现金流量套期的特殊问题（过度套期和套期不足）

- 现金流量套期是对现金流的风险（波动性）套期，该风险与一项已确认资产、一项已确认负债或很可能发生的预测交易有关。
- 因此，被套期项目是一个“特征”而不是一项资产或者负债。
- 在一个有效的现金流量套期中，我们需要通过权益类账户（其他综合收益）递延归属到具体风险的套期衍生工具的利得或损失，直到被套期的交易对损益产生影响时再转出。
- 被套期项目的利得或损失有可能等于或不等于套期工具的利得或损失。
- 如果套期工具的利得或损失大于被套期项目现金流预期变动的公允价值，那么就发生了过度套期。
- 如果套期工具的利得或损失低于被套期项目现金流预期变动的公允价值，那么就发生了套期不足。
- 套期会计规则有五条简单命题：

1. 过度套期能够预示套期失效的程度。
2. 过度套期的金额不应该通过权益类账户递延确认。
3. 过度套期的部分应于发生的期间在损益中确认。
4. 应该忽略套期不足。
5. 在一个现金流量套期中，要在其他综合收益中递延的数额应为图7-3中所示的两种方法中较低的那个数额。[12]

（1）套期开始之后，套期工具产生的累计利得或损失的绝对值数额。

（2）套期开始之后，被套期项目预期产生的现金流公允价值或现值累计变动的绝对值数额。

• 准则（包括美国公认会计原则和国际财务报告准则）通过参考累计变动提出了过度套期和套期不足的规则。

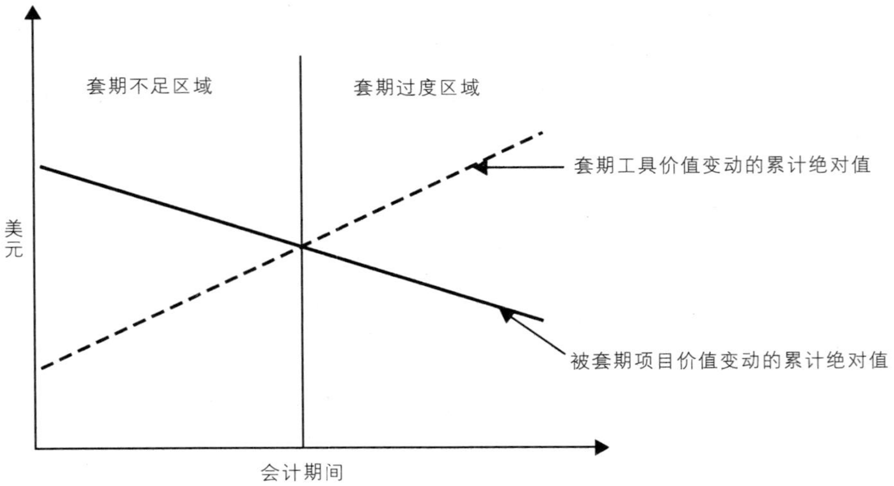

图7-3 现金流量套期中的过度套期和套期不足

7.5 套期存货

信息日志：第7章阅读指南

本章特别讨论了以下问题：

• 阐述了期货溢价（contango）和现货溢价（normal backwardation）两种市场状况下套期有效时的套期会计[13]。

• 比较了出于会计目的指定和不指定一项衍生品为套期工具对会计的影响。

• 比较了现金流量套期和公允价值套期对一项给定套期关系的现金流和盈余的影响。

• 在大多数情况下，列举一些事实和案例的目的是比较不同的会计处理。

• 阐释了由于套期关系的无效而对套期会计的停用。

• 分析了套期会计对财务比率和流动性的影响。

• 说明了会计处理并不改变现金流和产品流的本质，只是改变了财务报表上的确认时间点和账户（会计地理学），从而导致不同的财务报告。

• 举例说明现金流量套期关系中的套期不足和过度套期，过度套期的例子是为了说明如何对前期过度套期而导致的盈余变动重分类。

• 所有的论证都陈述了必要的管理文件和对有效性的测试。

7.5.1 对存货的公允价值套期（1）

7.5.1.1 情形C（公允价值套期）：降低远期价格以及有效套期

本节论述了当合约即将到期、期货价格下降时的套期会计（市场进入期货溢价时期，远期价格下降）。

- 在20×1年10月1日，米尔索姆农场以12美元/蒲式耳的成本获得100 000蒲式耳黄豆存货。
- 该公司计划在6个月内出售这批存货。
- 20×1年10月的市价为：
  - 现货（现金即时交易）：13.03美元/蒲式耳。
  - 期货（3月份交割）13.10美元/蒲式耳。
- 米尔索姆农场的管理者担忧，如果3月份阿根廷黄豆大丰收，阿根廷将很有可能把黄豆倾销到美国市场上，进而彼时黄豆现货价格会低于13.10美元/蒲式耳。
- 为把销售价格锁定在13.10美元/蒲式耳，该公司与芝加哥期货交易所（CBOT）签订了一项期货协议——FSB12G号合约——规定在3月以13.10美元/蒲式耳的价格售出20份美国二级黄豆的期货合约。[14]
- 该公司在合约中将20×2年3月31日设为结算日。
- 20×2年4月20日，米尔索姆农场以12.55美元/蒲式耳的价格把存货卖给了一家黄豆压榨公司。

7.5.1.2 会计处理

米尔索姆农场的管理者把该期货合约指定为对黄豆存货的公允价值套期。该公司按照公司政策及会计准则（美国财务会计准则委员会和国际财务报告准则）的要求为这个特定的套期作了记录。释例7-9展示了该记录。

释例7-9

米尔索姆农场的套期记录

风险管理目标	米尔索姆农场的风险管理目标是降低商品降价带来的存货价值损失，这个目标与米尔索姆农场的风险管理思路及其董事会于20×0年4月会议上决定采用的风险管理制度相一致
被套期项目	100 000蒲式耳美国二级黄豆存货的公允价值
套期工具	20份与芝加哥期货交易所签订的FSB12G号期货合约（标准的黄豆期货合约是5 000蒲式耳）
开始日期	20×1年10月1日
期限	6个月，到20×2年3月31日
套期指定	米尔索姆农场的管理层计划把FSB12G号期货合约指定为对100 000蒲式耳美国二级黄豆存货的公允价值套期
套期有效性测试	我们使用美元抵销比率法（DOR）来测试套期有效性。 DOR=｜Δ期货价值/Δ存货价值｜ 我们用来测试套期有效性的数值不考虑期货合约的时间价值

表7-3展示了在合约规定的6个月期限内现货与期货的价格变动。

表7-3　　黄豆现货和期货价格变动（公允价值套期且不存在无效的情况）　　单位：美元

每蒲式耳价格	20×1年10月	20×1年12月	20×2年3月
现货价格	13.03	12.796	12.55
20×2年3月期货价格	13.10	12.821	12.55
Δ现货价格	—	(0.234)	(0.246)
Δ3月的期货价格	—	0.279	0.271

基于这些变动，我们得到下列数值：

	20×1年12月	20×2年3月
期货合约的公允价值	27 900	55 000
Δ期货的公允价值	27 900	27 100
Δ存货的公允价值	(23 400)	(24 600)
期货的时间价值	4 500	2 500
存款保证金	14 000	14 000

附注：

（1）我们用期货和现货的价格差来计算期货的时间价值。这种计算方法基于有效市场假设，在这个市场里无法通过套利获得利润，此时期货价格为：

$$F_{t\rightarrow t+6个月}=S_t\times e^{C\times(6/12)}$$

式中：$F_{t\rightarrow t+6个月}$——6个月的期货价格；

S_t——t时间的现货价格（本例中为20×1年10月）；

C——持有成本（利息与存储成本之和）；

(6/12)——期限（本例中为从20×1年10月起的6个月）。

因此，现货和期货之间的价格差是由于持有成本造成的，该成本在持有时间大于0时为正。

（2）保证金由期货交易所决定，通常是一个关于合约规模、预期价格走势和交易商信用风险的函数。在本例中，我们假设交易所对这笔交易开出了14 000美元的保证金条件（交易商必须接受交易所用公式计算出来的保证金数额）。

第一阶段：从20×1年10月1日到20×1年12月31日的会计处理

● 存货的公允价值变动额等于现货价格的变化额乘上100 000蒲式耳黄豆的名义本金额：

（13.03－12.796）×100 000＝23 400（美元）

此数额发生在20×1年10月到20×1年12月的期间内。

● 期货合约的公允价值等于期货的价格差额乘上100 000蒲式耳黄豆的名义本金额：

（13.10－12.821）×100 000＝27 900（美元）

此数额发生在20×1年10月到20×1年12月的期间内。

在米尔索姆农场账簿中记录了上述变化，如下所示：

日期	交易	借（美元）	贷（美元）
20×1-10-01	备忘录： 米尔索姆农场与芝加哥期货交易所签订了20份期货合约（各5 000蒲式耳黄豆），规定在3月以13.10美元/蒲式耳的价格售出100 000蒲式耳美国二级黄豆。合约代号为FSB12G	—	—
20×1-10-01	应收款项——期货交易所保证金FSB12G 现金 在期交所为FSB12G合约存入规定保证金	14 000	14 000
20×1-12-31	其他利得/损失——黄豆存货 存货——黄豆 此分录记录100 000蒲式耳黄豆现货价格从13.03美元下跌到12.796美元造成的存货价值损失	23 400	23 400
20×1-12-31	应收款项——CBOT期货合约FSB12G 其他利得/损失——期货 此分录记录期货价格从13.10美元下跌到12.821美元引起的FSB12G期货合约利得	27 900	27 900
20×1-12-31	现金 应收款项——CBOT期货合约FSB12G 此分录记录从CBOT[a]收回的应收款项	27 900	27 900
20×1-12-31	其他利得/损失——期货 其他利得/损失——黄豆存货 其他利得/损失（期货时间价值） 此分录记录影响盈余的套期无效部分	27 900	23 400 4 500
20×1-12-31	其他利得/损失（期货时间价值） 盈余 此分录记录套期对盈余的净影响	4 500	4 500

[a]实务中，客户通常在电子交易系统里把这一收回数额作为调整加进存款保证金中。

从20×1年12月31日到20×2年3月31日的第二阶段会计操作

• 期货合约的公允价值等于期货的价格差额乘上100 000蒲式耳黄豆的名义本金额。

• 签订合约之后的总变动额等于100 000蒲式耳乘上合约价格13.10美元减去同一交割期的期货现价12.55美元后的差额：

$(13.10-12.55)\times 100\,000=55\,000$（美元）

此数额发生在20×1年10月到20×2年3月期间。从20×1年10月到20×1年12月期间已经确认了27 900美元，留给本期27 100美元。

●尽管期货价格下跌，但这些公允价值的变动依然是米尔索姆农场的利得，因为期货合约规定了期货交易所有义务以13.10美元的单价购买该公司的黄豆。在该合约下，如果价格下跌，期货交易所要向米尔索姆农场支付下跌部分；反之，价格上涨，米尔索姆农场就要向期货交易所转移这部分溢价（可以参考第1章的附录）。

●存货的公允价值变动额等于20×1年12月31日与20×2年3月31日之间现货价格的变化额乘上100 000蒲式耳黄豆的名义本金额：

（12.796－12.55）×100 000＝24 600（美元）

此数额发生在20×1年10月到20×2年3月期间。

在米尔索姆农场账簿中记录了上述变化，如下所示：

20×2-03-31	其他利得/损失——黄豆存货 存货——黄豆 此分录记录100 000蒲式耳黄豆现货单价从12.796美元下跌到12.55美元造成的存货价值损失	24 600	 24 600
20×2-03-31	应收款项——CBOT期货合约FSB12G 其他利得/损失——期货 此分录记录期货价格从12.821美元下跌到12.55美元带来的利得	27 100	 27 100
20×2-03-31	其他利得/损失——期货 其他利得/损失——黄豆存货 其他利得/损失（期货时间价值） 此分录记录期货合约利得的有效和无效部分	27 100	 24 600 2 500
20×2-03-31	现金 应收款项——CBOT期货合约FSB12G 应收款项——期货交易所保证金FSB12G 收回期交所欠的存款保证金和期货合约利得*	41 100	 27 100 14 000
20×2-04-20	销售成本 存货——黄豆 确认100 000蒲式耳黄豆的成本（1 200 000美元减去48 000美元的价值损失）	1 152 000	 1 152 000
20×2-04-20	应收款项——交易所得 销售收入 记录黄豆存货的销售	1 255 000	 1 255 000

*实务中，期货交易所会每天与合约对方（米尔索姆农场）结算。在本例中，为简便起见，假设只结算一次。

分析

1.套期有效性

在套期记录上声明测试套期有效性的方法是美元抵销比率法（即期货价值变动额/存货价值变动额）。不考虑套期记录中记载的期货时间价值，用美元抵销比率法追溯计量有效性的方法如下：

（1）在20×1年10月1日到20×1年12月31日期间：

$|23\ 400 \div 23\ 400| = 1.00$

（2）在20×1年12月31日到20×2年3月31日期间：

$|24\ 600 \div 24\ 600| = 1.00$

另一方面，如果我们在有效性测试里考虑远期点数，则有：

（3）在20×1年10月1日到20×1年12月31日期间：

$|27\ 900 \div 23\ 400| \approx 1.19$

（4）在20×1年12月31日到20×2年3月31日期间：

$|227\ 100 \div 24\ 600| \approx 1.10$

正如第6章所讨论的，一项套期并不一定要能实现100%的抵销作用才能被判为有效，美国证券交易委员会和最佳实践经验都允许有20%的误差，这构成了DOR的可接受域，即

$0.80 \leqslant |DOR| \leqslant 1.25$

因此，上例中的套期高度有效，可适用套期会计。

2.销售

企业以销售当日（20×1年4月20日）的现货市价出售存货[15]。在所有的期货合约中，期货交易所都是合约对方。对于这项交易来说，米尔索姆农场从期交所那里收回了69 000美元的现金，包括55 000美元的利得和14 000美元的保证金（存款）。因此，55 000美元是它在黄豆期货合约上赚到的利润。它还在20×2年3月31日以当天12.55美元/蒲式耳的现货市价出售了黄豆存货，从而取得1 255 000美元的应收账款。因此，该农场总计达到1 310 000美元的流动资产增长由两个部分组成：

+现金（在期货上的利得）	55 000（美元）	（20×1年确认27 900，20×2年确认27 100）
+应收账款——交易所得	1 255 000（美元）	
总计	1 310 000（美元）	

在合约到期不久后，以现货市价取得的销售收入与套期收益的结合使米尔索姆农场以其期望的13.10美元/蒲式耳的价格有效地售出了黄豆存货。

3.销售成本

存货的账面价值就是成本1 200 000美元。当存货被指定为公允价值套期项目之后，该农场并不将账面价值自动地调整为公允价值。**相反，只有与被套期风险有关的公允价值变动部分（即从套期开始日的价格到当前价格的变动部分）**才会反映在存货的账面价值上（假设该套期高度有效并且满足了其他的套期要求）。

当存货的账面价值为1 200 000美元时，其（未经确认的）市场公允价值是1 303 000美元。将存货指定为公允价值套期关系里的被套期项目，意味着要考虑套期之后造成的公允价值变动——高于或低于1 303 000美元的价格变动。这些公允价值变动会被记录为对1 200 000美元的存货账面价值的调整。图7-4展示了计算该成本的两种不同方法。

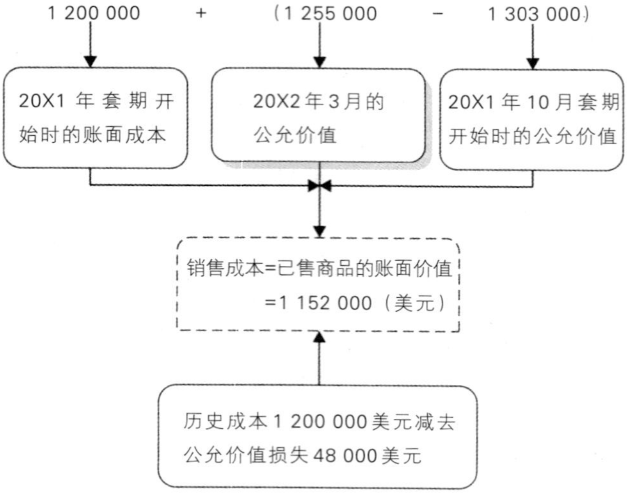

图 7-4　计算销售成本的两种方法

4.盈余

● 期货时间价值造成的无效性（套期开始时期货价格和现货价格的差额）分别在20×1年和20×2年使损益增加了4 500美元和2 500美元。

● 从黄豆存货的销售中获取的净利润等于110 000美元的利润目标，后者由1 310 000美元的目标销售额减去1 200 000美元的存货成本计算得出。但是，以销售时的市场价格来看，实际上的销售额只有1 255 000美元，成功的套期使农场最终得到了预期利润目标，如下所示：

销售收入	1 255 000美元
销售成本	（1 152 000）美元
毛利	103 000美元
加：利得（时间价值）	7 000美元
	110 000美元

5.财务分析

表7-4比较了以下三种情况：

● C1：没有衍生工具。

● C2：有衍生工具但没有被指定为套期工具。

● C3：衍生工具（期货）合约被指定为一项公允价值套期。

表 7-4　使用金融衍生工具的不同情况之比较（米尔索姆农场）　金额单位：美元

	没有衍生工具	期货（远期）衍生品	
		未被指定的套期	有效套期
	C1	C2	C3
销售收入	1 255 000.00	1 255 000.00	1 255 000.00

续表

	没有衍生工具	期货（远期）衍生品	
		未被指定的套期	有效套期
	C1	C2	C3
毛利润	55 000.00	55 000.00	103 000.00
毛利润率（毛利润/销售额）	4.38%	4.38%	8.21%
净利润	55 000.00	110 000.00	110 000.00
净利润/销售额	4.38%	8.76%	8.76%
期货时间价值	无	7 000.00	7 000.00
期货的影响			
衍生工具对利润的影响	无	48 000.00	0
每蒲式耳有效销售价格	12.55	13.10	13.10

- C1——没有衍生工具的情况：

如果没有衍生工具，米尔索姆农场以销售日的现货市价（现金价格）销售存货，这对毛利润和净利润的影响为，1 255 000美元的销售额与1 200 000美元的持有成本之间的差异，由此得到的毛利润率等于（税前）净利润率，即同为4.38%（其他都不变时）。

- C2——未被指定为套期的衍生工具：

当米尔索姆农场签订一份销售黄豆存货的期货合约时，管理层可以将其指定为一项套期，或者继续维持其未被指定的状态。

米尔索姆农场的管理层签订衍生品合约，表面上是为了对存货的商品价格风险套期，但也可以仅将之作为"经济效果上的套期"。也就是说，这些合约具有套期工具的功能，但在会计上不确认它们是套期工具。这些衍生品被看作"交易性证券"，从而以公允价值计量且其变动计入损益。因此，毛利润和C1情况下（无衍生工具的情况）一样均为55 000美元，但净利润不同。考虑到上述因素，因为农场从期交所那得到了55 000美元（(13.10−12.55)×100 000)，所以C2的净利润会增加55 000美元。这笔与期交所交易的利得由7 000美元（(13.10−13.03)×100 000）的期货时间价值和因商品价格对期货合约的影响而产生的48 000美元（(13.03−12.55)×100 000）组成。因此，毛利润率和C1中一样，为4.38%，但（税前）净利润率会增长到8.76%。

- C3——被指定为套期的衍生工具：

在表7-4的最后一栏里，米尔索姆农场指定期货合约为套期工具，作必要的记录，并且根据历史数据预期套期会高度有效。在这种情况下，毛利润增长到103 000美元（在结算日期货与现货价格之差55 000美元（(13.10−12.55)×100 000）加上套期开始时公允价值超过成本的48 000美元（(13.03−12.55)×100 000)），这一毛利润使公司的毛利润率达到8.21%（103 000÷1 255 000×100%），但期货上7 000美元的增值将使净利润达到110 000美元。

对这三种情况的观察结果为：

1.在C2和C3两种情况下，当米尔索姆农场获得这些衍生工具时，无论其是否指定它们为套期工具，这些合约都能增加55 000美元的收益。

2.在C2和C3两种情况下，在增加的55 000美元收益中包括7 000美元的期货时间价值和48 000美元的商品价格变化。

3.C2和C3两种情况的区别之处在于如何报告对不同绩效指标的影响，也就是说在哪里披露这些数值。

对财务比率的影响

表7-4中所示的三种情况对财务比率的影响各有不同。

1.流动比率（流动资产/流动负债）：在一个高度有效的套期中，且DOR非100%，签订期货衍生品合约会对流动比率产生影响，影响程度取决于套期有效性的程度。在本例中的第一个阶段，应收账款（其最后会变成现金）在20×1年增长了27 900美元，但存货的账面价值下跌了23 400美元，二者的差额是套期无效部分。

如果套期关系在整体上是无效的，那么应收账款（其最后会变成现金）在20×1年依然增长27 900美元，存货的账面价值则不受影响。

2.流动率：在此例中，期货合约被视作一项流动资产。因此，无论是否被指定为套期工具，期货合约（资产）都以公允价值计量。（在此例中）无论是否采用了套期会计，签订期货合约都提高了流动率。但是，黄豆的市场价格可能会上涨，米尔索姆农场由此将需要支付给期交所一笔钱，使流动率状况恶化。

3.利润率：当期货合约没有被指定为一项套期时，衍生品的价格波动不会影响毛利润率。当其被指定为套期工具且套期有效（并被正确记录）时，这一情况就会发生改变。在这一情形下，期货合约的价格波动就会被视为对商品价格风险的套期，且其对存货价格及销售成本都有影响，这就是表7-6中C3的情形。其结果是，毛利润率从4.38%上升到8.21%。但是，8.76%的净利润率只有在企业拥有预期现金流与风险敞口变化方向相反的衍生工具时才会实现，与衍生工具是否被指定为公允价值套期无关。[16]

7.5.2 对预测存货销售额的现金流量套期（2）

7.5.2.1 情形D（现金流量套期）：降低远期价格以及有效套期

该案例与上述情形C（公允价值套期）中所述米尔索姆农场的基本信息和交易类型相同，区别在于这里假设米尔索姆农场的管理层决定把期货合约指定为对将来销售存货时的价格波动进行的套期，因此这是一项现金流量套期。基本信息如下：

- 在20×1年10月，米尔索姆农场拥有100 000蒲式耳黄豆存货。
- 该存货账面价值为1 200 000美元，单价为12.00美元/蒲式耳。
- 在20×1年10月，米尔索姆农场与芝加哥期货交易所签订了合约，合约要求在3月31日以13.10美元/蒲式耳的价格销售20份黄豆期货合约（每份合约规模为5 000蒲式耳）。为方便标识，这份合约被编号为FSB12G。

- 在20×1年10月，黄豆的现货价格为13.03美元/蒲式耳。
- 米尔索姆农场把这份期货合约指定为对存货预测销售额的现金流量套期。

释例7–10中展示了对交易的记录。

释例7–10

米尔索姆农场的现金流量套期记录

风险管理目标	米尔索姆农场的风险管理目标是降低商品降价带来的未来现金流波动的风险，这个目标与米尔索姆农场的风险管理思路及其董事会于20×0年4月在会议上决定采用的风险管理制度相一致
被套期项目	100 000蒲式耳美国二级黄豆存货的期货价格
套期工具	20份与芝加哥期货交易所签订的FSB12G号期货协议（标准的黄豆期货合约是5 000蒲式耳）
开始日期	20×1年10月1日
期限	6个月后的20×2年3月31日
套期指定	米尔索姆农场的管理层计划把FSB12G号期货协议指定为对100 000蒲式耳美国二级黄豆存货的现金流量套期
套期有效性测试	我们使用美元抵销比率法来测试套期有效性： DOR=｜Δ期货价值÷Δ预期销售带来的现金流终值｜ 我们用来测试套期有效性的数值不考虑期货合约的时间价值

表7–5展示了在合约规定的6个月期限内现货与期货的价格变动[17]。

表7–5　黄豆现货和期货的价格变动（现金流量套期且不存在无效的情况）　单位：美元

	每蒲式耳价格		
	20×1年10月	20×1年12月	20×2年3月
现货价格	13.03	12.796	12.550
20×2年3月期货价格	13.10	12.821	12.550
Δ现货价格	—	（0.234）	（0.246）
Δ3月期货价格	—	0.279	0.271

基于这些变动，我们得到下列数值：

	20×1年12月	20×2年3月
期货合约的公允价值	27 900	55 000
Δ期货的公允价值	27 900	27 100

续表

	20×1年12月	20×2年3月
Δ存货的公允价值	(23 400)	(24 600)
期货的时间价值[(1)]	4 500	2 500
存款保证金[(2)]	14 000	14 000

注释：

(1) 我们用期货和现货的价格差来计算期货的时间价值。这种计算方法基于有效市场假设，在这个市场里，套利商的活动使得无法通过套利而获得超额收益，此时期货价格为：

$$F_{t\rightarrow t+6个月}=S_t\times e^{c\times(6/12)}$$

式中：$F_{t\rightarrow t+6个月}$——6个月的期货价格；

S_t——t时间的现货价格（本例中为20×1年10月）；

c——持有成本（利息与存储成本之和）；

(6/12)——期限（本例中为20×1年10月起的6个月）。

因此，现货和期货之间的价格差是由于持有成本造成的，该成本在持有时间>0时为正。

(2) 保证金由期货交易所决定，通常是一个关于合约规模、预期价格走势和交易商信用风险的函数。在本例中，我们假设交易所对这笔交易开出了14 000美元的保证金条件（交易商必须接受交易所用公式计算出来的保证金数额）。

从20×1年10月1日到20×1年12月31日的第一阶段会计操作

- 在现金流量套期中，忽略存货的公允价值变动额。
- 存货的公允价值变动额等于现货价格的变化额乘上100 000蒲式耳黄豆的名义本金额：

(13.10−12.821)×100 000=27 900（美元）

此数额发生在20×1年10月到20×1年12月期间。

在米尔索姆农场账簿中记录现金流量套期的会计分录如下所示。

日期	交　易	借（美元）	贷（美元）
20×1-10-01	备忘录： 米尔索姆农场与芝加哥期货交易所签订了20份期货协议（每份5 000蒲式耳黄豆），该合约规定在3月以13.10美元/蒲式耳的价格售出100 000蒲式耳美国二级黄豆。合约代号为FSB12G	—	—
20×1-10-01	期货——期货交易所FSB12G号合约保证金 　　现金 在期交所为FSB12G合约存入规定保证金	14 000	14 000
20×1-12-31	期货——期货交易所FSB12G号合约 　　其他利得/损失——期货 此分录记录100 000蒲式耳黄豆期货价格从13.10美元下跌到12.821美元带来的FSB12G号期货合约的利得	27 900	27 900

续表

日期	交　易	借（美元）	贷（美元）
20×1-12-31	现金 　　期货——期货交易所FSB12G号合约 此分录记录从期交所收回的应收款项； 对期交所所欠金额的收回（如果期交所要求的保证金数额有变，那么这一金额也会变化）	27 900	 27 900
20×1-12-31	其他利得/损失——期货 　　其他综合收益——FSB12G号合约对期货价格的套期 　　其他利得/损失（期货时间价值） 此分录记录套期无效部分对盈余的影响	27 900	 23 400 4 500
20×1-12-31	其他利得/损失（期货时间价值） 　　盈余 此分录记录套期对盈余的净影响	4 500	 4 500

从20×1年12月31日到20×2年3月31日的第二阶段会计操作

从签订合约以来的总变动等于：

• 从20×1年10月到20×2年3月共两个阶段，总变动额为55 000美元（(13.10−12.55)×100 000），其中27 900美元在第一阶段确认，剩下的27 100美元在第二阶段确认。

• 尽管期货价格下跌，但其公允价值上的变动对米尔索姆农场来讲却是利得。在合约规定下，期交所必须向米尔索姆农场支付低于合约规定价格的任何金额，以提供给米尔索姆农场足够的资金补偿其机会成本。

在米尔索姆农场账簿中记录上述变化的会计分录如下所示。

日期	交　易	借（美元）	贷（美元）
20×2-03-31	期货——期货交易所FSB12G号合约 　　其他利得/损失——期货 此分录记录100 000蒲式耳黄豆期货价格从12.821美元下跌到12.55美元带来的期货合约的利得	27 100	 27 100
20×2-03-31	其他利得/损失——期货 　　其他综合收益——FSB12G号合约对存货的套期 　　其他利得/损失——期货 此分录记录期货合约利得的有效和无效部分	27 100	 24 600 2 500
20×2-03-31	现金 　　期货——期货交易所FSB12G号合约 　　期货——期货交易所FSB12G号合约保证金 收回期交所所欠的关于存款保证金和期货合约利得的应收款项	41 100	 27 100 14 000

续表

日期	交　易	借（美元）	贷（美元）
20×2-04-20	销售成本 其他综合收益——FSB12G号合约对存货的套期 　　存货——黄豆 记录销售100 000蒲式耳黄豆的成本	1 152 000 48 000	1 200 000
20×2-04-20	应收款项——交易所得 　　销售收入 记录黄豆存货的销售	1 255 000	1 255 000

分析

1.套期有效性

我们可以用美元抵销比率法来衡量套期有效性，这种方法比较已获取的期货价格变动和假定的衍生工具或被套期项目的现金要求的价格变动（见第6章）[18]。后一种方法以变动的未来销售价格来表示“现金要求”。为方便起见，这里使用的美元抵销比率法就等同于我们在公允价值套期中使用的美元抵销比率法（即Δ期货价格÷Δ被套期现金流）。

按照套期记录中所说的，不考虑期货的时间价值。接下来，利用美元抵销比率法来衡量追溯有效性（retrospective effectiveness）：

a.在20×1年10月1日到20×1年12月31日期间：

$|23\ 400 \div 23\ 400| = 1.00$

b.在20×1年12月31日到20×2年3月31日期间：

$|24\ 600 \div 24\ 600| = 1.00$

另外，如果我们在有效性测试里考虑远期点数，则有：

c.在20×1年10月1日到20×1年12月31日期间：

$|27\ 900 \div 23\ 400| \approx 1.19$

d.在20×1年12月31日到20×2年3月31日期间：

$|27\ 100 \div 24\ 600| \approx 1.10$

正如此前所讨论的，一项套期并不一定要实现100%的抵销作用才能被判为有效，SEC和最佳实践经验都允许有20%的错误，这构成了美元抵销比率法的可接受域，即 $0.8 \leq |DOR| \leq 1.25$ 。

2.销售

在所有的期货合约中，期货交易所都是合约对方。对于这项交易来说，米尔索姆农场从期交所那里收回了69 000美元的现金，这笔钱是期交所欠米尔索姆农场的款项，包括14 000美元的保证金（存款）。但是，和之前的公允价值套期的情况不同，在一项现金流量套期中，直到存货销售出去，此利得才会影响盈余。农场还在20×2年7月20日以当天12.55美元/蒲式耳的现货市价出售了黄豆存货，从而取得1 255 000美元的应收账款[19]。因此，该农场流动资产总计增长了1 310 000美元，其中由两个部分组成：

+现金（在期货上的利得）	55 000美元（20×1年确认27 900，20×2年确认27 100）
+应收账款——交易所得	1 255 000美元
总计	1 310 000美元

合约到期不久后，以现货市价取得的销售收入与套期收益的结合使米尔索姆农场以其期望的13.10美元每蒲式耳的价格有效地售出了黄豆存货。

3.销售成本

农场在账本上基于成本与市价孰低法以1 200 000美元的成本额记录了存货。销售货物的成本为1 152 000美元，这一数额是经其他综合收益中累计利得调整后的存货价值。

4.盈余

套期对收益的影响如下：

● 期货时间价值造成的无效性（套期开始时期货价格与现货价格的差额）分别在20×1年和20×2年使盈余增长了4 500美元和2 500美元。

● 从黄豆存货的销售中获取的净利润等于110 000美元的利润目标，后者由1 310 000美元的目标销售额减去1 200 000美元的存货成本计算得出。但是，以销售时的市场价格来看，实际销售额只有1 255 000美元。只有拥有一项有效的套期才能达到目标利润水平，如下所示：

销售收入	1 255 000美元
销售成本	（1 152 000）美元
毛利润	103 000美元
加：利得（时间价值）	7 000美元
	110 000美元

销售成本等于存货最初的持有成本1 200 000美元减去对商品价格风险的公允价值套期产生的损失48 000美元。

5.财务分析——区别在何处？

如果现金流量套期和公允价值套期下的销售成本与净利润的会计处理相同，那么公允价值套期和现金流量套期到底有什么不同呢？这是一个很好的问题。

针对这一疑问，我们作出下述解答：

● 对于同一个交易事件来讲，在会计上无论是按照公允价值套期还是按照现金流量套期来进行处理，最终的结果都是一样的。

● 两种会计处理之间的不同在于，套期结算日前资产负债表上利得、损失、已确认资产和已确认负债的位置。

● 为了展示这种不同，可以考察每一种会计处理如何影响20×1年12月31日的财务报表。

	公允价值套期（美元）	现金流量套期（美元）	差异（美元）
存货账面价值	1 176 600	1 200 000	（23 400）
期货公允价值（应收款项）	0	0	0
对现金的影响	13 900	13 900	0

续表

	公允价值套期（美元）	现金流量套期（美元）	差异（美元）
对损益的影响（时间价值）	4 500	4 500	0
对其他综合收益的影响		（23 400）	23 400

- 同样，再考虑其对20×2年3月31日（售出存货前）财务报表的影响。

	公允价值套期（美元）	现金流量套期（美元）	差异（美元）
存货账面价值	1 152 000	1 200 000	（48 000）
期货公允价值（应收款项）	0	0	0
对现金的影响	41 100	41 100	0
对损益的影响（时间价值）	2 500	2 500	0
对其他综合收益的影响		（48 000）	48 000

7.5.3 存货的公允价值套期（3）

7.5.3.1 情形E：远期价格下跌，存在套期无效

假设马尔萨斯农场和上文探讨的米尔索姆农场的情况一样，在20×1年10月1日，马尔萨斯农场持有以12.00美元单价取得的100 000蒲式耳黄豆存货。农场计划6个月后出售这批存货，20×1年10月1日的市价为：

- 现货13.03美元/蒲式耳（立即支付现金）。
- 期货13.10美元/蒲式耳（3月份交割）。

马尔萨斯农场的管理层担心黄豆的现货价格会下跌，并跌到13.10美元/蒲式耳的期货价格以下。为了把销售价格锁定在13.10美元，农场与CBOT签订了一份期货合约，规定以13.10美元/蒲式耳的价格在3月销售20份美国二级黄豆协议。农场根据会计准则的要求把相关的信息详细记录下来。[20]

假设合约的现货和期货价格有变动，其变动见表7-6。[21]

表7-6　　黄豆现货和期货的价格变动（存在失效的公允价值套期）　　单位：美元

	每蒲式耳价格		
	20×1年10月	20×1年12月	20×2年3月
现货价格	13.030	12.796	12.550
期货价格	13.100	12.880	12.550
Δ现货价格	—	0.234	0.246
Δ期货价格	—	0.220	0.330

基于这些变动，我们得到下列数值：

	20×1年12月	20×2年3月
期货合约的公允价值	22 000	55 000
Δ期货的公允价值	22 000	33 000
Δ存货的公允价值	(23 400)	(24 600)
Δ期货的时间价值	(1 400)	0
存款保证金	46 000	46 000

附注：

（1）我们用期货价格的差异乘上期货合约票面数额来计算期货合约的公允价值：

20×1年10月到20×1年12月：（13.10−12.88）×100 000= 22 000（美元）

20×1年12月到20×2年3月：（13.10−12.55）×100 000= 55 000（美元）

尽管期货价格下跌了，但这些变动对于马尔萨斯农场来说却是利得，因为它与期交所签订的合约规定其以13.10美元的单价销售黄豆。在该合约下，期交所需要向马尔萨斯农场支付低于合约价格的任意金额以提供足够的资金补偿其实际的损失。

（2）我们用现货价格的变动额乘上期货合约票面数额100 000蒲式耳来计算存货的公允价值变动额：

20×1年10月到20×1年12月：（13.03−12.796）×100 000=23 400（美元）

20×1年12月到20×2年3月：（12.796−12.55）×100 000=24 600（美元）

（3）我们用表7-3中的方法来计算期货的时间价值：

20×1年10月：（13.10−13.03）×100 000=7 000（美元）

20×1年12月：（12.88−12.796）×100 000=8 400（美元）

（4）期交所决定保证金的数额，这一数额通常是关于合约规模、预期价格变动以及交易商信用风险的函数。在这一情形下，我们假设期交所对农场的交易索取46 000美元的保证金。

从20×1年10月1日到20×1年12月31日的第一阶段会计操作

• 存货的公允价值变动额等于现货价格的变化额乘上100 000蒲式耳黄豆的期货合约票面数额：

20×1年10月到20×1年12月：（13.03−12.796）×100 000=23 400（美元）

• 期货合约的公允价值等于期货的价格差额乘上100 000蒲式耳黄豆的期货合约票面数额：

20×1年10月到20×1年12月：（13.10−12.88）×100 000=22 000（美元）

上述交易和事项的会计分录如下所示。

日期	交　易	借（美元）	贷（美元）
20×1-10-01	备忘录： 马尔萨斯农场与芝加哥期货交易所签订了20份期货协议（各5 000蒲式耳黄豆），合约规定在3月以13.10美元/蒲式耳的价格售出100 000蒲式耳美国二级黄豆。合约代号为FSB12G	—	—

续表

日期	交易	借（美元）	贷（美元）
20×1-10-01	期货——期货交易所FSB12G号合约保证金 现金 在期交所为FSB12G合约存入规定保证金	46 000	46 000
20×1-12-31	其他利得/损失——黄豆存货 存货——黄豆 此分录记录100 000蒲式耳黄豆的现货价格从13.10美元下跌到12.796美元造成的存货价值的损失	23 400	23 400
20×1-12-31	期货——期货交易所FSB12G号合约 其他利得/损失——期货（盈余） 此分录记录100 000蒲式耳黄豆的期货价格从13.10美元下跌到12.88美元产生的FSB12G合约利得	22 000	22 000
20×1-12-31	现金 期货——期货交易所FSB12G号合约 此分录记录从期交所收回的应收款项[a]	22 000	22 000
20×1-12-31	其他费用——融资费用 其他利得/损失——黄豆存货 此分录记录套期的无效部分，这部分是由于持有成本增加而对盈余产生的影响	1 400	1 400
20×1-12-31	盈余——利润表 其他费用——融资费用 此分录记录套期对盈余的净影响	1 400	1 400

[a] 实际上，这笔数额会通过计算机调整到客户的保证金账户中。

从20×1年12月31日到20×2年3月31日的第二阶段会计操作

- 期货合约的公允价值等于期货的价格差额乘上期货合约票面数额。
- 自合约签订以来的总变动等于100 000蒲式耳乘上12.10美元的合约价格与12.55美元的同一交割日期货现价：

（13.10−12.55）×100 000=55 000（美元）

- 尽管期货价格下跌了，但这些变动对于马尔萨斯农场来说却是利得，因为它与期交所签订的合约规定其以13.10美元的单价销售黄豆。在该合约下，期交所需要向马尔萨斯农场支付低于合约价格的任意金额以提供足够的资金补偿其实际的损失。
- 存货的公允价值变动额等于现货价格的变动额乘上100 000蒲式耳黄豆的期货合约票面数额：

20×1年10月到20×2年3月：（12.796−12.55）×100 000=24 600（美元）

下表记载了马尔萨斯农场账本上的分录变动。

对20×1年12月31日到20×2年3月31日之间套期有效性的测试揭示了此阶段的套期是无效的，测试结果见下面的分析。

日期	交　易	借（美元）	贷（美元）
20×2-03-31	期货——期货交易所FSB12G号合约 　　其他利得/损失——期货 此分录记录100 000蒲式耳黄豆期货价格从12.88美元下跌到12.55美元产生的期货合约利得。这一利得包含两部分：24 600美元的内在价值变动以及8 400美元的时间价值变动	33 000	33 000
20×2-03-31	其他利得/损失——期货 　　盈余——利润表 此分录记录期货合约利得的无效部分	33 000	33 000
20×2-03-31	现金 　　期货——期货交易所FSB12G号合约 　　期货——期货交易所FSB12G号合约保证金 收回期交所所欠的关于存款保证金和期货合约利得的应收款项	79 000	33 000 46 000
20×2-04-20	销售成本 　　存货——黄豆 记录销售100 000蒲式耳黄豆的成本	1 176 000	1 176 000
20×2-04-20	应收账款——交易所得 　　销售收入 记录黄豆存货的销售	1 255 000	1 255 000

分析

1.套期有效性

价格变动的历史数据显示套期结果会高度有效（事前）。在20×1年12月31日，即第一阶段结束时，用美元抵销比率进行的追溯有效性测试证明套期关系是有效的，而它被判断为高度有效是因为其数值落在了0.80～1.25的接受域中。我们使用该比率来衡量有效性。

美元抵销比率的绝对值如下：

在20×1年10月1日到20×1年12月31日期间：

|Δ期货价格÷Δ存货价格|=|0.22÷（−0.234）|=0.94

在20×1年12月31日到20×2年3月31日期间：

|Δ期货价格÷Δ存货价格|=|0.33÷（−0.246）|=1.34

这一数值落在了0.80~1.25的接受域之外，套期关系没有通过有效性测试。

结果

- 在第一阶段（20×1年10月1日到20×1年12月31日）采用套期会计，但在第二阶段（20×1年12月31日到20×2年3月31日）终止采用套期会计的处理方法。
- 在第一阶段，马尔萨斯农场确认了期货合约和存货的市场价值变动。

● 在第二阶段，马尔萨斯农场没有确认存货的公允价值变动，但是确认了期货合约的公允价值变动并在盈余中报告了这一变动，因为一般的公认会计原则规定衍生品必须以公允价值计量且其变动计入损益。这是套期无效时必须采用的会计处理方法。

2. 销售

情形C中对米尔索姆农场的分析同样适用于马尔萨斯农场，期货交易所是合约对方。对于这项交易来说，在期末，马尔萨斯农场从期交所那里收回了55 000美元的现金，这笔钱是农场在黄豆期货上赚取的利润。农场还在20×2年3月以当天12.55美元/蒲式耳的现货市价出售了黄豆存货，从而取得1 255 000美元的交易应收账款。因此，该农场流动资产增加了1 310 000美元，其中包括两个部分：

+现金（在期货上的利得）	55 000美元
+应收账款——交易所得	1 255 000美元
总计	1 310 000美元

合约到期不久后，以现货市价取得的销售收入与套期收益的结合使马尔萨斯农场以其期望的13.10美元每蒲式耳的价格有效地售出了黄豆存货。

3. 销售成本

在套期一开始的时候，以成本与市价孰低法进行估值，存货的账面价值为1 200 000美元。而在农场把存货作为公允价值套期之后，公允价值的变动（这个变动可以归属于被套期风险，在本例中也就是价格的变动）就会反映在存货的账面价值上（假设套期有效且满足其他套期要求）。

在第一阶段(20×1年10月到20×1年12月)，套期是有效的，这个时期存货的公允价值从1 303 000美元下跌到1 279 600美元，损失为23 400美元。因为这一阶段的套期是有效的，所以减计存货账面价值以反映公允价值的变动。但是，在第二阶段（20×1年12月到20×2年3月），套期不再有效，所以农场终止使用套期会计，同时忽略存货的公允价值变动。当农场在20×2年3月出售存货时，售货成本为1 176 600美元，如图7-5中所示。

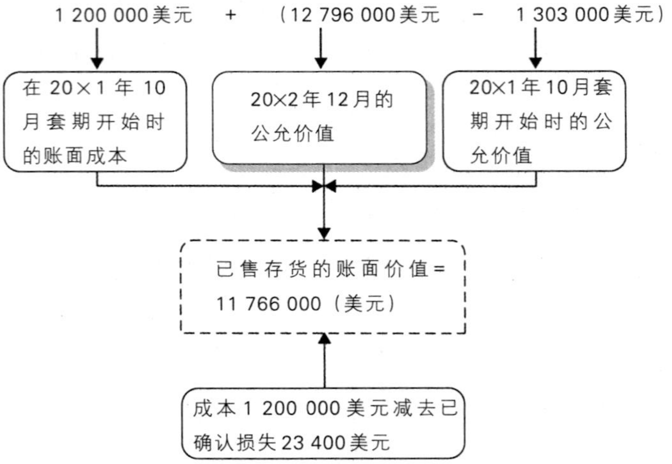

图7-5　马尔萨斯农场的销售成本计算

4.盈余

套期对收益的影响如下：

- 在20×1年，期货的时间价值（期货与现货价格的差额）所造成的套期无效性使盈余减少了1 400美元。而在20×2年，盈余又增加了33 000美元，而这33 000美元是期货公允价值的总变动额。
- 从黄豆存货的销售中获得的净利润达到了预期目标：

销售额	1 255 000美元
销售成本	（1 176 600）美元
毛利	78 400美元
+ 时间价值带来的变化	（1 400）美元
	77 000美元
+ 金融衍生工具利得	33 000美元
净利润	110 000美元

这相当于期货合约票面数额（100 000蒲式耳）乘上了1.10美元，而后者正是预期销售价格13.10美元/蒲式耳与调整前的账面价值12.00美元/蒲式耳的差额。

5.财务分析

将套期无效的情形E下的马尔萨斯农场与套期高度有效的情形C下的米尔索姆农场进行对比，可以得出以下两个观察结果：

（1）二者（税前）净利润都是110 000美元。因为它们发生的交易实质是一样的，只不过是会计处理不同罢了。

（2）两种情形下在财务报表上报告净利润的“位置”有所不同。在情形C下，毛利润等于103 000美元，但在情形E下，毛利润仅为78 000美元。

我们在表7-7中进一步对有效套期（情形C）和无效套期（情形E）进行了对比。

表7-7　　套期有效和套期无效两种情形下的对比　　金额单位：美元

		期货（远期）衍生工具		
	无衍生工具	未被指定套期	有效套期	无效套期
销售收入	1 255 000	1 255 000	1 255 000	1 255 000
毛利润	55 000	55 000	103 000	78 400
毛利润率	4.38%	4.38%	8.21%	6.25%
净利润	55 000	110 000	110 000	110 000
净利润率	4.38%	8.76%	8.76%	8.76%
期货时间价值	N/A	7 000	7 000	7 000
期货的影响				
衍生工具对利润的影响	N/A	48 000	0	24 600
有效的每蒲式耳的销售价格	12.55	13.10	13.10	13.10

这一比较展示了有效套期和无效套期两种情形对套期会计的影响。

• 交易实质是，米尔索姆农场和马尔萨斯农场都为这批存货支付了1 200 000美元并在之后的销售中获得了1 255 000美元的收入。套期并不改变交易实质。

• 当期货价格可能低于现货价格，即管理层认为存在“下跌的远期价格”时，管理层会因担心价格下降而想要把价格锁定在较高的价格上。

• 期货合约保证了公司可以达到上述目标，马尔萨斯农场预期每蒲式耳的净利润为13.10美元减去12.00美元的差额，总额则会达到110 000美元。

• 在这110 000美元中，期货合约的总时间价值为7 000美元。

• 通过套期，马尔萨斯农场把单价锁定在13.10美元，但这个价格中有0.07美元属于期货的时间价值，剩余的13.03美元是套期开始时（20×1年10月）的现货价格。在时间t（20×1年10月）以现货价格计算的存货价值与成本之间的差额为103 000美元（1 303 000−1 200 000）。

• 接下来，套期会计将帮助马尔萨斯农场的管理层选择确认这103 000美元价格差异的方法。如果不使用套期会计的特殊处理方法，不把期货合约指定为套期工具，那么这部分价格差异将会以下述方法分配：

（1）计入毛利润55 000美元（1 255 000−1 200 000）。

（2）计入其他收益48 000美元，这部分会在损益中确认。

• 在套期会计下，103 000美元的价格差异在利润表上报告的方式取决于套期的有效性。如果套期从一开始就完全失效的话，分配方式就和上述没有允许使用套期会计的方式一样，即55 000美元计入毛利，48 000美元计入其他收益。如果套期与情形C中一样是有效的，则103 000美元将全部计入毛利。在情形E中则需要区别对待，因为套期在第一阶段是有效的，但在第二阶段是无效的。因此，103 000美元中的78 400美元计入毛利，其余的24 600美元作为从交易性衍生工具中获得的收益。因为存在上述会计确认方式的差异，使得在套期高度有效时毛利率达到8.21%；若第一阶段有效、第二阶段无效，则毛利率降低为6.25%。如果套期是完全无效的，或者管理层没有把衍生工具指定为套期，则毛利率为4.38%（55 000÷1 255 000×100%）。

• 在所有情况下，7 000美元的期货时间价值都作为其他收益在损益中确认。

7.5.4 存货的公允价值套期（4）

7.5.4.1 情形F（公允价值套期）：远期价格上涨

在上文描述的情形中，黄豆的期货价格和现货价格是随着时间下跌的，使米尔索姆农场承受存货价值的损失。而在远期价格上升的情况下，企业将会处于存货公允价值上升以及账面价值增加的境况中。此时，如果套期是有效的，那么用来套期存货的期货合约价格将会下跌。为了继续阐述这一点，我们假设有一家名为瑟斯皮古的公司，该公司面临着期货价格上涨的情况，见表7−8。除了价格变动相反（马尔萨斯农场跌价而瑟斯皮古公司涨价）之外，表7−8所呈现的其余情况与表7−6中马尔萨斯农场的情况一样。我们把这种跌价和涨价称为“期货溢价”和“现货溢价”，关于这一点前文已经解释过了（见附注13）。

表7-8 瑟斯皮古公司黄豆现货和期货的价格变动(价格上涨时的公允价值套期) 单位：美元

	20×1年10月	20×1年12月	20×2年3月
现货价格	13.03	13.191	13.47
期货价格	13.10	13.235	13.47
Δ现货价格	—	0.161	0.279
Δ期货价格	—	(0.135)	(0.235)

基于这些变动，我们得到下列数值：

	20×1年12月	20×2年3月
期货合约的公允价值	13 500	37 000
Δ期货的公允价值	13 500	23 500
Δ存货的公允价值	(16100)	(27 900)
摊销的期货时间价值	(2 600)	4 400
存款保证金	45 000	45 000

附注：

(1) 我们用期货价格之间的差异乘上期货合约票面数额来计算期货合约的公允价值：

20×1年10月到20×1年12月：(13.10−13.235) ×100 000=− 13 500（美元）

20×1年12月到20×2年3月：(13.10−13.47) ×100 000=− 37 000（美元）

因为期货价格上涨，而瑟斯皮古公司与期交所签订的合约规定其以13.10美元的单价销售黄豆，因此期货价格的上涨意味着瑟斯皮古公司欠期交所一笔差价。

(2) 我们用现货价格的变动额乘上期货合约票面数额100 000蒲式耳来计算存货的公允价值变动：

20×1年10月到20×1年12月：(13.191−13.03) ×100 000= 16 100（美元）

20×1年10月到20×2年3月：(13.47−13.03) ×100 000= 44 000（美元）

差价部分27 900美元（44 000−16 100）为20×1年12月到20×2年3月的公允价值变动。

(3) 我们用期货和现货的价格差来计算期货的时间价值。正如之前的例子，这种计算方法是基于有效市场的假设，在这个市场里通过套利不能获得超额收益，此时期货价格等于现货价格加上持有成本。

(4) 期交所决定保证金（证券存款）的数额，这一数额通常是关于合约规模、预期价格变动以及交易商信用风险的函数。在这一情形下，我们假设期交所对这笔交易索取45 000美元的保证金。

瑟斯皮古公司对上述交易和事件所作的会计分录如下所示。

日期	交易	借（美元）	贷（美元）
20×1-10-01	期货——期货交易所保证金 现金 存入期交所要求的保证金	45 000	45 000
20×1-12-31	存货——黄豆 其他利得/损失——黄豆存货 此分录记录由于现货价格从13.03美元涨到13.191美元所带来的存货利得	16 100	16 100
20×1-12-31	其他利得/损失——期货 期货——应付 此分录记录由于期货价格从13.03美元下降到12.88美元所带来的期货损失	13 500	13 500
20×1-12-31	其他利得/损失——黄豆存货 其他收益——利润表 记录套期的无效部分，这部分影响盈余	2 600	2 600
20×1-12-31	其他利得/损失——黄豆存货 其他费用——期货利得或损失 对与有效套期有关的利润表账户进行结账	13 500	13 500
20×2-03-31	存货——黄豆 其他利得/损失——黄豆存货 此分录记录20×1年12月到20×2年3月存货公允价值的变动	27 900	27 900
20×2-03-31	其他费用——期货利得或损失 期货——应付账款 此分录记录由于期货价格从12.88美元跌到12.55美元所造成的空头期货合约损失	23 500	23 500
20×2-03-31	其他利得/损失——黄豆存货 其他收益——利润表 此分录记录期货合约利得的有效部分和无效部分	4 400	4 400
20×2-03-31	其他利得/损失——黄豆存货 其他费用——期货利得或损失 对与有效套期有关的利润表账户进行结账	23 500	23 500
20×2-03-31	期货——应付款项 现金 应收款项——期货交易所保证金 收回扣除了公司在期货合约上欠期交所金额之后的期交所欠公司的保证金余额	37 000 8 000	45 000
20×2-04-20	应收款项——交易所得 销售成本 存货——黄豆 销售收入 记录销售黄豆存货的情况	1 347 000 1 244 000	1 244 000 1 347 000

分析

在这个场景设定下，黄豆的现货价格从13.03美元上涨到13.47美元。和远期价格下跌的情形不同，如果此时瑟斯皮古公司不使用套期，那么净利润会比使用套期时高。

1.套期有效性

价格变动的历史数据显示套期结果会高度有效（事前）。在20×1年12月31日，即第一阶段的末尾，一项追溯有效性的测试表明用美元抵销比率证明套期关系是有效的。DOR计算过程为：|Δ期货价格/Δ存货价格|=|0.135/（−0.161）|=0.839。在第二个阶段，套期关系依然有效，计算过程为：|Δ期货价格/Δ存货价格|=|0.235/（−0.279）|=0.84。每一阶段的DOR数值均落在表示套期高度有效的0.80～1.25的接受域中。

2.销售

为了结算这笔交易，瑟斯皮古公司从期交所那里收回了8 000美元的现金，这笔钱是公司对期交所的应收款项净额（存款保证金45 000美元减去期货合约损失的37 000美元。要注意，本例中期交所并没有要求公司补充保证金）。公司在20×2年3月31日以当天13.47美元/蒲式耳的现货市价出售了黄豆存货，从而取得1 347 000美元的应收账款。因此，该公司流动资产总计增加了1 310 000美元，它是由以下两个部分组成的：

应收账款——贸易所得	1 347 000美元
减：对期交所的应付款项（期货合约损失）	37 000美元
总计	1 310 000美元

合约到期后不久以现货市价取得的销售收入与套期损失的结合使瑟斯皮古公司以其期望的13.10美元每蒲式耳的价格有效地售出了黄豆存货，这个价格是瑟斯皮古公司管理层在20×1年10月执行套期时希望得到的一个价格。需要澄清的是，对于瑟斯皮古公司而言，如果按照销售日价格出售这笔存货，公司会有更多的利得。但是管理层一开始是想利用期货对价格下跌风险进行套期的，而期货是一份双向的支付合约，所以当价格变动与管理层预期相反时，管理层实际上因为套期而损失了一部分钱。

3.销售成本

在套期一开始时，以成本与市价孰低法估值，存货的账面价值为1 200 000美元。而在公司把存货作为一项公允价值套期之后，公允价值的变动（这个变动归属于被套期风险，在本例中也就是价格的变动）就会反映在存货的账面价值上（假设套期有效且满足其他套期要求）。

在第一阶段（20×1年10月到20×1年12月），套期是有效的，这时存货的公允价值为1 244 000美元。因为这一阶段的套期是有效的（根据DOR判断），所以存货的账面价值被减记为市场价格。图7−6展示了销售成本的计算差异。

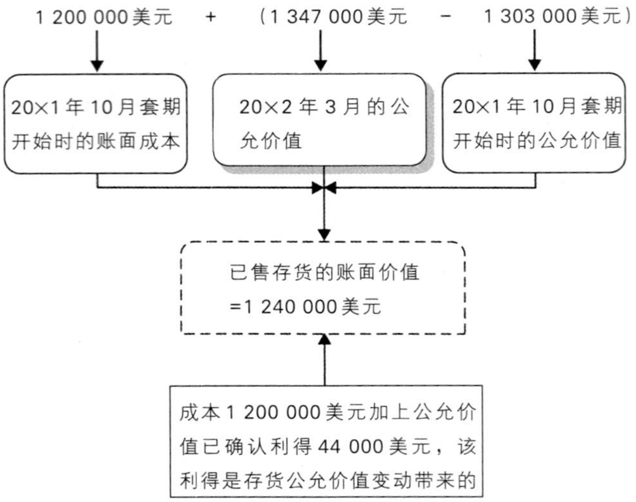

图7-6　瑟斯皮古公司销售成本的计算（不同的情形）

4.盈余

套期对收益的影响如下：

● 在20×1年，由期货时间价值（期货价格与现货价格的差额）造成的套期无效性使盈余减少了2 600美元。而在20×2年，盈余又减少了4 400美元。在套期的影响下，盈余比没有套期时减少了37 000美元。再次强调，这是因为市场价格的变动方向与管理层的预期相反。

● 从黄豆存货的销售中获得的净利润达到了预期目标：

销售收入	1 347 000美元
减：销售成本	1 244 000美元
毛利润	103 000美元
加：利得（时间价值）	7 000美元
	110 000美元

这相当于期货合约票面数额（100 000蒲式耳）乘上1.10美元，而后者正是预期销售价格13.10美元与调整前的账面价值12.00美元单价的差额。

5.财务分析

表7-9比较了在该情形下瑟斯皮古公司无套期和存在有效套期的情况。

表7-9　套期有效和无套期下瑟斯皮古公司的情况对比（存货价格随远期价格上涨的状况）　单位：美元

	无套期	有效套期
销售收入	1 347 000	1 347 000
销售成本	1 200 000	1 244 000
毛利润	147 000	103 000
毛利润率	10.9%	7.6%

续表

	无套期	有效套期
期货时间价值	—	7 000
净利润	147 000	110 000
净利润率	10.9%	8.17%
有效销售价格	13.47	13.10

• 交易实质是瑟斯皮古公司为这批存货支付了1 200 000美元，并在之后的销售中赚取了1 347 000美元的收入，套期并不改变交易实质。

• 管理层本来预计“远期价格会下降”，也就是未来的价格将低于预期期货价格，但是市场状况不符合这一预期，远期价格反而上涨了。

• 期货合约保证了公司在套期开始时可以达到上述目标，且无须考虑价格波动，其预期收益总额为110 000美元。

• 在这110 000美元中，期货合约的总时间价值为7 000美元。这取决于套期开始时期货价格和现货价格之间的差额，即（13.10−13.03）×100000。

• 通过套期，瑟斯皮古公司把单价锁定在了13.10美元，但这个价格有0.07美元的部分属于期货的时间价值。在套期开始时（20×1年10月），以现货价格计算的存货价值和存货账面价值之间的差额为103 000（1 303 000−1 200 000）。

• 接下来，套期会计将帮助瑟斯皮古公司的管理层选择确认这103 000美元价格差异的办法。

• 没有套期，毛利润为： 1 347 000−1 200 000= 147 000（美元）
• 减去在用来套期的期货合约上的损失： 44 000 美元
• 有效公允价值套期和扣减成本后的毛利润：103 000 美元
• 加上期货的时间价值： 7 000 美元

7.6 现金流量套期

7.6.1 套期一项未来交易（先是套期不足而后套期过度的案例）

彻洛基公司是一家大豆压榨公司，从位于伊利诺伊州莫林市的一个农产品批发商那里购买存货，两家之间有着长期供货关系。但是由于一种名叫棕色大理石纹蝽（BMSB）[22]的害虫侵食了中西部的农作物，因此彻洛基公司担心大豆的供给会下降以及由此而导致的价格上涨。于是，公司的管理层决定在供货的前一个年度就锁定采购价格。

在20×4年4月19号，彻洛基公司与位于芝加哥的全球电子期货交易平台CME Globex（译者注：CME全称为Chicago Mercantile Exchange，即芝加哥商品交易所，CME Globex是CME的组成部分）签订了一份期货合约。这份合约包含100份规定在20×4年9月以11.94美元的单价交割美国二级黄豆的期货协议（每份5 000蒲式耳)，这个价格是4月时远期商品在9月的价格。在套期开始时，黄豆的现货价格是11.50美元，套期并未给彻洛基公司带来额外的成本（除了一小笔手续费），但需要公司向期交所存入500 000美元的保证金。

在20×4年9月末，彻洛基公司以市场价11.45美元加上0.03美元的交易成本（共计11.48美元）购买了500 000蒲式耳美国二级黄豆。

20×4年11月，中国与美国三大谷物公司（Cargill，Archer Daniels Midland和Bunge）签署了购买440万吨的美国二级黄豆的合约，这导致谷物价格迅速上涨。彻洛基公司的管理层决定在14.76美元的市场高位上出售200 000蒲式耳黄豆存货，并进口巴西一级黄豆以补充大豆压榨的产能需求，而巴西一级黄豆与美国二级黄豆几乎拥有同等级的含油量和蛋白质含量。

7.6.1.1 对套期关系的分析

释例7-11

套期记录：彻洛基公司

交易事件	预期于20×4年9月30日购买500 000蒲式耳美国二级黄豆
风险	彻洛基公司面临着购买黄豆的价格风险，因为公司的管理层估计棕色大理石纹蝽侵食中西部农作物将使供货量发生短缺。这项套期与记录在彻洛基公司风险管理项目里的管理思路和管理风险方法相一致
套期合约	100份规定在20×4年9月30日以11.94美元的单价交割美国二级黄豆的CME卖出合约（每份5 000蒲式耳）（合约编号LS7Y）
指定套期的日期	20×4年4月19日
套期有效性	美元抵销比率法是用来测试套期有效性的方法，这个方法需要将期货价格的累计变动额与购买500 000蒲式耳黄豆的预计现金流出累计变动额相比。基于黄豆价格变动的历史情况，大豆期货现金流的变化被认为是能够给预测购买的价格风险敞口提供高度有效的套期

表7-10给出了这项现金流量套期的相关量化信息。表A给出了大豆价格的变化（这些变化数据是在套期开始时假设的，我们就当其为已经发生的数据拿来使用），表B给出了期货合约价格的变动和累计变动，表C给出了预测交易的预计现金流出累计变动的变化情况，而表D则给出了对过度套期的计量。

表7-10 过度套期数额的计量 单位：美元

表A：黄豆价格的变动情况

	日期	现货价格	9月份采购的预计现金流出	9月份的期货价格
		1列	2列	3列
A行	20×4年4月19日	11.50	11.94	11.94
B行	20×4年6月15日	11.30	11.76	11.76
C行	20×4年9月12日	11.45	11.45	11.45

续表

表B：黄豆期货的价格				
		4列	5列	6列
		20×4年4月	20×4年6月	20×4年9月
D行	期货价格（每蒲式耳）	11.94	11.76	11.45
E行	期货价格变动额（每蒲式耳）	—	0.18	0.31
F行	期货价格总变动[a]（等于E行的数值乘上500 000蒲式耳的期货票面数额）	—	（90 000）	（155 000）
G行	期货合约公允价值的累计变动（较小者以粗体标识）[b]	—	**（90 000）**	（245 000）

表C：采购黄豆的现金流出（等于现货价格加上必要的交易成本）				
		7列	8列	9列
		20×4年4月	20×4年6月	20×4年9月
H行	购买每蒲式耳黄豆的预计现金流出（包括交易成本）	11.96	11.76	11.48
I行	购买每蒲式耳黄豆的预计现金流出变化额	—	0.20	0.28
J行	购买黄豆的预计现金流出总变化额[c]（等于I行数值乘上500 000蒲式耳的期货票面数额）	—	100 000	140 000
K行	购买黄豆的预计总现金流出累计变化额（G行6列数值与K行9列的数值间较小者以粗体标识）	—	100 000	**240 000**

表D：累计变动总额中的较小者将决定递延到其他综合收益中的数额和在盈余中确认的金额（ASC 815-30）				
		9列	10列	11列
		20×4年4月	20×4年6月	20×4年9月
L行	期货累计变动额与预计现金流出额中的较小者[d]（G行5、6列的数值与K行8、9列的数值进行比较）	—	**90 000**	**240 000**
M行	记录到其他综合收益中的金额[e]（L行10列与L行9列的差异以及L行11列与L行10列的差异）	—	90 000	150 000
N行	作为过度套期计入损益中的金额[f]	—	0	5 000

附注：

a. 20×4年4月到6月、6月到9月之间期货公允价值变动的计算方法：每蒲式耳期货价格变动额乘上合约规模（500 000蒲式耳）。

b. 累计变动额被添加到上述两个阶段。

c. 作为一项现金流量套期，被套期交易只是一个预测事件。因此彻洛基公司不使用假定衍生工具来代表被套期交易，而是选择预期交易带来的预计现金流出，该金额以预期的现货价格为基础，但并不等于这一金额。出于这种目的，两个阶段（20×4年4月到6月以及6月到9月）预计现金流出的变动都是基于每蒲式耳预计现金流出变动乘上500 000蒲式耳的合约规模计算得出的。这些数额在套期期间内累计记录，以便在期末识别出过度套期部分。

d. 在每一阶段识别出期货价格累计变动额和预计现金流出累计变动额中较小的那个数额。对于20×4年4月到6月的这一阶段来说，较小数额是期货价格的变动累计额（90 000美元），而在6月到9月这个阶段，较小数额是购买500 000蒲式耳黄豆的预计现金流出变动累计额240 000美元。

e. 第一阶段和第二阶段被递延到其他综合收益中的数额分别为90 000美元和150 000美元。

f. 期货价格的累计变动额为245 000美元，比记录到其他综合收益中的总金额多了5 000美元，而这5 000美元是过度套期的结果，要计入损益。

在20×4年9月末，购买黄豆的单价为11.48美元。在20×4年11月，彻洛基公司出售了200 000蒲式耳的大豆存货，取得了2 952 000美元的销售收入。这笔交易的销售成本为2 392 000美元，包含了2 296 000美元的存货实际价值加上作为递延的相关套期成本从其他综合收益账户中重分类出来的96 000美元（重分类数额由在其他综合收益账户递延的总计24 000美元的套期损失乘上此交易售出的黄豆占存货总量的比重2/5计算得出）。

该套期交易的会计分录如下所示。

日期	交　易	借(美元)	贷(美元)
20×4-04-19	应收款项——期货交易所保证金 　　现金 此分录记录存入期交所要求的保证金	140 000	 140 000
20×4-06-30	其他利得/损失——黄豆期货损失 　　应付款项——期货交易 此分录记录黄豆期货的损失（0.18美元的单价变动乘上500 000蒲式耳）	90 000	 90 000
20×4-06-30	其他综合收益——期货 　　其他利得/损失——黄豆期货损失 此分录记录了把期货空头损失转入其他综合收益	90 000	 90 000
20×4-09-30	其他利得/损失——黄豆期货损失 　　应付款项——期货交易 记录期货合约的损失（0.31美元的单价变动乘上500 000蒲式耳）	155 000	 155 000
20×4-09-30	其他综合收益——期货损失 其他费用——利润表 　　其他费用——黄豆期货损失 把期货合约损失中的有效部分转入其他综合收益（150 000美元），而在损益中确认过度套期的部分	150 000 5 000	 15 500
20×4-09-30	应付款项——期货交易 　　应收款项——期货交易所保证金 　　现金 与期交所结清交易，结清保证金并支付105 000美元差价	245 000	 140 000 105 000

续表

日期	交　易	借(美元)	贷(美元)
20×4-09-30	存货——黄豆 　　现金 此分录记录以11.48美元的单价购买黄豆存货（11.48×500 000）	5 740 000	 5 740 000
20×4-11-30	销售成本 　　存货——黄豆 　　其他综合收益——黄豆期货 此分录记录销售成本中用于购得黄豆的部分	2 392 000	 2 296 000 96 000
20×4-11-30	应收款项——交易所得 　　销售收入 此分录记录以14.76美元的单价卖出200 000蒲式耳黄豆	2 952 000	 2 952 000

分析

• 套期有效性：通过运用美元抵销法或回归法，以下两种方法可以作为测试套期有效性的比较基础：

1. 使用一个假定的衍生工具来代表被套期项目。

2. 使用完成被套期交易所需的现金流的一个投射（projection）。

彻洛基公司选择使用投射现金流出的方法。

选择DOR来测试套期有效性。通过历史数据，我们发现未来（事前）的DOR值落在0.80～1.25的接受域中。

下面测量了追溯性（事后）的套期有效性：

20×4年4月到6月这一阶段：$|-90\ 000 \div 100\ 000| = 0.90$

20×4年6月到9月这一阶段：$|-155\ 000 \div 140\ 000| = 1.11$

两个测量结果的绝对值都落在了0.80～1.25的接受域中。

• 过度套期和套期不足：在第一阶段存在着套期不足，因为套期工具的公允价值变动额比预计现金流出（被套期项目）的公允价值变动额少10 000美元。递延到其他综合收益账户中的公允价值变动数额为90 000美元，而套期不足的10 000美元部分则没有记录。第二阶段存在过度套期，因为套期工具的公允价值变动额比被套期交易的预计现金流出的公允价值变动额多15 000美元。但是，作为过度套期报告的金额并不是这个金额，因为它必须被累计计量，它是由累计变动中较小的金额决定的。

• 计算第一阶段和第二阶段的累计变动额：期货（套期工具）的公允价值累计变动额为245 000美元，而被套期项目预计现金流出的公允价值累计变动额为240 000美元。根据选择较小者的标准，240 000美元要被计入其他综合收益中。其中，90 000美元被记录在第一阶段，其余的150 000美元被记录在第二阶段。240 000美元比期货合约（套期工具）公允价值变动少5 000美元，这是过度套期的金额，代表了套期关系的无效，应当计入损益。

• 240 000美元的损失会继续留在其他综合收益账户中，直到下面两个事件之一发生：

1.存货被售出。假设预期的交易（被套期项目）发生且该存货被购买，那么其他综合收益账户中的相关金额将被重分类，作为对销售成本的调整。

2.预测的存货购买没有发生。其他综合收益账户中的相关金额作为其他费用被重分类到损益账户中。

在本例中，彻洛基公司仅销售了200 000蒲式耳黄豆，占了存货的2/5。原本递延到其他综合收益中的相应比例的期货损失（96 000美元）会被重分类到损益账户中去（作为对销售成本的调整）。

7.6.2 对未来交易的现金流量套期（收回（recapture）过度套期费用）

在本例中，过度套期的金额在第一阶段已经记入损益账户，但当交易事件在未来转回（revert）时，这部分金额又从损益中被“收回”，重分类到其他综合收益中。“收回”的金额不会超过此前在损益中确认的过度套期费用。为了解释这一情况，我们假设背景与情境与前述彻洛基公司相同，唯一不同的是黄豆价格的变化动态（案例内容不同于7.6.1）。

- 在20×4年4月19日，彻洛基公司与位于芝加哥的全球电子期货交易平台CME Globex签订了一份期货合约。这份合约包含了100份规定在20×4年9月以11.94美元的单价交割美国二级黄豆的期货协议（每份5 000蒲式耳）。
- 20×4年4月19日的现货价格为11.96美元，等于11.927美元的报价加上0.033美元的运输费。
- 套期并未给彻洛基公司带来额外的成本（除了一小笔手续费）。
- 公司向期交所存入140 000美元的保证金。
- 在20×4年9月末，彻洛基公司以市价购买了500 000蒲式耳的美国二级黄豆。
- 由于来自中国的意料之外的需求，美国二级黄豆市场价格迅速上涨，彻洛基公司的管理层决定在14.76美元的市场高价上出售200 000蒲式耳的黄豆存货，并进口巴西一级黄豆以补充大豆压榨的产量需求，而巴西一级黄豆与美国二级黄豆几乎拥有同等级的含油量和蛋白质含量。
- 表7-11给出了这项现金流量套期的相关量化信息。

表7-11　　与套期预测黄豆采购相关的假定和信息　　单位：美元

表A：黄豆期货价格的假设

		1列（C1）	2列（C2）	3列（C3）
		20×4年4月	20×4年6月	20×4年9月
a行	期货价格（每蒲式耳）	11.94	12.11	12.376
b行	期货价格变动额（每蒲式耳）	—	0.17	0.266
c行	期货价格总变动（等于B行的数值乘上500 000蒲式耳的期货票面数额）		85 000	133 000
d行	期货合约公允价值的累计变动（=C2+C3）		85 000	218 000

续表

表B：采购黄豆的现金流出假设（等于现货价格加上必要的交易成本）				
		4列（C4）	5列（C5）	6列（C6）
e行	购买每蒲式耳黄豆的预计现金流出（市场上可观测到的价格加上交割所需运输费）	11.96	12.116	12.409
f行	购买每蒲式耳黄豆的预计现金流出变化额（C5−C4；C6−C5）		(0.156)	(0.293)
g行	购买黄豆的预计总现金流出变化额（等于f行数值乘上500 000蒲式耳的期货票面数额）		(78 000)	(146 500)
h行	购买黄豆的预计现金流出累计总变化额（C5+g行C6）		(78 000)	(224 500)

表C：累计变动总额绝对值中的较小者将决定递延到其他综合收益中的金额和在盈余中确认的金额（ASC 815-30）			
		7列（C7）	8列（C8）
i行	期货累计变动额与预计现金流出额中的较小者（d行5、6列的数值与h行7、8列的数值比较）	78 000	218 000
j行	过账到其他综合收益中的数额	78 000	140 000
k行	作为过度套期计入盈余中的金额（比较d行C5和h行C5，并且比较c行C3和j行C8）	7 000	(7 000)

解释脚注

1.20×4年4月到6月、6月到9月的期货公允价值变动计算为：每蒲式耳期货价格变动额乘以合约规模（500 000蒲式耳）。

2.在第一阶段，期货公允价值的变动额为85 000美元（d行C2），但预计所需现金流出的公允价值变动额仅为78 000美元（g行C5）。在第二阶段，期货的公允价值累计变动218 000美元（i行C8）少于预计所需现金流出的公允价值累计变动额224 500美元（h行C6）。

3.作为一项现金流量套期，被套期交易只是一个预测事件。因此，与使用假设衍生工具的方法不同，彻洛基公司使用采购预期所需的现金流出来代表被套期交易。这一金额是以预测的现价为基础的，但并不等于该价格。为此，两个阶段预计现金流出的变动额都是基于每蒲式耳预计现金流出变动额乘上500 000蒲式耳的合约规模计算得出的。这些金额在套期期间内累计记录，以便在期末识别出过度套期部分。

4.每个阶段都要比较期货价格变动累计额和预计现金流出变动累计额二者孰低（累计的绝对值）。对于20×4年4月到6月的这一阶段来说，较小的金额是期货价格的变动累计额（78 000美元），而在6月到9月的这一阶段，较小的金额是购买500 000蒲式耳黄豆的预计现金流出变动累计额218 000美元。

5.给定上述信息和适用准则（美国会计准则和国际财务报告准则），在第一阶段被递延到其他综合收益账户中的金额为78 000美元，少于期货合约公允价值变动7 000美元。因此，这是一个过度套期的例子。我们在损益中确认期货公允价值增加的7 000美元部分，而剩下的78 000美元则会被分类（递延）到这一阶段的其他综合收益账户中去。

6. 在第二阶段，期货的公允价值累计变动额（绝对值）为218 000美元，预计所需现金流出的公允价值累计变动额为224 500美元。在比较出“累计变动额中较小者”后，分类到其他综合收益账户中的金额总计不能超过218 000美元。因此，在第二阶段递延到其他综合收益账户中去的金额为140 000美元，这一金额由总的递延数额218 000美元减去在第一阶段已经确认的金额。

7. 在第二阶段，期货合约的公允价值变动额为133 000美元，少于递延到其他综合收益账户中的140 000美元，两者之间的差异为7 000美元（140 000−133 000）。这是一个套期不足的例子。我们发现，第一阶段过度套期的金额正好等于第二阶段套期不足的金额。因此，140 000美元应该作为利得被分类（递延）到其他综合收益账户中，在会计分录中，应当借记133 000美元的期货合约公允价值变动额以及7 000美元的收回（重分类）前一阶段在损益中已确认的过度套期金额。

8. 在20×4年9月末，已购的黄豆成本为12.409美元，这是当时的市场现货价格。但这并不是彻洛基公司的存货成本，因为这一金额没有根据套期的影响而进行调整。其存货成本应该为下述金额：6 204 500美元（500 000×12.409）−218 000美元=5 986 500美元或11.973美元/蒲式耳。这一数额是彻洛基公司在套期关系开始时想要达到的水平，它等于期货价格11.94美元加上运输费用0.03美元。

9. 在20×4年10月，彻洛基公司销售了200 000蒲式耳的大豆，取得了2 952 000美元的销售收入。这笔交易的销售成本为2 307 400美元，由2 394 600美元的实际存货价值减去从其他综合收益账户中重分类出来的87 200美元（此数额由递延到其他综合收益中的总套期损失218 000美元乘上销售大豆占存货的比重2/5得出）。

下表记录了此次套期交易的会计分录。

日期	交　易	借（美元）	贷（美元）
20×4-04-19	应收款项——期货交易所保证金 　　现金 此分录记录存入期交所要求的保证金	130 000	 130 000
20×4-06-30	应收款项——期货交易 　　其他收益——黄豆期货利得 此分录记录黄豆期货的利得	85 000	 85 000
20×4-06-30	其他收益——黄豆期货利得 　　其他综合收益——黄豆期货利得 　　利润表——过度套期利得 此分录记录扣除过度套期金额后的期货利得净额	85 000	 78 000 7 000

续表

日期	交　易	借（美元）	贷（美元）
20×4-09-30	应收款项——期货交易 　　其他收益——黄豆期货利得 记录期货利得	133 000	133 000
20×4-09-30	其他收益——黄豆期货利得 其他费用/利得 　　其他综合收益——黄豆期货利得 此分录将黄豆期货利得重分类到损益账户中	133 000 7 000	140 000
20×4-09-30	现金 　　应收款项——期货交易所保证金 　　应收款项——期货交易所黄豆期货合约	348 000	130 000 218 000
20×4-09-30	存货——黄豆 　　现金	6 204 500	6 204 500
20×4-10-13	销售成本 其他综合收益——黄豆 　　存货——黄豆	2 307 400 87 200	2 394 600
20×4-10-13	现金 　　销售收入 以14.76美元的单价销售200 000蒲式耳的黄豆	2 952 000	2 952 000

分析

- 套期有效性：在准则的允许下，以下两种方法可以作为测试套期有效性的比较基础：

  1. 使用一个假定的衍生工具来代表被套期项目。

  2. 使用完成被套期交易所需的现金流的一个投射（projection）。

彻洛基公司选择使用现金流出的投射，并采用Delta法（美元抵销比率法）。通过历史数据，我们发现20×4年4月到6月这一阶段的Delta为1.09（|85 000÷78 000|），落在了0.80～1.25的接受域中。因此，套期是高度有效的。

  · 在第一阶段末，所有的数据都表明未来套期将继续有效。

  · 在20×4年6月到9月这一阶段，DOR为0.91（|133 000÷146 000|），这表明套期高度有效。从累计金额来看，整个套期阶段的DOR为0.97（|218 000÷224 500|），这同样表明了套期的高度有效性。

- 过度套期和套期不足：在第一阶段存在着过度套期，因为套期工具的公允价值变动额比被套期交易（预计现金流出）的公允价值变动额多7 000美元，这一过度套期金额作为“其他利得”直接计入损益。

- 在第二阶段，期货（套期工具）的公允价值累计变动额为218 000美元，而被套期项目的预计现金流出的公允价值累计变动额为224 500美元。根据选择（绝对值）较小者的标准，我们应该选用218 000美元。其中，在第一阶段记录78 000美元，而在第二阶段的其他综合收益账户中记录剩下的140 000美元。但是，这个金额比该阶段133 000美元的期货合约公允价值变动额多了7 000美元。

- 预计现金流出的公允价值变动额与期货合约公允价值变动额之间存在着7 000美元的差异。这个差异就是套期不足，但其金额也恰好等于第一阶段过度套期的金额。为了正确地表示有效套期，在第二阶段，这7 000美元将从损益账户中重分类（收回）到其他综合收益账户中。

- 218 000美元的损失会继续留在其他综合收益账户中，直到下面两个事件之一发生：

1. 存货被出售，且作为对销售成本的调整，其他综合收益账户中的相关金额将被重分类。

2. 预测的存货购买没有发生，其他综合收益账户中的相关数额作为其他费用被重分类到损益账户中。

- 公司在10月价格上涨的时候销售了200 000蒲式耳黄豆（当初购买的存货的40%），并将其他综合收益中的87 200美元重分类到损益账户中（通过调整到销售成本账户的做法来影响盈余）。这一金额相当于其他综合收益账户中累计金额的40%。

7.7 要点总结

- 金融衍生工具不可以被分为持有至到期金融工具或可供出售金融资产，这些衍生工具以公允价值计量且其变动计入损益（利润表），而其公允价值信息要以不低于每季度一次的频率进行更新。

- 被套期项目和套期衍生工具对盈余的影响不同，是因为价格和现金流变化的不同步性和错配。

- 套期会计的任务是，当套期与真实事件不匹配时，提供同步匹配的方法（综合匹配）。

- 衍生工具的本质是其价值由其他价格或指数的波动衍生而来。商品价格、利率、汇率和信用风险的波动都是金融衍生工具价格和风险变动的驱动因子。

- 对套期交易的会计处理力图达到以下两个目标：（1）使盈余免受因金融衍生品估值而产生波动；（2）向财务报表的外部使用者传递公司管理层成功降低风险的信息。

- 管理层无法控制的风险敞口是与价格波动和信用风险相关的风险敞口，管理层无法有效管理这些由外部事件决定的不可预料的风险。

- 会计把这些不可预料的风险分为三类：（1）价值损失风险；（2）现金流波动风险；（3）国外分支机构的投资损失风险。

- 我们将在第11章讨论国外分支机构的投资损失风险，本章及下一章仅着重讨论单一货币下的价值损失风险和现金流波动风险。

- 如果一项已确认资产或已确认负债以公允价值计量，或预期将以公允价值计量，那么由于不可预知的价格变化而带来的公允价值变动会正常反映在盈余中。因此，此时就无须再为这些项目提供特殊的套期会计处理方法。

● 特殊的套期会计处理方法只运用于某些与已确认资产或已确认负债有关的价格变动上，对于这些资产和负债而言，当我们在盈余中确认其公允价值变动时，它们不以公允价值计量。

● 另外两个（会计中）可以被套期的项目——给主体带来权利或义务的待执行合约以及预期交易的价值变化。前者类似于价值损失风险，后者类似于现金流波动风险。

● 在一项公允价值套期中：

  · 套期衍生工具的价值变动按照一般的公认会计原则进行会计处理，即将其确认在损益中。
  · 被套期项目公允价值的变动（已确认资产、已确认负债或待执行合约），可归属到被套期风险中，并且有效套期的部分计入损益。
  · 如果套期关系成功，那么上述项目的价格波动就会互相抵销，并且衍生品的价格波动对损益的影响很小或没有。
  · 套期关系是否成功由“有效性”来衡量，即套期工具的价格波动对被套期项目的价格波动的抵销程度。
  · 套期的无效部分计入损益，不能抵销。

● 在一项现金流量套期中：

  · 被套期项目是一个将来会对损益产生影响的未来事件或状况。
  · 除非被套期项目或预期交易很有可能不再发生，否则用来套期这种状况或未来交易的衍生工具无须对损益产生影响。
  · 因此，如果管理层指定一项衍生工具为套期工具，且该套期是成功的，那么金融衍生品公允价值的变动计入累计其他综合收益并递延，直到被套期项目影响盈余。
  · 把上述价格波动递延到被套期项目影响损益时再确认，从而实现了匹配。

● 从整个套期视角来看，在某种实际意义上，会计方法并不重要，因为会计并不改变使用衍生工具或合约期间的交易事实，会计改变的是在套期关系的不同阶段里，确认利得和损失的时间点。

注释

1 债券的价值(价格)也是由利率变动派生而来的,但它不是衍生工具,因为它不满足其余的标准。

2 嵌入衍生工具的会计处理可以被视作一般公认会计原则的一部分,因为无论是否套期,嵌入衍生工具都要与母工具分开(分割)进行会计处理。这一要求并不取决于套期会计,而是一般公认会计原则的一部分。详见第9章。

3 除极个别情况以外,美国公认会计原则不会确认待执行合约中涉及的权利和义务。这里的个别情况包括租赁和(职工)养老金及以股份为基础的薪酬。

4 其他风险,例如火灾、跌价、陈旧过时或损坏等,都可以管理或者投保。

5 再重复一遍,在该例中,管理层可以套期橡胶部分的风险,但是不允许对价格风险套期采用套期会计进行处理。

6 然而,各个行业、组织给国际会计准则理事会施加压力,要求其修改这项要求,而这个压力又转给了美国财务会计准则理事会,要求其也进行修改。

7 此外,还存在着自身信用恶化带来的利得确认问题。目前,美国财务会计准则理事会和国际会计准则理事会都在研究关于这一问题的恰当的会计处理方法。

8 这个案例中使用的套期应该是公允价值套期。

9 这正是修改提案的一个主要内容。

10 除非管理层选择以公允价值计量且其变动计入损益。

11 场外交易的利率期权可以每隔一段时间就结算一次,详见第8章。

12 绝对值仅仅是为了决策,不是用于记账。

13 期货价格变动有可能表现为期货溢价或现货溢价。期货溢价是指远期价格高于预期现货价格,没有人知道真正的预期现货价格是多少,但如果期货价格随着时间下跌,就意味着市场对于期货价格和预期现货价格之间的差异作出了调整回应。因为到了交割日,期货价格必然等于交割日的现货价格。所以说交割时下调的期货价格意味着市场处于期货溢价的位置。现货溢价则相反,期货价格低于现货价格。由于后者是无法获知的,市场所处位置可以通过即将交割时期货价格的调整动态来推断。如果市场处于现货溢价的位置,那么期货价格会上调至交割日的现货价格水平。

14 一份期货合约包含5 000蒲式耳或272吨的黄豆。

15 为简便起见,我们假设20×1年3月31日到4月20日这段时间价格没有发生变化。此外,销售收入在每一季度末被记录在财务报表上,而在6月30日的财务报表上可以看到使用公允价值套期和现金流量套期两种情况的比较。

16 如后文所述,在现金流量套期中,套期无效就是这样。因为,在一项高度有效的现金流量套期中,在衍生工具上的利得会递延到其他综合收益中,直到被套期商品的销售影响盈余的时候才会被重分类至损益。

17 这个表和表7-3是一样的,我们在这里重新给出是为了便于读者阅读,以免前后翻页造成不便。

18 这里所谓“假定的衍生工具”是美国公认会计原则和国际财务报告准则中采用的方法。但是,没有理论支持这一点,而在作者的观点中,其本质上是一种“虚构”的会计。

19 在简化的假设情况下,价格从3月到7月没有发生变化。

20 假设记录和前面所给出的米尔索姆农场的记录类似,我们在这里也没有加入任何其他信息。

21 注意:这里的表格和此前给出的表格是不一样的。其目的是介绍一种不同的会计处理方法,这种方法和其他会计处理方法在很多方面是相似的,但不同之处在于其足以使有效套期变成无效套期。

22 学名叫作Halyomorpha halys stal,但一般人也将其称作“棕翅蝽”(BMSB),它与南方绿色臭虫(Nezara viridula)是不同的。BMSB产于中国、日本和韩国(http://entnemdept.ufl.edu/creatures/veg/bean/brown_marmorated_stink_bug.htm)。

第8章　套期会计之二（单一货币）

8.1　套期利率风险

信息日志：第8章阅读指南

本章将解释说明与下列问题有关的套期会计处理：

- 本章将利率掉期作为不同风险之间的转换工具来讨论：套期现金流风险从而承担公允价值风险，或者套期公允价值风险从而承担现金流风险。
- 本章分别在下述两个条件下，给出了公允价值套期中的利率掉期合约估值及相关会计处理的操作实例：
  - ·收益率曲线上移时。
  - ·收益率曲线下移时。
- 展示了终止公允价值套期会计的影响以及通过转回已确认利得的账户余额来增加债务公允价值的管理决策。
- 本章还给出了一个对利率掉期合约估值和会计处理的计算例题，该合约对预期交易进行现金流量套期。
- 举例说明了在下列情况发生时对可供出售证券的利率风险套期：
  - ·有效套期。
  - ·无效套期。
  - ·违约风险的改变。
- 本章还给出了一个计算例题，考察用利率下限场外期权套期利率风险时，随着利率下限期权的定期结算和基准利率发生变化，如何进行估值和会计处理。

企业发行和投资金融工具，这些金融工具的价值和现金流直接或间接地受到市场利率变化的影响。由于金融工程学和华尔街积极主义的兴起，大量的金融工具被持续不断地设计出来以协助管理者和投资者减小利率风险敞口。1989年颁布了美国会计准则FAS 133（即现在的ASC 815），后来国际会计准则第32号（IAS 32）和第39号（IAS 39）也进行了相应的修订，这些准则已经形成了一个复杂的会计确认和分类体系，用以反映套期利率变动风险对资产、负债和所有者权益的影响。然而，21世纪是一个信息爆炸的时代，这些准则能够发挥多大的作用是说不清楚的。自2000年以来，金融衍生品的种类已经增长了40多倍，会计准则更多地要求按照管理层意图进行处理[1]。

8.1.1　利率风险敞口的类型

正如在前面章节我们已经讨论过的，利率风险敞口是由于利率变动对下述两个方面（或其中之一）造成影响而产生的：

1.价值潜在损失的风险敞口： 对于固定利率工具而言，金融工具的价格变动与市场利率的变动负相关（见第2章）。当市场利率上升时，固定利率工具的公允价值会下跌，最终使收益率等于市场回报率，这种（价值与收益率之间的）平衡机制同样存在于市场利率下跌的情形中。

2.现金流波动的风险敞口：利率的意外波动会对现金流产生不利影响，从而降低企业的现值。下表总结了市场利率变动对固定利率工具和浮动利率工具的不同影响。

市场利率	固定利率工具		浮动利率工具	
	价格	现金流	价格	现金流
上升	下跌	不变	不变	上涨
下降	上涨	不变	不变	下跌

市场利率可被视作资金的价格，和其他任何商品一样都由供需决定。其中，对于资金的需求由投资机会和交易政策所决定，而资金的供给则由货币政策和财政政策所决定，前者大多为一国的中央银行（如美国的联邦储备银行）所制定，后者则由政府的行政部门制定。其他一些不与政府行为直接相关的外部因素还包括国际组织的干预，如国际货币基金组织（IMF）。尽管上述描述过于简单，但它强调了一个重点，即决定利率的因素超越了企业的控制和影响范畴。所以总的来看，企业是利率的接受者而不是制定者。

因此，利率风险敞口被定义为：因外部因素而造成的利率变动所导致的企业价值或未来现金流的可能损失。

市场利率的变动可能是可以预测的（至少在变动方向上），也可能是完全无法预测的。如果公司治理机制比较谨慎，应当授权管理层采取行动应对这些风险，如作出相应的借贷决策从而降低可预测的利率变动带来的负面影响。例如，在前述章节中，金融机构通过对利率缺口的管理来减小它们的短期利率波动敞口（第3章）。利率缺口指的是利率敏感型资产和利率敏感型负债之间的差额。如果利率缺口是正的，那么预期上升的利率会对现金流和企业价值产生积极影响；如果利率缺口为负，也就是利率敏感型负债超出利率敏感型资产，那么上升的利率产生消极影响。同样，预期下降的利率对利率缺口为负的企业的现金流和价值有着积极的影响，对利率缺口为正的企业则相反。

管理利率缺口是对短期利率风险敞口自然套期的一种形式，而套期长期敞口的管理方法则包括信贷限制、流动性管理以及与期限匹配相关的借贷决策（如第3章中阐述的麦考利久期）等，这些方法能够降低因利率意外变动而对企业净值产生的消极影响。然而，当企业的资产和负债以多个币种表示时，计划和实施这些方法将变得十分复杂（见第10章和第11章）。

如前所述，自然套期的成本非常高昂，因为在现实中，要对不同项目和领域进行真实的融资投资，不仅要求对资源进行实际的部署，而且必须考虑其他一系列的风险，如信用风险和流动性风险。相对而言，使用金融工具进行套期则无须考虑资本的流动性，因此被视作成本低廉的利率风险管理方法[2]，这就可以解释利率掉期的使用为什么会出现指数级的增长。根据国际清算银行的数据，截至2011年最后一个季度，柜台交易衍生品票面金额和公允价值的估计如下[3]：

票面金额

- 柜台交易衍生品（总计）　　647万亿美元
- 柜台交易利率衍生品　　504万亿美元

市场（公允）价值

- 柜台交易衍生品（总计）　　27万亿美元
- 柜台交易利率衍生品　　18万亿美元

此外，利率掉期衍生品大约占柜台交易利率衍生品票面金额的80%（403万亿美元），并占预计公允价值的70%（12万亿美元）。

8.1.2　利率掉期

8.1.2.1　相关概念的简要回顾

第5章讨论了利率掉期的一些基本概念，以下是对其中关键要素的简要描述：

a.在现实世界中，利率掉期的期限多种多样，可能是非常短的时间，也可能长达25年，但利率差异要经常且定期地进行结算，如每月、每季度或每半年。

b.与金融期权不同的是，普通利率掉期有两个相对立的支付函数。因为合约双方都有义务遵守合约条款，所以两者必然一方亏损一方获益。利得方和损失方之间的差额就是交易成本，其主要是掉期交易商收取的佣金（价差，spread）。

c.和远期合约一样，掉期合约不是标准化的，它可以通过定制来契合交易双方的需求。但与远期合约不同的是，掉期合约对利率差异的结算非常频繁，它能够降低交易对方的信用风险敞口。但要注意的是，掉期合约交易对方的信用风险敞口比远期合约小，只是因为掉期合约的利率差异结算相对更为频繁。如果我们进一步与期货合约进行比较，则会发现无论远期合约还是掉期合约，其都承受着比期货合约更高的交易对方风险。（因为）期货合约交易要求存款（保证金），且每日进行结算。

d.对利率掉期的估值服从基本的估值原则：掉期合约的公允价值等于合约规定的收取现金权利或偿付现金义务的现值。对掉期合约的估值并非简单贴现，因为合约条款非常复杂并且受到宏观经济因素的影响（如收益率曲线的变化）。我们简短地讨论一些问题，以回顾第5章中所述的估值过程。

在设计一项掉期合约和对其进行会计处理时，将其视为一系列错开的支付模式有助于我们理解，如下所示：

（1）---------------|

（2）------------------------------|

（3）---|

（4）--|

……

在该支付模式中：第（1）行所示为交易开始至第一次结算；第（2）行为交易开始至第二次结算；第（3）行为交易开始至第三次结算；余下各行以此类推。同一掉期合约的错开结算使其看上去类似于零息的金融工具——每个结算日都有一项工具到期。因此，一项掉期合约可以被视作一系列远期合约。掉期合约错开结算的时间与同一风险级别的零息曲线（zero-coupon curve）相一致。

e. 因为掉期合约的价格在交易开始时必须为零，所以合约浮动一方（floating leg）现金流的现值必须等于固定一方（fixed leg）现金流的现值，两方的现值都以零息债券收益率（zero-coupon rate）（使用同一风险等级的收益率曲线）作为贴现率。因此，后面可以使用该方法来计算使两方现值相等的固定利率（见本章后文的示例）。对于固定一方来讲，结算金额是已知的，现金流的现值也是已知的（即该工具的市场价格），而贴现率也是已知的（基于零息债券收益率）。唯一未知的变量是用票面金额乘上固定利率得到的固定的现金流金额，要确定的就是该固定利率。因为公式中只有一个未知变量，对固定一方而言可以使用插入法，对公式作一个简单的变换就能计算出该未知变量的数值。

合约浮动方现金流的现值等于固定方现金流的现值，保证了合约在生效时其公允价值为零。只有在掉期合约生效后，收益率曲线移动从而改变了浮动方的现金流时，掉期合约的公允价值才不会再是零。

8.1.2.2 用一种风险代替另外一种风险的利率掉期

排除掉期交易商这一中介角色，在一项普通利率掉期中，合约中的一方按照固定利率收取利息并且按照浮动利率支付利息，另一方则收取浮动利息并支付固定利息。因此，同样一份掉期合约对于两方来说有着不同的功能。我们分别从债务工具的发行方和投资方角度来考察这两种功能。

如果被套期项目是负债

情况如图8-1所示。

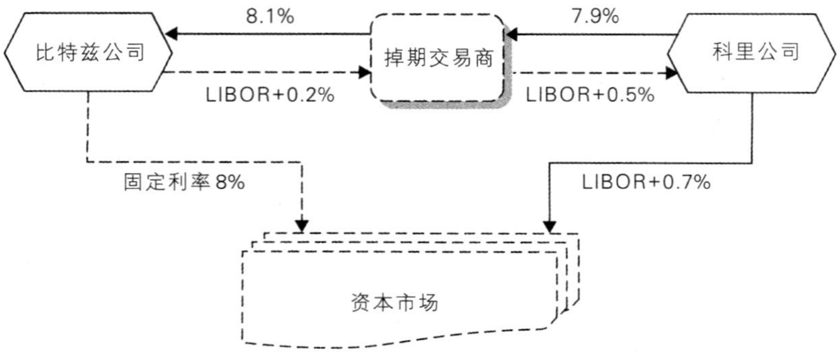

图8-1　对负债进行套期：固定利率和浮动利率掉期

注：

比特兹公司（Beatriz，Ltda）：

- 该公司有两份合约：一份固定利率债券，一份按固定利率收取利息且按浮动利率支付利息的掉期合约。
- 债券和掉期合约（如果是有效的）的组合将公司的固定利率转换为浮动利率。
- 如果套期是有效的，则公司套期了公允价值风险，却承担了现金流风险。

科里公司（Clea，NV）：

- 该公司有两份合约：一份变动利率债券，一份按变动利率收取利息且按固定利率支付利息的掉期合约。
- 债券和掉期合约（如果是有效的）的组合将公司的浮动利率转换为固定利率。
- 如果套期是有效的，则公司套期了现金流风险，却承担了公允价值风险。

1.**比特兹公司**为其债券每年按照8%的固定利率向资本市场投资者支付利息。为了将这个固定利率转化成浮动利率，公司与一个交易商签订了掉期合约，规定每年按照8.1%的固定利率向交易对方收取利息，同时按照伦敦同业拆借利率+0.2%的浮动利率向交易对方支付利息。根据此合约条款，该公司成功地把每年8%的利息支付转变成LIBOR+0.1%的利息支付（需要支付的浮动利率LIBOR+0.2%减去两固定利率间的差额0.1%）。

分析：该公司的管理层担心市场收益率的下降会提高该债务的公允价值，从而造成损失。通过签订掉期合约，债务价值不会再受市场利率变动的影响，因为随着LIBOR下降，公司的现金流出也随之下降，但公司也承担着预测不准、LIBOR上升的风险。在这种情况下，公司的现金流出会增加。

结论：比特兹公司的管理层套期了债务的公允价值风险，但承担了现金流波动的风险。

2. 内华达州的**科里公司**要为其债务按照LIBOR+0.7%的利率向资本市场支付利息。科里公司的管理层认为LIBOR可能会上升，利息费用的上升会导致公司不得不挪用其他用途的资金来进行支付。该公司签订一份掉期合约从而将该浮动利率转换成固定利率。该合约要求公司收取LIBOR+0.5%的浮动利息并支付7.9%的固定利息。其结果是公司将LIBOR+0.7%的利率转化成8.1%的固定利率（支付给交易对方的利率7.9%加上两浮动利率0.2%的差额）。

分析：该公司的管理层担忧LIBOR的提高会给公司带来现金流风险。通过签订掉期合约，公司从交易商那里按照浮动利率收取利息，并将其所得支付给债券投资者。这样，公司就有了一个可预测的现金流出，而现金流波动的风险以及现金短缺的烦恼也就消除了。

但由于该掉期合约，公司面临着固定的现金流出。如果管理层预测准确，LIBOR上升，那么其支付的现金流就不会变化，债务的公允价值会减少；如果管理层预测错误，LIBOR下降，其现金流依然不会有什么变化，但是债务的公允价值就会增加，因为它已经被转换成了固定利率债务。

结论：科里公司的管理层套期了债务的现金流波动的风险，但承担了公允价值风险。

如果被套期项目是资产

情况如图8-2所示。

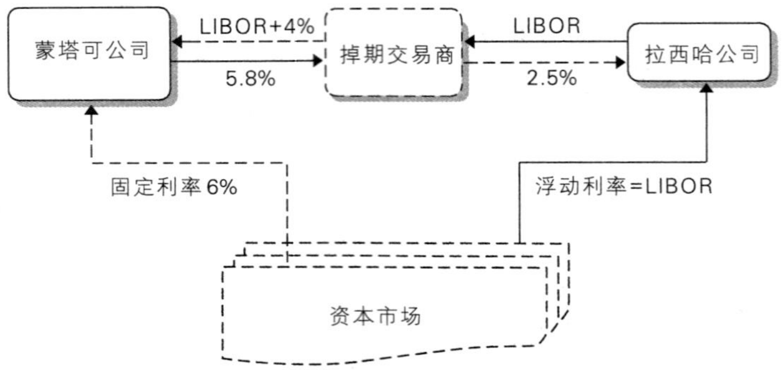

图8-2　对资产价值和现金流风险的套期：固定利率和浮动利率掉期

注：

蒙塔可公司（Montague SA）：

- 该公司有两份合约：一份固定利率投资（可供出售证券），一份收取浮动利息支付固定利息的掉期合约。
- 投资和掉期合约（如果是有效的）的组合就将公司固定利率收益转换为浮动利率收益。
- 假设套期是有效的，公司就对公允价值风险进行了套期，但却承担了现金流风险。

拉西哈公司（La Sierra）：

- 该公司有两份合约：一份变动利率投资证券（可供出售证券），一份收取固定利息支付浮动利息的掉期合约。
- 债券和掉期合约（如果是有效的）的组合就将公司浮动利率转换为固定利率。
- 假设套期是有效的，公司就对现金流风险进行了套期，但却承担了公允价值风险。

1.**蒙塔可公司**在它所投资的可供出售证券上赚取6%的固定收益。如果公司继续锁定在固定利率投资上，那么它就不能受益于可能提高的市场收益率。因此，公司的管理层签订了一份掉期合约，规定公司将按照5.8%的固定利率支付利息，按照LIBOR+0.4%的浮动利率收取利息。通过该合约，公司成功地把固定收益转换成了LIBOR+0.6%的浮动年收益（等于收取的LIBOR+0.4%利率加上公司收取的固定利息6%与为掉期支付的固定利息5.8%之间的差额0.2%）。

分析：蒙塔可公司的管理层本来持有一项固定收益资产，如果市场利率上升，则公司就会蒙受损失，因为AFS的价值变动与利率变动呈反向关系。AFS的价值可能下降，是因为AFS是固定收益资产，其只能放弃利率上升带来的更高回报。通过掉期合约，AFS的价格不再受市场利率变动的影响，但现金流将受到影响。管理层希望市场收益率能够提高，从而使其AFS和掉期合约的组合资产的收益也能增加。但是，该公司也同时承担了预测不准、LIBOR下降的风险。在这种情况下，AFS和掉期合约的组合资产的收益就会下跌。

结论：尽管这是一项资产，但该公司仍然面临着与**比特兹公司**一样的难题。**蒙塔可公司**套期了AFS的公允价值风险，却承担了现金流波动的风险。

2.**拉西哈公司**在它所投资的可供出售证券上赚取以LIBOR计算的变动收益。该公司的管理层获悉LIBOR有可能下降，而这会使公司的现金流入减少，影响公司对其债务的偿付。于是，管理层与掉期交易商签订了一份掉期合约，向交易对方支付LIBOR并收取2.5%的固定利息。通过此份合约，该公司成功地把浮动利率收益转化成了2.5%的固定收益。

分析：该公司的管理层套期了因LIBOR可能下降而导致现金流减少的风险。通过该掉期合约，该公司从交易商那里按照固定利率收取利息并按照浮动利率支付利息。如果LIBOR下降，那么公司就可以从交易商那里收取超过LIBOR的利息部分。这样就消除了因利息下降而导致现金流减少的风险。但同时，由于掉期合约，该公司只能持有固定的现金收益。综上所述，它面临着和**科里公司**一样的情况。

结论：拉西哈公司套期了现金流波动的风险，但是承担了公允价值风险。

在这些例子中，四个企业都成功地把原先合约中规定的现金流（债务合约规定的现金支付或者从固定收益投资中赚得的收益）转换成了符合管理层风险偏好和公司风险战略的现金流。然而，没有哪个掉期合约能够完全套期利率风险敞口。当它们把一种现金流转换成另一种现金流时，虽然解除了原先现金流的风险敞口，却同时承担了新现金流的风险敞口。如果一家企业把固定现金流转换成变动现金流（比如图8-1中的**比特兹公司**债务案例和图8-2中的**蒙塔可公司**资产案例），该企业实际上是套期了价值向不利方向变动的风险，但是承受了现金流波动的风险。

同样，如果一家企业把变动现金流转换成固定现金流（比如图8-1中的**科里公司**债务案例和图8-2中的**拉西哈公司**资产案例），该企业实质上是套期或者说是降低了现金流波动的风险，但同时承受了公允价值变动的风险。

释例8-1对上述案例进行了总结。[4]

释例8-1

影响不同风险之间替换的利率掉期

	被套期项目	
	债　务	资　产
收取固定利率，支付变动利率	• 把固定利率转换成变动利率 • 套期公允价值风险 • 承担现金流风险 案例：**比特兹公司**	• 把变动利率转换成固定利率 • 套期现金流风险 • 承担公允价值风险 案例：**拉西哈公司**
收取变动利率，支付固定利率	• 把变动利率转换成固定利率 • 套期现金流风险 • 承担公允价值风险 案例：**科里公司**	• 把固定利率转换成变动利率 • 套期公允价值风险 • 承担现金流风险 案例：**蒙塔可公司**

8.2 使用利率掉期进行套期的会计处理

8.2.1 为固定利率债券进行套期

在20×1年1月，美国公司**贝塔可**（BetaCo）以1 000美元的面值和3.9525%的年利率发行了1 000份5年期债券（债券合约编号KA50T）。公司于每年年末支付利息。[5]

因为最近宏观指标出现了一些意料之外的变动，贝塔可公司的管理层担心市场利率很可能会下降，这将使**贝塔可**公司的价值下降，同时债券公允价值上升。如果市场利率真的下降，而公司继续给债权人支付利率为3.9525%的利息，这将给公司带来额外的机会成本，该成本等于在3.9525%的固定利息率下的价值与在低于这个值的市场利率下的价值之间的差额的现值。为了避免这一潜在价值损失敞口，公司管理层在出售这批债券的同时，还与掉期交易商**斯瓦普韦尔**（SwapWhale）有限公司签订了一份掉期合约（掉期合约编号W215），合约规定贝塔可公司收取固定利率、支付浮动利率。**贝塔可**公司的信用评级为AA，**斯瓦普韦尔**对于这一评级的公司并没有要求信用风险补偿。掉期合约W215有以下条款：

- 名义本金为1 000 000美元。
- 贝塔可公司按照LIBOR向**斯瓦普韦尔**公司支付利息。[6]
- 贝塔可公司每年向**斯瓦普韦尔**公司收取3.9525%的利息。
- 掉期合约在每年的最后一天结算。
- 掉期合约上的浮动利率在同一结算日重置。
- 掉期合约在5年后终止（除非**贝塔可**公司提前解约或者签订了另一份条款完全相反的合约）。

在20×1年1月，**贝塔可**公司持有两项金融工具：一份固定利率债券合约和一份掉期合约，掉期合约规定该公司收取固定利息并向交易对方支付浮动利息。图8-3展示了**贝塔可**公司和资本市场以及**斯瓦普韦尔**公司之间的资金流动状况。

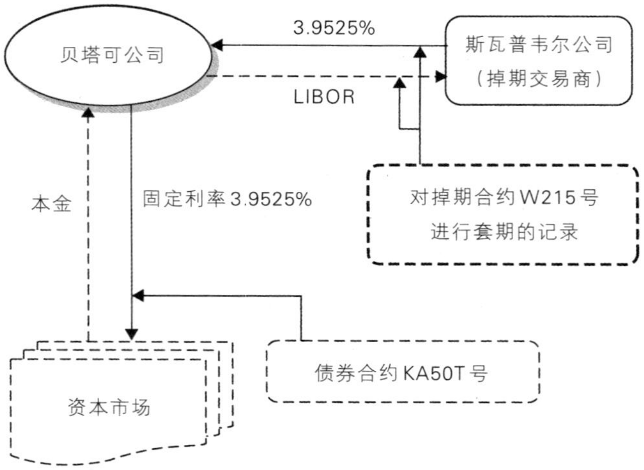

图8-3　用利率掉期对固定利率债券进行套期

8.2.2 确定掉期利率

释例8－2和释例8－3展示了贝塔可公司掉期合约中浮动利率和固定利率的确定过程。在计算之前简单回顾一下利率计算的原理，读者可以通过阅读第5章来复习这部分内容。

计算远期利率

第一步是估计掉期合约浮动方的每期现金流。为此，需要估计基准利率的内在变化，估计方法采用与收取方相同风险等级的零息债券收益率曲线来计算。在计算之前，需要先做以下定义：

t ——期间，t=1，2，…，T；

NP ——面值、本金或工具的票面金额；

T ——5年期限；

xR ——固定利率；

zR_t ——t时同一风险等级的零息债券收益率；

fR_t ——t时的隐含远期利率；

fR_{t+1} ——t+1时的隐含远期利率。

接下来，对于任一时期t，t+1时期的远期利率计算公式如下：

$$fR_{t \to t+1} = (1 + zR_{t+1})^{t+1} \div (1 + zR_t)^t - 1 \qquad (5-1)$$

式中：每期 $fR_{t \to t+1}$ 的估计方法见释例5－12。

释例8－2展示了为**贝塔可**公司计算这些利率的过程。

释例8－2

根据掉期合约条款计算浮动利率

（利用贝塔可公司的相关信息）

				每期零息债券收益率*				
				t=1	t=2	t=3	t=4	t=5
				0.025	0.03	0.035	0.0375	0.04
远期利率	t	fR_{t+1}	远期利率的计算					
	1	2.5%	$fR_{(0,1)} = 0.025$					
	2	3.502%	$fR_{(1,2)} = (1 + 0.03)^2 \div (1 + 0.025) - 1$					
	3	4.507%	$fR_{(2,3)} = (1 + 0.035)^3 \div (1 + 0.03)^2 - 1$					
	4	4.504%	$fR_{(3,4)} = (1 + 0.0375)^4 \div (1 + 0.035)^3 - 1$					
	5	5.01%	$fR_{(4,5)} = (1 + 0.04)^5 \div (1 + 0.0375)^3 - 1$					

*零息收益率根据市场上的零息曲线来计算，这些零息曲线以到期日不同但风险等级相同的零息债券利息为基础。

8.2.3 确定固定端的利率

在确定了浮动端的利率后，我们可以通过将该隐含利率乘上票面金额来计算各期浮动端现金流。下面的计算将得到一个固定利率，用该利率计算得到的现值等于浮动端的现值。两端现值必须相等，因为在掉期合约开始时，掉期合约的价值为零，亦即不存在应计的资产（权利）或负债（义务）[7]。

为了进一步论证，我们引用第5章中的例子，假设每一端（浮动端和固定端）都是票面金额为1 000美元的债券，以使下面的恒等式成立：

固定端的现值=浮动端的现值

我们现在拥有下述信息：

- 固定端的现值。
- 债券期限。
- 利息支付频率。
- 由相关零息曲线确定的现值系数。

但我们仍旧不知道固定端将产生的各期现金流是多少，而这一金额等于已知的票面金额乘上固定利率。因此，唯一需要确定的变量就是固定利率。释例8-3以**贝塔可**公司为例展示了该利率的确定过程。

这表示每一（假定的）债券的现值都是1 000美元。在释例8-3中，我们利用这一信息来计算出固定利率，以满足两端现值相等的条件。

释例8-3

掉期合约固定端利率的计算

xR为固定利率；zR为零息收益率；NP为票面金额（面值）。

我们假设投资组合中每份债券的面值都是1 000美元，满足两端现值相等的固定利率为xR，而下面计算的目的就是求出xR的值。

因为两端价值相等，所以我们可以得到：

$$1\,000=\frac{xR\times1\,000}{1+zR_1}+\frac{xR\times1\,000}{(1+zR_2)^2}+\frac{xR\times1\,000}{(1+zR_3)^3}+\frac{xR\times1\,000}{(1+zR_4)^4}+\frac{xR\times1\,000}{(1+zR_5)^5}$$

$$1\,000=xR\times1\,000\times\left(\frac{1}{1.025}+\frac{1}{1.03^2}+\frac{1}{1.035^3}+\frac{1}{1.0375^4}+\frac{1}{1.04^5}\right)+\frac{1\,000}{1.04^5}$$

$$1\,000=xR\times1\,000\times(0.9756+0.9426+0.902+0.86307+0.822)+821.927$$

$$1\,000=xR\times1\,000\times4.50527+821.927$$

（注：4.50527是现值系数之和，而零息收益率则从释例8-2中得到）

结算日金额（本金）的现值为：

$$\frac{1\,000}{1.04^5}\approx821.927\text{（美元）}$$

因此，上述公式中利息部分的现金流的现值应为：

$$1\,000-821.927=178.073\text{（美元）}$$

$$178.073=4.50527\times xR\times1\,000$$

简化为：

$$xR\times1\,000=178.073\div4.50527=39.525\text{（美元）}$$

对固定利率债券而言，每年的现金流为39.525美元，这也意味着固定利率为3.9525%。

8.2.4 一些金融方面的考虑

1.固定利率债券意味着**贝塔可**公司为了偿还债务所需支付的现金流出不会随着市场利率的变化而变化。

2.因为本例中的债券是最基本的类型，不附带任何期权，所以有两种因素会改变债券的公允价值：利率风险和信用风险。[8]

3.掉期合约的支付函数是双刃剑：LIBOR升则有害，LIBOR降则有利。

4.掉期合约使**贝塔可**公司从固定利息支付转变为浮动的现金流出。

5.套期的结果是**贝塔可**公司需要以LIBOR为基准利率支付利息。因此，LIBOR下跌对**贝塔可**公司有利，反之则不利。

6.**贝塔可**公司与**斯瓦普韦尔**公司之间签订的掉期合约是对已确认负债的公允价值套期。

7.债务契约与掉期合约使**贝塔可**公司套期了公允价值风险，但承担了现金流风险。

8.3 会计处理和分析

在每个套期循环中，对掉期合约及其业绩的会计处理遵循下述步骤：

1.指定套期和套期关系。

2.在套期生效开始日评估未来的套期有效性。

3.记录交易。

4.在每季度（或更频繁）报告日对套期有效性进行追溯性测试。

5.对未来期间套期有效性进行事先评估。

6.结算时支付或收到的金额等于结算期内利率的差额。

7.当满足0.80～1.25的套期有效条件时，确认掉期合约的利得或损失，并将其计入损益。

8.如果套期高度有效，就确认固定利率资产的价值变动，并将其计入盈余。

9.重置浮动利率。

10.开始新的支付循环。

8.3.1 指定套期

如第6章所述，会计准则要求具体指定每个套期关系，且在套期开始时进行完整持续的记录。记录底稿的重要内容包括指定被套期项目、被套期的风险、套期关系的实质以及套期对企业管理和降低风险的适用程度。记录底稿还必须详细描述套期工具的特征，以及在测试套期有效性时运用的方法和计量手段。[9]

为了满足这些要求，**贝塔可**公司指定并记录了作为套期的W215号掉期合约，见释例8-4。

释例 8-4

贝塔可公司套期记录底稿（W215号掉期合约）

日　期	20×1年1月1日
被套期风险	利率风险。由于市场利率变动造成的KA50T债券合约公允价值上升所带来的可能损失。KA50T债券合约要求每年按照3.9525%的固定利率向交易对方进行支付
套期目标	• 消除由于基准利率（LIBOR）意外下跌而带来的公允价值损失的风险。 • W215号**掉期合约**将支付固定利息转为支付浮动利息，从而与管理层的战略保持一致。因为，管理层不仅希望实现支付固定利息的承诺，而且希望保证盈余达到预测水平
风险管理	**贝塔可**公司董事会最近批准的企业风险管理计划要求，如果能够识别风险并且套期有效，就可以套期很可能发生的风险敞口。管理层相信，公司被套期的风险是很可能发生的，并且套期关系符合公司风险管理计划
套期工具	套期工具是与斯瓦普韦尔公司签订的W215号**掉期合约**，合约有效期为20×1年1月1日至20×5年12月31日。**掉期合约**规定的内容包括：1 000 000美元的票面金额；贝塔可公司在每个结算日支付LIBOR；贝塔可公司收取利率为3.9525%的固定利息；结算日为每年最后一天；浮动利率在该结算日重置
被套期项目	KA50T号债券合约。此项债务以摊余成本入账，账面价值为1 000 000美元
未来套期有效性的评估	我们使用美元抵销比例法来评估未来的套期有效性。用假定零息债券收益率平行上移（以及下移）的情形来估计掉期合约（W215号掉期合约）的公允价值变动以及被套期项目（KA50T号债券合约）的公允价值变动
套期效果的追溯性测试	用美元抵销比例法来评估套期有效性，即用掉期合约（W215号掉期合约）过去公允价值的累计变动额除以被套期债务（KA50T号债券合约）公允价值的累计变动额
其他套期标准	公允价值套期所需的其他标准都已满足

8.3.2　未来的套期有效性评估（事前）结论

正如上述套期记录所示，我们将使用美元抵销比例法或者在不同情形下价值变动额之比来评估未来的套期有效性。因为在一项套期中，被套期债务与套期工具的公允价值变动方向是相反的，所以美元抵销比例的值应当小于零。为了能够进一步展示和讨论，我们通常对该比率取绝对值，以便可以评价其是否进入"高度有效"套期的范围内（0.80～1.25）。[10]在释例8-5表C中B22行，掉期合约价值变动额与债券价值变动额之比为1.00，这说明其是一个完美的套期。[11]

释例 8-5

W215号掉期合约对KA50T号债券合约的套期[12]

表A：验证掉期合约在生效时的现值为零

		20×1	20×2	20×3	20×4	20×5
B1	zR_0：20×1年1月1日的零息债券收益率	0.025	0.03	0.035	0.0375	0.04
B2	$fR_{1,S+}$：从零息曲线中计算得出的浮动利率	0.025	0.035024	0.045067	0.045036	0.05006
B3	$CF_{VR,t=0}$：掉期合约中向浮动端支付的现金流	25 000	35 024	45 067	45 036	50 060
B4	掉期合约中浮动端现金流的现值（总计178 066美元）	24 390	33 013	40 648	38 869	41 146
B5	$CF_{Fx,t=0}$：掉期合约中固定端所收取的现金流（不包括本金）	39 525	39 525	39 525	39 525	39 525
B6	掉期合约中固定端除本金以外的现金流现值（总计178 066美元）	38 561	37 256	35 649	34 113	32 487
B7	浮动端与固定端现金流之间的差额（等于B3行减去B5行）	(14 525)	(4 501)	5 542	5 511	10 535
B8	浮动端与固定端现金流之间的差额的现值（B7行的现值，也等于B4行减去B6行的差额）	(14 170)	(4 243)	4 999	4 756	8 659
	$\sum PV(\text{B8行}) = 0$					
	结论：固定端的现值等于浮动端的现值					

注：表中数字有可能因四舍五入而存在舍入误差。

表B：未来的套期有效性评估（事前）

情形：假定零息债券收益率曲线平行上移100个基准点后利率掉期合约现值的变化[13]

编目	交易	20×1	20×2	20×3	20×4	20×5
B9	基准利率上升100个基准点后的零息曲线	0.035	0.04	0.045	0.0475	0.05
B10	复利终值系数	1.035	1.0816	1.141166	1.20397	1.27628
B11	基准利率上升100个基准点后的远期（掉期）利率，这些数据是以与释例8-3相同的方式推导而得	0.035	0.04502	0.05507	0.055036	0.06006
B12	基准利率上升100个基准点后需要向浮动端支付的现金流	35 000	45 025	55 070	55 036	60 060

续表

编目	交　易	20×1	20×2	20×3	20×4	20×5
B13	固定端收取的现金流（不包括本金）	39 525	39 525	39 525	39 525	39 525
B14	现金流差额(B11行减去B12行)	(4 525)	5 500	15 542	15 511	20 535
B15	浮动端现金流差额的现值（用B14行×(1÷B10行))[14]	(4 372)	5 085	13 620	12 885	16 090
	$\sum$B15行＝43 308（美元）					

注：表中数字有可能因四舍五入而存在舍入误差。

表C：债务工具——KA50T号债券合约

情形：假定零息债券收益率曲线平行上移100个基准点后债券现值的变化

		20×1	20×2	20×3	20×4	20×5
B16	用以偿付债券的固定端现金流	39 525	39 525	39 525	39 525	39 525
B17	基准利率上升100个基准点后的零息债券收益率	0.035	0.04	0.045	0.0475	0.05
B18	复利终值系数	1.035	1.0816	1.141166	1.20397	1.27628
B19	$PV_{B,0}$：B16行现金流的现值	38 188	36 543	34 636	32 829	30 969
B20	票面金额的现值（用新的零息债券收益率计算）					783 527
B21	利息与本金之和（总计956 692美元）的现值	38 188	36 543	34 636	32 829	814 496
B22	B20行的现值与套期开始时的现值之间的差额（即债券的公允价值变动额）	20×1年1月1日的现值				1 000 000
		基准利率上升100个基准点后的现值				956 692
		债券公允价值的变动额				(43 308)
假设零息债券收益率上升100个基准点后的DOR套期有效性测试		|Δ掉期合约公允价值÷Δ债券公允价值| |B15行÷B22行|＝|43 308÷43 308|＝1.00				

注：表中数字有可能因四舍五入而存在舍入误差。

8.3.3　套期业绩

8.3.3.1　套期第1年——20×1会计年度

在这一情形下，公司发生的唯一（相关）的交易如下：

1.债券利息的确认和支付。

2.在第1个结算期，双方结算利息差异。

尽管这只是第1年，掉期合约的价值为零，但因为两端的现金流形态不同，掉期合约的两端已经出现了利息差异：浮动端的现金流在5年内呈增长态势，而固定端的现金流维持不变。

在20×1年12月31日，贝塔可公司（理论上）收取39 525美元并向斯瓦普韦尔公司（理论上）支付35 000美元。但是，这仅仅是理论上的，在现实中执行合约条款并不需要双方交割全部的利息。在结算时，双方仅需要移交利率差异的部分即可。在第1年，双方之间的结算意味着贝塔可公司从斯瓦普韦尔公司那里收取4 525美元，即公司收取的固定端39 525美元减去公司支付的浮动端35 000美元。

下述会计分录记录了这些事件。

会计年度：20×1年1月1日至20×1年12月31日

编号	日期	备 注	借（美元）	贷（美元）
C1	20×1-01-01	现金 　　应付债券 在KA50T号债券合约中，贝塔可公司发行了1 000份债券，每份债券的面值为1 000美元，年利率为3.9525%。这些债券以票面金额发行，且在5年后全部还清。	1 000 000	 1 000 000
C2	20×1-01-01	备忘录 贝塔可公司的管理层与斯瓦普韦尔公司签订了一份合约（W215号掉期合约）。合约规定在1 000 000美元面值的基础上互换利息现金流。在接下来的5年里，贝塔可公司将收到斯瓦普韦尔公司支付的固定利息并向其支付浮动利息。固定利率为3.9525%，而浮动利率为LIBOR。利息的结算和利率的重置都在每一年的最后一天进行	—	—
C3	20×1-12-31	利息费用[15] 　　应付利息 记录KA50T号债券合约的应计利息，计算公式为1 000 000×3.9525%	39 525	 39 525
C4	20×1-12-31	应收账款——斯瓦普韦尔 　　利率结算——W215号掉期合约 记录W215号掉期合约引起的现金流差额，即20×1年12月31日贝塔可公司需要向斯瓦普韦尔公司收取的39 525美元与需要对其支付的35 000美元之间的差额	4 525	 4 525
C5	20×1-12-31	应付利息 　　现金 记录向债券投资者支付的利息	39 525	 39 525
C6	20×1-12-31	现金 　　应收账款——斯瓦普韦尔 记录向斯瓦普韦尔公司收回的债务。这是固定端和浮动端现金流存在差异的结果	4 525	 4 525
C7	20×1-12-31	利率结算——W215号掉期合约 　　利息费用 记录利率差异，将其作为对利息费用的一项调整	4 525	 4 525

上述交易的结果为：

- 利息费用是35 000美元，这一数额是贝塔可公司管理层希望达到的按LIBOR利率计算的利息。
- 现金流出下降35 000美元。
- 没有记录其他的资产或负债。

8.3.3.2 套期第2年——20×2会计年度

在合约第2年开始时，宏观经济形势发生了变化，收益率曲线上移。[16]此处的上移不是平行移动，而更像是“曲折”上移，即随着期限上移。零息债券收益率曲线的变化会改变浮动端的现金流，具体过程如释例8-3中所述。收益率曲线上移后新的利率见下表。

年　度	20×2	20×3	20×4	20×5
初始利率 $_{p}zR_0$：20×1年1月1日的零息债券收益率	0.030	0.035	0.0375	0.040
当前利率 zR_1：收益率曲线上移后，20×2年1月1日的零息债券收益率	0.035	0.042	0.050	0.060
收益率曲线上移后的远期利率 （与释例8-3中所示的计算方法相同。例如，20×4年的利率=1.053÷1.0422−1=1.1576÷1.08576−1	0.035	0.049047	0.06618	0.0906

注：表中数字有可能因四舍五入而存在舍入误差。

为了评估未来的套期有效性（**事前**），要求比较掉期合约的现值变动额与债券的现值变动额。

释例8-6中的3个表格展示了需要计算的金额：

- 表A展示了掉期合约的价值变动。
- 表B展示了债券公允价值的变动。
- 表C展示了对**事前**套期有效性的计量。

释例8-6

未来套期有效性评估

表A：估计掉期合约公允价值的变化（套期工具）

	年　度	20×2	20×3	20×4	20×5
D0	上期利率 $_{p}zR_0$：20×1年1月1日的零息债券收益率	0.03	0.035	0.0375	0.04
D1	当前利率 zR_0：收益率曲线上移后20×2年1月1日的零息债券收益率	0.035	0.042	0.05	0.06
	复利现值系数	0.9662	0.921	0.8638	0.7921
D2	收益率曲线上移后的远期利率（其计算方法与释例8-3中所示的一样）	0.035	0.049047	0.06618	0.0906
D3	浮动端的预计现金流（D2行的利率乘上1 000 000美元的面值）	35 000	49 047	66 181	90 600
D4	收益率曲线上移之前的浮动端现金流（释例8-5的B3行）	35 000	45 067	45 036	50 060

续表

	年　度	20×2	20×3	20×4	20×5
D5	收益率曲线上移前后浮动端现金流的差额（不包括本金）（D3行减去D4行）	0	3 980	21 145	40 540
D6	利用曲线上移后零息债券收益率贴现计算的现金流差额的现值（用D2行作为折现率计算D5行的现值。例如，20×5年现金流差额的现值为 $40\,540 \div 1.06^4$）	0	3 666	18 265	32 111
D7	W215号掉期合约现值变动总额=(3 666+18 265+32 111)−0=54 042				

注：表中数字有可能因四舍五入而存在舍入误差。

表B：债券现值变化的计算（被套期项目）

	年　度	20×2	20×3	20×4	20×5
D8	固定端现金流（利息） （本金）	39 525 —	39 525 —	39 525 —	39 525 1 000 000
D9	复利现值系数	0.9662	0.921	0.8638	0.7921
D10	利用曲线上移后零息债券收益率贴现的固定端现金流现值（利息）→ （本金）→	38 188 —	36 403 —	34 143 —	31 308 792 100
D11	使用新收益率曲线计算的债券现值（被套期项目） =利息现值+本金现值 =140 042+792 100 =932 142				
D12	债券现值的变动额=932 142−1 000 000 =(67 858) 债券的公允价值随着收益率曲线的上移而下降。 注：债券公允价值的下降对贝塔可公司来讲是一项利得				

注：表中数字有可能因四舍五入而存在舍入误差。

表C：未来的套期有效性评估

在指定W215号掉期合约的记录底稿中，我们将DOR的现值与0.80～1.25的可接受域进行对比，来评估未来的套期有效性（事前）。在本例中：

$$\begin{aligned}DOR &= |\Delta 掉期合约公允价值 \div \Delta 债券公允价值| \\ &= |54\,042 \div (-67\,858)| \\ &\approx 0.80\end{aligned}$$

在收益率曲线上移的情况下，指定W215号掉期合约为对KA50T号债券合约的套期工具被认为是能够高度有效地抵销被套期的利率风险。

套期第2年即20×2年的会计处理

我们假设一切都如预测的那样，那么在此年度的第1天，会发生下列事件：

- **贝塔可**公司确认并支付债券利息39 525美元。
- **贝塔可**公司向斯瓦普韦尔公司收取利息差额4 525美元（39 525美元−35 000美元）。
- 确认债券的公允价值变动额。
- 确认掉期合约的公允价值变动额。

交易记录

日期	交　易	借（美元）	贷（美元）
20×2−12−31	利息费用 　　应付利息 记录KA50T号债券合约的应计利息	39 525	39 525
20×2−12−31	应收账款——斯瓦普韦尔 　　利率结算——W215号掉期合约 根据合约规定，交易双方移交利息差额。 掉期合约的结算是针对净额的，实际交割的现金流是两端的利息差额。这个数额是掉期交易商欠贝塔可公司的，它等于因掉期合约而流入的利息39 525美元减去流向交易商的35 000美元	4 525	4 525
20×2−12−31	利率结算——W215号掉期合约 　　利息费用 根据第1阶段的利率差额调整应计利息，使该阶段的利息费用等于39 525美元减去4 525美元，即35 000美元。这个数额即是利用LIBOR算出来的利息费用	4 525	4 525
20×2−12−31	应付债券 　　其他收益/费用 把债券公允价值的下跌部分记成一项利得。债券公允价值发生变化是因为零息债券收益率提高了。 我们是从释例8−6表B的D12行得到这一信息的。 这一数额等于年末公允价值减去年初公允价值： 932 142−1 000 000=−67 858（美元） 债券公允价值的下跌对发债人而言是一项利得	67 858	67 858
20×2−12−31	其他收益/费用 　　衍生品公允价值——W215号掉期合约 记录W215号掉期合约的损失。该损失数额是掉期合约中现金流出现值减去固定现金流入的现值，此时的现金流出是在零息债券收益率上升情形下的数额。 这一数额的计算过程参见释例8−6表A的D7行	54 042	54 042

续表

日期	交　易	借（美元）	贷（美元）
20×2-12-31	应付利息 　　现金 付清利息	39 525	39 525
20×2-12-31	现金 　　应收账款——斯瓦普韦尔公司 收回斯瓦普韦尔公司所欠的应收款项	4 525	4 525

20×2年交易概述

- 计入盈余的净利息费用=39 525- 4 525=35 000（美元）。
- 与套期和债券相关的净现金支出=39 525−4 525=35 000（美元）。
- 由于67 858美元的利得，KA50T号债券合约的账面价值下降为932 142美元。
- 公司的资产负债表上会增加一项54 042美元的负债，这是掉期合约的公允价值（损失）。
- （税前）盈余增加了13 816美元，此数额为债券合约的利得减去掉期合约的损失后的净额，是套期关系中无效的部分。
- 我们需要对套期有效性进行追溯性测试。但是因为我们已经知道了怎样去测试，所以出于简便起见，我们假定零息债券收益率在第二年开始时只变化了一次。这意味着套期有效性的追溯性测试（事后）结果将和未来评估（事前）结果一样。

8.3.3.3　套期第3年——20×3会计年度

在年初，零息债券收益率曲线向下平移了50个基准点。此时，我们的第一项工作就是要评估在此情形下未来的套期有效性（事前）。释例8-7展示了有关这个测试的信息。

释例8-7

零息债券收益率下降50个基准点时对套期有效性评估（事前）

		20×3	20×4	20×5
F1	下降前的零息债券收益率（旧）	0.042	0.05	0.06
F2	下降后的零息债券收益率（新）	0.037	0.045	0.054
F3	新的隐含远期利率	0.037	0.05306	0.07223
F4	新的利率体系下掉期合约浮动端的预计现金流（新的浮动利率乘上1 000 000美元的本金）	37 000	53 060	72 230
F5	旧的利率体系下掉期合约浮动端的预计现金流（参见释例8-6表A的A3行）	49 047	66 181	90 060
F6	（浮动利率变动前后）浮动端预计现金流差额（F4行减去F5行）	（12 047）	（13 121）	（17830）
F7	浮动端预计现金流差额的现值（差额总和为38 860美元）	（11 617）	（12 015）	（15 228）

续表

		20×3	20×4	20×5
F8	掉期合约固定端的现金流	39 525	39 525	39 525
F9	掉期合约固定端现金流现值 利息 本金（面值为1 000 000美元） 固定端现值=利息现值+本金现值 =108 065+854 040=962 105（美元）	 38 115 —	 36 194 —	 33 756 854 040
F10	收益率曲线变动之前，债券的现值为935 250美元（见释例8-7表B的D10行）。因此，债券的公允价值变动额为： 962 105−935 142=29 963（美元） 债券公允价值的上涨是公司的损失			
F11	套期效果 我们用DOR来衡量套期有效性： $DOR = \left\|\Delta 掉期合约公允价值 \div \Delta 债券公允价值\right\|$ $= \left\|38\,860 \div 29\,963\right\|$ $= 1.297$ 这一比率落在了0.8～1.25的可接受域之外。因此，在收益率曲线下滑50个基准点的情形下，套期是无效的，贝塔可公司需要终止该套期			

8.3.4　套期无效和终止

对未来套期有效性的评估结果表明，如果LIBOR变动，套期有可能会失效，此时需要终止套期关系。

会计日志

套期失效并不是终止套期的唯一原因，以下任一因素都有可能造成套期关系的终止：

1. 套期关系无法满足套期有效性测试的要求，详见ASC 815-25-40-1到40-4。
2. 管理层自愿或出于其他的自身原因决定终止套期。[17]
3. 被套期项目（资产、负债）已经不存在。
4. 确定承诺或者被套期的预期交易可能不再发生（这是针对现金流量套期而言的，这种类型的套期有着自己的终止规则）。
5. 交易对方无力偿付或者宣告破产。

在我们所讨论的贝塔可公司案例中，对债务（KA50T号债券合约）公允价值套期的W215号掉期合约，在合约第3年即20×3年没有通过未来套期有效性测试。一旦终止套期关系，管理层必须采取措施来处理套期工具（W215号掉期合约）和被套期项目（KA50T号债券合约）。

8.3.4.1　针对套期工具（W215号掉期合约）的可能措施

- 继续保留掉期工具，把它作为公司投资组合里的“交易性证券”。

• 重新指定它为另一可套期项目风险敞口的套期工具，而且套期有效。

• 对掉期合约的剩余支付金额采用折扣方式与交易对方进行结算从而终止掉期合约。或者，贝塔可公司可以重新签订另一份掉期合约，该合约所列条款与要终止的掉期合约完全相反。在第一种情况下，掉期的终止将解除贝塔可公司与交易对方之间在掉期合约上有关未来活动（即交易对方的违约）的全部经济义务和法律义务，因为双方都已经结清。而在第二种情况下，与另一交易方签订新的掉期合约仅仅结束了贝塔可公司的经济义务，并没有解除其在未来第二个交易对方发生违约时对第一个交易对方的法律义务。

• 以现值交换从而终止掉期合约。

8.3.4.2 针对被套期项目（KA50T号债券合约）的可能措施

• 对债券的会计处理独立于掉期合约。

• 该项债券的账面价值包含套期有效时予以记录的减值。

• 如果该项债务保留至到期日，其到期时的结算额1 000 000美元以及持有账面成本932 142美元之间的差额为67 858美元。我们将摊销这一差额以使债券的账面价值逐渐和结算额趋同。

• 签订另一份能够有效套期债券价值变动的衍生品合约。

8.3.5 管理层决策

当发现LIBOR在下跌时，**贝塔可**公司的管理层会通过与**斯瓦普韦尔**公司重新签约来终止该项套期。在这种情况下，管理层会支付给斯瓦普韦尔公司一笔款项，该款项金额等于掉期合约的公允价值54 042美元。但是，债券的账面价值在未来3年需要调增67 858美元，以使其最后的价值等于结算额。

• 隐含的折现率（内部报酬率）能够将预计现金流出（1 000 000美元的一次性本金和3次39 525美元的年利息）贴现到932 142美元的现值。

• 这一内部报酬率为6.51758%。

• 在用该利率计算的利息中，39 525美元的部分将以现金形式支付（贷记现金账户），而超过这一数额的部分将记成一项债务（贷记KA50T号债券合约），并增加应计利息费用。下文将举例说明这些分录。

表8-1展示了摊销和费用化债务成本的方法。从这以后，会计分录和传统的财务会计一样。

表8-1　利息费用以及KA50T号债券合约账面价值的摊销调增

（实际利率为6.518%）　金额单位：美元

年　度	20×3	20×4	20×5
KA50T号债券合约结算额	1 000 000		
20×3年1月1日账面价值	932 142	953 370	975 982
需要摊销的金额	67 858	46 630	24 018
用以支付利息和摊销余额的隐含内部报酬率	6.51758%		

续表

年度	20X3	20X4	20X5
应计利息费用	60 753	62 137	63 543
利息支出	39 525	39 525	39 525
调入KA50T债券合约的摊销金额	21 228	22 612	24 018
应付债券期末余额——KA50T号债券合约	953 370	975 982	1 000 000

注：表中数字可能因四舍五入而存在舍入误差。

记录第3年即20×3年的交易事件：

日期	交易	借（美元）	贷（美元）
20×3-12-31	衍生品公允价值——W215号掉期合约 现金 记录W215号掉期合约的终止。该合约被终止是因为套期无效以及利率可能向反方向变动	54 042	 54 042
20×3-12-31	利息费用 应付利息 应付债券——KA50T号债券合约 确认KA50T债券合约的利息费用并调整应付债券的余额以摊销之前在掉期上确认的利得	60 753	 39 525 21 228
20×3-12-31	应付利息 现金 付清利息	39 525	 39 525
20×4-12-31	利息费用 应付利息 应付债券——KA50T债券合约 确认KA50T债券合约的利息费用并调整应付债券的余额以摊销之前在掉期上确认的利得	62 137	 39 525 22 612
20×4-12-31	应付利息 现金 付清利息	39 525	 39 525
20×5-12-31	利息费用 应付利息 应付债券——KA50T债券合约 确认KA50T债券合约的利息费用并调整应付债券的余额以摊销之前在掉期上确认的利得（数字有可能因四舍五入而存在舍入误差）	63 543	 39 525 24 018
20×5-12-31	应付利息 现金 付清利息	39 525	 39 525

续表

日期	交　易	借（美元）	贷（美元）
20×5-12-31	应付债券——KA50T债券合约 　　现金 付清KA50T债券合约	1 000 000	1 000 000

8.4 在现金流套期中套期利率风险

利率掉期和利率期权是套期利率风险时最常用的工具，我们可以构造同时使用这两种工具的合约来让套期方既可以运用公允价值套期的会计处理方法，也可以运用现金流量套期的会计处理方法。

为了阐述现金流量套期的会计处理，下面我们讨论**拉西哈**（La Sierra）公司和掉期交易商**斯瓦普银行**（SwapBank）之间签订的掉期合约。

我们假设在20×1年1月1日，一年期LIBOR为2.5%。[18]在那天，**拉西哈**公司进行了如下交易：

债券合约：

- 发行债券DBond23，该合约包括1 000份债券，每份债券面值为1 000美元。
- 这些债券在3年后到期。
- 利息为LIBOR加上0.5%（从3%开始算起）。
- 在每年12月31日，利率在LIBOR的基础上重置。
- 在每年12月31日，公司支付利息。

掉期合约：

- **拉西哈**公司与当地掉期交易商**斯瓦普**银行签订了一份**掉期合约**，编号为OTCZebra8。
- 票面金额为1 000 000美元。
- 合约规定**拉西哈**公司收取LIBOR利息，并向交易对方支付2.5%的固定利息。
- 在结算日，结算额根据LIBOR决定。
- 每年12月31日，双方都要用LIBOR重置浮动利率。
- 在签订这份合约时，LIBOR为2.5%。

两份合约综合在一起确保公司的债务成本在各种情况下都是3%。比如说，如果LIBOR上升了50个或100个基准点，收取LIBOR、支付固定利率和债务成本结合起来就会使得公司最终的利率维持在每年3%，见下表。

市场状况	不变	增长50基准点	增长100基准点
收取LIBOR	2.5%	3%	3.5%
支付固定利率	（2.5%）	（2.5%）	（2.5%）
支付LIBOR+50基准点	（3%）	（3.5%）	（4%）
净利率	3%	3%	3%

8.4.1 管理层的会计决策

管理层的决策与两个问题有关：

1. 这项套期是否满足套期会计的资格标准？

2. 如果满足，这项套期应被视为现金流量套期还是公允价值套期？

要回答这两个问题，管理层必须评估被套期的风险、与企业风险管理系统的契合度，以及测试套期有效性的方法。管理层认为，这项套期的各项条款符合简便法（见第6章），因为所有的条款都满足，没有提前偿还的条文，也没有选择权，在套期开始时也不存在无效的情况。所以，我们认为该套期高度有效，不需要再用任何定量的手段来测试其有效性。

释例 8-8

拉西哈公司的套期记录（H3A7号掉期合约）

日期	20x1年1月1日
被套期风险	**利率风险**。现金流波动的敞口。如果LIBOR（基准指数）突破了2.5%，那么DBonds15号债券合约的成本将会上升
套期目标	消除由于基准利率意外波动而带来的现金流出增加的风险
被套期项目	DBonds15号**债券合约**，合约面值为1 000 000美元，合约规定**拉西哈**公司以LIBOR为基础加上50个基准点作为利率支付利息。债券期限为3年
套期工具和策略	与当地掉期交易商**斯瓦普银行签订OTCZebra8号掉期合约**，合约票面金额为1 000 000美元。合约规定**拉西哈**公司在结算日向交易对方收取按LIBOR计算的利息，并支付2.5%的固定利率。掉期合约有效期为3年
风险管理	**拉西哈**公司董事会最近批准的企业风险管理计划要求，如果能够识别风险并且套期有效，就可以套期很可能发生的风险敞口。管理层相信，公司被套期的风险是很可能发生的，并且套期关系符合公司风险管理计划
套期有效性的评估	此项套期关系符合简便法的标准。合约不仅完全有效，且满足简便法的所有标准。在一般公认会计原则下，无须再对套期有效性进行定量测试
其他现金流套期标准	现金流量套期会计处理所要求的其他所有条件都已得到满足

20×1年的事件和交易

- 在20×1年1月1日，基准利率LIBOR为2.5%。
- 在20×1年12月31日，零息债券收益率曲线向上平移了0.5%。
- LIBOR上涨到了3%，带来两个结果：

1. **拉西哈**公司和**斯瓦普**银行必须结算利息差额：斯瓦普银行向拉西哈公司支付5 000美元，这一数额是0.5%的利率差额乘上1 000 000美元的本金。

2. **拉西哈**公司预期有一笔现金流入，反映了LIBOR与自身要支付的固定利率之间的差额。

- 基于上述变动，在20×1年12月31日，拉西哈公司估计掉期合约的公允价值为9 567美元，计算过程如下：

假设市场利率没有其他变化，每一年拉西哈公司都会从斯瓦普银行那里收到5 000美元，于是这两年收取的差额的现值为：

现值=5 000÷1.03+5 000÷1.032=9 567（美元）（数字可能存在舍入误差）

在20×1年年末，**拉西哈**公司对这些交易事件的记录如下所示。

日期	备注	借（美元）	贷（美元）
20×1-01-01	现金 　　应付债券 发行了含1 000份债券的DBonds15号债券合约，每份债券的面值为1 000美元，利率为LIBOR加上0.5%	1 000 000	1 000 000
20×1-01-01	备忘录 今天，我公司与斯瓦普银行签订了一份3年期的掉期合约，合约规定我公司收取以LIBOR计算的利息，并向对方支付利率为2.5%的固定利息。该合约编号为OTCZebra8，票面金额为1 000 000美元，每年年末定期结算且重置利率	—	—
20×1-12-31	利息费用 　　应付利息 记录债券的应计利息，利率为3%的LIBOR加上0.5%	35 000	35 000
20×1-12-31	应收账款——斯瓦普银行 　　利得/损失——掉期合约[19] 记录拉西哈公司向对方收取利息差额的权利	5 000	5 000
20×1-12-31	利得/损失——掉期合约 　　利息费用 支付该阶段应计利息	5 000	5 000
20×1-12-31	掉期合约公允价值——OTCZebra8号掉期合约 　　其他综合收益——OTCZebra8号掉期合约账户 确认掉期合约的公允价值变动，计算如下： 假设收益率曲线不变， 现值=5 000÷1.03+5 000÷1.032	9 567	9 567
20×1-12-31	应付利息 　　现金 支付该阶段应计利息	35 000	35 000
20×1-12-31	现金 　　应收账款——斯瓦普银行 记录斯瓦普银行债务的收回。这是LIBOR变动造成的利率差额的结果	5 000	5 000

第二年：20×2年

在第二年，LIBOR经历了前一年的变化之后不再变化，继续维持在3%。这意味着向斯瓦普银行收取5 000美元利息差额的权利也不会发生变化。但是，在第一年年末和第二年年末之间有一个时间差，因此，掉期合约的公允价值变了。在20×2年12月31日结算之前，掉期合约的公允价值为：

5 000+5 000÷1.03=9 854（美元）

公允价值变动额等于9 854－9 567=287（美元），应当确认该金额。

拉西哈公司编制的会计分录如下所示。

日期	交　易	借（美元）	贷（美元）
20×2-12-31	利息费用 　　应付利息 记录以LIBOR加上0.5%为利率计算的债券应计利息	35 000	35 000
20×2-12-31	应收账款——斯瓦普银行 　　利得/损失——掉期合约 记录拉西哈公司向对方收取利息差额的权利	5 000	5 000
20×2-12-31	利得/损失——掉期合约 　　利率结算——OTCZebra8号掉期合约 对OTCZebra8号掉期合约账户进行结账	5 000	5 000
20×2-12-31	掉期合约公允价值——OTCZebra8号掉期合约 　　其他综合收益——OTCZebra8号掉期合约 记录仅由时间差造成的掉期合约公允价值的变动。在年末，掉期合约的公允价值为：5 000+5 000÷1.03=9 854（美元），增长了287美元	287	287
20×2-12-31	其他综合收益——掉期合约账户 　　利息费用 就DBonds15号债券合约利息成本发生的变动进行调整	5 000	5 000
20×2-12-31	应付利息 　　现金 向斯瓦普银行支付利息	35 000	35 000
20×2-12-31	现金 　　应收账款——斯瓦普银行 记录向交易对方收取的利息差额	5 000	5000

第三年：20×3年

- LIBOR和合约都没有变化。
- 唯一的变动是掉期合约递延收益的时间价值。因为货币时间价值的差异，掉期合约的公允价值将上升。年末公允价值为5 000美元，但是账面余额仅为4 854美元。

日期	交　易	借（美元）	贷（美元）
20×3-12-31	利息费用 　　应付利息 记录以LIBOR加上0.5%为利率计算的债券应计利息	35 000	35 000

续表

日期	交　易	借（美元）	贷（美元）
20×3-12-31	应收账款——斯瓦普银行 　　利得/损失——掉期合约 记录拉西哈公司向对方收取利息差额的权利	5 000	5 000
20×3-12-31	掉期合约公允价值——OTCZebra8号掉期合约 　　其他综合收益——OTCZebra8号掉期合约 记录仅由时间差造成的掉期合约公允价值的变动。在年末，掉期合约的公允价值为： 4 854×1.03≈5 000（美元），增长了146美元	146	146
20×3-12-31	其他综合收益——OTCZebra8号掉期合约 　　利息费用 就DBonds15号掉期合约利息成本发生的变动进行调整	5 000	5 000
20×3-12-31	利得/损失——掉期合约 　　掉期合约公允价值——OTCZebra8号掉期合约 对OTCZebra8号掉期合约账户进行结账	5 000	5 000
20×3-12-31	应付利息——斯瓦普银行 　　现金 向债券投资者支付利息	35 000	35 000
20×3-12-31	现金 　　应收账款——斯瓦普银行 记录向交易对方收取OTCZebra8号掉期合约利息差额的权利	5 000	5 000
20×3-12-31	应付利息 　　现金 支付债券利息	1 000 000	1 000 000

8.5　对以公允价值计量且其变动计入其他综合收益的证券（可供出售）进行套期

在可供出售金融资产（AFS）投资组合中的证券是以公允价值计量且其变动计入其他综合收益。因为其公允价值的变动并不计入损益，这些证券（在会计上）可以被指定为被套期项目。这些证券可以是权益工具或债务工具，但不包括金融衍生品。

与金融证券一样，对企业进行投资也存在各类风险：

- 价格风险：由于市场形势的变化而导致价格产生意外的波动——适用于所有证券，无论是权益工具还是债务工具。
- 利率风险：利率的不利变动——适用于债务工具。
- 提前偿付风险：债务人在债务到期之前提前偿付——这与利率风险最为相关。
- 违约风险：债务人可能不偿付利息或者连本带息都不偿付——适用于债务工具。

一家企业有可能会签订衍生品合约来套期上述任一风险或全部风险。假设所有套期会计的前提均得到满足，那么除了信用违约掉期（CDS），大多数金融衍生工具都可以被指定为套期工具，并适用于套期会计的处理。

8.5.1 利率风险的公允价值套期（针对存在或不存在信用违约风险的有价证券）

对这些证券进行套期可能满足公允价值套期会计或现金流量套期会计（针对浮动利率证券）的条件。但是对这些证券的公允价值进行套期存在一个独一无二的特征，即并非所有的价格变动都可以作为套期关系中的要素来进行会计处理。我们列举四种情形来探讨这一点。

8.5.1.1 情形A：没有套期

一家企业拥有一个可供出售证券的投资组合，其中包括固定利率债券。假设在会计期间1，市场利率上升，导致投资组合公允价值下跌6 000美元。

如果该投资组合没有被套期，那么企业的会计分录如下所示。

交　易	借（美元）	贷（美元）
损失——可供出售金融资产 　　可供出售金融资产投资组合 记录可供出售证券公允价值的下跌	6 000	 6 000
其他综合收益——可供出售金融资产价值变动 　　损失——可供出售金融资产 将可供出售金融资产公允价值的损失分类计入其他综合收益	6 000	 6 000

注意：

这些分录对财务报表的影响：

- 利润表：无影响
- 资产负债表：
  - 资产下跌6 000美元
  - 其他综合收益（所有者权益账户）减少6 000美元

8.5.1.2 情形B：高度有效套期

如果我们套期该投资组合的利率风险，且该套期事前被认定高度有效，即100%的美元抵销比例。在第一个会计期间，被套期证券的价格下跌6 000美元，而掉期合约的公允价值上涨6 000美元。这些变动相互抵销，会计分录如下所示。

交　易	借（美元）	贷（美元）
应收款项——掉期合约交易商 　　利得/损失——掉期合约 记录在金融衍生品上的利得	6 000	 6 000

续表

交易	借（美元）	贷（美元）
现金 　　应收款项——掉期合约交易商 报告与交易商结算金融衍生品收回的金额	6 000	6 000
损失——可供出售金融资产 　　可供出售金融资产投资组合 记录可供出售证券公允价值的下跌	6 000	6 000
利得/损失——掉期合约 　　损失——可供出售金融资产 对套期利得和被套期项目损失进行结账	6 000	6 000
在利润表上，掉期合约损益账户和可供出售金融资产损失账户至此都已结账		
注意： 这些分录对财务报表的影响： • 利润表：无影响 • 资产负债表： • 有价证券资产组合下跌6 000美元 • 现金账户增加6 000美元		

8.5.1.3　情形C：高度有效套期以及因违约风险带来的损失

如果我们套期该投资组合的利率风险，且该套期被认定事前高度有效，即100%的美元抵销比例。在第一个会计期间，被套期证券的价格下跌10 000美元，而掉期合约的公允价值上涨6 000美元。两者之间4 000美元的差额来源于债券发行人信用风险的变化。这些变动没有被完全抵销，会计分录如下所示。

交　易	借（美元）	贷（美元）
应收款项——掉期合约交易商 　　利得/损失——掉期合约 确认在金融衍生品上的利得	6 000	6 000
现金 　　应收款项——掉期合约交易商 报告与交易商结算金融衍生品收回的金额	6 000	6 000
损失——可供出售金融资产 　　可供出售金融资产投资组合 记录可供出售证券公允价值的下跌	10 000	10 000
其他综合收益——可供出售金融资产的价值变动 　　损失——可供出售金融资产	4 000	4 000
利得/损失——掉期合约 　　损失——可供出售金融资产 对套期利得和被套期项目损失进行结账	6 000	6 000

续表

交　易	借（美元）	贷（美元）
注意： 这些分录对财务报表的影响： ● 利润表：无影响 ● 资产负债表： 　• 有价证券资产组合下跌10 000美元 　• 现金账户增加6 000美元 　• 其他综合收益——可供出售金融资产价值变动账户减少4 000美元		

8.5.1.4　情形D：套期无效以及存在违约风险带来的损失

如果我们套期该投资组合的利率风险，且该套期被认定事前高度有效——80%的DOR。在第一个会计期间，被套期证券的价格下跌10 000美元，包括利率变动造成的4 800美元损失和信用风险造成的5 200美元损失。同时，掉期合约的公允价值上涨6 000美元。DOR的值=4 800÷6 000=0.80，因此套期是有效的，可以继续使用套期会计。

这是一个过度套期的例子，因为套期工具的公允价值变动超过了被套期项目的公允价值变动。两者之间5 200美元的差额来源于债券发行人信用风险的变化。这些变动没有被完全抵销，会计分录如下所示。

交　易	借（美元）	贷（美元）
应收款项——掉期合约交易商 　　利得/损失——掉期合约 确认在金融衍生品上的利得	6 000	 6 000
现金 　　应收款项——掉期合约交易商 报告与交易商结算金融衍生品收回的金额	6 000	 6 000
损失——可供出售金融资产 　　可供出售金融资产投资组合 记录可供出售金融资产公允价值的下跌	10 000	 10 000
其他综合收益——可供出售金融资产价值变动 　　损失——可供出售金融资产 记录由于（未套期的）信用风险造成的可供出售金融资产公允价值损失，并将其记入其他综合收益账户	5 200	 5 200
利得/损失——掉期合约 　　利润表 　　损失——可供出售金融资产 记录套期的无效部分（过度套期），并对掉期合约利得账户进行结账	6 000	 1 200 4 800

续表

有关套期效果的讨论： 可供出售金融资产投资组合的跌价由两部分组成： • 信用风险造成的5 200美元。 • 利率风险造成的4 800美元。 该公司并未套期信用风险。 • 4 800美元的损失是由于利率风险造成的。 • 从套期利率风险上得到的收益为6 000美元。 • 因此，4 800美元的可供出售金融资产公允价值变动是掉期合约公允价值变动的0.80，套期高度有效。 • 最后，从套期利率风险上得到的收益分配如下： 　• 4 800美元用来抵销可供出售金融资产公允价值的损失。 　• 1 200美元记入盈余贷方，作为套期的无效部分

8.5.2 使用利率下限对现金流量风险套期

如第5章所述，利率期权包括利率下限、利率上限和利率上下限。一家投资浮动利率资产的企业可以通过购买利率下限来使现金流入免受基准利率下跌的影响。如果参考利率低于利率下限，交易商就会向公司支付市场利率与利率下限的差额部分。同样，一家拥有浮动利率负债的企业可以通过购买利率上限来使现金流出免受基准利率上升的影响。如果参考利率高于利率上限，交易商就会向公司支付市场利率高于利率上限的部分。购买利率上限和利率下限能够保证购买者把利率控制在上下限之间。因为利率上限、利率下限和利率上下限都是定制工具，且其期限长于场内交易的期权，所以这些合约的交易双方同意定期结算，就如同利率掉期一样。结果，一个利率下限可被看作一系列在不同期限到期的欧式看跌期权（每个期权都被称为下限契约）。同样，一个利率上限可被看作一系列在不同期限到期的欧式看涨期权。

给定这些特征，我们就不难理解这些上限和下限的估值过程。每一个下限契约都作为一个看跌期权进行估值，而利率下限的价值就等于所有下限契约的估值之和。每一个上限契约都作为一个看涨期权进行估值，而利率上限的价值就等于所有上限契约的估值之和。我们可以使用如布莱克-斯科尔斯模型或库克斯-罗斯-鲁本斯坦二项式模型等期权定价模型来估计上面这些值，就像第5章中所阐述的那样。但是，下文并不用这些方法来对利率下限进行估值。为了把关注点更多地放在处理利率下限的会计特征上，本书遵循会计准则制定者的意图，采用简单的现值估值模型（折现模型）。

举例说明：无限芯片（Unlimited Chips）公司是一家位于加州圣玛特奥（San Mateo）的微芯片制造商。这家公司的经营很成功且积累了大量现金，但管理层仍然担忧宏观经济环境会对其产生影响，并在20×1年1月1日决定投资1亿美元在金融证券上，当经济转好时，可以变现这部分证券来为特定项目提供资金。管理层把这些金融证券分类为可供出售金融资产，以公允价值计量且其变动计入其他综合收益。由于该公司的管理层预期通胀率会更高且相应的利率也会上升，所以其决定投资4 000万美元在权益类工具上，投资6 000万美元于20×2年12月到期的浮动利率债券上（从购买日起还有2年到期）。这些债券的利率参考6个月期限的LIBOR，等于6个月LIBOR加上100个基准点，每年6月30日确认利息，12月31日重置利率。在20×1

年1月，6个月期限的LIBOR为2.5%。

该公司面临的利率风险是LIBOR下跌的可能性以及随之而来的可供出售金融资产投资现金流入的减少。为了套期这一下跌风险，该公司购买了利率下限，其本质上类似于看跌期权，在LIBOR跌破利率下限时，下限出售者（利率下限签发者）向下限购买者（下限持有者）支付一笔补偿金。

下文给出了关于该公司在债务证券上的投资和利率下限（期权）的信息：

1.投资于债券的可供出售金融资产	6 000万美元
• 赚取利息	6个月期限的LIBOR加上100个基准点
• 利息收取日和重置日	6月30日和12月31日
2.利率下限票面金额	6 000万美元
• 协议利率	2.50%
• 结算日和重置日	6月30日和12月31日
• 期限	2年，到20×2年12月31日为止
• 下限溢价	95 000美元

零息债券收益率曲线变动及期权时间价值的假设见表8-2。

表8-2　零息债券收益率曲线变动及期权时间价值的假设

结算日→ 观测日↓	20×1-01-01	20×1-06-30	20×1-12-31	20×2-06-30	20×2-12-31
20×1-01-01	0.025	0.026	0.0264	0.0266	0.027
20×1-06-30	—	0.023	0.024	0.023	0.023
20×1-12-31	—	—	0.022	0.023	0.024
20×2-06-30	—	—	—	0.0205	0.020
20×2-12-31	—	—	—	—	0.020
下限时间价值（美元）	95 000	40 000	15 000	5 000	0
时间价值的使用（美元）	0	50 000	30 000	10 000	5 000

利率下限的内在价值计算见表8-3。

表8-3　利率下限的内在价值计算

A.利率下限的现值

在结算的第一天，即20×1年6月30日，6个月期限的LIBOR从基准利率2.5%下跌到2.3%。按半年计算，交易商欠该公司60 000美元。假设这变化保持下去，那么公司将会在每个结算期有60 000美元的现金流入。

每个结算期的现金流入（美元）		60 000	60 000	60 000	60 000
基于零息债券收益率，得到20×1年6月30日的现值系数		0.9886	0.97643	0.96628	0.9553
20×1年6月30日的现值（美元）		59 318	58 586	57 977	57 318

续表

20×1年6月30日的现值总和（美元）		233 199			
B.20×1年12月31日利率下限的现值 到12月，被套期的利率下跌到2.2%。利率下限交易商必须支向该公司支付2.5%和2.2%之间的差额，对于半年期来说，这部分差额为90 000美元。					
			90 000	90 000	90 000
20×1年12月31日的现值系数			0.989	0.97739	0.9648
20×1年12月31日的现值（美元）			89 010	87 965	86 836
20×1年12月31日的现值总和（美元）			263 811		
C.20×2年6月30日利率下限的现值 与上述情况相同，因为LIBOR下跌到2.0%。					
				135 000	135 000
20×2年6月30日的现值系数				0.978	0.9565
20×2年6月30日的现值（美元）				132030	129 127
20×2年6月30日的现值总和（美元）				261 157	
D.20×2年12月31日利率下限的现值 与上述情况相同，因为LIBOR下跌到2.0%。					
					150 000
20×2年12月31日的现值系数					0.97561
20×2年12月31日的现值（美元）					146 342

这四个阶段的会计分录如下所示：

日期	交　易	借（美元）	贷（美元）
20×1-01-01	可供出售证券 　　现金 购买4 000万美元的权益工具以及6 000万美元的浮动利率债券	100 000 000	 100 000 000
20×1-06-30	利率下限的公允价值 　　现金 购买利率下限（看跌期权）以保证可供出售债券组合的收益。 这里的溢价是期权的时间价值，因为在此时，利率下限是一个平价期权	95 000	 95 000
20×1-06-30	利率下限的公允价值 财务费用——可供出售金融资产利息收益 　　其他综合收益——利率下限 记录利率下限内在价值变化，包括减记的50 000美元的期权费（期权的时间价值）	183 198 50 000	 233 198

续表

日期	交　易	借（美元）	贷（美元）
20×1-06-30	现金 其他综合收益——利率下限 　　可供出售金融资产利息收益 确认可供出售债券的利息收益 $=60\,000\,000\times0.033\times\frac{6}{12}$ 加上利率下限的结算净额 $=60\,000\,000\times(0.023-0.025)\times\frac{6}{12}$ 这是因为6个月期限的LIBOR跌破了2.5%的利率下限	990 000 60 000	 1 050 000
20×1-06-30	现金 　　利率下限的公允价值 收取此阶段的利息差额	60 000	 60 000
20×1-12-31	利率下限的公允价值 财务费用——可供出售金融资产利息收益 　　其他综合收益——利率下限 记录利率下限内在价值变化，包括减记的30 000美元的期权费（期权的时间价值）	60 613 30 000	 90 613
20×1-12-31	现金 其他综合收益——利率下限 　　可供出售金融资产利息收益 确认可供出售债券的利息盈余 $=60\,000\,000\times0.032\times\frac{6}{12}$ 加上利率下限的结算净额 $=60\,000\,000\times(0.022-0.025)\times\frac{6}{12}$ 这是因为6个月期限的LIBOR跌破了2.5%的利率下限	960 000 90 000	 1 050 000
20×1-12-31	现金 　　利率下限的公允价值 收取此阶段的利息差额	90 000	 90 000
20×2-06-30	利率下限的公允价值 财务费用——可供出售金融资产利息收益 　　其他综合收益——利率下限 记录利率下限内在价值变化，包括减记的30 000美元的期权费（期权的时间价值）	77 346 10 000	 87 346
20×2-06-30	现金 其他综合收益——利率下限 　　可供出售金融资产利息收益 确认可供出售债券的利息盈余 $=60\,000\,000\times0.0305\times\frac{6}{12}$ 加上利率下限的结算净额 $=60\,000\,000\times(0.0205-0.025)\times\frac{6}{12}$ 这是因为6个月期限的LIBOR跌破了2.5%的利率下限	915 000 135 000	 1 050 000

续表

日期	交　易	借（美元）	贷（美元）
20×2-12-31	现金 　　利率下限的公允价值 收取此阶段的利息差额	135 000	135 000
20×2-12-31	利率下限的公允价值 财务费用——可供出售金融资产利息收益 其他综合收益——利率下限	15 185 5 000	20 185
20×2-12-31	现金 其他综合收益——利率下限 　　可供出售金融资产利息收益 确认可供出售债券的利息盈余 $=60\,000\,000\times0.03\times\frac{6}{12}$ 加上利率下限的结算净额 $=60\,000\,000\times(0.020-0.025)\times\frac{6}{12}$ 这是因为6个月期限的LIBOR跌破了2.5%的利率下限	900 000 150 000	1 050 000
20×2-12-31	利率下限的公允价值 　　其他综合收益——利率下限 记录利率下限的公允价值变动	3 658	3 658
20×2-12-31	现金 　　利率下限的公允价值 收取此阶段的利息差额	150 000	150 000

• 本例的目的是展示当我们把利率下限作为套期工具时，应如何对现金流量套期进行会计处理。

• 如上所示，将套期工具公允价值的变动额暂计入其他综合收益，并在每期收取相关利息收益时，将其重分类到盈余账户中。

• 没有明确计算套期有效性。然而，如果使用“假定的衍生品”方法来评估套期有效性，实质上其就保证了套期是高度有效的。

• 套期关系的成功使微芯片公司每6个月就能赚取1 050 000美元的利息。这一收入表明，尽管LIBOR持续下降，但该公司仍能够维持3.5%的利率收益，也就是投资开始时LIBOR的水平加上100个基准点。

• 如果LIBOR超过2.5%，该公司可以赚取超过利率为3.5%的年利息收入，在这种情况下，利率下限不再有用，也没有必要再对套期有效性进行测试了。

• 如果一家公司发行债务而不是投资债务，那么利率上限对其而言是一个合适的套期工具。

• 因为这些工具是浮动利率，所以它们的现金流随着LIBOR变化，而公允价值不变。因此，现金流套期会计处理是唯一允许使用的套期方法（假设满足第6章所述的所有标准）。

• 使用期权定价模型来估值是很适合的。但是，为了简化，我们运用预计现金流的折现模型来估计利率下限的现值（期权定价和相关例证参考第6章）。

8.6 要点总结

本章有两个主要部分：（1）利率掉期的会计处理；（2）套期作为投资持有的有价证券。

8.6.1 利率掉期的会计

利率风险是利率变动引起的企业实际成本或机会成本的敞口。利率变动对一家企业财务状况的影响取决于多种因素，最常见的就是利率缺口和管理层商业计划。减小这种风险敞口可能会以自然套期的形式呈现出来，但自1990年后期以来，金融衍生品就成了管理利率风险最常用的工具。

根据国际清算银行提供的数据，利率衍生品构成了80%以上的柜台交易衍生品，票面金额超过504万亿美元，预计公允价值超过20万亿美元。本章讨论了两种主要利率衍生工具的会计处理：利率掉期和利率期权。[20]

1.利率掉期

利率掉期的种类很复杂，有最简单的普通掉期，也有更加复杂、更加结构化的掉期合约。本章的重点是最基本的利率掉期，因为这足以让我们理解套期会计处理。

一个普通利率掉期是一份交换浮动利率和固定利率的协议。如果一方支付浮动利率，那么它将会收取固定利率。同时，它的交易对方将支付固定利率而收取浮动利率。

我们在本章中一直努力地说明一个问题，那就是利率掉期能够有效地把一种风险敞口替换成另外一种。当支付浮动利率变为支付固定利率时，企业就套期了利率波动而承担了公允价值风险。同样，如果企业支付固定利率并收取浮动利率，那么企业就套期了公允价值风险而承担了利率波动的风险。

确定利率掉期的公允价值需要应用公允价值计量层级中的第二层级或第三层级，原因如下：首先，利率掉期合约是定制化的合约，合约条款由签订双方决定，所以每份合约的条款都是独一无二的。其次，（几乎所有）这些工具都是场外（柜台）交易的，所以我们看不到这些交易的披露信息。但如果我们依靠交易商的报价（来确定公允价值），那又是不恰当的，因为每一份合约都是特制的。这些局限性使得掉期合约的定价更加强调会计师估值的专业知识和能力。

估计公允价值的最基本方法就是如第5章所述，利用零息债券收益率曲线和隐含远期利率来计算。我们在本章的释例和掉期会计处理中，又重复阐述了这一方法。

除非管理层试图达到某种特定的会计结果，否则会计本身是无法改变交易或者事实的。因此，在掉期合约的整个有效期内，无论企业是否使用套期会计，它的财务状况或者经营表现都不会改变。但是在掉期合约有效期内运用套期会计，则改变了财务结果在不同会计期间的分配。合约期限越长，期限中每个会计期间业绩的衡量和报告就越加重要。对利率掉期作特殊的套期会计处理就使得其财务结果在各会计期间更加平滑。但是，如果没有具体的例子，想要理解这种“平滑”过程的实施和机理是非常困难的。

本章所讲的例子利用了普通掉期合约以及利率期权。总体上讲，对这些合约作何会计处理，要看被套期的风险敞口表现为价格损失的概率（固定利率）或者面对剧烈现金流波动的概率。但无论套期什么风险，套期会计都要求：

- 准备套期文件。
- 对未来套期有效性（事前）和追溯套期有效性（事后）进行评估。[21]
- 从套期生效至结算的各会计期间，计量和报告套期对盈余和财务状况的影响。
- 合约到期前终止套期的会计处理。

2.套期作为投资持有的有价证券

作为投资持有的有价证券也存在着由于价格或利率的意外变动而引起价值损失和现金流波动的风险。可供出售证券以公允价值计量且其变动计入其他综合收益，直到这些证券被出售或者影响盈余。套期这些证券会带来一些特别的问题，因为这些证券公允价值的变动可能是因为被套期风险引起的，也有可能是其他一些因素引起的。

这一节讨论了对可供出售金融资产中固定利率债券进行套期的会计处理。我们在释例中考虑了在不同情况下套期利率时的会计处理，但利率变动和违约风险的恶化会改变投资组合中证券的公允价值。

最后，利率衍生品也有不同的种类。在这一部分，我们使用利率下限来阐释对可供出售金融资产中浮动利率债券的现金流风险进行套期的会计处理。利率下限是定期（按次序）结算的，所以可以被看作一系列欧式看跌期权。为了重点讨论有关的会计处理，我们在例子中使用了简单的现值贴现法而不是期权定价模型来对利率下限进行估值。

注释

1 参见http://www.isda.org。

2 我在这里特意使用了"被视作"这一词，因为并不存在无风险的套期，套期一种风险会给企业带来另一种风险。

3 见http://www.bis.org/statistics/otcder/dt1920a.pdf。不过该报告没有囊括所有国家，2011年，澳大利亚和西班牙开始向BIS机构报告该国境内的衍生品交易活动。

4 我详细阐述这一点是因为它经常被疏于提及，而且很多学生对这里的风险替换概念感到困惑。

5 在正常情况下，利息支付会更频繁一些，而且无论是一年一付还是一季一付，本金都不会变。我们在这里使用一年一付的支付模式，这样可以为随后的分析简化计算，减少利息支付次数。

6 LIBOR是ASC 815中对利率掉期作套期会计处理时所允许使用的两个基准利率之一。但是，在2013年7月17日，FASB颁布了修正文件2013-10，增加了隔夜指数掉期利率(overnight index swap rate，OIS)。此外，另一种利率是美国国债利率。

7 也有在生效时价值为正的掉期合约，但这并不规范。在2013年7月17日，FASB颁布了修正文件2013-10，对于2013年7月17日及以后的所有交易，允许使用隔夜指数掉期利率。该修正案如下所示：

> 815-20-25-6A 在美国，目前只有美国政府直接发行的国债利率以及出于实务需要的伦敦同业拆借利率和联邦基金有效掉期利率(也被称为隔夜掉期利率)可以被用来作为基准利率使用。在每一个金融市场，大概只有一两种符合这些标准的、被广泛使用并报价的利率可以被用作基准利率。联邦基金利率、最优惠利率、联邦国民抵押贷款协会(即FNMA或者房利美)的抵押贷款利率以及证券业和金融市场协会的市政掉期指数(此前被称为债券市场协会指数)等都不可以在美国用作基准利率(参见FASB ASU 2013-10)。我们在本章后面将继续讨论这些合约的会计处理。

8 这两种风险都包括提前偿付的风险。

9 在实务中，套期工作的底稿会非常详细，编制起来也是耗时耗力的。

10 更多关于套期有效性的讨论参见第6章。

11 为了完全符合准则的要求，我们需要讨论其他各种情形，包括收益曲线的上下移动或者移动幅度的大小。我在这里就不引入这些情形的分析了，因为过程与上文我们所讨论的完全一样，只是数字不同罢了。

12 此处合约名字都是随意取的，使用这些合约是为了强调会计准则的要求，并具体运用到在套期工作底稿中对套期的指定以及一系列相关处理过程中。

13 有三种收益曲线的变化方式：(1)平行移动；(2)倾斜(在短期增加，在长期减少)；(3)弯曲(在短期增加，在长期减少)。通常，我们需要对多种情形进行敏感性分析，并检验不同情况下的套期效果。但是，如果我们理解了这种情形，那么理解其他情形也就不难了。

14 这里的43 308美元是掉期合约的公允价值。

15 我们应在每一报告期确认利息。我们在这里使用一年一确认而不是每个季度都确认是为了把重点放在主要问题即套期会计上。

16 我们假设这一改变发生在第一天以简化计算，更是为了评估未来套期有效性。

17 这可能是套期会计中最麻烦的一项条款。

18 在正常情况下，该利率应当被用于较短期限，因为每个季度的报告依赖于合约日和利率重置日。为简单起见，我们采用一年期。

19 本书所用的账户名称并不一定是实务中所用的严格规范的账户名称。相反，这些账户名主要是为了描述相关的事件。

20 见http://www.bis.org/statistics/derstats.htm。

21 尽管IFRS和US GAAP都接受"假定衍生工具"法，但是这个方法没有理论的支持，采用它的原因不过是希望通过假定衍生工具为高度有效套期来展示衍生工具。

第9章 混合工具和嵌入衍生工具

9.1 混合工具的基本特征

混合工具指的是具有下列两种或两种以上特征的金融工具：

- 类似于权益，持有者拥有企业的剩余利益或索取权。
- 类似于债务，使企业形成向工具持有者转移资产的一项义务。
- 为企业创造出权利（资产、权益）或带来义务（债务）的工具。

混合工具的例子包括可转换债券或可转换优先股，这些工具给予持有人将证券转换为股票的权利。在讨论嵌入工具的会计报告之前，本章要先讨论一些混合工具的特征。

嵌入工具是混合工具中的一个组成部分，该混合工具有四个特征：

1. 混合工具就其整体而言并非一个金融衍生工具。
2. 混合工具有一个基础工具（母体），要么是债务工具，要么是权益工具。
3. 嵌入特征部分改变了基础工具的风险和现金流特征。
4. 嵌入特征拥有金融衍生工具的特性（如会计上的定义及见第6章的讨论）。

会计准则将该基础合约作为“母”合约，可以是债务或权益金融工具、采购或销售合约、保险合约或租赁合约等。释例9-1给出了两个例子：（1）可转换债券包含一个债务母工具和一项可转换期权；（2）可赎回债券（或可强制赎回优先股）包含一个债务母工具和一项看涨期权。但是，嵌入工具并不仅限于证券。例如，一份采购（或销售）合约给予合约一方在特定条件下可以终止或修改合约条款的权利，这种合约就是一个拥有嵌入期权的混合证券。

释例 9-1

混合工具的组成

非衍生工具合同→基础合同或母合同
混合=母合同+嵌入衍生工具

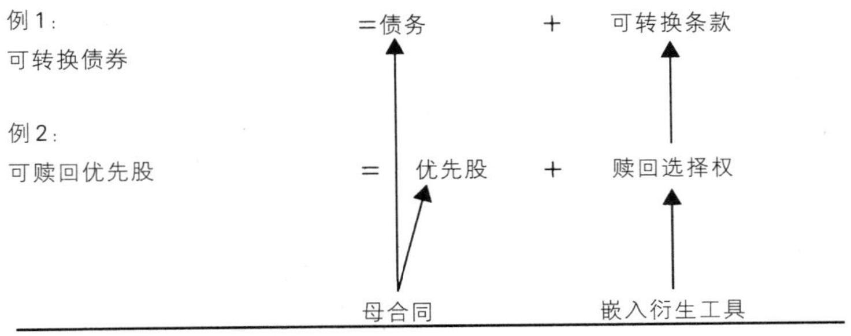

包含嵌入衍生工具的金融合约可以被用于掩盖衍生品的特征并降低企业风险披露的透明度。因此，会计准则（一般公认会计原则ASC 815号和国际财务报告准则IAS 39号）都针对嵌入衍生工具的会计处理提出了详细要求。本章的第二部分将按照下面的大纲讨论该主题：

- 与母合约没有**明确紧密**关系的嵌入衍生工具（后面将讨论其需要满足的其他条

件)，应当与母合约区分开来，单独进行会计处理。

- 要被作为金融衍生工具并与母合约分开的嵌入工具必须满足对衍生工具（会计）定义特征的描述，而且如果是独立工具，则应当被划分为衍生工具。
- 区分开来的嵌入衍生工具应当和独立衍生工具采用同样的会计处理方法，也就是以公允价值计量且其变动计入当期损益（至少每90天就应该记录一次该变化）。
- 嵌入工具的公允价值是从一开始就确定的，混合工具对价中的剩余金额就是母合约的公允价值。
- 如果合约持有者对发行合约企业有剩余索取权或剩余收益，则母合约就类似于权益，并被归类为权益。
- 其他对资产拥有潜在索取权的母合约被归类为负债。[1]

9.2 混合工具的例子

权益相关证券（ELKS）指的是这样一类混合工具，其价值和风险的变化完全或部分地来源于企业普通权益股票价格的变化。[2]下面列举了几个权益相关证券的例子。

9.2.1 附可分割认股权证的债券

这类证券是一份整体合约，但可以从实体上拆分成两个组成部分或两个工具：（1）母合约，即债务工具，类似不附期权的普通债券；（2）可分割的认股权证，这是一个类似于期权的合约，可以在一个特定期间按照特定价格（认购价或协议价）购买企业发行的普通股股票（或优先股股票）。[3]尽管并没有规定禁止合约双方对不同的交易安排达成一致，但可分割的认股权证往往会拆分出来并独立于母合约进行交易。

尽管认股权证类似于期权，但它比期权的到期日更长。这类证券可以更频繁地重新设置认购价（协议价）（如为激励持证者购买股票而进行的递增调整），可以在柜台交易，也可以在股票交易所交易。

除非合约有其他约定，否则针对发行者自身权益行权的认股权证是单独的工具（不是嵌入工具），可以独立于主要合约或母合约（债务）交易。债券和认股权证这两个工具的风险和价值来源于不同的地方：对债券而言是利率，对认股权证而言则是股价。拥有不同的价值和风险驱动因素意味着债务母合约被作为负债进行会计处理，而认股权证则可能按照权益进行会计处理，这取决于合约的其他条款。正如在第5章中所讨论的，这些可分割的认股权证按照独立期权（freestanding options）定价。

认股权证的内在价值是：

$$W_d = Max\{0, N \times (P_s - X)\}$$

式中：W_d——可分割认股权证的内在价值；

N——每份认股权证的所有者有权获得的股份数；

P_s——股价；

X——认股权证的认购价或行权价。

认股权证的价值可以根据任意一个期权定价模型来估计（如库克斯-罗斯-鲁本斯坦二项式期权定价模型或布莱克-斯科尔斯期权定价模型）。由于认股权证具有时间价值，认股权证的市价可能高于内在价值，时间价值取决于到期之前所剩的时间。

小结

• 可分割认股权证是独立的衍生工具。

• 类似于期权，认股权证的价值来源于股价的变化。

• 债券价值的变化来源于利率变化、发行人的信用风险、履约价值以及提前偿还风险（如果按照其他货币计价则还存在货币风险）。

• 附可分割认股权证的债券合约没有嵌入衍生工具。

9.2.2 附不可分割认股权证的债券

附着在债券上的认股权证是一个不可分割的、用于购买普通股或优先股的期权，该权证嵌入债券合约，因此不能分离出来、独立于母合约交易。附不可分割认股权证债券的投资者有权按照合约中约定的协议价格，在特定时间或特定期间内购买普通股（或优先股）权益股票。这些认股权证的行权（exercise the warrants）不同于普通的可转换债券的转换，因为此类债券的投资者在行权之后仍然可以继续持有其债券工具。如果债券投资者为行权而必须放弃对债券的持有，则该合约在本质上是和可转换债券相似的。

在行使认股权之前，混合工具的价值应当高于相同风险等级主体所发行的具有类似条款但无期权的普通债券的价值，即：

附认股权证债券的价值=债券价值+认股权证的期权价值

如果混合证券在活跃市场交易，市价就是复合工具公允价值的可靠计量方式。发行混合工具所得到的收入应当按照以下三种程序中的一种分配给各个组成部分：

1.运用期权定价模型（如二项式期权定价模型或布莱克-斯科尔斯期权定价模型）估计认股权证的公允价值。

2.估计期权的公允价值，即发行混合证券所获得的收益与母工具公允价值之间的差额。

3.两步法：[4]

• 估计母合约（债务）和嵌入衍生工具的公允价值。

• 将发行混合工具所得到的收益在母工具（债券）和嵌入衍生工具之间按照相对公允价值进行分配。

信息日志：附不可分割认股权证的债券

母合约：债务工具。

母合约价值驱动因素：利率、发行者的信用风险，以及履约价值。

嵌入衍生工具：发行者出售且投资者持有的看涨期权（call option）。

衍生工具的价值驱动因素：股价。

9.2.3 可转换债券

可转换债券是混合工具，其中包含一个标准的公司债券（母合约）和一个嵌入期权，该期权允许混合工具持有者将债券转换为普通股股票（或优先股）。每份债券可以转换的普通股权益股份数被称为转换比率，该比率有时会是合约中确定下来的一个固定数字，有时则不确定[5]。混合工具的债券组成部分是母工具，可转换期权是嵌入衍生工具。可转换债券投资者的下行风险受到保护，最低也可得到纯债券价值。

如果转换由投资者（持有者）决定，则将债务转换为股票的权利就是一个嵌入的看涨期权，该期权由债务发行者（借款人）承约，并可以被债务持有人（投资者）购买[6]。如果投资者（债务持有人）也拥有将债券转换为普通股的看涨期权，则一般而言，投资者也就获得了一项特权，该特权是具有价格或升水的。该价格体现在债券的票面利率调整上。换句话说，可转换债券的收益率低于（风险等级相同的）不可转换债券的收益率，因为这部分差价被债券持有人拥有的将债券转换为普通权益股份的期权收益所弥补[7]。

可转换债券给合约双方都带来了好处。投资者通过购买一个工具，获得了分散风险的好处，因为权益市场的变化不会像影响股票那样影响可转换债券，而且债务市场的变化不会像影响纯债务工具那样影响可转换债券。此外，可转换债券还降低了发行人和投资者之间的信息不对称问题。最后，这些债券不仅给投资者带来了有保证的投资收益，而且还保留了投资者想要变成股东的选择权。

可转换债券的发行者也得到了几方面的好处。相对发行股票而言，如果股价波动很大，通过发行可转换债券，他们可以获得更低的融资成本，这项融资成本比发行纯债券更低，因为可转换条款降低了持有者对发行者风险的敏感度。此外，通过发行可转换债券，管理者能够在资本市场上为风险项目融资。一旦获知项目基本会成功，发行者可以强制将其转换为权益。最后，采用可转换债券，管理者能够灵活操纵其借债能力和债务权益比，从而使公司满足债务契约的要求，降低固定费用比例（指的是利润和重复发生固定费用之间的比例），以及管理发行者本身的流动能力和信用风险。

拥有转换选择权的债券有两个基础（也就是价值和风险的两个来源）：母合约的利率和可转换部分的股价。相应地，可转换期权的内在价值随着股价的提高而增加，如果混合工具的价值比纯债券价值高，则期权就在价内（in-the-money）。同样地，可转换部分的价值随着股票价值下跌而下跌，但对于看涨期权而言，期权价值的最低值不会低于零（可转换看涨期权的内在价值不能低于零）。

用普通股的现货价格乘以转换率来计量可转换价值，期权可能是价内期权，如果可转换债券价值比无期权债券价值更高；也可能是价外（out-of-the-money）期权，如果可转换价值低于无期权债券价值；还可能是平价期权，如果可转换债券价值等于无期权债券价值。

当可转换期权是虚值期权时，混合债券更类似于债务（是纯债务的替代），可转换债券的持有者同时面临利率风险和发行者的信用风险。当可转换期权是实值期权时，混合债券更类似于权益，因为这部分的价值和风险都来源于股价变化。因此，在这个情境中，可转换债券的风险来源于权益市场风险（也就是发行者普通股价格的波动）。

期权价值是股票价格的函数，可转换期权的溢价从不为负数，因为可转换债券必须至少等于纯债券的价值。因为可转换债券价格不能低于债券投资价值，所以后者也就被称为可转换债券价格底线。

小结

对于可转换债券：

- **母合约**是债务工具。
- **嵌入衍生工具**是一个看涨期权。
- **可转换价格**：可转换债券作为一个混合工具的公允价值。
- **债券价值（或债券底线）**：纯债券的价格（无期权的债券并且其他方面的特征都相似）。
- **转换比例**：每份债券可以兑换的普通股股数。
- **转换价格（成交价（strike price））**：债券的面值÷转换比例。
- **转换价值**：当前普通股价格×转换比例。
- **转换溢价**：可转换价格−转换价值。
- **转换溢价**：可转换价格÷转换价值−1。

9.2.4 可赎回和可卖回债务（callable and puttable debt）

如果债券是可赎回的或可卖回的，则在其到期前债券就可以被赎回或清偿。如果发行人（债务人）可以选择是否提前赎回，则债券是可赎回的；如果投资人（债券持有人）可以选择是否提前赎回，则债券是可卖回的。

可赎回债券是一个复合证券，包含一个母合约（债务）和一个嵌入工具，给予发行人在到期前满足某些条件的情况下赎回或清偿债券的权利。可赎回债券的收益率高于相似的纯债券的收益率。发行人在市场上出售可赎回债券的价格低于相似的纯债券（无选择权债券）的价格，因为发行人拥有在到期日前赎回债券的权利，所以必须支付给投资者（债券持有人）一个补偿价格。

债务发行人可能在条件对其有利的时候要求赎回债券，如下列情境：

- 市场利率下跌，发行人可以更低的利率重新为债务融资，因此便借新债还旧债（refund）。
- 发行人需要从一个约束性很强的债务契约中解脱出来。
- 企业需要重新安排其资本结构。

这种类型的合约条款往往会设定一个保护期或锁定期。在这个期间，发行人不能赎回债券。在这个期间以外，该债务可能根据某种安排被赎回，如到期日之前的任意一天（**美式期权**）、利息支付日（**百慕大期权**）或仅在预先确定的日期（**欧式期权**）。

可赎回债券合约的条款中也包含各种类型的提前清偿债券选择：

- **可选择的赎回**，在这种情况下发行人根据合约中规定的条件选择赎回债券。这些条款包括：赎回期间、保护期间、赎回价格，以及由于赎回债券的要求而停止累积或支付利息的条款（这个条款的必要性在于它可以强迫投资者接受债务的提前清偿）。
- **事件驱动赎回**，允许发行人在某个特定或预先明确的事件发生时赎回债券。
- **偿债基金赎回**，要求发行人设立偿债基金用于逐渐清偿债券。设立偿债基金以便在到期日之前赎回债券的要求可能是在合约中明确规定的，也可能是在另外一份贷款合约的条款中说明的。

释例9−2中的案例来自时代华纳有线电视公司2011年招股说明书，该招股说明书是用于配合其所发行的22.5亿美元债务的。招股说明书中披露了合约中的如下条款：

（1）赎回期间的声明。

（2）赎回债券现值估算方法的描述。

（3）在计算赎回债券的累积利息时所用的利率。

（4）宣布赎回债券时停止支付利息的条款。

释例9−2

嵌入期权——可赎回债券案例

（时代华纳有限电视公司2011年9月8日首次公开发行股票招股说明书）

可选择的赎回

除非我们在相关说明书中特别说明，否则我们可能会在任何时候全部赎回或者分期逐步赎回债务性证券，我们将提前30～60天发送邮件给每位待赎回债务证券持有者（根据其注册地址），赎回价格等于下列两者中较高的价格：

- 即将赎回的债务证券的全部本金。
- 剩余支付计划的现值总额。其定义为：每半年折现一次，假设一年有360天（也就是假设每个月有30天，共12个月），按照下面定义的国库券利率，加上相应说明书中所定义的基点数（如果有的话），并在每种情况下加上赎回日之前累积的尚未支付的利息（这种价格就被称为"赎回价格"（redemption price））。

"可比的国库券"指的是，就债务证券而言，一个独立的投资银行选择与即将赎回债务证券剩余期限（剩余年限）类似可比的美国国债，用这种国债按照金融实务常用方法对新发行的公司债券进行定价，这些新发行债券具有与类似债务证券相似可比的剩余年限。

"可比的国库券价格"指的是，无论债务证券的赎回日期是什么时候，在排除了最高报价和最低报价之后，在该赎回日两个参考国库券交易商报价的平均值；如果受托人所得到的参考国库券交易商报价少于4个，则为受托人所获得的所有报价的均值。

- "独立投资银行家"指的是我们所任命的参考国库券交易商之一。
- "参考国库券交易商"指的是我们所选择的4个主要的美国政府债券交易商。
- "参考国库券交易商报价"指的是……（略）
- "剩余支付计划"指的是……（略）

"国库券利率"指的是（无论债务证券的赎回日期是什么时候）：（1）紧随其后一周的平均收益率，在最近发布的统计公告中报告，命名为"H.15（519）"，或者出现在之后联邦储备系统公布的周报中，该周报确定了活跃交易的美国国库券的回报率，为得到"可比的国库券"相应的到期日，需要按照"国库券稳定到期日"规定的稳定到期日进行调整；如果在债务证券到期日之前或之后没有三个月内到期的，则需确定与可比的国库券问题最接近的两个公开到期日回报率，按照直线法从这些收益率中内推或外推出国库券利率，并按照最近月份四舍五入；（2）如果在计算日之后一周没有公布统计公告或之后联邦储备系统的公告，或者公告中没有提供这种回报率，每年的利率等于“可比的国库券”到期日等效半年利率，用来计算的“可比的国库券”（表达为本金的一定比例）价格为赎回日“可比的国库券价格”。国库券利率在赎回日之后的第三个工作日计算。

在赎回日以及赎回日以后，除非我们无法按照赎回价格支付本金和累积的利息，否则将停止对赎回债券继续累积利息。在赎回日以及赎回日之前，我们将在代理商或相应受托人那里储备足够的现金，以备在赎回日支付赎回价格和累积的债务证券的利息。如果我们没有赎回这一系列的全部债务证券，受托人将负责以公平和恰当的方式选择该系列中将会被赎回的特定债务证券。

（来源：时代华纳公司SEC档案。时代华纳有线。2011年9月8日档案号码为424B5。http://www.sec.gov/Archives/edgar/data/893657/000095012311083334/g27997b5e424b5.htm.）

9.2.5 可转换且可赎回债券和可转换且可卖回债券（convertible callable and puttable Bonds）

可转换且可赎回债券是拥有转换特征的一种合约，赋予发行人在到期日之前按照预先设定价格赎回债券的权利。如果在合约中包括赎回条款，发行人就没有赋予投资者完全的自由来选择转换的时间。债券持有人只有在有利的情况下才会自愿将债券转换为普通股票，也就是当股票的预期回报率高于债券时。然而，如果在合约中包含允许发行人赎回债券的条款，则发行人可以强迫投资者在有利于发行人的情况下将债券转换为普通股。

在到期日之前赎回债券，可转换且可赎回债券的投资者只能从下面两种行为中选择一种：

1.赎回债券且收到赎回价格。

2.转换债券且收到普通股股票。

当利率降低到低于债券票面利率时，发行可转换且可赎回债券的主体和投资者之间开始存在利益冲突。在这种情况下，投资者如果接受在到期日之前收回投资，则只能再将这部分资金投资于比到期日之前所获得的收益率还要低的投资上，承担这种投资风险对投资者而言是不利的。同时对发行人而言，赎回债券是有利的，因为他们可以偿还债务，然后按照更低的市场利率重新借债。因为双方都不愿意承担投资风险，所以当利率降低且发行人赎回债券时，投资人会倾向于将债券转换为普通股。

当利率上涨时，情况恰好相反。如果投资人不行动，就会承担所有的投资风险。因此，可以预期投资人会将债券卖回给发行人，然后按照更高的市场利率重新投资，这将会促使发行人转换债券（如果债券是可转换且可卖回的，转换更有可能是发行人所提出的）。

实际上，可转换且可卖回债券本质上是将转换决策交到了发行人手中，而可转换且可赎回债券将转换决策交到了投资者手中。可转换且可赎回债券的投资者还有一些其他防御措施可以用来降低可转换且可赎回债券（或可转换且可赎回优先股）在情况不利于他们（投资者）时赎回可转换债券可能带来的负面影响。其中之一就是在债券中明确发行人可以赎回的情况，共有三种情况：

1.软赎回：要求股价变动超过预先设定的启动水平，例如20%。

2.硬赎回：在合约执行的初期阶段禁止赎回（合约中明确锁定期间的长短）。

3.巴黎风格赎回：当股价低于一定范围并且在一定时间段内保持在该范围内时启动赎回。[8]

估价

早期赎回特征是可转换且可赎回债券的发行人所拥有的一个看涨期权，因此发行人要支付高于无期权类似债券回报率的价格（类似指的是风险部分）。利率是这个看涨期权的基础（underlying）（也就是决定其价值和风险的因素）。

这些特征决定了如下的价值关系：

可转换且可赎回债券的价值=转换价值-看涨期权

$VB_{可转换,可赎回} = VB_{可转换} - OP_{可赎回} = VB + O_{可转换} - OP_{可赎回}$

式中：VB——普通债券的价值或债券底价；

$VB_{可转换,可赎回}$——可转换且可赎回债券的价值；

$VB_{可转换}$——可转换债券的价值；

$OP_{可赎回}$——看涨期权的价值；

$OP_{可转换}$——转换期权的价值。

如果按照一般情况，投资者（债券持有者）拥有转换权，则$VB_{可转换}$高于普通债券的价值。

如果转换权利属于发行人（借款人），则$VB_{可转换}$低于普通债券的价值。

可转换且可卖回债券的投资者根据债券中预先确定的条款，有权在到期日之前将债券回售给发行人。当市场利率上升时，看跌期权为持有人（投资人）提供了一个优势，因为投资者可以要求发行人赎回债券，然后再投资于高于票面利率的债券。然而，债券持有人也可以使用看跌期权迫使发行人将债券转换为普通股。对于看跌期权，投资者要付给发行人溢价或者接受比较低的回报率。

可转换且可卖回债券的价值=转换价值+看跌期权

$VB_{可转换,可卖回} = VB_{可转换} + OP_{可卖回}$

式中：$VB_{可转换,可卖回}$-可卖回且可转换债券的价值；

$VB_{可转换}$——可转换债券的价值；

$OP_{可卖回}$——看跌期权的价值。

如果转换权利属于投资人（持有人），则$VB_{可转换}$高于普通债券的价值。

如果转换权利属于发行人（借款人），则$VB_{可转换}$低于普通债券的价值。

释例9-3总结了在可转换债券中增加一个看跌期权或看涨期权的特征。

释例 9-3

在可转换债券中增加一个看跌期权或看涨期权的特征

增加到可转换债券中的其他期权	看涨期权	看跌期权
期权的卖方是谁?	投资者（债券持有者）	发行人（借款人）
谁有权行使期权?	发行人（借款人）	投资者（债券持有者）
期权的目的是什么?	在对发行人更有利时迫使转换	在对投资者更有利时迫使转换
期权对可转换债券价值产生什么影响?	降低混合工具的公允价值（更高的回报）	增加混合工具的公允价值（更低的回报）

小结

可赎回债券：

母工具：债务

嵌入衍生工具：投资者卖出、发行人买入的看涨期权

估值：债务价值减去看涨期权价值

可转换且可赎回债券：

母工具：债务

嵌入衍生工具：投资者卖出、发行人买入的看涨期权

发行人卖出、投资者买入的转换期权

估值：债务价值减去看涨期权价值加上转换期权价值

可卖回债券（puttable bonds）：

母工具：债务

嵌入衍生工具：发行人卖出、投资人买入的看跌期权

估值：债务价值加上看跌期权价值

可转换且可卖回债券：

母工具：债务

嵌入衍生工具：发行人卖出、投资人买入的看跌期权

发行人卖出、投资人买入的转换期权

估值：债务价值加上看跌期权价值再加上转换期权价值

9.2.6 可转换为普通股的债务（DECS）[9]

可转换为普通股的债务是一种强制转换的债务合约形式，该合约要么与发行人自身股票价格挂钩，要么与发行人持有的可供出售证券中的第三方股价挂钩。在这种类型的工具中有一种形式的债券，该债券可以由发行人选择转换为普通股权益股份，他们依据权益价格变化中的不同规则，以及价格变化的性质来决定。这种类型的工具也被称为强制转换债券（如下面的德国电信公司案例），其特征如下：

1. 发行人收到本金（通常就是面值）。

2. 发行人根据票面利率支付利息。

3. 在到期日，发行人不将本金偿还给投资者。

4. 在到期日，债券转换为普通权益股份。

5. 转换有两个成交价边界，取决于转换特征中挂钩的股价表现与投资工具之间的关系：低成交价和高成交价。

6. 转换比例取决于股价的变化。在股价变化的三种情况下，有三种不同类型的转换比例：稳定的（低于低成交价）、降低的（在高成交价和低成交价之间），以及增长或稳定的（高于高成交价，这个水平可能等于也可能不等于稳定水平，该稳定水平低于低成交价）。

7. 结果，这种类型的强制转换债券又分别代表三种不同转换比例的支付水平：

- 降低的支付范围：低于低成交价并且100%参与——也就是下跌风险（这个范围有稳定的转换比例）。
- 稳定的支付范围：这个部分居于低成交价和高成交价之间。在这个范围内，尽管对应的股价在上涨，但转换价值等于发行价格（这个范围有下降的转换比例）。
- 增加的支付范围：这是股票的上涨部分——在这个范围内股价超过高成交价。根据股价按照比例参与转换，如75%，这比股价上涨时的完全参与比例要少（这个范围有稳定的转换比例，但比降低的转换范围的平均转换比例要低）。

上述三种参与水平有三种不同的支付价值，Arzac（1979）将其描述如下：[10]

$V_m=S_m \times CR_L$，当 $S_m \leqslant X_L$

$V_m=S_m \times CR_B$，当 $X_L<S_m<X_U$

$V_m=S_m \times CR_U$，当 $S_m \geqslant X_U$

式中：V_m——到期日价值；

S_m——到期日股价；

CR_B——在低成交价和高成交价之间的转换比例；

CR_L——在低成交价的转换比例；

CR_U——在高成交价的转换比例；

X_L——低成交价；

X_U——高成交价。

一般而言，这些债券按照平价发行，代表低成交价。转换比例在该成交价和高成交价之间变化，要购买的普通股价值保持稳定，并且等于债券的发行价格。如果价格偏离稳定的转换价值（如转换比例下降），价格下降时债券的参与比例达到100%，价格上涨时参与比例低于100%。

图9-1展示了这种特殊的强制转换工具的回报方程的普通形状。DECS指的是可转换为普通股的债务或者附加股利的可转换证券。图9-1说明价格下降时回报方程的斜率等于1（完全参与），上涨风险的回报方程斜率则小于1。企业发行的债务可以转换为其自身的普通股，或者可以转换为其所持有的有价证券投资中包含的第三方的普通股。

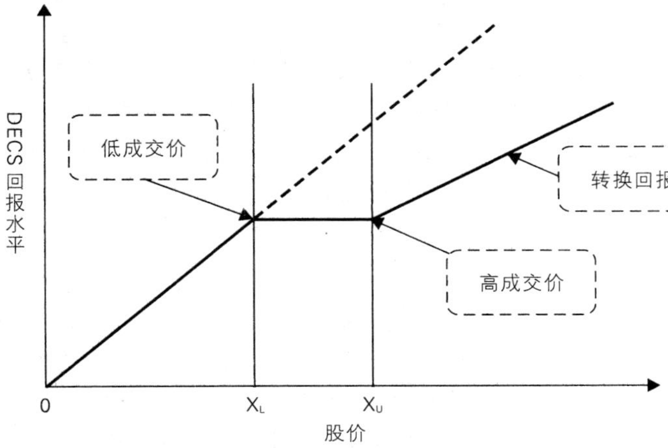

图9-1　可转换（普通股）债务的典型回报特征

下面我们用德国电信为例解释公司如何以自己的股票发行DECS，该公司发行的DECS被称为"担保强制可转换债券"。德国电信发售的债券与其他形式强制可转换债券的区别主要体现在风险和回报结构方面，这一点恰好体现在图9-1中对DECS的结构描述上。

信息日志

工具：DECS（可转换为普通股的债务）

母合约：买入长期股权（在低成交价格上）

嵌入衍生工具：买入价外看涨期权（out-of-the-money call option）

卖出平价看跌期权（at-the-money put option）

性质：至少有两个嵌入衍生工具的复合工具

DECS的估值：通过复制投资组合进行

公允价值 = 高成交价格的看涨期权价值乘以高转换比例 − 低成交价格的看跌期权乘以低转换比例 + 按照无风险利率计算的面值的现值 + 按照风险计算的利息支付的现值

（来源：Arzac，1997；Ammann和Seiz，2006。）

释例9-4提供了一个真实世界的案例，摘自德国电信公司2003年的招股说明书。此招股说明书是关于德国电信公司打算在2006年6月将2 288 500 000欧元的债务（6.5%的担保强制可转换债券）转换为普通股的计划书。[11]有必要强调的是，该招股说明书明确说明了三种行权状况下的三种不同转换比例水平：最高的（对于高成交价而言）、最低的（对于低成交价而言），以及中间的（对于在高成交价与低成交价之间的位置而言）。德国电信公司在其资产负债表中将该交易作为或有资本，这是一个中间层级的权益类型，类似于美国公认会计原则中对"临时资本"的分类。[12]

释例 9-4

德国电信公司发行可转换为普通股的债务

2006年到期的2 288 500 000欧元、6.5%有担保的强制可转换债券

2006年到期的担保强制可转换债券（以下简称“债券”）将在2006年6月1日被强制转换为德国电信公司的普通股股票。

本金的金额：50 000欧元

初始股价：11.80欧元

转换价格：14.632欧元

收盘价指的是在任何一个决策日，德意志证券交易所对该股票的收盘竞价。

到期股价指的是股票的日收盘价在20个连续交易日的算术平均，结束于最终转换日之前的第3个交易日，按照最近的百分比进行四舍五入，0.005则进位。

除非以前（自愿）转换过，否则在最终转换日，流通在外的每份债券都要在2006年6月1日强制转换为德国电信公司的普通股，票面价值为每股2.56欧元（以下简称为“股票”），强制转换比例分别是（1）、（2）和（3）。

最大转换比例：如果到期股价（定义如下）低于或等于初始股价，则转换比例为4237.2881。

最小转换比例：如果到期股价（定义如下）等于或高于转换价格，转换比例将定于3417.1679（本金除以转换价格）。

中间转换比例：如果到期股价（定义如下）并不低于或等于初始股价，也不等于或高于转换价格，转换比例应该等于本金除以到期股价。

（来源：摘录于德国电信公司，德意志联邦共和国作为债权担保人，德国电信国际金融公司发行，阿姆斯特丹，荷兰，第119-121页。参见www.telekom.com/static/-/54298/3/mandatory-convertible-bond-2006-si.）

9.2.6.1 DECS所暗含的转换比例

如上所述，DECS所暗含的转换比例不是固定的，其至少有三个层级：

1. 当股价低于低成交价的某个水平时，采用稳定的转换比例，这被称为“高转换水平”。

2. 当股价位于低成交价与高成交价之间时，采用降低的转换比例。

3. 当股价高于高成交价时，采用稳定的转换比例，但比前面两种的“高水平”或“中间范围水平”更低，这被称为“低水平”。

会计日志

本章下面的会计部分介绍了一个被称为“固定换固定”（fixed for fixed）的交换或转换标准。这个固定换固定规则要求在满足下面条件时，可以将转换成普通权益的部分作为权益进行分类：（1）它要求以固定金额与固定数量的普通股进行交换；（2）如果它是独立的，则可以被分类为普通股股东权益。

DECS工具的各种转换比例不满足第一个条件。本章后续部分会进行更多的讨论。

9.2.6.2 德国电信公司的转换比例

根据招股说明书中披露的信息，我们可以将其重要特征归纳出来，并将其与图9-2中的DECS图相关联：

- 低成交价是11.80欧元。
- 高成交价是14.632欧元。
- 票据的面值是50 000欧元。

三个转换比例是：

1. 高水平转换比例是每张票据换4 237.2881股普通股。
2. 低水平转换比例是每张票据换3 417.1679股普通股。
3. 中间水平转换比例是4 237.2881与3 417.1679之间的值，均值为3 827.228。

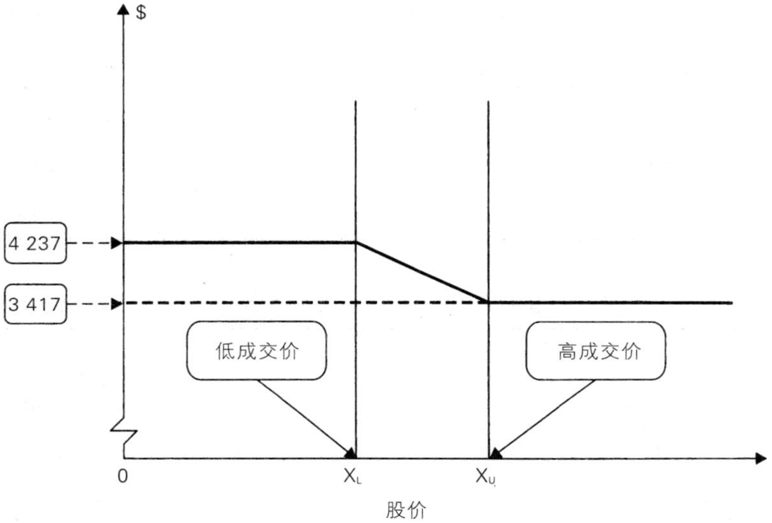

图9-2 德国电信公司发行的可转换债券的各种转换比例

图9-2展示了三个范围内的转换比例情况。因为转换比例不同于图9-1所示的支付特征，有时候会将其称为“神秘的转换比例”。

9.2.7 与权益相联系的票据

与权益相联系的票据（ELN）结合了下述两者的风险和回报特征：（1）债务工具；（2）与普通股价格表现或其他参考资产相联系的权益类期权。无论ELN采用怎样的结构，这些类型的工具通常是无担保债券，为投资者提供了潜在的高盈利回报。ELN也被称为“结构性票据”，因为这些票据的条款是定制的，可能有很多种形式和不同的组合方式。

表9-1列示了两个结构性票据的案例，其具有如下特征：

- 向投资者担保，将按照合约中规定的一个未来日期100%偿还本金。
- 到期日之前不支付利息。
- 第一个票据的支付方式以发行者普通股股价的增长为基础确定。

- 第二个票据的支付方式以标准普尔500指数的增长为基础确定。

表9-1列示的这两个案例都包含零息债券和看涨期权，对于第一个票据来说，该期权的价值取决于发行人本身权益价格的变化，而对于第二个票据来说，该期权的价值取决于外部市场的参考指数。对于发行人而言，第一个票据中嵌入的期权类似于权益（假设没有其他或有事项），但因为涉及偿还时要支付现金，所以不能作为权益，只能作为义务进行会计处理。[13]第二个票据中嵌入的期权类似于债务，并作为债务进行会计处理（本章的第二部分会讨论更多的会计处理问题）。

表9-1　　结构化权益相关票据的两个案例

第一个案例：与自身权益表现相关的票据（面值=1 000美元）　金额单位：美元

股价的变化情况	ELN参与情况	ENL到期日的支付情况
超过60%	40%	1 000+1 000×0.40=1 400
超过40%	25%	1 000+1 000×0.25=1 250
超过25%	12%	1 000+1 000×0.12=1 112
低于25%	0	1 000
低于0	0	1 000

第二个案例：与外部参考指数相关的票据（面值=1 000美元）

标准普尔500的变化	ELN参与情况	ELN在到期日的支付情况
超过25%	40%	1 000+1 000×0.40=1 400
超过10%	5%	1 000+1 000×0.50=1 050
低于10%	0	1 000

在这两种情况下，投资者的风险都上升了，但都受到“底线”价值的保护，该底线价值等于本金。ELN的这种支付类似于普通期权的支付情况，但是它的支付方程是以线性形式分段增长的。

9.2.8　可调整的、递增式的、可赎回金融工具[14]

递增式工具最开始可能采用固定或浮动利率，随后根据事先确定的利率增长比率或以其他参考指数或标准为基础确定的步骤对利率进行调整。在很多情况下，发行这种类型的债务是为了满足投资的需求，如加拿大第一金融（One Financial of Canada）发行的可调整利率负债，该负债得到巴黎银行的担保。[15]这种类型的债券或票据的发行人可能拥有较低的信用评级并向投资者提供递增的利率，以此来弥补投资者所接受的高信贷风险，并鼓励他们持续再融资。[16]

我们可以用两个例子来解释递增式和可调整的特征。第一个例子是全球保险集团（Aegon N.V.）（见释例9-5），该公司发行了可调整股利的优先股，初始股息率取决于4%或伦敦银行间同业拆借利率加0.875%孰高。[17]

第二个例子是巴黎银行（BNP Paribas S.A.）（加拿大）通过第一金融发布的变动递增式债券。[18]这些债券的设计如下：

- 出价是100美元，并在到期日可完全赎回。
- 债券持续期为7年。
- 利率：
  - 初始保证的利率是3%，但可以增长到8%。
  - 在到期日之前的第4年，利率可以增长到8%。
  - 在到期日之前的第3年，利率可以增长到11%。
  - 在到期日之前的第2年，利率可以增长到12%。
  - 到期日之前的最后1年，利率可以增长到13%。

另外一种递增类型的票据，其利率的增长水平建立在一揽子股票组合的回报率基础上，该组合由40只跨国企业的股票组成。递增债券给予投资者获得高回报的可能性，同时，如果没有提前赎回，还可以保证投资者得到本金。[19]

如果递增取决于其他工具的表现，则对递增息票率债券的估值会变得非常复杂。然而，设计简单的票据估值却不一定那么难。例如，某个债券的面值为10 000美元，初始息票率为每年4%，3年到期。该债券按照面值发售。递增协议要求每年年末息票率增长1%。该债券的估值就是以下三个部分的合计：（1）3年期债券，每年固定4%的利率；（2）面值为100美元的2年零息债券的现值；（3）3年零息债券的现值，在该例中就是100美元。

由于该例中的债券是可按面值赎回的，除非采用公允价值，否则将10 000美元的债券划分为负债，根据美国公认会计原则，这部分债务需要按照摊余成本来计量。[20]问题是，要不要将两个嵌入的零息票债券分割出来。我们学习完本章第二部分之后就会知道，这些工具与母合约具有明确密切的关系，因此不应该分割。我们将在介绍分割标准之后再讨论这个问题。

9.2.9 优先股

9.2.9.1 优先股的类型

企业发行优先股证券是为了针对那些具有特定风险偏好的投资者筹集资本。发行传统优先股可吸引那些寻求稳定收益并只能接受中等程度风险的投资者的资金。该收益的形式表现为优先股股利，但优先股股东的清算顺位优于普通股股东，因此优先股股东没有剩余索取权。优先股的各种特征给予投资者不同的权利：

- 累积权：未支付的股利可以累积到将来有足够盈余分配股利的时候一起分配。
- 参与权：除了本身所拥有的特定优先股股利之外，优先股股东还可以参与到对普通股股东的股利分配中。

9.2.9.2 优先股中嵌入的衍生工具

- 可转换：该条款给优先股股东将优先股转换为普通股的权利或期权。投资者持有转换期权，但可能在合约中为该权利设立一些条件，能否执行该权利取决于未来事项的实现与否或能否达到某个特定标准。此外，也可能给予发行人实行转换的权利。
- 可赎回（可提前兑回）：如果优先股的合约中允许提前赎回优先股，则发行人拥有该项选择权。在这种情况下，可赎回的优先股与可提前兑回的优先股（callable preferred stock）并无二致。然而，合约中也可能会明确规定，由投资者拥有赎回优先股的选择权。由于存在这种可能，可赎回优先股（redeemable preferred stock）就不一定是可提前兑回优先股（callable preferred stock）。

• 强制性可赎回：在这种合约中，发行人有义务赎回优先股，投资者有义务接受赎回。一般而言，发行人提出赎回并带有强制性，根据合约条款，赎回优先股是发行人的权利，而非一种选择。

• 可撤销的（可卖回）：这种优先股比较少见，根据合约中的条款，赎回权属于股东（而不是发行人）。

• 永续优先股：这种优先股没有到期日，也没有赎回选择权。这种类型的优先股，其条款包括获取股利的权利，以及以相同条款或其他协议条款更新股票。在没有其他期权或条件存在时，永续优先股在权益融资方面与普通股并无二致。

将各种权利和义务采用不同方式组合，就形成了各种各样的个性化合约。例如，2011年4月，美洲银行发行了4 400万美元的非累积永续优先股，用固定利率和浮动利率组合在一起来确定优先股股利。[21]声明中写道："从发行日2012年4月15日开始，到2022年1月15日（不包括）之前，以年利率6.5%发放股利，之后按照浮动年利率发放，其值等于3个月的伦敦同业拆借利率加4.468%。"

同样，永续优先股合约可能包括其他特征，这些特征决定了优先股不再是永续存在的。这些特征指的是赎回以及转换，无论是自愿赎回还是强制赎回。例如，全球保险集团（Aegon，N.V.）和施乐（Xerox）公司所发行的优先股就具有这样的特征。释例9-5介绍了这两家公司披露的部分信息，其分别是全球保险集团发行的可赎回永续优先股和施乐公司发行的可转换永续优先股。

释例9-5

永续优先股问题的例子

第一部分：全球保险集团

浮动利率永续资本性证券，在每股25美元时具有优先清算权，发行人可以在2010年12月15日及以后选择按照每股25美元加累积未支付股利赎回，没有给定到期日，按照浮动利率分配的股利每个季度分别在3月15日、6月15日、9月15日以及12月15日分别支付给3月1日、6月1日、9月1日以及12月1日登记在册的证券持有者（注意：除权日在登记日之前至少2个工作日）。年度浮动利率每个季度都需要重新设定，新设定值取决于4%或3个月伦敦同业拆借利率加0.875%孰高。对于股利的支付或清偿，优先股与公司中其他比普通股拥有优先级和高级地位的股票具有同等地位。有关优先股的详细信息请参考首次公开发行的招股说明书。

（来源：http://www.quantumonline.com/search.cfm?tickersymbol=AEB&sopt=symbol.）

第二部分：施乐公司的信息披露

附注18——优先股

A系列可转换优先股

为了在2010年2月收购ACS公司（详细信息请参见附注3——收购），我们发行了300 000股A系列可转换永续优先股，总的优先清算权（aggregate liquidation preference）价值为300美元，对ACS公司持有B类普通股的人而言，这些优先股在收购日的公允价值为349美元。可转换优先股每个季度按照年利率8%支付现金股利，优先清算权价值为每股1 000美元。持有人可以选择在任何时候转换可转换优先股，每份可转换为89.8876股普通股，总共可以转换为26 966 000股普通股（初始转换价格大约为普通股每股11.125美元，相对于施乐公司在2009年9月14日截止的7个交易日的平均收盘价8.9美元，其溢价25%，在ACS并购协议中，8.9美元被用来计算转换价格），但要根据通常反稀释条款进行调整。发行5年之后，在特定情况下，我们有权提出将任何或全部可转换优先股按照适用转换率转换为普通股。持有人也有权在控制权转移时按照适用的转换率转换优先股，同时再加上一定数量的额外股票，增加的股票数根据控制权变化时为我们普通股支付的价格来确定。此外，如果某些基础事项发生变化，如控制权变动或施乐公司普通股退市，可转换优先股持有人有权要求我们就任何或所有可转换优先股以现金赎回，每股赎回价格等于优先清算权价值加上赎回日之前（不包括赎回日）的累积未付股利。因为可转换优先股所存在的或有赎回特征，我们将其划分为临时性权益（和永久性权益相区分）。

（来源：http://service.corporate-ir.net/SEC.Ehanced/SecCapsule.aspx?c=104414&fid=7398918，施乐公司2010年年报附注8，第97页。）

9.3 混合工具的会计处理

9.3.1 会计上遇到的挑战

上文有关混合工具的大概介绍旨在让我们了解混合工具和嵌入工具的基本特征。这些特征对会计计量和报告有重要影响。合约条款的性质和合约的经济实质决定了应该采用的会计处理方法。因此，某些合约虽然从法律形式上看是权益性，但在会计报告中被归类为负债，而另外一些合约虽然从法律形式上看是负债，却被报告为权益。会计准则经过多次修改后，逐渐要求根据合约的风险和经济实质来确定会计处理方法。此外，签订合约的双方在处理这些合约带来的权利和义务时，并不采用对称的会计处理方法。一份合约可能会给一方带来一项义务，但却未必会给对方带来一项资产。

就复合合约和混合工具而言，会计师所面对的挑战包括以下几个方面：

- 在一份给定的合约或混合工具中找到每个嵌入的衍生工具。
- 判定混合工具的每个组成部分、基础合约（母合约）以及嵌入衍生工具，是债务还是权益。
- 为每个组成部分建立估值和计量的基础。
- 如果混合工具的任何一个组成部分被设计为套期工具或一个被套期项目，则要评估这种套期关系。
- 评估上述每个要素对利润（利润表）和资产负债表产生的影响，并进行会计处理。
- 理解何种类型和形式的信息披露可以最大限度地帮助外部投资者理解下述问题：
    - 企业面对的风险。

· 管理层管理和降低风险所采用的方法和所进行的尝试。
· 这些方法和尝试在多大程度上是有效的。

9.3.2 编码会计准则（Accounting Standards Codification）词汇表中的定义

金融工具是：

现金，主体所有者权益的证据，或满足下列两个条件的合约：

1. 给主体带来一项合约义务：

（1）向第二个主体提供现金或其他金融工具。

（2）按照可能不利于自身的条件，与第二个主体交换其他金融工具。

2. 向前述第二个主体提供合约权利：

（1）从前述第一个主体那里收到现金或其他金融工具。

（2）按照可能有利于自身的条件，与前述第一个主体交换其他金融工具。

资产/负债

合约权利和合约义务包含那些根据某些特定事项的发生或不发生为条件的情况。所有的合约权利（合约义务）都满足FASB第6号概念公告——《财务报表要素》中对资产（负债）的定义，然而有些却没有在财务报表中被确认为资产（负债），因为这些权利和义务没有满足其他一些确认标准，从而成为表外资产（负债）。

独立金融工具（freestanding financial instrument）

满足下面条件之一的金融工具：

- 单独设立，与主体的其他金融工具或权益交易相分离。
- 与其他交易合并设立，但法律上是可分离的并且可以单独执行。

混合工具

包含嵌入衍生金融工具以及母合约的合约。

嵌入衍生工具

明确的或暗含的一些条款，会影响合约中所要求的某些或全部的现金流或其他交易的价值，影响方式与衍生工具类似。

美国会计准则815-10-15-83

衍生工具指的是满足所有下述特征的金融工具和其他合约：

- 基础、名义金额和支付条款。合约中包含清偿金额的确定条款，某些时候还包含是否要求清偿。
- 有一个或多个基础。
- 一个或多个名义金额或支付条款，或者二者都有。
- 没有初始净投资。合约要求不进行初始净投资或初始净投资小于其他类型合约所要求的金额，这些其他类型的合约在市场因素变化时会出现类似的反应。
- 按照净值或等值结算。按照净值结算需要通过下述方式之一实现：
  · 其条款中明确地或隐晦地提出要求或允许净值结算（net settlement）。
  · 可以采用合约以外的方式方便地按净值结算。
  · 对受益人而言，提供资产的方式与净值结算没有太大差别。

9.4 三个基石

对独立金融工具以及嵌入衍生品进行的会计处理建立在三个基石之上：

1.区分负债和权益：某个混合工具或其嵌入的衍生品被划分为负债还是权益，并不取决于该混合工具及其组成部分的形式，而是要以合约条款和特征为基础进行判断(根据美国会计准则ASC 480)。

2.对混合工具进行分割：如果按照ASC 480的标准不能将混合工具及其嵌入衍生品划分为负债或权益，则需要判定它们是否符合套期会计的范围，以及嵌入的衍生工具是否应当被分割，并根据其组成部分单独进行会计处理。

3.套期会计的特殊豁免：这里所讨论的豁免范围包括：

（1）合约整体被分类为负债。

（2）合约是权益性衍生工具。

（3）与极端高风险利率相关联的衍生工具。

9.4.1 区分负债和权益

混合工具和嵌入衍生品的会计有两个主要的基石，其中每个基石都包含多个方面。

区分负债和权益的一般原则包含两个基础：其一是现金流权和所承担风险的差异；其二是发行人或者投资者是否对这些工具的决策拥有主动权。[22]

1.如果有转移现金或其他资产到企业外部的义务，则为负债。

2.如果对方对企业拥有剩余索取权，则为权益。

金融工具应当被分类为负债的前提条件是：存在转移现金或其他资产给外部的义务。例如：

- 在特定日期或可确定的日期，或者随着某个不在发行人控制范围内的事项的发生，发行人有无条件转移现金和其他资产的义务，从而赎回工具。例如，债券、欠款、应付款，以及强制可赎回优先股都是这种情况。
- 主体有无条件回购其权益份额的义务，并且被要求或可能被要求通过转移资产来解除这些义务。例如，发行人卖出看跌期权或远期合约以便回购其自身股份，可回售普通股、可回售认股权证，或者给予持有人购买发行人股份的权利的认股权证，这些股份恰好又是可回售的。
- 主体有义务发行变动数量的权益股份，这些股份的公允价值等于合约中所约定的某个固定货币金额。例如，合约中约定企业必须以一定金额发行股份或者以某个公允价值发行一定数量的股份。
- 发行人有义务发行变动数量的权益股份，发行基础按照某个指数确定而非本身权益的公允价值或反向浮动利率的公允价值，如按照给定利率减去50%的LIBOR支付利息的债务工具。

区分负债和权益的会计准则（ASC 480-10-15-3）适用于所有独立金融工具或嵌入衍生工具，包括：（1）包含多个期权或远期合约；（2）既有负债特征也有权益特征(有时还有资产的特征)。[23]该准则还适用于如认股权证、可转换优先股、可转换债务、可售回股票，以及强制可赎回优先股等类型的合约。

会计日志

- 如果某个融资合约采用了债务工具的形式，这并不一定意味着要将其作为负债进行会计处理。同样，采用权益形式发行的工具也不一定按照权益进行会计处理。
- 工具的经济实质而非法律形式才是相关的标准。
- 合约的条款决定了工具的实质、支付结构、持有者的权利及义务的分配。

9.4.1.1 特定案例

案例1：永续优先股

普通的优先股股东以股利的形式拥有现金流权。对于非累积优先股而言，发行人没有义务向股东转移现金，除非企业的利润水平足够高，允许董事会宣布发放股利。股东所拥有的这种有条件的现金流权（这个权利由发行人所控制）对于发行人而言并没有产生一项无条件的义务，因此这种类型的优先股被分类为权益。

但是，上述结论并不适用于永续优先股。这种金融工具没有特定到期日，也没有赎回或转换选择权。因此，可以假设这种类型的优先股会永续存在，同时持有人也拥有企业的剩余利益。然而，对永续优先股股利的会计处理会采用不同方法，其取决于合约条款的规定。如果发行人没有支付股利的义务，则优先股股利不会给主体带来一项义务，因此也就不会形成一项负债。相反，这些股利与普通股股利的情况是一样的，都是对利润的分配。

但是，累积优先股股利会给发行人带来无条件转移资金的义务，并对会计处理产生两个方面的影响：

1. 优先股股利作为利息费用处理。
2. 预计未来支付股利的现值被确认为负债。

如果合约要求永续支付股利，则股利的现值等于优先股全部的公允价值，因此全部金额将被记录为负债。尽管这个结果看上去与直觉相反，但却是对准则的直接应用（一般公认会计原则ASC 480以及国际财务报告准则IAS 32）。

案例2：可赎回优先股

普通优先股的股东通过股利的形式拥有现金流权，发行人有义务支付股利。但如果优先股是可赎回的，则股东权利和发行人的义务就会发生重大变化，其取决于赎回选择权是属于发行人（可赎回）还是持有人（可卖回）。

会计准则区分了下面两种情况：

1. 持有人（投资者）拥有赎回选择权。
2. 发行人拥有赎回选择权。

美国会计准则ASR 268（现在是ASC 480-10-S99）要求将可赎回证券划分为非永久性权益，如果：（1）用现金或其他资产赎回；（2）按固定或可决定的价格或在固定日期赎回；（3）持有人拥有赎回选择权；（4）赎回由某个不完全由发行人控制的事项决定。该工具被划分为非永久性权益，但如果发行人拥有赎回选择权，则这种工具可以被划分为临时性权益；如果持有人拥有赎回选择权，则划分为负债。

案例 3：强制可赎回金融工具

如果合约中增加了强制要求发行人赎回优先股的条款，则该工具的现金流和风险特征就发生了改变：根据特定条件，发行人有义务在某个特定时间无条件地向主体之外的第三方转移现金或其他资产。同时，股东也有义务交还股票凭证并接受按照合约中确定的价值对优先股进行赎回。尽管强制可赎回优先股的形式与债券的形式不同，但从经济实质上看，它们是相同的，因此都按照负债进行会计处理（ASC 840-10-25-4）。在初始确认该负债时，应当按照公允价值计量，强制可赎回优先股的股利应当作为利息费用，和债券的利息一样，都通过利润表进行报告。

案例 4：不可分割认股权证的债务工具

母工具可能是债券或强制可赎回优先股，同时附加一个嵌入的期权——不可分割的认股权证——给予持有者额外的权利。可附加的认股权证是多种多样的，下面的认股权证给予强制可赎回优先股投资者或债券投资者购买下述工具的权利：

1.A 类：按照给定价格（成交价）在某日（或期间）或该日（或期间）以前购买强制赎回优先股。

2.B 类：按照给定价格（成交价）在某日（或期间）或该日（或期间）以前购买发行人的普通股。

3.C 类：按照行权日公允市场价值购买发行人的普通股。

4.D 类：按照参考了发行人的股票或经营之外的指数所确定的价值购买发行人的普通股，例如 10.00 美元×1+标准普尔 500 指数去年变动的百分比。

在上述每种情况下，对认股权证的会计处理都是不一样的。从发行人的角度来看，这些认股权证将按照不同方式进行会计处理（根据现行会计准则）。

- A 类认股权证给持有人购买强制可赎回优先股的权利，因为 A 类认股权证是获得债务性工具的权利，因此应当被划分为负债。发行时应当将这些认股权证按照公允价值确认，并且在每个报告日按照公允价值重新计量且其变动计入损益。
- 对于 B 类认股权证，合约明确了执行这些权证时购买发行人普通股的交易价格。因此，存在一个潜在的固定转换比例，这些认股权证被看作与发行人的普通股相挂钩，因此被作为权益进行处理。
- 对于 C 类认股权证，该合约明确了行权时的公允市场价值。因为市场价值的变化，在不同日期交易的认股权证可以换得不同数量的普通股。因此该合约不应该被划分为权益。[24]
- 最后，D 类认股权证作为负债，因为这种合约没有与发行人的普通股或经营相关联，因此不符合按照权益进行会计处理的标准。

9.4.2 分割混合工具

如果某个合约不符合上述权益和负债的区分标准（ASC 4800），则需要考虑是否应当将该工具作为一个整体进行会计处理，还是应该分割成不同部分单独进行会计处理。有以下三种选择：

1.将合约分割为母合约和衍生工具。

2.因为准则中的例外和特殊条款，不进行分割。

3.将混合工具作为整体进行会计处理。

9.4.2.1 分割混合工具

分割（bifurcation）是对“分离”的一种更普遍的说法。[25]对于混合金融工具而言，“分割”这个术语指的是将金融工具分离成不同的组成部分。一般来说，混合工具有一个母工具（主要或基础工具），以及一个或多个嵌入衍生工具。在某些特殊条件下，企业被要求分割该混合工具，并用不同方法对母工具和衍生工具部分进行会计处理。应当对每个组成部分的风险和经济特征采取一致的会计处理方法。分割的衍生工具按照负债（或者资产）进行会计处理，以公允价值计量且其变动计入损益。为了对混合工具进行分割，需要考察合约特征是否符合三个标准，其中两个与合约的性质有关，第三个与套期之前所使用的计量基础有关。进行分割的母工具和衍生工具必须满足这三个标准。

第一个分割标准

嵌入衍生工具和母合约的经济特征与风险之间不存在明确和紧密的关系。

对母合约与嵌入工具之间强弱关系的判断，取决于两个组成部分的风险和现金流特征，以及当市场条件变化时二者的反应是否相似。美国财务会计委员会和国际会计准则理事会都采用举例的方式来说明这一概念。下面的例子会有助于理解这个概念。

1.举例说明：母工具与嵌入衍生工具之间存在明确紧密的关系

可赎回债券包含一个债务母合约以及一个嵌入的看涨期权，该期权赋予发行人在到期日之前赎回债券的权利。该债券的利率以母合约和看涨期权为基础。在保护期结束后，发行人可以选择其他融资方案。如果相同风险等级和信用等级的市场利率高于债券的票面利率，发行人就没有经济动机赎回债券。另外，如果市场利率下降，发行人将会以低于票面利率的利率重新融资，因此发行人会提出赎回，赎回旧债券并按照更低的票面利率发行新债券。[26]

在这种情景下，市场利率的变化为母合约和赎回选择权带来了价值和风险——它们有相同的基础。因此，嵌入的看涨期权与母合约明确紧密地相互关联着，即使满足了其他两个标准，它们也不应该被分割。

第二个例子是关于某种类型的递增债券，递增条件以利率为基础确定。本章前面在介绍递增票据时举过两个例子，这是其中之一。该债券按照面值1 000美元销售，初始票面利率为每年4%，3年到期。合约中的递增协议要求每年年末按1%增加票面利率。该债券的价值应当是下面各要素之和：（1）面值为1 000美元的3年期债券，每年获利40美元（每年固定利率4%）；（2）面值为10美元的2年零息债券的现值；（3）3年零息票债券的现值，在该例中就是10美元。尽管该混合工具包含几个组成部分，但这些部分都与市场利率挂钩，在利率变动时，这些部分与母合约的变动是类似的。因此，该工具的嵌入部分明确紧密地与母合约相关。

2.举例说明：母工具与嵌入衍生工具之间不存在明确紧密的关系

权益回报或有递增债券（equity returns contingent step-up bonds）：决定递增的基础可能是各种各样的。在前述例子中，该基础是利率。对于巴黎银行（加拿大），递增取决于选定（且披露）的40只全球股票投资组合的回报率。因此，尽管母合约与利率相关，但该合约中的嵌入工具与权益价格（回报）相关联。因此，嵌入特征和母合约不会因为市场条件（利率或权益价格）变化而变化——它们之间不存在明确紧密的关系。如果其他两个条件也得到满足，该合约就应当被分割。

可转换债券：可转换债券有一个母合约（债务）和一个看涨期权，该债券给投资者将债券转换为普通股的权利（假设转换权属于持有者）。通常，转换条款中会明确交易价格、债券转换成股票的公允价值或可以转换成股票的股数，而且决定是否转换的决策通常是由投资者（债券持有者）做出的，当期权是价内期权时，投资者提出赎回。期权的内在价值随着普通股价格的上涨而增加，因此期权的基础是股票的价格，而债务（母工具）的基础是利率。相应地，对利率和股价的变动，母工具和嵌入期权的反应是不同的，它们的经济特征和风险特征并不密切相关。

需要指出的是，这里使用可转换债券，仅仅是为了说明什么是明确紧密的关系，但上面描述的可转换债券若满足下面的条件，就可以不必按照套期会计进行处理，也不用被分割：（1）转换为固定数量的股份；（2）如果期权是一个独立的衍生工具且满足权益分类的标准。

第二个分割标准

与嵌入衍生工具具有相同条款的一个单独的工具，在会计中被定义为衍生工具进行会计处理。

第二个分割标准要求嵌入工具满足会计准则对衍生工具的界定。第6章详细描述了被定义为衍生品的工具或合约应当具备的特征，这里可总结如下：

- 一个或多个基础价值以及一个或多个名义金额或支付条款。
- 无净投资或需要的净投资少于其他合约。
- 允许净值结算，也就是说，可以用合约以外的方式结算净值，或者通过提供资产的方式，使受益人在选择接受净值结算或接受资产方面不存在差异。

第三个分割标准

混合工具没有被按照公允价值计价或重新计量并将其变动计入损益。

一般的公认会计原则通常要求以公允价值计量衍生工具并通过损益体现公允价值的变动。混合工具在一般的公认会计原则下可能以也可能不以公允价值计量，或取决于管理层对公允价值的选择。如果混合工具已经以公允价值计量且其变动计入损益，则分割衍生工具不会对盈余波动性产生影响。例如，分类为交易性证券的短期证券投资以及其他选择以公允价值计量的证券不符合嵌入衍生工具的分割条款，因为这些工具以公允价值重新计量，并通过损益反映公允价值的变动。

重要提醒

- 对嵌入衍生工具进行分割不是选择性的。
- 如果嵌入衍生工具满足准则中所描述的三个标准，就必须被分割且单独进行会计处理。

如果满足了三个标准，混合证券必须被分割为母合约和嵌入衍生工具，并单独进行会计处理。

图9-3中的流程图描述了分割的过程。

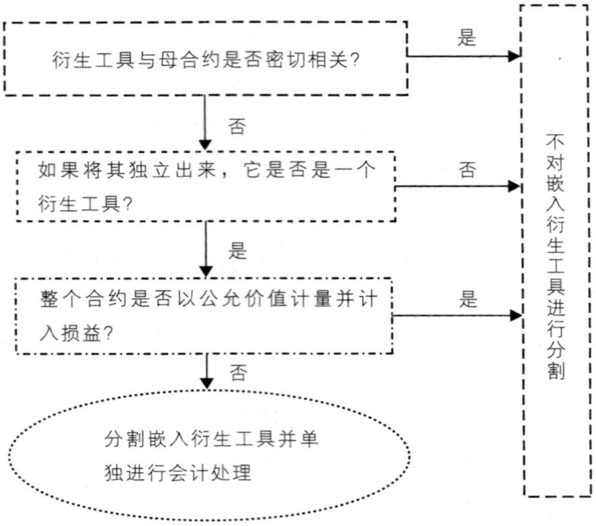

图9-3　对嵌入衍生工具进行分割的决策

分割的必要性

现实生活中对结构工具的分割并不像上述所讨论的例子那么简单；实际上可能是非常复杂的。因此需要思考一下，对混合工具进行分割并单独对嵌入衍生工具进行会计处理是否有效益。这里至少可以列举四个会计方面的原因：

1.对资产和负债的估值产生影响：如果将嵌入衍生工具进行分割，就需要定期按照公允价值对其进行估值（至少每个季度），并将公允价值的变动计入损益。

2.对盈余的计量产生影响：无论是一项资产还是一项负债，衍生工具公允价值的变动都要报告在盈余（利润表）中。甚至，在衍生工具作为套期工具使用时，公允价值的变动会随着被套期项目的价值变化对盈余产生同步影响。这里的“同步”有两种不同的含义：

（1）在公允价值套期中：同步意味着同时和立刻。

（2）在现金流量套期中：同步意味着在被套期预期交易或现金流变化影响盈余的时候。

3.对套期的影响：除非嵌入衍生工具从母合约中被分割出来并单独进行会计处理，否则不能够作为套期工具使用。

4.为外部使用者提供信息：对衍生工具进行会计处理和报告可以给使用者提供更加全面的信息，使之了解企业面对的风险以及应对情况。

9.4.3　多个嵌入衍生工具

混合工具有时候可能包含不止一个衍生工具，例如，在可转换债券中包含可赎回或可卖回期权（如DECS）。在一个合约中包含多个嵌入衍生工具，其会计处理就会变得更加复杂，会计师可能不得不采取下面的一种措施：

1.将所有衍生工具捆绑在一起。

2.将整个混合工具按照公允价值计量且通过损益进行会计处理。

释例9-6介绍了康美（ConMed）公司的案例，该公司发行了一个包含两个嵌入衍生工具的混合证券。

释例 9-6

康美公司对包含嵌入衍生工具的可转换且可卖回票据的信息披露

我们有1.121亿美元可转换高级次顺位票据流通在外，票面利率为2.5%，到期日为2024年（后面简称“票据”）。2010年，我们以300万美元回购了290万美元的票据，并将因提前赎回债务而导致的10万美元确认为损失。2009年，我们以990万美元回购了780万美元的票据，并将因提前赎回债务而导致的110万美元确认为利得，这110万美元已经除去了已注销的10万美元未摊销的递延融资成本和100万美元未摊销的票据折扣。这个票据代表了次级无抵押义务（subordinate unsecured obligations），在某些情况下，正如债券契约中约定的，还可以转换为包括现金和康美普通股的组合形式。在转换时，每份票据持有者将会收到以现金方式支付的应付票据的转换价值，这个转换价值为票据的本金和可以转换为康美普通股的转换价值超过此类组合的本金的部分。根据调整，超过本金部分的金额是按照每1 000美元票据兑换26.1849股的初始转换比例转换的（这代表初始的转换价格为每股38.19美元）。到2010年12月31日，由于公司的股票价格低于转换价格，所以此时并没有分配转换价值。票据将于2024年11月15日到期，并在2011年11月15日之前不可被我们提前赎回。票据持有者有权要求我们分别在2011年、2014年和2019年的11月15日回购部分或者全部票据。如果这些要求满足了契约中的规定，我们就必须回购这些票据。假设票据持有者在2011年11月15日向我们卖回这些票据，我们预计会使用循环信用限额2.5亿美元用于支付票据。这个票据包含了两个嵌入工具。嵌入工具作为其他长期负债以公允价值计量且其变动计入合并利润表。这些嵌入工具是有面值的，而且我们相信嵌入工具公允价值的变动是不会对我们的业务、财务状况、经营结果和现金流产生重大不利影响的。

（来源：ConnMed Form 10-K，2010，第52页，可在以下网站找到相关信息：http://www.faqs.org/sec-fillings/100225/CONMED-CORP_10-K/.）

释例 9-7

举例：包含嵌入衍生工具的混合工具

工具	母合约	嵌入衍生工具
一个2年期固定数量的销售合约，包含最高限价和最低限价	采购合约	与销售或购买项目有关的价格限制
以权益指数为基础确定的季度支付利息债务	债务工具	每年以权益指数为基础建立的4个远期合约
以标准普尔500指数的变化为利率基础的贷款合约	贷款合约	利息以标准普尔500指数变化为计算基础
条款中约定提前付款需要支付罚款的贷款合约	债务工具	借款者持有的看涨期权
一定期间的贷款合约，并且给予借款人延长贷款期间的权利	债务工具	看涨期权
可转换债务	债务工具	在满足某些特定标准的情况下，按所有者权益进行会计处理的看涨期权
天然气采购合约，以电价为基础确定天然气的价格	采购或销售合约	价格公式

9.5 不符合套期会计的嵌入衍生工具

9.5.1 整体划分为负债的合约

9.5.1.1 合约A：股份回购承诺

股份回购是企业用来达到与现金流权或控制权有关的目标的手段。回购可能通过公开市场进行，也可能通过合约协议来实现。特别要区分权益和负债的是那些要求企业回购其自身股份的远期合约。对于这种类型的合约，准则[27]指出：

在开始日，除了流通在外的股份，主体应当将其他同时具有如下两种特征的金融工具划分为负债（有些情况下可能是资产）：

1. 该工具包含回购发行人权益股份的义务，或者与这种义务挂钩。

2. 该工具要求或可能要求发行人通过转移资产的方式来解除该义务。

按照该准则的要求，如果合约要求企业回购其股份，则应当作为义务进行会计处理，并且同时减少所有者权益。

就这个问题而言，报告主体不应该将下面的合约作为衍生工具：

……

要求报告主体通过现金方式换取固定数量的权益性股份，从而解除（义务）的远期合约（购买报告主体股份的远期合约，并且这种远期合约要求实物交割）。[28]

（ASC 815-10-15-74）

这种远期合约和可卖回股份有所不同：要求企业回购其自身股份的远期合约是一个独立的工具，而可卖回股份中的卖出特征是一个期权，其允许投资人在某些条件下将股份卖回给发行人。

因为回购主体自身股份的远期合约使发行人有义务将资产转移给股东，所以该合约就带来了一项负债。而且，由于向股东转移资金会导致发行人回购自身的普通股，所以所有者权益也应减少相应金额。我们通过下面的例子来说明这种类型的合约。

举例

XAR公司是一家公众持股公司，该公司的管理层希望通过重新分配普通股股东的投票权来降低股权集中度。20×1年1月1日，该公司与UKAN公司签订了协议，从该公司那里回购10 000股普通股。UKAN公司是XAR公司的主要投资者，拥有公司22%流通在外的股份。相关信息如下：

- 20×1年1月1日的每股股价为25美元。
- 远期合约：从UKAN公司回购10 000股。
- 回购价格为每股30美元。
- 交易将在20×2年12月31日执行并完成。

假设与分析

假设XAR公司不支付股利，并且按照设定情况执行了该合约。分析如下：

- 这是一份远期合约，协议要求管理层在20×2年12月31日支付300 000美元给UKAN公司。
- 合约中要求的资产转移是无条件的，仅和时间相关，不取决于任何其他或有事项的发生与否。

• 合约的无条件性质导致XAR公司出现了一项转移现金给UKAN公司的义务，XAR公司必须在20×1年1月1日将该项义务确认为负债。

• 在初始确认时，以公允价值计量该项负债，并且按照合约的内含报酬率逐渐增加负债金额。在整个期间，累积利息的总金额是义务超过公允价值的部分。为了应用该条款，合约的内含利率必须按照协议进行估算。

特定信息

• 20×1年1月1日，每股市价为25美元，假定其为远期合约价格30美元的现值。

• 计算出的内含报酬率为9.5479%（在2年内使25美元增长至30美元的利率）。

• 普通股面值为1美元。

XAR公司的日记账

（XAR是发行股票的公司，有义务转移现金并回购其自身股票）

20×1-01-01	资本 资本公积（超出面值的部分） 　　对UKAN公司的义务 将250 000美元的权益转为负债，目的是确认20×2年12月31日XAR公司以30美元回购10 000股的无条件义务	10 000 240 000	 250 000
20×1-12-31	利息 　　对UKAN公司的义务 累积利息费用（250 000×0.09545）	23 860	 23 860
20×2-12-03	利息费用 　　对UKAN公司的义务 对273 860美元的义务按照合约内含报酬率计算利息费用（（250 000+23 860)×0.09545）	26 140	 26 140
20×2-12-03	对UKAN的义务 　　现金 记录远期合约的履行	300 000	 300 000

9.5.1.2 合约B：发行变动数量股份的看跌期权[29]

某些金融工具要求权益股份的发行人按照给定公允价值发行一定数量的股份（事先并不知道多少）。这种类型的合约有两个相关的价值计量要素：（1）按照价格收到的固定金额；（2）所提供股份的公允价值。后者在合约开始日并不知道，已知的义务是发行人已经收到的固定金额的现金。在解除合约之前不能确认权益，因为在这个时点发生的唯一交易就是投资者将现金转移给了普通股的发行人。发行人收到的金额在合约解除之前一直被记录为负债。

解除的公允价值很可能不同于发行人已经收到的固定金额的现金。但是解除日的公允价值金额在这里是不相关的。在解除日（按照合约要求发行股票），增加的权益金额仅仅是从投资人那里收到并确认为负债的金额。

举例说明[30]

马格纳（Magna）公司的管理层与投资者斯塔（Star）公司签订了一份合约（合约号码CT2M4），合约条款如下：

- 20×5年1月1日，斯塔公司为一份远期合约向马格纳公司支付100 000美元。
- 合约要求马格纳公司在20×5年1月31日向斯塔公司支付价值为110 000美元的股票，具体的股份数根据当时的市场价格确定。

会计处理

- 假定马格纳公司普通股的面值为1美元。
- 在20×5年1月1日，合约开始日，马格纳公司收到100 000美元，并将其记录为一项义务。
- 在月末，也就是20×5年1月31日，假设马格纳公司的股票价格为20美元。
- 20×5年1月31日，马格纳公司新发行了5 500股普通股（已授权发行并且已经注册的股份）给斯塔公司。

下面的会计分录记录了该项交易：

日期	交　易	借（美元）	贷（美元）
20×5-01-01	现金 　　负债——斯塔 记录从斯塔公司收到的100 000美元，作为按照合约CT2M4要求在月底支付价值为110 000美元权益股份的承诺	100 000	 100 000
20×5-01-31	负债——斯塔 　　股本 　　资本公积（超过面值部分） 发行5 500股普通股给斯塔公司来解除远期合约CT2M4	100 000	 5 500 94 500

9.5.2 权益衍生工具合约

9.5.2.1 拥有转换选择权的混合工具

可分割（附加的）认股权证

债务证券（包括强制可赎回优先股）可能在发行时附加了认股权证，给予持有人按照给定价格（可能低于市价）购买公司普通股的权利，该权利需要按照合约中确定的时间表履行。由于认股权证带来的利益，发行人从债券发行中得到的资金，从经济意义上来看，其实是为债务（母工具）和认股权证两者进行的支付，其中认股权证是一个独立的衍生工具，因此发行人必须将获得的金额在两个金融工具上进行分配。可接受的方式是按照其相对公允价值的比例进行分配。

这些认股权证是可分割的，因此就如同独立的期权。它们可以从母工具中分离出来，根据合约条款，债务持有人可能将其独立于债券进行交易。一般而言，认股权证具有下列特征：

- 它们有一个行权价格或交易价格。
- 它们可以转换为普通股，转换价格和历史波动性是已知的或可获知的。

- 它们可以在一段时间内或给定时间行权。

该信息和其他无风险利率一起提供了用任一期权定价模型（如二项式模型或布莱克-斯科尔斯模型）来估计认股权证公允价值所需的变量。债务的公允价值可根据普通债券（没有其他特征的债券）公允价值来估计，选择的普通债券应当与母工具有相同的条款和相同的信用风险等级。

假设fvw是认股权证的公允价值，fvd是债务的公允价值，则通过发行可分割认股权证债券获得的收益按照下述比例进行分配：[31]

- 认股权证：fvw÷(fvd+fvw)。
- 债务：fvd÷(fvd+fvw)。

分配在所有认股权证上的价值总额代表债务的折扣，以及通过新增投资而增加权益。下面的解释是美国会计准则ASC 47055所提供的例子。

案例1解释：附可分离认股权证的债券

20×1年1月1日，ABC公司的普通股按照10美元进行交易。当日ABC公司发行了10 000份面值为100美元的可转换债券。债券按照面值出售，每份债券附10份可分离认股权证，总计为100 000份认股权证。每份认股权证给予债券持有人以10美元购买ABC公司1股普通股的权利。

使用二项式期权定价模型（参见第5章）进行估值，这些认股权证的公允价值为300 000美元。此外，根据市场信息，与债券具有相同特征的无认股权证债务母工具的估值大约为900 000美元。因此，按照公允价值对债务进行分配，25%分配给认股权证，75%分配给债务。所以100万美元的收益按照下述比例分配：250 000美元分配给认股权证，750 000美元分配给债务。

ABC公司按照下述方式进行会计记录：

日期	案例1：说明	借（美元）	贷（美元）
20×1-01-01	现金 折扣（认股权证） 　　债券 　　资本公积 记录按照每份100美元发行的10 000份债券。债券有100 000份可分离认股权证，每份债券的票面利率3%，每半年付息一次，20年到期。认股权证从第5年开始可以行权，行权价格为每份10美元	1 000 000 250 000	 1 000 000 250 000

250 000美元的折扣在债券20年存续期内摊销，作为对利息成本的调整。要求进行该调整是为了使累计的利息费用等于债务成本；由于可分割的认股权证带来了利益，因此债务投资者接受了比其他具有相同风险等级的债务更低的利息，而上述调整就是对此进行的确认。（读者可参考第8章表8-1中对利用内含报酬率进行摊销的解释以及后续的会计分录。）

案例2解释：附认股权证和可转换期权的债务

假设其他情况都和案例1一样，但是除了认股权证之外，ABC公司发行的债券还可以转换为ABC公司的普通股。认股权证仍然是可分离的，但转换特征是一个嵌入的看涨期权，投资者可根据合约条款行使该期权。债务可以按照10美元的转换价格在20×5年1月1日之后转换为普通股，所以转换比例就是每份债券转9股普通股。

对100万美元收益的分配仍然和案例1一样：250 000美元分配给认股权证，750 000美元分配给债务。此外，必须确定嵌入转换期权的内在价值并进行账务处理，因为债券期权是具有价值的。会计准则对该期权的估值提供了一个简便做法，可用下列步骤描述：[32]

- 在发行日，将750 000美元的收益分配给债务部分。
- 上述分配意味着每份债务的定价为75美元。
- 由于每份债务可以转换为9份普通股，有效转换价格就是每股8.33美元。
- 由于转换行权价格为10美元，然后与有效转换价格相比，期权的内在价值是1.67美元（10−8.33）。因此，整个债券合约的内在转换价值就是150 300美元（10 000份的债券×9股的转换比例×1.67美元的内在价值）。

上述转换特征假设对持有人行使转换权不存在其他约束条件。因此，债务持有人若决定行使转换权，则其可能对ABC公司拥有剩余索取权。因为该剩余索取权是划分权益的关键标准，所以150 300美元应当全部作为权益进行会计处理。和案例1一样，认股权证和转换特征的折扣将作为对利息费用的调整进行摊销。

下述会计分录描述了该过程。

日期	案例2解释	借（美元）	贷（美元）
20×1-01-01	现金 折扣（认股权证） 折扣（转换特征） 　　债券 　　资本公积 记录发行10 000份债券，附100 000份按照100美元行权的可分离认股权证。该债券利率为3%，每半年付息一次，20年到期。 • 认股权证在第5年开始可以行权，行权价为每股10美元 • 可转换期权给予债券持有人在20×5年1月1日之后以每股10美元价格，每份债券转换9股普通股的权利	1 000 000 250 000 150 300	 1 000 000 400 300

案例3解释：传统的可转换工具

传统的可转换工具（包括可转换债券和强制可赎回且可转换优先股）不属于套期会计的范围（ASC 815-40-25）。在传统的可转换工具中，转换特征更类似于权益而非负债，因为其假设债务持有人偏好实物交割，因此拥有潜在的剩余索取权。此外，传统和非传统的可转换工具之间还存在风险差异。SEC在关于可转换工具的描述中强调了这种差异：

● 在传统的转换工具中，市场波动导致的损失风险由债务持有人承担，因为转换被设定为固定数量的股份（不是固定金额），这在发行可转换证券时就已经知道了。

● 在非传统的转换工具中，发行人和股东承担市场波动风险，债务持有人受到保护，因为他们将收到的股份数量取决于事先确定的市场总值，而该总值是已经给予他们保证的。

会计日志：SEC信息公告

在传统的可转换证券融资过程中，转换公式往往是固定的，这意味着可转换证券按照固定价格转换为普通股。

相反，在非传统的转换证券融资中，转换比例可能以波动的市场价格为基础来决定转换时需要发行的普通股数量。以转换公式为基础确定的市价使转换证券持有人免受价格下跌的影响，却使公司和公司现有股东面临特定风险。因为以转换公式为基础的市场价格可能会导致股价大幅下降，同时给公司及其股东带来相应的负面影响。所以，以市场价格为基础、按照转换比例进行融资的可转换证券在口语中也被称为“无底线”“有毒的”“死亡幽灵”，以及“荆棘”可转换工具。

（来源：http://www.sec.gov/answers/convertibles.htm.）

用于辨认传统的可转换混合证券的标准如下：[33]

● 转换工具的全部收益将要转换为固定数量的股票（不是变动数量，也不是按照转换公式）。这意味着稳定的转换比例，除非有标准反稀释条款的影响。

● 只有发行人才有权决定，以等值现金实行转换能否被接受为对固定数量股票转换的替代。在这种情况下，发行人没有义务用现金解除转换，因为债务持有人不能迫使发行人用现金解除，因此转换混合工具就没有产生一项负债。

● 转换对象是主体自身的股票（不是第三方的股票）。

● 发行人对引发价格修改或可能发生价格修改的事件的控制能力是不相关的。

● 对固定数量股票行使期权的能力取决于时间的长短或未来某个或有事项的发生。

图9-4和图9-5描述了判断一个可转换混合工具是不是传统可转换工具的决策步骤，以及在分割嵌入衍生工具过程中该决策的适用性。需要指出的是，美国会计准则在分割过程的最后讨论了传统转换工具的辨认决策，并将其作为范围例外事项来讨论。在图9-5中，判断转换是否为传统类型是分割流程的第一步，其决定了后续的分割流程。这是一个更加合理和低成本的方法，因为如果混合工具满足范围例外的标准，那么进行分割流程就完全没有必要了。

其他例子

例A：可转换债务

20×1年1月1日，WXW公司发行了10 000份债券，条款如下：

● 每份面值为1 000美元。

● 按照面值发售（没有溢价或折价）。

● 票面利率4%，每半年付息一次。

● 5年到期。

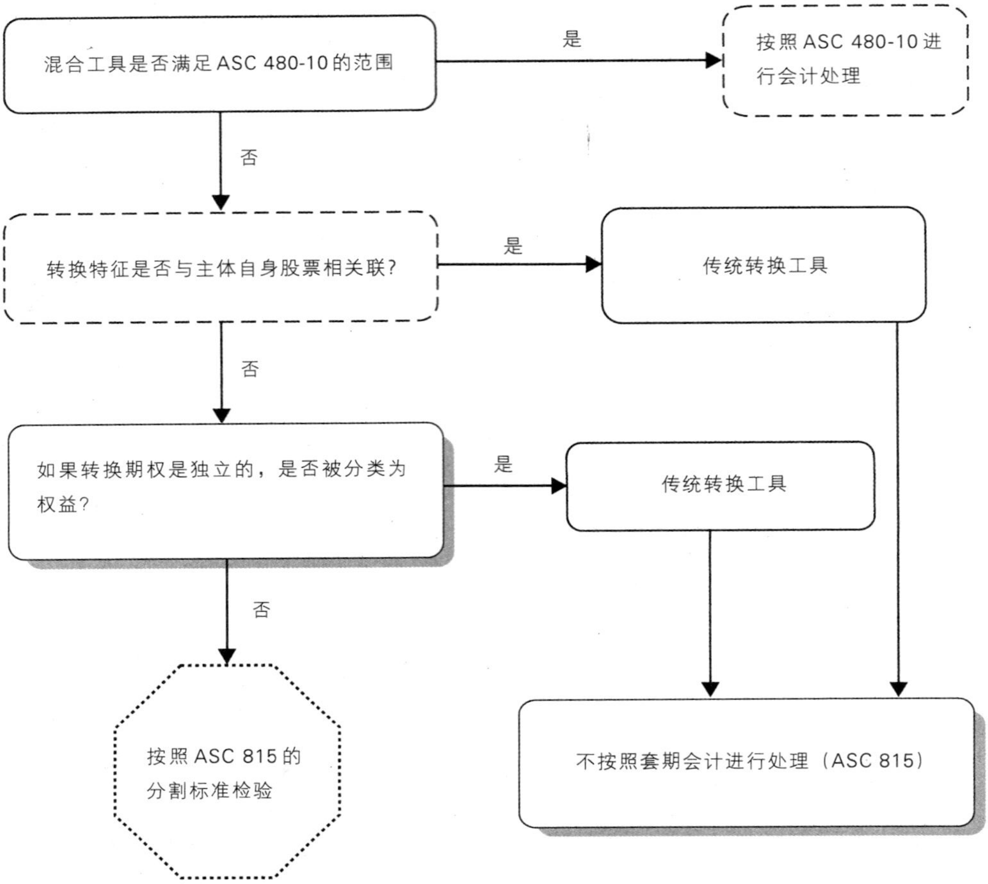

图9-4　与可转换债券相关的会计决策流程图

- 发行3年之后，债券可以被转换为WXW公司的普通股。
- 转换比例为50。
- WXW公司的普通股在纽约证券交易所交易。

辅助信息

与WXW公司具有相同信用风险的借款人可以按照6%的利率借款，每半年支付一次利息。按照该利率对WXW公司的付款金额折现，现值为917美元（其中包含170美元的利息和747美元的本金）。

相关问题

- 对于发行人而言;

问题1：转换期权是否仅与发行人的股票相关?

回答：是的，转换期权仅与WXW公司股票相关。

问题2：如果转换期权可以作为单独的衍生工具，是否被划分为权益?

回答：是的，其将会被划分为权益。

问题3：发行债券是否以公允价值计量且其变动计入损益?

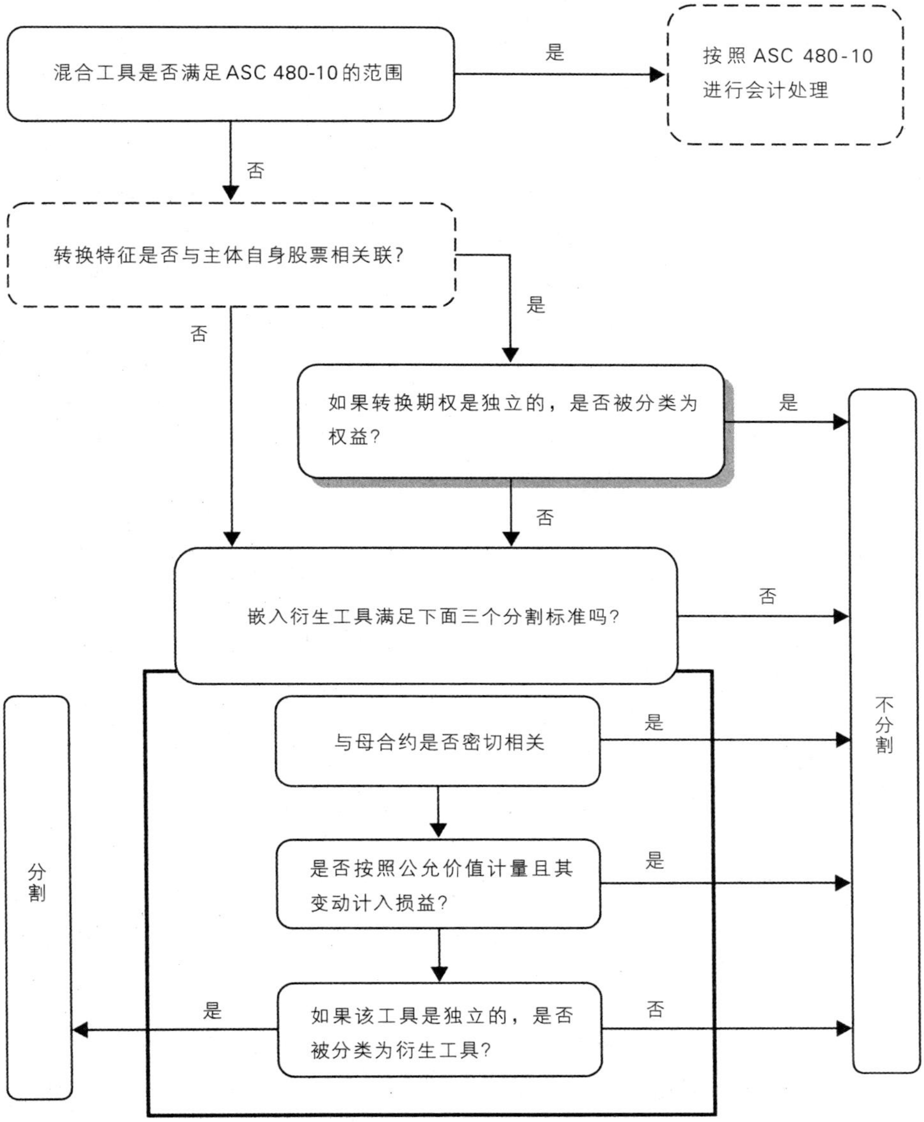

图9-5　在传统可转换债券中嵌入衍生工具分割流程图

回答：否，不以公允价值计量。

决策

● 对于发行人而言：

·从债务母工具中分离出转换期权，并将其作为权益进行会计处理。

·按照如下方法分配价值：如果发行的债券不是可转换的（而且没有附加任何其他期权），发行人必须支付的票面利率为6%。目前我们需要使用该利率计算年金现值，支付次数为10次，每次支付金额为20美元（一年支付两次，共计5年），然后加上本金的现值，合计为917美元。在债务（母合约）和权益（转换特征）之间的分配即为917美元的债务和83美元的权益。

发行人记账时的会计分录为：

借：现金　　　　　　　　1 000 000

　贷：债券　　　　　　　　　　　917 000

　　　投入资本　　　　　　　　　　83 000

- 对于持有人而言：

·由于该债券包含转换期权，持有人不能够将可转换债券划分为持有至到期金融资产，因为持有人可能在到期日之前行权。

·如果持有人将这项投资作为交易性金融资产进行会计处理，则以公允价值计量且其变动计入损益。因此，持有人必须以该债券整体进行会计处理，不必再单独考虑转换期权部分。

·如果持有人将这项投资作为可供出售金融资产进行会计处理，则需要分析嵌入的衍生工具——转换期权是否应当按照美国会计准则ASC 815进行分割。分析步骤如下（满足下述特征即应当分割）：

1.嵌入衍生工具与母工具之间没有明确紧密的关系。特别是，母工具的价值和风险驱动因子是发行人的利率和信用风险，但转换期权的价值驱动因子是发行人普通股的价格。

2.混合证券有活跃的市场，其中的转换特征如果是独立的，则可以被当作衍生品，也就是说，如同认股权证一样。

3.为转换期权支付的价格远低于为整个混合证券支付的对价。

决策

- 分割嵌入衍生工具，并单独进行会计处理。

问题

既然母工具和嵌入衍生工具都是持有人的投资，那么进行这种分割的目的是什么？母工具以公允价值计量且其变动计入其他综合收益（因为这项投资被分类为可供出售金融资产），嵌入衍生工具以公允价值计量且其变动计入损益。

例B：

在前述例子中，转换价格是20美元，它是按照债券面值1 000美元除以转换比例50计算得到的。假设例1中的所有条件不变，但是转换比例设定为债券公允价值的105%。如果给定的转换价格为20美元，发行的股份数量是未知的，随着市场而变化。

对于发行人而言，根据会计准则的规定，要将可转换债券作为传统可转换债券处理，必须满足一个标准，即能够提前确定固定数量的股票。在该例中，股份数量是变动的，因此不满足上述标准。整个金额应当用下面两种方法之一进行会计处理：（1）对全部混合工具以公允价值计量且其变动计入损益；（2）应用美国会计准则ASC 815评价嵌入衍生工具是否应当分割，并单独进行会计处理。该评价要考察的分割标准如下：

- 嵌入衍生工具的价值取决于股价及股价的波动，但母工具的价值根据利率变动而变动。因此，它们之间并不存在明确紧密的关系。
- 嵌入衍生工具可以用变现能力强的资产交换。
- 嵌入衍生工具的价值不大，因为其中仅包含期权的时间价值。

决策

应当将嵌入衍生工具分割出来，并按照ASC 815的要求作为负债进行会计处理。分割出来的衍生工具以公允价值计量且其变动计入损益。

案例4解释：固定换固定交换

某些可以作为衍生工具的与权益相关的工具被明确地免于应用套期会计，因为这些工具的合约条款使其更像权益类金融工具。特别地，这些合约满足下面的两个条件：[34]

1. 与公司自身股票相关联。

2. 将在公司自己的资产负债表上划分为所有者权益（永久的或临时的）。

9.5.2.2　与自身股票相关联

转换或有性的评估

除了标准反稀释条款之外，如果满足下列条件，就是与自身股票相关联：

1. 行权不存在不确定性。

2. 这些不确定性与下面其中一个标准相关：

a. 发行人自身股票可观察的市价。

b. 发行人可观察的自身经营状况，如收入、利润或现金流。[35]

除了上述可观察的指数、标准或变量之外，参考其他任何标准的合约都不属于与自身股票相关联。

举例如下：

合约条款	是否与自身股票相关联？
1. 如果发行人股价在4个月内增长达到10%，就可以行使认股权证或期权	是的：这是一个可观察的指数，该指数就是公司自身的股票
2. 如果标准普尔指数在4个月内增长达到10%，就可以行使认股权证或期权	不是：这是一个可观察的指数，但并不是公司自身的股票
3. 如果美国国库券利率在4个月内增长达到10%，就可以行使认股权证或期权	不是：这是一个可观察的指数，但不是公司自身的股票
4. 如果发行人的销售收入在4个月内增长达到10%，就可以行使认股权证或期权	是的：这是一个可观察的指数，该指数就是公司自身的经营状况
5. 主体A买了一个净结算看涨期权，当股价超过每股15美元时可以按照每股10美元购买100股自身普通股**	是的：不存在不确定性，并且结算价值根据股价来确定，股价是期权定价模型中的一个因子或变量
6. 主体A发行了一个认股权证，允许持有人在未来10年内按照每股10美元购买公司100股普通股，条件是主体A在未来5年内获得美国食品和药物管理局对某个特定药物的批准。如果药物没有被批准，主体A将按照每份2美元价格回购该认股权证**	不是：不存在行权的不确定性，但存在结算的不确定性——监管机构的批准。该不确定性与主体A自身的股价无关
7. 主体A发行美式期权，允许持有人在未来10年之内按照每股10美元购买100股自身的普通股	是的：期权价值随着股价波动而变动，并且行权期间不存在不确定性

**美国会计准则ASC 815-40-55中的例子。

9.5.3 与极端风险利率相关的衍生工具（双倍-双倍测试）

对于那些与利率相关的混合工具，如可赎回债券及类似票据，嵌入衍生工具和债务母合约都以利率作为风险和价值的驱动因子。因此，在确定是否分割这种类型混合工具的嵌入衍生工具时，很容易会发现这种工具是满足“明确紧密相关”标准的。然而，嵌入衍生工具若使持有人（投资者）面对的风险远高于标的物所产生的一般风险，则情况完全不同。美国公认会计原则和国际财务报告准则都提及这个问题，并针对利率相关票据中的极高风险嵌入衍生工具设置了使之免于分割的条件。[36]

如果投资者“可能”在母工具中产生大量亏损或获得超高收益，则利率相关票据中的嵌入衍生工具就比利率风险本身具有显著的、更高的风险。

- 极端损失条件：按照其合约条款，投资者（持有人或债权人）在工具的寿命期内未折现的净现金流，实质上低于对混合工具初始投资的全部金额的所有可能性。

这个条件仅适用于下列情况：根据混合工具条款，投资者（债权人）会被迫接受一种结算金额，该金额实质上低于其全部的初始投资。

- 极端盈利条件：必须同时满足下述两个标准：

1. 嵌入衍生工具中包含一个条款，按照该条款，投资者有可能获得至少是其母工具初始投资回报率的两倍收益率，无论可能性的大小。

2. 无论在什么样的利率状况下，嵌入衍生工具都可能给投资者带来至少是其初始投资（类似合约）回报率的两倍收益（该合约与母合约有相同条款，并且与发行人有相同的信用风险）。

满足上述例外条款的混合工具类似于9.1部分讨论过的一些结构票据，如递增债券或递增票据，如果发行主体风险较高，那么设置递增利率可以吸引那些偏好高风险的投资者。例如，全球保险集团在附注中披露道：“年度浮动利率要每个季度重新设定，且其取决于4%或3个月伦敦同业拆借利率加0.875%孰高。”此外，如果该公司没有对本金提供担保，则投资者就有可能会损失很大一笔金额，或者如果3个月伦敦同业拆借利率增长到4.572%，投资者就会获得初始回报率的两倍收益率。

如果一项混合工具具有极端风险，就不应该被分割。我们通过流程图9-6来解释这个判断过程。

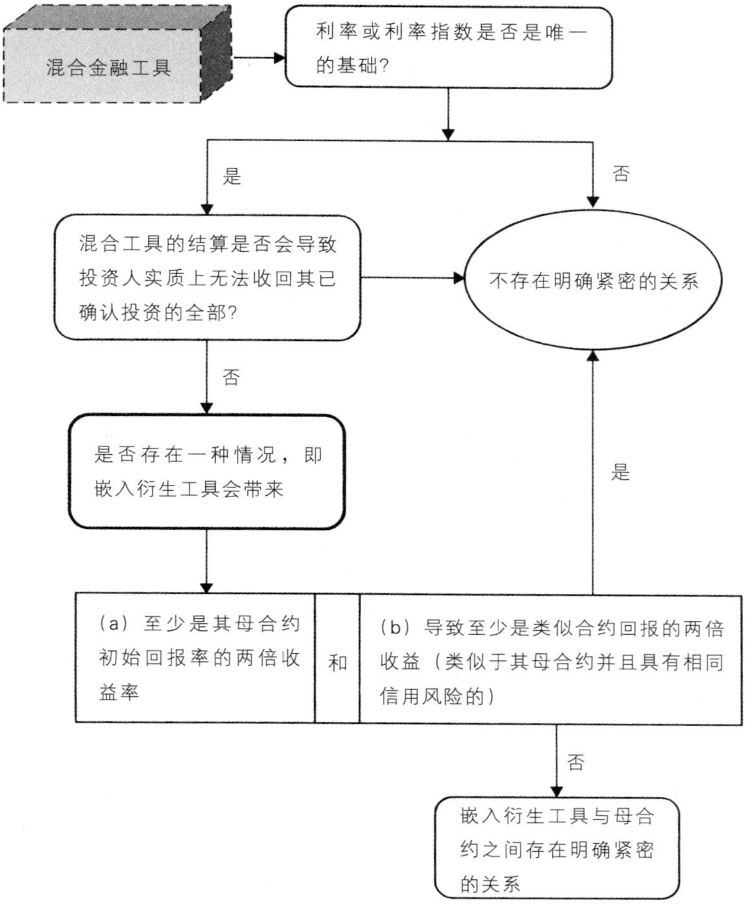

图9-6　对极端利率相关工具是否具有明确紧密关系的判断流程图（双倍-双倍测试）

9.6　要点总结

9.6.1　衍生工具的类型

• 金融衍生工具要么是独立的，要么是嵌入在其他母合约中的。第5章介绍了一般的独立发行的衍生工具类型——期权、掉期、远期、期货以及信用违约掉期。嵌入衍生工具是本章讨论的主体。要理解独立衍生工具和嵌入衍生工具的区别，可以考察独立发行的认股权证或附在母合约上的不可分离认股权证。

• 混合工具往往被定义为具有类似债务的特征或类似权益的特征。本章将混合工具的定义范围扩大到包含具有下述两种特征的所有合约：具有类似权益或类似债务的特征，以及嵌入了衍生工具。这种混合工具中的非衍生部分被称为“母”合约。

• 嵌入衍生工具可以是任何合约的组成部分，并且不限于金融证券。例如，嵌入衍生工具可能是采购或销售合约的组成部分，如取消期权或照付不议（take-or-pay contract）。

• 简单的嵌入衍生工具包括将债务（或优先股）转换为权益（或优先股）股票的

期权；这种类型的期权可能是买入（call）期权（发行人提出买入）或者看跌（put）期权。更复杂的工具包括：拥有多项嵌入工具的债券，如可转换且可赎回债券；债务可换为权益的工具；其他与权益相关的嵌入衍生工具。

- 优先股有其自己的独特性，嵌入期权决定了这些优先股是否应该被分类为债务或权益。

9.6.2 嵌入衍生工具的会计处理

- 美国公认会计原则和国际财务报告准则都对嵌入衍生工具提出了会计处理要求，不过美国财务会计准则理事会和国际会计准则理事会都致力于简化该处理要求。
- 嵌入衍生工具的会计处理包含几个要素：
  - 评价嵌入衍生工具是否应当从母合约中分离出来。所谓的分离，是财务会计的一个抽象概念，用一个专门的术语来形容，就是“分割”（bifurcation）。
  - 分割有具体的标准。最关键的标准是要决定嵌入衍生工具是否：（1）与母合约“明确密切相关”；（2）（作为整个合约的一部分）以公允价值计量且其变动计入损益；（3）如果独立发行，则是一个金融衍生工具；（4）通常被分类为或预期被分类为所有者权益；（5）合约条款包含了极端风险，可能导致两倍以上的回报或重大的投资损失。所有公众主体都必须（不是可以选择）对新或旧合约中的所有嵌入衍生工具的可分离性进行评估，并进行相应的会计处理。
  - 如果被分割，衍生工具以公允价值计量且其变动计入损益，这与独立发行衍生工具的会计处理是类似的。嵌入衍生工具可以被用来套期其他合约，但是这些合约本身得是非衍生工具。

注释

1 对资产的潜在索取权也可能被分类为“临时性权益”(国际财务报告准则称之为或有资本),在报告中,它处于债务与权益之间的“夹层”部分,并且不包括在所有者权益中。

2 理论上,这些混合工具有上百种不同的形式。这里报告的工具包含了各种不同的特征,应该可以帮助读者了解各种合约的情况,以及会计师如何分析这些合约。

3 有的认股权证给予持有人购买第三方普通股的权利。这种类型的认股权证不属于本章讨论的范围。

4 对于附可分离认股权证的债务,会计准则要求采用两步分配法,按照每个组成部分的公允价值分配总收益。

5 对于可转换债券的会计处理而言,这是一个极其重要的特征。我们在后面讨论传统可转换以及固定换固定标准时会再次看到这一点。

6 对于大多数可转换债券来说,投资人拥有转换期权,但在另外一些可转换债券中,发行人有权在某些条件下将债券转换为股票,或者拥有赎回可转换债券并强制转换的权利。

7 无论发行人所发行的债券是低于相同特征纯债券的收益率还是发行人溢价发行,投资者都需要为转换期权支付价款,可转换债券的收益率将低于没有转换期权的普通债券的收益率。使用方法的不同会带来不同的会计处理。

8 亚洲期权(Aisan option)和界限期权(Barrier option)的交叉被称为巴黎人下降入局期权(Parisian down-and-in option)或巴黎人上升入局期权(Parisian up-and-in option)。

9 可转换为普通股的债务(DECS)是强制可转换证券的一种形式,由所罗门兄弟(Salomon Brothers)发明。其他公司发明了各种类型的DECS。自动转换权益证券(ACES),优先赎回增长股利权益证券(PRIDES),灵活的、与权益相关的、可交易的PRIDES(FELINE PRIDES),DECS,股票升值且与收益相关的证券(SAILS),强制调整可转换且可赎回证券(MARCS),以及门槛升值价格证券(TAPS),这些都是强制可转换证券的例子,它们的支付结构与PEPS类似。还有共同参与高收益预期债务证券(CHIPS)、回报增长式权益证券(EYES)、目标成长强化条款证券(TARGETS),以及回报增长股票(YES)。因为成本不高,所以基本上每天都有新的工具被发明出来,因此,对这些工具的会计处理就严格依赖于对每个合约的详细分析,从而判断嵌入的权利、义务以及对各自的计量(见Arzac(1997)的解释,附注2)。

10 可参阅Ammann and Seiz(2006)的文章。

11 我使用2003年的信息披露来解释这个转换过程,所以有关此类的研究还在继续。

12 在其2005年年报63页中写道:“2003年使用或有资本发行可转换债券,金额大约为23亿欧元,将在到期日(2006年6月1日)转换为德意志通信公司的普通股股份。可转换债券由德意志通信公司在荷兰的金融公司(德意志通信国际公司)发行。”在其2009年的财务报表中也有类似的陈述。

13 本章下一节会更加详细地讨论会计处理的细节。

14 后续将要讨论的嵌入衍生工具在进行会计处理时需要进行双倍-双倍测试,而这种类型的工具就满足这种测试的标准。

15 变动递增债券的例子可以参考下述网址:http://www.one-financial.com/en_investment-solutions_variable_step_up_bonds_series_1.asp。

16 http://riskinstitute.ch/00010641.htm。

17 参阅“AEGON N.V.,浮动利率永久性资本证券”,网址为:http://www.quantumonline.com/search.cfm?tickersymbol=AEB&sopt=symbol。

18 来源:http://www.one-financial.com/en_investment_solutions_variable_step_up_bonds_series_1.asp。

19 巴黎银行(BNP Paribas S.A.)是世界第七大银行,在其附注中将这个项目作为一项投资进行宣传。这种金融工具在进行会计处理时要实施双倍-双倍测试。

20 公允价值选择权指的是会计准则允许管理层选择用公允价值来对任何金融资产或负债(除了持有至到期的)进行估值,然而该选择是不能改变的。

21 美国合众公司(Bancorp)的固定到浮动的永久性优先股利率为6.5%(非累积性):http://www/dividendyield-hunter.com/USBM.html。

22 随着美国发布第150号会计准则(FAS 150,ASC 480),以及第32号国际会计准则(目前是第7号国际财务报告准则)的发展这个领域的会计准则持续不断地发生变化,目前对债务和权益的区分已经比较合理,但还远不完整,并且市场上新工具的持续出现也会带来很多无法预期的复杂性。

23 在某些情况下,衍生工具可能也会有资产的特征(例如,购买发行人权益股份的远期合约可以用净现金结算)。因此,美国会计准则ASC 480并没有强调仅拥有资产特征的工具应该如何处理。

24 该合约违反了下面讨论的固定换固定的标准。

25 “分割”在很多情境下意味着分支、分离或区分。具体含义要根据特定情境来判断。例如，卡尔·马克思和约瑟夫·熊彼特将社会分割为上层精英和大众；在生物学中，分割指的是指纹中一波纹路的结束和另外两波纹路的开始；在地理学中，其指的是河流形成分流；在数学中，它指的则是对超平面的分离。

26 “偿还”（refunding）指的是赎回现有债券的同时发行新债券。

27 美国会计准则ASC 480-10-25讨论了对负债和权益的区分。

28 这个标准不适用于本合约的另外一方。换句话来说，发行人可以将该合约按照负债进行会计处理，但是投资者可以将该合约作为资产或权益进行会计处理。

29 ASC 480-10-25-14。

30 下述马格纳公司的例子，参考了美国会计准则ASC 840-10-55-22。

31 ASC 470-20-25-2。

32 利益特征（beneficial feature）和有效转换价格（effective conversion price）这两个术语来自会计准则。这里的例子参考了美国会计准则ASC 470-20-55-11。

33 编码美国会计准则（ASC 815-40-25-39）。

34 这就是美国会计准则ASC 815-10-15-74的例外。

35 无论是时间推移还是与企业自身股票或经营有关的事件都没有违背指数化的要求。

36 这是我自己对美国会计准则ASC 815-15-25-26到-25-29的解释。

第10章 货币类型和风险：对交易结算风险进行套期

10.1 货币问题概述

根据美国中央情报局（CIA）出版的《世界概况》（The WorldFactBook），世界各地使用178种不同的货币。各个国家或地区（如欧元区）都有自己的货币。特定国家或地区的主体把当地货币作为交换媒介和价值储藏手段，但它们可能会也可能不会使用当地货币作为计量单位。大部分货币都可以按照某种汇率兑换成另外一种货币，该汇率是全球市场上的外汇（FX）交易商通过反复不停地进行谈判而得到的；其他的货币则与美元挂钩。

汇率是指两种货币的**比率**，即一个单位的一种货币（基准货币（base currency））可兑换成另外一种货币（标价货币（quote currency））的数量。在制定决策时，可能需要获得以另外一种货币为单位的价格信息，或者了解货币换算情况。例如，当中国香港特别行政区的一个汽车经销商在决定使用当地货币给不同的汽车定价时，这位汽车经销商会想要知道将港币兑换成汽车制造商所使用的其他货币（如日元、欧元或美元）时的兑换价格。

货币兑换价格（currency exchange price）是以C1/C2的形式成对报价的，这里C1是基准货币（base currency），C2是标价货币（quote currency）或相对货币（counter currency）。在参照本国货币时，有两种标价形式：直接标价法（direct quote）和间接标价法（indirect quote）。在直接标价法中，本国货币是基准货币，外国货币是标价货币。例如，对于货币为C1的国家的居住者来说，C1/C2这个报价是直接标价，但是对于货币为C2的国家的居住者来说，这个报价却是间接标价。例如，美元/日元（USD/JPY）=80，这个报价对美国交易者而言是直接标价，但是对日本交易者而言却是间接标价。为了避免在使用直接或间接这两个词语时可能产生混淆，我们可以把基准货币设定成一个单位，并且使用以下的经验法则：

C1/C2这个表达式表示兑换一个单位的C1所需要C2的单位数量。

在外汇市场中，货币价格被指定用三个字母表示，而不是用货币符号表示。通常的习惯是用前两个字母表示国家名称或代码，用第三个字母表示该国家的货币类型。比如，英镑由GBP（Great British pound）表示，而不是它的货币符号£。以此类推，USD代表美元（U.S. dollar）；AUD代表澳大利亚元（以下简称“澳元”）（Australian dollar）；SAR代表沙特里亚尔（Saudi Arabian real）。通常，当美元出现在一对货币中时，对大多数外汇报价而言，美元是基准货币。金融市场的惯例是将美元作为基准货币，但欧元、英镑、澳元、新西兰元以及少部分其他英联邦国家的货币除外。释例10-1展示了一些外汇市场中使用外汇报价的形式。[1]

释例 10-1

对比直接标价与间接标价

基准货币：美元，于2012年4月9日

货币	代码	直接标价	间接标价
		1美元/C2	C2/美元
加拿大元（以下简称“加元”）	CAD	0.9976	1.0034
瑞士法郎	CHF	0.9174	1.0912
英镑	GBP	0.6302	1.5878
日元	JPY	81.6777	0.012258

注：在这个释例中，C1是美元，C2是这四种外币中的一种。

一个外汇报价可呈现出两个价格，一个是买入价（bid price），另一个是卖出价（ask price）。比如“美元/瑞典克朗”是指兑换1美元所需要的瑞典克朗的金额。在2012年4月9日，买入价是6.75590瑞典克朗，而卖出价是6.76040瑞典克朗。买入价是指交易员买入另一货币所需的某一货币的价格（即汇率）。卖出价是指交易员卖出另一货币得到的某一货币的价格（即汇率）。对于某个给定的交易员而言，买入价会比卖出价稍低一些，这两者之间的价差代表了这位交易员的利润。汇率变动用四位小数报价，最小的变动就是一个点（pip），即0.01%。

交叉汇率（cross currency）报价不使用美元作为基准货币或者标价货币，比如“阿根廷比索/巴西雷亚尔”。交叉汇率报价可通过两次转换变成直接汇率报价。例如，通过等式“美元/巴西雷亚尔=阿根廷比索/巴西雷亚尔×美元/阿根廷比索”，可将“阿根廷比索/巴西雷亚尔”变成“美元/巴西雷亚尔”这样一个直接报价。

10.2 变化的汇率

10.2.1 金本位（The Gold Standard）

1973年之前，工业国家的经济政策制定者认为，将汇率固定在已知的标准上将会促进国际贸易和跨国资本流动。他们认为，固定汇率（stationary exchange rates）具有更强的可预见性，并且更加稳定。这种观念的形成始于1944年7月的一个国际条约。当时，来自41个同盟国的代表们相聚在美国新罕布什尔州的布雷顿森林（Bretton Woods），并一致同意将汇率固定，以此来稳定货币市场。为了实现该目标，他们决定盯住（即依附（indexing or attaching））峰会中代表国家的货币。这些国家成为《布雷顿森林协议》的签署国，旨在将其他货币与美元挂钩，并将美元与黄金价格挂钩。

在当时，黄金价格大约是每盎司35美元，而美国拥有超过90%的世界上已知的黄金供应。多年以来，随着其他国家聚集了充分的获得大量黄金的经济实力，美国对黄金供应的控制逐渐减弱。由于黄金加速流出美国，人为设置的固定汇率不再能够反映国际经济状况，而且人们日益认识到金本位限制了国际贸易的发展。1971年，为了支持自由浮动汇率，美国决定单方面地废除金本位以及《布雷顿森林协议》。不久后，其他国家也废除了此协议。到了1973年3月，世界上大多数主要货币已经有了自由浮动汇率，而其在很大程度上是由市场力量决定的。[2]

10.2.2 汇率浮动制度：汇率变动的根源

金本位的废除引发了经济学家和金融专家对汇率变动原因进行研究的兴趣。他们提出了一些理论，试图要解释这些货币变动的根本原因。不过这些理论好像都是在为改变货币供求的力量寻找不同的解释。下面的内容概述了其中的一些理论。

10.2.2.1 市场力量

一个国家的货币与全球市场中其他任何一种商品一样——它的价格由供求决定。无论市场是缺乏监管还是被有针对性地进行干预，汇率都是其货币所在市场的均衡价格。例如，有一个叫ABC的国家与世界上其他国家进行交易，其货币的流入与流出产生的国际收支（balance of payment，BoP）（净额），会反映超额需求、超额供应或供求平衡。

国际收支（BoP）的要素有出口（exports，X）、资本流入（capital inflows，CI）、资金流入（financial inflows，FI）、进口（imports，I）、资本流出（capital outflows，CO）和资金流出（financial outflows，FO）。其公式为：

BoP=(X+CI+FI)−(I+CO+FO)

从某个特定国家的观点来看，其贸易伙伴可能是世界上其他任何一个国家。若某个特定货币的国际收支为正数（盈余），说明对于这个有着国际收支盈余的国家来说，其货币流入多于流出，从而使世界上其他国家因为汇率增长而导致该特定货币的短缺。反之，若其国际收支为负数（赤字），那么其他国家将会拥有更多的这个特定国家的货币，从而使该特定货币的价值较之其他货币减少了。例如，美国从中国的进口（现金流出）比出口（现金流入）要多，因此美元相对于人民币的价值就下降了。如果市场缺乏政府或其他金融机构（如世界银行或国际货币基金组织）的干预，本国货币价格的增加或减少将改变贸易条件以及相关资金流，直至国际收支回到均衡。相比汇率固定的环境，在汇率浮动制度下这种调整会发生得更快，因为在汇率浮动制度下，汇率比商品价格更快地根据经济力量的变化而调整。

为了说明这一点，可以比较美元/日元汇率随时间的变动。这些变动可以说明货币供求的变化。在2002年1月，1美元可兑换134日元。从那以后，较之于出口（输入日元），美国从日本进口了更多的商品（输出更多的美元）。结果，日元相对美元升值了，在2012年5月22日，汇率跌到了1美元可兑换80日元。

10.2.2.2 购买力平价（Purchasing Power Parity，PPP）

随着商品、服务与资金自由地跨国界流动，一个国家一揽子的商品价格变动可以和另一国家同样一揽子的商品价格变动相比较。如果本国市场的商品价格较之其他国家类似商品价格更低，那么本国的商人将有动机向其他国家出口他们的产品。这种情况会一直持续，直到这一国家的价格在转化成其他国家的货币之后商品价格相等。要实现这种情况，两种货币之间的汇率应等于它们物价水平的比率，从而达到均衡，而此时两国的购买力是相同的。

关于购买力平价理论的说法有两个版本：第一个版本涉及物价水平变动，被称为**绝对购买力平价**；第二个版本涉及物价变动的百分比，被称为**相对购买力平价**。这两个版本都假定：（1）风险中立；（2）能够比较两国相同一揽子中的商品和服务的价格；（3）无运输成本；（4）无交易成本；（5）在资金与商品的跨国流动方面没有关税和监管限制。因为这些限制性的假定不符合现实情况，因此经济学家们认为一价定律（law of one price）不适用于现实生活。但是，汇率似乎比实际商品的价格更不稳定，这是因为汇率比商品价格更快地适应经济状况的变动。

第二个版本的购买力平价理论是相对购买力平价理论。这个理论假定在给定基期中，汇率的变动百分比必须和本国物价水平的变动百分比与外国物价水平的变动百分比的差值相等。相对购买力平价的测量不仅依赖于用来计算该变动的基期的确定，还依赖于用来测量和比较物价所参考的一篮子的商品和服务。相对购买力平价的局限和假定与绝对购买力平价的大致相似。特别是在描述能够决定汇率变化的力量方面，贸易限制、监管干预以及金融市场与商品市场的差异，会限制相对购买力平价的诊断有效性。[3]

10.2.2.3 利率平价

第三种著名的汇率决定理论是**利率平价**（interest rate parity，IRP）。在这个理论之下，远期汇率只反映两国利率存在差异的情况。举例说明，如图10-1所示，假设加元与美元（USD/CAD）的即期汇率为1.07，即购买1美元需要1.07加元。该理论

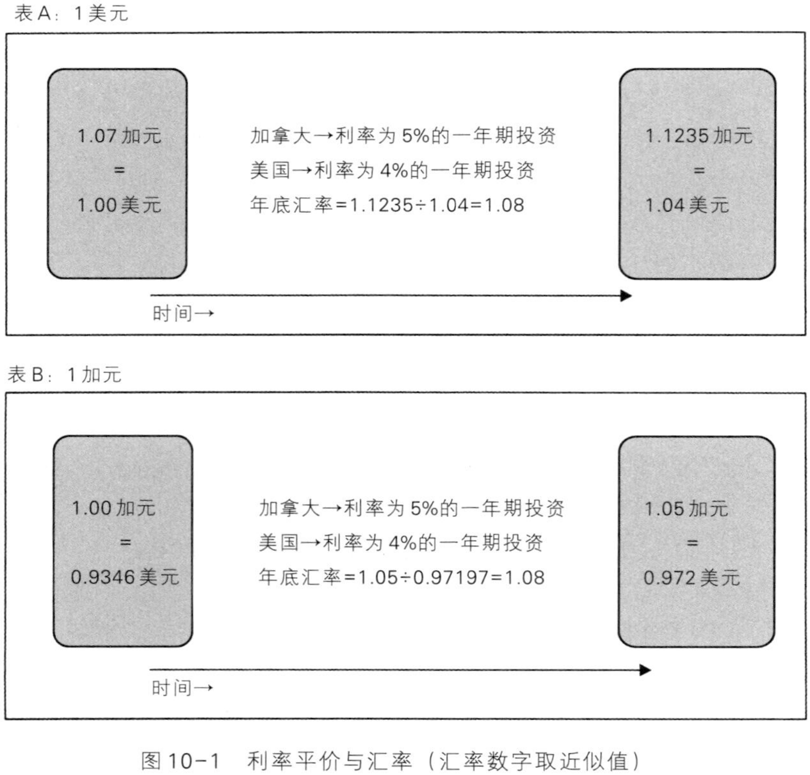

图10-1　利率平价与汇率（汇率数字取近似值）

还假设某人若在加拿大投资所获得的利率为每年5%，若在美国投资所获得的利率为每年4%。年初时，某投资者拥有100加元。如果她将这笔资金投资到加拿大，她应该期望在年底的时候将积累105加元。或者，她也可以把这100加元兑换成美元并且将这笔美元投资到无风险的金融工具中。在汇率是1.07时，将100加元兑换成美元将获得93.458美元（100÷1.07）。在美国的投资每年获得4%的回报，在年末时，她应预计积累97.196美元（93.458×1.04）。这两种投资结果的差异在年底的时候将预计产生1.0802（105÷97.196）的汇率，即年底预计的即期汇率为1.0802加元兑1美元。在这年年初时，这个预计的即期汇率就是当时的远期汇率。

10.2.2.4 国际费雪效应（The International Fisher Effect）

费雪效应指的是，任何国家的名义利率都会随通货膨胀而变动。但是各个国家的通货膨胀率不同，这就导致了相应的名义利率之间的差异。图10-1的结果也可以用**国际费雪效应**来解释。它表明两国之间汇率的预期变动是两国预期通货膨胀率之差的函数，因为通货膨胀率之差是名义利率之差的根源。国际费雪效应的理论结构并未得到实证证据的支持。[4]但是国际费雪效应和**相对购买力平价**理论产生了基本相同的结果。

- A国的利率=实际资金成本+A国的预期通货膨胀。
- B国的利率=实际资金成本+B国的预期通货膨胀。
- 货币A与货币B的汇率（CA/CB）变动将反映预期通货膨胀的相对变动。

10.3 汇率变动结果

在与其他货币的关系中，本国货币或本地货币可能会贬值或升值。相对于外国货币，本国货币贬值意味着：

- 提高了进口商品的价格并且增加了进口商的成本（减少利润）。
- 因为用更少数量的本地货币就可以表达用外币标价的出口商品，所以增强了出口商的竞争力。
- 增加了以外币计价的债务的偿还成本。
- 增加了以外币计价的资产的投资价值（以本国货币衡量）。

本国货币的升值会产生相反的效果。假设美元相对于印度卢比升值了，那么定价为既定数量卢比的进口商品将会需要更少的美元。因此，本国货币的升值会降低以本国货币来衡量的进口商品的成本。美元升值也会对出口商品产生影响。在美元升值之后，成本为X美元的美国产品将会需要更多的外国货币来满足。所以，对外国购买者来说，美国的出口商品会变得更贵。

在微观层面上，货币的变动会促使企业管理层重新评估其经营战略，以及如何管理货币风险，以此来试图减少汇率变动给企业的利润表（盈利能力）和资产负债表带来的负面影响。汇率变动对资产负债表和利润表的影响可能来自现行交易（产生货币交易风险敞口），也可能来自未来经营（产生经营风险敞口）。

10.4 汇率变动的类型

10.4.1 汇率变动（currency changes）

汇率反映了一种货币与另一种货币的关系的变动，并且有两个不同的变动方向：这种货币要么变得更有价值（涨价），要么变得更没有价值（跌价）。如前文所述，这两个方向分别为货币的**升值或贬值**。

- 升值：如果一个单位的X国货币需要较多单位的Y国货币来兑换，那么X国货币相对Y国货币走强。例如，在2011年，1美元可兑换0.71欧元（1.40845美元兑1欧元）。此后，美元相对欧元升值，在2012年7月26日，欧元/美元已达0.814欧元（1.2285美元兑1欧元）。[5]
- 贬值：如果一个单位的Z国货币需要较多单位的W国货币来兑换，那么W国货币则相对Z国货币走弱。

货币的贬值与升值取决于站在哪个国家的立场。如果需要较多数量的美元来获得1加元，美国商人会认为美元在与加元的关系中是贬值的。但是，美元相对于加元是贬值的，也就意味着加元相对于美元则是升值的。

此外，货币升值可能是有利的，但也可能是不利的，这取决于国际贸易与现金流模式的本质。对于商品的出口商来说，货币升值会使这些商品对其他国家的消费者而言更贵了，从而出口的需求和数量就减少了。与此相反，货币升值会有利于进口商，因为从国外进口的商品将花费更少的本国货币。同样地，货币贬值有利于出口商而不利于进口商。

本国货币的升值或贬值对进出口的影响也适用于其他资金流，只要这个资金流需要转换成其他货币或者从其他货币转换而来。一个国家的国际收支能反映进出口变动的净影响以及其他资金流的变动。

释例10-2总结了货币升值或贬值对进口商与出口商的影响。

释例 10-2

汇率变动类型的影响

汇率变动状态（从美元持有者的角度来看）	从进口商的角度来看	从出口商的角度来看
升值 过去：10美元=12欧元 美元升值后：10美元=14欧元	为每单位的进口商品支付更少的美元（对本国购买者而言，外国产品变得更便宜）	从每单位的出口商品那里收取更少的美元（对外国购买者而言，本国产品变得更贵；每单位商品需要更多的外币）
	进口量将增加	出口量将减少
贬值 过去：10美元=12欧元 美元贬值后：10美元=10欧元	为每单位的进口商品支付更多的美元（对本国购买者而言，外国产品变得更贵）	从每单位的出口商品那里收取更多的美元。假设一个美国的产品在欧洲卖120欧元，在货币贬值之后美国出口商将收取120美元，而不是贬值前的100美元。 或者，一个售价为100美元的美国产品现在售价为100欧元，而不是之前的120欧元
	进口量将减少	出口量将增加

10.5 货币价格的类型

一种给定货币的价格会根据时间、地点和功能的不同而不同。

10.5.1 按照时间确定的货币价格

10.5.1.1 即期、现行与远期

“即期汇率（spot exchange rate）”这个术语指的是当前一种货币能够兑换成另一种货币的比率——它是即刻交付的现金价格。但是，在报告财务报表时，术语“现行汇率（current exchange rate）”指的是在准备财务报表时存在的即期汇率。[6]“远期（forward）”或“期货汇率（futures currency exchange rate）”是预测未来特定一天的即期汇率——远期交付价格。如果我们处于时间 $t=0$ 时并且所讨论的期间结束于时间 $t=T$，那么 S_0 表示时间 $t=0$ 时的即期汇率，$F_{0\to T}$ 表示预测在时间 T 时的无套利即期汇率。这就是在时间 $t=0$ 时预测的，将要在时间 T 时交付的远期汇率，即 $F_{0\to T}=E(S_T)$。

10.5.1.2 过去和现在

已经在过去完成的交易汇率是历史价格或过去价格，而同时完成的交易汇率是即期汇率或现行汇率。需要注意的是，在折算以外币计价的财务报表时所使用的会计术语“现行汇率”可能有不同的含义。会计准则将编制财务报表当天的汇率定义为“现行汇率”。

合并包含国外业务的财务报表需要将国外经营主体的财务报表折算成合并主体的功能货币（functional currency）(列报货币（reporting currency））。会计准则在时间维度的基础上对货币进行了分类，我们将在第11章讨论货币折算时详细阐述。

1.**现行汇率法**（current rate method)：此方法使用的是编制财务报表期末的现行汇率。在现行汇率法下，有三种不同的汇率类型会运用到财务报表中：(1）按照财务报表结账日的即期汇率把所有资产和负债从外币折算成母公司的功能货币；(2）按历史汇率折算所有者权益要素；(3）按照利润表覆盖的经营期间的加权平均汇率来折算利润表项目。在合并财务报表的情况下，运用现行汇率法被称为“**折算**财务报表”(translation of financial statements)。

2.时态法（temporal method)：此方法使用的是当国外经营主体获得资产和负债时的汇率。所有金融性资产和负债都能够以现行汇率变现，因此应假定它们是“现在(currently）”获得的，并且应该按现行汇率折算。资产负债表中的其他所有项目在折算时应使用历史汇率，即当产生这些资产或负债的交易生效时的汇率。利润表的项目应该用加权平均汇率折算。在合并财务报表中，通过时态法以报告主体的货币重述外币计价的财务报表被称为**重新计量**（remeasurement)。

折算与重新计量

折算是应用现行汇率法时所使用的术语。这是将国外经营主体的财务报表转化为合并财务报表列报货币的过程。

重新计量是为了与母公司财务报表合并而应用时态法时所使用的术语，被转化的货币来自的国外经营主体有以下几种情况：（1）无自主权；（2）处于高度通货膨胀的经济中；（3）将美元作为其功能货币；（4）用权益法进行会计处理。

10.5.2 按照功能确定的货币类型

10.5.2.1 功能货币（Functional Currency）

功能货币的定义

主体经营所处的主要经济环境中的货币。通常也就是这个主体在这个环境中主要产生和支出现金所使用的货币。

（ASC 830-10-45-2）

功能货币可能是也可能不是国外业务经营的当地货币或子公司记账的货币。功能货币是一个概念，它不是指任何一种在兑换中具有法律或实物形态的特定类型的货币。美国财务会计准则委员会在1981年创造了功能货币概念，目的是改变在那以前就存在了的货币折算会计（从FAS 8改为FAS 52）。[7]由于功能货币是一个主体产生其自身收入和现金流的货币，所以只有当企业经济活动的主导货币改变时，企业才会被允许更改其功能货币。

这是强制性的：确定并采用适当的功能货币不是一种**选择**，而是一种**要求**。

功能货币的决定因素

美国财务会计准则委员会（FAS 52，现在是ASC 830）和国际会计准则理事会（IAS 21）从根本上都同意功能货币是一个主体经济活动的主导或主要货币的说法，并且都为企业决定其功能货币提供了一般指南。但是美国财务会计准则委员会附加说明，“在所有可能的事实和环境下提供明确的标准来确定国外经营主体的功能货币并且还要完成外币折算的目标，是既不可能的，也不会令人满意的”（ASC 830-10-45-3）。具体指南中提供了大量适用性标准（ASC 830-10-55-5）。

国际财务报告准则用稍许不同的方法概括了功能货币的决定因素。国际财务报告准则建立了一个层级结构，包含主要和次要决定因素。只有当主要因素无法确定功能货币时，次要决定因素才能被应用。

释例10−3的表A展示了美国公认会计原则的一般标准，表B展示了国际财务报告准则要求的由两组标准构成的层级结构。释例10−4提供了确定功能货币的示例。

释例10−3

功能货币的决定因素

表A：美国公认会计原则下的功能货币决定因素

现金流	与国外经营主体的单个资产和负债相关的现金流主要是以外国货币（当地货币）表示，并且不直接影响母公司的现金流
销售	国外经营主体的产品售价短期内不会因汇率变动而发生主要变化，而是更多地受当地条件——竞争或是当地政府管制——影响
市场	国外经营主体的产品在当地具有活跃的销售市场，尽管可能也有很大的出口量

续表

筹资	筹资主要是以外币计价，并且国外经营主体经营产生的资金足够偿还现有的以及正常出现的债务
公司间业务往来	公司间业务往来不是经常性的或交易量不大

表B：国际财务报告准则下确定功能货币的因素的层级结构

主要因素	
产出	主要影响商品和劳务销售价格的货币，且通常是商品和劳务销售价格的计价货币和结算货币
环境	其监管和市场力量对货物和服务的销售价格起主要决定作用的国家的货币
投入	主要影响投入成本（人工、材料和其他成本）的货币
次要因素[①]	
融资	从融资活动中获得资金（即发行债务工具和权益工具）所使用的货币
经营	通常是从经营活动中收取款项时所使用的货币

[①]次要因素只有当主要因素无法确定功能货币或者它们的应用产生了不一致的结果时才会被考虑

释例 10-4

确定功能货币的例子

例 1

时代国际（Style-International）是美国的一家跨国公司，它的列报货币（reporting currency）是美元。时代国际100%地拥有一家意大利的子公司，叫作时代意大利（Style-Italy）。遍及欧洲的零售店是时代意大利产品的主要购买者。

在这种情况下，欧元是功能货币，因为大多数的现金流都是以欧元产生的，而且欧元是时代意大利经营所处的经济环境的主要货币。

例 2

时代国际100%地拥有一家在泰国的子公司，叫作时代亚洲（Style-Asia）。时代亚洲的顾客大多数是中国大陆的居民，并且是用人民币来付款的。

尽管这家子公司在泰国经营并且向当地工人支付泰铢，但90%的销售收入是以人民币交易的。在这种情况下，人民币就是功能货币。

例 3

时代国际 100%地拥有第三家子公司时代中东（Style-MidE），这家公司在黎巴嫩。时代中东的顾客主要来自中东地区。其收入的约35%来自黎巴嫩里拉，40%来自埃及镑，剩下的25%来自印度卢比。

为了确定其功能货币，时代中东的管理者必须考虑其他支持因素。这家子公司83%的薪酬是以黎巴嫩里拉支付的，因此把这种货币指定为时代中东的功能货币是适当的。

10.5.2.2 列报货币或呈报货币（Reporting or Presentation Currency）

报告主体的货币

通常“报告主体（reporting entity）”指的是编制合并（或集团）财务报表的主体。而“列报货币”指的是报告主体编制其财务报表所使用的货币。对跨国企业而言，报告主体通常会合并其他附属主体的财务报表，而且可能会反映：

- 通过组合、合并或用权益法处理一个或多个国外经营主体而形成的财务报表。
- 外汇交易。

虽然主体必须要用确定的功能货币来计量财务报表，但是列报货币不一定要与功能货币一样。报告主体有两种可能：

1. **最常见的：**用功能货币来报告或呈报财务报表。

2. **不太常见的：**把两种不同的货币分别作为其功能货币和列报货币。

后一种的一个具体例子，就是**冰岛国家电力公司**（Landsvirkjun）的案例。这家公司把美元作为它的功能货币，并把冰岛克朗作为它的列报货币。

会计日志：冰岛国家电力公司：改变功能货币但不改变列报货币

冰岛国家电力公司通过天然地热和瀑布发电，将电力传输并销售给终端客户。在2007年以前，冰岛克朗一直是这家公司财务报表所使用的货币。随着2007年冰岛公认会计原则转变为国际财务报告准则，管理者面临着一个要求，即国际会计准则第21号（IAS 21）要求企业确认其列报货币是否也是其功能货币。该过程的第一步就是要明确这个公司经营的经济环境以及公司产生其现金流入的货币。在这个评估过程中需要考虑以下相关事实：

1. **冰岛国家电力公司**的顾客主要是铝生产商。

2. 这些顾客中有许多都是在美国注册的公司，如美国铝业公司（Alcoa）和加拿大铝业公司（Alcan）。

3. **冰岛国家电力公司**大部分的合约是以美元计价的。

因此，管理者决定把美元作为**冰岛国家电力公司**的功能货币。由于决定并使用已确定的功能货币是一项会计要求，不能随意选择，**冰岛国家电力公司**在2008年把它的功能货币从冰岛克朗转变成美元，并从那以后都同时使用冰岛克朗与美元来报告其财务报表。

国外主体（foreign entity）的货币

国外主体包含了所有国外经营主体，这些子公司、合营企业、联营企业或分支机构的经营活动是以与报告主体的功能货币不同的货币为基础的。国外主体的财务报表是用不同于报告主体的列报货币来编制的，而且要与报告主体的财务报表结合，或合并，或用权益法进行会计处理。

和报告主体一样，国外主体的功能货币和列报货币可能一样，也可能不一样。国外主体的功能货币可能与报告主体的功能货币一样，也可能不一样。折算、重新计量和外汇套期都是第11章的主题。

10.6 货币风险敞口

10.6.1 货币风险的定义和类型

货币风险是由于汇率不利变动而引起损失的风险。商业的国际化与自由浮动汇率制度的不稳定性的增加，都促使公司货币风险敞口显著增加。货币风险（currency exposure）通常被分为三种类型：交易、经营和折算。经济风险（economic exposure）是交易（结算）与经营风险的组合。

释例10-5与图10-2概括了货币风险敞口的类型。

释例10-5

由汇率变动所造成的风险概述

汇率变动会造成几种风险类型（正如图10-2所描绘的），如下所述：

货币交易结算风险

国际贸易与劳务交换使企业从事以外币计价的交易与交换。每当企业预期存在按未知的远期汇率来确定的外币现金流入或流出时，交易风险敞口就会出现。

交易风险是指在交易（购买、销售、贷款、放贷、提供或接受服务）发生到结算的这段时间里由意料之外的汇率不利变动而引起损失的风险（按报告主体的功能货币进行计量）。

货币交易风险可能包括下列之一或全部：

- 以外币计价的合约或交易按本国货币计量而造成的价值损失。
- 按本国货币计量时，由于汇率意外变动而产生现金流波动，从而造成的潜在损失。

会计准则（ASC 830和IAS 21）要求企业按现行（即期）汇率确认由以外币计价的交易带来的汇兑损益，并记入利润表。

货币经营风险

货币经营风险是指由于汇率不利变动而引起意外损失或导致与未来经营（如购买或销售）相关的未来现金流量现值减少的风险。这类风险可能会由于经营产生的收入、成本或现金流量的意外变动而发生。

货币折算风险

货币折算风险通常被称为“货币会计风险”，因为这类风险的大小取决于将国外经营主体的财务报表转化为报告主体的货币时所使用的会计方法。在这种情况下，风险指的是国外经营主体的净投资是以价值可能会减少的货币来计量。但是，这种风险是按照一些特定会计指南来计量的。

跨国公司通过子公司在不同国家经营，而子公司趋向于使用外币或用外币报告——该货币不同于报告主体的功能货币。国外子公司或国外活动在经营时可能使用当地货币或第三方国家的货币。无论是哪一种货币，报告国外经营主体财务报表所使用的计量货币都与报告主体的列报货币不同。为了合并国外经营主体与母公司的财务报表，一个既定国外经营主体的所有以外币计价的财务报表都必须转换（折算或重新计量）为报告主体的功能货币。

有两种折算风险：

- **当期经营风险**（current operations exposure）：国外经营主体的收入、费用、利得或损失作为利润表的部分应被折算。因此，因折算利润表而产生的净利得或损失应被包含在合并的利润表中。

- **财务状况风险**（financial position exposure）：这种风险也被称作**外币折算调整**（currency translation adjustment），并记入（放置在）累积其他综合收益的权益账户中。

折算外币报表的会计指南会在第11章中讨论。

经济风险（economic exposure）

经济风险是交易风险与经营风险的总合。

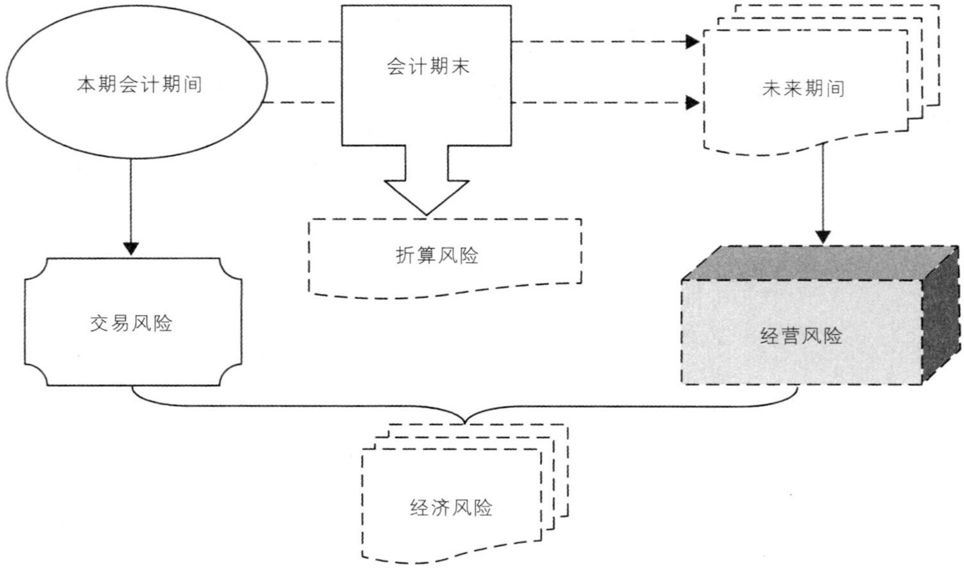

图10-2　不同货币风险敞口的关系

10.7　货币交易结算风险

正如上面提到的，货币交易风险敞口指的是在未来结算以外币计价的合约时产生利得或损失的可能性。这些交易可以是存在延期付款的以任何外币计价的交易，如赊购（在进口时）、销售（在出口时）、交换劳务、借款或放贷，或成为待履行合约或工具的一方。这类风险敞口是在从开始到结算以外币计价的合约的这段时间里产生的。例如，如果一个美国进口商在结算其以日元计价的合约之前，日元相对于美元升值了，那么在结算时该进口商将支付更多的美元。相反地，如果在结算以日元计价的合约之前，日元贬值了，那么对于一个将产品销售给日本的美国出口商而言，他将遭受类似的货币风险。同样地，发行或购买以外币计价的债务工具会致使合约中本国的一方遭受汇兑损失。面对汇率的任何变动，合约中的当事人一方将遭受损失而另一方将获益。这些合约引起的汇兑损益应作为融资项目处理。[8]

10.7.1　货币交易结算风险的来源

企业不需要有海外子公司才能成为以外币计价的合约的当事人一方。位于美国的企业（其功能货币是美元）在销售产品时，可能会将产品从迈阿密、旧金山或一些其他港口运送到其货币不同于美元的其他国家或地区的购买者那里。同样地，在美国的企业也可以从位于其他国家的外国企业那里购买原材料与制成品或获取劳务。这种交换不仅限于实体商品，而且延伸到金融交易。外国银行可能会给美国的企业提供贷款的便利，反之亦然。这些类型的活动都是国际贸易与跨国资金流动的主要部分。

把美元作为其功能货币的企业与外国交易对方（counterparty）之间的以外币计价的合约可能会用以下三种类型货币中的一种来撰写：

1. 报告主体的功能货币（美元）。在这种情况下，美国企业不会承担货币风险，而外国交易对方将承担货币结算风险。

2. 外国交易对方所在国家的货币。在这种情况下，货币风险敞口由美国企业承担。

3. 第三方国家的货币。在这种情况下，合约双方都面临货币风险敞口。

下面的简单合约解释了上述三种情形。

10.7.2 货币交易结算风险举例

10.7.2.1 三类合约的共同背景

P&K是一家位于俄亥俄州的美国公司，它把美元作为其功能货币。在20×1年3月1日，**P&K公司**与**奥兹矿业**（Ozi Mining）**公司**（一家将澳元作为其功能货币的澳大利亚公司）签订协议，P&K将购买5 950吨的磷矿石并且每吨价格为184.69澳元。所有合约都是30天月结。在20×1年3月1日，即执行合约当日，澳元/美元汇率为0.91（0.91美元兑1澳元）。30天结束时，汇率增长到0.95（美元贬值，澳元升值）。

按照20×1年3月1日时的澳元/美元汇率，签订该合约时应当在合约中写明当日以1 000 000美元或1 098 901澳元的价格结算。但是由于有信用条款，**P&K公司**可能会也可能不会实现汇兑损益，这取决于合约的计价货币。**P&K公司**与**奥兹矿业公司**有三种可能的货币选择：

1. 美元（合约一）。

2. 澳元（合约二）。

3. 其他国家或地区的第三种货币（合约三）。

（注：在该例中，三种合约都忽略信用风险。）

10.7.2.2 合约一：以美元计价的合约

在这个类型的合约中，澳大利亚交易对方是否使用不同的货币与P&K公司（美国的购买者）不相关。因为这份合约是以P&K公司的功能货币计价的，因此该公司不承担货币风险。而奥兹矿业将承担所有汇率风险。P&K公司将会记录这份合约的起始与终止，并且记录方法与其他美国交易合约中使用的方法一样。

P&K公司对合约一的记录

假设**P&K公司**与**奥兹矿业公司**之间的磷矿石购货合约应在30日内以美元支付。如果在购货当日就结算合约，那么P&K公司会转账1 000 000美元来支付这笔交易，而澳大利亚公司会按即期汇率（0.91美元兑1澳元）记录总金额为1 098 901澳元（1 000 000÷0.91）的销售与收款。

但是，这份合约的结算日在30天之后。在购货时，**P&K公司**将记录1 000 000美元的存货采购和应付账款，而澳大利亚交易对方将用按即期汇率转换后的该合约的价值来记录应收账款和销售收入，即1 098 901澳元。30天后，汇率发生了变化，美元贬值了，澳元/美元的汇率增至0.95。但这一改变并不会影响**P&K公司**，因为该公司仍要向**奥兹矿业公司**转账1 000 000美元来还清应付票据。从**奥兹矿业公司**的角度来看，1 000 000美元现在能折算成1 052 631澳元（1 000 000÷0.95）。**奥兹矿业公司**将记录收到1 052 631澳元，比之前记录的应收账款少了46 270澳元。这个差异就是**奥兹矿业公司**的汇兑损失，它是在信用期间内汇率变动的结果。（注意，所有数字都是四舍五入到最接近的一个单位的货币。）

P&K公司与奥兹矿业公司在账簿中对合约一的会计处理

P&K公司（美国） （单位：千美元）			奥兹矿业公司（澳大利亚） （单位：千澳元）		
	借	贷		借	贷
20×1年3月1日 库存商品 应付账款——奥兹矿业 从奥兹矿业公司采购5 950吨磷矿石	1 000	1 000	20×1年3月1日 应收账款——P&K 销售收入 向美国P&K公司销售5 950吨磷矿石	1 098.90	1 098.90
20×1年3月31日 应付账款——奥兹矿业公司 现金 偿清奥兹矿业公司的应付账款	1 000	1 000	20×1年3月31日 现金 汇兑损失——P&K公司 应收账款——P&K公司 收回应收账款并记录因汇率变动而产生的汇兑损失	1 052.63 46.27	1 098.90
			其他利得/损失——盈余 汇兑损失——P&K公司 记录货币结算损失	46.27	46.27

10.7.2.3 合约二：以澳元计价的合约

假设以下信息：

- **P&K公司**把美元作为其功能货币。
- **奥兹矿业公司**把澳元作为其功能货币。
- 20×1年3月1日，**P&K公司**与**奥兹矿业**公司签订协议，向**奥兹矿业公司**购买每吨184.69澳元的磷矿石共5 950吨。
- 该合约是按30天后付款（30-day net）而制定的。
- 20×1年3月1日，即执行合约当日，澳元/美元汇率为0.91（0.91美元兑1澳元）。
- 20×1年3月31日，汇率为0.95（美元贬值，澳元升值）。

启示

这份合约应以澳元支付。因此，**奥兹矿业公司**将必定会收到1 098 901澳元。如果该合约是现销而非赊销，**P&K公司**在20×1年3月1日就应支付1 000 000美元。但若是在30天后当汇率从0.91增至0.95时才结算合约，则意味着**P&K公司**将不得不支付1 043 956美元。在这种情况下，汇率变动不会影响**奥兹矿业公司**，而**P&K公司**则会损失43 956美元。

P&K公司与奥兹矿业公司在账簿中对合约二的会计处理

P&K公司（美国）（单位：千美元）			奥兹矿业公司（澳大利亚）（单位：千澳元）		
	借	贷		借	贷
20×1年3月1日 库存商品 　　应付账款 从奥兹矿业公司采购5 950吨磷矿石并在30天后付款	1 000	1 000	20×1年3月1日 应收账款 　　销售收入 向美国P&K公司销售5 950吨磷矿石	1 098.90	1 098.90
20×1年3月31日 应付账款 汇兑损失 　　现金 偿清应付账款并记录因汇率变动而产生的汇兑损失	1 000 43.956	1 043.956	20×1年3月31日 现金 　　应收账款 收回应收账款	1 098.90	1 098.90
20×1年3月31日 其他利得和损失——盈余 　　汇兑损失 将汇兑损失计入损益，并将其作为融资成本	43.956	43.956			

10.7.2.4　合约三：以第三种货币计价的合约

假设以下信息：

- **P&K公司**把美元作为其功能货币。
- **奥兹矿业公司**把澳元作为其功能货币。
- 20×1年3月1日，**P&K公司**与**奥兹矿业公司**签订协议，向**奥兹矿业公司**购买每吨235.295新西兰元的磷矿石共5 950吨。
- 该合约是按30天后付款（30-day net）而制定的。
- 该合约以新西兰元计价为1 400 000新西兰元（**P&K公司**应该用新西兰元向**奥兹矿业公司**支付）。
- 20×1年3月1日时：
- 澳元/新西兰元=1.20（1.20新西兰元兑1澳元）。
- 美元/新西兰元=1.40（1.40新西兰元兑1美元）。
- 20×1年3月31日时：
- 澳元/新西兰元=1.24（1.24新西兰元兑1澳元）。
- 美元/新西兰元=1.47（1.47新西兰元兑1美元）。

启示

• 从**P&K公司**的角度来看：

• 在20×1年3月1日购货时，该合约价值1 000 000美元（相当于1 400 000新西兰元）。

• 但是当20×1年3月31日结算时，**P&K公司**需要支付1 400 000新西兰元，相当于952 381美元，并获得47 619美元的利得（70 000÷1.47）。

• 从**奥兹矿业公司**的角度来看：

• 在20×1年3月1日购货时，1 400 000新西兰元等于1 166 667澳元。

• 但是当20×1年3月31日结算时，1 400 000新西兰元相当于1 129 032澳元（1 400 000÷1.24）；**奥兹矿业公司**将收到比卖出时更少的本国货币，也就是损失了37 635澳元。

• 当合约以第三种货币计价时（不是合约中任何一方的功能货币），合约双方都会产生货币交易结算风险。

• 在这种合约中，由于**P&K公司**的债务是以新西兰元计价的，因此新西兰元相对于美元贬值会导致**P&K公司**获利。

• 而由于**奥兹矿业公司**的应收账款也是以新西兰元计价的，新西兰元相对于澳元贬值会导致**奥兹矿业公司**产生损失，因为销售合约是以新西兰元计价的。

P&K公司与奥兹矿业公司在账簿中对合约三的会计处理

P&K公司（美国） （美元）			奥兹矿业公司（澳大利亚） （澳元）		
	借	贷		借	贷
20×1年3月1日 库存商品 　　应付账款 采购××数量的磷矿石	1 000 000	1 000 000	20×1年3月1日 应收账款 　　销售收入 销售××数量的磷矿石	1 166 667	1 166 667
20×1年3月31日 应付账款 　　汇兑利得 　　现金 偿清应付账款	1 000 000	47 619 952 381	20×1年3月31日 现金 汇兑损失 　　应收账款——P&K公司 收回应收账款并记录因汇率变动产生的汇兑损失	1 129 032 37 635	1 166 667
20×1年3月31日 汇兑利得 　　其他利得和损失——盈余 将汇兑利得计入损益，并将其作为融资成本	47 619	47 619	20×1年3月31日 其他利得和损失——盈余 　　汇兑损失 将汇兑损失计入损益，将其作为融资成本	37 635	37 635

10.7.2.5　对比三种合约

1. 在以本国货币计价的合约中，外国交易对方承担所有汇兑风险。

2. 在以外国交易对方货币计价的合约中，本国交易方承担所有汇兑风险。

3.在以第三种货币（不是合约中任何一方的货币）计价的合约中，合约双方都要承担汇兑风险。

10.8 降低货币交易结算风险

企业可以通过一些方法来管理它们的货币交易结算风险，包括（但不限于）以下四种方法：

1.平行贷款（parallel loans）或背对背贷款（back-to-back loans）。

2.流入与流出相配比。

3.货币市场套期保值（money market hedge）。

4.利用金融衍生工具（或者许可的非衍生工具）进行套期。

10.8.1 平行（或背对背）贷款

10.8.1.1 平行贷款叙述

在20世纪曾经有过一段时期，英国政府官员相信限制英国货币在英国以外的地方流通会增加本国的投资。执行这种信念的结果就是，英国企业使用英镑在其他国家进行投资是违法的。该法律试图促进对英国国内资本的利用，从而为国内经济增长提供资金，并且帮助创造就业。

该法律的副作用就是英国的跨国企业难以在国外进行某些商业交易，甚至是和它们的子公司之间的交易。尽管这些早期的规章制度阻碍了英国公司为其在外国经营的子公司融资，但是它们没有阻碍企业为外国公司在英国的子公司提供英镑贷款。结果就产生和发展出了一种互换融资的形式，现在被称为平行或背对背贷款。[9]

10.8.1.2 平行贷款举例

作为一种管理货币风险敞口的方法，可以用以下这种情形来说明平行贷款：一家英国公司在加拿大有一家子公司，并且一家加拿大公司在英国有一家子公司。为了给子公司提供资金而且不用将资金从一个国家转移到另一个国家，一家英国银行可以在伦敦给加拿大公司的子公司提供贷款，而一家加拿大银行可以以相同的条款在加拿大给英国公司的子公司提供贷款。假设英镑/加元的汇率为1.50加元兑1英镑。英国公司给位于英国的加拿大子公司提供利率为5%且金额为5 000英镑的贷款，同时加拿大公司给位于加拿大的英国子公司提供利率为5%且金额为7 500加元的贷款。在加拿大的英国子公司用加元向加拿大债权人偿还贷款，同时在英国的加拿大子公司也用英镑向英国公司偿还贷款。所以，汇率变动不会对双方造成显著影响。从经济意义上来说，这两笔贷款是相关的；但是从会计角度来看，它们是没有联系的。[10]

图10-3说明了这两笔平行贷款的现金流，并且随后给出了这个交易记录的说明。

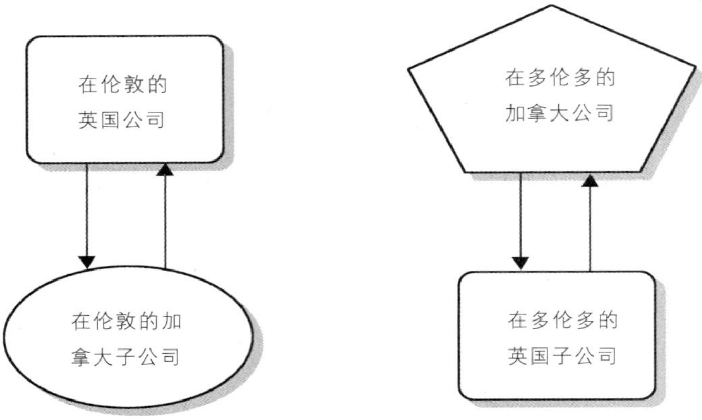

图 10-3　平行贷款举例

10.8.1.3　英国公司与加拿大公司之间的平行贷款的会计处理

在伦敦的英国公司的记录（英镑）			在多伦多的加拿大公司的记录（加元）		
应收贷款 　　现金 向在伦敦的加拿大子公司提供贷款	5 000	5 000	应收贷款 　　现金 向在多伦多的英国子公司提供贷款	7 500	7 500
现金 　　应付贷款 在多伦多的英国子公司的借款	5 000	5 000	现金 　　应付贷款 在伦敦的加拿大子公司的借款	7 500	7 500
现金 　　利息收入 提供给在伦敦的加拿大子公司的贷款产生的利息收益	250	250	现金 　　利息收入 提供给在多伦多的英国子公司的贷款产生的利息收益	375	375
利息费用 　　现金 在多伦多的英国子公司的借款成本	250	250	利息费用 　　现金 在伦敦的加拿大子公司的借款成本	375	375

财务报表：平行贷款的影响

在英国	在加拿大
· 英国公司应显示资产增加了5 000英镑（向加拿大公司提供的贷款）以及现金减少了5 000英镑。 · 加拿大子公司应显示贷款（负债）增加了5 000英镑以及现金增加了5 000英镑。 · 英国公司的合并资产负债表的资产将增加5 000英镑，负债将增加5 000英镑。 · 同样地，利润表将显示250英镑的利息费用和250英镑的利息收入	· 加拿大公司应显示资产增加了7 500加元（向英国公司提供的贷款）以及现金减少了7 500加元。 · 英国子公司应显示贷款（负债）增加了7 500加元以及现金增加了7 500加元。 · 加拿大公司的合并资产负债表的资产将增加7 500加元，负债将增加7 500加元。 · 同样地，利润表将显示375加元的利息费用和375加元的利息收入
无净影响	无净影响

除了遵循英国法律（现在已经不再有效）之外，这两笔平行贷款使英国公司与加拿大公司避开了汇率从1.50加元兑1英镑（贷款时的汇率）开始的变动。假设在结算贷款时，汇率变化至1.40加元兑1英镑。加拿大公司将获得由偿还应付账款而形成的500加元的利得，这会与由收回应收账款而形成的500加元的损失相互抵销。英国公司将获得由收回应收账款而形成的357.14英镑的利得，这会与由偿还贷款而形成的357.14英镑的损失相互抵销。因此，这两家公司都不会受到汇率变动的影响。但是每个项目都必须分开报告。两家公司仅有的实际增量成本就是在协商贷款和处理大西洋两岸的本息定期支付中形成的。但是从财务分析的角度来看，平行贷款改变了财务比率和资产负债表与利润表的内部关系，以及两个表之间的关系。

10.8.2 相同货币的流入和流出的匹配

另一种管理货币风险敞口的方法就是管理金融和业务交易，从而使某一特定外币的现金流入与流出的数量和模式相匹配。企业可以平衡相同货币的应收账款和应付账款，或者管理相同货币的多头头寸（long position）和空头头寸（short position）。企业也可以通过多边协议以及战略性地管理流入与流出的提前与延期来实施更复杂的流量匹配。

例如，把商品出口到欧元区能够中和以欧元计价的同等数量欧元的商品采购的货币风险。同样地，发行以外币计价的债务可以与在此种货币所属国家或地区投资相等的数量进行匹配。在这种情况下，货币增值（价值增加）意味着同时提高投资产生的收益并且增加维持贷款的成本。相反地，货币贬值（价值减少）会导致投资回报率降低，但是也减轻了债务偿付义务。在这两种情况下，流入的变化会与流出的变化相互抵销。

这种方法是“自然套期”的一种形式，并且能够以不同的方法来实施。例如，在2011年的10-K表格中，麦当劳公司的管理层在附注中写道：“当可行时，麦当劳的餐厅会使用当地货币采购商品与劳务，从而形成自然套期。”其还写道：“某些以外币计价的债务在某种程度上是用来保护公司在某些海外子公司和关联公司的投资价值免受汇率变动的影响。”[11]

尽管这种货币套期方式经受了时间的考验，但是为了使流入与流出相匹配而进行额外的外币投资或借款交易，会带来比使用金融衍生工具更高的交易成本。这似乎就是通用电气公司管理层的观点，例如其在10-K表格中写道：

> 作为公司政策，我们利用衍生工具是为了管理风险而非投机。我们金融服务业务的一个关键的风险管理目标就是，试图保证债务的特征与资金投向的资产相匹配，从而降低利率和货币风险。如果我们发行的债务的形式（固定与浮动）及其标价货币与相关资产不匹配，那么我们通常会利用衍生工具来调整资金的类型与期限，以此来实现该目标。我们是参与衍生交易还是直接发行债务来达到这一目标，取决于一些因素，包括与市场有关的并且会影响我们发行债务类型的因素。

（来源：通用电气公司，10-K表格，2011年p.166; http://www.ge.com/investors/financial_reporting/index.html.）

在20世纪80年代早期，对衍生工具的使用开始取代现金流量匹配，正如现金流量匹配取代平行贷款一样。但是这些工具仍然存在并继续被一些企业使用，而这些企业的管理层不愿意处理金融衍生工具与潜在其他类型的风险敞口。

错误匹配货币流量会带来很严重的后果。一个经典的案例就是雷克斯航空（Lakers Airelines）（Smithson，1998）。在20世纪70年代，美元在与英镑的关系中是处于弱势地位的，英国公民到美国旅游和观光是相对便宜的。雷克斯航空想要充分利用这个状况并且通过在美国市场上借款来购买几架飞机，从而向这一市场提供服务。当美元相对英镑走强时，雷克斯航空的希望破灭了。从英国去美国旅游人数明显下降，而且雷克斯航空需要用更多的英镑来偿还以美元计价的贷款，这个双重危机最终导致雷克斯航空破产。

10.8.3 货币市场套期保值

10.8.3.1 货币市场套期保值的描述

货币市场套期保值（money market hedge，MMH）包括不同货币的借贷交易，以便锁定（固定到已知水平）外币资产、负债或交易的本国货币价值。尽管利用货币市场套期保值的目的是防范货币风险敞口，但是使不同货币的借贷直接联系不符合会计制度的要求。为了比较不同方法的影响，本节利用一个案例来进行解释。我们通过这个案例来说明对货币市场套期保值的应用，并和金融衍生工具相对比，这将在本章的下一部分中讨论。

10.8.3.2 案例

在20×8年6月1日，一家位于美国的摩托车经销商**优英波特**（UImporte）**公司**从巴西生产商巴西百克（BraziBikes）那里购买了250辆BR2G型号的摩托车，总价为1 000 000巴西雷亚尔，即期汇率为1美元/1.53846巴西雷亚尔。为了在购买时为该交易支付现金，**优英波特公司**不得不转移650 000美元（该数字存在舍入误差）。但是由于**优英波特公司**现金短缺，因此它通过给圣保罗的出口商一张在20×8年8月31日或之前到期的无息应付票据来赊账购货。在那一时期内，假如巴西雷亚尔[12]相对美元升值，即要求转移多于650 000美元最初债务的资金来偿清应付票据，那么**优英波特**就有可能遭受损失。

10.8.3.3 货币市场套期保值合约

优英波特的管理层已经考虑到美元与巴西雷亚尔之间的汇率变动将给盈余和现金流带来负面影响的可能性。管理层决定为这个或有事项制订计划，通过在巴西投资一笔资金，使本息能够在3个月内积累1 000 000巴西雷亚尔。然后，**优英波特**可以利用这1 000 000巴西雷亚尔偿清欠巴西百克的应付票据，而且不用受汇率变动的影响。

优英波特管理层确定了一家巴西的银行，可为商业存款每年支付6%的利息（即90天利率为0.015）。假设利率为简单的复利，期限为90天的1 000 000巴西雷亚尔的现值等于985 221.67（1 000 000÷1.015）。购买当日的现行即期汇率等于0.65美元兑1巴西雷亚尔，或者1.53846巴西雷亚尔兑1美元。这时，**优英波特**必须储蓄640 394.09美元（985 221.67×0.65）作为其在这家巴西银行的投资。为了避免资金转移干扰正常业务经营，**优英波特**从芝加哥的贸易银行按每年8%的利率借款640 394.09美元，并且在20×8年6月1日全额转移到这家巴西银行。按照20×8年6月1日的即期汇率，实际储存在这家巴西银行的巴西雷亚尔金额按计划应是985 220.69巴西雷亚尔（640 394.09×1.53846）。

在报告期结束时（20×8年6月30日）以及在90天结束时，**优英波特**在巴西与美国都有额外交易。

在巴西的交易

- 在20×8年6月1日到20×8年8月31日这段时间里，**优英波特**在巴西的投资获得了14 788.33巴西雷亚尔的利息收入。
- 985 221.67巴西雷亚尔的期初投资与赚得的14 788.33巴西雷亚尔的利息收入的总和为1 000 000巴西雷亚尔。
- **优英波特**从这家巴西银行取出1 000 000巴西雷亚尔，并用这笔资金偿清欠巴西百克的应付票据。

在美国的交易

- 按照8%的年利率，**优英波特**从芝加哥贸易银行借得的贷款产生的成本为12 807.88美元（640 394.09×0.08÷4）的3个月应计利息。
- **优英波特**向贸易银行支付653 201.97美元来偿清所欠的贷款本息。

10.8.3.4 总结货币市场套期保值合约

图10-4展示了这个货币市场套期保值案例的资金流。在这个系统中有几种不同的交易类型：（1）采购存货；（2）在美国资本市场借款；（3）在巴西投资资金；（4）从贸易银行贷款产生应计利息费用；（5）在巴西银行的存款产生的应计利息收入；（6）偿清欠巴西百克公司和芝加哥贸易银行的债务。最后，与采购巴西百克公司的存货相关的总成本共计653 201.97美元，其中3 201.97美元作为融资成本。因此，该货币市场套期保值的成本是3 201.97美元；货币市场套期保值将成本锁定在一个水平上，不受汇率波动的影响。因此，**优英波特**成功地按预期的赊购融资成本偿清巴西雷亚尔应付票据。

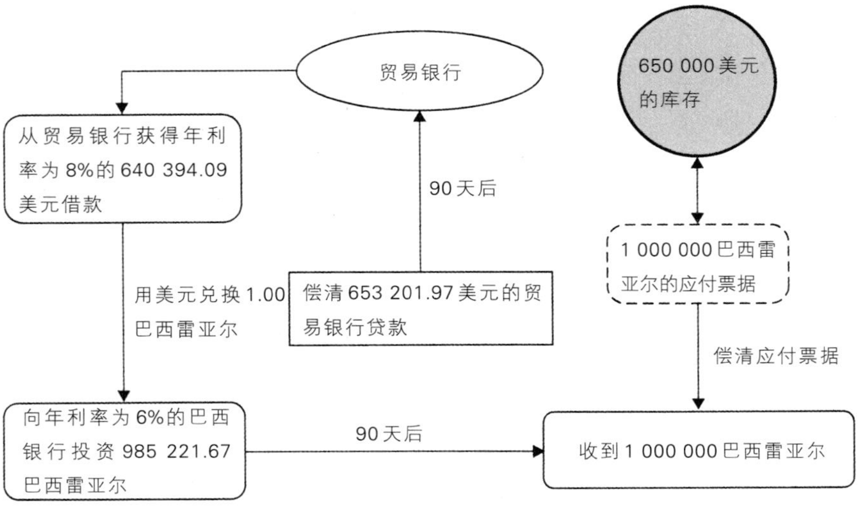

图10-4　货币市场套期保值的资金流

10.8.3.5 货币市场套期保值的会计处理

和平行贷款的案例一样，货币市场套期保值的会计处理不会使借款交易与投资交易相关联。在上述案例中，库存采购、从芝加哥贸易银行借款，以及在巴西银行投资的这三笔交易都被视作不相关的。库存采购是一种商品交易，而与美国银行和巴西银行的交易是融资交易，而且不会影响库存成本或销货成本。这些融资交易产生的利得或损失应当被直接计入损益。

记录货币市场套期保值交易

在上述的案例中，**优英波特**公司的会计分录如下：

日期	交易	借	贷
20×8年6月1日	库存商品 　　应付票据——巴西百克公司 从巴西采购存货共计1 000 000巴西雷亚尔。汇率为1.00美元/1.53846巴西雷亚尔	650 000.00	650 000.00
20×8年6月1日	现金 　　银行贷款——芝加哥贸易银行 从芝加哥贸易银行借入期限为90天、年利率为8%的贷款。该贷款为在巴西银行储存资金的目的而获得，为了积累资金以便偿清应付票据	640 394.09	640 394.09
20×8年6月1日	投资——巴西银行 　　现金 在巴西银行投资，以便积累资金来偿清巴西百克公司债务	640 394.09	640 394.09
20×8年6月30日	投资——巴西银行 　　利息收入——在巴西银行的存款 记录截止到6月30日本季度的应计利息收入	3 202.00	3 202.00
20×8年6月30日	利息费用 　　应付利息——芝加哥贸易银行 记录截止到20×8年6月30日本季度欠芝加哥贸易银行的应付利息	4 269.36	4 269.36
20×8年6月30日	其他费用/收入——在巴西的存款 　　融资成本——利润表	3 202.00	3 202.00
20×8年6月30日	融资成本——利润表 　　其他费用/收入——芝加哥贸易银行	4 269.36	4 269.36
20×8年8月30日	利息费用 　　应付利息 记录欠芝加哥贸易银行的应付利息	8 538.52	8 538.52
20×8年8月30日	投资——来自巴西银行存款的收益 　　在巴西银行的投资产生的利得 记录在巴西银行存款获取的应计利息	6 402.91	6 402.91
20×8年8月30日	现金 　　投资——巴西银行 结算在巴西银行的存款	650 000.00	650 000.00

续表

日期	交易	借	贷
20×8年8月30日	应付票据 现金 偿清欠巴西百克公司的应付票据	650 000.00	650 000.00
20×8年8月30日	银行贷款 现金 偿清芝加哥贸易银行的贷款	653 201.97	653 201.97
20×8年9月30日	在巴西银行投资产生的利得 其他收入/费用——利润表 确认在巴西银行存款产生的利得，将其作为融资利得	6 402.91	6 402.91
20×8年9月30日	其他收入/费用——利润表 利息费用 确认支付给芝加哥贸易银行的利息，将其作为融资成本	8 538.52	8 538.52

10.8.3.6 货币市场套期保值与套期保值会计的条件

货币市场套期保值的目标是保护企业免受汇率意外波动的影响，其和平行贷款案例中的情况一样。从这个意义上来说，货币市场套期保值也是一种经济套期保值，尽管其不会按照套期进行会计处理。如上所述，货币市场套期保值系统并不使用金融衍生工具。但是，在现行的美国会计准则与国际财务报告准则下，企业被允许使用非衍生金融项目来套期以外币计价的贷款，而且也被允许应用套期保值会计，只要套期被指定并且套期关系满足其他关于记录和有效性方面的要求。

10.9 使用金融衍生工具套期

10.9.1 货币风险套期的会计资格标准

外币套期的目的是降低由于不确定的（预期外的）未来的货币（除了企业自身的功能货币）汇率变动而引起的风险敞口。用来影响套期战略的金融工具包括与本书之前所讨论的那些金融衍生工具——期货合约、远期、掉期、期权及各种组合与其变化——相似的金融衍生工具。但是，应用多种货币的套期会计要比单一货币的套期会计更复杂。因为货币之间有相互依存的关系，而且在FAS 133发布之前，美国公认会计原则ASC 830（FAS 52）与国际财务报告准则IAS 21在关于货币会计准则方面存在着差异。

10.9.1.1 一个必要条件

倘若其他套期标准（在第6章中详述的）都达到了，那么货币风险敞口只有在已确认的资产、负债、合约、预期交易和国外经营净投资是用套期保值主体的功能货币以外的货币计价时才会存在。例如，一家功能货币为美元的美国企业也许能套期任何以欧元计价的项目或交易的货币风险，而一家功能货币为欧元的美国企业也许能套期任何以美元计价的项目或交易的货币风险，但是不能套期以欧元计价的项目或交易的货币风险。在前一种情况下，企业会遭受欧元的货币风险，而在后一种情况下，企业会遭受美元的货币风险。**在这两种情况下，采用套期会计的一个必要条件就是企业会**

遭受能够影响损益或资产/负债价值的货币风险。

一家企业功能货币的改变会改变其货币风险敞口。例如，冰岛国家电力公司（Landsvirkjun）的经历就是一个很好的例子。到2008年为止，这家公司都使用冰岛克朗作为其功能货币。在预测到冰岛公认会计原则将转变到国际财务报告准则时，管理层认识到将其功能货币从克朗变为美元的需要。公司大部分的收入来自向美国铝业公司销售的电力，这些销售合约通常是以美元计价的。在2008年，这家公司将其功能货币变成美元。[13]

当冰岛克朗是冰岛国家电力公司的列报（功能性）货币时，该公司能够套期美元价值变化的风险敞口，但是不能套期克朗汇率的变化。在改变功能货币之后，冰岛国家电力公司能够套期克朗变化的风险敞口，但是不能套期美元变化的风险敞口。

10.9.1.2 启示

上述的必要条件增加了第6章所讨论的套期资格标准的复杂性。对套期保值主体（母公司、子公司或明确的国外经营主体）而言，成为套期合约的一部分是必要的，而且风险敞口必须是以套期主体的功能货币以外的一种能够影响损益的货币计价。准则（ASC 815-20-25-30）声明：

1.在合并财务报表时，必须满足以下其中一个条件：

（1）拥有外币风险敞口的经营单位是套期工具的一方。

（2）与经营单位使用相同功能货币的合并集团中的另一个成员是套期工具的一方，而且没有介于中间并且使用不同功能货币的子公司。

2.被套期合约交易是以套期单位功能货币以外的货币计价的。

10.9.2 其他特征

货币套期也受到早期与货币折算相关的会计准则的影响。为了与早期的准则一致，套期会计指南提供了一些货币风险套期的特征。这些特征总结如下：

1.**允许对净头寸（net position）进行套期**：通常来说，套期会计的一个基本特征就是对特定风险套期进行会计处理，这就排除了对净头寸（资产减去负债）进行套期，因为每个部分都面临着不同类型的风险。在货币套期中，这个特征被改为允许把国外经营净投资（和使用权益法进行会计处理的国外投资）指定为被套期项目。

2.**作为套期工具的非衍生金融工具**：只有当套期工具是金融衍生工具并且被套期项目不是衍生工具时，才允许使用套期会计。但是，对货币风险套期而言存在例外。能够产生汇兑损益（即能影响损益）的以外币计价的非衍生金融工具被允许作为对货币风险敞口进行套期的套期工具而使用，如以下情形：

（1）对以外币计价的非金融项目进行套期。

（2）对以外币计价的确定承诺进行套期（只有在运用公允价值套期会计处理时）。

（3）对国外经营净投资和以外币计价的投资进行套期（在用权益法进行会计处理时）。

3.**对可供出售证券进行套期的限制**：不同于对以外币计价的金融资产和负债的货币风险敞口进行的套期，公允价值套期模式只被允许为以外币计价的可供出售证券进行套期，只要满足另外两个条件即可。这两个条件如下：

（1）可供出售证券不在交易所（或其他已建立的市场）交易，并且交易是以企业的功能货币计价的。

（2）给有价证券持有者的股息或其他现金流量是以企业在销售有价证券时预期收到的外币来计价的。

4.**双重处理**（dual treatment）[14]：原则上，在以下三种情况下是允许采用现金流量套期或公允价值套期会计处理的：

（1）被套期的风险实际上是企业的风险敞口。如果企业面临现金流波动风险，则允许采用现金流量套期；如果企业面临价值损失的可能性，则允许采用公允价值套期。

（2）被套期的风险是可辨认的和可计量的。

（3）选定的套期会计处理与管理层目标相一致。

在某些情况下，已确认资产或负债可能会同时遭受现金流量风险与价值损失风险。在这些情况下，准则允许使用现金流量套期对现金流可能发生的波动进行套期，并使用公允价值套期对可能发生的价值损失进行套期。

这些货币风险套期规则的特殊调整允许管理层选择现金流量套期会计或者公允价值套期会计对以下的每一项进行处理：

（1）以外币计价的确定承诺。

（2）以外币计价的已确认资产或负债。

5.**货币折算调整**：对以下两种投资，既不能应用现金流量套期会计处理，也不能应用公允价值套期会计处理：（1）国外经营净投资；（2）用权益法进行会计处理的投资。对净投资有效套期产生的利得或损失应计入其他综合收益中累积折算调整（accumulated translation adjustment）。

6.**公司间业务往来**：允许应用套期会计的一般规则是，套期工具以及指定作为被套期项目的合约都必须是与外部交易对方的合约，并且公司间业务往来应在合并财务报表中进行调整。但是，货币风险套期例外，因为考虑到采用功能货币概念的含义。**如果预期的公司间业务往来是以不同于企业功能货币的货币进行计价的，那么企业将会面临货币风险。**

7.**高度流动性货币的特别规定**：以外币（非功能货币）计价的高度流动性货币（如日元）的远期合约被认为是衍生工具，即使它必须通过交付此种货币来结算，因为高度流动性货币能够被容易地转化为功能货币现金。由此得出结论，缺乏流动性的货币的远期合约不能被认作适用于套期会计的衍生工具。

8.**重新计量不是公允价值的重估**：套期会计的一般规则是，禁止把以公允价值计量的（marked-to-market）项目指定为被套期项目，这种项目的公允价值变化计入损益。但是，对于以外币计价项目也存在特例。在ASC 830下，那些货币交易利得或损失已被确认在利润表中的以外币计价的资产或负债要按即期汇率重新计量。这就是我们之前已经介绍过的交易结算风险。为了应用套期会计，这种重新计量不会形成对公允价值的重估。例如，在上述关于**P&K公司**与**奥兹矿业公司**之间的交易的例子（10.7.2）中，两家公司都需要为了反映从交易到结算这段时间的汇率变动而重新计量应收账款与应付账款的价值。该货币交易结算产生的利得或损失是计入损益的。为此而发生的重新计量不会被看作对公允价值的重估，也就不会引起套期会计的禁用。因此，以外币计价的资产和负债可以被指定为被套期项目，无论是现金流量套期还是公允价值套期，只要其他所有的套期会计标准都被满足即可。

9.**预期交易**：与非金融项目的预期买卖相关联的外汇交易风险是可套期的风险。

释例10–6概述了这些被认可的套期货币风险、每种情况下被允许使用的套期工具，以及套期会计方法。

释例10–6

可套期货币风险与套期方法

<table>
<tr><th>套期的项目或状况</th><th>套期模式</th><th>套期工具</th></tr>
<tr><td>对金融项目进行套期——以外币计价的已确认金融资产或负债（除了可供出售证券）</td><td>公允价值套期和现金流量套期
两者皆可</td><td rowspan="2">只有金融衍生工具</td></tr>
<tr><td>以外币计价的可供出售证券</td><td>只有公允价值套期</td></tr>
<tr><td>对以外币计价的非金融项目进行套期</td><td>公允价值套期和现金流量套期
两者皆可</td><td rowspan="2">金融衍生工具
或
以外币计价的非衍生金融工具</td></tr>
<tr><td>对确定承诺的货币风险进行套期</td><td>只有公允价值套期</td></tr>
<tr><td>预期的公司间业务往来（只要计价的外币不是功能货币）</td><td rowspan="2">现金流量套期</td><td rowspan="2">只有金融衍生工具</td></tr>
<tr><td>对以外币计价的预期交易进行套期</td></tr>
<tr><td>对国外投资的净资产进行套期
使用权益法进行会计处理的国外投资</td><td>公允价值套期与现金流量套期两者皆不可；由有效套期产生的利得或损失应计入其他综合收益中累积折算调整</td><td>金融衍生工具
或
以外币计价的非衍生金融工具</td></tr>
</table>

10.9.3 一些企业对货币进行套期的例子

每家跨国公司对于货币衍生工具的利用程度都不相同。例如，麦当劳公司2011年的所有金融衍生工具的公允价值总额达到3.55亿美元。与其他同等规模的跨国公司相比，这个数额是适中的。这也许是由于它的管理政策规定："公司不使用复杂性程度或其风险高于被套期的风险敞口的衍生工具，也不针对交易目的而持有或发行衍生产品。"[15]

默沙东公司（Merck & Co., Inc.）与通用电气公司（General Electric Company）的例子可供我们进行比较。默沙东公司2011年的年报报告了那些应用套期会计的货币风险的总额为56亿欧元，其公允价值为（2.46）亿欧元。相对应地，那些**没有**应用套期会计的数额分别为12亿欧元和（780）万欧元。

释例10–7展示了通用电气公司的货币套期活动。在2011年，金融衍生资产的公允价值（非票面金额）超过了150亿美元，而金融衍生负债的公允价值为50亿美元。2010年对应的数额分别是55亿美元与13亿美元。必须强调的是，这些数字是在资产负债抵销之后得出的，在这两年抵销的资产和负债金额都超过30亿美元。[16]在抵销之前，2011年的货币套期的公允价值总额为55亿美元，其中只有42亿美元被指定为套期并使用套期会计对其进行会计处理。其余的金额被看作"经济套期"。总体来说，货币衍生工具占了通用电气公司资产负债表中已确认的所有衍生工具公允价值的50%。

释例 10-7

摘录通用电气公司2011年10-K表

衍生品合约的票面金额是计算利息与其他付款和报告总额的基础，除去抵销为了管理海外子公司净投资的货币风险而履行的外币远期合约。在未偿付的3 280亿美元的票面金额中，约有89%或2 920亿美元是有关于降低或消除我们金融服务业务中金融资产和负债之间的利率、货币或市场风险。剩余的衍生活动主要是有关于对汇率的不利变动进行套期、对关于预期买卖的商品价格进行套期，以及对包括某些满足衍生品会计定义的条款的合约进行套期。当可行时，这些活动中使用的工具都被指定为套期工具。当我们无法应用套期会计时，或者当衍生工具与被套期项目都同时被记录在损益表中时，我们就认为衍生工具为经济套期而且没有应用套期会计。这最常发生在我们用衍生工具对已确认外币交易（如应收账款或应付账款）进行套期时。由于汇率变动产生的影响会使衍生工具和交易在当前的损益中反映出来，因此经济套期不需要使用套期会计。

下面的表格提供了不同合约类型的衍生工具公允价值的信息，把那些作为套期进行会计处理的衍生工具与那些不作为套期进行会计处理的衍生工具区分开来。

	2011年12月31日		2010年12月31日	
	公允价值		公允价值	
单位：百万美元	资产	负债	资产	负债
作为套期进行会计处理的衍生工具				
利率合约	9 446	1 049	5 959	2 675
货币兑换合约	4 189	3 174	2 965	2 533
其他合约	1	11	5	—
	13 636	4 234	8 929	5 208
不作为套期进行会计处理的衍生工具				
利率合约	319	241	294	552
货币兑换合约	1 309	425	1 602	846
其他合约	381	137	531	50
	2 009	803	2 427	1 448
互抵调整①	(3 294)	(3 281)	(3 867)	(3 857)
现金抵押②③	(2 310)	(1 027)	(2 043)	(1 385)
合计	10 041	729	5 446	1 414

注：在我们的财务报表中，衍生工具被分类在“所有其他资产”和“所有其他负债”项目下。

①只有在法律上能够强制执行的总互抵协议（master netting agreement）存在时，衍生应收账款和应付账款才被允许相互抵销。该数额包括与我们自己的违约风险和交易对方的违约风险相关的公允价值调整。在2011年12月31日与2010年12月31日时，对违约风险的累积调整分别是1 300万美元的损失与1 000万美元的损失。

②不包括在2011年12月31日的5.79亿美元的额外抵押，也不包括在2010年12月31日的不重大的数额。

③不包括抵押给我们的在2011年12月31日的105.74亿美元的有价证券，以及在2010年12月31日的55.77亿美元的有价证券。

（来源：http://ir.10kwizard.com/files.php?source=329&welc_next=1&page=1&ext=, p.166.）

10.10 货币套期会计例证

10.10.1 使用远期合约对以外币计价的债务进行套期

10.10.1.1 背景

- **优英波特公司**是一家使用美元作为其功能货币的美国公司。
- 20×8年6月1日，优英波特从巴西的巴西百克公司购买了总价为1 000 000巴西雷亚尔的250辆摩托车。
- 20×8年6月1日的即期汇率是1.00美元/1.5384巴西雷亚尔，或0.65美元兑1.00巴西雷亚尔。
- 这次摩托车的采购是通过给出期限为3个月的应付票据来赊账购买的。
- 由于将结算延迟至合约日期之后，**优英波特**将面临货币风险，因为其与巴西百克公司的购买合约是以巴西货币计价的。

10.10.1.2 套期

在购买摩托车当日，**优英波特**管理层担心巴西货币相对于美元可能会升值，所以其决定对与出具给巴西百克公司的应付票据相关联的货币结算风险进行套期。在20×8年6月1日，**优英波特公司**与货币交易商DFX签订了一份货币远期合约（合约C81FZ），向其购买1 000 000巴西雷亚尔，在20×8年8月31日交付，远期价格为1.541巴西雷亚尔兑1.00美元（或0.64829美元兑1.00巴西雷亚尔）。

表10-1展示了巴西雷亚尔与美元的即期和远期汇率的变动，以及在合约期限内应付票据与货币远期的价值变动。

信息便签

阅读这张表格

表10-1中的数据是为了表后的分析而讨论和使用的。为了能理解这张表，读者可以先阅读A行与E行，然后再开始阅读分析，并边分析边对照表中不同的单元格。

表10-1　　巴西雷亚尔与美元之间的汇率的价格行为

表A　即期汇率变动

	巴西雷亚尔汇率（1美元可兑换的巴西雷亚尔数量）		**巴西雷亚尔汇率**（1巴西雷亚尔可兑换的美元数量）			
1列	2列	3列	即期汇率			
	即期（1美元可兑换的巴西雷亚尔数量）	远期（1美元可兑换的巴西雷亚尔数量）	4列 外汇汇率（1巴西雷亚尔可兑换的美元数量）	5列 价值变动（各期间）（单位：美元）	6列 由预期外的货币变动引起的价值变动（单位：美元）	7列 各期间变动的余额（单位：美元）

续表

	巴西雷亚尔汇率（1美元可兑换的巴西雷亚尔数量）		**巴西雷亚尔汇率**（1巴西雷亚尔可兑换的美元数量）			
1列	2列	3列	即期汇率			
A行　20×8年6月1日	1.5384	1.541	0.650	—	—	—
B行　20×8年6月30日	1.512	1.515	0.661376	（11 376）	（11 019）	（11 376）（5列B行）
C行　20×8年7月15日	1.5268	1.527	0.654965	6 411	6 906	（4 965）（5列B行+ 5列C行）
D行　20×8年8月31日	1.5236	1.5236	0.65634	（1 375）	（1 290）	（6 340）（5列B行+5列C行+5列D行）

表B　远期合约（C81FZ）

		巴西雷亚尔汇率（单位：美元）		
8列		9列	10列	11列
	日期	**远期外汇汇率**	**价值变动（各期间）**	**远期的公允价值**
E行	20×8年6月1日	0.648929		
F行	20×8年6月30日	0.660066	11 137	11 063
G行	20×8年7月15日	0.654879	（5 187）	5 923
H行	20×8年8月31日	0.656340	1 488	7 411

注：1.第一个时期：6月1日至6月30日

• 债务价值的实际变动 =（0.65 – 0.661376）×1 000 000巴西雷亚尔=−11 376（美元），即11 376美元的损失（5列B行）。

• 货币远期价值变动 =（0.648929 – 0.66066）×1 000 000=11 137 （美元），即11 137美元的利得（10列F行）。

持有成本（carrying cost）是每年4%（无风险利率）。将11 137美元按4%的贴现率与1个月的期限进行贴现，我们会得到11 063美元的现值（11列F行）。

2.第二个时期：6月30日至7月15日

• 债务价值变动=(0.661376−0.654965)×1 000 000=6 411（美元），即6 411美元的利得（5列C行）。

• 债务价值净变动=11 376 – 6 411=4 965（美元）（7列C行）。

• 远期价值变动=(0.654879 – 0.660066)×1 000 000=−5 187（美元），即5 187美元的损失（10列G行）。

• 在整个时期，价值变动=（0.654879 – 0.648929）×1 000 000=5 950（美元）。

• 按照4%的贴现率，剩下6周的现值是5 923美元（11列G行）。

• 因此，现值的变动=11 063−5 923=5 140（美元）。

3.第三个时期：7月15日至8月31日

由于第二个时期的套期是失效的，因此管理层把该货币远期当作交易性证券（trading security）。下面有更多的细节。

10.10.2 会计处理

10.10.2.1 汇率变动的第一个时期：6月1日至6月30日

债务公允价值变动

• 出于分析的目的，使用巴西雷亚尔兑美元的汇率或使用美元兑巴西雷亚尔的汇率会得到同样的结果；无论何种情况，交易成本都被忽略。

• 对比即期和远期汇率，远期点数（forward points）表示即期汇率与远期汇率之差。在20×8年6月1日，即期汇率是1.00美元/1.538巴西雷亚尔，远期汇率是1.00美元/1.541巴西雷亚尔。从6月1日至8月31日这3个月期间，对于1美元来说，远期合约的汇率比即期合约的汇率高出0.003巴西雷亚尔的远期点数，这就是预期的汇率变化。

信息日志：远期点数的性质

远期点数表示即期汇率与远期汇率之差。远期点数是由两种货币的主要利率决定的（见本章前述的利率平价以及第5章中讨论的远期合约）。在考虑到利率平价时，相对高回报率的国家的货币会有负值的远期点数，而相对低回报率的国家的货币会有正值的远期点数。在这个例子中，美国相对于巴西是回报率较高的国家。在考虑到平价时，套利者不会获得超额（套利）利润。远期点数是以即期汇率的1个点（0.00001或1/10 000）报价的。例如，如果远期汇率比即期汇率高出0.001648，那么它应该用“正16.48”来报价。类似地，如果远期汇率比即期汇率要低0.001648，那么它应该用“负16.48”来报价。

• **从优英波特公司**（美国的购买者）的角度来看，20×8年6月1日的即期汇率是0.65美元兑1.00巴西雷亚尔，而远期汇率是0.648929美元兑1.00巴西雷亚尔。因此，从巴西百克公司的角度来看是正的远期点数，而从**优英波特公司**角度来看则是负的。

• 无论在何种情况下，远期价格都是预计的（均衡）即期价格。假如远期汇率是实际上将要实现的预测，那么货币市场会预测**优英波特公司**将会在8月31日将648 929美元转移给巴西百克公司，以此来结算1 000 000巴西雷亚尔的应付票据（如果其他一切都没有改变）。650 000美元与648 929美元之差为1 071美元。

• 通过这个信息可知，汇率（从美国**优英波特公司**的角度来看）下降的预期比率如下：

• 3个月的远期点数=（0.65－0.648929）÷0.65=0.001648。

• 1个月的远期点数=0.001648÷3≈0.0005493。

为了证实这个信息，应考虑以下内容：

远期点数共计1 071美元，并能用以下两种方法计算：

（1）每个月：0.0005493×650 000=357（美元）；整个时期：357×3=1 071（美元）。

（2）（0.65－0.648929）×1 000 000=1 071（美元）。

• 对**优英波特公司**来说，汇率下跌是有利的，但是**优英波特**管理层所担心的是汇率预期外的上涨（不利风险），这可能会导致其用多于650 000美元的钱来结算应付票据。

• 值得注意的是，**优英波特公司**和货币交易商DFX在签订合约时既不用为远期点数进行支付，也不会从远期点数中获取收益。

• 事实证明，即期汇率与远期汇率在月底时都增长了（从**优英波特公司**的角度来看）。即期汇率从0.65美元兑1.00巴西雷亚尔上涨到0.661376美元兑1.00巴西雷亚尔。这意味着如果**优英波特公司**没有远期合约，它将需要转移661 376美元来结算欠款——这将产生11 376美元的损失。

• 如上所示，这11 376美元是全部损失，而远期汇率预期只会产生357美元的利得。因此，预期外的汇兑损失=11 376−357=11 019（美元）。

• 债务公允价值变动总结（表10−1中的B行）：

合计11 376美元 ⟶ 357美元预期（利得）
⟶ 11 019美元预期外（损失）

远期合约公允价值变动——合约C81FZ

• 远期合约的公允价值是将合约价格按持有成本（假设其为无风险利率）贴现成现值的汇率变动。无风险年利率（基于伦敦同业拆借利率LIBOR）是4%。

• 远期合约公允价值的总变动是：

（0.660066 - 0.648929）×1 000 000=11 137（美元）（F行）

• 如果一切保持不变，这11 137美元将会是**优英波特公司**在20×8年8月31日时实现的由远期合约产生的利得。

• 但是在20×8年6月30日，该远期合约并不值11 137美元。它的价值是这个数额的现值；按2个月时期和4%的无风险年利率对其进行贴现，贴现价值=11 137÷(1+0.04×2÷12)=11 063（美元）。

20×8年6月30日的套期有效性的追溯测试（retrospective test）

在套期记录底稿中，管理层决定将远期点数排除在套期有效性的计量之外。在使用美元抵销比例法时，套期有效性为1.004（|−11 063÷11 019|）。

结论：该套期是高度有效的，因为美元抵销比例在0.80～1.25这个可接受的范围内。

如果管理层将远期点数包括在套期有效性的计量之内，那么美元抵销比例将会变成1.02（|−11 376÷11 137|），这仍是高度有效的。

20×8年6月1日至20×8年6月30日的会计分录

	分录	借	贷
20×8年6月1日	库存商品——BR2G型号摩托车 　　应付票据——巴西百克公司 记录从巴西百克公司采购的250辆摩托车，把总价1 000 000巴西雷亚尔按即期汇率折算成美元	650 000	650 000
20×8年6月1日	备忘录：优英波特公司与交易商DFX签订了货币远期合约（合约C81FZ），按1.541巴西雷亚尔兑1.00美元的汇率购买了1 000 000巴西雷亚尔，于20×8年8月31日交付	—	—

续表

	分录	借	贷
20×8年6月30日	汇兑利得/损失 　　应付票据——巴西百克公司 记录由于汇率从1.5384巴西雷亚尔兑1.00美元变成1.515巴西雷亚尔兑1.00美元而使巴西百克公司应付票据的公允价值增加所造成的汇兑损失	11 376	 11 376
20×8年6月30日	远期合约——货币交易商DFX账户 　　汇兑利得/损失——远期合约C81FZ 记录为了对巴西百克公司债务的价值进行套期而与DFX签订的货币远期合约（于8月31日交付巴西雷亚尔的远期汇率从1.541巴西雷亚尔兑1.00美元变成1.515巴西雷亚尔兑1.00美元）产生的利得	11 063	 11 063

在20×8年6月30日：

11 376美元的库存商品损失以及由远期合约产生的11 063美元利得都会在到20×8年6月30日为止的利润表中结账。313美元的差额会被当作融资费用或存货成本

10.10.2.2　汇率变动的第二个时期：6月30日至7月15日

债务公允价值变动

使用表10−1中的信息，汇率下降的预期比率（从美国**优英波特**公司的角度来看）如下：

- 在6月30日，对于合约的剩余部分，汇率的预期下降（表10−1中4列B行与9列F行）：

(0.661376−0.660066)÷0.661376=0.0019807，即每周下降0.0002476(0.0019807÷8)。

- 7月15日之前的两周当汇率再次变动时，预期下降0.000495(0.0019807×2÷8)；美元数额是495美元（1 000 000×0.000495）。
- 货币的实际变动=(0.654965 − 0.661376)×1 000 000=−6 411（美元）。

这是债务公允价值的下降，也就是**优英波特公司**的利得。

- 预期是要损失495美元，但是最终获得6 411美元的利得，这意味着总利得实际上是6 906美元（6 411+495）。换言之，6 411美元的利得是有效弥补495美元的预期损失后的净额。

远期合约公允价值变动

- 远期合约的公允价值是将合约价格按持有成本（假设其为无风险利率）贴现成现值的汇率变动。无风险年利率（基于伦敦同业拆借利率LIBOR）是0.04。
- 这两周内的远期合约公允价值的总变动（表10−1中9列G行与9列F行）=(0.654879 − 0.660066)×1 000 000= −5 187（美元）。
- 在6月初时，**优英波特公司**同意用648 929美元来购买1 000 000巴西雷亚尔。当汇率增长至0.660066时，货币交易商需要为成本的增加而向**优英波特公司**支付11 137美元，而**优英波特公司**将其作为汇兑利得处理。但是在7月的前两周里，汇率从0.660066下降到0.654879，这意味着货币交易商DFX需要从**优英波特公司**索要回差额。从20×8年6月1日到20×8年7月15日这一整段时间内，因汇率变动而产生的

合约公允价值的变动为：

(0.654879−0.648929)×1 000 000=5 950（美元）

• 如果一切保持不变，这5 950美元就是在20×8年8月31日**优英波特公司**需要支付的金额。但是在20×8年7月15日远期合约价值只是5 950美元的现值。将这个数额按6周的时间和4%的年利率来贴现，会得到5 923美元（5 950÷(1+0.04×6÷52)）。

• 为了使合约公允价值的余额的现值从11 063美元降到5 923美元，远期合约公允价值变动应该等于5 140美元（从前期转来的余额11 063美元与现值5 923美元之间的差值）。

20×8年7月15日套期有效性的追溯测试

在套期记录底稿中，管理层决定将远期点数排除在套期有效性的计量之外。使用美元抵销比例（dollar offset ratio）时，套期有效性为：

|−5 140÷6 906|=0.744

结论：该套期是无效的而且必须终止套期会计的使用。

管理层决定

由于**优英波特**管理层必须终止套期，所以要对以下问题做出决定：

1. 是否保留远期合约。

2. 是否提前偿清债务。

3. 如果债务未在20×8年8月31日之前偿清，应当记录多少债务公允价值变动呢？

假设

假设管理层决定保留货币远期合约（合约C81FZ），将其作为交易性证券投资组合的一部分。同时，假设进一步的分析表明套期在7月15日变得无效。

结果：对20×8年7月15日之前的套期进行照常的会计处理，并且在20×8年7月15日之前把债务的账面价值调整为公允价值。

20×8年6月30日至20×8年7月15日的会计分录

日期	交易	借（美元）	贷（美元）
20×8年7月15日	应付票据——巴西百克公司 　　汇兑利得/损失 记录由于汇率从1.512巴西雷亚尔兑1.00美元变成1.5268巴西雷亚尔兑1.00美元而使巴西百克公司应付票据的公允价值减少所造成的汇兑利得	6 411	 6 411
20×8年7月15日	汇兑利得/损失——远期合约C81FZ 　　远期合约——货币交易商DFX账户 记录为了对巴西百克公司债务的价值进行套期而与DFX签订的货币远期合约（于8月31日交付巴西雷亚尔的远期汇率从1.541巴西雷亚尔兑1.00美元变成1.515巴西雷亚尔兑1.00美元）所产生的损失	5 140	 5 140

20×8年7月15日不是报告期的结束日期。

由库存商品公允价值产生的6 411美元利得以及由远期合约产生的5 140美元损失都会在20×8年9月30日的利润表中结账。1 271美元的差额会被当作融资费用（国际财务报告准则）或存货成本（美国公认会计原则）

10.10.2.3 汇率变动的第三个时期：20×8年7月15日至8月31日

债务估值

自套期被终止后，被套期项目的价值就没有发生额外的变动。在20×8年8月31日，债务的账面价值是654 965美元（650 000+11 376−6 411）。但是**优英波特公司**会在20×8年8月31日按0.65634的汇率来结算应付票据，并且会将1 375美元的差额确认为汇兑损失。

衍生品合约

尽管套期已被终止，但货币远期合约C81FZ是金融衍生工具并会继续按公允价值计量，而且其公允价值变动会被直接确认并计入损益。其公允价值变动等于7月15日与8月31日之间的汇率差值乘以1 000 000巴西雷亚尔，可以用下面三个步骤来计算：

1.自开始以来的价值总变动=(0.65634−0.648929)×1 000 000=7 411（美元）。

2.20×8年7月15日货币远期的余额是5 923美元。

3.超出总变动期初余额的数值=7 411−5 923=1 488（美元）。

货币交易商DFX的借方余额为7 411美元（11 063−5 140+1 488）。该远期合约在20×8年8月31日按净额结算。在20×8年12月31日报告期的期末，汇兑利得/损失——远期合约C81FZ将会在利润表中结账。

会计分录

日期	交易	借（美元）	贷（美元）
20×8年7月15日	汇兑利得/损失 应付票据——巴西百克公司 记录由于汇率从1.512巴西雷亚尔兑1.00美元变成1.5268巴西雷亚尔兑1.00美元而使巴西百克公司应付票据的公允价值增加所造成的汇兑损失	1 375	1 375
20×8年8月31日	远期合约——货币交易商DFX账户 汇兑利得/损失——远期合约C81FZ 记录与DFX签订的货币远期合约C81FZ所产生的利得。在这一时期，套期变得无效而且1 488美元的汇兑利得会作为其他收入计入损益	1 488	1 488
该套期在20×8年7月15日变得无效。因此，由远期合约产生的1 488美元的利得会在20x8年8月31日作为交易证券的利得计入损益			
20×8年8月31日	应付票据——巴西百克公司 现金 按现行汇率0.65634美元兑1巴西雷亚尔来偿清巴西百克公司的应付票据。 因为在这一时期里套期变为无效，因此货币结算损失会作为其他费用计入损益。它不应该被归为存货成本	656 341①	656 341
20×8年8月31日	现金 货币交易商DFX账户 记录收到外币交易商债务的款项	7 411	7 411

注：①1美元的舍入误差。

10.10.2.4　分析

现金流量

• **优英波特公司**支付了656 341美元来结算应付票据，这比在购买时就支付的金额高出6 341美元。

• 但是货币远期合约让**优英波特公司**收到了来自外币交易商的7 411美元。

• 优英波特公司的净现金流量是648 930美元（656 341−7 411），这是**优英波特公司**通过签订远期合约而打算支付的成本（有1美元的舍入误差）。套期的终止没有改变这些事实。

• 为应付票据支付的现金比在购买时应支付的金额要少了1 070美元（650 000−648 930），这是在套期开始时远期点数的数额。

盈余

• 利润表中确认的净额是1 071美元，其计算如下：

  • 贷：1 271美元对融资成本的调整，在20×8年9月30日
  在结算（交易证券）时由远期合约产生的利得1 488美元

  • 借：313美元融资费用，在20×8年6月30日
  由结算应付票据产生的汇兑损失1 375美元，在20×8年8月31日

  • 对盈余的净影响是使其增加了1 071美元。

结论

对盈余和现金的影响等于远期合约的远期点数。

10.10.2.5　套期有效性的替代计量方法

在对套期进行记录时，管理层可以事前决定使用累积的变动（而不是各期间的变动）来评估套期有效性。如果做出该选择，那么估值将如下所示：

美元抵销比例（DOR）=|cΔ远期合约价值/cΔ债务价值|

使用表10−1中的数据可得到：

在20×8年6月30日=|7列B行÷11列F行|=|11 063÷11 376|=0.97

在20×8年7月15日=|7列C行÷11列G行|=|4 966÷5 923|=0.838

在这种情况下，此套期在两段时期内都是高度有效的，并且优英波特公司能继续使用套期会计。

对前两段时期的分析都与上述的分析一样，除了得出套期满足有效性测试的结论。在分析与报告方面的差别存在于第三个时期，即7月15日至8月31日。

10.11　要点总结

• 汇率是指兑换一个单位的一种货币所需要的另一种货币的数量。汇率总是成对表述的。

• 金本位制盛行于1944—1973年；美元与黄金价格挂钩而其他货币与美元挂钩。自1973年以来，大多数国家已经允许它们的货币随市场状况浮动。允许货币汇率浮动产生了不同类型的货币价格：

1. **即期汇率**：在给定时间点的汇率。有时被称作现钞汇率。
2. **远期汇率**：在未来某个时间将一种货币兑换成另一种货币所使用的汇率。
3. **现行汇率**：在会计环境下，“现行汇率”一词指的是财务报表当日的即期汇率。

• 还有两种类型的货币：

1. **兑换货币**：这是某个国家或地区的实际货币，是用于贸易和结算债务的。

2. **功能货币**：这是企业在进行主要的产生收入的活动、成本计算或融资交易时所使用的（兑换）货币。这种货币是用于会计目的——合并和套期。

• 许多因素都会影响汇率变动，包括国际收支（一个国家的净现金流量与其他国家的净现金流量的关系）、通货膨胀率的差异，以及利率、政府政策和关税的差异。

• 在无摩擦的有效市场中，汇率能反映预期通货膨胀和一对货币中的两个国家之间的利率的不同变动。因此，汇率预期外的变动使企业面临损失的风险。

• 企业面临三种由汇率变动所产生的货币风险类型：

1. **交易结算风险**：当结算日与交易日不同时（除了常规结算允许的3日内结算），结算以外币计价的交易所产生损失的可能性。

2. **经营风险**：由于收入下降或经营成本增加所招致的未来损失的风险。

3. **折算风险**：遭受由投资在国外经营的净资产所产生的损失。

• 企业可以通过一种自然套期的形式或者通过金融套期来管理货币风险。

1. 自然套期可能会要求以下一种情况（除了别的之外）：

（1）配比一种给定货币的流入和流出。

（2）进行货币市场套期保值。

（3）进行平行贷款。

2. 金融套期涉及利用金融衍生工具对货币风险敞口进行套期。

• 本章重点讨论了交易结算风险，并且举例说明了使用货币期货与远期合约套期交易时的会计处理和记录方法。第11章将讨论对经营风险和折算风险的套期。

注释

1 在很多情况下，直接货币标价就是把母国货币作为基准货币；当母国货币是相对或标价货币时，货币报价就是间接的。不考虑市场惯例，任何一种货币都可能是基准货币或者标价货币。参阅 http://www.oanda.com/currency/table。

2 但是有这样一个问题，中国人民币是不允许随供给与需求而变动的，因为它似乎是与美元挂钩的，而且它受中国政府的控制。

3 购买力平价理论没有充分解释经济体中一个给定商品的供求决定因素。让金融经济学家们感兴趣的解释是生产消费理论（Balassa，1964；Samuelson，1964）。在这个理论下，一个经济体中的生产率会导致购买力平价出现偏差，因为当一个国家的贸易商品相对于它的非贸易商品，以及相对于其他国家的贸易商品来说都具有高生产率时，这个国家的物价总水平会比较高。

4 但是产生实证证据的历史数据所在的环境并不满足其他条件不变的假设。

5 在外汇市场中，欧元总是作为基准货币来报价的。

6 即期与现行的区别或许就是外汇折算会计术语的独特之处。

7 新准则原来是 SFAS 52，现在是 ASC 830。SFAS 8 在 1981 年之前是有效的。应用这个准则需要将所有的汇兑利得与损失计入损益，这导致损益出现更大的波动，财务报表编制者为了改变该准则进行了大量游说。

8 在会计指南下，签订合约与结算是两种不同的交易。

9 平行贷款与背对背贷款有点区别，但非常相似。

10 在修改 FAS 133 及相应地调整 IAS 39 来允许将非衍生金融资产和负债作为套期工具之前，这是平行贷款会计中的常规做法。在这个例子中，如果英国公司或加拿大公司将以外币计价的贷款或资产作为另一个被套期项目的一个套期工具，并且该套期是有效的，那么对于作为套期工具的贷款或资产的会计处理将会与被套期项目联系起来。

11 麦当劳公司 2011 年 10-K 表格第 24 页与第 34 页，http://markets.financialcontent.com/stocks/quote/filings/quarterly?Symbol=MCD。

12 自 1994 年以来，巴西的货币就是巴西雷亚尔，每 1 雷亚尔包括 100 分币。巴西雷亚尔的外汇代码为 BRL，货币符号为 R$。

13 参阅 http://www.landsvirkjun.com/about-us/reports/。

14 对确定承诺进行套期的双重会计处理只有在以外币计价的合约中才会被允许使用。参阅 ASC 815-20-55-136 与 ASC 815-20-55-137。

15 2011 年 10-K 表第 20 页，http://markets.financialcontent.com/stocks/quote/filings/quarterly?Symbol=MCD。

16 通过国际掉期与衍生工具协会（ISDA）主协议，在与相同交易对方的衍生品交易中对资产和负债进行净额结算是被允许的。参阅 www.isda.org。

第11章　经营风险和会计货币风险

11.1　简单回顾

一些经济学家认为外汇汇率体现了各种不同因素的综合预期，如通胀率、利率、国际收支平衡等，但是其他经济学家却认为这些已知的模型还不如简单的**随机漫步**模型[1]。无论是用哪种模型得到的预期，如果现实与之不完全相符，就会给企业带来货币风险。跨国公司降低这种风险所使用的最主要的方法之一就是对货币风险进行套期。

正如第10章所述，汇率波动幅度大是因为决定汇率的因素并非静止不动的。这些因素包括：

- 国家收支平衡的变化。
- 不同地区通货膨胀率不同。
- 不同国家间利率和资本成本的变化。
- 政府行为以及行政干预。
- 政治风险和地区不稳定性。

拥有海外业务使跨国公司面临来自汇率不利变动对交易、投资或者预期的未来业务带来损失的可能。货币风险敞口和管控风险都不是新的课题；然而，缓解货币风险及其相关的会计处理的理论和方法却是相对较新的课题，特别是衍生工具，它从20世纪90年代开始呈现出了指数级的增长。

11.2　货币衍生工具的规模

场外衍生交易在某种程度上是一种“黑市交易”，因为只有交易双方才知道发生了什么。不幸的是，交易商并没有义务向市场披露任何信息。对此，没有任何的规定，也不存在透明性。然而，衍生交易商并不在意主动公开他们自己的交易行为[2]。国际掉期交易商协会从20世纪90年代开始就已经从大型衍生品交易商那里收集调查数据了。[3]当然，还有其他组织和团体也在收集调查数据。在2004年，一个贸易组织——外汇委员会（FEC），开始在北美收集外汇市场的信息。[4]在撰写本章的时候，最新的调查数据截止到2011年10月。调查的结果在表11-1中给出了简要的总结。这项调查指出，平均每日交易量（名义）约为9 767亿美元，其中约40%是货币衍生工具，60%是现货交易。

表11-1　　北美货币交易规模（外汇委员会2011年10月）

单位：百万美元

	平均日交易量	平均月交易量
现货交易	564 466	11 853 760
远期交易	135 291	2 841 079
外汇掉期交易	245 173	5 148 667
场外期权	31 816	668 158
总计	976 746	20 511 664

（来源：http://www.newyorkfed.org/FXC/volumesurvey/.）

11.3 货币经营风险

信息日志：描述计划

第3章和第10章确认了3种类型的货币风险：

1. 与过去和现在交易相关的以外币计价的**交易结算风险**。

2. 与资本流动对未来收入和成本的影响相关的**经营风险**。

3. 与报告投资外币相关的**折算（会计）风险**。

经济风险是交易结算风险和经营风险的结合。交易结算风险是第10章的重点，而经营风险和折算风险是本章的重点。

货币经营风险是指由于汇率变动对未来收入和成本造成了消极影响，从而导致公司的现值下降。不同于交易结算风险，经营风险敞口是未来的和较长期的。一般来说，跨国企业的管理层必须做出关于汇率的假设，以此作为预测以外汇计价的销售、采购和服务的基准。货币经营风险产生于对上述基准的未预期偏离。量化这种风险是困难的，因为它是与未来预期相关，而不是与现在或过去的特定事项或交易相关。因此，降低货币经营风险的一种方法是对可预期的销售、采购和服务等交易进行套期。

11.3.1 对预期销售和采购的套期

一个管理有序的企业，应当对未来期间的活动做好预算。最先做的应该是预测销售额，并估计为了达到该销售额所需要的资源（成本），包括在不同地区和采用不同货币的情况下的预测。为了以当地货币表达预测的国外销售额，需要预测三个要素，即销售量、以外币计价的销售价格以及汇率。如果销售额的预测不准确，那肯定是这三个因素出现了未预期的变动。然而，这三个因素之间是相互关联的。商品价格变动会影响消费者的需求（影响程度由需求弹性决定）。同样，商品价格也会对需求变动做出反应，而跨国公司为了达到预期的销售量（采购量）可能会采取一些战略部署。因此，以外币计价的销售（或者采购）使企业面临两种可套期的价格风险：商品价格风险和汇率风险。对于进口商和出口商来说，这些风险是不同的。

汇率变动会对进口商和出口商造成相反的影响。例如，假设商品X2Y在德国生产，通常情况下以每件100欧元在市场上出售。一家美国公司在制定下一季度的预算时，1欧元能兑换1.5美元，也就是说这件商品若用美元计价则为150美元/件。如果在未来期间的汇率与编制预算时采用的汇率即1.5美元兑换1欧元不一样，则要么是德国的出口商面临货币经营风险，要么是美国的进口商面临货币经营风险，这取决于合约是以美元计价还是以欧元计价。

货币经营风险对进口商和出口商有相反的影响：

- 如果美元升值，汇率变成1.45美元兑换1欧元，这时候X2Y的价格就是145美元/件。那5美元的差额就会是德国出口商的损失，同时是美国进口商的利得。
- 如果美元贬值，汇率变成1.56美元兑换1欧元，这时候X2Y的价格就是156美元/件。那6美元的差额就会是德国出口商的利得，同时是美国进口商的损失。

在本例中，德国出口商和美国进口商都希望套期该货币经营风险，根据美国公认会计原则和国际财务报告准则，如果满足下述套期会计的标准，则双方的套期都可以采用套期会计的方法进行处理。

1. 可套期的风险能够被明确地辨认和量化。

2. 被套期的预期交易是很可能实现的。

3. 汇率或价格的波动性会对盈余产生影响。

4. 套期工具是一种金融衍生工具：

（1）有一个标的物——汇率。

（2）有名义金额或付款条款。

（3）初始投资很少。

（4）可以用净额结算或者有市场结算机制。

5. 预计（事前的）套期将高度有效。

6. 为了套期预期交易，套期工具的公允价值变动记入权益类账户（其他综合收益），一直递延到被套期交易（预期销售）对盈余产生影响时再将其转入盈余。

7. 套期工具也可能是一份以企业功能货币以外的货币计价的非衍生金融合约。

对于进口商和出口商来说，不同的风险敞口会衍生出不同的套期策略。图 11-1A 部分是出口商的货币风险概况：低价有损失，高价有利得。为了套期风险，出口商应该买进看跌期权。相反，图 11-1B 部分显示的是进口商的货币风险概况：低价有利得，高价有损失。为了套期风险，进口商应该买进看涨期权。这些都是简单的策略，可以用它们来解释为什么要采取不同的套期策略。

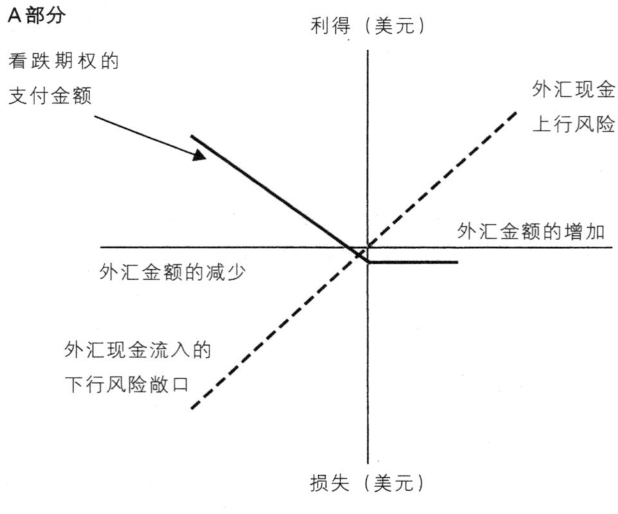

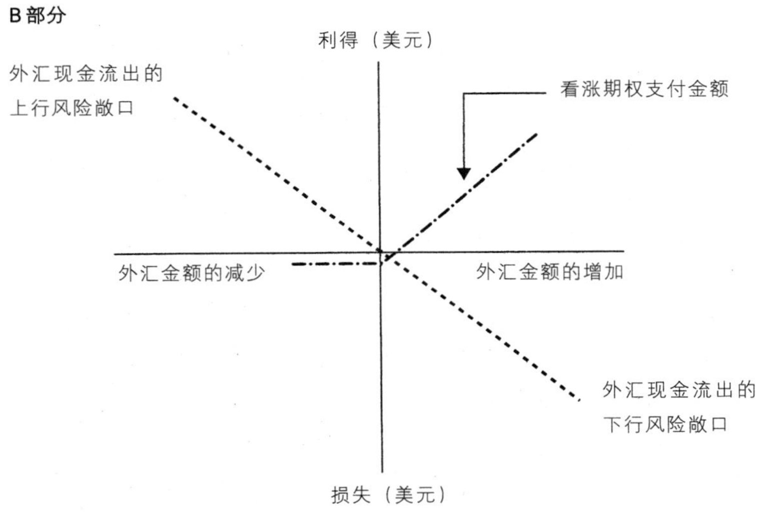

图 11-1　用期权对外汇下行风险进行套期

11.4　对预测的国外采购进行套期的实例分析（运用货币期权）

美国地板经销股份有限公司（AFDI）是一家位于芝加哥的美国公司，该公司采用美元作为自己的功能货币和报告货币。公司通过从巴西进口实木地板然后再分销给北美的零售商。在20×1年11月1日，公司管理层完成了下年第一个季度的总预算，打算购进20 000捆香脂木豆实木地板。公司预计将会以每捆400巴西雷亚尔的价格从一家巴西制造商那里购进。[5]该巴西制造商一般不承担货币交易风险，因此所有的合约都采用巴西雷亚尔计价。[6]20×1年11月1日的现行汇率是1巴西雷亚尔兑换0.5美元。此时，这项交易若采用美元计价则为4 000 000美元（8 000 000×0.5）。

然而，巴西雷亚尔相对于美元一直处于升值状态，这引起了美国地板经销公司管理层的担忧。当地的财务顾问认为，汇率会向反方向变动从而回到平均水平，即1美元兑换1.96巴西雷亚尔（或者1巴西雷亚尔兑换0.5102041美元）。如果汇率变动预期实现的话，用美元计价的采购成本将会增加81 600美元以上。例如，公司管理层发现，在2009年巴西政府对流入巴西的外币征收2%的税收以减缓巴西雷亚尔升值的速度。

由于担心巴西雷亚尔升值，最终管理层决定将汇率锁定在0.5美元兑换1巴西雷亚尔，以规避汇率下行风险。下面就是公司一系列的举措：

- 20×1年11月1日，汇率是0.5美元兑换1巴西雷亚尔。
- 同日，公司从摩根大通证券购进了4 000份货币看涨期权（合约OP17BR）。每份期权价格为1 000美元。
- 公司将在20×2年3月31日收到8 000 000巴西雷亚尔。
- 协议价格是4 000 000美元。
- 公司为这些期权合约支付了10 000美元的期权溢价（即期权费，这是期权的时间价值)。

- 可以用实物交割货币,但通常都采用净额结算。

> **信息核查**
>
> 1.这项合约是否满足套期会计对衍生工具的定义?
>
> 是的,这项合约的特点是:
>
> (1) 名义金额是8 000 000巴西雷亚尔。
>
> (2) 标的物是汇率。
>
> (3) 签订合约的时候,它的内在价值为0。合约不需要初始投资(支付期权的时间价值并不违反套期会计"零"初始投资的规定)。
>
> (4) 合约可以采用净额结算。
>
> 2.期权合约的风险是否和被套期的风险一致?
>
> 是的,合约约定按照合约签订日的即期汇率购买巴西雷亚尔。如果采购成本更高,则预测的采购将遭受损失,但公司会从期权的结算中获得等额的利得,反之亦然。因此,风险敞口和被套期风险相匹配,并且现金流入与流出预计可以完全互抵。
>
> 3.这项交易适合采用哪种套期会计呢?
>
> 现金流量套期;没有采购或者采购承诺。采购地板材料也只是预期(预期交易),同时美国地板经销公司面临的是现金流由于汇率变动而波动的风险。现金流量套期是比较合适的会计处理方法。

美国地板经销公司的管理层将这项预期的以外币计价的采购交易指定为现金流量套期(ASC 815-20-25-29和30)。期权和预期采购的核心条款相匹配。因此,美国地板经销公司的管理层预期套期关系将高度有效,从而不需要用量化方法测试未来的套期有效性。由于期权内在价值的改变而产生的现金流,预计可以完全抵销币值波动所造成的预期交易的成本变动。美国地板经销公司的管理层也注意到汇率可能由于其他原因发生变动,但是任何与被套期风险不相关的变动都不会影响套期关系的会计处理。管理层还决定在评估套期有效性时不考虑期权的时间价值,因为不包含期权时间价值会增加达到有效套期的可能性。

按照计划,在20×2年3月31日,美国地板经销公司购买了20 000捆的实木地板(每捆400巴西雷亚尔,总计8 000 000巴西雷亚尔(离岸价))。当天的汇率是每0.5045美元兑换1巴西雷亚尔,管理层将该项交易以4 036 000美元(8 000 000×0.5045)进行入账反映。

在20×2年6月15日,美国地板经销公司将这20 000捆的实木地板以每捆325美元的价格出售给了西雅图的一家建筑公司。

信息便签

美国地板经销公司在3月31日行使期权时，汇率是每0.5045美元兑换1巴西雷亚尔。由于美国地板经销公司和摩根大通证券签订的协议以固定汇率为每0.5美元兑换1巴西雷亚尔规定了行权价格，所以该期权合约是价内期权。如果美国地板经销公司没有这个套期协议，或者（由于某些原因）摩根大通证券没有履行合约（信用风险问题），美国地板经销公司就必须去现汇市场，然后花4 036 000美元来兑换8 000 000巴西雷亚尔。但是摩根大通证券有义务也能够履行合约，并且可以通过向美国地板经销公司支付36 000美元实现净额结算，这个金额就是即期汇率与协议价格之间的差额。

11.4.1 会计中的套期关系

在会计循环中的第一步就是提供关于套期工具和套期关系的详细记录。随后，就要对套期有效性进行事前评估。在这个例子中，由于套期工具的关键条款和被套期项目相匹配，因此就不需要测试未来的套期有效性了。

11.4.1.1 记录文件

释例 11-1

美国地板经销股份有限公司：初始套期记录
（看涨期权合约，合约编号OP17BR）

日期	20×1年11月1日
被套期风险	因为预计要从巴西购买20 000捆的香脂木豆实木地板，所以可能会面临巴西雷亚尔升值带来的风险
套期目标	消除由于美元和巴西雷亚尔之间汇率变动而带来的货币风险
风险管理	美国地板经销公司的风险管理政策规定，如果风险是可以被识别的并且套期可能是有效的，就对很可能发生的风险敞口进行套期。在这里，公司管理层认为被套期风险很可能会发生，并且套期关系符合公司风险管理政策
套期工具	套期工具包含4 000份从摩根大通证券购买的货币看涨期权（合约编号OP17BR），期限从20×1年11月到20×2年3月，共5个月。合约规定在20×2年3月31日以每0.5美元兑换1巴西雷亚尔的汇率购买8 000 000巴西雷亚尔。公司平价购入（期权内在价值为0）这些期权，期权费10 000美元
被套期项目	这项外汇期权被指定为针对将于20×2年3月31日以8 000 000巴西雷亚尔从巴西购买的20 000捆香脂木豆实木地板交易的货币现金流量套期。管理层在考察了与该交易有关的相关情况后，认为预期交易很可能会发生
套期有效性的评估	被套期预期交易的关键条款和套期工具是相配比的，所以期权的内在价值的变动预期会完全抵销被套期项目由于现时汇率的变动而带来的预期现金流变动
套期有效性的追溯测试	美国地板经销公司管理层决定在评估套期有效性的时候剔除期权的时间价值，并且根据期权内在价值的累计变动与预计交易的预期现金流累计变动之间的关系，对套期有效性进行追溯性测试（事后）
其他现金流量套期标准	满足现金流套期的其他标准

信息便签

其实无论在哪个时间点，管理层都不知道将来期间的即期汇率会是多少。然而为了简化说明，我们假设目前管理层已经获得了所有未来汇率的信息。

假设汇率、期权的时间价值及内在价值按表11-2的趋势变化。

表11-2　巴西雷亚尔兑换美元的汇率变动对期权时间价值和内在价值的影响

（合约编号OP17BR）

单位：美元

1	2	3	4	5	6	7	8	9
	美元即期汇率	即期汇率下的合约价格①	以美元计价的内在价值②	Δ以美元计价的内在价值③	以美元计价的期权时间价值	Δ以美元计价的期权时间价值	以美元计价的时间价值的余额④	以美元计价的公允价值⑤
20×1-11-05	0.50	1 000.00	0	0	10 000	0	10 000	10 000
20×1-11-30	0.5012	1 002.40	9 600	9 600	8 600	1 400	8 600	18 200
20×1-12-31	0.5022	1 004.40	17 600	8 000	3 000	5 600	3 000	20 600
20×2-03-01	0.503	1 006.00	24 000	6 400	500	2 500	500	24 500
20×2-03-31	0.5045	1 009.00	36 000	12 000	0	500	0	36 000

注：①购买的4 000份期权合约的协议价是每份1 000美元。

②期权的内在价值是指现货价格超过协议价格的部分。

③期权公允价值的变动指的是两个相邻期间公允价值的首次差异。

④按照第5章的介绍，期权的时间价值是存续期、波动率及无风险利率的函数。它代表的是投资者的期望，即期权在到期时会成为更深的价内期权。

⑤期权的公允价值采用布莱克-斯科尔斯模型进行定价，模型中的变量包括货币即期汇率、协议价格、美元对巴西雷亚尔在过去200天内的汇率波动率、5个月的存续期，以及3个月的伦敦同业拆借利率。

20×2年11月1日

- 美国地板经销公司购买了摩根大通证券的4 000份货币看涨期权合约。每份合约的协议价格是1 000巴西雷亚尔。
- 期权合约的期权费总共10 000美元。这是期权的时间价值，也就是市场价格超过内在价值的部分。
- 到期日是20×2年3月31日。

第一次价格变动期间：20×1年11月1日—20×1年11月30日

在这段期间：

- 期权的时间价值下降了1 400美元。7
- 汇率从1巴西雷亚尔兑换0.50美元上涨到兑换0.5012美元。
- 根据现行汇率，期权的内在价值是9 600美元（（0.5012−0.50）×8 000 000）。
- 美国地板经销公司在货币市场上购买8 000 000巴西雷亚尔需要支付18 200美元（9 600美元的内在价值加上8 600美元期权时间价值余额）。
- 增加的内在价值9 600美元对美国地板经销公司来说是利得，如果美国地板经销公司在20×1年11月30日选择行权的话，将会从摩根大通证券公司获得这笔资金。然而，美国地板经销公司并不会行使这份期权，当然也无法从摩根大通证券公司获得任何资金。事实上，如果由于某种原因公司决定停止套期，对美国地板经销公司来说将期权出售比行权会更加有利。

• 因为衍生工具以公允价值计量，因此需要确认9 600美元的利得。

在美国地板经销公司的账簿上第一期的会计分录

日期	会计分录	借（美元）	贷（美元）
20×1-11-05	货币期权——NO.OP17BR 　　现金 记录为从摩根大通证券购买的4 000份货币期权支付的期权费。每份合约的协议价是以1 000美元购买2 000巴西雷亚尔	10 000	10 000
20×1-11-30	融资费用 　　货币期权——NO.OP17BR 记录期权时间价值的减少	1 400	1 400
20×1-11-30	货币期权——NO.OP17BR 　　货币套期的利得 记录从摩根大通证券购入的货币期权的利得 计算：货币即期汇率超过协议价的部分乘以期权的数量(2.40×4 000或(0.5012−0.50)×8 000 000)	9 600	9 600

第二次价格变动期：20×1年11月30日—20×1年12月31日

在这段期间：

• 美元兑巴西雷亚尔的汇率从每0.5012美元兑换1巴西雷亚尔增至每0.5022美元兑换1巴西雷亚尔。

• 这个变动使期权的内在价值增加了8 000美元（0.001×8 000 000）。

• 由价格变动产生的8 000美元的收益会导致期权总的内在价值增加到17 600美元。

• 期权的时间价值减少了5 600美元。

• 这段期间的截止日正好是12月31日，同时也是报告期的截止日，期权利得账户的余额将会过账到其他综合收益里的特殊权益账户。

美国地板经销公司账簿上第二期的会计分录

日期	会计分录	借（美元）	贷（美元）
20×1-12-31	融资费用 　　货币期权——NO.OP17BR 记录期权时间价值的减少	5 600	5 600

续表

日期	会计分录	借（美元）	贷（美元）
20×1-12-31	货币期权——NO.OP17BR 　　货币套期的利得 记录货币期权上的利得。 计算：货币即期汇率超过协议价的部分乘以期权份数然后再减去已确认的金额（4.4×4 000-9 600或者（0.0522-0.5）×8 000 000-9 600）	8 000	8 000
20×1-12-31	货币套期的利得 　　其他综合收益——现金流量套期 在报告期期末将现金流量套期（NO.OP17BR）的利得过账到其他综合收益。它是累计利得的余额，递延记录（暂记）在其他综合收益中，直到预期交易影响盈余时为止	17 600	17 600

第三次价格变动期：20×1年12月31日—20×2年3月31日

在这期间有两次价格变动，分别是3月的第一天和最后一天。这些价格变动在发生时进行报告。

1.第三期内的第一次价格变动：

- 在20×2年3月1日，期权的时间价值下降了2 500美元。
- 美元对巴西雷亚尔的汇率从每0.5022美元兑换1巴西雷亚尔增长到每0.503美元兑换1巴西雷亚尔。
- 同一天，期权的内在价值增加了6 400美元（（0.503-0.5022）×8 000 000）。

2.第三期内第二次价格变动：

- 期权的时间价值下降了500美元。
- 美元对巴西雷亚尔的汇率从每0.503美元兑换1巴西雷亚尔上升到每0.5045美元兑换1巴西雷亚尔。
- 期权的内在价值增加了12 000美元（（0.5045-0.503）×8 000 000）。

美国地板经销公司账簿上第三期的会计分录

日期	会计分录	借（美元）	贷（美元）
20×2-03-01	融资费用 　　货币期权——NO.OP17BR 记录期权时间价值的进一步减少	2 500	2 500
20×2-03-01	货币期权——NO.OP17BR 　　货币套期利得 记录货币期权产生的利得。 计算：即期汇率超过协议价的部分乘以期权的份数然后再减去已经确认的金额（6.00×4 000-17 600）	6 400	6 400
20×2-03-31	融资费用 　　货币期权——NO.OP17BR 记录期权时间价值的进一步减少	500	500

续表

日期	会计分录	借（美元）	贷（美元）
20×2-03-31	货币期权——NO.OP17BR 　　货币套期利得 记录货币期权产生的利得。 计算：即期汇率超过协议价部分乘以期权份数然后再减去已经确认的金额	12 000	12 000
20×2-03-31	货币套期利得——NO.OP17BR 　　其他综合收益——现金流量套期 在报告期期末将现金流量套期（NO.OP17BR）产生的利得过账至其他综合收益	18 400	18 400
20×2-03-31	现金 　　货币期权——NO.OP17BR 通过行权从摩根大通证券公司收取期权的内在价值	36 000	36 000
20×2-03-31	存货——采购 　　现金 在20×2年3月31日从巴西按当日的汇率以8 000 000巴西雷亚尔的价格采购20 000捆香脂木豆实木地板（每捆400巴西雷亚尔）	4 036 000	4 036 000

存货销售：20×2年6月15日

计算销售成本：

• 销售成本是存货成本加/减权益账户其他综合收益——货币期权NO.OP17BR的累计余额。

• 购买存货的成本是4 036 000美元。

• 比预期多出的36 000美元的存货成本与美国地板经销公司从摩根大通证券公司收取的期权内在价值的金额相等。

• 与这项期权有关的在其他综合收益中的累计余额是贷方36 000美元。

• 因此，销售成本是4 000 000美元，如果美国地板经销公司在20×1年11月5日购买这些货物正好就是该成本。通过套期，公司达到了锁定价格的目的。

美国地板经销公司账簿上销售存货的会计分录

日期	会计分录	借（美元）	贷（美元）
20×2-06-15	销售成本 其他综合收益——现金流量套期 　　存货 通过调整递延在其他综合收益的货币套期利得计算销售成本	4 000 000 36 000	4 036 000
20×2-06-15	现金 　　销售收入 记录出售的20 000捆香脂木豆实木地板（每捆325美元）	6 500 000	6 500 000

11.4.2 套期有效性的结果

在20×1年第四季度，美国地板经销公司管理层预计将要从巴西购买20 000捆香脂木豆实木地板，价格是每捆400巴西雷亚尔（离岸价），同时制造商保证未来18个月对任何买方都是这个价格。因为至少18个月内没有商品价格风险，所以支付更多成本的风险就主要来自汇率变动。因此，对巴西雷亚尔与美元之间汇率变动风险套期的目的就是将巴西雷亚尔与美元的汇率固定在每0.5美元兑换1巴西雷亚尔以确保能以每捆200美元的价格购入地板材料。

正如美国地板经销公司管理层预期的那样，巴西雷亚尔升值了，汇率从采购时的每0.5美元兑换1巴西雷亚尔上升到实际采购时的每0.5045美元兑换1巴西雷亚尔。如果没有套期，在实际采购20 000捆实木地板时，美国地板经销公司将会额外支付36 000美元。但是由于采取了有效的套期策略，套期工具（从摩根大通证券公司购买的货币期权）上产生的利得抵销了汇率上升而增加的采购成本。当美国地板经销公司出售实木地板时，套期产生的利得冲抵一部分销售成本，使得销售成本正好是4 000 000美元，这也是管理层期望锁定的价位。

在这个例子中，套期关系能够达成管理层的目标，但是它不是没有成本的。美国地板经销公司支付了10 000美元期权费并已经作为融资费用减少了盈余。然而存货的实际成本变成4 010 000美元。

11.4.3 如果期权是价外期权怎么办?

在上述例子中，购买的看涨期权是以平价方式购入的，并在以后的期间内一直是价内期权。在这基础上，通过比较期权内在价值的累计变动与未来采购所需现金流的累计变动来评定套期有效性是可能的。因为期权的关键条款与预期采购（金额、时间及最终的结算条款）相匹配，所以套期关系是完全有效的。期权的累计变动完全抵销了预期采购现金流的变动。[8]

因为期权的支付函数是单方面的，套期有效性只有在期权是价内期权时才可以评估。期权这个独有的特点使在对价外期权的套期有效性进行评估时出现了一些问题。在上面的例子中，如果汇率低于每0.5美元兑换1巴西雷亚尔，这种情况就会出现，而这会导致预期采购价格的下降（这也是美国地板经销公司在预期交易上的利得），同时货币期权也会变成价外期权，也就是内在价值为0。这样的话，就会认为期权不是套期工具，期权费的余额会计入损益，套期关系也就不存在了（套期暂停了）。如果期权又变回了价内期权，公司要重新指定它们作为这个预期交易或者其他交易的套期工具。在期权是价外期权期间，不确认任何利得或者损失（套期或被套期项目）；除了将期权费计入损益之外，损益和其他综合收益都不会受到影响。在期权是价内期权期间，累计的其他综合收益将会一直留在其他综合收益里，直到下列四项中的任意一项发生：

1.预期交易不再可能发生。

2.由于预期改变，套期终止。

3.被套期交易的改变会对损益产生影响。

4.管理层自愿决定终止套期。[9]

无论上述哪个事项发生，都需要将其他综合收益的相关余额重分类至损益。

11.5 对确定（约束性的）承诺进行套期

企业和外国主体之间的待执行合约（采购或者出售产品）构成了一项确定承诺（强制的、不可撤销的），它可能符合套期会计的要求。第10章讲到，对一项确定承诺的货币风险进行套期的会计处理和在单一货币下确定承诺的套期会计处理并不完全一样，正如释例10-6中所讲的那样，下面我们摘取了该释例中的一段。

对确定承诺的货币风险进行套期	公允价值套期	金融衍生工具 或者 以外币计价的非衍生金融工具
	现金流量套期	仅限金融衍生工具

在单一货币下，企业做出的确定（约束性）承诺可能仅适用于公允价值套期，而以外币计价的确定承诺可能会适用于现金流量套期或者公允价值套期，原因在于汇率变动使企业既面临现金流变动的风险也面临价值损失的风险。除此之外，在对以外币计价的确定承诺进行公允价值套期会计处理时，金融衍生工具或者货币非衍生金融工具都有可能被指定为套期工具。

11.5.1 用远期合约套期确定承诺[10]

只有在合约符合下面这些必要条件时，以外币计价的承诺才是可以套期的：

1.交易对方是一个外部主体——既不是子公司也不是附属企业。

2.合约有固定价格。

3.合约是以除国内主体功能货币外的货币计价的。

4.合约不可撤销且具有法律上的强制性。

5.合约规定交易的数量、交易的时间及其他重要协议条款。

6.合约条款提供了足够的动机以鼓励履约，从而使交易双方很可能会履约。

7.合约使用的汇率变动会影响损益（现金流变动条件下）。

在这种以外币计价的合约里，由于合约采用的不是国内主体的功能货币，合约货币的变动就会影响损益，从而使国内主体面临货币风险。对以外币计价的确定承诺进行套期有一个特殊性：企业对合约的会计处理可以选择将其作为公允价值套期或者现金流量套期。

- 如果选择了公允价值套期，管理层允许采用下面任意一种工具作为套期工具：

（1）衍生工具，如期货、远期、期权或者掉期。

（2）以外币计价的非衍生金融工具，如那些会给外币交易带来利得或损失的负债或者可供出售证券。

- 如果采用了现金流量套期，只有金融衍生工具可以被指定为套期工具。

11.5.2 确定承诺的货币风险套期实例

我们通过一家生产厨具的中国厂商K中国（KChina）和一家美国公司美厨（USKitchen）之间的合约来解释远期货币合约，美厨公司是中国厂商K中国和美国零售商的中间商。在20×1年1月1日，美厨公司和K中国公司签订了一项合约（NO. P2JCNY），约定在20×1年7月1日之前以720 000元人民币的价格购买1 000套厨具（型号LM闪亮牌）。[11]在签约时，汇率是每7.0922人民币兑换1.00美元或者每0.141美元兑换1.00人民币。

由于和K中国公司签订的采购协议是以人民币计价的，所以美厨公司（其功能货币是美元）就会面临货币风险。对该风险的套期既可以是公允价值套期，也可以是现金流量套期。[12]在签约当天，美厨公司管理层由于担心人民币兑换美元的汇率发生不利变动，所以同一天公司购入远期货币合约（NO.FX30FW），约定在20×1年6月30日以每0.143美元兑换1.00人民币（或每6.993人民币兑换1.00美元）的远期汇率购入720 000元人民币用于交易支付。

假设合约期人民币对美元（1.00）的即期汇率和远期汇率变动如下表所示：

	美元/人民币即期汇率*		人民币/美元远期汇率*	
	人民币/1.00美元	美元/1.00人民币	人民币/1.00美元	美元/1.00人民币
20×1-01-01	7.0922	0.141	6.993	0.143
20×1-02-28	7.353	0.136	7.3099	0.1368
20×1-03-31	7.46269	0.134	7.4349	0.1345
20×1-06-30	7.6336	0.131	7.6336	0.131

*20×1年7月1日交割，数字存在舍入误差。

在20×1年6月30日，美厨公司按合约数量从K中国购入1 000套厨具，在20×1年11月7日，公司以221 000美元的价格将这1 000套厨具全部出售给了美国饭店（Restaurants-R-US）。

11.5.2.1 套期关系的会计处理

会计处理的第一步就是记录套期的指定。

套期记录

释例11-2

美厨公司：初始套期记录（远期合约NO.FX30FW）

日期	20×1年1月1日
套期风险	人民币兑换美元的汇率变动，以及相对于美元，人民币可能的升值
套期目标	将汇率固定在每0.143美元兑换1.00人民币
风险管理	美厨公司已建立了一套风险管理制度，要求确定、计量并且控制任何可能降低盈余和企业现值的风险。对采购承诺的货币风险套期符合该管理制度的要求
套期工具	远期合约NO.FX30FW，约定在20×1年6月30日以每0.143美元兑换1.00人民币的汇率购买720 000元人民币

续表

被套期项目	与上海K中国之间的确定（约束性）承诺（NO.P2JCNY），约定在20×1年6月30日以每套720元人民币的价格购入1 000套型号LM闪亮牌的厨具并于当日交割，合约以人民币计价
套期会计处理	采用公允价值套期会计处理
套期有效性的评估	在套期开始日，即期汇率和远期汇率不相等，差额为远期点数。远期汇率的变化被用于评估套期有效性
套期有效性的追溯测试	美厨公司管理层决定通过对比远期现值的累计变动和为满足确定承诺所需预期现金流的累计变动来测试套期有效性
公允价值套期的其他条件	ASC 815规定的适用于公允价值套期的所有标准都被详细记录，并且预计都将被满足

估计远期合约的隐含贴现率

信息便签

威利（Whaley，2006）指出，国内和国外的无风险利率之差就是持有远期货币合约的成本。然而，为了简便起见，在下面的公式里我们假定该差别就是持有成本，用“c”表示。期间利率（本例指6个月）的估值关系式就简化为：

$$F_{1-6,\ 20\times1}=S_1\times e^c$$

式中：$F_{1-6,\ 20\times1}$——1月1日购入合约，20×1年6月30日交割；

S_1——1月1日的即期汇率；

e——指数函数；

c——持有成本或者在本例中为利率（差异）（简单折现）。

重新整理公式：

$$e^c=\frac{F_{1-6,\ 20\times1}}{S_1}$$

$$\ln(e^c)=1+c^*$$

式中：c^*——持有成本（连续复利）。

在我们的例子中运用这个简单的变形公式，可以得到：

$$1.43=1.41e^c$$

$$e^c=\frac{1.43}{1.41}=1.01418$$

所以，远期合约6个月的隐含利率是0.01418。

价值变动的计量

表11-3　　远期合约公允价值和确定承诺公允价值变动的计量

表A：确定承诺公允价值变动的计量				
	20×1-01-01	20×1-02-28	20×1-03-31	20×1-06-30
A即期汇率1.00美元兑换的人民币	7.0922	7.353	7.46269	7.6336
B即期汇率1.00人民币兑换的美元	0.141	0.136	0.134	0.131
C以美元为单位的即期汇率变动	—	(0.005)	(0.002)	(0.003)
D确定承诺的价值变动	0	3 600	1 440	2 160
E确定承诺的累计变动	0	3 600	5 040	7 200
F在0.04无风险利率下确定承诺累计变动的公允价值		3 553	4 990	7 200
G确定承诺公允价值的变动		3 553	1 437	2 210

续表

表B：远期合约公允价值的计量		20×1-01-01	20×1-02-28	20×1-03-31	20×1-06-30
H 6月30日交割时的远期汇率（人民币兑1.00美元）	人民币→	6.993	7.3099	7.43494	7.6336
I 6月30日交割时的远期汇率（美元兑1.00人民币）	美元→	0.143	0.1368	0.1345	0.131
J 远期汇率的变动	美元→	—	0.006	0.0023	0.0035
K 以美元为单位的远期合约名义价值	美元→	0	4 320	6 120	8 640
L 以美元为单位的远期合约公允价值（F行的现值）	美元→	0	4 280①	6 077②	8 640
M 远期合约公允价值的变动	美元→	0	4 280	1 797	2 563

对表11-3的注释：

（1）采用连续复利计算。

（2）用隐含利率计算现值（k行和L行）。

①4 320÷(1+0.01418×4÷6)=4 280（美元）

②6 120÷(1+0.01418×3÷6)=6 077（美元）

译者注：表内其他数据的计算参见下面的会计记录。

套期有效性的计量

- 期间1（20×1年1月1日—20×1年2月28日）：套期衍生品的公允价值变动了4 280美元，被套期项目公允价值变动了3 553美元。

DOR =4 280÷3 553=1.20

结论：套期是有效的，因为美元抵销比例DOR在可接受范围0.80～1.25之内。

- 期间2（20×1年2月28日—20×1年3月31日）：套期衍生品的公允价值变动了1 797美元，被套期项目公允价值变动了1 437美元。

DOR=1 797÷1 437=1.25

结论：套期是有效的，因为DOR在可接受范围0.80～1.25之内。

- 期间3（20×1年3月31日—20×1年6月30日）：套期衍生品的公允价值变化了2 563美元，被套期项目的公允价值变动了2 210美元。

DOR=2 563÷2 210=1.16

结论：套期是有效的，因为DOR在可接受范围0.80～1.25之内。

会计记录

第一种情况：假设公司采用了公允价值套期会计处理方法。

	分录	借（美元）	贷（美元）
20×1-01-01	备忘录：美厨和K中国签订了在20×1年7月1日前以720 000元人民币购买1 000套LM闪亮牌厨具的协议	—	—
	备忘录：美厨公司从交易商达尼丁公司（Dunedin，Ltd.）购入远期合约，约定以每0.143美元兑换1.00人民币的价格购进720 000元人民币，交割日为20×1年6月30日	—	—
20×1-02-28	远期货币合约的损失 　　应付账款——达尼丁公司 记录由于远期汇率从0.143美元跌落至0.1368美元而使远期货币合约遭受的损失	4 280	4 280

续表

	分录	借（美元）	贷（美元）
20×1-02-28	计算： 720 000×（0.143−0.1368）=4 320（美元） 按年利率0.028369（根据远期和即期汇率关系计算出来的隐含利率）以及4个月的期限进行贴现： 4 320÷（1+0.01418×4÷6）=4 280（美元）		
20×1-02-28	确定承诺——K中国 　　确定承诺产生的利得 记录确定承诺因即期汇率从0.141美元跌落至0.136美元而获得的利得。套期无效部分计入融资费用。 计算： 720 000×（0.141−0.136）=3 600（美元） 按年无风险利率4%以及4个月的期限进行贴现： 3 600÷(1+0.04×4÷12)=3 553（美元）	3 553	3 553
20×1-03-31	远期货币合约的损失 　　应付账款——达尼丁公司 记录由于远期汇率从0.1368美元跌落至0.1345美元而使货币远期合约遭受的损失。 计算：过程分三步： ①计算价值的累计变动额： 720 000×(0.143−0.1345)=6 120（美元） ②按1.418%（6个月的隐含利率）对上一步的金额进行3个月的贴现： 6 120÷（1+0.01418×3÷6）=6 077（美元） ③减去已确认金额，得到属于本期的金额： 6 077−4 280=1 797（美元）	1 797	1 797
20×1-03-31	确定承诺——K中国 　　确定承诺产生的利得 记录确定承诺因即期汇率从0.136美元下降到0.134美元而获得的利得。 计算： (0.141−0.134）×720 000=5 040（美元） 这是面值的累计变动。 • 以4%的年无风险利率对上述金额贴现3个月 • 5 040÷（1+0.04×3÷12）=4 990（美元） • 减去已确认的金额 • 4 990−3 553=1 437（美元） 得到属于本期的金额	1 437	1 437
20×1-03-31	确定承诺产生的利得 损益账户——融资费用 　　远期货币合约的损失 记录有效套期抵销的部分，并将无效套期部分结转至损益账户。 或者，利得或损失可以直接记入利润表。注意该无效套期是远期点数中的一部分	4 990 1 087	6 077

续表

	分录	借（美元）	贷（美元）
20×1-06-30	远期货币合约的损失 　　应付账款——达尼丁公司 记录由于远期汇率从0.1345美元下降到0.131美元而使远期货币合约遭受的损失。 计算： 720 000×（0.143-0.131）=8 640（美元） 扣除已经确认的数额，得到属于本期的金额： 8 640-6 077=2 563（美元）	2 563	 2 563
20×1-06-30	确定承诺——K中国 　　确定承诺产生的利得 记录确定承诺因即期汇率从0.134美元下降到0.131美元而获得的利得。 计算： 本期总的变动=（0.141-0.131）×720 000=7 200（美元） 其中的4 990美元已经在以前期间入账，剩下的2 210美元就属于本期的。本期是结算期，现值系数是1	2 210	 2 210
20×1-06-30	从K中国购入的存货 　　现金 记录根据协议按720 000元人民币的价格从K中国购入1 000套厨具，即期汇率为每0.131美元兑换1.00人民币	94 320	 94 320
20×1-06-30	应付账款——达尼丁公司 　　现金 记录支付远期合约上所欠达尼丁公司的金额。 注意这是公司所欠达尼丁公司的金额，即 （0.143-0.131）×720 000	8 640	 8 640
20×1-06-30	确定承诺产生的利得 损益账户——融资费用 　　远期货币合约的损失 记录抵销有效套期部分，将无效套期部分结转至损益账户。 或者，利得或损失可以直接记入利润表。注意该无效部分是远期点数的余额	2 210 353	 2 563
20×1-11-07	销售成本 　　从K中国购入的存货 　　确定承诺——K中国 记录在20×1年11月7日出售商品的成本	101 520	 94 320 7 200
20×1-11-07	现金 　　销售收入 记录以每套221美元销售的1 000套LM闪亮牌厨具的销售额	221 000	 221 000

11.5.3　公允价值套期案例分析

套期的目标是锁定人民币对美元的价格。美厨（USKitchen）公司的管理层不想承担汇率风险。公司对供应商K中国（KChina）公司做出了确定（约束性的）承诺，约定在20×1年6月30日购买1 000套LM闪亮牌（LM Glorious）厨具并于当日付款。为了确定购买日的汇率，管理层购入了远期合约，将人民币的价格锁定在了0.143美元。如果汇率上升（美元贬值），美厨公司只需支付0.143美元兑换1元人民币。相反，如果美元升值了，兑换1元人民币就会少于0.143美元。例如，如果美元贬值，兑换1元人民币需要0.147美元，用美元计算的采购成本将会增加到105 840美元而不是102 960美元，这样公司就会损失2 880美元。通过将1元人民币的价格固定在0.143美元，货币交易商将会弥补公司2 880美元的损失，这样公司的货币成本仍将只是0.143美元，因此管理层保护了公司不受下行风险的影响。

因为管理层不再受到下行风险的影响，所以为此需要支付一定的财务成本，其等于远期点数，即1 440美元（（0.143−0.141）×720 000）。其中的1 087美元在第一季度末计入损益，353美元在第二季度末计入损益。

套期结束时，存货采购成本就是20×1年6月30日即期汇率下的价格。然而，这还不是销售成本，销售成本是实际支付的价格94 320美元，加上确定承诺的余额7 200美元。所以，总的销售成本就是101 520美元（94 320 +7 200）。它等于签订协议时即期汇率下的价格，即0.141美元乘以金额720 000元人民币。也就是说，销售成本等于如果公司在签订协议时就支付的价格。

11.6 货币掉期会计

货币掉期指的是这样一种合约，即签约双方面对的是不同的货币，一方是本币而另一方是外币，签约双方同意交换按照两种不同货币计算的利息或本金。[13]持有本币的一方向持有外币的一方借出以本币计价的贷款然后从持有外币的一方借入以外币计价的贷款。根据合约生效日的即期汇率，货币掉期条款的设定恰好使两项贷款的现值相等。在掉期合约结束时结清两项贷款，双方交换相应的货币。在掉期合约生效期间，双方依据合约条款定期结算净利息差。

合约开始日所使用的是即期汇率，但掉期合约结束时使用的汇率要根据签约双方的协议来确定，可能是结束日当天的即期汇率，也可能是在掉期开始日已经存在的远期汇率。因此，这种交叉货币掉期可以看成由两项贷款组成：一项按照合约开始时的即期汇率，另一项要么按照合约开始时的远期汇率，要么按照合约终止日的即期汇率。[14]

简单地讲，不同种类的掉期有不同的定义：

①**货币掉期**是指掉期的两端都是固定的：固定换固定。

②**交叉货币掉期**是指一端是固定的而另一端是浮动的。无论是固定换浮动还是浮动换固定，都是这种掉期。

③**货币基差掉期**是指浮动换浮动的货币掉期合约。

④**差额掉期**是指仅交换支付利息的合约。

⑤**循环掉期**是指包含交叉货币息票掉期以及单一货币息票掉期的混合合约。[15]

11.6.1 货币掉期的设计和估价

大部分掉期合约的条款设置使掉期合约在开始日的价值为0。[16]对于单一货币下的利率掉期（如第5章和第8章），设计一项普通的掉期合约须遵循下面特定的步骤：

1. 用零息债券收益率曲线估计在合约双方风险等级下的远期利率，该远期利率是掉期协议中的浮动利率。[17]

2. 用远期利率和面值计算出变动端的浮动现金流。

3. 固定利率现金流的现值要设置成等于浮动利率现金流的现值。

4. 固定利率是等式中唯一的未知数，因此可以通过重新整理等式计算得出。

5. 计算得出的固定利率就是掉期合约中固定端的利率，按该利率计算出的固定端现值等于浮动端现值。

6. 在上述两个现值的计算中，现值系数都以该风险等级下的零息债券利率为基础确定。

有多种合约组合形式，并且存在三种可能的会计处理方法。其中一种并不使用套期会计。其他两种的组合形式见释例11-3。

释例 11-3

交叉货币类型以及会计处理方式

	货币		套期种类	
掉期形式	货币1（收到）	货币2（支付）	现金流量套期	公允价值套期
A	固定	固定	√	
B	固定	浮动		√
C	浮动	固定	√	
D	浮动	浮动		√

11.6.2 实例：固定换固定货币掉期（以外币计价的负债）

流水企业（FlowinWaters Enterprises）是美国的本土公司，在波士顿和加拿大的哈利法克斯之间进行轮渡服务。20×1年1月1日，该公司和希腊轮船制造商罗罗帕斯（RoRo Ropax）公司协定以1 460 000欧元采购一艘型号为HSS949的轮船并立即交割。为了筹措采购款，流水企业支付了460 000欧元的现金并从雅典的加色那银行（BankAthena）借到1 000 000欧元。该项贷款按照6%支付年利率并且3年后偿还本金。即期汇率是每1.35美元兑换1欧元。

流水企业的管理层担心将来美元相对欧元进一步贬值，例如，如果汇率上涨到每1.40美元兑换1欧元，公司将需要向加色那银行每年额外支付3 000美元的利息并且多偿还50 000美元的本金。这种担心使流水企业的管理层和一家法国的银行——法国银行（BankFrance）——签订了货币掉期合约（NO.FX7Euro）。合约是固定换固定的形式，要求：

①流水企业和法国银行在合约开始的时候按照当日的即期汇率交换本金：在开始时流水企业支付1 000 000欧元获得1 350 000美元。

②在每一年年末，流水企业按照1 350 000美元向法国银行支付5.5%的利息并按1 000 000欧元获得6%的利息。[18]

③在3年后，流水企业和法国银行将会再次交换本金：流水企业获得1 000 000欧

元并支付1 350 000美元。[19]那时，流水企业也会偿还加色那银行的贷款。

在这个过程中，流水企业将汇率固定在了每1.35美元兑换1欧元，这是借款时的即期汇率。这种本金和利率的双重资金流动如图11-2所示。

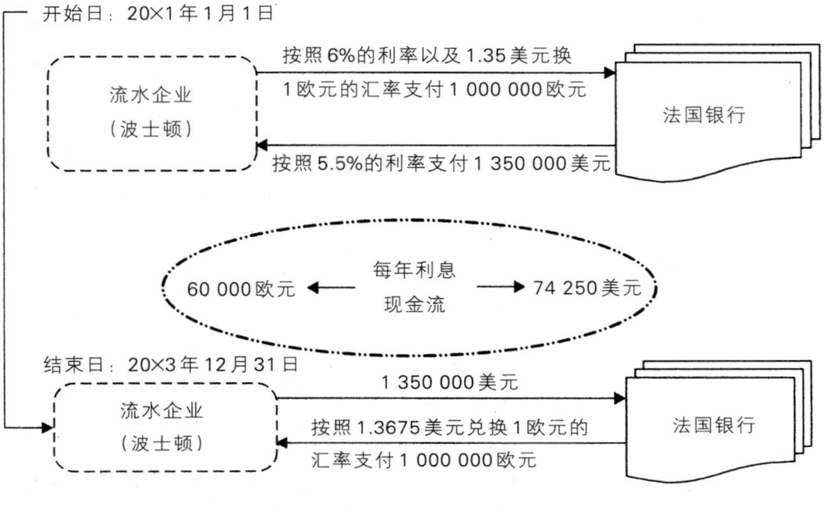

图11-2　掉期合约NO.FX7Euro的资金流

注：这里的“交换”并非真的实物交割。签约双方按照净额结算。

11.6.2.1　会计处理

对套期工具、被套期项目以及套期关系进行会计处理，首先要回答的问题就是套期是否满足套期会计的要求。

信息核查：

1.是否有面值？

是。

2.为获得该衍生工具，是否需要进行初始投资？

不是。

3.是否有按照净额结算的条款？

是。

4.该套期是否有记录？

是，记录总结在释例11-4中。

5.套期工具的风险是否与被套期项目风险相匹配？

是。

6.未来套期是否有效？

是，基于简便法。

结论：是的，套期关系符合套期会计的要求。

表11-4中包含了对套期关系的总结以及对3年中每年套期合约公允价值的计算。

11.6.2.2 套期组成部分以及掉期合约公允价值估计的概要

表 11-4　　　　　　　　　　掉期合约NO.FX7Euro的现值

		20×1-01-01	20×1-12-31	20×2-12-31	20×3-12-31
即期汇率：兑换1欧元所需要的美元		1.35美元	1.359美元	1.364美元	1.3675美元
远期汇率：兑换1欧元所需要的美元 20×3年12月31日交割时		1.375美元	1.378美元	1.371美元	1.3675美元
即期利率	美元	5.5%	5.7%	5.9%	—
	欧元	6.2%	6.1%	6.3%	—
与掉期相关的**流水企业**的现金流	本金	1 350 000美元 （1 000 000欧元）	—	—	1 000 000欧元 （1 350 000美元）
	欧元利息	—	60 000欧元	60 000欧元	60 000欧元
与掉期相关的**法国银行**的现金流	本金	1 000 000欧元 （1 350 000美元）	—	—	1 350 000美元 （1 000 000欧元）
	美元利息	—	（74 250美元）	（74 250美元）	（74 250美元）
掉期的公允（现值）价值		—	11 482美元①	15 250美元②	17 500美元③
掉期公允价值的变动		—	11 482美元①	3 768美元	2 250美元

货币掉期合约FX7Euro公允价值的计算：

（按照美国财务会计准则理事会建议的方法，为简化计算，假设零息票收益率曲线是平的。）

①20×1年12月31日的公允价值=收到现金的现值减去支付现金的现值

(60 000÷1.061+60 000÷1.061^2+1 000 000÷1.061^2）×1.359−(74 250÷1.057+74 250÷1.057^2+1 350 000÷1.057^2)=1 356 511−1 345 029=11 482（美元）

②20×2年12月31日的公允价值=(60 000÷1.063+1 000 000÷1.063)×1.364−(74 250÷1.059+1 350 000÷1.059)=1 360 150−1 344 900=15 250（美元）

属于这一期间的公允价值变动=15 250−11 482=3 768（美元）

③20×3年12月31日的公允价值=1 000 000×1.3675−1 350 000=17 500（美元）

其中15 250美元已经被确认过，本期确认的就是2 250美元。

（数字四舍五入到个位）

相关信息：

1.一个美国买方，流水企业。

2.流水企业和两个银行交易：

• 流水企业从加色那银行借款来筹措购买一艘由希腊轮船制造商制造的罗罗帕斯轮船的资金。

• 流水企业和法国银行签订货币掉期合约。（希腊和法国是欧盟的成员国，它们采用欧元作为官方货币。）

3.这个交叉货币掉期提供了两个套期：

• 利率风险套期。

• 汇率风险套期。

4.这份货币掉期合约被指定为对从加色那银行借款的金额进行的套期，以对冲美元和欧元之间汇率的不利变动。

5.除了掉期合约都是与流水企业签订的之外，两家银行之间以及两份合约之间没有关联。

6.该份货币掉期合约要求：（1）在合约开始时，按照当时的即期汇率换算为订约方的货币之后互换名义金额；（2）互换掉期两端的利息成本差异；（3）在合约结束时，按照最终结算时刻的即期汇率互换名义金额。

7.货币掉期合约的目的就是消除美元和欧元之间的汇率变动影响，这样从希腊购买轮船的最终成本就可以是以签订采购合约时的汇率计算的合约价格。

8.货币掉期合约可以采用多种形式。例如，合约可以明确规定以开始时的远期汇率计算最终的结算价格。在本例中，流水企业可以签订一份掉期合约锁定在远期汇率上。

11.6.2.3 记录

释例 11-4

流水企业套期记录（交叉货币掉期合约 NO.FX7Euro）

日期	20×1年1月1日
被套期风险	因美元和欧元之间不可预期的汇率变动而遭受损失的风险
套期目标	消除因欧元和美元之间汇率变动带来的未来现金流变动的风险
风险管理	管理层估计货币风险是可能发生的，并且套期合约FX7Euro能够有效抵销加色那银行的被套期应付票据上的风险。风险种类和套期关系都符合公司的风险管理哲学，即流水企业的全系统风险管理制度（system-wide risk-management system）
被套期项目	在本例中，被套期项目是合约NO.E5x2Y，即从希腊雅典加色那银行获得的贷款。该贷款的条款是： ①面值1 000 000欧元； ②固定利率6%； ③3年期并应于20×3年12月31日偿还全款
套期工具	• 固定换固定货币掉期合约NO.FX7Euro。 • 发生在**流水企业**和巴黎的**法国银行**之间。 • 该掉期相当于借给**法国银行**1 000 000欧元并同时向**法国银行**借入1 350 000美元。 • 根据以欧元计价的贷款，**法国银行**向**流水企业**支付6%的利息；根据以美元计价的贷款，**流水企业**向**法国银行**支付5.5%的利息。 • 交换利息支付并在每年的12月31日结算差额。 • 在20×3年12月31日合约终止，**流水企业**从**法国银行**收到1 000 000欧元并支付给**法国银行**1 350 000美元
套期有效性	套期工具条款和被套期项目条款完美契合：相同的面值、相同的利率、相同的存续期。**流水企业**的管理层认为这项套期符合简便法的要求，因此不需要进行定量测试 （注：国际财务报告准则不允许采用简便法）

11.6.2.4 贷款（加色那银行）和货币掉期（法国银行）的会计处理

开始日的会计处理

信息：

• 从法国银行借款。

● 同**法国银行**签订了利率掉期合约。合约条款：

· 初始交换：**流水企业**收到1 350 000美元，然后支付给**法国银行**1 000 000欧元。

· 利率：**流水企业**按1 350 000美元支付5.5%的利息给**法国银行**，同时从**法国银行**收到按1 000 000欧元支付的6%的利息。

· 利率：**流水企业**从**加色那银行**那里筹借到1 000 000欧元购买轮船，并向其支付6%的利息。

· 结束日：**流水企业**收到1 000 000欧元并支付了1 350 000美元。

记录分录

分录号	日期	分录	借（美元）	贷（美元）
1	20×1-01-01	现金 银行贷款——加色那银行 记录向加色那银行借款的贷款合约NO.E5x2Y，用来从希腊轮船制造商那里购买罗罗帕斯轮船	1 350 000	1 350 000
2	20×1-01-01	备忘录 今天我们和法国银行签订了货币掉期协议。协议条款： ● 初始交换：**流水企业**收到1 350 000美元并支付1 000 000欧元。 ● 利率：**流水企业**每年支付5.5%的利息并收取6%的利息	—	—

第一期：20×1年1月1日—20×1年12月31日

● 支付给**加色那银行**的负债（贷款**合约NO.E5x2Y**）利息为81 540美元（60 000×1.359）（年末的即期汇率）。

● 掉期的现值等于收到现金的现值减去支付现金的现值。

· 将收到的现金按欧洲银行间同业拆借利率（EURIBOR）进行折现后乘以汇率：

$(60\ 000\div1.061+60\ 000\div1.061^2+1\ 000\ 000\div1.061^2)\times1.359=1\ 356\ 511$（美元）

· 将要支付的现金按美国的即期利率进行折现：

$74\ 250\div1.057+74\ 250\div1.057^2+1\ 350\ 000\div1.057^2=1\ 345\ 029$（美元）

· 掉期的现值=1 356 511−1 345 029=11 482（美元）

● 累计应付**加色那银行**的利息1 000 000欧元×6%按20×1年12月31日的汇率，即每1.359美元兑换1欧元折算，利息费用是81 540美元。

● 在这期间，**流水企业**和**法国银行**之间交换的利息差等于：

· 收到的欧元债务（**法国银行**）利息乘以20×1年12月31日的即期汇率，即60 000×1.359（**即期汇率**），结果是81 540美元。

减去

· 支付给对方的固定利息，即1 350 000×0.055，结果是74 250美元。

收到和支付的利息差额是7 290美元（81 540−74 250），即双方在本期交换的净额，是**流水企业**在掉期合约中利率风险套期的结果，因此将作为被套期贷款上的利息费用调整来处理。

· 最后，由于汇率发生了变动，**流水企业**需要对**加色那银行**的负债账面价值进行重新计量（货币折算）。即期汇率从每1.35美元兑换1欧元上升到每1.359美元兑换1欧元。在新汇率下，结算所欠**加色那银行**的债务将会使**流水企业**多花9 000欧元。这项折算损失作为累计利息费用的调整项影响收益。

第一期的会计分录：20×1年1月1日—20×1年12月31日

分录号	日期	分录	借（美元）	贷（美元）
3	20×1-12-31	利息费用 　　应计未付利息——加色那银行 记录欠加色那银行贷款（合约号No.E5x2Y）的应计利息，等于60 000×1.359（20×1年12月31日的即期汇率） 信息便签：注意，套期工具的关键条款与被套期项目相匹配，意味着被套期负债的金额等于掉期合约中的本金，同时它们拥有相同的利率和存续期	81 540	 81 540
4	20×1-12-31	应收掉期利息——法国银行 　　利息费用 记录掉期利息支付的结算净额。它等于以即期汇率计算的掉期交易对方欠我们的利息减去我们欠对方的利息，也就是等于7 290美元（60 000×1.359-1 350 000×0.055）	7 290	 7 290
5	20×1-12-31	货币掉期的公允价值——合约号No.FX7Euro 　　货币汇兑损益——掉期 记录掉期合约的公允价值，它等于用欧洲银行间同业拆借利率（这里是0.061）计算的法国银行欠我们的现金流的现值，减去用美元银行同行业拆借利率（这里是0.057）计算的我们欠法国银行的现金流的现值，计算过程见表11-4	11 482	 11 482
6	20×1-12-31	应计未付利息——加色那银行 　　现金 记录应计利息的支付	81 540	 81 540
7	20×1-12-31	现金 　　应收掉期利息——法国银行 收取第4号分录记录的应收利息净额	7 290	 7 290
8	20×1-12-31	折算账户（利得/损失） 　　银行贷款——加色那银行 记录通过确认负债的货币折算损失来调整负债的公允价值，它等于负债的余额乘以期初和期末即期汇率的差额，即1 000 000×（1.359-1.35）。 信息便签：ASC 830准则中关于货币部分的规定以及IAS 21准则中的规定都要求在合并财务报表日按照现行（即期）汇率折算金融资产和金融负债。负债的折算价值上升是一种损失	9 000	 9 000
9	20×1-12-31	货币（利得/损失）——掉期 　　其他综合收益——货币掉期 　　折算账户（利得/损失） 递延确认货币套期中超过折算损失的利得部分，直到被套期交易影响损益时再转回	11 482	 2 482 9 000

第二期[20]：20×2年1月1日—20×2年12月31日

• 确认并向**加色那银行**支付负债（贷款合约号No.E5x2Y）利息81 840美元（60 000×1.364（年末的即期汇率））。

• 掉期的现值等于要收到现金的现值减去要支付现金的现值。

·将要收取的现金按照欧洲即期利率（EURIBOR）进行折现，然后乘以20×2年12月31日的即期汇率：

（60 000÷1.063+1 000 000÷1.063）×1.364=1 360 151（美元）

·将要支付的现金按20×2年12月31日的即期利率（USA LIBOR）进行折算：

74 250÷1.059+1 350 000÷1.059=1 344 901（美元）

·掉期的现值为15 250美元（1 360 151−1 344 901）。但是属于本期的掉期公允价值的变动是本期公允价值减去上期公允价值：15 250−11 482=3 768（美元）。

·在该期间，交易双方的净利息（差额）等于欧元负债的利息乘以20×2年12月31日即期汇率然后减去对方的固定利息：

·60 000×1.364（即期汇率）=81 840（美元）

减去

·以美元计价的固定利息1 350 000×0.055=74 250（美元）

·差额为81 840−74 250=7 590（美元）。这就是双方在本期交换的净额，是流水企业的掉期合约中利率风险套期的结果，因此将被作为套期贷款上的利息费用调整来处理。

• 最后，**流水企业**需要对**加色那银行**负债的账面价值进行重新计量（货币折算）。即期汇率从每1.359美元兑换1.00欧元上升到每1.364美元兑换1.00欧元。在新的汇率下，结算所欠**加色那银行**的债务需要1 364 000美元，也就意味着5 000美元的货币折算损失。

第二期的会计分录：20×2年1月1日—20×2年12月31日

分录号	日期	分录	借（美元）	贷（美元）
10	20×2-12-31	利息费用 　　应计未付利息费用——加色那银行 记录欠加色那银行贷款（合约号No.E5x2Y）的应计利息，即60 000欧元×1.364（20×2年12月31日的即期汇率）	81 840	 81 840
11	20×2-12-31	应计未付利息费用——加色那银行 　　现金 记录对第10号会计分录中应计利息的支付	81 840	 81 840
12	20×2-12-31	应收掉期利息——法国银行 　　利息费用 记录掉期利息支付的结算净额。它等于以即期汇率计算的掉期交易对方欠我们的利息减去我们欠对方的利息，也就是60 000欧元×1.364（即期汇率）−固定金额的利息74 250美元	7 590	 7 590
13	20×2-12-31	现金 　　应收掉期利息——法国银行 收取第12号分录记录的应收利息净额	7 590	 7 590

续表

分录号	日期	分录	借（美元）	贷（美元）
14	20×2-12-31	货币掉期的公允价值——合约号No.FX7Euro 　　货币利得/损失——掉期 记录掉期合约公允价值的变化。用按EURIBOR（这里是0.063）计算的法国银行欠我们的现金流的现值，减去按U.S.LIBOR（这里是0.059）计算的我们欠法国银行的现金流的现值，从而得到掉期合约的公允价值，具体信息见表11-4。然后用掉期合约的公允价值减去上一期已经确认的公允价值11 482美元	3 768	3 768
15	20×2-12-31	折算账户（利得/损失） 　　银行贷款——加色那银行 记录负债的货币折算损失，等于贷款账户余额乘以期初和期末即期汇率的差额，即1 000 000欧元×（1.364-1.359）	5 000	5 000
16	20×2-12-31	货币（利得/损失）——掉期 其他综合收益——货币掉期 　　折算账户（利得/损失） 对欠加色那银行负债的折算损失进行结账	3 768 1 232	5 000

第三期的会计分录：20×3年1月1日—20×3年12月31日

- 确认并支付对**加色那银行**的负债（贷款合约号No.E5x2Y）利息82 050美元（60 000欧元×1.3675（年末的即期汇率））。
- 掉期的现值等于要收到的现金现值减去要支付的现金现值。
- 在合约结束时，将于20×3年12月31日收到的现金是1 000 000×1.3675=1 367 500（美元）。
- 将于20×3年12月31日支付的现金是1 350 000美元。
- 掉期的现值=1 367 500-1 350 000=17 500（美元）。
- 属于本期的掉期公允价值变动=17 500-15 250=2 250（美元）。
- 在本期，交换利率净额（差额）等于：

　·欧元负债的利息乘以20×3年12月31日的即期汇率再减去对方的固定利息，即82 050美元。

　减去

　·美元计价端的固定利息74 250美元（1 350 000×0.055）。

　·差额为7 800美元，即套期利率风险的结算余额。

　·最后，需要对所欠**加色那银行**的负债进行重新计量（货币折算）。即期汇率从1.364美元兑换1.00欧元变为1.3675美元兑换1.00欧元。在新的汇率下，结算对**加色那银行**的负债需要1 367 500美元。

第三期的会计分录：20×3年1月1日—20×3年12月31日

分录号	日期	分录	借（美元）	贷（美元）
17	20×3-12-31	利息费用 应计未付利息费用——加色那银行 记录欠加色那银行贷款（合约号No.E5x2Y）的应计利息，等于60 000欧元×1.3675（20×3年12月31日的即期汇率）	82 050	82 050
18	20×3-12-31	应计未付利息费用——加色那银行 现金 支付第17号会计分录中所记的应计利息	82 050	82 050
19	20×3-12-31	应收掉期利息——法国银行 利息费用 记录掉期利息支付的结算净额。它等于以即期汇率计算的掉期交易对方欠我们的利息减去我们欠对方的利息，也就是60 000欧元×1.3675（即期汇率）-74 250美元	7 800	7 800
20	20×3-12-31	现金 应收掉期利息——法国银行 收取第19号会计分录记录的应收利息净额	7 800	7 800
21	20×3-12-31	货币掉期的公允价值——合约号No.FX7Euro 货币利得/损失——掉期 记录掉期合约公允价值的变化。用按EURIBOR计算的法国银行欠我们的现金流的现值，减去按U.S.LIBOR计算的我们欠法国银行的现金流的现值，从而得到掉期合约的公允价值，具体信息见表11-4。然后用掉期合约的公允价值减去上一期已经确认的公允价值15 250美元	2 250	2 250
22	20×3-12-31	折算账户（利得/损失） 银行贷款——加色那银行 记录负债的货币折算损失，等于贷款账户余额乘以期初和期末即期汇率的差额，即1 000 000欧元×（1.3675-1.364）。参见ASC 830第8号分录	3 500	3 500
23	20×3-12-31	货币（利得/损失）——掉期 其他综合收益——货币掉期 折算账户（利得/损失） 将已经计入其他综合收益的掉期余额重新分类，并结算该合约账户	2 250 1 250	3 500
24	20×3-12-31	现金 货币掉期的公允价值——合约号No.FX7Euro 通过从法国银行收取合约公允价值来进行货币掉期合约No.FX7Euro的最后结算，并结清账簿上的掉期资产账户	17 500	17 500
25	20×3-12-31	银行贷款——加色那银行 现金 偿还对加色那银行的负债，贷款合约号No.E5x2Y	1 367 500	1 367 500

11.6.2.5 套期关系分析

1. 在这份货币掉期合约下，美国公司**流水企业**没有进行任何的投资（掉期的现值是0）并且没有运用自己的任何资金去购买掉期合约（除去少量的交易处理成本）。从**法国银行**收到的美元金额按即期汇率换取1 000 000欧元，并以该金额偿还对**加色那银行**的负债。

2. 掉期合约的条款与其同**加色那银行**签订的贷款合约中的条款是相对应的。**流水企业**从掉期合约中收到的以欧元计价的60 000欧元利息被用来偿还贷款上的利息。由于对**加色那银行**债务的利率、面值、存续期、偿还金额以及其同**法国银行签订**的掉期合约在同时发生，并且都用即期汇率兑换，所以**流水企业**决定使用简便法来确定套期有效性。[21]

3. 通过签订掉期协议，**流水企业**本质上已经将负债的利息成本和面值都固定在了交易开始时的即期汇率上，即每1.35美元兑换1.00欧元。因此，**流水企业**支付的负债利息以及最终负债的结算金额都得到了保护，使其不受汇率下行变动风险的影响。在掉期合约期期末，**流水企业从法国银行**获得1 000 000欧元并支付1 350 000美元。双方并没有实际交割货币，仅仅是按照当时的即期汇率每1.3675美元兑换1.00欧元和名义金额本来的现金流之差结算净额。

4. 在结算时，1 000 000欧元换算成美元是1 367 500美元。因此，**法国银行**一定要补偿**流水企业**17 500美元。这实际上就是掉期结束时的结算净额。

11.7 折算（会计）风险

跨国公司的合并财务报表和财务报告要使用单一货币列报整个企业（包括母公司、分支机构、子公司以及所有国内外经营主体）的状况，该货币通常都是母公司的功能货币，但也有例外情况。这意味着财务报表在合并过程中必须把企业的国外子公司和国外经营主体的财务报表中使用的其他国家的货币换算成母公司的报告货币。这个过程一般被称为“货币折算”并且要用到外币和母公司货币之间的汇率。

会计货币折算风险是使用外币的经营机构在报告净资产时因会计货币折算带来的损失风险。[22]

11.7.1 汇率的相关类别

任何企业的财务状况都是过去交易的结果。资产负债表上的资产、负债以及权益都是不同时间所做出的众多决定下的产物。随着货币供需力量的变化、关税以及政府的干预，汇率持续地发生着变化。因此，国外经营主体的各种资产、负债以及所有者权益都是不同时期所做决定的结果，而每个时期都有不同的汇率。相反，将国外经营主体包含在内的财务报表合并是在一个时点即会计期末发生的。因为国外经营主体的财务报表项目在发生时的汇率千差万别，所以要将这些财务报表换算为母公司报告货币就会出现一个困境，即对各种资产、负债以及权益或者利润表项目采用哪种汇率比较合适。

实际上，母公司在合并国外经营主体的财务报表时可以采用两种汇率制度，而这两种制度都与时间有关。

1. 交易时的汇率： 交易发生时的汇率也就是国外经营主体购买资产、承担负债、出售存货或者支付工资时的汇率。这种方法是站在历史的角度上的，因此也被称为

“时态法”。

2.合并期末汇率：合并日汇率也就是会计期末的汇率。这是从现行汇率的角度出发的。

还存在其他两种方法，这两种方法是根据报表项目的性质来确定使用哪种汇率将该项目的账面价值换算为母公司的报告货币。

3.货币和非货币：在这种方法下，货币性资产和负债都被看作临时性的，因为可以将它们迅速变现并用即期汇率兑换。非货币性项目的特征有所不同，这些项目被锚定在了过去。对于这些项目而言，交易时的汇率被认为是恰当的折算汇率，因为这些汇率能够体现这些项目按照原本货币报告的账面价值。

4.流动和非流动：在这种方法下，流动资产和流动负债有这样的特点，就是管理层可以在当下清算它们。因此，在换算货币时采用现行汇率是合适的。但是非流动资产体现了过去的交易，因为管理层并不打算清算它们或者将其转移出企业。据此推断，现行汇率就不适用于换算非流动资产的计价货币。

在合并过程中，会计准则的作用是明确在何种条件下可以采用哪些方法进行货币折算。正如下面将讨论的那样，实际上，现行会计准则从上述每种方法中都吸取了一些精华。

11.7.2 组织影响的相关性

认定报告主体的功能货币以及国外经营主体的功能货币是外币折算会计准则的基础（参见第10章对功能货币的定义和认定）。当主体选择一种货币换算方法将国外经营主体与母公司的财务报表合并时，必须考虑国外经营主体的现金流在多大程度上影响报告主体的功能货币或者受其影响。[23]会计准则首先要求依据母公司管理层对不同国外经营主体的影响方式划分不同种类的国外经营主体。如果母公司对某个国外经营主体有重大影响，则其更类似于母公司经营的延伸而非独立自治的主体。如果母公司对某个国外经营主体的影响微不足道，则该国外经营主体的管理层管理商业活动就如同管理一个独立主体一样，可以不受母公司功能货币变动的影响而收取和支付现金。然而，在现实中，跨国公司的国外经营主体是企业法定不可分割的一部分，无论母公司对国外经营主体的影响力如何，都不会改变企业实际上的法律结构。但这个法律事实并不一定符合国外经营主体从事商业交易的方式。

对于任何一个跨国公司来说，母公司对所有国外经营主体的影响程度未必是一样的。其可能对世界上某一区域的影响力比较强，而对另外一个区域的影响力则比较弱。会计准则的目的是呈现这些国外经营主体的经济现实，因此这些企业的法律形式或组织结构都不重要。在合并国外经营主体和母公司财务报告时，所采用的方法反而取决于国外经营主体是否能够不受母公司的影响而具有自主决策权利。

11.7.2.1 第一种类型的应用

如果跨国公司的国外经营主体缺少自主权，更像是母公司活动的延伸，就有以下两种结果：

1.国外经营主体的活动影响母公司功能货币的现金流；国外经营主体能够随时将其现金流输送给母公司。

2. 这种国外经营主体活动的结果应该在母公司的利润表和资产负债表上同时记录。也就是说，在进行会计处理时，应当就如同这些主体被母公司直接经营一样。

这种国外经营主体的功能货币是母公司的功能货币。一般而言，美国跨国公司的国外经营主体的功能货币就是美元，英国跨国公司的国外经营主体的功能货币就是英镑（GBP）。[24]在这种情况下，如果国外经营主体的财务报表在报告时没有采用母公司的功能货币，那么在合并时就需要将该财务报表从外币折算为母公司的报告货币。由于国外经营主体对母公司的依赖，**货币的换算就仅仅应当是计量单位的改变，而不应该改变被换算项目的属性。**为此，这个过程被称为**"重新计量"**。

要像母公司自己获得一样对国外经营主体的资产进行重新计量，也要像母公司承担相关的负债一样对国外经营主体的负债进行重新计量。如果母公司从国外购买这些资产，在记录的时候会采用购买时的现行汇率。这就是第一种类型的货币换算——**采用交易时的汇率**，它也是合并那些受控于母公司、不自治的国外经营主体时采用的汇率。因为采用的汇率和交易时间相关联，所以这种货币换算方法被称为**时态法**。[25]

11.7.2.2　第二种类型的应用

如果国外经营主体是自治的并且母公司的管理层对其日常的决定影响很小，就可以视该国外经营主体为一个自治的主体。在这种情况下，合并母公司和国外经营主体财务报表时就像两个独立公司的财务报表在年末合并，并在当天编制合并财务报表。对于这种合并，只有合并期间的汇率是相关的（资产负债表采用会计期末的汇率，利润表采用平均汇率）。在这种情况下，国外经营主体过去在购买一项资产或者承担一项负债时的汇率就不是相关汇率。

这种方法适用于将自治的国外经营主体的财务报表从以外币表述换算为以母公司报告货币表述。对这些国外经营主体财务报表的处理方法就像母公司收购独立的国外经营主体一样。然而只有满足以下三个条件，这种假设才是正确的：

1. 如果国外经营主体的财务报告是以当地货币列报的，既非母公司功能货币也非国外经营主体的功能货币，那么这些财务报告首先要被重述。从报告货币重新计量为国外经营主体的功能货币。

2. 在以合并为目的而折算自治国外经营主体的财务报表时，需要**从国外经营主体的功能货币折算为母公司的功能（报告）货币。**

3. 在将国外经营主体的功能货币折算为母公司的功能货币时使用第二种类型的货币换算方式，即合并期间的汇率，因此这种方法被称为**现行汇率法**。

举例

假定一家美国的跨国公司拥有一个在加拿大的国外经营主体，该主体采用加元以及其他货币作为交易货币。同时，假定加拿大经营主体的管理层以加元编制财务报表。进一步假设加拿大经营主体以1 000加元（CAD）购入一项资产，当时的汇率是每1.15加元兑换1.00美元，合并日的年末汇率是每1.08加元兑换1.00美元。在加拿大经营主体的财务报告中，这项资产按照1 000加元列示。在与母公司的财务报表合并时，母公司总部在合并资产负债表上报告该项资产时一定要考虑加拿大经营主体的自治程度：

• 如果加拿大经营主体不是自治且半独立的，该项资产在合并财务报表中报告为896.57美元（1 000÷1.15），就如同母公司自己在当日购买该项资产一样。这是第一种类型的货币换算——**重新计量**。

• 如果加拿大经营主体是自治且半独立的，但是它的功能货币是美元（因为大部分收入都是来自对美国公司的销售并且合约是以美元计价的），该项资产将会在合并的资产负债表中报告为896.57美元（1 000÷1.15），就如同母公司自己在当日购买该项资产一样。这是第一种类型的货币换算——**重新计量**。

• 如果加拿大经营主体是自治且半独立的，而且功能货币不是美元，则该项资产在合并财务报表中报告为925.26美元（1 000÷1.08），就如同母公司自己在合并报表日购买该项资产一样。这是第二种类型的货币换算——**折算**。

图11-3和图11-4可以帮助我们总结这个过程。图11-3描述了货币重新计量的3个过程。图11-4是一幅流程图，展现了将货币换算确定为**重新计量**还是**折算**的决策步骤。

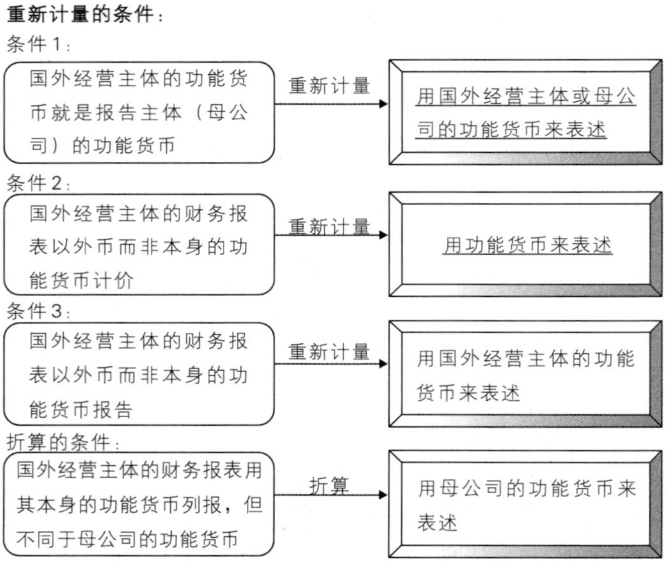

图11-3　重新计量/折算的一般规则

重新计量：

运用**时态法**——货币项目用现行汇率，资产负债表上的其余项目用历史汇率，利润表项目用平均汇率。

折算：

运用**现行汇率法**——所有资产和负债用现行汇率，权益项目用历史汇率，利润表项目用平均汇率。

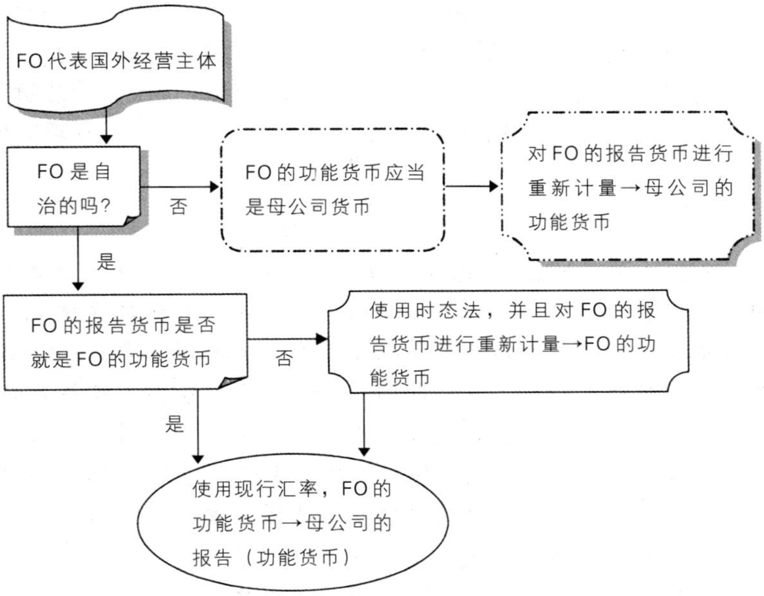

图11-4　母公司和子公司合并财务报表的货币折算过程*

*在会计和金融经济学文献中，“货币折算”这一术语的运用更广泛：用现行汇率法的**折算**和用时态法的**重新计量**都被称为“货币折算”。

假设：母公司的功能货币也是它的报告货币。

释例11-5

货币换算指南概要

一般程序	时态法（重新计量）	现行汇率（折算）
①货币性资产和负债	现行汇率	期末（现行）汇率
②非货币性资产和负债	历史汇率	期末（现行）汇率
③股本（普通股、优先股、资本公积等）	历史汇率	
④留存收益	•期初余额采用历史汇率（前期期末适用的汇率） •自投资日开始的留存收益上所增加的利润采用相关会计期间的加权平均汇率进行折算 •减少留存收益的股利分配采用股利宣布日的历史汇率折算	
⑤销售收入	会计期间的加权平均汇率	
⑥费用		
⑦销售成本	采购用加权平均汇率，期初、期末的存货采用历史汇率	会计期间的加权平均汇率
⑧折旧和摊销	历史汇率	会计期间的加权平均汇率
⑨货币利得/损失	重新计量的利得/损失记入当期利润表	折算利得/损失（计算出来的数值）计入其他综合收益中的累积折算调整

同一般公认会计原则相似，国际财务报告准则规定功能货币是主体收取和支出现金的主要货币。主要标准就是辨认收入与支出所用的货币。如果首要标准无法认定出功能货币，则需要遵循次要标准。次要标准指出，功能货币是：①从融资活动中获得资金所使用的货币；②通常是从经营活动中收取款项时所使用的货币（参见释例10-3）。

举例

美国古董（Antiques-U.S.）是一家美国的跨国公司。它拥有一家位于伦敦的英国子公司的全部股权，这家子公司的名字却叫作**法国古董**（Antiques-France）。**美国古董**的功能货币和报告货币都是美元，而**法国古董**的功能货币是欧元。**法国古董**是英国传统木制家具复制品的主要供应商。**法国古董**产品的主要销售渠道是遍布法国的商店。最近，**法国古董**在发现美国人对英国古董感兴趣后将经营扩展到了美国市场。20×1年，在**法国古董**的销售中大约有10%来自对美国的出口。

从这些信息来看，很明显欧元是**法国古董**所处经济环境中的主要货币。它产生的大部分现金流是欧元，大部分交易是以欧元进行的并受到当地力量的影响，同时它的原料和服务是在法国购买的。因此，在一般公认会计原则下欧元就是它的功能货币。国际财务报告准则也持同样的观点，因为主要影响收入和提供货物所需人工、材料和其他费用的货币是欧元。

无论是在一般公认会计原则下还是在国际财务报告准则下，认定欧元为**法国古董**的功能货币都会对会计产生有趣的影响。具体来说，**法国古董**在美国发生的交易部分被看作外币交易，因为“外币交易”是指发生以除功能货币以外的货币计价的交易。外币交易产生的损益应当在资产负债表日更新并记入利润表。

11.7.3 净投资风险敞口

像其他主体一样，与母公司功能货币不同的半自治的国外经营主体的资产负债表有三个组成部分：资产、负债和所有者权益（净资产）。它们的会计恒等式以国外经营主体的功能货币（fCFO）为单位表示如下：

fCFO表示的资产－fCFO表示的负债= fCFO表示的净资产

因此，投资在国外经营主体的资产对这些国外经营主体承担的负债或者义务来说是一项天然套期。但是以fCFO表示的净资产却要面临汇率变动的风险。

如果资产负债表中的这三个部分都以即期汇率换算为母公司的功能货币，换算后的资产负债表一样是平衡的，因为这个换算只是将所有部分乘以一个常数。当资产负债表换算为母公司的功能货币（RCP）后，这些国外经营主体的资产负债表会计恒等式表示如下：

RCP表示的资产－RCP表示的负债= RCP表示的净资产

母公司将会对RCP/fCFO感兴趣，这就是用两种不同货币单位表达的净资产的比率，该比率随着时间流逝会发生变化。母公司的管理层想要避免由于汇率变动而造成该比率低于正常值和面临损失的风险。只有汇率的不利变动能如此影响该比率（在这种结构中），管理层希望对此进行套期。

然而，根据现行会计准则，RCP不是列示在折算后资产负债表中的净投资金额。相反，一般公认会计原则和国际财务报告准则均要求以现行汇率折算资产和负债，但是以历史汇率折算净资产的不同组成部分（股本、股本溢价、留存收益的期初余额，增加当期留存收益的净利润和留存收益的期末余额）。**只有净资产才不用现行汇率折算，并且只有当其功能货币不是母公司的功能货币时才会出现这种状况。**[26]

如果用一个常量（合并日现行汇率）来折算所有的资产和负债，但用不同的常量（各种历史汇率）来折算权益账户，这时候资产负债表折算后的资产一方和折算后的负债及权益一方就会出现差额。这个差额就是折算调整，它大约等于汇率差额（现行汇率-历史平均汇率）乘以以国外经营主体的功能货币为单位计价的净资产。这个过程产生了两种概念的“净资产”：

1. 第一种“净资产”代表以历史汇率折算的权益账户；

2. 第二种“净资产”代表对国外经营主体投资，该投资实际上面临着因汇率变动而产生损失的风险。

这两种概念的关系可表达如下：

历史汇率换算的净资产±折算调整=现行汇率下的净资产

这两种概念是对相同投资的不同表达，二者的区别仅仅是采用了不同的计量基础。第一种计量是用于合并，而第二种计量则用于评估货币风险敞口。图11-5提供了这两种概念之间的关系。

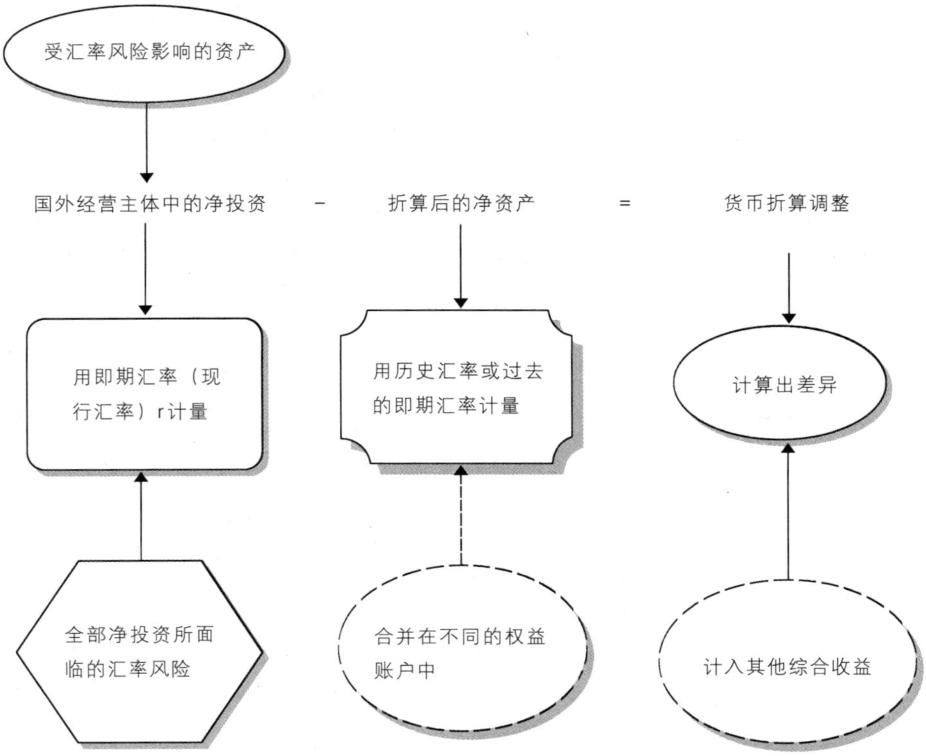

图11-5　作为风险投资的净资产与作为合并折算的净资产之间的关系

会计准则一般不允许对净头寸套期，但对于国外经营净资产的套期则是例外。尽管对国外经营主体的净投资是以外币计价的资产减去以外币计价的负债的净值，但是会计准则允许将国外经营主体的净投资看作单一资产进行套期。对货币风险进行套期而产生的利得或损失与国外经营净投资的汇率状况有关，所以这些利得和损失就作为货币折算调整的一部分记入资产负债表。

11.7.4 折算调整账户和套期的实例

帕拉玛-美国（Pharma-R-US）是一家位于美国的医药产品批发商，于20×1年1月1日在印度新德里创建了一家子公司**帕拉玛-印度**（Pharma-R-IN）。公司拥有子公司100%的股权，但子公司是以半自治的方式经营，因为它的活动发生在印度和巴基斯坦，而这两个地方的经营文化和模式均与美国总部不一样。子公司的功能货币是印度卢比（INR）。[27]在20×1年1月1日，美元/印度卢比的汇率是每54印度卢比兑换1.00美元。收购并创建印度子公司的成本为300万美元，即1.62亿印度卢比。20×1年会计年度，**帕拉玛-印度**列报净利润850万印度卢比。

美元/印度卢比的汇率从20×1年年初的54.0印度卢比兑换1.00美元变动到20×1年12月31日的57.5印度卢比兑换1.00美元（同时也是20×2年1月1日的汇率）。年平均汇率是每55.2印度卢比兑换1.00美元。

表11-5列示了20×1年12月31日5项内容的信息。

栏目 C1：以美元表示的母公司的财务报表。

C2：以印度卢比表示的国外经营主体的财务报表。

C3：印度卢比兑换1.00美元的汇率。

C4：以美元表示的国外经营主体的财务报表（C2乘以C3）。

C5：包括印度子公司在内**帕拉玛-美国**的合并财务报表。

C5栏也列示了国外经营主体财务报表折算损益所记入的账户，即**折算调整账户**，是其他综合收益的组成部分。用以现行汇率折算的资产减去以现行汇率折算的负债和以历史汇率折算的权益，其差额被记录在该账户中，资产可被看成投资，而负债和权益则是筹资的来源。

表11-5　　20×1年12月31日帕拉玛-美国和帕拉玛-印度的资产负债表

（财务报表按照1 000个货币单位报告）					
	C1	C2	C3	C4	C5
	帕拉玛-美国母公司（1 000美元）	帕拉玛-印度印度公司（1 000印度卢比）	印度卢比兑换1.00美元的汇率	换算后的帕拉玛-印度（1 000美元）	合并后的帕拉玛-美国（1 000美元）
资产					
现金	550	12 000	57.50	208.70	758.70
应收账款	1 040	80 640	57.50	1 402.43	2 442.43
有价证券	500	7 000	57.50	121.74	621.74
在印度的投资	3 000		57.50		
存货	3 200	88 100	57.50	1 532.17	4 732.17

续表

（财务报表按照1 000个货币单位报告）					
	C1	C2	C3	C4	C5
	帕拉玛-美国母公司（1 000美元）	帕拉玛-印度印度公司（1 000印度卢比）	印度卢比兑换1.00美元的汇率	换算后的帕拉玛-印度（1 000美元）	合并后的帕拉玛-美国（1 000美元）
固定资产	4 070	138 000	57.50	2 400.00	6 470.00
专利&商标	810				810.00
	13 170	325 740		5 665.04	15 835.04
负债					
应付票据	2 840	45 316	57.50	788.10	3 628.10
银行贷款	1 200	67 700	57.50	1 177.40	2 377.40
债券	3 500		57.50		3 500.00
递延税款	200		57.50		200.00
权益					
		162 000	54.00	3 000	
普通股股本	1 000				1 000.00
资本公积	2 300				2 300.00
留存收益	2 130	50 724	55.00	922.25	3 052.25
其他综合收益					
（累计货币折算调整）	0	8 430		(222.71)	(222.71)
	13 170	325 740		5 665.04	15 835.04

注：表11-5是第一年截至20×1年12月31日的财务报表。

11.7.4.1　第二年：20×2年

年初时，芝加哥**帕拉玛-美国**总部的管理层为了核算其在印度子公司的净投资，决定将汇率锁定在印度卢比兑换美元。表11-5是20×1年年末、20×2年年初的报告。在20×2年1月1日，公司在印度的净投资（面临货币风险）如下：

在印度的净投资=现行汇率下的资产-现行汇率下的负债

=5 665 040.00-1 965 500.00=3 699 540.00（美元）

或（印度卢比）=325 740 000.00-113 016 000.00

=212 724 000.00（印度卢比）（20×2年1月1日的现行汇率为每57.5印度卢比兑换1.00美元）

考虑到美元相对于印度卢比正处于升值阶段，管理层决定对投资的货币风险进行套期，与交易商**苏卡诺公司**（Sukarno Ltd.）签订了货币远期合约。合约条款如下：

1. 名义金额212 724 000印度卢比。

2. **帕拉玛-美国**将以远期汇率每1.00美元兑换58印度卢比（每0.0172414美元兑换1.00印度卢比）向**苏卡诺公司**出售印度卢比，即支出212 724 000印度卢比得到3 667 655美元。

3. 交割日为20×2年12月31日。

4.合约可以按照净额结算。

5.没有溢价。

信息便签

估计远期合约中隐含利率的步骤与前面信息便签中提到的是一致的。本例中我们估计该利率（即持有成本）如下：

按照连续复利计算的结果是0.02608695

按照单利计算的结果约为0.02575

11.7.4.2 帕拉玛-美国套期会计

释例 11-6

帕拉玛-美国的套期记录（远期合约FX44-INR）

日期	20×2年1月1日
被套期风险	因美元和印度卢比之间不可预期的汇率变动而遭受损失的风险
套期目标	消除因未来汇率变动而给公司在**帕拉玛-印度**的净投资带来的风险敞口
风险管理	因为近期的汇率变动，管理层预计公司在**帕拉玛-印度**的净投资面临货币风险，并且认为利用外币远期合约FX44-INR对其进行套期应该是有效的。该套期关系符合**帕拉玛-美国**全系统风险管理制度中的哲学关系
被套期项目	在本例中，被套期项目是公司在**帕拉玛-印度**的净投资212 724 000印度卢比
套期工具	• **外汇远期合约**FX44-INR • 交易双方是**帕拉玛-美国**和外汇交易商**苏卡诺公司** • **帕拉玛-美国**将会以每58印度卢比兑换1.00美元的远期汇率交割（出售）印度卢比换取美元 • 面值212 724 000印度卢比 • 交割日20×2年12月31日 • 不需为该合约支付费用 • 可以进行净额结算
套期有效性	有效性通过美元抵销比率（DOR）来进行测定。公司将会用即期汇率来计量净投资价值的变动以及**远期合约FX44-INR**公允价值的变动

表11-6 远期合约的公允价值以及公司在帕拉玛-印度的净投资的公允价值变动

表1：在帕拉玛-印度的净投资					
		20×2-01-01	20×2-03-15	20×2-08-10	20×2-12-31
A	印度卢比兑换1.00美元的现行汇率	57.50	58.60	59.69	61.25
B	美元兑换1.00印度卢比的现行汇率	0.017391	0.0170648	0.016753	0.0163265
C	△用美元表示在帕拉玛-印度的净投资	0	(69 391)	(66 327)	(90 727)
D				(135 718)	(226 445)
表2：远期合约					
E	在12月31日交割时的远期汇率印度卢比兑换1.00美元	58.00	58.90	59.95	61.25

续表

F	在12月31日交割时远期汇率美元兑换1.00印度卢比	0.0172414	0.016978	0.0166806	0.0163265
G	以美元表示的远期合约名义价值	0	56 032	63 264	75 326
H				119 296	194 622
I	现值系数		0.97969	0.9901	1.0
J	△以美元表示的对帕拉玛-印度的远期合约的累计现值(H行×I行)		54 894	118 115	194 625
K	以美元表示的远期合约现值的变动		54 894	63 221	76 510
表3：有效性测试					
L	套期有效性（K行/C行）		54 894÷69 391≈0.80	63 221÷66 327≈0.95	76 510÷90 727≈0.84
表4：计算					
C行以美元计价的净投资的价值	计算公式为面值乘以现行汇率的变动 • 3月15日：212 724 000×(0.0170648−0.017391)=−69 391（美元） • 8月10日：212 724 000×(0.016753−0.017391)−(−69 391)=−135 718+69 391=−66 327（美元） • 或者等于212 724 000×(0.016753−0.0170648)=−66 327（美元） • 12月31日：212 724 000×(0.0163265−0.016753)=−90 727（美元）				
G行	远期合约价值的变动=面值乘以远期汇率变动 212 724 000×(0.016978−0.0172414)=56 032（美元）（利得） 212 724 000×(0.0166806−0.016978)=63 264（美元）（利得） 212 724 000×(0.0163265−0.0166806)=75 326（美元）（利得）				
I行	F行乘以现值系数（使用远期合约中的隐含利率，其前述计算结果为0.02609），假设使用简单复利现值系数： • 20×2-03-15：1÷(1+0.02609×290÷365)=0.97969 • 20×2-08-10：1÷(1+0.02609×140÷365)=0.9901				

注：所有数字因四舍五入而存在舍入误差。

会计分录

这些交易可以按照如下方式记录。

分录号	日期	分录	借（美元）	贷（美元）
1	20×2-01-01	备忘录 为了保护公司在帕拉玛-印度的净投资的价值，帕拉玛-美国于今天和远期合约交易商苏卡诺签订了一份面值为3 667 655美元的远期合约。在交割日20×2年12月31日以汇率每58印度卢比兑换1.00美元或者每1.00印度卢比兑换0.0172414美元进行支付。合约可以按净额结算。无需支付期权费给交易商苏卡诺公司		

续表

分录号	日期	分录	借（美元）	贷（美元）
2	20×2-03-15	累计折算调整 　　在帕拉玛-印度的净投资 记录在帕拉玛-印度的净投资的折算损失 由于汇率从每57.50印度卢比兑换1.00美元变为每58.60印度卢比兑换1.00美元（从每0.017391美元兑换1.00印度卢比到每0.0170648美元兑换1.00印度卢比）	69 391	69 391
3	20×2-03-15	远期合约应收账款——交易商苏卡诺公司 　　累计折算调整 记录远期合约汇兑利得现值的变动 美元和印度卢比之间的远期汇率从每58印度卢比兑换1.00美元变为每58.9印度卢比兑换1.00美元（或者从每0.0172414美元兑换1.00印度卢比到每0.016978美元兑换1.00印度卢比）	54 894	54 894
4	20×2-08-20	累计折算调整 　　在帕拉玛-印度的净投资 记录在帕拉玛-印度的净投资的折算损失 汇率从每58.6印度卢比兑换1.00美元变为每59.69印度卢比兑换1.00美元（或者，从0.0170648美元兑换1.00印度卢比变为每0.016753美元兑换1.00印度卢比）	67 327	67 327
5	20×2-12-31	远期合约应收账款——交易商苏卡诺公司 　　累计折算调整 记录远期合约汇兑利得现值的变动 美元和印度卢比之间的远期汇率从每58.90印度卢比兑换1.00美元变为每59.95印度卢比兑换1.00美元（或者从每0.016978美元兑换1.00印度卢比变为每0.0166806美元兑换1.00印度卢比）	26 714	26 714
6	20×2-12-31	累计折算调整 　　在帕拉玛-印度的净投资 记录在帕拉玛-印度的净投资的折算损失 汇率从每59.69印度卢比兑换1.00美元变为每61.25印度卢比兑换1.00美元（或者从每0.016753美元兑换1.00印度卢比变为每0.0163265美元兑换1.00印度卢比）	90 727	90 727
7	20×2-12-31	远期合约应收账款——交易商苏卡诺公司 　　累计折算调整 记录远期合约汇兑利得现值的变动 美元和印度卢比之间的远期汇率从每59.95印度卢比兑换1.00美元变为每61.25印度卢比兑换1.00美元（或者从每0.0166806美元兑换1.00印度卢比变为每0.0163265美元兑换1.00印度卢比）	55 482	55 482
8	20×2-12-31	现金 　　远期合约应收账款——交易商苏卡诺公司 收回外汇远期合约上的应收账款——交易商苏卡诺公司	194 625	194 625

分析

帕拉玛-美国从交易商**苏卡诺公司**收取的194 625美元就是远期合约上的总收益，净投资折算的货币损失共为226 445美元，差额为-31 820美元。这就是套期无效部分或者是对国外经营主体的净投资套期的净损失，该金额计入其他综合收益中的累计折算调整中。若不考虑其他活动的影响，这项成本使其他综合收益的余额在20×2年年末增加到253 990美元（或222 710美元+31 280美元）。注意，对国外经营的净投资重新估值的原因仅是因为它被套期并且套期是有效的。

11.8 要点总结

- 第10章介绍了各种货币概念，并考察了交易-结算风险以及企业对这些风险敞口的会计处理。
- 本章的重点是对货币经营风险和折算（会计）风险的会计处理。
- 因为货币经营风险与汇率未来不利变动的结果相关，对（以外币计价的）预期销售或预期采购进行的套期在本章中被作为货币经营风险套期。然而，对预期销售和预期采购采用的套期策略有所不同。此外，本章还概述了为应用套期会计，预期交易套期所必须满足的条件。
- 我们列举了一个对预期的商品采购合约（以外币计价，本例中为巴西雷亚尔）进行套期的实例。在该例中，我们计量并列报了因汇率变动而导致的利得和损失，此外还包括套期记录、对套期有效性的评估。
- 这个实例使用期权作为套期工具，并讨论了对期权时间价值的处理以及期权成为价外期权时的状况。
- 对货币经营风险套期的第二个实例是对以外币（本例是人民币）计价的购买承诺套期。该例采用远期货币合约作为套期工具，包括：①如何在不同时间采用合约隐含利率估计远期合约的公允价值；②采用美元抵销比率（DOR）估计套期有效性；③记录不同汇率变动的影响。
- 本章的第三部分介绍了用货币掉期进行现金流量套期的会计处理。首先讨论了货币掉期合约，随后介绍了使用期权（私下签发的）对预期采购进行的套期。该例详细介绍了如何计量不同时间点的掉期合约现值，以及在抵销被套期风险时如何处理掉期合约现值的变动。分析显示了货币掉期同时对利率套期和货币套期产生的影响。
- 本章最后一部分介绍了货币折算风险，比较了面临货币风险的国外经营主体的净投资和为了合并而计量的折算后净资产之间的差异。两者之间的差异源自现行汇率（合并日）和历史汇率的不同。该差异被称为**货币折算调整**，作为其他综合收益的一部分记入权益账户。
- 允许对国外经营主体净投资的风险进行套期，将其看作对按照即期汇率（现行汇率）计量的资产减去负债“净值”的套期。该套期的利得或损失记入货币折算调整账户。
- 我们提供了一个使用外汇远期合约对国外经营净投资套期的实例。在该例中，我们估计了不同时点（报告期末或汇率变动时）外汇远期合约的公允价值。该例包含了从套期关系开始到过账至累计折算调整账户和最终套期结算为止整个循环的会计分录。

注释

1 在一个简单的随机漫步模型中，从一段时期到下一段时期的改变是随机的。这些步骤的期望值（平均值）是零。换句话说，简单的随机漫步模型意味着现行价格是下一期价格的最佳估计。

2 美国的银行在金融报告（call report）中提供了对自身交易的总结。

3 见www.isda.org。参考第6章交易数量图，该图数据来自ISDA的调查报告。

4 表11-1的信息摘自纽约联邦储备银行。也就是说，甚至联邦储备银行都只能从调查数据中获取场外市场的信息。

5 会计准则要求具体说明所交易的商品或产品。对于所购买的巴西实木地板材料，按照会计准则的要求应当标注“specs，—33bd.Ft”。此外，还需要注意由谁支付运送成本。在本例中，我们假定卖方将会支付所有运送和交割成本，我们称之为“离岸货价（终点）”。

6 正如第10章提到的那样，自1994年以来，巴西货币是巴西雷亚尔，每1雷亚尔等于100雷分。在外汇交易中，巴西雷亚尔的简称是BRL，符号是R$。

7 关于期权时间价值本质的辩论始终没有停止过：它究竟是融资成本还是套期交易成本？美国财务会计准则委员会和国际会计准则理事会目前都在争论是把它直接计入损益，还是递延计入其他综合收益中并于被套期交易影响损益时再转入损益中。两个委员会很可能在选择某种会计处理方法上达成一项协议。

8 这里没有报告正式的追溯性测试。

9 现行的一般公认会计原则和国际财务报告准则允许管理层无须参考任何标准，只要按照自己的意图便可以在任何时候终止指定和重新指定一项套期。由于未对管理层施加任何限制，国际会计准则理事会和美国财务会计准则委员会正在讨论这个特殊问题以期达成折中意见。

10 为了便于说明，把我们考察的这一方称为“国内一方”，并为之进行会计记录，把交易对方称为“国外一方”。

11 ¥现在既是日元符号也是人民币符号。

12 对确定承诺套期的这种双重会计处理只在以外币计价的合约中允许使用。参见会计准则ASC 815-20-55-136和ASC 815-20-55-137。

13 假定从拥有“国内”货币一方的角度看待交易和会计处理，在这种情况下，做出这种特殊的指定只是为了方便说明。

14 在无摩擦的完全有效市场中，开始时的远期利率就是结束时即期利率的最佳（无偏）估计。

15 注意，在单一（同一）货币掉期中，本金或者面值是不交换的。

16 价值大于零的货币掉期被称为“议价掉期”（off market）。

17 远期汇率有时也被称为“掉期率”。读者不要将“掉期率”和“掉期价差”混淆。

18 现实中的结算更加频繁，我们这里用每年结算来简化对主要问题的理解。

19 双方可以任意协定结算金额。

20 有舍入误差。

21 回忆第6章，简便法不要求对套期有效性进行定量测试。只有一般公认会计原则委员会允许该方法。

22 可以认为，除非企业准备清算国外经营主体，否则并不存在真实的亏损。这只是折算损失或称为货币换算损失，分析师们将其称为“账面损失”。然而我们从下面的讨论就可以知道管理层并不将其看作账面损失。但是国际企业的管理层签订的套期关系可能最终会耗用企业的经济资源。

23 我故意用“换算”（conversion）这个术语，因为美国和国际会计准则均将货币折算（currency translation）和货币重新计量（currency remeasurement）做了区分，正如后面将提到的。

24 ASC 830-10-55-5（f）（2）规定，如果国外主体是持有投资或者义务的工具或者一个空壳公司，母公司的货币通常就是其功能货币，因为很容易用于母公司或附属公司账簿的计价。

25 “时态”（Temporal）一词在字典中的定义是“与时间相关”。因为这里针对不同时间——非货币性项目的购买时间和货币性项目的合并时间——使用的汇率间存在联系，所以这个货币换算过程被称为“时态法”。

26 母公司资产负债表上的投资以成本计量（或者权益法）。国外经营主体所报告的权益或净资产使用历史汇率折算，在合并时与母公司财务报表上报告的对国外经营主体的投资相互抵销了。

27 印度的货币称为印度卢比；自2010年起，它有了新的符号并且在外汇交易时简记为INR。

第12章　在财务报表上披露风险

12.1　披露和地理学

披露意味着一方向另外一方展示仍然是私有（秘密）的信息。从这个意义上来说，所有的财务报表、计量手段及与此相关的部分都属于披露的范畴。然而，在会计领域，我们用“披露”这一术语来描述报告在资产负债表、利润表及现金流量表之外的其他全部信息。此外，随着合约越来越复杂，越来越难以理解，特定财务信息披露的位置就变得越来越重要，特别是在报告各种衍生品交易的影响时，会计规则越来越强调披露位置的重要性。披露的位置被称为财务报告“地理学”。该披露可能是定性的，以文字形式描述，也可能是定量的，以文本、表格或图像的形式表现。

自1933年以来，美国监管部门和会计准则的制定者在以下假设下开展工作，即管理者不能完全随意地决定如何降低财务报表编制者和使用者的信息不对称性。在信息披露完全自愿的体制下，管理者很可能只披露对其有利的信息，却很少披露其他信息。因此，1933年《证券法》和1934年《证券交易法》规定，在公众公司率先实施强制信息披露制度。[1]多年来，这些法规已经过数次修订，力求实现其意图。总体而言，目前关于风险识别和风险讨论的信息披露制度融合了所有这些法规以及对法规的修订。

在西方国家中，不同的法律机制要求公司遵守特定的披露法规。例如，英国的《公司法》可以追溯至殖民时代，但在1998年和2006年被大幅度修订。[2]

本章接下来将讨论不同形式的信息披露，即法规要求的披露、会计准则规定的披露与自愿披露。

12.2　一般性披露

S-K法规（§229.503（c））要求根据1933年《证券法》，用**浅显的语言对风险因素**进行披露。报告的风险因素应该有益于决策且具有信息内涵。例如，为了符合这一要求，波音公司在说明部分风险因素时强调了关键的问题，如“我们签订了固定价格合约，一旦成本超支就会使我们蒙受损失”。

类似地，尽管摩根大通报告了重要的风险——市场风险、信用风险、流动性风险以及其他几个重要的风险类型，但也披露了一些常识性的和没有信息含量的风险因素，如“摩根大通的国际发展战略可能会受到当地政治、社会和经济因素的阻碍，以及额外的合规成本和风险的影响”。[3]

其他企业并没有太大的不同。例如，谷歌在风险因素明细表中列报了30种不同的风险。包含以下一般性的陈述：[4]

- 垃圾网站及文字工厂会降低我们的搜索质量，这会损害我们的声誉并使我们现有及潜在的用户拒绝我们的产品和服务。
- 如果我们失去了拉里（Larry）、谢尔盖（Sergey）、埃里克（Eric）或其他关键人员的服务，我们可能无法执行业务战略。

引用上述案例只是为了表明，公司在依法披露风险因素时，似乎是按照符合“法律的字面意思”来操作的，这导致公司报告出的是一份几乎所有企业都面临的风险“细目清单”。这种做法无法区分可能对报告企业有重要影响的风险及所有其他可能存在的风险类别。公司为了避免诉讼而向投资者提供相应信息，致使这种信息披露仅仅是遵循法律的字面意思，而非法律的原本意图。

12.3 与战略风险相关的信息披露

管理层讨论与分析（MD&A）的报告也许是与投资者沟通的最重要的工具之一，告知他们企业正在面临怎样的局面。美国证券交易委员会（SEC）将管理层讨论与分析的基本和首要目标定义为“在财务状况和经营业绩发生变化时，提供注册人（registrant）认为对了解其财务状况必要的其他信息”。具体而言，SEC的**财务报告指南**指出，对管理层讨论与分析的本质要求是“原则导向”，旨在使管理层灵活地描述影响注册人的财务事项，并满足下列目标：[5]

1. 为公司财务报表提供一个叙述性的解释，使投资者能够从管理层的视角观察公司。

2. 增强整体的财务信息披露，提供财务信息分析所必要的背景信息。

3. 提供关于公司盈利和现金流量质量及潜在变化的信息，以便投资者确定过去指标代表未来指标的可能性。

虽然美国证券交易委员会未对管理层讨论与分析进行具体描述，但正如第2章所述，对管理层讨论与分析的本质要求是提供与企业战略风险有关的信息。美国证券交易委员会曾多次宣称：

> 我们认为，管理层最重要的职责包括以明确和直接的方式与投资者沟通。管理层讨论与分析就是一个关键的沟通方式。美国证券交易委员会通过对其规则、强制措施和解释程序的长期研究，认定管理层讨论与分析不仅满足信息披露的技术性要求，还能提供信息且有助于提高透明度。
>
> （美国证券交易委员会，2003）

美国证券交易委员会在其发布的许多公告中一再强调，管理层讨论与分析在向投资者提供信息时，要从管理层的角度出发，关注重要性、趋势及不确定性、重要的会计处理及分析。

管理层讨论与分析提供的信息必须包括流动性、资本来源、经营业绩、表外事项、以表格形式披露合约安排、重要的会计估计及在首次公开发行时的以股份为基础的薪酬、预测性信息（包括随之而来的安全港条款），[6]还有其他任何可能对企业未来经营有重大影响的行为或事件。

接下来的两个释例阐述了管理层讨论与分析的本质。释例12-1选自英特尔公司2009年10-K表（年度报告）中对管理层讨论与分析的一般性描述，释例12-2摘自杜邦公司2011年的10-K表，其在管理层讨论与分析中披露了预测性信息的可靠性，该披露具体、明确而且谨慎。

如上文所述，美国证券交易委员会发布了安全港条款以保护财务报表的提供者免于与提供预测性信息相关的责任，只要该信息基于**合理可能**（reasonably possible）的假设，并由善意报表编制者提供。[7]

释例 12-1

管理层讨论与分析范围的释例（英特尔公司）

关于财务状况和经营业绩的管理层讨论与分析

除了后面的合并财务报表和附注以外，我们还提供关于财务状况和经营业绩的管理层讨论与分析，以帮助读者了解我们的经营业绩、财务状况和现金流量。管理层讨论与分析的内容如下所示：

- **概述**。讨论公司业务、整体财务分析和其他影响企业的重点内容，以作为管理层讨论与分析其他内容的背景资料。
- **战略**。整体战略及主要细分市场战略。
- **关键的会计估计**。它指的是对于理解报告业绩和预测中的假设和判断而言最重要的会计估计。
- **经营业绩**。通过对比2009年和2008年以及2008年和2007年来分析我们的财务业绩。在2009年年底，我们进行了业务重组，以使主要的产品种类更好地与英特尔架构的核心竞争力和制造业务相关联。对主要经营分部财务业绩的分析不仅包含了该项重组，也包括了前期的分析，并且金额已被进行追溯调整。
- **业务前景**。我们对某些财务项目在2010年的表现的预期。
- **流动性和资本来源**。对资产负债表和现金流量的变化进行分析，并讨论我们的财务状况和流动性的潜在来源。
- **金融工具的公允价值**。对金融工具估值的方法进行讨论。
- **合约义务及资产负债表表外事项**。概述2009年12月26日存在的合约义务、或有负债及承诺，包括预期的付款计划和资产负债表表外事项的说明。

这份管理层讨论与分析在许多部分都包含了预测性的表述，所使用的词汇诸如“预期”“目标”“计划”“相信”“持续”“可能”“将”等描述及类似表达，都是为了表明这是预测性声明。此外，涉及未来财务业绩的预测、业务增长的预期和增长趋势以及其他未来事项或情况的描述都是预测性的表述。这些表述都是根据目前的预期所做出的，可能会受到不确定性和风险因素的影响，整个10-K表中都有关于这些因素的描述，特别是在“业务前景”部分（另外可参考该10-K表的第一部分第1A项中的“风险因素”）。将来的实际结果可能会大不相同。此外，这些预测性的表述没有考虑任何可能的资产剥离、兼并、收购或其他在2010年2月22日尚未完成的企业合并的潜在影响。

（来源：2011年，10-K表；http://www.sec.gov/Archives/edgar/data/50863/000095012310015237/f54119e10vk.htm#111.）

释例 12-2

在预测性信息方面管理层讨论与分析的限制（杜邦公司）

关于预测性陈述的警示声明

该报告包含预测性的陈述，其往往使用“计划”“期望”“将要”“预期”“相信”“打算”“预测”“估计”等词汇来描述或采用其他类似的表达方式。所有表达了对未来的期望或预测的声明都是预测性陈述，包括公司的发展战略、产品开发、监管批准、市场定位、近期收购的预期收益、突发事件的结果（如诉讼和环境问题）、支出以及财务业绩。

预测性陈述基于对未来事件的某些假设和预期，这些假设和预期不一定准确，也不一定会实现。预测性陈述同样涉及风险和不确定性，其中很多都超出了公司的控制范围。公司将来出现的实际结果可能与这些预测性陈述有重大差异，引发该差异的主要因素包括：

- 能源和原材料的价格波动。
- 未能开发和销售新产品，未能优化管理产品生命周期。
- 重大的诉讼和环境问题的最终结果，其中包括与已经剥离业务相关的诉讼。
- 未能恰当进行流程安全和产品责任管理。
- 美国以及公司经营所在的其他国家出现了税收、环境法规及其他法规或政治环境的变化而带来的影响。
- 全球经济和全球资本市场的情况，包括如通货膨胀、通货紧缩，以及货币汇率、利率、商品价格波动等经济因素，还包括监管要求。
- 业务中断的影响，包括原材料供给中断与各种原因的安全威胁（如破坏行为、恐怖主义、战争、天气影响及自然灾害）。
- 未能保护公司的知识产权。
- 成功整合收购义务，并且完成对表现不佳和无战略优势资产或业务的剥离。

一些可能导致公司实际结果与此类预测性陈述中的预期结果产生重大差异的重要因素，可以参见第8页开始第一部分的1A项中关于风险因素的讨论。

（来源：2011年，10-K表，p.16；http://www.sec.gov/Archives/edgar/data/30554/000003055412000005/dd-12312011x10k.htm#s6CE33D84ABB40CA4444DAAD246BODA62.）

12.4 市场风险披露

美国证券交易委员会的S-K法规（§229.303）要求对**市场风险**进行定量和定性的披露。该法规将市场风险定义为“因为利率、外汇汇率、商品价格、股票价格变动及其他市场变化产生的风险”。美国会计准则ASC 815和ASC 825的要求补充了上述规定，讨论如下：

ASC 815-10-50-1指出，该子主题（subtopic）的目的是通过要求对衍生工具进行全面的信息披露，从而帮助使用者实现一些目标。（在国际会计中，IFRS 7、IFRS 9、IAS 39规定了这些披露要求）：

- 了解企业如何以及为什么使用衍生工具。
- 描述每个报告期间在资产负债表和利润表中报告的（地理）位置以及持有金融衍生品的战略和目标。这项规定适用于所有金融衍生品，无论它们是否被指定为套期工具。
- 报告衍生工具的金额（如名义金额和公允价值）。
- 解释衍生工具和相关被套期项目的会计处理。

• 披露衍生工具和相关套期交易是如何影响企业的财务状况、经营成果和现金流量的。

市场风险包含了对企业现金流量和现值产生不利影响的外部因素。在企业的活动或运营过程中，可能会产生使资产贬值或负债升值的外部因素。测量企业净资产的风险价值是评估市场风险敞口的一种方法。然而，在实践中，市场风险包含了由证券交易委员会和会计准则定义的大量不可控因素，即由于商品价格、利率、货币汇率或股票价格指数出现不利变动而导致的损失。

12.4.1 金融工具与套期的披露

金融工具的披露要求非常宽泛，其中包含叙述性的（定性）信息和定量信息。为了简要介绍这些披露要求，接下来我们首先对要求披露的信息进行分类，随后用一个释例来归纳所有的披露要求。

对信息披露要求的分类采用问答形式，即假设在回答某位投资者的一系列问题：

1.原因：

为什么企业会签订这些融资合约？

（1）为了套期。

（2）作为投资。

（3）为了投机。

2.目标：

针对的是什么活动或者有什么功能？

（1）利率风险。

（2）汇率风险。

（3）商品价格风险。

（4）股票价格风险。

（5）其他风险。

3.金额：

企业持有金融工具的金额是多少？

（1）名义金额。

（2）公允价值。

4.成功与否：

公司管理这些衍生品的效果如何？

利得和损失按以下方式分开披露：

（1）金融工具是用于套期还是其他方面。

（2）在当前报告期计入损益还是其他综合收益。

（3）原计入其他综合收益现重分类计入损益的利得和损失的金额。

（4）根据套期关系的有效或无效划分的利得和损益金额。

5.计量：

用于计量价值、利得和损失的根据是什么？

（1）估值采用的公允价值计量层级（层级1、2、3）。

（2）评价套期有效性的方法。

6.类型：

金融工具投资组合中的合约是什么类型？

根据上述问题披露的信息必须按合约的类型进行划分，例如掉期、期权、期货、远期等。

释例 12-3

有关所有金融工具定量披露的统一释例[1]

（ASC 815-10-50-4A 至 4F）

<table>
<tr><th>工具</th><th>活动</th><th>金额</th><th></th><th>位置</th></tr>
<tr><td rowspan="9">被指定为套期工具，无论其是否是衍生工具</td><td>公允价值</td><td>列于资产负债表</td><td>确定行项目</td><td>资产负债表</td></tr>
<tr><td>分类列报</td><td>根据合约的种类[2]</td><td>被指定套期工具和公允价值套期中的被套期项目的公允价值</td><td>按行报告</td></tr>
<tr><td rowspan="3">利得或损失</td><td>利润表</td><td>CFH和NIH中套期无效的部分[3]
排除在套期有效性之外的金额</td><td rowspan="3">利润表或资产负债表</td></tr>
<tr><td rowspan="2">OCI[4]
（现金流量套期以及净投资套期）</td><td>在本期套期有效的部分</td></tr>
<tr><td>在套期期间有效的部分</td></tr>
<tr><td>净额结算</td><td colspan="3">总协议或现金附属协议都不允许净额结算
利得和损失不能相互抵销</td></tr>
<tr><td>频率</td><td colspan="3">每季度</td></tr>
<tr><td rowspan="2">列报方式</td><td>套期工具</td><td colspan="2">表格形式</td></tr>
<tr><td>被套期项目</td><td colspan="2">表格或非表格形式</td></tr>
<tr><td colspan="2">未被指定为套期工具</td><td colspan="3">• 管理层决定是否披露损益
• 衍生工具按类计入交易性投资组合</td></tr>
</table>

注释：

（1）所有金融工具，包括衍生工具和非衍生工具，指定为套期的工具以及未被指定为套期的工具。

（2）合约种类包括利率掉期；货币掉期；远期，期货……

（3）CFH=现金流量套期；NIH = 净投资套期。

（4）OCI = 其他综合收益

12.4.2 实例

12.4.2.1 金融机构

我们以摩根大通为例解释金融机构的信息披露。该公司提交给美国证券交易委员会的10-K表披露得十分详尽。无论企业的价值因何种原因发生变化，出现价值损失的可能性程度就是对市场风险的一个整体性度量。其中一个计量方法就是第3章提出的**风险价值**。**风险价值**是指在一定的置信水平下，在正常的经营条件和特定的时间段内（如一天或一周），某一金融资产以公允价值计量的最大可能损失。[8]**风险价值**可以用于评估单项资产、资产组合或部分净资产。资产组合中包含的资产越多、离差越小，分散化带来的效益越高，测量出的**风险价值**越小（如第3章所述）。

摩根大通在几个不同种类的投资组合中均披露了**风险价值**。[9]摩根大通披露了投资银行业务的交易和贷款组合的**风险价值**，并且揭示了由于分散投资导致的**风险价值**的降低。接下来管理层提到了以下内容：

投资银行（IB）的交易**风险价值**包含了投资银行几乎所有的做市活动和客户导向活动以及某些风险管理活动。其中包含了对信用价差敏感的某些抵押贷款产品和公司准备发放的联合贷款。如果无法获得日常的时间序列，公司就使用替代值来估计这些产品以及其他产品的**风险价值**。[10]

释例12-4摘自摩根大通2011年的10-K表，该表列示了在95%的置信水平下，投资银行贸易和贷款组合**风险价值**的比较信息。所有的量度都是基于过去12个月的交易情况模拟所得。在该释例中，这家银行报告了分散投资的好处，在时间为一天、置信水平为95%的情况下，测量了投资银行的4个投资组合（平均）**风险价值**的总和，在应用分散投资效应前测量到的风险价值总额约1亿美元。然而，考虑分散效应后，投资银行的**风险价值**从约1亿美元降低到约5 800万美元——分散投资的好处表现为**风险价值**总额的42%。要指出的是，固定收益投资组合的**风险价值**是5 000万美元，但当它和其他3个投资组合（外汇、股票和大宗商品等）组合在一起后，在考虑分散投资的情况下，**风险价值**仅增加了800万美元。

图12-1中的直方图显示了每日与市场风险相关的收入，该收入同样基于对历史记录的模拟数据。图表显示，在这一时期的260天内，银行有233天可以获得与市场风险相关的收益，其中有7天超过了2亿美元。里面的插图则指出了企业亏损的日期，描述了亏损时每日**风险价值**超过实际亏损额的金额。

释例12-5展示了摩根大通金融衍生工具的公允价值。这一释例的两个部分呈现了关于衍生品名义金额的不同信息，目前尚不清楚如何调和该分歧（第202页，注释6，2011年10-K表）。[11]例如，资产负债表中列示的应收衍生品的名义金额总值是186 867 700万美元，而所谓的“净应收账款总额”是9 247 700万美元。但这是稍后呈现的所谓应收账款的金额（即现值），而非名义值。总之，不能用公开报告的数据调和不同表给出的数字。为了便于说明，我们对这一难点做简要回顾。

释例12-4

投资银行业务及信贷组合的风险价值

按风险种类列示的投资银行交易风险价值总额、信贷组合风险价值及其他风险价值

年份	2011			2010			12月31日	
（单位：百万美元）	平均值	最小值	最大值	平均值	最小值	最大值	2011	2010
按风险种类列示的IB VaR								
固定收益	50	31	68	65	33	95	49	52

续表

年份（单位：百万美元）	2011			2010			12月31日	
	平均值	最小值	最大值	平均值	最小值	最大值	2011	2010
外汇	11	6	19	11	6	20	19	16
权益	23	15	42	22	10	52	19	30
大宗商品及其他	16	8	24	16	11	32	22	13
分散投资给IB交易VaR带来的利益	(42)[1]	NM[2]	NM[2]	(43)[1]	NM[2]	NM[2]	(55)[1]	(34)[1]
IB交易VaR	58	34	80	71	40	107	54	77
信贷组合VaR	33	19	55	26	15	40	42	27
分散投资给IB交易和信贷组合VaR带来的利益	(15)[1]	NM[2]	NM[2]	(10)[1]	NM[2]	NM[2]	(20)[1]	(5)[1]
IB交易和信贷组合VaR总额	76	42	102	87	50	128	76	99
其他VaR								
抵押品及服务的VaR	30	6	98	23	8	47	16	9
首席投资官（“CIO”）VaR	57	30	80	61	44	80	77	56
分散投资给其他VaR带来的利益	(17)[1]	NM[2]	NM[2]	(13)[1]	NM[2]	NM[2]	(10)[1]	(10)[1]
其他VaR总额	70	46	110	71	48	100	83	55
分散投资给全部IB和其他VaR带来的利益	(45)[1]	NM[2]	NM[2]	(59)[1]	NM[2]	NM[2]	(46)[1]	(65)[1]
IB和其他VaR总额	101	67	147	99	66	142	113	89

注：(1) 平均VaR和期末VaR小于上述各成分VaR的总和，是由于投资组合的风险分散效应。分散效应反映了风险不完全相关的事实。因此，将投资组合结合后的风险通常小于单个投资组合风险的加总。

(2) 之所以确认无意义（“NM”），是因为最小值和最大值可能针对不同的风险成分，发生在不同时期，因此计算投资组合分散效应是没有意义的。

（来源：摩根大通2011年年度报告，10-K表，第160页。）

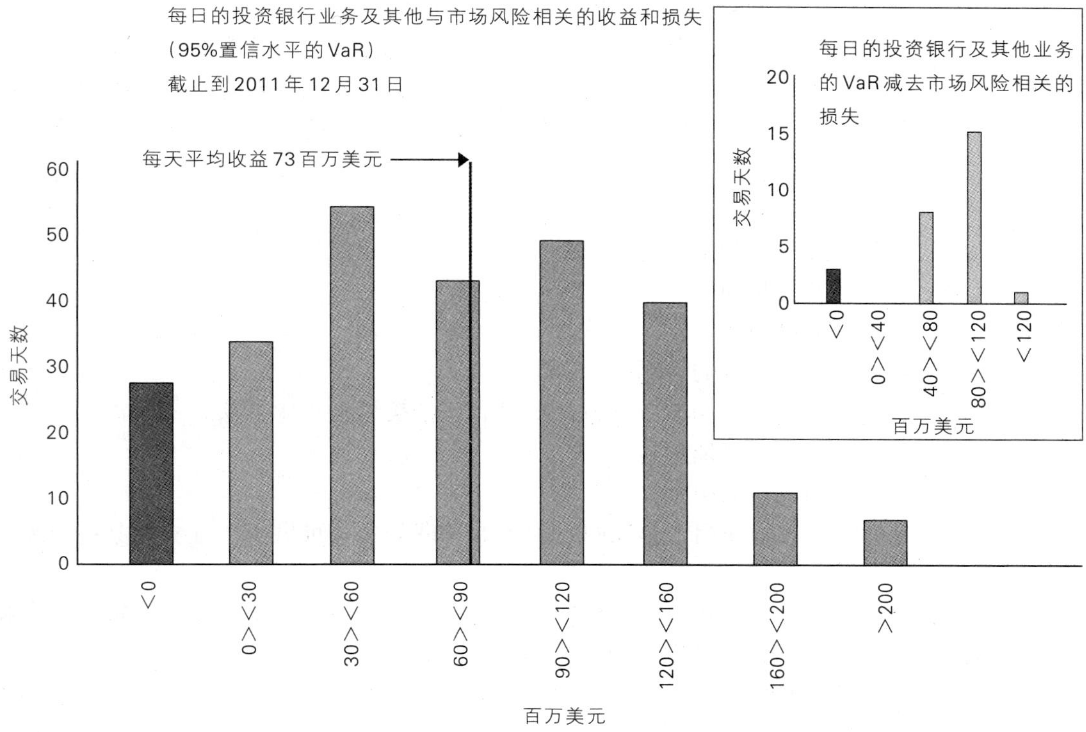

图12-1　在95%的置信水平下，每日的风险收益

第一张表（10-K表，第204页）显示，2011年衍生品名义金额总计7 115 600万美元，2006年则是7 890 500万美元。下一张表（第205页）展示了2011年的如下信息：

• 所有（应收）金融衍生工具（不包括选择用公允价值计量的结构性票据）的**名义金额总值**是1 884 499 000 000美元，构成如下：

• 其中1 868 677 000 000美元未被指定为套期工具（出于会计目的）。

• 其中15 822 000 000美元被指定为套期工具（出于会计目的）。

• 净衍生应收账款总额为92 477 000 000美元。

• 这一金额是衍生品净应收账款扣除信用估值调整（CVA）后的余额，还可以参考2011年10-K表的第196页。

• 金融衍生工具（不包括选择用公允价值计量的结构性票据）中的所有负债的**名义金额总值**是1 837 256 000 000美元，构成如下：

• 其中1 833 301 000 000美元未被指定为套期工具（出于会计目的）。

• 其中3 955 000 000美元被指定为套期工具（出于会计目的）。

• 净衍生应付账款的金额是74 977 000 000美元。

• 这一金额是净衍生负债扣除债务估值准备（DVA）后的余额，还可以参考2011年10-K表的第196页。[12]

第205页的一张表说明了衍生品对收入的影响。衍生品对净收入的影响净额为139 100万美元，这是802 600万美元的利得扣除663 500万美元套期损失后的净值。这139 100万美元中包括无效套期产生的9 400万美元和远期合约上的远期点数（2011

年10-K表附注6，第204页）等扣除部分产生的129 700万美元。

根据ASC 815的要求，在该项披露之前要报告金融衍生工具的基本特征：

1.银行使用金融衍生工具来套期利率风险、外汇汇率风险和商品价格风险。

2.套期会计处理并不适用于所有衍生工具，如信用违约掉期和用于风险管理（套期除外）的衍生品。

3.记录要素如下：

（1）管理风险目标和策略的声明。

（2）衍生套期工具的认定。

（3）被套期项目的认定。

（4）有效性如何测量的声明。

（5）有效性通过统计和非统计方法测量，包括美元抵销比例法。

（6）无效套期计入当期损益。

（7）无效套期关系的中止。

4.公允价值会计处理用于套期固定利率的长期债务、可供出售证券和某些商品衍生品。

5.现金流量套期会计处理用于套期浮动利率债务产生的现金流波动、短期资产和负债的展期（rollover）以及以外币计价的收入和费用。

6.外汇套期用于保护该公司在某些功能货币不是美元的国家的子公司或分公司的净投资的价值。

释例12-5

摩根大通金融衍生工具的数量

衍生合约的名义金额：

下表总结了2010年12月31日和2011年12月31日流通在外的衍生合约的名义金额。

	名义金额[1]	
12月31日（单位：10亿美元）	2011	2010
利率合约		
掉期	38 704	46 299
期货和远期	7 888	9 298
签出期权	3 842	4 075
购买期权	4 026	3 968
利率合约合计	54 460	63 640
信用衍生品	5 774	5 472
外汇合约		
交叉货币掉期	2 931	2 568
现货、期货和远期	4 512	3 893
签出期权	674	674
购买期权	670	649

续表

12月31日（单位：10亿美元）	名义金额[1]	
	2011	2010
外汇合约合计	8 787	7 784
权益类合约		
掉期	119	116
期货和远期	38	49
签出期权	460	430
购买期权	405	377
权益类合约合计	1 022	972
商品合约		
掉期	341	349
现货、期货和远期	188	170
签出期权	310	264
购买期权	274	254
商品合约合计	1 113	1 037
衍生品名义金额总计	71 156	78 905

注：（1）代表多头和空头第三方衍生合约名义金额的总和。

尽管上述披露的名义金额能够说明公司衍生品活动的数量，但是从公司的角度来看，名义金额远远大于这类交易可能造成的损失。对于大多数衍生品交易来说，名义金额并不用于交易，仅仅作为计算付款额的参考。

衍生品对合并资产负债表的影响

下表总结了衍生品应收款项及应付款项的信息（互抵调整之前及之后），该信息反映在2010年12月31日和2011年12月31日的合并资产负债表中，根据会计指定（即根据衍生品是否被指定为套期工具）和合约种类分类。

独立的衍生应收款项及衍生应付款项[1]

2011年12月31日（单位：百万美元）	衍生应收款项总额				衍生应付款项总额			
	未被指定为套期工具	被指定为套期工具	衍生应收款项总额	衍生应收款项净额	未被指定为套期工具	被指定为套期工具	衍生应付款项总额	衍生应付款项净额
交易性资产和负债								
利率	1 433 900	7 621	1 441 521	46 369	1 397 625	2 192	1 399 817	28 010
信贷	169 650	—	169 650	6 684	165 121	—	165 121	5 610
外汇[2]	163 497	4 666	168 163	17 890	165 353	655	166 008	17 435
权益	47 736	—	47 736	6 793	46 366	—	46 366	9 655
商品	53 894	3 535	57 429	14 741	58 836	1 108	59 944	14 267
交易性资产和负债的公允价值总额	1 868 677	15 822	1 884 499	92 477	1 833 301	3 955	1 837 256	74 977

（来源：2011年年度报告，10-K表，第203～204页。）

12.4.2.2 非金融企业

与利率和货币相关的风险，对一家金融机构的核心业务来说十分重要，但对其他行业就没有那么重要了。但在这些行业中，从事套期交易也是一个需要考虑的因素。为了说明这一问题，下面列示了3家非金融企业信息披露的摘要。

沃尔玛公司

衍生品用途：套期、非交易。

目标：降低风险的两个目标：

（1）管理利率和汇率变动敞口。

（2）维持固定利率和浮动利率债券的适当组合。

额外的风险：

（1）在套期项目中使用金融衍生工具会使公司承受特定的风险，如市场风险和信用风险。

（2）市场风险代表衍生工具价值变化的可能性。在套期关系中，衍生品价值的变化被潜在的被套期项目的价值变化大大抵销。

会计处理：

（1）有效降低风险并且满足相关性标准的合约使用套期会计方法进行记录。

（2）某套期工具公允价值变动的无效部分应在当期立即确认为损益。

（3）不满足套期会计标准的工具，或未采用套期会计的公司签署的合约，以公允价值计量，未实现利得或损失在变化当期计入损益。

该公司提供的利率掉期和货币掉期的种类如下所示：[13]

本公司多数衍生工具都与利率掉期相关。这些利率掉期的公允价值在计量时采用公允价值层级的第二层级，即收益法（income approach）。其中的输入值包括相关利率和外汇远期曲线。截至2011年1月31日和2012年1月31日，利率掉期的名义金额和公允价值如下所示（资产/（负债））：

（单位：百万美元）	2012年1月31日		2011年1月31日	
	名义金额	公允价值	名义金额	公允价值
收取固定利率、支付浮动利率的利率掉期被指定为公允价值套期	3 945	183	4 445	267
收取固定利率、支付固定利率的交叉货币利率掉期被指定为净投资套期	1 250	316	1 250	233
收取浮动利率、支付固定利率的利率掉期被指定为现金流量套期	1 270	（16）	1 182	（18）
收取固定利率、支付固定利率的交叉货币利率掉期被指定为现金流量套期	2 884	（3）	2 902	238
总计	9 349	480	9 779	720

上述公允价值是本公司相关金融工具的协议在报告日已终止的情况下将会收取或支付的估计金额。

12.5 流动性风险

流动性风险涉及经营活动的下述方面：

1.预期现金流入的波动大于预期现金流出的波动。

2.有多少来自可靠渠道的可用资金能用于偿还企业负债。

3.以高成本清算资产来偿还到期债务的必要性。

4.现金余额和可用资金能在多大程度上维持正常运营。

关于流动性风险披露的最早条例是1987年《证券法》第33-6711条。在该规定中，证券交易委员会裁定管理层讨论与分析中要包含以下内容：[14]

（1）流动性。识别将导致或有合理可能导致注册人流动性发生重大增减的、任何已知的趋势或需求、承诺、事件或不确定性。

[……]

（2）资本来源。描述注册人资本来源中任何已知的重大发展趋势、有利之处或不利之处，指出这些组合和资源相关成本中任何可预期的重大变化。该讨论应考虑到股权、债权及任何资产负债表表外融资安排之间的变化。

2001年12月，6大会计师事务所向证券交易委员会提出申请，要求发布关于在管理层讨论与分析中披露流动性、资本来源和资产负债表表外事项的指南。[15]管理层讨论与分析的披露应包括任何“有合理可能对注册人产生重大影响的已知事件、趋势或不确定性。如果已知的市场风险影响本期报告的趋势或财务状况，或者有合理可能对未来报告的结果或流动性产生重大影响，需在管理层讨论与分析中呈现对有关市场风险及其影响的讨论”。

继2007年金融危机后，投资者对企业流动性风险的信息需求有所增加。对此，虽晚于IFRS 7，但FASB在2012年6月27日发布了要求披露更多流动性、流动性风险和利率风险信息的草案，从而将证券交易委员会长期倡导的1987年条例正式化。同IFRS 7一样，更新的会计准则对金融机构及其他类型企业进行了区分。

12.5.1 与金融工具相关的基本定义

在进行该概述之前，有必要对第3章的相关概念做个简要回顾：

- **缺口**：利率敏感型资产和利率敏感型负债的差额。
- **到期日**：合约结算日。
- **久期**：它是指**麦考利久期或修正的麦考利久期。麦考利久期**（对于固定利率工具）是用时间加权的现金流量（固定利率资产计为流入，固定利率负债计为流出）的现值除以金融工具的现值得到的比值。对于浮动利率工具，久期是重置利率的期限。对于零息债券，久期等于合约期限。
- **缺口分析**：利率变动对不同久期（或到期日）收入的影响程度。
- **压力测试**：在不同久期（或到期日）下，现金流量和收入对利率不利变化的不同水平的敏感程度。
- **重新定价**：在重置日调整浮动利率工具的融资成本。
- **收益率曲线**：该曲线描述了利率与到期日之间的关系。如果没有限制条件，则假定收益率曲线描述的是美国国债，因为每类风险都有自己的收益率曲线。收益率曲线的斜率、短期曲线与长期曲线形状的关系、水平会随着时间和利率变动而变化。

12.5.2 ASU提议的披露内容摘要[16]

披露的目的是“提供有关报告主体在履行其金融义务时，可能遇到的风险和不确定性的信息”。对提议准则的概述将在下文中介绍，其与IFRS 7的比较呈现在释例12-6中。

将金融资产和负债进行分类，对于信息披露来说十分必要。尽管在确定类别时需要做出判断，但提议的准则为此提供了如下指南：

主体应根据金融工具的本质、特征或风险确定恰当层级的分类。在这种情况下，风险可以指分别与金融资产或金融负债相关的潜在风险，或者金融工具是如何导致了报告中披露的风险。[17]

12.5.2.1 金融机构

这些机构应根据金融项目的种类披露下列信息：[18]

- 资产负债表表内及表外的利率敏感型资产和利率敏感型负债，在每个预期到期日（预期结算日）的差额。该要求中的金融工具包括租赁和保险合约。
- 将每类金融资产和金融负债的合约收益进行加权平均。
- 反映在3种不同**假设**情境下，现金流量和收入对不同久期、不同类项目的利率反向变化影响的压力测试：

（1）向上**平移**100个基点和向下**平移**200个基点。

（2）**倾斜变换**：将短边增加100个基点，长边减少100个基点的变换。

（3）**弯曲变换**：将短边减少100个基点，长边增加100个基点的变换。

（4）**限制条件**：在收益率曲线进行变换的假设中，不包含任何前瞻性假定或策略。

- 不同到期日、不同类项目的各种麦考利久期。
- 在浮动利率工具的重置日、固定利率工具的到期日，金融资产和金融负债**重新定价**的影响。
- 后续4年的信息必须与第1年每个季度的数据一同以表格的形式提供。
- 可用现金，包括全部高质量的流动资产以及可用的无担保信贷额度，其在需要时可以产生现金。
- 金融机构是否为存款机构。

12.5.2.2 非金融企业

这些企业应列示：

- 可用现金——与金融机构相同。
- 预计到期日的未折现现金流负债，并解释到期结算日与预计到期日的区别。

释例 12-6

流动性风险与利率风险的披露（FASB于2012年6月发布的ASU草案和IFRS 7）

		FASB草案		IFRS 7
		金融机构	非金融机构	
流动性风险	利率缺口分析	√	×	√
	可用流动性资金	√	√	×
	预期的现金流负债	×	√	√
利率风险	重新定价缺口分析	√	×	×
	利率敏感性分析	√	×	所有企业的披露类似

信息日志：建议准则中对流动性披露的新要求

如果该建议准则被采纳，将对金融机构报告流动性披露产生哪些可能的影响？

可能产生的影响有：（1）披露将提供定量信息，而不是描述性或定性信息；（2）该流动性披露将作为财务报告的补充附注，但不能替代证券交易委员会要求的管理层讨论与分析中的流动性信息披露；（3）要求对流动性披露进行审计。

关于第一个影响，我们以摩根大通的披露内容为例进行介绍。

流动性风险管理

流动性对金融服务业务来说是十分重要的，因此，在经济循环中维持流动性剩余水平对金融服务公司而言十分关键，在公司面临不利情形时尤为如此。该公司依靠外部资源为其重要的经营部门提供资金，公司的融资策略是为了确保其有足够的流动性和多种资金来源，使其能在正常和萧条时期支付实际负债和或有负债。摩根大通流动性的主要来源包括多样化的存款（2011年12月31日11 278亿美元）、股权资本市场中的资金以及长期无担保和担保资金（包括资产证券化资金和从联邦住宅贷款银行那里获得的借款）。此外，摩根大通持有大量高流动性的可支配资产。该公司积极监控不同币种的资金在不同地区批发市场的可用性。公司从各地、各种来源产生资金的能力有利于提高财务灵活性、限制资金集中的风险。

（来源：摩根大通，2011年，10-K表，第127页。http://www.sec.gov/Archives/edgar/data/19617/000001961712000163/corp10k2011.htm.）

在上述信息披露中，该银行报告了以下内容：(1) 维持流动性的目的；(2) 外部资金来源；(3) 定量化的内部资源；(4) 银行拥有足够的从国内外资源那里获得借款的能力；(5) 银行有大量可支配资产。

在这5部分中，唯一的定量指标就是银行的存款规模，它在报表的其余各处均可得到验证。关于该披露中其他部分的定性陈述则比较模糊，因为每一个指标都可以是广大时间分布中的任一点。

如果建议准则被采纳，则定性披露会与定量信息相结合以帮助使用者了解在所有可能情况下的银行状况。

12.5.3 相关披露

并不是所有企业都受到某种风险的影响，即使它们受同一种风险影响，该影响在不同企业间的作用方式或大小也不同。例如，“流动性风险”与公用事业相关，如美国道明尼资源公司（Dominion Resources，Inc.）等，部分原因是这些公司的现金流入与流出在久期上存在差别。原料的成本结构为企业带来了长期现金流义务，但由于为零售客户提供电力服务，现金流量易受短期应收款项可回收性的影响。与银行业不同，“流动性风险”在该类行业中有不一样的特点和适用范围。此外，美国道明尼资源公司还披露了信用风险、利率风险和商品价格风险，这些都会影响流动性风险。

再比如，IBM披露了与认股权证相关的“其他风险”：“如果客户没有根据合约条款支付到期金额，公司将面临潜在损失。公司利用信用违约掉期来套期信用风险。”（2011年，10-K表，第98页）尽管公司考虑到认股权证持有人的违约风险，但是由于违约对现金流量有负面影响，违约本身也会影响流动性。

此外，IBM就某些衍生工具披露了以下内容：

这些被指定为对净投资进行套期的工具使公司面临流动性风险，因为衍生工具在到期日会立刻对现金流产生影响，且该影响并不会被套期权益折算来的现金流所抵销。公司持续监控潜在的现金损失，并通过取消确认衍生工具来中止一些套期关系以管理流动性风险。

（2011年，10-K表，第97页）

因此，认识到流动性风险与所有具有现金流影响的活动相关是至关重要的。

12.6 信用风险

信用风险是指由于债务人可能违约而遭受损失的可能性。在这个宽泛的定义下，信用风险还包括交易对手风险——由于合约对方不履行义务而造成经济损失的可能性。交易对手风险会在贷款、抵押贷款、衍生品、结构性融资合约等财务协议中产生，但它在衍生品合约中更加突出，因为直到结算日，衍生品合约（期权除外）各方的经济义务才算完成，并且当公允价值的外部决定因子变化时，资产和负债的持有者也会改变。

企业可以以不同的方式管理这些风险，如通过信用违约掉期获取保障、设定授权限制、评估客户的信用等级、要求抵押、债务人和交易对手投资组合的多样化、出售（保理）高风险贷款。

信息日志：交易对手风险（CVA & DVA）

"交易对手风险"意味着合约各方都会面临某种信用风险。这里我们主要考虑两种类型：(1) 由于没能完全收回交易对手所欠款项而导致的风险和产生的损失；(2) 由于企业可能无法完全履行其义务而导致的风险和产生的收益。第二种类型可被看作主体流动性风险对其自身偿债能力的影响。

交易对手风险的计量可能相当复杂，但就我们的目的而言，我们仅需知道下面两个价值的区别：

1.金融衍生工具的价值通常是基于预期现金流的无风险利率贴现值得出的。

2.在一个流动性强的市场中，金融衍生工具的公允价值或市场价值体现了信用风险的影响。

信用风险可以近似为流动性强且有效的市场中的公允市场价值和以无风险利率计量的价值间的差额。因为，相比于以一个无风险利率加风险溢价的比率进行贴现，一系列给定的现金流以无风险利率进行贴现得到的估值更高，所以由市场定价的衍生工具的公允价值通常等于或小于其无风险价值。这种差异会是以下二者之一：

（1）信用风险估值调整（CVA）。

（2）债务风险估值调整（DVA），其实际上是对流动性风险进行调整。

然而，当衍生工具的价值是基于公允价值的第二或第三层级时，计量就会遇到困难，因为管理层在采用公允价值等级时使用了很多假定，并且可能未就此调整信用风险。

摩根大通在10-K表中描述了CVA和DVA（第185页）。

• 如果市场价格（或参数）无法代表交易对手的信用程度，那么信用风险估值调整（CVA）就很有必要。由于交易所仅列出了少数衍生品合约，衍生品头寸主要是采用内部开发的模型进行估值，这种内部模型是以观察的市场参数为依据。为了反映每种衍生品交易对手的信用程度，有必要进行一定调整以得出公允价值。该调整还考虑了旨在降低公司交易对手信用风险的合约因素，如抵押品和法定抵销权。

> • 债务估值调整（DVA）是以公允价值对负债进行估值，反映公司的信用质量。调整的方法与CVA一致，并结合信用违约互换市场上观测到的摩根大通的信用价差。
>
> 摩根大通还说明了如何将DVA用作估计收益来抵销CVA（估计损失）。
>
> • 净收入为263亿美元，上年为262亿美元。投资银行服务费为59亿美元，同比下降5%；其中包括29亿美元债务承销费（下降8%），18亿美元咨询费（上升22%）和12亿美元股票承销费（下降26%）。固定收益市场收入为153亿美元，与上年150亿美元相比，客户收入持续稳定上升。该增幅包含55 300万美元的DVA收益，上年仅为28 700万美元。资本市场收入为48亿美元，与上年基本持平，因为业绩的小幅下滑被35 600万美元的DVA收益抵销，上年的DVA收益则为18 100万美元。信贷资产组合收入包括24 600万美元的净利息收入和保留贷款费用，以及主要被76 900万美元损失抵销的52 800万美元的DVA收益和衍生品资产CVA产生的净套期。（第81～82页）
>
> **困境：**
>
> 值得注意的是，一个企业的流动性风险敞口是授信于该企业的外部单位面临信用风险的一个指标。因此，我认为在没有已知限制条件的情况下，未面临财务困境的公司不能估计自身的债务违约概率，再以该估计为基础确认收益。

最近，FASB发布了ASU 2010-20，其在信息披露要求（ASC 310主题）上有了显著变化（与IFRS 7类似）。其主要目的是向财务报表使用者提供更透明的关于一个企业信贷损失准备和应收账款信用质量的信息。修正的目的是让企业披露相关内容，以便财务报表使用者估计以下内容：

1. 企业应收账款投资组合内在信用风险的本质。
2. 如何对风险进行分析、评估，从而得出信贷损失准备。
3. 信贷损失准备的变化及其原因。[19]

建议准则具有一些重要特征：

• 要求对列出的信息进行进一步细化，帮助投资者和外部使用者了解与应收账款合约相关的信用风险。

• 企业用来估计损失准备的方法的变更。

• 报告信用质量指标（如外部决定的信用评级）。

• 通过“投资组合分部报告”和“等级”来细化与损失准备有关的信息。投资组合分部报告可以根据种类、行业或债务人的风险种类进行划分。

企业试图告诉投资者它们是如何测量和管理信用风险的。我们以4家公司为例来进行说明。

12.6.1 信用风险测量和管理的例证

12.6.1.1 美国道明尼资源公司（Dominion Resources, Inc.）

释例12-7展示了美国道明尼资源公司（位于弗吉尼亚州和东海岸的公用事业公司）关于信用风险的披露内容。

释例 12-7

信用风险披露的释例（美国道明尼资源公司）

信用风险

道明尼公司的潜在信用风险主要来自能源市场和价格风险管理活动。下面是对道明尼公司于2011年12月31日各类信用风险的概括。与每个交易对手的总信用风险等于未清应收款项加上未实现的资产负债表表内及表外事项，考虑了合约性净权益值（contractual netting rights）。

（单位：百万美元）	总信用风险	信用担保	净信用风险
投资级 (1)	349	30	319
非投资级 (2)	4	—	4
无外部评级：			
内部评为投资级 (3)	84	—	84
内部评为非投资级 (4)	97	—	97
总计	534	30	504

注：（1）将穆迪和标准普尔的最低信用评级确定为投资级。5大交易对手风险约占该类净信用风险总额的33%。

（2）5大交易对手风险约占该类净信用风险总额的1%。

（3）5大交易对手风险约占该类净信用风险总额的8%。

（4）5大交易对手风险约占该类净信用风险总额的12%。

2011年12月31日，道明尼公司的潜在集中信用风险主要来自对批发客户的销售，并且被认为没有达到重要性水平。

（来源：2011年，10-K表，http://services.corporate-ir.net/SEC.Enhanced/SecCapsule.aspx?c=110481&fid=8037786.）

12.6.1.2 波音公司

由于行业的性质和产品的不可分割性，波音公司似乎在客户和信贷方面都具有集中性。为告知投资者，该公司标明了应收款项数额最大的商业客户，还提供了对客户的内部信用评级。释例12-8是从波音公司2011年向证券交易委员会提交的10-K表中摘录的。

释例 12-8

波音公司关于信用风险的披露

在我们与波音金融公司的客户融资组合中，很大一部分集中在美国某些客户和波音飞机的某些种类上，这暴露了我们的集中风险。（第12页）

[……]

我们对所有客户进行内部信用评级，并根据公开信息与直接从客户那里获得的信息来决定每个客户的信用程度。我们将信用等级作为评价应收账款损失准备是否充分的因素之一。我们的评级分类与主要信用评级机构的分类相似。2011年记录的客户融资估值的利得主要来自穿越航空公司（AirTran Holdings，LLC）应收账款余额的内部信用项目的评级变更。

下表以内部信用等级作为分类依据，详细介绍了12月31日的应收账款余额。我们通常将内部信用等级作为决定应收账款损失准备的因素之一。

信用等级	2011（百万美元）	2010（百万美元）
BBB	1 316	
BB	67	
B	103	207
CCC	512	2 432
D	653	
其他	200	113
应收账款的总账面价值	2 851	2 752

2011年12月31日，我们计提的损失准备主要针对BBB级别和CCC级别的应收账款，并对这些应收账款使用平均4%和48%的违约率。2011年5月2日，美国西南航空公司（Southwest. Air）完成了对穿越航空公司的收购，穿越航空公司成为美国西南航空公司的全资子公司。

[……]

在2011年第四季度，美国航空公司申请了《联邦破产法》第11章中规定的破产保护。我们认为，我们持有的美国航空公司65 300万美元应收账款具有充足的抵押，因此我们预期不会承担由破产导致的与应收账款相关的损失。

抵押品贬值是我们计提损失准备的另一重大原因。通常，停产飞机比在产飞机要承担更大比重的抵押品贬值。我们的投资组合主要包括停产飞机的应收账款。

（来源：2011年，10-K表，第74页；http://services.corporate-ir.net/SEC.Enhanced/SecCapsule.aspx?c=85482&fid=7984582.）

12.6.1.3 卡特彼勒公司的信用集中风险[20]

当相对较少的债务人构成了相对较大比重的借入资产时，信用集中风险就会出现。同样，如果相对较多的客户或借款人位于一个地区或国家，那么信用风险较为集中。

任何关于信用集中风险的披露，都有助于投资者评价可回收风险。波音公司的案例是该情况的例证之一。

许多组织都由于信用集中风险而面临违约风险，从而需要经常披露其应对该风险的政策。例如，卡特彼勒公司披露了降低该风险的多种方法。方法如下：

（1）所持金融工具的潜在信用风险，主要包括贸易和金融应收款、投资以及衍生品合约的交易对手。

（2）公司对经销商和顾客进行定期的信用评估。

（3）交易性应收账款无需担保，并且一般不要求抵押。

（4）使用信用证和担保协议来降低信用损失。

（5）无单一经销商或客户存在显著集中的信用风险。

（6）公司维持与ISDA的总互抵协议（master netting agreements），从而减少在衍生工具中净收益受损的风险。

12.6.1.4 摩根大通对衍生品的信用风险评级

大约90%的金额是在无透明度的场外黑市交易，在这样的情况下，金融衍生工具是一种独一无二的交易品。一家资产组合中包含金融衍生品的企业面临着信用风险，除非企业自愿披露，否则投资者无法获得与该风险相关的任何信息。

摩根大通提供了一个披露衍生品交易对手信用等级的例子，该方式与披露债务人信用等级的方式类似。摩根大通管理层在10-K表中报告了衍生品应收账款的信用风险等级，以及其公允价值的正偏态分布（2011年，10-K表，第142页），内容如下：

	百万美元	百分比
AAA/Aaa至AA-/Aa3	25 100	35%
A+/A1至A-/A3	22 942	32%
BBB+/Baa1至BBB-/Baa3	9 595	14%
BB+/Ba1至B-/B3	10 545	15%
CCC+/Caa1及以下	2 488	4%
总计	70 670	100%

虽然上表提供的是概括信息，但是它能够有效显示摩根大通会在多大程度上遭受衍生品应收账款的交易对手违约风险。

12.7 关于经营风险的信息披露

《巴塞尔协议》将经营风险定义为因人员或系统而导致损失的风险。[21]这是第2章采用的定义，包含内部控制、信息和监管风险。

12.7.1 关于内部控制和信息系统的披露

2000年年初安然公司和世通公司倒闭后，人们清晰地认识到"因人员或系统而导致损失的风险"不再局限于金融机构。2002年颁布的《萨班斯-奥克斯斯利法案》委托证券交易委员会制定规章，要求注册公司报告：（1）经营的有效性和效率；（2）财务报告的可靠性；（3）适用法律和法规的合规性。根据该法案和之后的规章，上市公司的季度报告必须包括管理层报告，其内容如下：[22]

- 关于建立和维持适当的财务报告内部控制和程序的管理层责任的声明。
- 关于财务报告内部控制和程序的有效性的管理层评价和结论。
- CEO和CFO就内部控制的设计和运行有效性的证明。
- 外部审计师对财务报告内部控制和程序的管理层评价的认定。

2002年的《萨班斯-奥克斯斯利法案》要求证券交易委员会创建一个流程，要求注册人提交除常规审计报告外的至少2份文件。这些文件包括：（1）CEO和CFO每人对内部控制设计和有效性质量的单独认证；（2）审计师对管理层报告效力的认证（以释例12-9为例）。

释例 12-9

DineEquity的CEO对内部控制的认证

依照修正的1934年《证券交易法》第13a-14（a）条

我，Julia A. Stewart，证明：

1.我已复核DineEquity公司10-K表中的年度报告。

2.据我了解，该报告不包括对任何重大事实的虚假陈述，也未曾遗漏报告所需的重大事项的陈述，即使存在一些虚假陈述，在该报告期也不具有误导性。

3.据我了解，本报告包括的财务报表及其他财务信息在所有重大方面公允地反映了公司当期的财务状况、经营成果和现金流量。

4.我和注册人的其他核证人对建立和维护披露控制及程序（《证券交易法》第13a-15（e）条和第15d-15（e）条）、财务报告内部控制（《证券交易法》第13a-15（f）条和第15d-15（f）条）负责，并完成以下内容：

（1）设计披露控制及程序，或监督披露控制及程序的设计过程，确保与注册人（包括合并子公司）相关的重要信息已被我们知晓，特别是在该报告的编制期。

（2）设计财务报告内部控制，或监督财务报告内部控制的设计过程，为财务报告的可靠性、财务报告符合公认会计原则的编制要求提供合理保证。

（3）评估注册人披露控制及程序的有效性，在报告中给出我们的结论，该评估截止于当期期末。

（4）在报告中披露最近会计季度（在年度报告中则为第4个会计季度）发生的、有重大影响或有合理可能有重大影响的财务报告内部控制的任何变化。

5.基于我和其他核证人最近对财务报告内部控制做出的评估结果，我们已向审计师和董事会（或执行同等职能的人员）的审计委员会报告相关内容：

（1）关于财务报告内部控制设计或运行，有合理可能对财务信息的记录、处理、总结和报告造成不利影响的所有重大缺陷和实质弱点。

（2）管理层或在财务报告内部控制中起重要作用的其他人员的所有舞弊行为，无论该行为是否重大。

日期：2012年3月1日 JULIA A. STEWART

Julia A. Stewart

董事长兼首席执行官

（来源：2011年，10-K表，释例31-1；https：//materials.proxyvote.com/Approved/254423/20120326/AR_122616/HTML2/dineequity-ar2011_0136.htm.）

为降低公司的经营风险敞口，执行《萨班斯-奥克斯利法案》的要求是改善和确保内部控制质量的最后一步。由莫斯（Moss）代表主持的国会委员会报告是1977年《反海外腐败法》（FCPA）的基础，而该法是首个法规上的助力。FCPA要求，已经注册的上市公司需要设计和维持内部会计控制系统，为保障企业资产安全、交易已得到适当授权并按公认会计原则记录提供合理保证。FCPA关注内部会计控制，确保美国企业不再通过贿赂外国官员来取得商业合约。在FCPA和SOX的过渡时期，美国反虚假财务报告委员会（Treadway Committee）于1985年提出COSO报告的想法，第4章对此进行了介绍。COSO报告强调了内部控制和内部审计的重要作用。

上述举措以及2000年年初安然公司和世通公司的倒闭，使人们认识到内部控制系统的重要作用，它从会计的一个部分转变为审计计划制定的一个新增平台。从会计的角度来看，内部控制在审计上的作用提高了它在降低企业经营风险方面的重要性，如保障资产安全，帮助审计师制订审计计划以增强他们对企业存续能力的信心。

管理层要对内部控制有效性维持过程中的过失负责，以遵守与《萨班斯-奥克斯利法案》有关的证券交易委员会的决定。此外，外部审计师要对管理层认证的可靠性提供必要保证。[23]

为执行证券交易委员会的决定，上市公司会计监督委员会（PCAOB）发布了第2号审计准则，要求对内部控制进行广泛、深入的重新设计与评价，包括识别组织中的每个控制点。一家大型美国公司宣称，采用该标准导致在集团中识别了177 000个控制点。第2号审计准则的高要求使更贴近实际预期发布的第5号审计准则被采用。然而，第2号审计准则使管理层和外部审计师开始重视内部控制系统在以下方面的重要作用：（1）保障企业资产安全；（2）降低信息系统风险；（3）减少员工舞弊和偷窃行为；（4）保证交易已恰当授权。

在某些情况下，管理层关于内部控制的报告在公司治理中是非常关键的。释例12-10选自通用汽车2006年10-K表中的管理层报告。

释例12-10

通用汽车管理层关于内部控制的报告节选

在某些情况下，公司缺乏专业知识，以致不能维持相应的程序以确保按照SFAS第133号准则《衍生工具与套期活动的会计处理》的要求对金融衍生工具进行恰当的会计处理。在某些情况下，与套期交易相关的程序不能有效运行，从而不能完成以下内容：（1）适当评价套期会计处理；（2）满足SFAS第133号准则的文件记录要求；（3）充分测量和评估每季度套期的有效性；（4）在从事复杂金融交易的相关部门之间进行恰当的沟通和协调。这种重大缺陷会导致如附注2所示合并报表等前期财务报表的重述，如果不加修正，可能导致未来的重大错报。

（来源：通用汽车，2006年，10-K表，第196页；http：//www.sec.gov/Archives/edgar/data/40730/000095012407001502/k11916e10vk.htm.）

12.7.2 关于员工薪酬和风险治理的信息披露

管理经营风险的第二个重要披露涉及董事会在风险监督中的作用及员工薪酬对企业风险的影响。2009年，证券交易委员会发出通知，要求在股东签署的委托书（proxy statement）中增加关于下列内容的披露：管理层风险管理以及员工（不仅是高管）薪酬在多大程度上会使企业面临不必要的风险。[24]该规定自2010年2月28日起实施。该规定特别要求披露下列内容：

• 董事会在风险监督中的作用，可能包括加强企业风险管理的计划、内部审计和内部控制的复核与改善。

• 公司对**所有**员工的薪酬政策带来的风险，会在多大程度上有**合理可能**对公司造成重大不利影响。

• 这些薪酬政策和做法在多大程度上与风险管理和风险治理相关。

上述规定还是新的，在我看来，其效果如何尚需检验。

12.8 集中风险

集中风险往往与多样化（非集中）相对应。例如，**在线商务词典**将集中风险定义为“过分倾向某一特定交易对手群体而产生损失的可能性”。[25]

集中风险分为客户集中风险、国家集中风险和供应链集中风险等。会计准则规定了一部分风险的会计处理方法，对另一部分则没有规定。解决这一问题的主要准则是针对信用集中风险的ASC 310和ASC 280（相应的国际准则是IFRS 7和IFRS 8）。我们将ASC 280（以及IFRS 8）称为分部报告，但其最恰当的表述应该是**集中风险报告**。ASC 280-10-05-3设置了如下的准则范围：

上市公司可以提供按不同方式细分的财务报表，如按**产品和服务、地理位置、法人主体、客户类型**进行分类。然而，在一份财务报表中，提供全部信息是不可行的。通用财务报表应包含以单一标准细分的选定信息。决定报告哪些信息的方法被称为管理方法（management approach）。该管理方法基于管理层整合公司分部以制定经营决策和进行业绩评价的方式。因此，从上市公司的内部组织结构来看，分部的划分是显而易见的，财务报表应能以合算的成本及时提供必要信息。（重点是作者加上的）

尽管ASC 280以单一基础来划分分部，但整个准则强调的是处理多种基础的集中风险。

12.8.1 集中风险的种类

12.8.1.1 客户集中风险

ASC 280-10-50-42要求披露关于客户集中的信息。

如果与某单一外部客户的交易收入占上市公司收入的10%及以上，公司应当披露来自该客户的收入总额以及该收入隶属的分部。

在披露客户集中的信息时，我们以波音公司的披露内容为例来介绍：

我们收入的很大一部分来自数量有限的商业航空公司。我们不能保证任何客户会行使购买期权、履行现有的购买承诺、在合约结束后购买附加的产品或服务。此外，涉及我们任何一个主要客户（商业航空公司）的舰队决策、公司合并或财务危机会使我们的收入显著减少，并减少我们从这些客户获取利润的机会（p.6）。[26]

IFRS 8采用相同的标准，但之前的IAS 14没有此内容。[27]

12.8.1.2 信用集中风险

导致信用集中风险的原因有很多。例如，波音公司的行业特征就是原因之一：收入的很大一部分来自数量有限的客户。

然而，英特尔公司对客户集中风险和信用集中风险两者都进行了清晰的披露——有两个客户占销售额的比重为32%，应收账款为44%。任何一名客户违约都会带来严重的后果。耐克公司也有信用集中风险的问题。本节将摘录这两家公司10-K表的内容。

英特尔公司的客户集中风险和信用集中风险

本公司应收账款的大部分都来自对原始设备制造商和原始设计制造商进行的销售。当然也有部分应收账款来自对行业经销商和零售商进行的销售。两个最大的客户占2011年净收入的比重为34%，2009年和2010年均为38%。此外，这两个最大的客户占2011年12月31日应收账款的比重为32%，2010年12月25日为44%。我们认为，基于现金流量预测、资产负债表分析以及过去收款的经验，源自这些大客户的应收账款余额不存在显著的信用风险（第63页）。

（来源：英特尔公司，2011年，10-K表；http://www.intc.com/intelAR2011/common/pdfs/Intel_2011_Form_10-K.pdf.）

耐克公司的信用集中风险

零售商合并、一些零售商的市场份额集中可能会提高和集中我们的信用风险，削弱我们销售产品的能力。

在某些国家，运动鞋、服装、器械的零售市场被几个拥有众多加盟店的大型零售商垄断。这些零售商在过去增加了他们的市场份额，将来也可能通过收购和建设更多加盟店进一步扩大市场份额。这种局面将我们的信用集中风险在较少的零售商上，如果其中任何一个零售商流动性短缺，都会增加他们未清偿的应付款项无法偿还的风险。此外，越来越多的市场份额集中在特定国家或地区的一个或几个零售商上，这大大增加了我们的风险，如果某一个客户大幅减少进货量，我们可能很难再找到这样一个购买大量产品的零售商来维持销售和收入水平不变（第14页）。

（来源：耐克公司，2011年，10-K表；http://www.sec.gov/Archives/edgar/data/320187/000119312511194791/d10k.htm.）

12.8.1.3 国家集中风险

国家风险是指由企业经营所在的外国地区特有的国家、经济、政治问题而造成损失的风险。如果企业的海外业务都集中在一个地区，企业会受该地区不利经济事件的影响。例如，美国全球曼氏金融（MF Global Holdings Ltd.）的倒闭，美国历史上第八大破产的企业，就是由其在爱尔兰、意大利、希腊和葡萄牙投资的欧洲主权债券的流动性风险造成的。具体而言，文化的不同和国家之间经营方式的不同会带来风险。例如，施乐公司在墨西哥的经营中存在由不同文化习惯造成的应收账款回收问题。[28]

会计准则承认由交易集中在一个国家或一个地理位置带来的风险。ASC 280要求企业披露地理信息，以便报表使用者评估企业面临国家风险的程度。

信息日志：有关国家集中的准则

ASC 280-1-50-41 上市公司应披露下列地理信息……

（1）上市公司的收入中来自公司所在国客户的和来自异国客户的部分。如果来自某单一国家的外部客户的收入金额重大，那么该收入应单独披露。上市公司应披露将来自外部客户的收入划分至每个国家的依据。

（2）位于上市公司所在国和上市公司拥有资产的所有异国的除金融工具外的长期资产、金融机构的长期客户关系、抵押贷款和其他服务权利、递延保单取得成本、递延所得税资产。如果位于某异国的资产数额重大，该资产应单独披露。

12.8.1.4 产品市场集中风险

根据ASC 280和IFRS 8，企业应披露经营分部的财务信息。[29]ASC 280-10-10-1表明，报告经营分部细分信息的目的如下：[30]

披露上市公司分部及相关信息的目的是提供公司从事的不同类商业活动的信息，提供公司运营的不同经济环境的信息，帮助财务报表使用者完成以下事项：

（1）更好地了解上市公司业绩。

（2）更好地评估未来净现金流的前景。

（3）对上市公司整体做出更明智的判断。

FASB采用“管理方法”即报告分部信息以显示公司是如何“通过管理层的视角”进行治理的。ASC 280-1050-27指出，“每个分部报告的金额应告知主要经营决策者，使其做出向分部分配资源和评价业绩的决策”。因此，主要经营决策者（CODM）的确认是分部报告的基石，并且从理论上说，报告的所有信息都希望是能够被管理层实际用来评价分部业绩和决定如何向经营分部分配资源的信息，但并不存在这样的要求或验证。当分部报告不符合利润表和资产负债表适用的一般公认会计原则时，企业应进行分部报告和公认会计原则财务报表之间的调整。

经营（和报告）分部

经营分部是企业活动的组成部分，可以通过以下标准识别：

1.功能：经营分部是具有以下3个特点的决策单元：

- 从事获得收入、支付费用的企业活动。
- 经营结果被主要经营决策者定期查看，以评价业绩、做出资源分配决策。
- 具有独立的财务信息。

2.金额：1个重要的经营分部：比重不低于销售、资产或利润的10%。

如果一些（不重要的）经营分部满足下列**全部**要求，则它们可能被组合在一起：产品或服务类似、生产过程相近、客户类似、监管环境相近（存在或不存在）。然而，单独报告的分部收入总和不能低于合并收入的75%。

分部报告的问题

FASB与IASB都采用“管理方法”。ASC 280-1050-27指出，“每个分部报告的金额应告知主要经营决策者，使其做出向分部分配资源和评价业绩的决策”。虽然没有对报告的信息与管理层使用的信息之间的关系进行查证，但确认主要经营决策者这一点是非常重要的。给予主要经营决策者过于宽泛的权力会导致下列后果：

- 经营分部的定义实际上可能不符合上述标准，或者与主要经营决策者管理企业的方式不一致。
- 资产、共同成本、间接费用的分配由主要经营决策者决定，按照他认为与内部管理报告和使用一致的方式处理。
- 由于允许自由裁量和分配，主要经营决策者不用符合公认会计原则的要求，从而使报告分部的最终结果与按照公认会计原则编制的合并财务报表不一致。因此，必须进行调整。
- 虽然产品市场分部的报告不用遵循公认会计原则，但地区报告需要遵循公认会计原则。

归根结底，存在很多由于任意分配而导致分部报告失去意义的可能，这种结果更多的是代表管理层的意愿而非管理层内部报告的结果。在这种情况下，分部之间或企业之间不存在一致性，ASC 280所提出的可比性的提高仍是一个未达到的目标。释例12-11是关于这个问题的说明。

释例 12-11

关于分部报告分配问题的说明

为确保有效利用公司的空间和设备，一些分部可能共享车间、厂房和设备。共享资产的所有权会被分配给一个分部，而不是所有使用该资产的分部。这与公司的管理体系相一致，反映在第138页的表格中。在这种情况下，分部税前收入与分部资产之间不存在确切的相关关系。同样，每个分部报告的折旧额是基于分配的所有权，可能与分部税前收入中包含的金额不一致。税前收入中包含的金额反映了占用费用，没有被管理报告系统明确识别。每个分部报告的资本支出同样与资产分配的所有权基础相一致。

（来源：IBM，2011年，10-K表，第137页；www.ibm.com/annualreport/2011/bin/assets/2011_ibm_ sec10k.pdf.）

12.9 要点总结

多年来，证券交易委员会一直倡导通过管理层讨论与分析的形式进行风险披露。

- 证券交易委员会要求企业披露面临的风险因素。尽管该规定很有价值，但实施时很难区分重要的风险和其他风险。因此，实行该规定并不能提供任何信息。
- 早在1987年，证券交易委员会就要求披露有关流动性风险的信息，远远早于IFRS 7（2008）和FASB的建议会计准则（2012年6月27日）。
- 集中风险（多样化）的披露有以下几种形式：
  - 生产线的多样化（分部报告）。
  - 信用集中的披露。
  - 客户集中的披露。
  - 地理信息披露。
- 作为年度报告和10-K表的一部分，要求由管理层和审计师发布关于内部控制系统质量和有效性的认证。
- 最近的规定要求披露员工薪酬计划在多大程度上会使企业面临不必要的风险。
- 流动性和利率风险的披露应作为管理层讨论与分析的一部分，这是IFRS 7详细披露和2012年6月27日FASB建议准则的基础。这些准则要求披露：（1）不同时间内预计合约现金流入和流出的详细内容；（2）利率差额与敏感性测量；（3）麦考雷久期测量。
- 披露套期活动：金融工具的金额、金融工具的公允价值以及套期活动的有效程度。
- 按类型和金额大小披露套期合约。

注释

1 在本文撰写之际，欧盟没有单独的法律或者相当于美国证券交易委员会的执行机构。然而，个别西方国家拥有目标类似的组织和机构。例如，英国有《公司法》和金融服务管理局；加拿大的安大略证券交易所（Ontario Stock Exchange）制定了许多类似的披露要求。

2 http://www.bis.gov.uk/assets/biscore/business-law/docs/c/12-560-company-law-flexible-framework-discussion-paper.pdf.

3 http://files.shareholder.com/downloads/ONE/1968659076x0xS19617-12-163/19617/filing.pdf.

4 http://www.sec.gov/Archives/edgar/data/1288776/000119312512025336/d260164d10k.htm.

5 证券交易委员会。公司财务部：财务报告手册，2012年3月，第9110号，第288页；http://www.sec.gov/divisions/corpfin/cffinancialreportingmanual.pdf。

6 安全港条款旨在保护发行人披露规定内容而不是历史事实。

7 "可能""很可能""非常可能""合理可能"这些表述之间存在性质上的差别。证券交易委员会的规定偏爱"合理可能"的表述，虽然这些表述都没有在文献中被明确定义过。

8 典型的VaR披露都是基于正态分布的假设，正态分布可被视为近似真实分布。在做出该评价时没有使用极值统计。

9 由于年度报告信息较为综合，因此我选用年度报告在本书的不同章节进行分析。

10 2011年，10-K表，第159页。

11 2011年，10-K表，http://files.shareholder.com/downloads/ONE/1968659076x0xS19617-12-163/19617/filing.pdf。

12 DVA代表债务估值准备（也叫债务估值调整），与CVA基本类似。

13 沃尔玛公司，2011年，10-K表，第39页（10-K表中的年度报告）；http://www.sec.gov/Archives/edgar/data/104169/000119312506066792/d10k.htm。

14 《证券法》第6711条（1987年4月17日），关于财务状况和经营业绩的管理层讨论与分析，52 FR 13715。

15 在过去的40年里，S-K法规第303条（a）段经过了多次修正。参考http://www.sec.gov/rules/other/33-8056.htm。

16 补充：现行标准（825-10-50-23）指出，"鼓励但不要求企业披露关于金融工具市场风险的定量信息。利率重新定价或到期日的缺口分析，和其他市场风险因子一道确定金融工具的久期"。2012年6月，FASB提出金融机构应披露缺口分析、重新定价和金融机构的久期。准则设置的增量方法可能最终会导致要求披露其他重要的市场风险。

17 修正的ASC 825-10-50-23E。

18 ASU定义为有下列特征的主体或报告分部：（1）能提供保险；（2）收入的主要来源是利息收入与支付的利息之间的利差。资产和负债以公允价值计价的机构（例如，经纪公司和对冲基金）不需要分开。

19 FASB，会计准则更新第2020-20条，"关于应收账款信用质量和信贷损失准备的披露"，2010年7月。

20 2011年，10-K表，第A61页；http://www.caterpillar.com/cda/files/3342293/7/2011+10K.pdf。

21 http://www.bis.org/publ/bcbsca.htm.

22 http://www.sec.gov/rules/final/33-8238.htm#ia.

23 证券交易委员会（Release No. 33-8238;34-47986; IC-26068; File No. S7-40-02; S7-06-03），http://www.sec.gov/rules/final/33-8238.htm。

24 证券交易委员会（Release No. 33-9089; 34-61175;IC-29092; File No. S7-13-09），http://www.sec.gov/rules/final/2009/33-9089.pdf。

25 http://www.businessdictionary.com/definition/concentration-risk.html#ixzz20WGkevzx.

26 http://www.sec.gov/Archives/edgar/data/12927/000119312512048565/d255574d10k.htm.

27 IFRS 8比IAS 14更趋向于ASC 280。

28 施乐公司发现，在过去的几年中，墨西哥的一些高管合谋规避施乐公司某些会计政策和管理程序。注销的内容包括无法回收的长期应收账款、由受让人导致的负债，有时还包括未完全满足要求却被记录为销售型租赁的合约（第225页）。审计总署（GAO），2002年10月，财务重述趋势、市场影响、监管措施及现存挑战，GAO-03-138；http://www.gao.gov/new.items/d03138.pdf。

29 IFRS 8于2006年颁布，基本趋同于SFAS 131（ASC 280），与IAS 14有着显著的不同，IAS 14没有采用管理方法。

30 有趣的是，对于"风险"与"多样化"之间的关系仍无明确规定，尽管分部报告是它们相关性的体现。

附录

第1章的附录

没有损失的赌徒

> **信息日志**
>
> 本附录提供了一个故事，可以帮助理解在第7章和第8章中的一些交易事项，这个事例以人们生活的具体环境为背景，我们推荐大家在阅读第7章之前先读一下这个故事。

美国伊利诺伊州（Illinois）大学坐落在伊利诺伊州市中心，并且横跨尚佩恩（Champaign）和乌尔班纳（Urbana）两个小镇，这两个小镇被纵贯南北的怀特街（Wright Street）上的一条黄色交通线分开。即使两个小镇距离很近，但很多人还是认为它们有着不同的特色。尽管我没有实际的证据，但据说大多数乌尔班纳镇的居民喜欢从事冥想和自由艺术活动，而大多数尚佩恩镇的居民对商业活动有着很大的兴趣。具有自由主义精神的富兰克林·爱德华兹（Franklin Edwards，FE）就住在乌尔班纳小镇，他坚定地拒绝从事那种听命于老板的常规工作，而是选择自己创业，向这个地区的农民提供“农作物保险（crop insurance）”以应对不利的天气和不好的农作物收成。虽然富兰克林的公司不是注册的保险公司，但是他的服务真的能对抗（不利）天气和不好的收成。就在富兰克林的西边，尚佩恩小镇里，有一家本土的运输公司——林肯·寇驰（Lincoln Coach）公司（后面简称TLC），这家公司提供芝加哥（Chicago）郊区奥黑尔（O’Hare）机场与尚佩恩-乌尔班纳镇之间的机场大巴服务。TLC的股东和经理亚当·林肯（Adam Lincoln）都以他们为客户提供的唯一一套定价方案而感到骄傲，这套方案包括以下几个部分：

1.大巴票价是与燃油价格挂钩的，也就是说，票价的涨跌是随着油价而浮动的，指数计算很简单，TLC公司并不对这个公式保密。

2.价格根据即日旅行和未来特定日期旅行进行制定。

3.当天的票可以在开车前直接购买（这就是官方所指的现价），而未来的票可以提前购买。TLC公司为购买未来旅行票的乘客设定了不可撤销条款，也就是说，确保了乘客手中的未来旅行大巴价格不会因为未来燃油价格变动而变化，这就是为什么提前预定的价格被称为远期价格或期货价格。

在乌尔班纳镇的富兰克林非常了解TLC的价格系统，为了使他的事业多样化，他致力于研究预测油价的变动。经过多年努力后，他的预测取得了不小的成绩。鉴于新业务需要，富兰克林去找了TLC的经理亚当·林肯，双方经谈判协商达成了以下协议：

1.富兰克林承诺从TLC购买一定数量的未来大巴车票（但每周不能超过10张）。

2.富兰克林并不真的打算去奥黑尔机场，但这个协议可以确保TLC以提前知道的价格销售一些大巴票。其之间达成的合约价格叫作P_{Fd}，下标“F”对应的是

"future"，代表着提前知道，而下标"d"则对应的是"day"，这里的"day"指的是未来使用大巴票的那一天（M对应周一，T对应周二，诸如此类）。

3.每天下午5点，富兰克林和亚当·林肯就会将当天下午5点时的油价套入车票的定价公式中重新计算富兰克林购买的未来旅行票价，这个新估算的价格被称为RP_{Fd}，R代表价格被修改，其他条件没变。

4.在给定的某一天，d：

a.如果$RP_{Fd}>P_{Fd}$→TLC支付差额给富兰克林。

b.如果$RP_{Fd}=P_{Fd}$→双方不发生支付。

c.如果$RP_{Fd}<P_{Fd}$→富兰克林支付差额给TLC。

5.根据上述计算，双方会每天结算价差。

6.价差的结算通过电子交易系统被自动汇入盈利方的账户。

在4月4日周三这一天，根据燃油价格，去芝加哥的当天票价是25.71美元，可预订的4月10日周二那天的票价是27美元。精明的富兰克林认为他对油价变动的预测通常是正确的，那么不出意外的话，他认为使用这一信息他将小有斩获，不过他不是非常关注收益的多少，因为他还有农场的生意。

在接下来的几天里，油价发生了变动，去芝加哥大巴票的当日价格和远期价格也都跟着发生了相应的变动。票价的变动见表A1-1。

表A1-1　　4月10日周二预订票价

	当天现价（美元）	预订4月10日周二的票价（美元）
4月4日，周三	25.71	27.00
4月5日，周四	25.71	27.00
4月6日，周五	25.71	27.00
4月7日，周六	26.77	27.85
4月8日，周日	26.77	27.85
4月9日，周一	28.08	28.90
4月10日，周二	32.20	32.20

通过上表我们注意到，在4月10日周二远期合约到期日，不管乘客是当天购买还是预定，旅行成本是相同的。

富兰克林和TLC按协议执行了合约，但是亚当·林肯在向股东提交的每日报告中必须包含这些协议的结算情况，TLC的会计师建议他选择以下两种策略中的一种进行报告：

报告策略1：亚当·林肯可以只报告TLC向富兰克林支付的差价损失，或者TLC从富兰克林那里收到的差价利得。亚当·林肯将会计师的建议理解为，在报告时不要将损失或利得与现价以及大巴服务本身的实际价值联系起来。在4月10日最后这一天，原则上TLC要从其他乘客那里每张票收取32.20美元，还要因富兰克林提前预定的大巴票每张支付给他5.20美元，大巴票（ST）净利润就等于1.29美元，即32.20−25.71−5.20=1.29。32.20美元是指10号当天的现价以及这天的远期价，25.71美元是指

TLC的成本，假设TLC在4月4日那天从别人那里购买大巴票然后卖给富兰克林当作他在4月10日这天大巴票的机会成本，5.20美元是指4月10日现价超出远期合约规定价的数额。1.29美元正好等于27.00美元（4月4日远期价）减去25.71美元（机会成本）。使用这种报告策略的结果见表A1-2。

表A1-2　　　　TLC报告策略1（亚当·林肯只报告表中的斜体数字）

	当天现价（美元）	预订4月10日周二的票价（美元）	（TLC支付给富兰克林）或富兰克林支付给TLC（美元）
4月4日，周三	25.71	27.00	0
4月5日，周四	25.71	27.00	0
4月6日，周五	25.71	27.00	0
4月7日，周六	26.77	27.85	*(0.85)*
4月8日，周日	26.77	27.85	0
4月9日，周一	28.08	28.90	*(1.05)*
4月10日，周二	32.20	32.20	*(3.30)*
4月10日周二的净变动	6.49 (32.20−25.71=6.49)	5.20	*(5.20)* (0.85+1.05+3.30=5.20)

报告策略2：作为第二种选择，亚当·林肯可以将协议的结果和旅行活动及价格联系起来。例如，在4月7日大巴票现价是26.77美元，和25.71美元相比上涨了1.06美元，因此，在“现价（spot）”市场中，TLC赚取了1.06美元的额外利润。在此期间，TLC在4月7日已经以27.85美元卖出4月10日的预定大巴票。但是和富兰克林的远期协议价格只有27.00美元，在此交易中TLC损失0.85美元（为了便于说明，笔者不考虑时间价值的影响）。

然而，从总体来看，TLC取得了0.21美元（1.06−0.85）的盈利，因此如果全面考虑旅行车票的状况，亚当·林肯可以仅向股东报告与富兰克林的协议所带来的净利得（损失）。

其他期间可以用同样的方式来作会计处理，表A1-3是对策略2的总结。

表A1-3　　　　TLC报告策略2

	当天现价（美元）	大巴票价的提高（降低）（美元）	预订4月10日周二票价（美元）	（TLC支付给富兰克林）或富兰克林支付给TLC（美元）	报告给股东的净利得（或损失）（美元）
4月4日，周三	25.71	0	27.00	0	0
4月5日，周四	25.71	0	27.00	0	0
4月6日，周五	25.71	0	27.00	0	0
4月7日，周六	26.77	1.06	27.85	*(0.85)*	0.21
4月8日，周日	26.77	0	27.85	0	0
4月9日，周一	28.08	1.31	28.90	*(1.05)*	0.26
4月10日，周二	32.20	4.12	32.20	*(3.30)*	0.92
净额					1.29

在对比了这两种策略之后，会计师向亚当·林肯指出以下几点：

在报告策略1中，TLC的股东每天看到的都是损失，直到协议最后一天结果出来，股东才会知道与富兰克林的协议巧妙地帮助TLC得到了其想要的结果，即1.29美元（27.00−25.71）的利得。

在报告策略2中，股东将只会看到利得或没有损失的情况。会计师指出，尽管策略2最后只取得了与策略1相同的1.29美元的净利润，但这个报告策略对亚当·林肯更有利。

知识点：要了解期货交易（future exchanges）的基本角色，当你开始学习第7章时请回顾此相关说明。

第7章的附录

对修改金融工具分类的建议*

介绍

今天，美国财务会计准则理事会（FASB）发布了征求公众意见的提案——会计准则更新（以下简称ASU）[1]，其中包括金融工具的确认、分类、计量、列报条款[2]。征求意见截止到2013年5月15日。按照这项提案，混合计量属性方法将被应用到金融工具的分类和计量中，这将对所有持有金融资产和发行金融负债的主体产生较大影响。本通讯（heads up）总结了ASU的内容，并在附注中通过问答形式对关键问题进行了讨论。

> 编者按：鉴于金融危机的影响，并且各界都希望改进和趋同财务报告准则，2008年12月，FASB将金融工具会计处理的修改提上议程。在2010年5月，FASB发布ASU提案来扩大公允价值会计的范围以实现覆盖绝大多数的金融资产和金融负债（参见德勤（Deloitte）2010年5月28日的通讯）。然而，大多数回应者却支持建立一个混合计量属性模型（参见德勤2010年11月5日的通讯）。作为回应，FASB将原来的提案进行了修改，使主体可以更多地使用摊余成本来计量。2012年1月，FASB与IASB开始考虑趋同金融工具分类和计量方法中的关键部分（参见德勤2012年9月24日的通讯）。尽管美国公认会计原则和国际财务报告准则在金融工具的分类和计量模型方面仍然存在重要差异，但现在的ASU提案已经大大拉近了两者之间的距离。[3]参见本附录问题7对两种模型的对比。

提议的分类和计量方法

范围

提案适用于所有主体的绝大部分金融工具（应收账款、应付账款、贷款、债务性证券、股权投资等）。ASU提案范围之外的金融工具包括股东权益、股份支付、养老金计划资产和负债、应收租金和应付租金、金融担保合约以及ASC 815中所界定的衍生工具。

金融资产的分类

金融资产的分类与计量取决于该金融资产合约带来的现金流特征以及管理这些金融资产所采用的业务模式（business model）。在ASU的提案下，共有3种基本的分类和计量方式：

- 以公允价值计量且所有公允价值变动计入净损益（以公允价值计量且其变动计入损益）。

---

*本附录的作者是Magnus Orrell和Jason Nye，完成于2013年2月14日，得到德勤公司的转载许可。

● 以公允价值计量且公允价值发生的合理变动（qualifying changes）计入其他综合收益（以公允价值计量且其变动计入其他综合收益）。

● 以摊余成本计量。

ASU的提案删除了混合金融资产中嵌入衍生工具的指南，取而代之的是要求整个金融工具分类以合约现金流的特点和主体管理资产的业务模式为基础。但是金融资产中的嵌入特征可能会影响对现金流特征的评估结果。

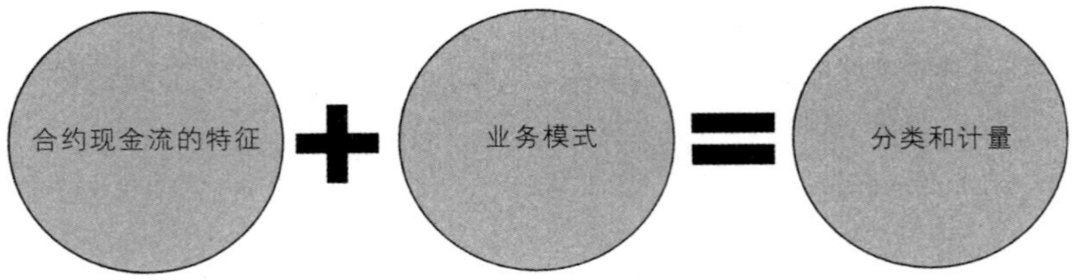

合约现金流特征评估

按照合约现金流特征的判断标准，主体需要评估一项金融资产的合约条款是否会"在某一特定日期产生现金流，这里的现金流仅指本金和未付本金的利息（简称为SPPI）"。[6]在ASU的提案中，本金被定义为"在初始确认时，资产持有人支付的金额"，利息被定义为"时间价值报酬和未付资本本金在特定时间段内的信用风险回报，信用风险回报中也可能包含流动风险溢价"。

不满足SPPI标准的资产举例	通常满足SPPI标准的资产举例
• 对可转换债券的投资 • 与债券发行人净收益或权益指数挂钩的债券投资 • 对反向浮动利率证券的投资 • 股票投资或其他所有者权益投资	• 对去杠杆通胀挂钩债券（unleveraged inflation-linked bonds）的投资（挂钩的通胀货币是债券的标价货币） • 对附带利率选择权的浮动利率债务工具的投资，此项选择权的重置期间总是与利率期间相匹配 • 带有利率上限的浮动利率债券投资 • 已抵押的有全部追索权的应收贷款

不满足SPPI标准的金融资产

一般而言，不满足SPPI标准的金融资产要采用以公允价值计量且其变动计入损益的方法进行分类和计量，如与大宗商品指数相挂钩的权益证券和债务工具投资。但考虑到切实可行性，所以那些不容易确定公允价值的权益证券投资是个例外。[7]对于这种权益投资来说，主体可以用它的成本减去减值（如果有的话）来计量，如果市场中存在同一发行者发行的相同或相似投资，那么还应再加上或减去它们在有序交易中的价格变动（"调整成本"）。如果一项投资的公允价值多半已经低于其账面价值，那么这项投资就发生了减值。在存在减值时，应当将该投资减计至它的公允价值。

ASU的提案保留了主体对被投资单位有重大影响的股权投资采用权益法核算，但是限定了它的使用范围。如果投资者所持有的权益投资在首次满足权益法条件时，也满足持有待售金融资产（equity method for sale，译者注：疑似原文有误）的条件，则该投资就应该采用以公允价值计量且其变动计入损益的方法。或者如果符合不切实可行的条件，则要使用调整成本法而非权益法。如果投资者在首次确认一项投资资产时已经制定了出售策略并且限定了出售时间，那么该权益法下的投资就是持有待售的投资。不允许主体将用权益法计量的非持有待售投资用公允价值且其变动计入损益的方法计量。主体若适用不切实可行例外条款，可以采用调整成本法对投资进行会计处理，其减值要求与权益法核算的投资类似。

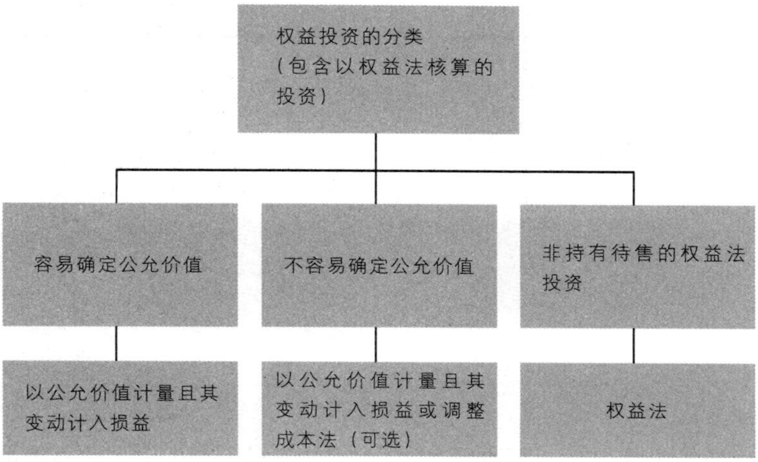

满足SPPI标准的金融资产

业务模式评估

为了选择合适的会计处理方法来处理满足SPPI标准的金融资产（多数贷款、应收账款和债券），主体需要评估管理金融资产的业务模式。主体评估的因素包括关键管理人员如何评估业绩、交易的频率、交易量大小以及这些交易的原因等。ASU的提案规定了3种持有和管理资产的业务模式:

1.模式1：持有资产的目的是收取合约现金流（为收取现金流而持有，“hold to collect”）。

2.模式2：持有资产的目的是既持有金融资产以收取合约现金流又出售金融资产（为收取和出售而持有，“hold and sell”）。换句话说，主体还没有决定是持有还是出售。

3.模式3：除（1）和（2）之外的其他情形。

满足SPPI标准且适用于模式1的金融资产用摊余成本法进行会计处理。以获得利息为目的来管理资产是典型的“为收取现金流而持有”的业务模式[8]。除了管理信用风险，模式1中的交易应当极不频繁。

满足SPPI标准并适用于模式2的金融资产，在会计处理上使用以公允价值计量且其变动计入其他综合收益的方法，或者选择使用以公允价值计量且其变动计入损益的方法。为了匹配其债务期限而频繁调整平衡的金融资产组合就是个例子。[9]

如果持有的金融资产的业务模式既不是“为收取而持有”也不是“为收取和出售而持有”，则采用以公允价值计量且其变动计入损益的方法进行会计处理。因此，持有待售的金融资产组合应当归类到此模型。

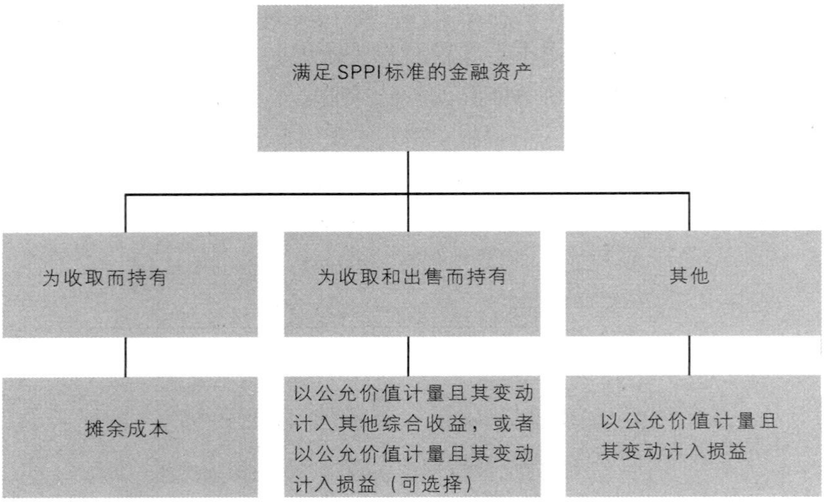

重分类

如果主体改变了其业务模式（如主体将模式1的资产拿到市场上出售），在该种变化出现的报告期间的最后一天，主体需要重分类相关的金融资产以适用于未来。ASU的提案规定，除了改变业务模式外，不允许重分类金融资产。因此，只要不是改变业务模式，主体决定出售的金融资产是不能重分类的。[10]ASU的提案规定，重分类不得经常出现。

金融负债

金融负债以摊余成本计量，以下情况除外：

短期交易负债的会计处理采用以公允价值计量且其变动计入损益的方法。

主体想要在之后以公允价值交易的金融负债（如转移负债给第三方）的会计处理采用以公允价值计量且其变动计入损益的方法。

对于合约中要求的仅使用相关金融资产的现金流进行清算的不附追索权的金融负债，其会计处理要和该相关金融资产的会计处理采用相同的基础（也就是摊余成本、以公允价值计量且其变动计入其他综合收益或以公允价值计量且其变动计入损益）。

与金融资产不同，如果按照ASC 815-15规定的需要将金融负债中的嵌入衍生工具分离出来，那么该嵌入衍生工具就单独按以公允价值计量且其变动计入损益进行会计处理，除非主体打算将整个混合金融负债按以公允价值计量且其变动计入损益进行会计处理。

如果贷款承诺、循环信用额度、商业信用证的使用概率不是极低，则发行这些工具的主体在会计处理上就和所承诺的贷款采用一致的方法（如摊余成本法、以公允价值计量且其变动计入其他综合收益、以公允价值计量且其变动计入损益）。[11]

公允价值选择

在初次确认金融资产或金融负债时，主体可以选择对某项特定的金融资产和金融负债按以公允价值计量且其变动计入损益进行会计处理，即使该资产和负债本来应该使用摊余成本法或以公允价值计量且其变动计入其他综合收益进行会计处理，当出现以下情况时可以选择这样做：

以“为收取和出售而持有”业务模式持有并管理的金融资产。

主体以公允价值为基础管理金融资产和负债的组合净风险敞口，并且向管理者提供净敞口的信息。

包含嵌入衍生工具的混合金融负债，前提是因该嵌入衍生工具使得现金流发生了重大的修改，且没有清晰的分析表明可以排除对嵌入衍生工具的分离。

如果一个主体已经为一项金融负债选择了以公允价值计量且其变动计入损益的方法，那么由与工具相关的信用风险引起的公允价值变动要确认在其他综合收益而不是净收益中。

列报

在财务状况表内，主体应当呈报以下事项：

单独列报金融资产和金融负债，按照计量方式分组。

单独一项列报将出售的“为收取而持有（hold-to-collect）”的金融资产。

在括号里报告以摊余成本计量的所有金融资产和金融负债的公允价值信息，除了一年内到期的应收账款和应付账款以及活期存款负债（demand deposit liabilities）。本条款不适用于非公众主体。

在括号里报告主体以公允价值计量且其变动计入损益处理的未偿债务工具的摊余成本信息。

有效日期和过渡

FASB还没有决定最终版本的生效日期，在规定生效后的第一个报告期开始阶段，主体需要在财务报表中报告对累积影响的调整。对于可以选择并且已经选择了以公允价值计量且其变动计入损益的混合金融负债，由与工具相关的信用风险引起的公允价值变动应当确认在其他综合收益中，只有这项规定可以提早实施，其他部分均不可以。

> 编者按：关注德勤即将发布的新闻通讯中关于本提案的分析和意见，也可以参见我们在2013年2月20日关于金融工具项目状态的网络直播（“Dbrief”）。

附录——问答

1.FASB的目标

问题 1.1

在这个项目中FASB的目标是什么？

回答

FASB制定本提案的初衷是想提供给主体更多的对金融工具会计处理更有用的信息，同时减少金融工具会计的复杂性。这项指南试图将“金融资产的计量与主体从该资产现金流中获益的方式联系起来”。也就是说，ASU的提案要将金融工具的计量与该工具现金流特征和金融工具管理的主体业务模式这两项都连接起来。相比之下，目前美国公认会计原则强调金融工具的法律形式（如该工具是债务性证券还是应收贷款）和管理者意图。

FASB试图提高该指南在金融工具分类和计量方面的清晰性和组织性，以使其更容易地被理解和应用。该提案通过如下方式降低了复杂性：（1）调整债务性证券和应收贷款投资的分类；（2）限定公允价值选择权的使用范围[13]；（3）删除对混合金融资产的分割。

另外，为了使FASB的指南和IFRS9趋于统一，FASB和IASB联合制定了两个准则中的关键部分。

2.ASU提案的影响

问题2.1

什么类型的主体和行业将会受到FASB提案的影响？

回答

实际上所有持有金融资产或发行金融负债的主体都会受到该提案的影响，而处于金融服务行业的主体如银行和保险公司受到的影响最大，因为很显然，在它们的资产和负债中绝大多数都是金融资产和金融负债。对于FASB打算保留特殊行业指南的行业主体来说，其不是必须得彻底改变金融工具的会计处理方法（如投资公司可以继续适用ASC946的特殊行业指南）。

问题2.2

什么类型的金融工具将被影响？根据FASB的提案，主体通常会把这些金融工具分到哪个类别？

回答

该提案涵盖了较大范围的金融资产和金融负债的会计处理，包括债务工具和权益工具、贷款、应收款项、应付款项、发行的债务融资等。

下面的表格分别列举了在目前一般公认会计原则和FASB的提案中普通类型金融工具的分类。需要说明的是，一个主体的分类可能在事实和环境（如一个主体的业务模式）的基础上发生变化。

金融工具[14]	目前一般公认会计原则	FASB的ASU提案
对市场有价权益证券的投资，[15]该投资是以交易为目的而持有的，并且投资人对被投资单位没有重要影响	以公允价值计量且其变动计入损益	以公允价值计量且其变动计入损益
对市场有价权益证券的投资，该投资不是以交易为目的而持有的，并且投资人对被投资单位没有重要影响	以公允价值计量且其变动计入其他综合收益或以公允价值计量且其变动计入损益	以公允价值计量且其变动计入损益
非市场中权益性投资，并且投资人对被投资单位没有重要影响	成本法，或者选择以公允价值计量且其变动计入损益	以公允价值计量且其变动计入损益，或者选择调整成本法[16]

续表

金融工具[14]	目前一般公认会计原则	FASB的ASU提案
起初不是以出售为目的而持有的权益性投资，并且投资人对被投资单位有重要影响	权益法（如成本按持股比例随收益或损失调整），或者选择以公允价值计量且其变动计入损益	权益法
起初以出售为目的而持有的权益性投资，并且投资人对被投资单位有重要影响	权益法或以公允价值计量且其变动计入损益	以公允价值计量且其变动计入损益，或者可以选择调整成本法[16]
以交易为目的而持有的债务性证券投资	以公允价值计量且其变动计入损益	以公允价值计量且其变动计入损益
既非交易性也非持有至到期的债务性证券投资	以公允价值计量且其变动计入其他综合收益，或者选择以公允价值计量且其变动计入损益	以公允价值计量且其变动计入其他综合收益，或者选择以公允价值计量且其变动计入损益
投资者有意图也有能力持有至到期的债券投资	摊余成本法，或者选择以公允价值计量且其变动计入损益	摊余成本法
持有待售的贷款和应收款	成本与公允价值孰低，或者选择以公允价值计量且其变动计入损益	以公允价值计量且其变动计入损益
为收取而持有的（Hold-to-collect）商业模型中的贷款和应收款项	摊余成本法，或者选择以公允价值计量且其变动计入损益	摊余成本法
发行的债券	摊余成本法，或者选择以公允价值计量且其变动入损益	摊余成本法
混合金融资产	如果满足特定条件，则分拆嵌入衍生工具，或者选择混合资产整体以公允价值计量且其变动计入损益	如果其产生的现金流不只本金和利息，则以公允价值计量且其变动计入损益（比如没有分拆）
混合金融负债	如果满足特定条件，则分拆嵌入衍生工具，或者选择混合资产整体以公允价值计量且其变动计入损益	如果满足特定条件，则分割嵌入衍生工具；以公允价值计量且其变动计入损益的会计处理方法一般只适用于混合工具整体

3.金融资产的分类和计量

按照ASU的提案，主体通过评估金融工具的合约现金流和管理该工具的业务模式对金融资产进行分类。对这两个因素的判断都是在其初始确认时。混合金融资产将以整体来分类而不能被分割。

编者按：在ASU提案的结论基础中，FASB表示主体可以先评估金融工具的合约现金流特征然后再评估其业务模式。尽管打乱评估标准的顺序预期不会导致不同的结果，但是在评估业务模式之前评估合约现金流特征会导致不必要的工作。例如，如果一个主体知道了资产的业务模式，则其不会允许除了以公允价值计量且其变动计入损益之外的分类。

问题 3.1

ASU的提案要求主体采用以公允价值计量且其变动计入损益的方法来处理所有的金融资产吗?

回答

不是的。FASB对金融资产的会计处理提出了一种建立在其现金流特征和管理业务模式上的混合属性模式，即以公允价值计量且其变动计入损益、以公允价值计量且变动计入其他综合收益，或摊余成本法。除以下情况，所有股权投资要按照以公允价值计量且其变动计入损益作会计处理：（1）该投资将被纳入合并范围；（2）会计处理适用权益法；（3）该投资不存在容易确定的公允价值，并且主体已经选择应用切实可行例外。

问题 3.2

金融资产的会计处理在什么时候使用除以公允价值计量且其变动计入损益之外的方法呢?

回答

按照ASU提案的规定，"如果一项金融资产满足合约现金流特征标准并且按照某业务模式进行管理，那么该金融资产可以被分到除以公允价值计量且其变动计入损益之外的类别"，相关目标与以摊余成本法或以公允价值计量且变动计入其他综合收益进行后续计量的目标一致。更多详细信息可参见问题4.1、问题4.2以及问题5.1~问题5.5。

问题 3.3

一项资产的市场活跃程度（如资产的市场流动性以及在多大程度上资产的市场交易会发生）会影响它的分类吗?

回答

除了股权投资，在金融资产的分类中，主体没有必要考虑市场的活跃程度。从实用性角度来看，市场的活跃程度会影响主体交易的频率和体量。主体必须考虑其管理金融工具的商业活动是"为收取而持有"（hold-to-collect）还是"为收取和出售而持有"（hold-and-sell）的业务模式（也就是分别划分为摊余成本类别和以公允价值计量且变动计入其他综合收益类别）。主体还应当考虑其他一些因素，如"前期的交易频率和体量、前期交易发生的原因和未来交易行为发生的预期"。

这个提案包含了一个选择性的切实可行例外，即不容易确定公允价值的股权投资（因为在交易所报价是不可获得的）可以不使用以公允价值计量且其变动计入损益的方法。

问题 3.4

对于现行美国公认会计原则中已经存在的金融工具，FASB是否提出了与公允价值选择权有关的修改?

回答

是的。在提案规定范围内的金融工具不再具有无条件的公允价值选择权，取而代之的是有条件的选择权。提案规定，在此选择权下，主体可能不得不使用以公允价值计量且其变动计入损益的方法来处理以下金融工具：

（1）满足以下两个条件的金融资产和金融负债组：

a. 主体以公允价值为基础管理有关金融资产和金融负债（这些也可能是符合第815号的衍生工具）的净风险。

b. 主体给其管理者提供以净风险为基础的信息。

（2）以下两项条件都不存在的混合金融负债：

a. 嵌入衍生工具没有对母合约规定的现金流进行重大修改。

b. 相似的混合金融工具在首次确认时，没有分析表明不允许分拆其嵌入衍生工具。

另外，主体可能会不可避免地选择以公允价值计量且其变动计入损益的方法来处理一项符以公允价值计量且变动计入其他综合收益的工具。

对于已经选择用公允价值选择权计量的金融负债，倘若公允价值变化是因工具本身信用风险变化而引起的，则公允价值变化不再计入净损益，而是计入其他综合收益。结算该负债时，计入其他综合收益中的累积利得和损失要转入净损益中，该利得和损失是与特定工具信用风险变化相关的。

问题 3.5

一个主体怎样对在股权工具中的投资进行分类和计量？

回答

ASU提案规定，“除了下列情况之外，主体将采用以公允价值计量且其变动计入损益的方法来计量一项股权投资（如对一个主体的所有者权益投资，包括股票）”：

（1）该投资必须以权益法核算。

（2）被投资对象被纳入合并范围。

（3）该投资不存在容易确定的公允价值，从而根据不切实可行的例外条款进行会计处理。

切实可行的例外条件

上述（3）中的例外只适用于不容易确定公允价值且不适用于ASC820规定下使用每股净资产来评估公允价值的股权投资。根据该例外规则，主体可以用成本扣除减值加上或减去相同资产或同一发行者发行的相似投资在有序交易中的可观测价格变化来计量股权投资。

根据以上所描述的例外规则进行会计处理的股权投资，“倘若投资的公允价值小于它的账面价值，那么多半就减值了”。主体必须在每一个报告期考虑以下特定的减值迹象从而评估减值：

（1）被投资者的收入、信用等级、资产质量或商业前景出现了明显的恶化。

（2）发布了明显不利于被投资者的法律法规，或被投资者所处经济技术环境发生了明显不利变化。

（3）被投资者所处区域总体市场条件或所处行业出现明显不利变化。

（4）投资资产或相似投资买入、卖出或拍卖价格低于该投资成本。

（5）有迹象表明需要重大关注被投资者的持续经营能力，如日常营运现金流出现负数、营运资本不足、不能达到法定资本要求或不能履行债务契约等。

会计权益法

投资者对被投资单位有重大影响的股权投资要使用权益法作会计处理，除非在建立重大影响时持有该投资的目的是出售。ASU提案规定，在以下两种情况出现时，要说明该股权投资属于持有待售：

投资者已经制定了潜在的出售策略，即使还没有制定具体的出售方法。

投资者已经限定了出售的预期时间，可能是一个期望日期或日期范围，也可能是特定事实或结果出现的时间，如达到了特定的里程碑或达到了投资者的目标。

如果一个本来符合权益法的股权投资是持有待售的，那么会计处理应当采用以公允价值计量且其变动计入损益的方法或应用切实可行的例外条款。

4. 评估金融资产的现金流特征

如果一项金融资产合约条款“在特定日期产生了只限于本金和未付本金利息支付义务的现金流（SPPI）”，那么该金融资产满足合约现金流特征标准。本金的定义是，“持有人在首次确认时转移支付的金额”；利息的定义是，“货币时间价值报酬和一段特定时间内与未付本金有关的信贷风险报酬，该风险可能包括流动风险溢价”。

另外，如果“合约现金流包含了与本金、货币时间价值、信用风险无关的支付义务，那么该合约现金流不代表本金和未付本金的利息”。在这种情况下，金融工具采用以公允价值计量且其变动计入损益的方法进行会计处理。

> 编者按：本金的定义是持有人在首次确认时转移支付的金额，而不是合约中限定的金额，也不是最初支付给债务人的金额。这些本金和利息的定义可能潜在地会使很多已购可提前付款的债务工具不满足SPPI的标准。例如，如果一项贷款的合约规定借款人可以按照合约本金提前偿还，并且贷款合约是按票面价格比较大的折扣购买（因为这是信用受损），那么就可以说，出借人所获得的回报显著高于时间价值和基于本金的信用风险的补偿。

问题4.1

一个主体怎样评估改变现金流时间和金额的合约条款，包括因特定事件的出现而引起的现金流变化或者环境变化？

回答

一个合约条款也可能会产生符合SPPI的或有现金流（即现金流时间和金额的变化）。不管或有事件出现的概率多大，导致不符合SPPI标准的现金流的或有条款会导致一项资产不符合SPPI标准，除非或有事件是极其罕见且不太可能发生的。

提前或延后付款可能会改变现金流的时间或金额，ASU提案提出了对提前或延后付款条款的应用指南。

如果满足以下两项条款，提前支付条款会产生符合SPPI的现金流：

（1）除了下述情况外，该条款并不取决于未来事项的发生：

a.保护持有人不受发行人信用恶化（如违约、信用评级下降、贷款违约）或发行人控制权变化的影响。

b.保护持有人或发行人不受税法或法律变化的影响。

（2）提前付款金额实际上代表了未付本金和相关利息，可能包含对提前终止合约给予的合理补偿。

如果满足以下两个条款，延期选择权会产生符合SPPI的现金流：

（1）除了下述情况外，该条款并不取决于未来事项的发生：

a.保护持有人不受发行人信用恶化（如违约、信用评级下降、贷款违约）或发行人控制权变化的影响。

b.保护持有人或发行者不受税法或法律变化的影响。

（2）在延期付款期间内根据合约条款产生的合约现金流符合SPPI。

问题4.2

背景

ASU提案规定，“利息现金流与出借给债务人的金额（即本金）总是有着密切的关系，因为利息代表着时间价值以及与工具发行人和工具本身相关的信用风险”。如果合约条款中包含了杠杆条款（leverage），或者要求在一段期间内重置利率但该期间与利率期间不匹配，则本金与货币时间价值以及与未付本金相关的信用风险之间的关系就被“修正”了。

问题

在ASU的提案下，一个主体怎样评估修正的（因杠杆作用和利率错配而导致的）本金和利息条款是否满足SPPI标准？

回答

总的原则是，如果合约条款带来的现金流与不包含修正条款的等同金融资产（一项基准工具）的现金流之间的差异超过非重大程度（more than insignificantly different），那么修正本金和利息之间的经济关系的该合约条款会致使资产不能满足SPPI标准。

产生杠杆的条款

提案解释道，“杠杆会增加合约现金流的波动性，所以它们没有利息的经济特征”。例如，当利率等于伦敦同业拆借利率（LIBOR）乘以2时，就会产生杠杆条款。

利率重置

一些变动利率工具的利率重置期间不同于利率期间（例如固定期限的债券或贷款，利率按照一个月的LIBOR支付，仅在第三个月进行重置）。由于利率期限和重置期间不匹配，这样的条款被认为是修改了本金和利息之间的经济关系。

评估修正条款

一个“主体被要求评估修正后的经济关系来决定合约现金流是否代表本金和未付本金的利息”。主体通过对比某个工具现金流和基准工具现金流来评估修正。基准工具是一个“相同信贷质量的合约，除被评估的条款之外，其他合约条款都相同”。如果该修正导致的现金流与基准现金流之间的差异超过了非重大程度，则该合约现金流就不仅仅是对本金和利息的支付，从而不满足SPPI标准。

问题4.3

证券化金融资产中的受益权（beneficial interest）若要符合合约现金流特征标准，

需要满足哪些条件？

回答

按照ASU提案的规定，只有满足以下所有条件，证券化金融资产中的受益权才能够产生合约现金流（即只限于本金和未付本金利息支付义务的现金流）：

（1）为分类而评估的合约受益权（无需考察基础金融工具池（underlying pool of financial instruments））将产生符合SPPI的现金流（例如，受益权的利率与商品指数无关）。如果份额（tranche）未来只发生本金和利息支付，那么其被认为是符合条件的。但如果它是可提前支付的，并在基础金融工具池中发生了提前支付，则不符合条件。

（2）基础金融工具池具有以下现金流特征：

a.组合要求包含一个或多个只支付本金和未付本金利息的工具。

b.组合也可包含具有以下功能的工具：

i.该工具可以减少条件（2）a中工具现金流的变动性，并且当与条件（2）a中的工具进行组合时，会产生本金和未付本金利息支付的现金流（例如，利率上限或下限，或者降低条件（2）a中部分或全部工具的信用风险的合约）。

ii.将份额受益权的现金流与条件（2）a中基础金融工具池的现金流相匹配，来解决且仅解决下列情况产生的差异：

（i）利率是固定的还是浮动的。

（ii）现金流的计价货币，包括该货币的通货膨胀因素。

（iii）现金流产生的时间。

主体必须考察从而能够辨别出可以创造（而非传递）现金流的基础工具池。这就是条件（2）中所讲的基础金融工具池。

（3）内生于份额受益权且在基础工具池中的信用风险，等于或小于基础金融工具池的信用风险。例如，基础金融工具池由于信用损失而出现了50%的亏损，则该部分受益权最多有50%的损失或更少。在这种情况下，就满足了这个条件。

5.业务模式评估

如果金融资产符合SPPI标准，并且“采用可明确区分的业务模式与其他金融资产一起管理……持有资产的目标是获得合约现金流”，则以摊余成本法进行会计处理。如果“持有和管理资产的业务模式……目标是获得合约现金流和出售”，那么采用以公允价值计量且其变动计入其他综合收益的方法进行会计处理。一项满足SPPI标准的金融资产但管理该资产的业务模式不符合以摊余成本法或以公允价值计量且其变动计入其他综合收益的方法的要求，那么该资产采用以公允价值计量且其变动计入损益的方法进行会计处理。另外，ASU规定，判别主体管理金融资产的业务模式，其证据来自管理企业的方式，包括关键管理人员对资产表现的评估。管理资产的业务模式不是由单一因素决定的，与评估业务模式相关的所有客观因素都要考虑，包括以下因素：

（1）如何将企业的业绩报告给关键管理人员。

（2）管理层的薪酬是如何确定的，例如，其薪酬是否以所管理资产的公允价值为基础。

（3）前期交易的频率和体量、以前的交易为什么会发生、对未来交易活动的预期。

问题 5.1

管理者意图对业务模式的评估有影响吗？

回答

没有，其与现行美国公认会计原则下管理者意图影响股票和债券投资的分类和计量所不同。现在，如果管理者购买一份证券的意图是在未来的几个小时或几天或有时更长点的时间内出售，则该证券被分类为交易类，按以公允价值计量且其变动计入损益进行会计处理。如果管理者有意图也有能力持有一份证券到期，那么该证券被分类为持有至到期投资，按摊余成本进行会计处理。

相比之下，在ASU提案下，管理者意图不会直接影响分类，主体在分类和计量一项金融工具时要考虑该工具的现金流特征和管理该工具（与其他金融资产一起管理）的可明确区分的业务模式。然而，管理者意图会体现在某些特殊类型金融资产的管理政策与制度中，因此管理者意图会说明业务模式的表现和活动，包括交易频率和体量。也就是说，在ASU提案下，管理层对单个金融工具的管理意图不会直接影响分类。然而，管理者意图可能会影响对主体业务模式的评价，或者会被纳入与评估有关的客观证据中。

问题 5.2

哪些业务活动的例子是“为收取而持有（hold-to-collect）”的业务模式？

回答

符合“为收取而持有”业务模式的活动如下：

管理金融资产的业务活动就是在金融资产的寿命期内，通过收取利息和本金来获得利息收益。

重点管理资产的信用风险以最大化收取合约现金流。

然而，“为了管理信用风险”而出售金融资产就不符合“为收取而持有”的业务模式了。（参见问题5.3）

问题 5.3

什么类型的资产出售与“为收取而持有”业务模式一致？

回答

在ASU提案下，“因发行人信誉显著恶化而出售的金融资产”属于“为收取而持有”的业务模式。另外，以下事件或因素导致的资产出售也属于“为收取而持有”业务模式：

a.税法发生变化，撤销或减少了债务工具的税收优惠。

b.一项重大的企业合并或资产剥离导致主体要重估其业务模式，并且后续要重新安排在该业务模式下管理的资产。

c.法规要求发生变化，使某种类型的债务工具的投资条件发生显著变化，例如哪些是可行的投资或最大投资规模。

d.监管机构对某个行业的资本要求出现了显著提升，从而导致主体不得不通过出售金融资产来满足监管要求。

e.用于风险资本应对目的的债务工具风险权重显著提高。

对主体来说，孤立的、一次性的、不寻常的、除发行者信用显著恶化之外因素导致的资产出售和不能被合理预计的因素导致的出售，不符合摊余成本法分类目标。

如果出售发生的时间临近金融资产到期日，并且出售所得与待收取的剩余现金流大致相等，这样的出售也可能符合“为收取而持有”的业务模式。

> 编者按：法律法规要求的变化、法定要求资本的增长、以应对风险资本为目的的债务工具风险权重提高，应该适用于法规涵盖的所有主体，为此而发生的资产出售满足摊余成本业务模式。

因信用集中风险而出售金融资产以管理信用风险的做法不符合摊余成本分类的目标。另外，“市场利率变化、提前支付风险、外币交换风险引起的出售也不符合摊余成本业务模式目标”。

问题 5.4

哪些业务活动的例子是“为收取和出售而持有”的业务模式？

回答

这样的活动例如：

- “为了管理利率风险或维持一定水平的收益率，根据某个风险管理政策来持有和销售金融资产……这样的业务活动在稳定的利率、流动性及经济环境下通常会较少频率地买卖金融资产或平衡活动，但是如果市场条件发生了未预期的快速变化，可能就需要更加频繁地买卖资产或进行更重大的再平衡活动。”
- 流动性管理，主体为收取和出售而持有金融资产（或再平衡资产比率以达到更好的资产-负债组合）以满足流动性需要。

问题 5.5

满足SPPI标准的金融资产什么时候可以采用以公允价值计量且其变动计入损益的方法进行会计处理？

回答

ASU提案规定，“满足SPPI标准但不满足摊余成本或以公允价值计量且其变动计入其他综合收益业务模式分类的金融资产采用以公允价值计量且其变动计入损益的方法进行会计处理。持有待售金融资产将不符合摊余成本法或以公允价值计量且其变动计入其他综合收益的首要目标”。

6.后续的出售和重分类

如果持有和管理金融资产的业务模式发生了变化，主体就应当对金融资产重分类。引起金融资产重分类的业务模式变化可能由外部或内部因素变化而引起，必须由主体高级管理部门决定，该变化必须对主体的经营产生重大影响，并且必须可以向外部相关方证实。

在业务模式发生变化的报告期的最后一天，主体应当将与该业务模式变化有关的金融资产进行重分类。

问题 6.1

当一个主体决定卖掉以摊余成本计量的金融工具时应当重分类该金融工具吗？

回答

一般来说不需要。当一个主体后续确认要出售一项以摊余成本法计量的金融资产时，主体将继续以摊余成本法（减去预期信用损失准备）分类和计量该金融资产，只有等到出售完成时才能确认相关利得。如果确认要交易的金融资产的公允价值低于账面净值（包含预期信用损失准备），主体应当确认减值……即资产账面净值与公允价值的全部差额，并将该减值计入损益。

另外，主体被要求详细披露以摊余成本计量的后续出售的金融资产信息。

> 编者按：当一个主体决定后续出售以摊余成本计量的金融工具时，主体的业务模式可能已经改变。如果有迹象表明业务模式出现了变化，主体应当将受影响的金融资产进行重分类，无论它们是否要被出售。

问题6.2

当管理者没有决定一个金融资产池中哪些工具要被卖掉、哪些工具持有并用于获得合约现金流时，主体怎么分类和计量该金融资产池？

回答

按照ASU提案的规定，“主体应当使用最佳估计把资产池中一定比例的资产分配为某个类别，从而决定恰当的业务模式”。主体可能会“通过不同的业务模式管理相同或相似的金融资产”。

> 编者按：ASU提案规定，如果“在确认时，主体还没有决定持有某个资产是要获得合约现金流还是出售资产”，则该资产的业务模式符合以公允价值计量且其变动计入其他综合收益的类别。当没有决定一个金融资产池中哪些工具要被出售、哪些工具要持有时，主体要将资产在三种分类中进行分配，但不清楚这两个规定之间的关系。

7.与国际财务报告准则对比

问题7

这个项目将会与国际财务报告准则趋同吗？

回答

2012年，美国财务会计准则理事会和国际会计准则理事会讨论了它们各自方法中的关键组成部分，并决定将各自模型中的很多方面进行趋同。然而，两个模型之间仍然存在不同之处。下表概括了FASB的ASU提案与IFRS 9（2010）之间主要的相同点和不同点，IASB 2012年11月的征求意见稿修改了IFRS 9。[17]

主题	被征求意见稿修改的IFRS 9（2010）[18]	FASB的ASU提案
除股权投资之外的金融资产分类和计量类别	• 摊余成本法 • 以公允价值计量且其变动计入其他综合收益（FVTOCI） • 以公允价值计量且其变动计入损益（FVTPL）	• 摊余成本法 • 以公允价值计量且其变动计入其他综合收益 • 以公允价值计量且其变动计入损益

续表

主题	被征求意见稿修改的IFRS 9（2010）[18]	FASB的ASU提案
金融负债分类和计量类别	• 摊余成本法	• 摊余成本法 • 如果负债是衍生工具、短期交易或随后以公允价值交易，则采用以公允价值计量且其变动计入损益的方法
金融负债分类和计量类别	• 以公允价值计量且其变动计入损益。如果负债是衍生工具，或者出现的主要原因是为了在短期内回购，或是金融工具组合的一部分，该组合被共同管理并且有证据表明近期是获利的 • 特别条款适用于不符合终止确认条件的资产转移引起的担保借款、金融担保合约或以低于市场（利率）提供贷款的承诺	• 如果负债代表的是一项以现金流结算的无追索权负债，且该现金流仅来自采用以公允价值计量且其变动计入损益或以公允价值计量且其变动计入其他综合收益的方法作会计处理的相关金融资产，则分别采用以公允价值计量且其变动计入损益或以公允价值计量且其变动计入其他综合收益的方法
股权投资分类和计量类别	• 以公允价值计量且其变动计入损益但可以选择在初始确认时将非交易性的股权投资指定为以公允价值计量且其变动计入其他综合收益。 IFRS 9（2010）指出，在限定情况下，“成本是公允价值的恰当估计” • 与IAS 28[19]一致，会计权益法适用于对被投资单位有重大影响的股权投资[20]	• 以公允价值计量且其变动计入损益 • 成本调整减值后，加上或减去同一发行者发行的相同或相似的不容易确定公允价值的、也不符合ASC 820规定的允许投资者以每股净资产计量特定投资的股权投资在有序交易中可观察到的价格变化额 • 会计权益法适用于对被投资单位有重大影响的股权投资，不包括必须以公允价值计量且其变动计入损益的或持有待售、符合权益法以调整成本法计量的切实可行例外的股权投资
金融资产分类方法	以主体管理金融资产业务模式和金融资产合约现金流特征两个条件为基础	以金融资产合约现金流特征和管理金融资产的业务模式为基础
合约现金流评估	如果某金融资产合约条款在某特定日期产生了现金流并且该现金流只来自本金和未付本金产生的利息，那么该金融资产可归类到除FVTPL之外的其他类别。利息是货币时间价值和特定时间段内与未付本金有关的信贷风险报酬（SPPI标准） 注意本金并没有被清晰定义	如果某金融资产合约条款在某特定日期产生了现金流并且该现金流只来自本金和未付本金产生的利息，那么该金融资产可归类到除以公允价值计量且其变动计入损益之外的其他类别。利息是货币时间价值和特定时间段内与未付本金有关的信用风险报酬（SPPI标准） 注意本金的定义为持有人初次确认时转移支付的金额
金融资产摊余成本法分类标准	• 资产满足SPPI标准 • 持有金融资产业务模式是以获得合约现金流为目标的	• 资产满足SPPI标准 • 持有和管理金融资产业务模式是以获得合约现金流为目标的 注意FASB的ASU中关于摊余成本法的实施指南与IFRS 9（2010）修订中的建议规则是不同的

续表

主题	被征求意见稿修改的IFRS 9（2010）[18]	FASB的ASU提案
除以公允价值计量且变动入其他综合收益计量的股权投资之外的金融资产分类标准	• 资产满足SPPI标准 • 持有资产业务模式既为获得合约现金流也为出售	• 资产满足SPPI标准 • 持有和管理资产业务模式目标是既为获得合约现金流也为出售。也就是说，在确认时主体还没有决定持有资产是为获得合约现金流还是出售 注意FASB的ASU中关于以公允价值计量且其变动计入其他综合收益的实施指南与IFRS 9（2010）修订中的建议规则是不同的
除以公允价值计量且其变动计入损益（或FVTPL）计量的股权投资之外的金融资产分类	不以摊余成本法或以公允价值计量且其变动计入其他综合收益方法计量的任何金融资产	一项不满足摊余成本法也不满足以公允价值计量且其变动计入其他综合收益方法的金融资产
混合金融工具	• 综合考虑工具合约现金流特征和管理的业务模式，主体以整体来分类和计量该混合金融资产 • 在混合金融负债中的嵌入衍生工具要分拆，当满足特定条件时要单独采用以公允价值计量且其变动计入损益的方法作会计处理	• 综合考虑工具合约现金流特征和管理的业务模式，主体以整体来分类和计量该混合金融资产 • 在混合金融负债中的嵌入衍生工具要分拆，当满足特定条件时要单独采用以公允价值计量且其变动计入损益的方法作会计处理。 注意，在混合金融负债中嵌入衍生工具分拆的条件不同于IFRS条款规定的条件
公允价值选择权	• 对于要求按照摊余成本或采用以公允价值计量且其变动计入其他综合收益方法进行会计处理的金融资产，如果用以公允价值计量且其变动计入损益的方法来进行会计处理可消除或显著减少会计上的错配，则在初始确认时，主体可以选择（不可撤销）采用以公允价值计量且其变动计入损益的方法进行会计处理 • 对于要求按照摊余成本进行会计处理的金融负债，在初始确认时，主体在下列条件下可以选择（不可撤销）使用以公允价值计量且其变动计入损益的方法：（1）选择采用这种方法可以消除或显著减少会计上的错配；（2）一组金融负债或一组金融资产和金融负债被共同管理，并且根据管理规定或投资策略以公允价值来评估其业绩，该公允价值的信息提交给主体的关键管理人员	• 如果满足：（1）主体以公允价值为基础管理与金融资产和金融负债（可能是衍生工具）相关的净敞口；（2）主体提供以净敞口为基础的信息给关键管理人员，则主体在初始确认时可通过使用不可撤销的公允价值选项来对一组金融资产和金融负债采用以公允价值计量且其变动计入损益的方法进行会计处理 • 主体可以选择（不可撤销）在初始确认时以公允价值计量且其变动计入损益的方法对混合金融负债整体进行会计处理，除非：（1）嵌入衍生工具或普通衍生工具没有重大修改现金流，但合约制定者要求其修改；（2）没有分析表明当一项相似的混合金融工具被首次考虑时嵌入衍生工具或普通衍生工具的分拆是被禁止的

续表

主题	被征求意见稿修改的IFRS 9（2010）[18]	FASB的ASU提案
公允价值选择权	注意，这个选择权不适用于金融资产 • 主体可以选择（不可撤销）在初始确认时采用以公允价值计量且其变动计入损益的方法对混合金融负债整体进行会计处理，除非：（1）嵌入衍生工具或普通衍生工具没有重大修改现金流，但合约制定者要求其修改。（2）没有分析表明当一项相似的混合金融工具被首次考虑时嵌入衍生工具或普通衍生工具的分拆是被禁止的 • 主体在初始确认时可以选择(不可撤销)采用以公允价值计量且其变动计入其他综合收益的方法对非交易性股权投资进行会计处理	• 主体在初始确认时可以选择以公允价值计量且其变动计入损益的方法对满足合约现金流标准、以公允价值计量且其变动计入其他综合收益业务模式管理的金融资产进行会计处理 • 如果主体判定混合金融负债包含一项嵌入衍生工具，且工具的分拆和单独计量符合ASC 815-15的规定，则主体可以从整体采用以公允价值计量且其变动计入损益的方法对非金融混合负债进行会计处理
除股权投资之外的金融资产重分类	• 如果业务模式改变，则要求重分类 • 从业务模式改变结束第一天开始记录	• 如果业务模式改变，则要求重分类 • 从业务模式改变结束第一天开始记录

订阅

如果你希望收到德勤的会计标准和沟通组发布的通讯以及其他会计刊物，请在www.deloitte.com/us/subscriptions上注册。

为财务高管们发布的Dbriefs

我们邀请你们参与Dbriefs，德勤的网络直播系列会在重要事项上向你提供所需要的实用策略。在“财务高管们”系列网络直播中，你将获得有价值且关键的关于以下话题的信息：

- 商业策略和税务
- 财务报告
- 持续性
- 公司治理
- 税务财务报告
- 技术
- 推动主体价值
- 风险评估
- 交易和商务活动

Dbriefs也提供灵活、方便的方法来获得CPE积分——在你办公桌旁。订阅Dbriefs可在www.deloitte.com/us/dbriefs上获得关于未来网络直播的信息。

即将推出的一期Dbriefs网络直播已开始注册。可以使用以下链接来注册：

- 金融工具会计：联合项目的综合性更新进展（2月20号，下午2点（EST））。

技术库：德勤会计研究工具

通过订阅，我们可以使用德勤的网上会计和金融工具文献库。技术库：德勤会计研究工具，其包含FASB、EITF、AICPA、PCAOB、IASB和SEC的资料。除此之外，还有德勤自己的会计和SEC指南，以及其他解释性的会计和SEC指导。

技术库在每个工作日都会被更新，它有着直观设计和导航系统，并配有强大的搜索功能，从而使读者在任何时候都能快速通过电脑定位信息。技术库订阅者也可以收到每周公布的关于数据库最近更新的“Technically Speaking”。

另外，技术库订阅者也可获得“德勤会计日记账”，其简要总结了会计标准制定的最新进展。

要想获得更多信息，包括订阅细节和在线说明，请访问www.deloitte.com/us/techlibrary。

注释

1 针对金融资产和金融负债的确认和计量，FASB建议的会计标准更新。

2 另外，FASB最近发布了一个关于金融资产信贷损失会计的ASU提案(参见德勤2012年12月21日的通讯)。

3 2012年12月，IASB发布了征求意见稿，建议部分修改IFRS 9(2010)中关于金融工具的分类和计量的要求。意见征集截止到2013年3月28日。

4 关于FASB会计标准编纂(ASC)的主题，参见德勤FASB会计标准编纂中标题和副标题的主题。

5 对于以公允价值计量且其变动计入其他综合收益类别，以下确认为净损益而不是其他综合收益:利息收入或支出，信贷损失，外币汇率变化引起的公允价值变化，套期保值调整公允价值变化，以及交易或清算实现的利得或损失。

6 ASU提案包含了怎样将SPPI准则应用于带有复杂特征的金融工具，如合约关联利息和附带或有现金流工具，或提前还款、展期、卖出、买入、杠杆，或利息不匹配特征。参见本附录问题4.1～问题4.3可获得更多信息。

7 这个切实可行例外不适用于ASC 820-10-35-59下符合净资产价值实务权宜做法(practical expedient)的股权投资。该例外不适用于证券公司或投资公司。

8 参见本附录问题5.2和问题5.3符合"为收取而持有"的业务模式其他活动的例子。

9 当采用以公允价值计量且其变动计入其他综合收益方法进行会计处理的金融资产存在没有确认的损失时，要将其与其他递延所得税资产分开，单独评估该递延所得税资产的减值准备(不能混合在一起进行分析)。

10. 如果主体将一项以摊余成本计量的金融资产划分为可供出售资产，该资产继续以摊余成本计量(减掉预期信贷损失准备)，但应当在财务状况表上作为单独的一行列报。然而，如果该工具的公允价值小于其摊余成本(减掉预期信贷损失准备)，则资产公允价值和其净账面价值的差额计为减值。

11 如果行权的可能性极小，那么在ASC 310-20下任何收到的承诺费用都要在承诺期间确认。

12 这个选项也适用于包含嵌入衍生工具的非金融混合负债，否则要在ASC 815-15下单独作会计处理。

13 用只在有限条件下可以使用的公允价值来替代无条件的公允价值选项，削减了主体可以用来处理相似工具的会计选项。这样做的目的是提高可比性。

14 本专栏中的术语来自目前的美国公认会计原则(例如，在ASC 320下股票可能被分类为"交易性证券"，但是ASU提案不包含类似的名称)。

15 市场证券具有容易确定的公允价值，而非市场证券不具有容易确定的公允价值。

16 持有非市场股权权益的公司可以以其经调整减值之后的成本和同一发行者发行的相同或相似工具的可观察价格变化来计量。

17 IASB ED/2012/4，分类和计量：对IFRS 9的有限修订。

18 包括在ED/2012/4中的修订。

19 IAS 28(2011年修订)，在合营和联营主体中的投资。

20 风险投资组织或共同基金、单位信托基金和相似主体包括与投资有关的保险基金在对股权投资进行会计处理时可以使用公允价值选项，否则要使用会计权益法进行会计处理。

第9章的附录

嵌入衍生工具的重要性（冰岛国家电力公司的例子）

国家电力公司是冰岛的电力生产和分配商，全冰岛74%的电力来自该公司。2012年4月，该公司当时正在研究为向欧洲出口电力而铺设海底电缆的成本。公司的特色是使用可再生自然资源生产电力，可再生自然资源来自冰岛丰富的地热蒸汽和水力资源。

尽管公司是国有的，但其运作与公众持股公司一样。国家电力公司在2007年之前一直按照冰岛会计准则编制财务报告，从2007年开始转向了欧盟采用的国际财务报告准则。[1]同时，公司决定对嵌入衍生工具进行会计处理。公司十分依赖于向铝业公司提供电力，并且管理层与很多客户签订了长期的照付不议合约，尤其是与美国铝业公司（Alcoa）和加拿大铝业公司（Alcan）。

因为预期将采用国际财务报告准则，公司从2006年开始就准备评估和确认嵌入衍生工具。公司在2006年的年报（pp.19–20）中提到[2]：

公司正在评估包含在与铝业公司合约中的嵌入衍生工具，迹象显示这些工具会增加公司的净值，但是这些工具会体现在2007年的财务报表中，因为2007年1月1日公司将采用国际财务报告准则。

在2007年，国家电力公司开始确认和报告嵌入工具的公允价值，并将它们确认为资产（利得）或负债（损失）。这些衍生工具的价值评估是以公司采用的模型为基础的——第三层次的公允价值估值方法。

国家电力公司的管理者在公司年报中陈述公司盈利时强调了嵌入衍生工具的重要贡献。以下是引自2009年公司年报披露的例子[3]：

2009年，超过财务成本的财务收益总共9 510万美元，相比之下，前一年财务成本超过财务收益金额约为66 060万美元。75 570万美元的差异在很大程度上是由于嵌入衍生工具公允价值变化引起的，这些工具同公司与铝业公司签订的电力销售合约紧密相关，而这些合约又同全球市场上铝的价格变动紧密相关。其他衍生工具和外币兑换差异也会对其产生一些影响。2009年，兑换利率差异额是−4 880万美元，而2008年则是−12 860万美元。2009年，嵌入衍生工具公允价值变化是25 330万美元，而2008年则是−49 720万美元。

从2007年到2010年的年报中我们看到了两个影响。第一个影响被呈现在图A9–1中，显示了嵌入衍生资产公允价值变化的波动程度，最低19 500万美元（大约是总资产的4%），最高68 600万美元（大约是总资产的14%）。第二个影响是嵌入衍生工具对报告利润的重大影响，见表A9–1。2007年，由于衍生工具估计利得的确认导致税前净利润翻倍；2009年，嵌入衍生工具利得使净利润由负变正。而2008年正好相反，嵌入衍生工具确认的损失导致报告净利润由正变负；2010年，嵌入衍生工具损失额达到税前净利润的40%。

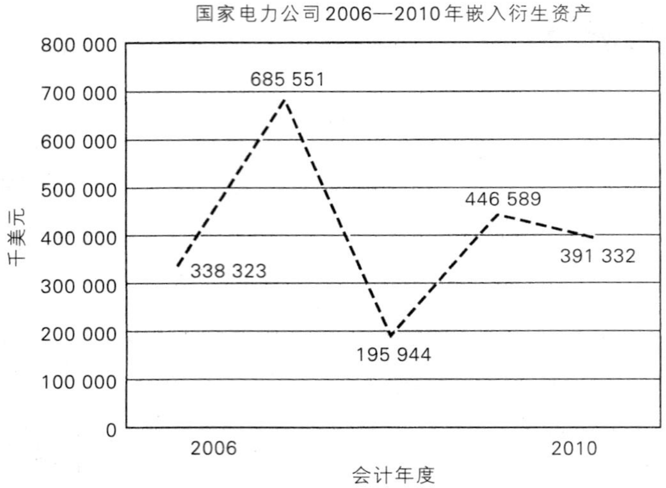

图 A9-1 使用利率掉期套期固定利率债务

表 A9-1 嵌入衍生工具对报告利润的影响（以国家电力公司为例）

	2007	2008	2009	2010
报告的税前净利润	626 702	(414 580)	209 940	82 569
嵌入衍生工具利得（损失）	326 835	(497 167)	253 304	(55 583)
扣除嵌入衍生工具利得（损失）的税前利润	299 867	82 587	(43 364)	138 152

注：1. 这意味着公司遵从欧盟指令，即欧盟在实施准则时有所保留和延迟。

2. http://www.landsvirkjun.com/media/enska/about-us/AnnualReport_EN_2006.pdf。

3. 来源：http://www.landsvirkjun.com/media/enska/finances/Annual_report_2009.pdf。

参考文献

主要来源

Abdel-khalik, A. R. and T. F. Keller. (1979). *Earnings or Cash Flows: An Experiment on Functional Fixation and the Valuation of the Firm*. Accounting Research Studies # 16, American Accounting Association, Sarasota, FL.

Acharya, V. V., S. M. Schaefer, and Y. Zhang. (2007). *Liquidity Risk and Correlation Risk: A Clinical Study of the General Motors and Ford Downgrade of May 2005*. Centre for Economic and Policy Research, Washington, DC.

Allais, M. (1953). Le comportement de l'homme rationnel devant le xioms: Critique des postulats et xioms de l'école américaine. *Econometrica*, 21: 503–546.

Altman, E. I. (1968). Financial Ratios, Discriminant Analysis and the Prediction of Corporate Bankruptcy, *Journal of Finance*, Vol. 23, No. 4: 589–609.

American Institute of Certified Public Accountants (1973). *Objectives of Financial Statements: Report of the Group on the Objectives of Financial Statements*. New York.

Ammann, Manuel and Ralf Seiz. (2006). Pricing and Hedging Mandatory Convertible Bonds. *Journal of Derivatives*, Vol. 13: 30–46.

Apte, P. G. (2009). *International Finance*, Second Edition. McGraw-Hill, New York.

Arrow, K.J. (1951). Alternative approaches to the theory of choice in risk-taking situations, *Econometrica*, 19: 404–437.

Arzac, E. R. (1997). PERCS, DECS, and Other Mandatory Convertibles. *Journal of Applied Corporate Finance*, Vol. 10, No. 1. Spring: 54–63.

Balassa, B. (1964). "The Purchasing Power Parity Doctrine: A Reappraisal", *Journal of Political Economy*, Vol. 72, No. 6: 584–596.

Bank of England. (2005). *Report of the Board of Banking Supervision Inquiry into the Collapse of Barings*. Her Majesty's Stationary Office, The House of Commons. http://www.numa.com/ref/barings/bar00.htm

Bank for International Settlements. (2003). Sound Practices for the Management and Supervision of Operational Risk. February. Basel, Switzerland.

Bank for International Settlements. (2008). Principles for Sound Liquidity Risk Management and Supervision. June. Basel, Switzerland.

Bank for International Settlements. (2009). Proposed Enhancements to Basel II Framework. January. Basel, Switzerland.

Barsky, R. B., F. Thomas Juster, M. S. Kimball, and M. D. Shapiro. (1997). Preference Parameters and Behavioral Heterogeneity: An Experimental Approach in the Health and Retirement Study, *The Quarterly Journal of Economics*, 112: 537–579.

Basel Committee on Banking Supervision. (1998). *Framework for Internal Control Systems in Banking Organiza-tions*. Bank for International Settlements, Basel, Switzerland.

Basel Committee on Banking Supervision. (December 2010). *International Framework for Liquidity Risk Measurement, Standards and Monitoring. Consultative Document*. Bank for International Settlements, Basel, Switzer-land.www.bis,org/publ/bcbs 165. pdf

Basel Committee on Banking Supervision. (2011). *Operational Risk--Supervisory Guidelines for the Advanced Measurement Approaches*. Bank for International Settlements, Basel, Switzerland.

Basel Committee on Banking Supervision. (June 2011). *Principles for the Sound Management of Operational Risk*. Bank for International Settlements. Basel, Switzerland. http://www.bis.org/publ/bcbs195.pdf

Basu, A. (April 29, 2010) "Eicher Motors leans on vendors to ease supply" *Live Mint & The Wall Street Journal*. http://www.livemint.com/Companies/NhuMfM7HAspllPc3HGjgtL/Eicher-Motors-leans-on-vendors-to-ease-supply.html

Beaver, W. H. (1966). Financial Ratios as Predictors of Failure, *Journal of Accounting Research: Empirical Research Studies*, Vol. 4: 71–111.

Bemmann, M. (2005). Improving the Comparability of Insolvency Predictions, (*Verbesserung der Vergleichbarkeit von Schaetzgueteergebnissen von Insolvenzprognosestudien*) German version, Dresden Economics Discussion Paper Series No. 08/05. SSRN: http://ssrn.com/abstract=738648

Bergman, J. (April 7, 2011). "Airline CFO: Hedging Saved Us $400 Million." http://www, cnbc. com/id/42463121/Airline_CFO_Hedging_Saved_Us_400_Million

Berinato, S. (August 1, 2001). "What Went Wrong at Cisco in 2001." CIO: http://www.cio. com/article/30413/What_Went_Wrong at Cisco in 2001

Bernstein, P. L. (1966). *Against the Gods: The Remarkable Story of Risk*, Wiley, New York.

Black, F. and M. Scholes. (1973). The Pricing of Options and Corporate Liabilities, *Journal of Political Economy*, Vol. 81, No. 3: 637–654.

Booth, R. A. (1999). The Suitability Rule, Investor Diversification, and Using Spread to Measure Risk, *Business Lawyer*, Vol. 54:1599–1627.http://papers.ssrn.com/so13/papers.cfm?abstract_id=200388

Bowman, E. H. (1982). Risk Seeking by Troubled Firms, *Sloan Management Review*, Vol. 23, No. 4: 33–42.

Braddock, John. (2010). "A Very Brief History of Financial Risk Management: Marco Polo to the New Millennium."http://www.jcbraddock.com/other/CMCAS_Speech_June04.pdf

Brighton Webs Ltd: Statistics for Energy and the Environment, "Beta Distribution." http://www.brighton–webs.co.uk/distributions/beta.htm

Business Times (October 2, 2012). "Fuel hedges prove costly gamble for Asian airlines."http://www.btimes.com.my/Current_News/BTIMES/articles/20080807175702/Article/#ixzz286DIt3wJ

California Debt and Investment Commission. (2007). *Duration Basics*. CDIC #6–10. Sacramento, CA. http://www.treasurer.ca.gov/cdiac/publications/duration.pdf

Cohn, R. A., W. G. Lewellen, R. C. Lease and G. G. Schlarbaum. (1975). Individual Investor Risk Aversion and Investment Portfolio Composition. *The Journal of Finance*, No. 30: 605–620.

Committee on Risk Assessment of Hazardous Air Pollutants. (1994). *Science and Judgment in Risk Assessment*. National Academy Press, Washington, DC.

Committee of Sponsoring Organizations of the Treadway Commission (COSO). (2004). *Enterprise Risk Management-Integrated Framework*. http://www.coso.org/documents/COSO_ERM_ExecutiveSummary.pdf

Cox, J. C., S. A. Ross, and M. Rubinstein. (September 1979). Option Pricing: A Simplified Approach, *Journal of Financial Economics*, Vol. 7: 229–263.

Cox, S. and Y. Lin. (2007). "Natural Hedging of Life Annuity and Mortality Risk", *North American Actuarial Journal*, Vol. 11, No. 3: 1–15.

Criteria of Control Committee (COCO). (1995). *Guidance on Internal Control*. Canadian Institute of Chartered Accountants, Toronto, Ontario, Canada.

Deloitte Development, LLC. (2005). Disarming the Value Killers: A Risk Management Study.http://www. corpgov. deloitte, com/binary/com, epicentric.contentmanagement, servlet.ContentDeliveryServlet/

CanEng/Documents/Risk%20Oversight/DisarmingTheValueKillers. pdf

Dohmen, T., A. Falk, D. Huffman, and U. Sunde. (2007). "Are risk aversion and impatience related to cognitive ability?" Discussion Paper No. 2735. The Institute for the Study of Labor, IZA, University of Bonn and CEPR, Bonn, Germany. http://ftp.iza.org/dp2735.pdf

Donkers, B. and A. Van Söest. (1999). Subjective Measures of Household Preferences and Financial Decisions, *Journal of Economic Psychology*, Vol. 20: 613-642.

Donkers, B., B. Melenberg, and A. Van Söest. (2001). Estimating Risk Attitudes Using Lotteries: A Large Sample Approach, *The Journal of Risk and Uncertainty*, Vol. 22: 165-195.

Dwyer, D. W. and J. Zhao. (15 April, 2009). MOODY'S KMV RISKCALC™ V3.1: North America Large Firm Model Modeling Methodology. http://www.moodysqra.com/us/research/docs/Americas/RiskCalc_v3_1_LargeFirm.pdf

Ernst & Young (2011). *Derivative Instruments and Hedging Activities*. Financial Reporting Development.

Fama, E. F. and K. R. French. (1993). Common Risk Factors in the Returns on Stocks and Bonds, *Journal of Financial Economics*, Vol. 33, No. 1: 3-56. (The Three Factors are updated at http://mba.tuck.dartmouth. edu/pages/faculty/ken, french/data_library, html)

FASB. (July 17, 2013). Inclusion of the Fed Funds Effective Swap Rate (or Overnight Index Swap Rate) as a Benchmark Interest Rate for Hedge Accounting Purposes a Consensus of the FASB Emerging Issues *Task Force Accounting Standards Update No.* 2013-10, Derivatives and Hedging (Topic 815). Norwalk, CT.

FDIC. (2009). "2009 Annual Report, IV Financial Statements and Notes." http://www.fdic.gov/about/strategic/report/2009annualreport/statements_dif_2.html

Federal Bureau of Investigation. (2012). "Facts and Figures, 2010-2011, Investigative Programs." Available at http://www, fbi. gov/stats-services/publications/facts-and-figures-2010-2011/investigative-programs

Financial Accounting Standards Board (August 9, 2012). "Accounting for Financial Instruments Summary of Decisions Reached to Date During Redeliberations as of August 9, 2012.' http://www.fasb.org/cs/ContentServer?site=FASB&c=Document_C&pagename=FASB% 2FDocument_C% 2FDocumentPage &cid= 1176156422130

Fitch Ratings. (August, 2011). "Fitch Revises Rating Outlook on Colonial Properties Trust to Positive; Affirms IDR at 'BB+'. "http://muslimdiscount.com/fitch-revises-rating-outlook-on-colonial-properties-trust-to-positive-affirms-idr-at-bb/

Florida Department of Agriculture and Consumer Services. (March 2011). "Florida Citrus Statistics 2009-2010."http://www.nass.usda.gov/Statistics_by_State/orang rus/fcs/2009-10/fcs0910.pdf

Friend, I. and M. E. Blume. (1975). The Demand for Risky Assets. *The American Economic Review*, No. 65: 900-922.

Fuerbringer, J. with P. T. Kilborn. (February 7, 2002). "Bank Trader Losses Total $750 Million." *The New York Times*. Available at: http://www.nytimes.com/2002/02/07/business/bank-trader-s-losses-total-750-million.html?pagewanted=all&src=pm

Graham, B. (1973). *The Intelligent Investor*, Harper & Row, New York.

Graham, B. (1986). *The Intelligent Investor* (with a Foreword by Warren Buffett). Fourth Edition. Harper & Row, New York.

Graham, B. and D. Dodd. (2008). *Security Analysis* (with a Foreword by Warren Buffett). Sixth Edition. Foreword by Warren Buffett, McGraw-Hill, New York.

Gregory, J. (2012). *Counterparty Credit Risk and Credit Value Adjustment: A Continuing Challenge for Global Financial Markets*. Wiley, New York.

Guiso, L. and M. Paiella. (2005). "The role of risk aversion in predicting individual behavior," University of Sassari and Banca Italia, Discussion Paper, No. 546.

Hayes, J. L. (July 2011). Mind-Boggling Numbers. Jack Hayes International, Inc. http://hayesinternational.com/2012/07/mind-boggling-numbers/

Henry, D. (August 4, 2009). "SEC fines GE $50 million for accounting misdeeds." *Bloomberg Business Week*.http://www.businessweek.com/bwdaily/dnflash/content/aug2009/db2009084-567813.htm

Hinton, C. (October 16, 2008)."Southwest swings to quarterly loss on hedging: Continental swings to quarterly loss on fuel costs, Hurricane Ike". *MarketWatch: The Wall Street Journal*. http://articles.marketwatch.com/2008-10-16/news/30770099_1_quarterly-loss-southwest-airlines-fuel

Holton, G. A. (2002). "History of Value-at-Risk: 1922-1998.' Working Paper, Contingency Analysis, Boston.http:/ /www-stat.wharton.upenn.edu/~steele/Courses/ 434/ 434Context/RiskManagement/VaRHistlory.pdf

Holton, G. A. (2004). Defining Risk, *Financial Analysts Journal*, Vol. 60, No. 6: 19-25.

Hull, J. C. (2011). *Options, Futures and Other Derivatives*. Eighth Edition. Pearson Education, Boston, MA.

Jaynes, E. T. (2003). *Probability Theory: The Logic of Science*. Cambridge University Press, Cambridge, United Kingdom.

Jensen, R. E. (2012). "History of Fraud in America," http://www.trinity.edu/rjensen/FraudAmericanHistory.htm

Kahneman, D. and A. Tversky. (1979). Prospect Theory: An Analysis of Decision under Risk, *Econometrica*, Vol.47, No. 2: 263-291.

Kahneman, D. and A. Tversky, Editors. (2000). *Choices, Values and Frames*. Russell Sage Foundation, Cambridge University Press, Cambridge, United Kingdom.

Katona, G. (1951). *Psychological Analysis of Economic Behavior*. McGraw Hill, New York.

Katz, D. and R. L. Kahn. (1966). *The Social Psychology of Organizations*. Wiley, New York.

Kealhofer, S. (2003a). Quantifying Credit Risk I: Debt Prediction. *Financial Analysts Journal* (May/Jun), Vol. 59, No. 1: 30-44.

Kealhofer, S. (2003b). Quantifying Credit Risk II: Debt Valuation. *Financial Analysts Journal* (May/Jun), Vol. 59, No. 3: 77-92.

Kelly, S. (April 1, 2011). "The SEC frowns on Black-Scholes. Risk: Treasury & the Future of Finance Today."http://www.treasuryandrisk.com/2011/04/01/sec-frowns-on-blackscholes

Klett, T. R., R. R. Charpentier, and J. W. Schmoker. (2000). Assessment of Operations Procedures, Chapter OP, *US Geological Survey World Petroleum Assessment*. U.S. Geological Survey Digital Data Series 60. http://energy.cr.usgs.gov/WEcont/chaps/OP.pdf

Knight, F. (1921). *Risk, Uncertainty and Profit*. Harper & Row, New York. http://www.rmartin.com/risk_defined.html.

Kogan, N. and M. A. Wallach. (1967). Risk taking as a function of the situation, the person, and the group, in G. Mandler, *New Directions in Psychology III*. Holt, Rinehart and Winston, New York.

Lopez, J. A. (2002). What is Operational Risk? *Western Banking Quarterly*. Federal Reserve Bank of San Francisco, 2002-02. http://www.frbsf, org/publications/economics/letter/2002/el2002-02.html

Lopez, J. A. (2008). What Is Liquidity Risk? *Economic Letters*. Federal Reserve Bank of San Francisco, http://www.frbsf, org/publications/economics/letter/2008/e12008-33.html

M24digital.com. (September 1, 2011). "The creditratingagencieswillhavetoreportontheirmethodology." http://m24digital.com/en/2011/09/01/the-credit-rating-agencies-will-have-to-report-on-their-methodology/

Markowitz, H. M. (March 1952). Portfolio Selection, *The Journal of Finance*, Vol. 7, No. 1: 77–91.

McDermott Will & Emery (February 2009). "SEC Focuses its Reforms on Credit Rating Methodologies and Disclosure."http://www.mwe.com/index.cfm/fuseaction/publications.nldetail/object-id/e3261ae1-1b87-4bdd-9 d69-d3 fl d4355153, cfm

Merton, R. C. (1974). On the Pricing of Corporate Debt: The Risk Structure of Interest Rates. *Journal of Finance*, Vol. 29, No. 2 (May): 449–470.

Miller, W. (July 2009). "Comparing Models of Corporate Bankruptcy Prediction: Distance to Default vs. Z-Scores." *Research Report*. Morningstar, Inc. Chicago, IL

Montante, D. (2000). Financial Risk Management: An Earnings - at - Risk Approach. E. I. du Pont de Nemours & Company. http://www.slideworld.com/slideshows.aspx/Financial-Risk-Management-An-EarningsatRisk-A-ppt-804160

Morningstar (2009). "Credit Rating Methodology." http://news.morningstar.com/pdfs/corp_credit_rating. pdf

National Research Council (NRC). (1994). *Science and Judgment in Risk Assessment*. The National Academies Press, Washington, DC.

Nini, G., D. C. Smith, and A. Sufi. (December 2011). Creditor Control Rights, Corporate Governance, and Firm Value. Working Paper.http://ssrn.com/abstract=1428880

Office of Comptroller of the Currency. (2012). OCC's Quarterly Report on Bank Trading and Derivatives Activities First Quarter 2012. Washington, DC, p. 10. http://www.occ.treas.gov/news-issuances/news-releases/2012/2012-96a.pdf

Orrell, M. and Nye, J. (February 14, 2013). "A Proposal on Valentine's Day FASB Issues Proposed ASU on Classifying and Measuring Financial Instruments." *Heads Up*, Vol. 20, No. 7. Deloitte & Touche, LLP, New York.

OFHEO (Office of Federal Housing Enterprise Oversight). *Report of the Special Examination of Freddie Mac* (2003).Office of Federal Housing Enterprise Oversight, Washington, DC, December, pp. 178.

OFHEO (Office of Federal Housing Enterprise Oversight). *Report of the Special Examination of Fannie Mae*, 2006.Washington, DC, May, pp. 338.

Page, M. and L. F. Spira. (2004). *The Turnbull Report, Internal Control and Management: The Developing Role of Internal Control*. The Institute of Chartered Accountants of Scotland. Great Britain. http://www.icas.org. uk/res_page_spira_report.pdf

Partnoy, F. (2003). *Infectious Greed: How Deceit and Risk Corrupted the Financial Markets*. Henry Holt & Company, Inc., New York.

Paton, W. A. and A. C. Littleton (1940). *An Introduction to Corporate Accounting Standards*. American Accounting Association, Sarasota, FL.

Pricewaterhouse Coopers. (2010). *Guide to Accounting for Derivative Instruments and Hedging Activities*. PwC, National Professional Services Group, New York.

Pricewaterhouse Coopers. (2012). *Manual of Accounting: Financial Instruments*. Great Britain.

Punmia, B. C. and K. Khandelwal. (2006). *Project Planning and Control P.E.R.T. and C.P.M.: For Degree Classes*. Laxmi Publications, New Delhi, India.

RiskMetrics Group (1999) CorporateMetricsTM Technical Document. http://www.riskmetrics.com.

Roggi, O., M. Garvey, and A. Damodaran (2012). *Risk Taking: A Corporate Governance Perspective*. International Finance Corporation, World Bank, Washington, DC.

Samuelson, P. A. (1964). "Theoretical Notes on Trade Problems", *Review of Economics and Statistics*, Vol. 46, No. 2: 145-154.

Santomero, A. M. and D. F. Babbel. (2001). *Financial Markets, Instruments, and Institutions*. Second Edition. McGraw-Hill, New York.

Securities and Exchange Commission (January 31, 1997). *Disclosure of Accounting Policies For Derivative Financial Instruments and Derivative Commodity Instruments and Disclosure of Quantitative and Qualitative Information about Market Risk Inherent in Derivative Financial Instruments, Other Financial Instruments, and Derivative Commodity Instruments; final Rule (Amendment to Section 210.4-08(n) of Regulation S-X and to Item 310 of Regulation S-B)*. Release Nos. 33-7386; 34-38223; IC-22487; FR-48; International Series No. 1047; File No. S7-35-95.

Securities and Exchange Commission (December 19, 2003). *Interpretation: Commission Guidance Regarding Management's Discussion and Analysis of Financial Condition and Results of Operations*. 17 CFR Parts 211, 231 and 241 Release Nos. 33-8350; 34-48960; FR-72. http://www.sec.gov/rules/interp/33-8350.htm

Securities and Exchange Commission (March 2012). *Financial Reporting Manual*. Washington, DC. http://www. sec.gov/divisions/corpfin/cffinancialreportingmanual.pdf

Sharpe, W. F. (1964). Capital Asset Prices: A Theory of Market Equilibrium under Conditions of Risk, *Journal of Finance*, Vol. 19, No. 3: 425–442.

Simon, H. A. (1959). Theories of Decision-Making in Economics and Behavioral Science, *American Economic Review*, Vol. 49: 253–283.

Simon, H. A. (1979). Rational Decision-Making in Business Organizations [The 1978 Nobel Memorial Prize in Economics lecture], *American Economic Review*, Vol. 69: 493–513.

Sitkin, S. B. and L. R. Pablo. (1992). Reconceptualizing the Determinants of Risk Behaviour, *Academy of Management Review*: 9–38.

Smithson, C. W. (1998). *Managing Financial Risk: A Guide to Derivative Products, Financial Engineering and Value Maximization*. McGraw-Hill, New York.

Standard & Poor's "Rating Criteria." (2012). http://www2.standardandpoor.com/spf/pdf/fixedincome/corporateratings_052007.pdf

Stymiest, B. and M. D. Mackinlay (1999) "Five years to the Dey." Report on Corporate Governance, Institute of Corporate Directors, Toronto Stock Exchange. Toronto, Canada. http://www.ecgi.org/codes/documents/ 5years.pdf

Taleb, N. N. (2007). *The Black Swan: The Impact of the Highly Improbable*. Random House, New York.

Terzi, C. and I. Posta (2010). Review of Enterprise Risk Management in the United Nations Sys-tem Benchmarking Framework. Document No. JIU/REP/2010/4, Geneva, p. 4. http://www.unjiu.org/data/reports/2010/en2010_4.pdf

The US Geological Survey uses Triangular Distribution in the Analysis of Undiscovered Petroleum Resources.Page 12 of the following source: http://energy, cr.usgs.gov/WEcont/chaps/OP.pdf

Tversky, A. and D. Kahneman. (1991). Loss Aversion in Riskless Choice: A Reference-Dependent Model, The *Quarterly Journal of Economics*, MIT Press, Vol. 106, No. 4: 1039–1061.

United States Government Accountability Office. (October 2002). *Financial Statement Restatements: Trends, Market Impacts, Regulatory Responses, and Remaining Challenges*. Report to the Chairman, Committee on Banking, Housing, and Urban Affairs, U.S. Senate, GAO-03-138, p. 125. http://www.gao.gov/new.

items/d03138.pdf

United States Government Accountability Office (July 2006) *Financial Statement Restatements: Update of Public Company Trends, Market Impacts, and Regulatory Enforcement Activities.* GAO-06678, Financial Restatements, p. 5. http://www.gao.gov/new.items/d06678.pdf

van Drop, J. Ren's, and S. Kotz. (2002). A Novel Extension of the Triangular Distribution and its Parameter Estimation. *The Statistician* 51, Part 1, pp. 63–79.

von Bertalanffy, K. L. (1950a). An Outline of General System Theory, *The British Journal for the Philosophy of Science*, Vol. 1: 134–165.

von Bertalanffy, K. L. (1950b). The Theory of Open Systems in Physics and Biology, *Science*, 111: 23–29.

Whaley, R. E. (2006). *Derivatives: Markets, Valuation, and Risk Management.* Wiley, New Jersey.

Zuckerman, M. and M. Kuhlman. (2000). Personality and Risk-Taking: Common Biosocial Factors, *Journal of Personality*, 68: 999–1029.

Zyphur, M. J., J. Narayanan, R. D. Arvey, and G. J. Alexander. (2009). Genetics of Economic Risk Preferences, *Journal of Behavioral Decision Making*, 22: 367–377.

深度阅读

Allen, L., J. Boudoukh, and A. Saunders. (2004). *Understanding Market, Credit, and Operational Risk: The Value at Risk Approach.* Blackwell Publishers, Boston.

Altman, E. I. and V. M. Kishore. (1996). Almost Everything You Wanted to Know about Recoveries on Defaulted Bonds, *Financial Analysts Journal*, Vol. 52, No. 6 (November/December): 57–64.

Bierwag, G. O., G. G. Kaufman, and A. L. Toevs. (July/August, 1983). Duration: Its Development and Use in Bond Portfolio Management: *Financial Analysts Journal*, July–August: 15–35.

Bodie, Z., A. Kane, and A. Marcus. (2009). *Investments.* Eighth Edition. McGraw-Hill, New York.

Boyle, P. and F. Boyle. (2001). *Derivatives: The Tools that Changed Finance.* Risk Books, London.

Cormac, B. (2009). *Accounting for Financial Instruments.* Wiley, West Sussex, England.

Crosbie, P. and J. Bohn. (2003). *Modeling Default Risk: Modeling Methodology.* Moody's KMV™, New York.

Crouhy, M., D. Galai, and R. Mark. (2006). *The Essentials of Risk Management.* McGrawHill, New York.

Doherty, N. A. (2000). *Integrated Risk Management: Techniques and Strategies for Reducing Risk.* McGraw-Hill, New York.

Dwyer, D. W., A. E. Kocagil, and R. M. Stein. (5 April 2004). MOODY'S KMV RISKCALC™ v3.1 Model: Next-Generation Technology for Predictin9 Private Firm Credit Risk;http://www.moodyskmv.com/products/files/RiskCalc v3 1 Model.pdf

Eitman, D. K., A. I. Stonehill, and M. H. Moffett. (2010). *Multinational Business Finance.* Twelfth Edition, Pearson Education, Inc., Boston.

Fabozzi, F. J. and S. V. Mann. (2010). *Introduction to Fixed Income Analytics: Relative Value Analysis, Risk Measures, and Valuation.* Second Edition. Wiley, New York.

Gregory, J. (2010). *Counterparty Credit Risk: The New Challenge for Global Financial Markets.* Wiley, New York.

Hull, J. C. (2010). *Risk Management and Financial Institutions.* Second Edition. Pearson Education, Inc., Boston.

Jarion, P. (2001). *Value at Risk.* Second Edition. McGraw-Hill, New York.

Katona, G. (1953). Rational Behavior and Economic Behavior, *Psychology Review*, Vol. 60 (July): 307–

318.

Linsmeier, T. J. and N. D. Pearson. (1997). Risk Measurement: An Introduction to Value at Risk, *Accounting Horizons*, Vol. 11, No. 1: 107–135.

Markowitz, H. M. (1959). *Portfolio Selection: Efficient Diversification of Investments.* Wiley, New York.

McDonald, R. L. (2009). *Fundamentals of Derivatives Markets.* Pearson Educational, Inc., Boston.

Mishkin, F. (1999). *The Economics of Money, Banking and Financial Markets.* Fifth Edition. AddisonWesley Publishing Co., Boston.

Officer, L. H. (1976). Purchasing Power-Parity Theory of Exchange Rates: A Review Article. *Staff Papers, Inter-national Monetary Fund*, Vol. 23, No. 1 (Mar., 1976), pp. 1–60.

Pearson, N. and C. Smithson (2002). VAR—The State of Play, *Review of Financial Economics*, Vol. 11:175–189.

Pratt, J. W. (1964). Risk Aversion in the Small and in the Large. *Econometrica*, Vol. 32, Nos. l&2: 122–136.

Ramirez, J. (2007). *Accounting for Derivatives: Advanced Hedging Under IFRS.* Wiley, West Sussex, England.

Rayan, S. G. (2007). *Financial Instruments and Institutions: Accounting and Disclosure Rules.* Wiley, New York.

Rejda, G. E. (2008). *Principles of Risk Management and Insurance.* Tenth Edition. Pearson Education, Inc., Boston.

Sadr, A. (2009). *Interest Rate Swaps and Their Derivatives: A Practitioner's Guide.* Wiley, New Jersey.

Saunders, A. and M. M. Cornett. (2008). Financial Institutions Management: A Risk Management Approach. Sixth Edition. McGraw-Hill, New York.

Shubert, S. and T. C. Miller (December 20, 2008). "At Siemens, Bribery Was Just a Line Item.' *The New York Times.* http://www.nytimes.com/2008/12/21/business/worldbusiness/ 21siemens.h tml?_r=O

Simon, H. A. (1957). *Models of Man.* Wiley, New York.

Stoll, H. and R. Whaley. (1988). Futures and Options on Stock Indexes: Economic Purpose, Arbitrage and Market Structure, *Review of Futures Markets*, Vol. 7: 224–248.

Trieschmann, J. S. and S. G. Gustavson. (1998). *Risk Management and Insurance.* Tenth Edition. South-Western, Cincinnati.

Trombley, M. A. (2003). *Accounting for Derivatives and Hedging.* McGraw-Hill, New York.

von Winterfeldt, D. and W. Edwards (1986). *Decision Analysis and Behavioral Research.* Cambridge University Press, Cambridge, United Kingdom.

Wilmott, P. (2007). *Paul Wilmott Introduces Quantitative Finance.* Wiley, New York.

其他信息来源

监管机构

Accounting Standards Codification (ASC): www.fasb.org. (All U.S. GAAP references are under Accounting Standards Codification since 2000)

Alder Financial: Glossary: http://alderfinancial.com/Financial%20Glossary, htm

International Financial Reporting Standards (IFRS): www.ifrs.org

Securities and Exchange Commission (SEC): www.sec.gov (all rulings of the SEC are under this government website)

Financial Service Authority (FSA); the United Kingdom regulatory body: www.fsa.gov.uk

与具体主题相关的网址

"Aegon N. V., Floating Rate Perpetual Capital Securities." http://www.quantumonline.com/search.cfm?tickersymbol=AEB&sopt=symbol

Convertibles: SEC educational note on: http://www.sec.gov/answers/convertibles.htm

Chicago Board of Options Exchange: https://www.cboe.com/Institutional/IndexFlex.aspx

Definitions of four different benchmarks for LIBOR and EURIBOR can be found at http://www, euribor-ebf, eu/.

Dictionary http://dictionary, reference.com/browse/risk http://www.rmartin.com/risk_defined.html.

FASB Derivatives Implementation Group. (2001). Statement 133 Implementation Issue C10: http://www.fasb.org/derivatives/issuecl0.shtml

FASB Derivatives Implementation Group. (2006). Statement 133 Implementation Issue No. Al: http://www.fasb.org/derivatives/issueal.shtml

FLEX Options: https://www, cboe.com/Institutional/IndexFlex.aspx

Forms of privately written option and swap contracts:

• http://www.commbank.com.au/business/agribusiness/commodities-risk-management/cotton/consumer-options.aspx

• http://www.commbank.com.au/business/agribusiness/commodities-risk-management/wool/consumer-swaps.aspx

Futures contract specification: An example from CME-NYMEX: http://www.cmegroup.com/trading/metals/ferrous/hrc-steel_contract_specifications.html

Warrant subscription example: London Stock Exchange announcement on warrant subscription: http://www.londonstockexchange.com/exchange/news/market - news/market - news - detail.html?announcementId= 11039365

On the history of Chicago Mercantile Exchange since 1989:http://en.wikipedia.org/wiki/Chicago_Mercantile_Exchange

Natural Gas trading: www.naturalgas.org

RiskMetrics products: http://www.msci.com/products/riskmetrics.html

Shaughnessy Financial. Glossary: http://www.shaughnessyfinancial.com/glossary.php?show=y

Soybean: Information source: http://entnemdept.ufl.edu/creatures/veg/bean/brown_marmorated_stink_bug.htm

SEC case of Joseph Jett: http://www.sec.gov/litigation/aljdec/id127cff, htm

US Bancorp 6.5% Fixed to Floating Perpetual Preferred Stock (Non-Cumulative): http://www.dividendyield-hunter.com/USBM.html

US Treasury Zero-Coupon Curve: http://www.bloomberg.com/apps/quote?ticker=F08203M:IND

Variable step - up bonds: An example of: http://www.one - financial.com/en_investment_solutions_variable_step_up_bonds_series_l.asp

Volume of trade and other information: www.isda.org

Warrant Subscription: Example: http://www.londonstockexchange.com/exchange/news/market - news/market.news-detail.html?announcementId=11039365

上市公司年报

American Airlines, Form 10-K, 2006: http://sec.edgar-online.com/american-airlines-inc/10-k-annual-report/2006/02/24/section13.aspx

Bank of America, 2009:http://www.sec.gov/Archives/edgar/data/70858/0001193125
09041126/d10k.htm

Barclays plc Annual Report 2010: http://group.barclays.com/about-barclays/investor-relations/financial-results-and-publications/annual-reports

Coca- Cola, Form 10-K, 2009: http://investing.businessweek.com/research/stocks/financials/drawFiling.asp?docKey=136-000104746910001476-1PFCKABMTRA5R
ALS1H2O2MVOO9&docFormat=HTM&form Type=10-K

ConnMed, Form 10-K, 2010: http://www.faqs.org/sec-filings/100225/CONMED-CORP_10-K/

Dell, Form 10-K, 2010: http://i.dell.com/sites/content/corporate/financials/en/Documents/fy10-year-in-review/FY10_Forml0K_Final.pdf

Deutsche Telekom AG, Bonn, Federal Republic of Germany as Guarantor for the Bonds issued by Deutsche Telekom International Finance B.V.: www.telekom.com/static/-/54298/3/mandatory-convertible-bond-2006-si

E. I. Du Ponte de Nemours: http://www.sec.gov/Archives/edgar/data/30554/000003055412000005/dd-12312011x10k.htm#s6CE33D84ABB40CA4444DAAD246BODA62

EADS (European Aeronautic Defence and Space Company) 2010 Annual Report:
• http://www.eads.com/eads/int/en/investor-reaations/events-reports/annual-report/2010.html
• http://applications. eads. com/eads/investor - relations/int/annual - report2010/data/FS_EV_05051 I_PDFi. pdf

FDIC (Federal Deposit Insurance Corporation) 2009 Annual Report, IV Financial Statements and Notes: http://www. fdic. gov/about/strategic/report/2009 annualreport/statements_dif_2. html

Google, Inc., Form 10-K, 2011: http://www.sec.gov/Archives/edgar/data/1288776/000119312512025336/d260164d10k.htm

HealthSouth, Form 10-Q, March 31, 2011: http://investor.healthsouth.com/secfiling.cfm?filingID=785161-11-32

Intel, Form 10-K, 2011; Item 7, p. 25: http://www.sec.gov/Archives/edgar/data/50863/000095012310015237/f54119e10vk.htm#111

Landsvirkjun (Iceland) Annual Reports: http://www.landsvirkjun.com/about-us/reports/

London Stock Exchange: http://www.londonstockexchange.com/exchange/news/market - news/market - news-detail.html?announcementId= 11039365

MidSouth Bank, Form 10-K, 2012:http://www.midsouthbanking.com/pdf/MSB2011-10K.pdf

JPMorgan Chase,Form 10-K,2010: http://www.sec.gov/Archives/edgar/data/19617/000095012311019773/y86143e10vk.htm

Seagate Technology Holdings, Form 10-Q, May 2009, pp. 96-97: http://files.shareholder.com/downloads/SEA/2068719678x0xS1193125-09-100353/1137789/filing.pdf

Xerox Corporation (p. 97 of the Annual Report and p. 185 of Form 10-K for 2010): http://services.corporate-ir.net/SEC.Enhanced/SecCapsule.aspx?c=104414&fid=73989